KB177514

〈애덤 스미스의 초상〉 존 케이. 1790.

◀옥스포드 발리올 칼리지
1737년(14세) 애덤 스미스는 글래스고 대학에 입학했다. 1740년(17세) 장학생으로 옥스퍼드 발리올 칼리지에 입학해 1744년(21세) 학사 학위를 받았다.

▼〈런던 항〉 사무엘 스콧
런던 다리 근처에 있던 동인도 회사의 부두. 대형 선박이 템스 강을 따라 런던까지 거슬러 올라갈 수 있었기 때문에 예부터 런던은 중요 무역항으로 발전했다.

▲글래스고 대학교
1751년 스미스는 모교인 글래스고 대학교 논리학 교수가 되었다. 그 뒤 10여 년간의 교수생활이 '가장 유익했고 행복했으며 명예로운 시기였다'고 회고했다.

▼애덤 스미스 기념 명판
스미스의 고향 커콜디에 있다.

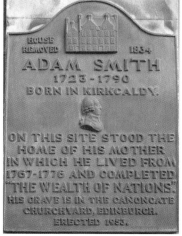

에나멜로 만든 애덤 스미스 초상

▲1767~76년까지 스미스가
거주했던 건물
이곳에서 《국부론》을 썼다.

◀애덤 스미스를 기념하는 〈팽
이〉 조각 작품　짐 샌본. 클리
블랜드 주립대학교

〈애덤 스미스의 동상〉 에든버러 하이스트리트. '애덤 스미스 위원회'가 모금해 세웠다.

▲ 커콜디에 있는 '애덤 스미스 극장'

◀ '애덤 스미스 극장'에 있는 스미스 흉상

▼ 스미스의 어머니 마가렛 더글라스 초상화

ADAM SMITH

〈애덤 스미스 조각〉　런던 대학교 옛 건물에 세워진 스미스의 조각 작품. 1867~70.

〈애덤 스미스의 무덤〉 캐논 게이트 커크야드에 있는 묘지

World Book 259

Ludwig Wittgenstein
Adam Smith
AN INQUIRY INTO THE NATURE AND
CAUSES OF THE WEALTH OF NATIONS

국부론 I

애덤 스미스/유인호 옮김

동서문화사

AN

INQUIRY

INTO THE

NATURE AND CAUSES

OF THE

WEALTH OF NATIONS.

BY

ADAM SMITH, LL.D.

AND F. R. S. OF LONDON AND EDINBURGH:
ONE OF THE COMMISSIONERS OF HIS MAJESTY'S CUSTOMS
IN SCOTLAND;

AND FORMERLY PROFESSOR OF MORAL PHILOSOPHY
IN THE UNIVERSITY OF GLASGOW.

———————

IN THREE VOLUMES.

VOL. I.

THE SIXTH EDITION.

═══════════════

LONDON:

Printed for A. STRAHAN; and T. CADELL, in the Strand.
MDCCXCI.

《국부론》 6판 제1권 속표지

국부론 I II
차례

국부론 I
일러두기

이 책의 구상

국부론 Ⅱ

애덤 스미스의 생애와 사상

일러두기

1. 이 한국어 판에 사용된 원전은 지은이가 생존해 있을 당시의 마지막 판인, 아래의 제5판이다.

An inquiry into the nature and causes of the wealth of nations. By Adam Smith, LL. D. and F. R. S. of London and Edinburgh : one of the commissioners of his majesty's Customs in Scotland ; and formerly professor of moral philosophy in the University of Glasgow. In three volumes. London : printed for A. Strahan ; and T. Cadell, in the Strand. MDCCLXXXIX.

2. 최근에 1791년의 제6판을 스미스가 살아 있을 때 점검했을지도 모르는 최종판으로 보게 된 것과 관련하여, 이 번역에서도 제1~4판과 함께 제6판에 관해서 중요한 차이를 주(註)에서 기록하였다.

3. 역주는 앞에서 밝힌 대로 각 판의 차이 외에 어려운 용어나 역사적 배경에 대한 설명, 스미스가 쓴 간략한 문헌주(文獻註)의 보충을 포함한다.

4. 작업 전체에 걸쳐, 글래스고 판 스미스 저작집 중 《국부론》, 새 프랑스어 판 《국부론》(*Enquête sur la nature et les causes de la richesse des nations.* Traduction nouvelle d'après la première édition avec les variantes des éditions ultérieures présentation, notes, chronologies tables, lexiques et index par Paulette Taieb avec la collaboration pour la traduction de Rosalind Greenstein. 4 vols. Paris, 1995) 그리고 이와나미 판 스기야마 다다히라 옮김, 《국부론》(2000), 니혼게이자이 판 야마오카 요이치 옮김, 《국부론》(2007)을 참조하였다.

이 책의 구상

　모든 국민이 해마다 하는 노동은 그 국민이 해마다 소비하는 모든 생활필수품과 편의품을 공급하는 근원적 자원이며, 그 필수품과 편의품의 재료는 그 노동의 직접적인 생산물이거나, 그 생산물을 가지고 다른 여러 국민에게서 구입한 물품이다.

　따라서 이 생산물 또는 그 생산물로 구입하는 물품과 그것을 소비하는 인구의 비율에 따라, 그 국민은 필요한 모든 필수품 및 편의품을 충분히 공급받기도 하고 부족하게 공급받기도 한다.

　그러나 이 비율은 어떤 국민에게 있어서도 두 가지 다른 사정에 의해 규제되게 마련이다. 그것은 첫째로 국민의 노동이 일반적으로 적용될 때의 솜씨·숙련도·판단력에 의해, 둘째로 유용한 노동에 종사하는 사람 수와 그렇지 않은 사람 수의 비율에 의해 규제된다. 어떤 특정한 국민이 가진 영토의 토질·기후·면적이 어떻든 간에 그들이 해마다 받는 공급이 충분한가, 부족한가는 그러한 특정 환경 속에서의 이 두 가지 사정에 의존할 수밖에 없다.

　더욱이 이 연간 공급이 충분한가 부족한가는, 이 두 가지 사정 중에서도 후자보다 전자에 더 많이 의존하고 있는 것으로 보인다. 수렵민과 어로민으로 이루어진 미개한 민족에 있어서는 일할 수 있는 모든 개인은 많든 적든 유용한 노동에 종사하며, 자기 능력껏, 자기 자신을 비롯하여 자기 가족, 또는 종족 중에서 너무 늙었거나, 너무 어리거나 허약하여, 사냥이나 고기잡이에 나갈 수 없는 사람들을 부양하기 위해 노력한다. 그러나 그러한 민족은 매우 가난하여 그 참상이라는 것은, 때때로 그들의 자녀와 노인, 또는 장기간에 걸쳐 병을 앓는 사람들을 직접 죽이거나 방치하여 굶어 죽게 만들고, 때로는 맹수에게 잡아먹히는 대로 내버려두거나, 아니면 적어도 그렇게 하는 수밖에 없다고 생각할 정도이다. 이와 반대로 문명이 개화하여 번영하고 있는 여러 민족들은, 전혀 노동하지 않는 많은 사람들이, 일하는 대부분의 사람들에 비해 10배,

때로는 100배나 되는 노동 생산물을 소비하고 있다. 그래도 그 사회의 전체 노동 생산물은 매우 많으므로, 모든 사람들은 그것을 충분하게 공급받으며, 가장 하층의 가난한 직공들까지 검소하고 부지런하기만 하면, 어떤 야만인이 획득할 수 있는 것보다 더 많은 비율의 생활필수품과 편의품의 혜택을 누릴 수 있다.

노동 생산력이 이렇게 커진 원인과 노동 생산물이 그 사회의 다양한 계층과 다양한 상태의 사람들에게 자연히 분배되는 순서가 이 책 제1편의 주제를 이룬다.

어떤 국민도, 노동이 이루어질 때의 솜씨와 숙련도, 판단력의 실제 상태가 어떻든, 그 상태가 변하지 않는 한, 노동의 연간 공급이 충분한가 부족한가 하는 것은 유용한 노동에 해마다 종사하는 사람 수와 종사하지 않는 사람 수의 비율에 좌우된다. 뒤에서 밝혀지겠지만, 유용하고 생산적인 노동자의 수는 어디서나 그들을 일할 수 있게 하는 자본의 양과, 그것이 사용되는 특정한 방법에 비례한다. 그러므로 제2편은, 자본의 성질과 그것이 차츰 축적되어 가는 방법, 그리고 그것을 사용하는 방법의 차이에 따라 그것이 가동시키는 노동의 양의 차이를 다루게 될 것이다.

노동이 적용되는 데 있어서의 솜씨·숙련도·판단력에 대해 상당히 진보된 국민들은, 노동의 일반적인 지도 또는 관리에 있어서 매우 다양한 계획에 따라왔지만, 그 계획들이 반드시 모두 똑같이 노동 생산물의 증대에 유리했던 것은 아니다. 어떤 국민의 정책은 농촌의 산업에 비정상적인 장려를 해 왔고, 다른 국민의 정책은 도시의 산업에 대해 그렇게 해 왔다. 모든 종류의 산업을 평등하고 공평하게 다루어 온 국민은 거의 드물다. 로마제국이 몰락한 뒤 유럽의 정책은, 농촌의 산업인 농업보다 도시의 산업인 기술·제조업·상업에 더 유리했다. 이 정책을 도입하고 확립한 것으로 생각되는 여러 사정이 제3편에서 설명된다.

그런 여러 가지 계획은, 우선 특정 계급 사람들의 사적인 이해와 관심이나 편견에 의해, 아마도 사회의 전반적인 복지에 대한 영향에 대해 전혀 예견하거나 고려하지도 않고 도입된 것이었다. 그래도 그런 계획은 경제학의 매우 다양한 이론을 성립시켰으며, 그 가운데 어떤 것은 도시에서 영위되는 산업의 중요성을 지나치게 크게 생각하고, 또 어떤 것은 농촌에서 영위되는 산업의 중요성을 지나치게 크게 생각했다. 그러한 이론들은 학식 있는 사람들의 의견뿐만 아니라, 군주나 주권 국가의 정치방침에도 적지 않은 영향을 주었다. 나는 제4편에서 이런 여러 가지 이론과, 그 이론들이 여러 시대와 국민들에게 미친 중요한 영향을 될 수 있는 대로 상세하고 명확하게 설명하려고 노력했다.

대부분의 국민들의 수입은 무엇인지, 다양한 시대와 국민에게 있어서 그들에게 해마다 소비를 충당해 준 자원은 어떤 성질의 것이었는지를 설명하는 것이 이 첫 네 편의 목적이다. 제5편, 즉 마지막 편은 주권자 또는 공동사회의 수입을 다룬다. 이 편에서 내가 나타내려고 노력한 것은 첫째로, 주권자 또는 공동사회가 필요로 하는 비용은 무엇인가, 또 그런 비용 가운데 어떤 것이 사회전체의 일반적인 갹출에 의해 지불되어야 하고, 또 어떤 것이 그 사회의 특정한 구성원들의 갹출에 의해 지불되어야 하는가, 두 번째로, 사회 전체가 부담해야 하는 비용을 사회 전체에 부담시키게 하는 데는 어떤 방법들이 있으며, 그런 방법들이 각각 가진 주요 장점과 단점은 어떤 것인가, 세 번째 즉 마지막으로, 근대의 거의 모든 정부가 이 수입의 어떤 부분을 담보로 넣어 채무 계약을 맺게 된 이유와 원인은 무엇이며, 또 그 채무가 진정한 부(富), 즉 사회의 토지와 노동의 연간 생산물에 대해 어떤 영향을 끼쳤는가 하는 점이다.

제1편

노동 생산력 개선과 노동 생산물이
국민 여러 계층에 자연적으로 분배되는 질서에 대하여

제1장
분업에 대하여

    노동 생산력의 가장 큰 개선과, 그것이 적용되었을 때의 숙련도와 솜씨, 판단력의 대부분은 분업의 결과였다고 생각된다.

    사회의 모든 업무에 미치는 분업의 효과는 몇몇 특정한 제조업에서 그것이 어떻게 작용하고 있는가를 살핌으로써 훨씬 더 쉽게 이해될 것이다. 분업은 매우 작은 몇몇 제조업에서 가장 발달해 있는 것으로 생각하기 쉬운데, 그 이유는 아마도 실제로 그러한 제조업 쪽이 다른 가장 중요한 제조업보다 분업이 진보해 있어서가 아니라, 소수 사람들의 작은 욕구밖에 충족시키지 않는 작은 제조업에서는 노동자의 수가 당연히 적게 마련이고, 각 작업 부문에 일하는 노동자가 같은 작업장에 모여, 관찰자가 한눈에 볼 수 있는 곳에 있는 경우가 흔하기 때문이다. 이에 반하여 국민 대다수의 큰 욕구를 충족시켜 주는 큰 제조업에서는 모든 작업 부문이 많은 노동자를 거느리고 있기 때문에, 그들을 한 일터에 집결시킬 수 없다. 그러므로 우리가 어떤 단일 부문에서 일하고 있는 사람들보다 더 많은 사람들을 한꺼번에 볼 수 있는 경우가 좀처럼 없다. 따라서 그런 제조업에서는 더 규모가 작은 제조업에 비해 실제로는 일이 훨씬 많은 부분으로 분할되어 있을지도 모르지만, 그 분할이 그만큼 눈에 잘 띄지 않고, 자연히 주목받는 일도 훨씬 적었다.

    그래서 매우 작은 제조업이기는 하지만, 전부터 그 분업이 자주 주의를 끌어 온[*1] 제조업, 즉 핀 제조업에서 예를 들어 보면 다음과 같다. 이 일(분업이 그것을 하나의 독립된 직업으로 만들었다)을 위한 교육도 받지 않고, 거기서 사용되는 기계(그 발명을 가져온 것도 아마 같은 분업이었을 것이다)의 사용법도

[*1] 디드로·달랑베르 편 《백과전서》 제5권(1755), 804~807페이지에서도, 핀 제조 공정을 18개로 나누고 있다.

모르는 노동자라면, 아무리 부지런한 사람이라도 아마 하루에 핀 한 개를 만드는 것도 쉬운 일이 아니고, 핀 20개를 만든다는 것은 틀림없이 어려울 것이다. 그런데 오늘날 이 일을 하고 있는 방법에서는, 작업 전체가 하나의 독자적인 작업일 뿐만 아니라 많은 부문으로 분할되어 있고, 그 대부분이 또다시 마찬가지로 독자적인 작업으로 되어 있다. 한 사람은 철사를 펴고, 다음 사람은 그것을 똑바로 다듬고, 세 번째 사람은 그것을 자르고, 네 번째 사람은 그것을 뾰족하게 갈고, 다섯 번째 사람은 머리를 붙이기 위해 그 끝을 깎는다. 머리를 만드는 데도 두세 가지 다른 작업이 필요하다. 그것을 붙이는 것도 하나의 독자적인 일이며, 핀을 하얗게 빛나도록 하는 것도 별개의 일이다. 그리고 그것을 종이로 포장하는 일조차, 그것만으로 하나의 작업이다. 핀을 만드는 중요한 일이 이렇게 약 18가지의 각각 다른 작업으로 분할되어 있는데, 그 모든 것이 각각 다른 일손에 의해 이루어지는 제조소도 있고, 때로는 같은 사람이 그 가운데 두세 가지 작업을 하는 경우도 있을 것이다.

나는 이런 종류의 작은 제조소를 본 적이 있는데, 거기서는 10명밖에 고용하고 있지 않았고, 따라서 그 중 몇 사람은 두세 가지 작업을 혼자서 하고 있었다. 그들은 매우 가난하여 필요한 기계 설비도 제대로 갖춰져 있지 않았지만, 그래도 열심히 일하면 하루에 12파운드의 핀을 만들 수 있었다. 1파운드면 중형 핀이 4천 개가 넘는다. 그러므로 이 열 사람은 하루에 4만 8천 개 이상의 핀을 만들 수 있는 셈이다. 따라서 한 사람 앞에 4만 8천 개의 10분의 1, 즉 하루에 4800개의 핀을 만든다고 보아도 될 것이다. 그러나 만일 그들이 각자 독립하여 따로따로 모든 일을 하고, 또 아무도 이런 특정한 일을 위한 교육을 받지 않았다면, 그들은 틀림없이 혼자서 하루에 20개의 핀은커녕 한 개의 핀도 만들 수 없을 것이다. 다시 말해서 그들은 현재 여러 작업의 적당한 분할과 결합으로 수행할 수 있는 일의 240분의 1은커녕 4800분의 1도 못할 것이라는 점은 분명하다.

다른 어떤 수공일이나 제조업에서도 분업의 효과는 이 매우 작은 제조업에서의 효과와 똑같다. 노동을 그렇게 많이 세분하거나 작업을 그처럼 단순화할 수 없는 제조업도 많다. 그러나 분업은 그것을 도입할 수 있는 한, 어떤 수공일에서도 거기에 따른 노동 생산력의 향상을 가져온다. 갖가지 직업과 작업의 분화는 이러한 이점의 결과로서 생긴 것으로 생각된다. 이 분화도 또한 최고도의 산업과 개선을 누리고 있는 모든 나라에서 가장 진보되어 있는 것이 일반적이다. 사회가 미개한 상태에서는 한 사람의 작업인 것이 진보된 상태에서는 여러 사람의 작업이 되는 것이 보통이기 때문이다. 개량된 사회에서는 어디서나, 농업자는 농업자 이외의 다른 것일 수 없고, 제조업자는 제조업자 이외의 그 무엇도 아닌 것이 통례이다. 무엇이든 하나의 완성품을 생산하는 데 필요한 노동 또한 거의 언제나 많은 일손으로 분할되어 있다.

마직물과 모직물 제조업의 각 부문에서, 아마*²나 양모 생산자로부터 마직물의 표백업자와 마무리공에 이르기까지 얼마나 많은 작업이 이루어지고 있는가. 사실 농업은 그 성격상 제조업만큼 노동을 많이 세분하거나 완전하게 작업을 분리할 수가 없다. 목공의 일이 보통 대장장이의 일과 분리되어 있는 것처럼, 목축업자의 일과 곡물*³ 재배자의 일을 완전히 분리하는 것은 불가능하다. 방적공은 거의 언제나 직물공과는 전혀 다른 사람이지만, 가래질하고 써레질하여 씨를 뿌리고 곡식을 거둬들이는 사람은 같은 사람일 때가 많다. 이러한 여러 가지 종류의 노동을 할 기회는 철이 바뀔 때마다 돌아오므로, 한 사람이 그 중 어느 한 가지 일에만 계속 종사하는 것은 불가능한 일이다. 농업에 종사하는 노동의 여러 부문을 모두 완전하게 분리할 수 없다는 것이, 아마도 이 수작업에서의 노동 생산력 개선이 반드시 제조업에서의 개선과 항상 보조를 맞추지 못하는 이유일 것이다.

사실 가장 부유한 국민은 일반적으로 제조업에서뿐만 아니라 농업에서도 모든 이웃 나라보다 앞서 있지만, 그들은 대체로 농업보다 제조업에서 더욱 뛰어난 것이 보통이다. 그들의 토지는 일반적으로 이웃 나라보다 잘 경작되고 있고, 투자되는 노동과 비용이 더 많으므로 토지의 면적과 자연적인 비옥도에 비해 생산량도 많다. 그러나 이와 같은 생산의 우월성이 노동과 비용의 우월성에 비해 훨씬 큰 경우는 거의 없다. 농업에 있어서는 부유한 나라의 노동이 가난한 나라의 노동보다 반드시 훨씬 더 생산적인 것은 아니다. 또는 적어도 제조업에서 보통 그러하듯이 훨씬 더 생산적일 수는 결코 없다. 따라서 부유한

---

*2 아마(flax)의 실로 짠 것을 마직물(linen)이라고 한다. 마에는 대마와 황마가 있는데, 둘 다 의류에는 사용되지 않는다. 단, 지금은 리넨이라 하면 주로 무명으로 만든 침실용품을 가리킨다.
*3 곡물(corn)은 영국에서는 보리(麥), 특히 밀(wheat)을 의미하는 것이 보통이지만, 나중에 보리의 종류를 특정하여 wheat라고 쓴 경우도 있으므로, 곡물로 한다.

나라의 곡물이 가난한 나라의 곡물보다 같은 정도의 품질에 있어서 반드시 언제나 싼 값으로 시장에 나온다고는 할 수 없다. 폴란드의 곡물은, 프랑스의 부와 개선이 훨씬 뛰어난데도, 같은 정도의 품질에서는 후자의 곡물과 똑같이 싸다. 프랑스는 부와 개선이라는 면에서는 아마도 잉글랜드보다 뒤떨어질 텐데도 불구하고, 곡물 생산 지방에서는 잉글랜드의 곡물과 품질이 같으며, 대부분 해마다 값도 거의 같다.

그러나 잉글랜드의 곡물 생산지는 프랑스의 그것보다 잘 경작되어 있고, 또 프랑스의 곡물 생산지는 폴란드의 그것보다 훨씬 잘 손질되어 있다고 한다. 가난한 나라는 경작에서는 뒤떨어져 있어도 곡물의 값과 품질면에서는 부유한 나라에 어느 정도 대항할 수 있지만, 제조업에서는 적어도 그러한 제조업이 부유한 나라의 토지와 기후, 위치에 알맞을 경우에는 감히 그와 같은 경쟁을 할 수는 없다. 프랑스의 견직물이 잉글랜드의 그것보다 질이 좋고 값이 싼 것은, 적어도 생사의 수입에 대한 지금의 높은 관세하에서는,*4 견직물 제조업이 프랑스의 그것만큼 잉글랜드의 기후에 알맞지 않기 때문이다. 그러나 잉글랜드의 철물이나 짜임새가 거친 모직물은 프랑스의 그것보다는 비교도 안 될 만큼 뛰어나며, 같은 정도의 품질에서는 값도 훨씬 싸다. 폴란드에는 한 나라의 존립에 없어서는 안 되는 소수의 조잡한 가내 제조업을 제외하고는 거의 어떤 종류의 제조업도 없다고 한다.

분업의 결과, 같은 수의 사람들이 할 수 있는 일의 양이 이처럼 크게 증가하는 것은 세 가지의 서로 다른 사정에 의한다. 첫째로 모든 노동자 개개인의 솜씨의 향상, 둘째로 한 종류의 일에서 다른 종류의 일로 넘어갈 때 잃는 시간의 절약, 끝으로 노동을 쉽게 하고 줄이면서 혼자서 많은 사람의 일을 할 수 있게 해 주는 많은 기계의 발명에 의한 것이다.

첫째, 노동자의 솜씨의 향상은 필연적으로 그가 수행할 수 있는 일의 양을 늘린다. 그리고 분업은 각자의 일을 어떤 하나의 단순한 작업으로 줄이고, 또 이 작업을 그의 평생의 업으로 삼음으로써 필연적으로 노동자의 솜씨를 크게 향상시킨다. 해머를 쓰는 데는 익숙하지만 못을 만드는 일은 한 번도 해 본 적

이 없는 평범한 대장장이가, 만일 어떤 특별한 기회에 못을 만들어 내야 한다면, 하루에 2, 3백 개 이상 만든다는 것은 거의 확실하게 어려울 것이고, 그나마 매우 조잡하게밖에 만들지 못할 것이라고 단언하는 것을 나는 들은 적이 있다. 못을 만드는 데 익숙하긴 하나, 못 만드는 일이 유일한 일이거나 직업으로 한 적이 없는 대장장이는, 아무리 부지런을 떨어도 하루에 8백 개 내지 천 개 이상의 못을 만드는 일은 거의 어렵다. 못을 만드는 일 이외의 일을 한 적이 없는 20세 이하의 소년 몇 명을 본 적이 있는데, 그들이 열심히 일하면 각자 하루에 2300개 이상의 못을 만들 수 있다고 한다.[*5] 그러나 못을 만드는 일은 결코 가장 단순한 작업의 하나는 아니다. 같은 사람이 풀무질하며 필요에 따라 불을 피우고, 연료를 보충하여 쇠를 달군 뒤 못의 모든 부분을 가다듬는다. 못머리를 다듬는 데도 연장을 바꾸지 않으면 안 된다. 핀이나 금속단추를 만들 때 세분되어 있는 여러 가지 작업은 훨씬 단순하여, 그 작업을 평생의 유일한 직업으로 삼고 있는 사람의 솜씨는 훨씬 뛰어난 것이 보통이다. 그런 제조업의 모든 작업 중에서 몇몇 작업이 이루어지는 속도는, 그것을 본 적이 없는 사람들에게는 인간의 손으로 익힐 수 있는 일이라고는 도저히 생각할 수 없을 정도의 것이다.

둘째, 한 가지 일에서 다른 일로 넘어갈 때 흔히 잃는 시간을 절약함으로써 얻는 이익은, 우리가 상상할 수 있는 정도보다 훨씬 크다. 어떤 종류의 일에서, 다른 곳에서 완전히 다른 연장을 써서 이루어지는 다른 공정의 일로 매우 빠르게 옮기는 것은 불가능하다. 작은 농지를 경작하고 있는 농촌의 직물공은 직조기에서 밭으로, 또 밭에서 직조기로 옮기는 데 매우 많은 시간을 잃지 않으면 안 된다. 이 두 가지 직업을 같은 일터에서 할 수 있을 때는 시간의 손실은 의심할 것 없이 훨씬 적다. 그러나 이 경우에도 시간의 손실은 매우 많다. 사람이 어떤 종류의 일에서 다른 종류의 일로 옮길 때는, 조금은 빈둥거리게 마련이기 때문이다. 그가 새로운 일을 처음으로 착수할 경우, 대번에 거기에 열중하는 일은 좀처럼 없다. 아직은 그 일에 마음이 내키지 않아서 한동안은 전념하기보다는 장난삼아 하는 것이 보통이다. 일과 도구를 30분마다 바꾸

[*5] 스미스의 고향 커콜디 근교에는 못 공장이 많았다.

고, 평생 동안 거의 매일 20가지나 되는 다른 방법으로 손을 사용해야 하는 농촌의 모든 일꾼들이, 자연적으로 또는 필연적으로 몸에 배게 되는, 더듬거리고 빈둥거리며 부주의하게 일하는 습관은, 거의 언제나 그를 게으르고 소홀하게 만들어 가장 긴박한 경우에도 활발하게 일할 수 없게 만들어 버린다. 그러므로 솜씨면에서의 결함과는 별도로, 이 원인만으로도 그가 할 수 있는 일의 양은 항상 적지 않게 감소될 수밖에 없다.

셋째, 알맞은 기계를 사용함으로써 노동이 얼마나 쉬워지고 단축되는지에 대해서는 누구나 다 알고 있을 것이다. 구태여 실례를 들 필요는 없으므로, 나는 다만 노동을 그만큼 쉽게 만들고 단축시키는 이 모든 기계의 발명이, 본디는 분업 때문이었던 것으로 추정된다는 말만 해두기로 한다. 사람이라는 것은, 모든 주의력이 온갖 일에 분산되어 있을 때보다 단일한 대상에 집중해 있을 때가, 어떤 목적을 이룰 수 있는 쉽고도 신속한 방법을 발견할 가능성이 훨씬 크다. 그런데 분업의 결과, 각자의 전 주의력은 자연히 어떤 매우 단순한 대상에 기울어지게 된다. 따라서 당연히 기대할 수 있는 것이지만, 일의 성질상 개선의 여지가 있는 경우에는, 노동의 각 개별 부문에 종사하는 사람 가운데 누군가가 마침내 자기 자신의 특정한 일을 좀더 쉽고 빨리 할 수 있는 방법을 곧 발견해 낼 것이다.

노동의 세분화가 가장 발전되어 있는 제조업에서 이용되는 기계의 큰 부분은, 본디 평범한 노동자들이 발명한 것이다. 그들은 모두 매우 단순한 작업에 종사하고 있었으므로, 자연히 그 작업을 좀더 쉽고 빨리 할 수 있는 방법을 찾는 데 머리를 쓰게 된다. 그런 공장을 자주 방문해 본 사람이라면 누구나, 보통 노동자들이 그 작업 가운데 그들 자신의 개별적인 부분을 쉽게 하고, 빨리 하기 위해 발명한 매우 훌륭한 기계를 때때로 보았을 것이다. 최초의 화력기관(火力機關)에서, 보일러와 실린더 사이의 통로를, 피스톤의 상하운동에 따라 열거나 닫는 데 한 소년이 항상 고용되었다. 그런 소년들 가운데 친구들과 놀기를 좋아하는 한 소년은, 이 통로를 여는 밸브의 핸들에서 기계의 다른 부분에 끈을 매어 두면 밸브가 자기의 도움 없이도 개폐되므로, 자기가 자유롭게 친구들과 놀 수 있다는 것을 알았다. 이 기계가 처음 발명된 이래, 이에 대해 이루어진 가장 큰 개선 가운데 하나가 이렇게 자신의 노동을 줄이려고 한

한 소년의 발견이었던 것이다.

그러나 기계의 개량이 모두 그 기계를 사용할 필요가 있었던 사람들이 발명한 것은 결코 아니다. 대부분의 개량은 기계를 만드는 것이 특정한 직업이 되었을 때, 기계 제작자들의 창의에 의해서 이루어졌고, 또 무슨 일을 하는 것이 아니라 모든 일을 관찰하는 것이 직업인 학자[*6] 또는 사색가라 불리는 사람들, 따라서 때때로 가장 동떨어져 있고 닮은 데가 전혀 없는 사물의 힘을 결합할 줄 아는 사람들에 의해 이루어진 것도 있다. 사회가 진보함에 따라 학문과 사색이, 다른 모든 직업과 마찬가지로, 특정한 계층의 시민들의 주요하거나 유일한 일과 직업이 된다. 또한 다른 모든 직업과 마찬가지로 이 직업도 다수의 다양한 분야로 세분되어 그 하나하나가 특정한 집단 또는 특정한 종류의 학자에게 직업을 제공하고, 또 학문에 있어서의 이 직업 분화도 다른 모든 일의 경우와 마찬가지로 기술을 개량하고 시간을 절약한다. 각 개인은 자기 자신의 특정한 부문에서 더욱 전문가가 되어 전체적으로 이루어지는 일이 늘어나고 전문 지식의 양도 크게 늘어난다.

잘 통치된 사회에서는 분업의 결과 생기는 다양한 기술 전체의 생산물의 대폭 증가가, 최저 계층의 민중에까지 미치는 보편적인 부를 가져다 준다. 어느 노동자나 자신이 필요로 하는 것을 넘어서서, 처분할 수 있는 자신의 제품을 다량으로 가지고 있고, 다른 노동자들도 그와 똑같은 상황에 있기 때문에, 그는 그 자신의 다량의 재화(財貨)를 그들의 다량의 재화와, 또는 같은 일이 되지만, 그들이 가진 다량의 재화의 값과 교환할 수 있다. 그는 그들에게 그들이 필요로 하는 것을 풍부하게 공급하고, 또 그들은 그에게 그가 필요로 하는 것을 마찬가지로 충분히 공급한다. 그리하여 전반적인 풍요로움이 사회의 모든 계층에 골고루 미치게 되는 것이다.

문명이 발달하여 번영하고 있는 사회에서 가장 흔히 볼 수 있는 기능공[*7] 또는 일용직 노동자가 가지고 있는 가재도구를 살펴보자. 그러면 그가 이 가재도구를 손에 넣기까지, 설령 매우 작은 부분일지라도 근로의 일부분을 소비

---

*6 학자의 원어는 philosopher이지만, 분업이 더욱 진보된 현대처럼 전문 철학자라는 의미는 아니다. 학문(philosophy), 전문지식(science)도 마찬가지이다.
*7 기능공(artificer)은 수공업의 숙련공.

한 사람들이 헤아릴 수 없이 많다는 것을 알 수 있을 것이다. 예를 들면 일용직 노동자가 입고 있는 모직 윗옷은 아무리 거칠고 허름하게 보이는 것이라도 수많은 노동자들의 공동 노동의 산물이다. 양치기·양모선별공(羊毛選別工)·소모공(梳毛工)·염색공·얼레빗질공·방적공·직조공·축융공(縮絨工)·재단사, 그 밖의 많은 사람들이 각각의 기술을 결합하지 않으면 안 된다. 뿐만 아니라, 얼마나 많은 상인과 운반인이 이 노동자 가운데 어떤 사람으로부터 그 나라의 아주 먼 지방에 살고 있는 다른 노동자들에게 그 원료를 수송하는 데 종사해야만 했던가! 특히 염색공이 사용하는 갖가지 염색 재료—그것은 이따금 세계의 가장 먼 변두리에서 온다—를 수집하기 위해 얼마나 많은 상업과 해운이 이루어졌으며, 또 얼마나 많은 조선공·선원·제범공(製帆工)·로프공이 고용되었던가! 이들 노동자 중에서 가장 중요하지 않은 자의 연장을 생산하는 데도, 또한 갖가지 노동이 필요한 것이다! 선원의 배, 축융공의 무자위*8 같은 복잡한 기계에 대해서는 그만두고라도, 아니, 직조공의 기계에 대해서도 그만두기로 하고, 아주 단순한 기계, 즉 양치기가 양털 깎는 가위를 만드는 데 얼마나 다양한 종류의 수많은 노동이 필요한가 하는 사실만이라도 생각해 보자.

그것을 만드는 데는 광부, 광석을 녹이는 용광로의 건설공, 재목 벌채꾼, 용광장(鎔鑛場)에 고용되는 숯 굽는 사람, 벽돌 제조공, 벽돌 쌓는 노동자, 용광로 관리자, 기계설치공, 단조공(鍛造工), 대장장이, 이런 사람들이 모두 그들의 온갖 기술을 종합하지 않으면 안 된다. 마찬가지로 양치기의 옷과 가구, 속에 입는 거친 삼베셔츠, 그의 발을 감싸 주는 신발, 그가 눕는 침대와 그것을 구성하는 모든 부분, 그가 음식을 조리하는 부엌에서 쓰는 화로, 거기에 사용하기 위해 땅 속에서 파내어, 아마 해로와 육로의 기나긴 수송에 의해 그가 있는 곳까지 운반된 석탄, 그의 부엌에 있는 그 밖의 모든 도구, 그의 모든 식탁 용구, 나이프와 포크, 그가 음식을 담거나 나누는 도자기 그릇 또는 백랍*9제 접시, 그의 빵과 맥주를 만드는 데 동원되는 여러 부류의 일손들, 열과 빛을 끌어들이고 바람과 비를 막는 유리창, 이와 더불어 세계의 이 북방 지방에 매우 살기 좋은 주거를 제공하려면 없어서는 안 되는, 아름답고도 훌륭한 발명품을

---

*8 축융공의 무자위(the mill of the fuller)는 직물에 두께를 주기 위해 발로 밟았던 작업을, 무자위(수차)와 풍차를 동력으로 하여 나무망치로 두드리게 된 장치.
*9 백랍(pewter)은 주석4, 납1 비율의 합금. 보통 퓨터라고 한다.

탄생시키는 데 필요한 모든 지식과 기술, 나아가서는 이 갖가지 편의품을 생산하는 데 종사하는 모든 노동자들의 온갖 도구를 조사해 본다면, 즉 만일 이런 모든 것을 검토하여 그 하나하나에 얼마나 다양한 노동이 사용되었는가를 살핀다면, 문명국의 최하층민조차 수천 명의 원조와 협력 없이는, 우리가 간단하고 단순한 것으로 잘못 생각하고 있는 그의 평소의 살림살이조차 제공받을 수 없다는 것을 알게 될 것이다. 물론 지위가 높은 사람들의 엄청난 사치에 비한다면, 그의 가재도구는 매우 단순하고 간단하게 보이겠지만, 그래도 또한 유럽 왕후들의 가재도구가 부지런하고 검약한 농부의 그것을 능가하는 정도는, 반드시 농부의 가재도구가 수만 명의 벌거숭이 미개인의 생명과 자유의 절대적 지배자인 수많은 아프리카 국왕의 그것을 능가하는 정도는 아니라는 것은 아마도 진실일 것이다.

제2장
분업을 일으키는 원리에 대하여

이토록 많은 이익을 낳는 이 분업은, 본디 그것이 가져오는 전반적인 부를 예측하고 의도한 어떤 인간의 지혜의 결과는 아니다. 그것은 그런 드넓은 유용성을 고려하지 않은 인간 본성 속의 어떤 성향, 즉 어떤 물건을 다른 물건과 거래하고, 교환하고, 교역하는 성향의 매우 완만하고 점진적이긴 하나 필연적인 결과이다.

이 성향이 인간 본성 속에 있는, 더 이상은 설명할 수 없는 본원적인 원리의 하나인지 아닌지, 또는 이쪽이 훨씬 더 확실한 것으로 생각되지만, 추리하거나 얘기하는 능력의 필연적인 결과인지 아닌지는 우리의 당면한 연구 주제에는 들어가지 않는다. 그것은 모든 사람에게 공통되며, 다른 종류의 동물에서는 볼 수 없는 것이다. 다른 종류의 동물은 이런 계약은 물론 이 밖의 어떤 종류의 계약도 모르는 것 같다. 두 마리의 그레이하운드가 한 마리의 토끼를 쫓을 때 이따금 일종의 협동 행동을 하는 것처럼 보이는 수가 있다. 개가 토끼를 저마다 자기 편 짝이 있는 쪽으로 몰아준다든지, 짝이 자기 쪽으로 토끼를 몰아줄 때는 그 앞을 가로막으려고 애쓴다. 그러나 이것은 어떤 계약의 결과가 아니라, 특정한 때 같은 대상에 대해 그들의 욕망이 우연히 일치한 결과이다.

어떤 개가 뼈다귀 한 개를, 다른 개가 가지고 있는 뼈다귀와 공정하게 숙고한 끝에 교환하는 것을 본 사람은 아무도 없다. 어떤 동물이 그 몸짓과 특유한 울음소리로 다른 동물에게 이것은 내 것이고 그것은 네 것이며, 나는 그것 대신 이것을 주고 싶다고 의사 표시를 하는 것을 본 사람도 아무도 없다. 동물이 사람이나 다른 동물로부터 무엇인가를 얻고자 할 때, 그것을 얻는 데 필요한 상대의 호의를 얻는 것 외에는 설득할 방법이 없다. 강아지는 어미개에게 어리광을 부리고, 스패니얼은 식사 중인 주인에게서 먹을 것을 얻고 싶을 때는 온갖 재주를 부려 주인의 주의를 끌려고 한다. 사람도 때로는 동료에게 이와 같은 기술을 사용한다. 그리고 자신이 의도대로 동료를 행동하게 하는 데 별다른 수단이 없을 때는, 온갖 비굴한 아첨으로 상대의 호의를 얻기 위해 노력한다. 그러나 사람에게는 어떤 경우에든 그렇게 할 만한 시간적 여유가 있는 것은 아니다. 문명사회에서 그는 언제나 수많은 사람들의 협동과 원조를 필요로 하지만, 그의 전 생애를 다 소비해도 몇 사람의 우정을 얻을까 말까 한 형편인 것이다. 다른 거의 모든 종류의 동물들은 일단 성숙하면 완전히 독립하며, 자연의 상태에서는 다른 동물의 도움을 필요로 하지 않는다. 그러나 인간은 거의 항상 동료들의 도움을 필요로 하며, 게다가 그것을 그들의 자비심에만 기대한다면 그것은 헛수고이다. 자신이 유리해지도록 그들의 자애심을 움직이고, 자기가 그들에게 원하는 것을 자기를 위해 해 주는 것이, 그들 자신에게도 이익이 된다는 것을 그들에게 보여 주는 것이 효과적이다.

타인에게 어떤 교역을 제안하는 자는 누구라도 그렇게 하려고 한다. '내가 원하는 그것을 나에게 주시오, 그러면 당신이 원하는 이것을 드리겠소' 하는 것이 바로 그런 모든 제안의 의미이고, 우리는 그런 식으로 해서, 자신들이 필요로 하는 호의의 압도적 대부분을 서로 손에 넣고 있다. 우리가 저녁 식사를 기대하는 것은, 푸줏간·술집·빵집의 자비심이 아니라, 그들 자신의 이해(利害)에 대한 배려이다. 우리가 호소하는 것은 그들의 인류애에 대해서가 아니라 자애심에 대해서이며, 우리가 그들에게 말하는 것은 결코 우리 자신의 필요에 의해서가 아니라 그들의 이익에 의해서이다. 거지 외에는 아무도 동포시민의 자비심에 주로 의존하려고 하지는 않는다. 거지도 전적으로 거기에만 의존하려고 하지 않는다. 사실 선의를 가진 사람들의 자선이 거지에게 생활에 필요한 모든 자료를 제공하는 것은 사실이다. 그러나 이 원리가 거지가 필요로 하는 생활필수품을 최종적으로 모두 공급해 주기는 하지만, 그가 필요로 할 때 필수품을 주는 것도 아니고, 줄 수 있는 것도 아니다. 그가 그때그때 필요로 하는 것의 대부분은, 다른 사람들의 그것과 마찬가지로, 협의나, 교환 또는 구매에 의해 충족된다. 어떤 사람이 그에게 주는 돈으로 그는 먹을 것을 산다. 다른 사람이 그에게 주는 헌옷을 그는 자기에게 더 잘 맞는 헌옷, 또는 하룻밤의 잠자리나 음식과 교환하거나, 아니면 필요에 따라 먹을 것이든 옷이든 잠자리든, 무엇이든지 살 수 있는 화폐와 교환하기도 한다.

우리가 협의·교환·구매에 의해 자신들에게 필요한 상호원조의 대부분을 서로 획득하는 것처럼, 본디 분업을 일으키는 것도 본디는 거래한다는 것과 같은 성향이다. 수렵이나 목축의 종족 중에서 어떤 특정한 사람들은, 이를테면 활과 화살을 다른 누구보다도 쉽고 교묘하게 만든다. 그는 가끔 그것으로 그의 동료가 가지고 있는 가축이나 사냥한 짐승과 교환한다. 그러다가 마침내 이런 방법을 쓰는 것이, 들에 나가서 직접 잡는 것보다 더 많은 가축과 고기를 얻을 수 있음을 알게 된다. 그러므로 자기 자신의 이해에 대한 배려에서 활과 화살을 만드는 것이 그의 주업이 되어, 그는 일종의 무기공(武器工)이 되는 것이다. 또 어떤 사람은 그들의 작은 오두막이나 이동가옥의 골조를 짜고 지붕을 잇는 일에 뛰어나다. 그는 이런 재주로 이웃 사람들에게 도움을 주고, 이웃은 그에게 또한 가축이나 사슴고기로 대가를 지불하니, 그는 결국 전적으로 이 업무에 전념하여 일종의 목수가 되는 것이 자기의 이익이라는 것을 알게 된다.

이런 식으로 세 번째 사람은 대장장이나 놋갓장이가 되고, 네 번째 사람은 미개인들의 옷의 주요 부분인 짐승 가죽의 무두장이나 마무리공이 된다. 이리하여 자기 자신의 노동 생산물 중에서 자기가 소비하고 남는 부분 모두를 타인의 노동 생산물 중에서 자기에게 필요한 부분과 확실하게 교환할 수 있다는 사실이, 각자를 특정한 직업에 전념하게 하고, 또 그 특정한 일에 대해 그가 지닌 모든 재능과 자질을 육성하고 완성하도록 만든다.

다양한 사람들의 타고난 재능의 차이는, 실제로는 우리가 느끼고 있는 것보다 훨씬 작으며, 성인이 되었을 때 여러 가지 직업의 사람들을 구별짓는 듯이 보이는 자질상의 큰 차이도 분업의 원인이기보다는 오히려 결과인 경우가 많다. 가령 학자와 거리의 지게꾼처럼 가장 닮지 않은 성격상의 차이도 선천적인 차이에 의한 것이라기보다 습관과 풍습 및 교육에 의한 것으로 생각된다. 그들이 이 세상에 태어났을 때, 또 그 뒤의 첫 6년 내지 8년 동안은, 그들은 아마 매우 비슷했을 것이고, 그들의 부모나 놀이친구들도 별로 두드러진 차이를 발견할 수 없었을 것이다. 그 나이 때, 또는 그 얼마 뒤에 그들은 아주 다른 직업에 종사하게 된다. 그 무렵 재능의 차이가 눈에 띄게 되며, 그것이 차츰 커져서 마침내 학자의 허영심이 거의 아무런 유사점도 시인하지 않으려 하기에 이른다. 그러나 거래하고, 교역하고, 교환하는 성향이 없었다면, 사람들은 모두 자신에게 필요한 모든 생활필수품과 편의품을 스스로 조달했을 것이 틀림없다. 모든 사람이 같은 임무를 수행해야 하므로 같은 일을 해야 할 것이고, 따라서 재능에 큰 차이를 가져올 정도의 직업상의 차이는 생길 수가 없을 것이다.

이러한 전문직 사람들 사이에 이렇게 뚜렷한 재능의 차이를 가져오는 것이 이런 성향인 것처럼, 그 차이를 유용하게 만드는 것도 바로 이런 성향이다. 모두 같은 종류로 인정되고 있는 대부분의 동물 종족은, 습관이나 교육에 앞서 사람들 사이에 생기는 것으로 여겨지는 것보다 훨씬 뚜렷한 자질의 차이가 자연적 천성으로 주어져 있다. 타고난 자질과 성향에 있어서 학자와 거리의 지게꾼의 차이는, 마스티프와 그레이하운드, 또 그레이하운드와 스패니얼, 또는 스패니얼과 셰퍼드의 차이의 반도 되지 않는다. 그런데 이런 여러 가지 품종의 개들은 모두 같은 종족이면서도 서로 거의 아무런 도움도 주지 않는다. 마스티프의 강함은 그레이하운드의 민첩함이나 스패니얼의 영리함, 셰퍼드의 복종심으로부터 도움을 받는 것이 전혀 없다.

이런 여러 가지 자질과 재능은, 교역하고 교환하는 능력 또는 성향이 없기 때문에 공동 재산이 되지 못하고, 종족의 생활 조건과 편익을 증진시키는 데 조금도 공헌하지 못한다. 각각의 동물들은 여전히 개별적으로 독립해서 자급하고 방위해야 하며, 자연이 동료들을 구별지어 놓은 다양한 재능으로부터 어떤 종류의 이익도 얻지 않는다. 이에 비해 사람들 사이에서는 가장 닮지 않은 자질이라도 서로에게 유용하며, 그것은 그들 각자의 재능이 만들어 내는 갖가지 생산물을 거래하고 교역하고 교환하는 일반적인 성향에 의해 이른바 공동 재산이 되어, 거기서 누구나 타인의 재능으로 만들어진 생산물 가운데 자신에게 필요한 어떤 부분이라도 살 수 있는 것이다.

제3장
분업은 시장 크기에 의해서 제한된다는 것

　분업을 일으키는 것이 교환하는 능력인 것처럼, 분업의 정도도 그 능력의 정도에 따라, 다시 말하면 시장의 크기에 따라 항상 제한되지 않을 수 없다. 시장이 매우 작으면, 아무도 한 가지 일에 전념하고자 하는 마음이 생기지 않는다. 자기 자신의 노동 생산물 가운데 자신이 다 소비할 수 없는 모든 잉여부분을 다른 사람들의 노동 생산물 가운데 자기가 필요로 하는 부분과 교환할 능력이 없기 때문이다.

　산업 중에는 가장 낮은 종류의 것이라도 대도시에서가 아니면 영위될 수 없는 것이 몇 가지 있다. 이를테면 지게꾼은 다른 곳에서는 일과 생계의 길을 찾을 수가 없다. 촌락은 그에게 너무 좁고, 보통의 시장도시도 그에게 계속적인 일거리를 제공해 줄 만큼 큰 경우가 여간해서 없다. 스코틀랜드의 하이랜드*¹ 같은 인적이 드문 지방에 뚝뚝 떨어져 있는 고립된 집들이나 매우 작은 마을에서는, 농업 경영자는 모두 자신의 가족을 위해 푸줏간·빵집, 심지어는 술집까지 겸하지 않으면 안 된다. 그와 같은 상황에서는 대장장이·목수, 미장이 같은 사람에 대해서조차, 20마일 안에서 같은 직업인을 또 한 사람 찾아내는 것은 거의 기대할 수 없다. 아무리 가까워도 8 내지 10마일이나 뚝뚝 떨어져서 사는 사람들은, 인구가 더 많은 지방에서라면 그런 기능공들의 도움을 얻을 수 있는 자질구레한 수많은 일들을 직접 해낼 수 있도록 배워 두지 않으면 안 된다. 농촌의 기능공들은 같은 종류의 재료에 의존할 수 있을 정도로 유사성이 있는 다양한 부문의 일을 거의 어디서나 떠맡지 않으면 안 된다. 농촌의 목수는 나무로 할 수 있는 모든 종류의 일을 다루고, 농촌의 대장장이는 쇠로

---

*¹ 영국 스코틀랜드는 하이랜드(고지 지방)와 로랜드(저지 지방)로 나눠지는데, 이것은 통칭이지 행정구획이 아니어서 경계가 분명하지 않다.

할 수 있는 모든 종류의 일을 다룬다. 전자는 목수일 뿐 아니라 소목장이[*2]이고 가구장이며 나무조각가이기도 하고, 심지어는 수레·쟁기·짐마차와 역마차까지 만들기도 한다. 후자의 업무는 더욱 다양하다. 하이랜드의 외딴 내륙 지방에는 못 제조공 같은 직업조차 존재하지 않는다. 하루에 천 개의 비율로 1년에 300일을 일하는 못 제조공은, 1년에 30만 개의 못을 만드는 셈이다. 그러나 그런 곳에서는 1년에 천 개, 즉 하루치의 제품도 팔 수 없을 것이다.

해안이나 항행이 가능한 하천의 연안에서는, 수상 운송에 의해 육상 운송만이 제공할 수 있는 것보다 훨씬 넓은 시장을 어떤 산업에 대해서나 열 수 있기 때문에 모든 종류의 산업이 저절로 세분되고 개량되기 시작하는데, 그런 개량이 나라의 내륙 지방으로 퍼지는 것은 흔히 그보다 훨씬 뒤인 경우가 많다. 두 사람의 마부가 따르고 8필의 말이 끄는, 바퀴가 넓은 대형 마차는 런던과 에든버러 사이를 4톤이나 되는 화물을 싣고 약 6주 만에 왕복한다. 거의 같은 기간에 6명 내지 8명의 선원에 의해 런던 항과 리스[*3] 항 사이를 운항하는 배는, 때때로 200톤의 화물을 싣고 왕복한다.

따라서 6명 내지 8명이 수상 운송의 도움으로 같은 시간에 런던과 에든버러 사이를 100명의 마부와 400필의 말이 끄는 50대의 대형 마차가 운반하는 것과 같은 양의 화물을 싣고 왕복할 수 있는 셈이다. 그러므로 런던에서 에든버러까지 가장 싼 육상 수송으로 운반되는 200톤의 화물에는, 100명의 3주일 분 생활비와 400필의 말과 50대의 대형 마차의 유지비 및 이 유지비와 거의 맞먹는 소모비가 들게 마련이다. 이에 비해 수로로 운반되는 같은 양의 화물에는 6명 내지 8명의 생활비와 적재량 200톤의 선박 소모비에, 증가한 위험률의 가치, 즉 육상 수송과 수상 수송 사이의 보험료 차액이 드는 데 불과하다. 따라서 이 두 지방 사이에 육상 수송 외에 다른 수송 수단이 없다면 그 가격이 중량에 비해 매우 비싼 것 외에는 한 지방에서 다른 지방으로 수송될 수 없을 것이니, 두 지방은 현재 두 지방에서 영위되고 있는 상업의 일부분밖에 영위할 수 없을 것이고, 따라서 두 지역이 현재 서로 다른 쪽의 상업에 제공하

---

*2 소목장이라고 번역한 것은 joiner이며, 나무를 짜서 가구와 문방구 등을 만드는 기술자. 목수보다 가볍고 장식적인 일을 하기 때문에 고급으로 여긴다.
*3 리스(Leith)는 영국 스코틀랜드의 에든버러에 인접한 항구. 현재는 에든버러 시내.

고 있는 자극의 극히 일부분밖에 제공하지 못하게 된다. 세계의 서로 멀리 떨어진 지방 사이에는 어떤 종류의 상업도 거의, 또는 전혀 존재할 수 없는 것이다. 어떤 화물이 런던과 캘커타(인도) 사이의 육상 수송의 비용을 부담할 수 있을 것인가? 또는 이 비용을 부담할 수 있을 만큼 값비싼 물건이 있다 하더라도 그처럼 많은 야만인의 영토를 통과해서 대관절 얼마나 안전하게 수송할 수 있겠는가? 그런데 이 두 도시는 현재 함께 상당히 큰 상업을 영위하며 서로 시장을 제공함으로써 서로의 산업에 많은 자극을 주고 있다.

수상 수송의 이점이 이러하므로, 기술과 산업의 최초의 개량은, 이 편의에 의해 전세계가 모든 종류의 노동 생산물에 대한 시장으로서 개방되는 곳에서 이루어지고, 개량이 그 나라의 내륙 지방으로 퍼져 가는 것은 항상 훨씬 뒤의 일이 되는 것은 당연한 일이다.

그 나라의 내륙 지방은 오랫동안, 그 주위에서 그것을 해안이나 항행 가능한 큰 강에서 격리시키고 있는 주변 지방 외에는, 상품의 대부분에 대한 시장을 가질 수가 없다. 그러므로 내륙 지방의 시장 범위는 오랫동안 주변 지방의 부와 인구에 비례하지 않을 수 없고, 그 결과 그들의 개량은 항상 주변 지방의 개량보다 늦을 수밖에 없다. 우리의 북아메리카 식민지에서는, 개척지는 항상 해안 또는 항행 가능한 강변을 따라 생겼고, 양자에서 상당히 멀리 떨어진 지역에는 거의 퍼져간 일이 없었다.

가장 신뢰할 만한 역사서에 의하면, 가장 먼저 문명화한 것으로 생각되는 것은 지중해 연안 주변에 살던 사람들이었다. 세계에 알려진 바다 가운데 가장 큰 내해인 지중해는 조수의 간만*⁴이 없고, 따라서 바람으로 인한 파도 외에는 파도가 일지 않으며, 그 잔잔한 해변과 수많은 섬, 인접한 가까운 연안 덕분에, 유년기의 세계 해운에 있어서 매우 유리한 입장에 있었다. 그 당시 사람들은 나침반을 몰랐기 때문에 해안선을 놓칠까 봐 두려워했고, 조선 기술도 서툴러서 대양의 거친 파도에 몸을 맡기는 것을 두려워했다. 헤라클레스의 기둥 밖으로 나아가는 것, 즉 지브롤터 해협 밖으로 나가는 것은, 고대 세계에서는 가장 경이롭고 위험한 항해상의 위업으로 오랫동안 생각되어 왔다. 그러한

*4 지중해는 고대부터 간만의 차이가 적은 것으로 유명했다.

옛날에 가장 기량이 뛰어난 항해자이자 조선 기술자였던 페니키아인과 카르타고인조차 그것을 감행한 것은 훨씬 뒤의 일이었으며, 그들은 그 뒤 오랫동안 그것을 감행한 유일한 국민이었다.

지중해 연안에 있는 모든 나라 중에서 이집트는 농업 또는 제조업이 상당히 개발되고 개량된 최초의 나라였던 것 같다. 북부 이집트는 나일 강에서 수 마일 이상 뻗어 나가지 않았고, 남부 이집트에서는 그 큰 강이 수많은 수로로 갈라져서, 그 수로가 약간의 기술의 도움으로 모든 대도시 사이뿐만 아니라, 모든 중요한 마을과 농촌의 수많은 농가에 이르기까지 수상 수송에 의한 교통 수단을 제공하고 있었던 것 같다. 그것은 현재 네덜란드에서 라인 강과 뫼즈 강이 하고 있는 것과 거의 같은 방법이다. 이 내륙 항행의 범위와 편리함이 아마 이집트가 빨리 개발된 중요한 원인의 하나였을 것이다.

농업 및 제조업에서의 개량은 동인도의 벵골 여러 주*5와 중국 동부의 몇 군데 성(省)에서도 마찬가지로 아주 오래 전부터 이루어지고 있었던 것 같다. 그러나 이 고대의 커다란 범위에 대해서는, 세계의 이 부분에서 우리가 그 권위를 확신하는 어떤 역사서에 의해서도 확증되어 있는 것은 아니다. 벵골에서는 갠지스 강과 기타 몇 개의 큰 강이 이집트의 나일 강과 마찬가지로 수많은 수로를 이루고 있다. 중국 동부의 여러 성에서도 여러 개의 큰 강이 여러 갈래의 지류로 많은 수로를 이루고, 또 서로 연결함으로써 나일 강이나 갠지스 강보다, 아니 어쩌면 그 두 강을 합친 것보다 훨씬 더 광범한 내륙 항행을 제공하고 있다. 고대의 이집트인과 인도인, 중국인이 대외통상을 장려하지 않고, 그들의 거대한 부를 모두 이 내륙 항행에서 얻은 것은 주목할 만한 일이다.

아프리카의 모든 내륙지대 및 흑해와 카스피 해에서 북쪽으로 멀리 떨어진 아시아의 모든 지대, 즉 고대의 스키타이*6와 근대의 타타르*7 및 시베리아는

---

*5 벵골은 당시의 인도 동부의 주, 지금은 인도와 방글라데시로 갈라져 있다.
*6 스키타이(Scythia)는 흑해와 카스피 해 북동 지방.
*7 타타르(Tartar)는 9세기 이후 때때로 동유럽을 침략한 몽골인의 총칭. 그러나 지역적으로도 인종적으로도 매우 애매한 개념으로, 스미스는 그것을 다시 시베리아 북부로 확대하여 이해했던 것 같다. 타타르소스와 타타르스테이크는 여기서 유래한 것이다.

모든 시대를 통해 지금 우리가 보는 것과 같은 야만적이고 비문명적인 상태에 있었던 것으로 추정된다.

타타르의 바다는 얼어붙은 대양이라 항해의 여지가 없고, 또 세계에서 가장 긴 몇 개의 강이 그 나라를 지나가고 있지만 서로 멀리 떨어져 있어서, 그 지역의 대부분을 통해 상업이나 교류가 이루어질 수가 없었다. 아프리카에는 유럽의 발트 해와 아드리아 해, 유럽과 아시아 양쪽에 걸쳐진 지중해와 흑해, 아시아의 아라비아 만, 페르시아 만, 인도 만, 벵골 만, 샴(태국의 옛이름) 만처럼 그 큰 대륙의 내륙 지역에까지 해상 상업을 보급시킬 큰 내해가 하나도 없다.

또 아프리카의 강들은 내륙 항행을 일으키기에는 서로 너무 멀리 떨어져 있다. 뿐만 아니라 많은 지류나 수로로 갈라져 있지 않고, 바다에 이를 때까지 다른 나라의 영토로 흘러들어가는 그런 강에서 한 나라가 영위할 수 있는 상업은 결코 대단한 것이 못된다.

왜냐하면 항상 그런 영토를 소유한 국민의 힘으로 상류의 나라와 바다 사이의 교통을 방해할 수 있기 때문이다. 바바리아(독일 바이에른의 라틴명), 오스트리아·헝가리 같은 여러 국가에 대한 도나우 강의 항행의 유용성은, 어느 한 나라가 도나우 강이 흑해로 흘러들기까지의 전 수로를 소유한 경우에 비하면 매우 보잘것없는 것이다.

제4장
화폐의 기원과 사용에 대하여

　분업이 일단 완전히 확립되면, 사람이 자기 자신의 노동 생산물로 충족할 수 있는 것은 그의 욕구 가운데 매우 작은 부분에 불과하다. 그는 그 욕구의 대부분을 그 자신의 노동 생산물 중에서 그 자신의 소비를 넘어선 잉여 부분을 타인의 노동 생산물 중에서 그가 필요로 하는 부분과 교환함으로써 충족한다. 사람은 누구나 이렇게 교환을 통해 생활하는, 다시 말해 어느 정도 상인이 되는 것이며, 사회 자체도 당연히 상업적 사회라고 부를 수 있게 되는 것이다.

　그러나 처음 분업이 일어나기 시작했을 때는, 이 교환 능력은 때때로 그 작용을 몹시 방해받고 저지당했을 것이다. 어떤 사람은 일정한 상품을 자기 자신이 필요로 하는 이상으로 가지고 있는데 비해, 다른 사람은 자기가 필요한 양보다 적게 가지고 있다고 가정하자. 그러면 전자는 이 잉여품의 일부를 기꺼이 처분하고자 할 것이고, 후자는 기꺼이 사들이고자 할 것이다. 그러나 만약 후자가 전자가 필요로 하는 것을 아무것도 가지고 있지 않다면, 그들 사이에는 교환이 이루어지지 않는다. 푸줏간 주인은 자신의 가게에 자기 자신이 소비할 수 있는 것보다 많은 고기를 가지고 있고, 술집과 빵집은 각기 그 일부분을 구매하고 싶어한다. 그런데 그들은 각자의 직업에서 오는 생산물 외에는 교환할 만한 것을 아무것도 가지고 있지 않는데, 푸줏간 주인은 자기가 당분간 필요로 하는 빵과 맥주를 이미 모두 준비해 두고 있다. 이런 경우 그들 사이에는 어떤 교환도 이루어질 수 없다. 그는 그들의 상인이 될 수 없고, 그들도 그의 고객이 될 수 없다. 그리하여 그들은 서로가 그다지 도움이 되지 않는다. 이런 상황의 불편을 피하기 위해, 분업이 처음으로 확립되고부터 사회의 모든 시기의 모든 신중한 생각을 가진 사람들은 당연히 그 문제를 다음과 같은 방법으로 처리하려고 노력했을 것이다. 그것은 자기 자신의 근로로 얻은 특정한 생산물 외에, 사람들이 자신의 근로 생산물과 교환하기를 거부할 리가 거의 없을 것으로 생각되는 어떤 상품의 일정량을 항상 자기 수중에 가지고 있는 방법이다.

아마 매우 갖가지 상품이 이 목적을 위해 잇따라 착상되고 또한 사용되었을 것이다. 사회가 미개한 시대에는 가축*¹이 상업의 공통된 용구였다고 한다. 그리고 가축은 몹시 불편한 용구였던 것은 틀림없었겠지만, 그래도 옛날에는 흔히 물품이 그것과 교환하기 위해 동원된 가축의 수로 가치가 정해졌다는 것을 우리는 알고 있다. 디오메데스의 갑옷은 황소 9마리의 값어치밖에 안 되는데, 글라우코스의 갑옷은 황소 100마리에 해당된다고 호메로스는 말했다.*² 아비시니아*³에서는 소금이, 인도 연안의 어떤 지방에서는 일종의 조개껍데기가, 뉴펀들랜드에서는 말린 대구가, 버지니아에서는 담배가, 우리의 서인도 식민지 가운데 어떤 곳에서는 설탕이, 또 다른 몇몇 나라에서는 생가죽, 또는 무두질한 가죽이 상업과 교환의 공통된 용구로 알려져 있다. 그리고 오늘날에도 스코틀랜드의 어떤 마을에서는 노동자가 화폐 대신 못을 빵집이나 술집에 가지고 가는 일이 드물지 않다고 한다.

그러나 모든 나라에서 사람들은 결국 불가항력적인 이유 때문에, 이 용도를 위해 다른 모든 상품을 능가하는 것으로서 금속을 선택하기로 결정했던 것 같다. 금속은 부패할 우려가 거의 없으므로 보존해도 손실을 가져오지 않는다는 점에서 다른 어떤 상품에도 뒤지지 않을 뿐 아니라, 마찬가지로 아무런 손실도 없이 얼마든지 잘게 분할할 수 있고, 더욱이 용해를 통해 그 부분들은 쉽게 재결합할 수도 있는데, 이 성질은 같은 내구성을 지닌 다른 어떤 상품에도 없는 것으로, 다른 어떤 성질보다 더욱 금속을 상업과 유통의 용구로서 알맞은 것으로 만들고 있다. 예를 들면 소금을 사고 싶은 사람이 그것과 교환으로 줄 만한 것이 가축밖에 없다면, 그는 황소 1마리나 양 1마리 값어치만큼의 소금을 한꺼번에 사는 수밖에 없을 것이다. 그가 소금의 대가로 줄 수 있는 것

---

*1 가축(cattle)은 이용을 목적으로 사육되는 동물을 말하며, 대부분 소를 가리키지만 닭이나 벌까지 포함되는 경우도 있다.

*2 호메로스 《일리아스》 6·234~236.

*3 아비시니아(Abyssinia)는 에티오피아의 다른 이름.

은 손실 없이는 결코 분할할 수 없는 것이기 때문에 그는 이보다 더 적은 양의 소금은 좀처럼 살 수 없을 것이다. 또 만일 그가 그보다 더 많은 양의 소금을 사고 싶은 마음이 있다면, 같은 이유로 2배나 3배의 양, 즉 2마리 내지 3마리의 황소 또는 2마리 내지 3마리의 양의 가치만큼의 소금을 사는 수밖에 없을 것이다. 반대로, 만일 그가 양이나 황소 대신 소금과 교환할 수 있는 금속을 가지고 있다면 그는 당장 필요로 하는 상품의 정확한 양에 금속의 양을 쉽게 맞출 수 있을 것이다.

여러 가지 금속이 여러 국민에 의해 이 목적을 위해 사용되어 왔다. 고대 스파르타인들 사이에서는 철이, 고대 로마인들 사이에서는 구리가, 또 모든 부유하고 상업적인 국민들 사이에서는 금과 은이 공통의 상업 용구였다.

이 금속들은 이 목적을 위해, 본디는 각인도 하지 않고 주조도 하지 않은 채 아무렇게나 만든 막대 형태로 사용되었던 것 같다. 그러므로 플리니우스*4가 고대의 역사가 티메우스를 전거(典據)로 하여 말한 바에 의하면, 세르비우스 툴리우스 시대까지 로마인은 주조화폐를 가지고 있지 않았고, 무엇이든 그들이 필요로 하는 것을 구매하는 데 각인이 없는 구리막대를 사용했다. 그리하여 이렇게 아무렇게나 만든 막대가 당시에는 화폐의 기능을 수행한 것이다.

이런 허술한 상태에서 금속을 사용하는 데는 두 가지 큰 불편이 따랐다. 첫째로는 무게를 다는 데 시간이 걸린다는 점과, 둘째로는 그 순도(純度)를 측정하는 데 시간이 걸린다는 점이다. 양이 조금만 달라져도 값어치에 큰 차이가 생기는 귀금속의 경우에는, 상당히 정확하게 무게를 다는 일에도 적어도 매우 정확한 추와 저울을 필요로 한다. 특히 금의 무게를 다는 것은 어떤 예리한 식별이 필요한 작업이다. 물론 작은 착오가 그리 큰 결과를 가져오지 않는 그보다 조악한 금속의 경우에는, 사실 그렇게 정확성이 필요한 것은 아니다. 그러나 만일 가난한 사람이 1파딩*5의 가치밖에 안 되는 물건을 매매할 기회가 있을 때마다, 1파딩의 무게를 달아야 한다면 우리는 그것이 얼마나 성가신 일인

---

*4 플리니우스(Gaius Plinius, 23~79)는 제정 로마 초기의 군인·정치가·저술가. 단, 현재 남아 있는 것은 《자연지(自然誌, Naturalis Historia)》뿐이며, 스미스가 이용한 것도 이것이다(ASL 1328). 원주는 제2판에서의 추가이며, 스미스의 원전 요약은 때때로 부정확하다.
*5 파딩(farthing)은 4분의 1페니.

지 알게 될 것이다. 순도를 다는 작업은 더욱 어렵고 더욱 지루한 일일 뿐만 아니라, 그 금속의 일부가 도가니 속에서 알맞은 용제(溶劑)와 함께 충분히 녹지 않는 한 거기서 나올 수 있는 어떤 결론도 매우 부정확한 것이다.

그러나 주조화폐가 제도화되기 전까지는 사람들은 이 지루하고 어려운 작업을 하지 않으면 언제라도 가장 큰 사기와 속임수를 당할 가능성이 있었다. 자신들의 물품과 교환할 때도 1파운드 무게의 순은이나 순동(純銅)이 아니라, 외관은 그러한 금속과 비슷하게 만들어졌지만 더 질이 나쁘고 값싼 재료를 섞은 불순한 혼합물을 받을지도 모른다. 이런 폐해를 막고, 간단하게 교환할 수 있게 하며, 나아가 모든 종류의 산업과 상업을 촉진하기 위해 개량이 상당한 전진을 보게 된 모든 나라에서는, 그런 나라에서 재화를 사는 데 일반적으로 쓰고 있었던 특정한 금속의 일정량에 공적인 각인을 할 필요가 있다는 점을 알게 되었다. 여기에 주화의 기원이 있고, 또 모직물이나 마직물의 검사관과 완전히 똑같은 성질의 제도인 조폐국이라는 이름의 관청의 기원이 있다. 이 제도들은 모두 공적 각인에 의해, 그런 여러 가지 상품이 시장에 나오게 되었을 때 그 양과 균일한 품질을 확증하는 것을 목적으로 하고 있다.

유통하는 금속에 처음으로 이런 종류의 공적 각인이 찍힌 것은, 대부분의 경우, 금속의 품질 또는 순도라고 하는, 확증하기가 가장 어렵고 중요한 것을 확증하고자 했던 것 같다. 현재 판은(板銀)이나 봉은(棒銀)의 순도기호(純度記號), 또는 이따금 금괴에 찍혀 있는 에스파냐식 기호와 비슷했던 것으로 생각된다. 이 에스파냐식 기호는 각 금속 조각의 한쪽 면에만 찍혀 있고, 전면에 걸쳐 찍혀 있는 것은 아니므로, 그 금속의 순도는 확증되지만, 무게는 확증되지 않는다. 아브라함은 막벨라 밭의 대가로 지불하는 데 동의하고 은 400세겔을 달아 에브론에게 주었다.*6 그 은은 상인의 통화였다고는 하는데, 오늘날 금괴나 봉은과 마찬가지로 개수가 아니라 무게에 따라 주고받은 것이다. 잉글랜드의 고대 색슨 왕들의 수입은 화폐가 아니라 현물, 즉 모든 종류의 조리품이나 식료품으로 지불되었다고 한다. 정복왕 윌리엄이 그것을 화폐로 지불하는 관습을 도입했다. 그러나 이 화폐는 오랫동안 개수가 아닌 무게에 의해 국

---

*6 구약성서 《창세기》 제23장 제14~18절 참고.

고에 수령되었다.

이 금속의 무게를 정확하게 다는 일이 불편하고 어려워 주화(鑄貨)제도가 생겼고, 주화의 각인은 양면 모두를 덮으며, 때로는 그 가장자리까지 덮고 있어서 금속의 순도뿐만 아니라 중량까지 확증하게 되었다. 따라서 그러한 주화는 무게를 달 필요 없이 현재처럼 개수로 거래되었던 것이다.

이러한 주화의 명칭은 본디 그 속에 들어 있는 금속의 무게 또는 분량을 표현했던 것 같다. 로마에서 처음으로 화폐를 주조한 세르비우스 툴리우스 시대에 로마의 아스 또는 폰도는 양질(良質)의 구리 1로마파운드가 들어 있었다. 그것은 우리의 트로이중량*7 1파운드와 마찬가지로 12온스로 분할되고, 1온스는 각각 양질의 구리 1온스가 들어 있었다. 에드워드 1세 시대의 잉글랜드의 파운드스털링은 일정한 순도의 은이, 타워중량*8으로 1파운드 들어 있었다. 타워파운드는 로마파운드보다 조금 무겁고, 트로이파운드보다 조금 가벼웠던 것 같다. 이 트로이파운드는 헨리 8세의 제18년까지 잉글랜드 조폐국에 도입되지 않았다. 프랑스의 리브르는 샤를마뉴 시대에는 트로이중량으로 일정한 순도의 은 1파운드가 들어 있었다. 당시 샹파뉴 트루아의 정기시(定期市)에는 유럽의 모든 민족이 모여들어, 이렇게 유명한 시의 중량과 척도가 일반인에게 알려지고 존중받게 되었다. 스코틀랜드 화폐 1파운드는 알렉산더 1세 시대부터 로버트 브루스의 시대까지 잉글랜드의 1파운드스털링과 같은 무게와 순도의 은 1파운드가 들어 있었다. 잉글랜드·프랑스·스코틀랜드의 페니도 본디는 모두 1페니웨이트, 즉 1온스의 20분의 1, 1파운드의 240분의 1의 은이 들어 있었다. 실링도 본디는 무게의 명칭이었던 것 같다.

헨리 3세의 오래된 법령에는 밀 1쿼터*9가 12실링일 때 1파딩짜리 최상급 빵의 무게는 11실링 4펜스가 되어야 한다고 되어 있다. 그러나 실링과 페니의 비율, 또 실링과 파운드의 비율은, 페니와 파운드의 비율만큼 항상 일정하지는 않았던 것 모양이다.

프랑스 최초의 왕통 기간에는 프랑스의 수 또는 실링은 여러 경우에 따라 5

---

*7 트루아(파리 동남쪽 약 150km)의 시장에서 사용된 중량단위를 트로이중량이라고 하며, 그 중에 트로이파운드·트로이온스 등이 있다. 주로 귀금속이나 보석에 사용되었다.
*8 타워중량은 런던탑에 보관되어 있는 표준 중량 파운드에 의한 중량.
*9 1쿼터는 8부셸의 용적이 보통이지만, 그보다 많을 때도 적을 때도 있었다.

페니·12페니·20페니·40페니*[10]가 들어 있었던 것으로 추정된다. 고대 색슨인들 사이에서는 때로는 1실링이 불과 5페니밖에 들어 있지 않았던 것 같으며, 그 1실링이 그들 사이에서 이웃인 고대 프랑스인들 사이에서와 마찬가지로 변동하기 쉬웠으리라는 것도 있을 법한 일이다. 프랑스인 사이에서는 샤를마뉴 시대부터, 또 잉글랜드인 사이에서는 정복왕 윌리엄 시대부터 파운드·실링·페니 사이의 비율은 현재와 마찬가지로 일관하게 같았던 것 같지만, 그 각각의 가치는 매우 달랐다. 왜냐하면 세계의 모든 나라에서 왕후(王侯)와 주권 국가의 탐욕과 부정이, 신민(臣民)의 신뢰를 악용하여 본디 그들의 주화에 들어 있던 금속의 정량(定量)을 차츰 줄여간 것으로 여겨졌기 때문이다.

로마의 아스는 공화국 말기에 이르러 본디 가치의 24분의 1로 줄어, 1파운드는커녕 반 온스의 무게밖에 나가지 않게 되었다. 영국의 파운드와 페니는 지금은 본디 가치의 약 3분의 1에 불과하며, 스코틀랜드의 파운드와 페니는 약 36분의 1, 프랑스의 파운드와 페니는 약 66분의 1밖에 들어 있지 않다. 이렇게 조작을 한 왕후와 주권 국가는, 겉으로는 그런 조작을 하지 않았을 때 필요한 양보다 적은 은으로 채무를 지불하고 계약을 실행할 수 있었다. 그러나 그것은 외관상으로만 그렇게 보였을 뿐이었다. 왜냐하면 그들의 채권자들은 본디 그들에게 지불되어야 할 일부를 실질적으로 사기당하고 있기 때문이다. 그 나라에 있는 다른 모든 채무자들도 같은 특권을 인정받고, 그들이 옛 주화로 빌린 것이 얼마라도, 개악(改惡)된 새 주화로 명목상 같은 액수만 갚으면 되었다. 따라서 이런 조작은 항상 채무자에게는 유리하지만 채권자에게는 치명적이라는 것이 드러났고, 때로는 매우 큰 사회적 재난에 의해 일어날 수 있는 것보다 더 크고 보편적인 변력을 개인의 재산에 초래했던 것이다.

이리하여 화폐는 모든 문명국에서 보편적인 상업 용구가 되었고, 이 용구를 매개로 하여 모든 종류의 재화가 매매되고 서로 교환되고 있는 것이다.

사람들이 재화를 화폐와 교환하거나 물물교환을 할 때 자연히 지키게 되는 법칙이 무엇인지, 나는 이제부터 검토해 보고자 한다. 이런 법칙이 재화의 상대가치, 즉 교환가치를 결정한다.

---

*10 초판은 이 뒤에 '48페니'.

주의해야 할 것은, '가치'라는 말에는 두 가지 다른 의미가 있는데, 때로는 어떤 특정한 물건의 효용을 나타내고, 때로는 그 물건의 소유가 가져다 주는, 다른 재화에 대한 구매력을 나타낸다는 것이다. 한쪽은 '사용가치', 다른 한쪽은 '교환가치'라고 불러도 좋을 것이다. 최대의 사용가치를 가진 물건이 교환가치는 거의 또는 전혀 가지지 않는 경우가 때때로 있고, 반대로 최대의 교환가치를 가진 것이 사용가치는 거의 또는 전혀 가지지 않는 일도 흔히 있다. 물만큼 유용한 것도 없지만 그것으로는 아무것도 구매할 수 없고, 그것과 교환해서 얻을 수 있는 것도 거의 없다. 그와 반대로 다이아몬드는 사용가치가 거의 없지만 때때로 매우 많은 양의 재화와 교환할 수 있다.

상품의 교환가치를 규제하는 원리를 연구하기 위해 나는 다음과 같은 몇 가지를 밝히는 데 주력하고자 한다.

첫째로, 이 교환가치의 참된 척도는 무엇인가. 또는 모든 상품의 참된 값은 무엇인가.

둘째로, 이 참된 값을 구성하거나 형성하고 있는 여러 가지 부분은 무엇인가.

그리고 끝으로, 값의 이런 여러 가지 부분의 어떤 것, 또는 모두를, 때로는 그 자연율(自然率) 내지 통상률(通常率)보다 올리고, 때로는 그 이하로 낮추는 여러 가지 사정은 어떤 것인가, 또는 모든 상품의 시장가격 즉 실제가격이 그 자연가격이라고 부를 수 있는 것과 정확히 일치하는 것을 이따금 방해하는 원인은 무엇인가.

나는 이 세 가지 주제를 다음에 계속되는 5·6·7장에서 될 수 있는 대로 충분하고도 명확하게 설명하도록 노력하겠다. 이에 대해 나는 독자 여러분에게 인내와 주의력을 기울여 주기를 진심으로 간청하는 바이다. 즉 어떤 곳에서는 쓸데없이 지루하게 보일지도 모르는 상세한 설명을 검토하기 위한 인내와, 내가 할 수 있는 데까지 충분한 설명을 하였는데도 또한 어느 정도 애매하게 생각될지도 모르는 대목을 이해하기 위한 주의력이 그것이다. 나는 언제나 명확성을 기하기 위해 어느 정도 지루해질 위험을 무릅쓸 생각이지만, 명확성을 기하기 위해 최대한의 노력을 기울인 뒤에도, 그 자체의 성질상 매우 추상적인 주제에 대해서는 또한 조금 애매함이 남는 것처럼 보일지도 모른다.

상품의 실질가격과 명목가격에 대하여, 즉 그 노동가격과 화폐가격에 대하여

　사람들의 빈부는 인간생활의 필수품과 편의품·오락품을 누릴 수 있는 능력이 어느 정도인가에 달려 있다. 그러나 일단 분업이 철저하게 이루어진 뒤부터는 그 중에서 자신의 노동으로 자신에게 공급할 수 있는 것은 매우 적은 부분에 지나지 않는다. 그 가운데 압도적으로 많은 부분을 그는 다른 사람의 노동에 의지하지 않으면 안 되고, 그의 빈부는 그가 지배할 수 있는 노동, 즉 그가 구매할 수 있는 노동의 양에 대응한다. 따라서 어떤 상품의 가치는, 그 상품을 소유하거나 그것을 스스로 사용하고 소비할 생각이 없이, 다른 상품과 교환할 예정인 사람에게는, 그것으로 그가 구매하거나 지배할 수 있는 노동의 양과 같다. 그러므로 노동이 모든 상품의 교환 가치를 재는 참된 척도이다.

　모든 물품의 실질가격, 즉 모든 물품이 그것을 획득하고자 하는 사람에게 실제로 부담시키는 것은, 그것을 획득할 때 드는 노고와 수고이다. 이미 그것을 획득하고 있고, 그것을 처분 또는 다른 물품과 교환하고 싶어하는 사람에게 있어서 모든 물품이 지니고 있는 참된 가치는, 그것으로 그 자신이 절약할 수 있고, 또 그것으로 다른 사람에게 부과할 수 있는 노고와 수고이다. 화폐 또는 재화로 구매할 수 있는 것은, 우리가 우리 자신의 신체의 노고에 의해 획득하는 것과 마찬가지로 노동에 의해 구매할 수 있는 것이다. 사실 그 화폐나 재화는 우리의 이 노고를 덜어 주는 셈이다. 거기에는 일정량의 노동가치가 들어 있고, 그것을 우리는 그때 같은 양의 노동이 들어 있다고 생각되는 것과 교환한다. 노동이야말로 최초의 가격, 즉 모든 것에 대해 지불된 본원적인 구매화폐였다. 세계의 모든 부가 본디 구매된 것은, 금에 의해서도 은에 의해서도 아니라 노동에 의해서였고, 부를 소유하고 있고 그것을 무언가 새로운 생산물과 교환하고 싶어하는 사람들에게 그 부의 가치는 그것으로 그들이 구매 또는 지배할 수 있는 노동의 양과 정확하게 같다.

홉스가 말하듯이, 부는 힘이다.*¹ 그러나 큰 재산을 획득하거나 상속하는 사람이 반드시 문민 또는 군인으로서의 정치권력을 획득하거나 상속하는 것은 아니다. 그의 재산은 아마 그 두 가지를 획득할 수단을 그에게 주겠지만, 그 재산을 단순히 소유하고 있는 것만으로는 반드시 그에게 그 어느 쪽도 가져다 주는 것은 아니다. 그 소유가 그에게 당장 직접 가져다 주는 힘은 구매력, 즉 그때 시장에 있는 모든 노동 또는 노동의 모든 생산물에 대한 일정한 지배력이다. 그의 재산은 이 힘의 크기, 즉 그 재산으로 그가 구매하거나 지배할 수 있는 타인의 노동의 양, 또는 같은 말이지만 타인의 노동 생산물과 정확히 비례한다. 모든 물품의 교환가치는 그것이 그 소유자에게 가져다 주는 이 힘의 크기와 항상 정확하게 같다.*²

그러나 노동이 모든 상품의 교환가치의 참된 척도라고는 하나, 그 상품의 가치가 보통 평가되는 것은 노동에 의해서가 아니다. 두 가지의 다른 노동량의 비율을 확인하는 것은 때때로 어려울 때가 있다. 두 가지의 다른 종류의 일에 소비된 시간만이 반드시 늘 이 비율을 결정하는 것은 아니다. 그때 견딘 고통과 발휘된 창의의 정도의 차이도 똑같이 계산에 들어가야 한다. 1시간의 힘든 작업 속에는 2시간의 쉬운 일보다 많은 노동이 들어 있을지도 모르고, 습득하는 데 10년의 노동이 필요한 직업의 경우, 한 시간의 직무 속에는 평상시의 쉬운 업무에서의 한 달의 근로보다 많은 노동이 들어 있을지도 모른다. 그러나 고통이든 창의이든, 그것에 대해 무언가 정확한 척도를 찾아 내는 것은 쉬운 일이 아니다. 사실 다양한 종류의 노동에서 나온 다양한 생산물을 서로 교환하는 데 있어서는 그 양쪽에 대해 조금 참작이 이루어지는 것이 보통이다. 단, 그것은 어떤 정확한 척도에 의해서 되는 것이 아니라, 시장의 흥정이나 교섭에 의해, 정확하지는 않아도 일상생활의 일을 해 나가기에 충분한 종류의, 대략적인 등식에 따라 조정된다.

뿐만 아니라 모든 상품은 노동보다는 다른 상품과 교환되고, 따라서 비교되는 경우가 많다. 그러므로 그 교환가치를 평가하는 데는 그것이 구매할 수

＊1 "넉넉한 마음씨와 연관된 재산도 또한 힘이다." 토마스 홉스 《리바이어던》 제1부 제10장 참조.
＊2 이 문단은 제2판 보유(補遺)로 덧붙여졌다.

있는 노동의 양보다도 어떤 다른 상품의 양에 의하는 편이 더 자연스럽다. 사람들도 대부분 노동의 양보다는 어떤 특정 상품의 양이 뜻하는 의미를 더 잘 이해한다. 한 쪽은 손으로 만질 수 있는 확실한 물체인 반면, 다른 쪽은 추상적인 관념이며, 충분히 이해할 수 있다 해도 전자만큼 자연스럽고 명백한 것은 아니다.

그러나 물물교환이 사라지고 화폐가 상업의 공통 용구가 되어 버리면, 모든 개개의 상품은 다른 상품과 교환되기보다 화폐와 교환되는 경우가 많다. 푸줏간 주인이 자신의 쇠고기와 양고기를 빵 또는 맥주와 교환하기 위해 빵집이나 술집으로 가지고 가는 일은 거의 없다. 그는 고기를 시장으로 가지고 가서 화폐와 교환하고 그 화폐를 빵이나 맥주와 교환한다. 그가 고기를 주고 받는 화폐가 그가 나중에 구매할 수 있는 빵과 맥주의 양을 좌우한다. 그러므로 그가 직접 고기와 교환하는 상품인 화폐의 양에 따라 고기의 가치를 평가하는 것이, 다른 상품의 매개에 의해서만 교환할 수 있는 상품인 빵과 맥주의 양으로 평가하는 것보다 자연스럽고 명백하며, 그의 고기는 3 내지 4파운드의 빵, 또는 3 내지 4쿼트*3의 약한 맥주만큼의 가치가 있다고 하기보다는, 1파운드에 3 내지 4펜스의 가치가 있다고 하는 편이 더 자연스럽고 명백하다. 따라서 이렇게 된다. 각 상품의 교환가치는 그것과 교환해서 얻을 수 있는 노동의 양이나 다른 상품의 양에 의해 평가되기보다는 화폐의 양으로 평가되는 일이 많아지는 것이다.

그런데 금은은 다른 모든 상품과 마찬가지로 그 가치가 변동하여, 때로는 싸고 때로는 비싸다. 즉 어떤 때는 사기 쉽고, 어떤 때는 사기 어려워진다. 어떤 특정량의 금은이 구매하거나 지배할 수 있는 노동의 양, 즉 그것과 교환되는 다른 재화의 양은, 그런 교환이 이루어지는 시점에 알려져 있는 모든 광산의 산출량에 항상 의존한다. 아메리카의 풍부한 광산의 발견은 16세기에 유럽의 금은 가치를 그 이전의 약 3분의 1로 떨어뜨렸다.*4 그 금속을 광산에서 시장으로 운반하는 데 소요되는 노동량이 적어짐에 따라, 그것이 시장에 운반되었을 때 구매하거나 지배할 수 있는 노동의 양도 적어졌다. 금은의 가치의 이

---

*3 쿼트(quart)는 액체 또는 곡물의 부피단위. 1리터보다 조금 많다.
*4 에스파냐 및 포르투갈령 아메리카에서 유입된 귀금속에 의한 '가격혁명'을 가리킨다.

러한 혁명은 역사가 다소나마 설명을 주고 있는 최대의 것이기는 하지만, 결코 유일한 것은 아니다. 그러나 사람의 발의 크기라느니, 두 팔을 벌린 길이라느니, 한 줌이니 하는, 그 자체의 양이 계속 변동하는 양의 척도는 다른 상품의 양의 정확한 척도가 될 수 없듯이, 그 자체의 가치가 계속 변동하는 상품은 다른 상품가치의 정확한 척도가 될 수 없다. 같은 양의 노동은 언제 어디서나 노동자에게는 같은 가치를 가진다고 할 수 있다. 건강과 체력과 기력이 보통인 상태이고, 숙련도와 솜씨가 보통 정도이면,*5 그는 항상 같은 분량의 안락과 자유와 행복을 포기하지 않으면 안 된다. 그가 지불하는 가격은 그 대신 그가 받는 재화의 양이 얼마나 되든 항상 똑같을 것이다. 확실히 이 가격이 구매하는 이런 재화의 양은 때에 따라 많기도 하고 적기도 하겠지만, 변동하는 것은 재화의 가치이지 재화를 구매하는 노동의 가치는 아니다. 언제 어디서나 구하기 어려운 것, 즉 획득하는 데 많은 노동이 드는 것은 값이 비싸고, 쉽게 구할 수 있는 것, 즉 아주 조금의 노동으로 얻을 수 있는 것은 값이 싸다. 그러므로 노동만이, 그 자신의 가치에 변동이 없는 한, 언제 어디서나 모든 상품의 가치를 평가하고 비교할 수 있는 궁극적이고 참된 기준이다. 노동은 모든 상품의 실질가격이고, 화폐는 단순히 그 명목가격에 지나지 않는다.

그러나 같은 양의 노동은 노동자에게는 언제나 같은 가치라 해도, 노동자를 고용하는 사람에게는 더 큰 가치를 가진 것처럼 보일 때도 있고, 더 작은 가치를 가진 것처럼 보일 때도 있다. 그는 그것을 더 많은 상품으로 구매하기도 하고 더 적은 상품으로 구매하기도 하므로, 그에게 있어서 노동가격은 다른 모든 상품의 가격과 마찬가지로 변동하는 것처럼 생각된다. 그것은 한쪽의 경우에는 비싸고, 다른 한쪽의 경우에는 싸게 보인다. 그러나 사실은 한쪽의 경우에는 싸고, 다른 한쪽의 경우에는 비싼 것은 상품이다.

따라서 이런 일반적인 의미에서는 노동은 상품과 마찬가지로 실질가격과 명목가격을 가지고 있다고 해도 무방하리라. 노동의 실질가격은 노동과 교환하여 주어지는 생활필수품과 편의품의 양이고, 그 명목가격은 화폐의 양이라고 할 수 있다. 노동자가 부유한지 가난한지, 그 보수가 좋은지 나쁜지는 그의

---

*5 '건강과……이면'은 제2판의 추가.

노동의 명목가격이 아니라 실질가격에 의한 것이다.

모든 상품과 노동의 실질가격과 명목가격의 구별은, 단순한 이론상의 문제가 아니라 때로는 실제로 상당히 유용한 문제일 수도 있다. 같은 실질가격은 항상 같은 가치가 있지만, 금은의 가치가 변동하기 때문에 같은 명목가격이 매우 다른 가치를 가질 때가 있다. 따라서 어떤 토지재산이 영구지대(永久地代)를 유보(留保)하는 조건으로 팔릴 때, 만약 이 지대가 언제나 같은 가치를 가지도록 하려면, 그 지대를 유보해 두고자 하는 가족에게는 그것이 일정액의 화폐가치로 되어 있지 않도록 해두는 것이 중요하다. 화폐로 되어 있을 경우에는, 그 지대의 가치는 두 종류의 다른 변동을 받기 쉽다. 첫째로는 같은 명칭의 주화에 함유되는 금은의 양이 때에 따라 달라지는 데서 오는 변동이고, 두 번째로는 같은 양의 금은의 가치가 때에 따라 달라지는 데서 오는 변동이다.

왕후와 주권 국가는 그들의 주화에 들어 있는 순(純) 금속의 양을 줄임으로써 일시적인 이익을 얻을 수 있을 것이라고 생각하는 일은 때때로 있었지만, 그 양을 늘리는 것이 이익이 된다고는 결코 생각하지 않았다. 그래서 모든 국민의 주화에 들어가는 금속의 양은 거의 계속적으로 감소되어 왔을 뿐, 증가한 적은 거의 없었다고 나는 믿는다. 그러므로 그러한 변동은 거의 언제나 화폐지대(貨幣地代)의 가치를 감소시키는 경향이 있다.

미국의 여러 광산의 발견은 유럽의 금은의 가치를 감소시켰다. 이 감소는, 내가 알기에는 확실한 증거는 없지만, 일반적으로 상정되고 있는 바로는 지금도 서서히 진행되고 있고, 장기에 걸쳐 계속 감소할 것으로 보인다. 그러므로 이 상정에 의하면 비록 화폐지대가 어떤 명칭의 주화 얼마(예를 들어 영국의 정화(正貨) 몇 파운드)가 아니라, 몇 온스의 순은 또는 일정한 기준의 은으로 지불하기로 약정이 되어 있다 하더라도, 이러한 변동은 화폐지대의 가치를 증가시키기보다 감소시킬 가능성이 크다.

곡물로 예약된 지대는 화폐로 예약된 지대보다 주화의 명칭이 변경되지 않은 경우에도 그 가치를 훨씬 잘 보존해 왔다. 엘리자베스 치세 18년의 법률에 의해, 모든 학교의 임대지*6의 지대(地代)는 3분의 1이 곡물로 예약되고, 현물 또는 가장 가까운 공공시장의 시가(時價)에 따라 지불되어야 하는 것으로 규

---

*6 옥스퍼드·케임브리지 두 대학교의 칼리지 및 윈체스터·이튼 두 학교의 소유지로, 그 재정을 유지하는 것.

정되었다. 이 곡물지대에서 나오는 화폐는 처음에는 전체의 3분의 1에 지나지 않았지만, 블랙스턴 박사에 의하면, 현재는 보통 나머지 3분의 2에서 나오는 화폐의 2배에 가깝다. 이 계산에 의하면 대학의 옛 화폐지대는 옛날 가치의 거의 4분의 1로 하락해 버린 것이 분명하다. 다시 말해, 종전의 곡물로서의 가치에 비해 4분의 1도 되지 않는다. 그러나 필립과 메리의 시대 이래 영국 주화의 명칭에는 거의 또는 전혀 변경이 없고, 같은 금액의 파운드·실링·페니에는 거의 완전히 같은 양의 순은이 들어 있었다. 그러므로 대학의 이러한 화폐지대의 가치 저하는 전적으로 은의 가치가 하락된 데서 생긴 것이다.

은의 가치 저하가 같은 명칭의 주화에 들어 있는 은의 양의 감소와 결부되어 있을 때는, 손실이 더 큰 경우가 많다. 주화의 명칭 변경이 영국의 어떤 변경보다 훨씬 컸던 스코틀랜드, 또 스코틀랜드의 어떤 변경보다 훨씬 컸던 프랑스에서는, 본디는 상당한 가치가 있었던 옛날의 지대 중에는 이렇게 해서 거의 무(無)로 돌아가 버린 것도 있다.

멀리 떨어진 시점(時點)에서 같은 양의 노동을 구매하는 데는, 같은 양의 금은 또는 다른 어떤 상품보다도 노동자의 생활재료인 같은 양의 곡물로 하는 편이 같은 양에 가까울 것이다. 따라서 멀리 떨어진 시점에서는 같은 양의 곡물 쪽이 거의 똑같은 실질가치를 가질 것이고, 그것이 그 소유자에게 구매하거나 지배하게 하는 다른 사람들의 노동은 같은 양에 가까울 것이다. 같은 양의 다른 어떤 상품보다 같은 양의 곡물 쪽이 같은 양에 가까운 것을 지배한다고 나는 보는데, 그것은 같은 양의 곡물조차 정확하게 같은 양을 지배할 수 있는 것은 아니기 때문이다. 노동자의 생계비, 즉 노동의 실질가격은 앞으로 내가 설명하려고 노력하겠지만, 경우에 따라 크게 달라진다. 부를 향해 나아가고 있는 사회가 정지해 있는 사회보다 후하고, 또 정지해 있는 사회는 후퇴하고 있는 사회보다 후하다.

그러나 다른 어떤 상품도, 어떤 특정한 시기에 있어서도, 그것이 구매할 수 있는 노동의 양은 그때 구매할 수 있는 생활재료의 양에 비례한다. 따라서 곡물로 예약되는 지대는, 일정량의 곡물이 구매할 수 있는 노동의 양의 변동에만 영향을 받을 뿐이다. 그러나 무엇이든 다른 상품으로 예약되는 지대는, 어떤 특정량의 곡물이 구매할 수 있는 노동의 양의 변화뿐만 아니라 특정한 양의 그 상품으로 구매될 수 있는 곡물의 양의 변동에도 영향을 받는다.

그러나 주의해야 할 것은, 곡물지대의 실질가치의 변동은, 세기에서 세기에 걸쳐서는 화폐지대의 그것보다 훨씬 작지만, 해마다 일어나는 변동은 훨씬 크다는 점이다. 앞으로 설명하려고 노력하겠지만, 노동의 화폐가격은 해마다 곡물의 화폐가격과 함께 변동하는 것이 아니고, 어디서나 그 생활필수품의 일시적 또는 우연적인 가격이 아니라 평균적 또는 통상적인 가격에 대응하고 있는 것으로 보인다. 이것도 또한 앞으로 밝히겠지만, 곡물의 평균적 또는 통상적인 가격은 은의 가치, 그리고 그 금속을 시장에 공급하는 광산이 풍요로운가 아닌가에 따라, 바꿔 말하면 어떤 특정량의 은을 광산에서 시장에 공급하기 위해 사용되어야 하는 노동의 양, 따라서 소비되어야 하는 곡물의 양에 따라 규정된다. 그러나 은의 가치는 세기에서 세기에 걸쳐 크게 변동하는 일이 있다 해도, 해마다 크게 변동하는 일은 거의 없고, 반세기 또는 1세기 동안, 같거나 계속 거의 비슷할 때가 많다. 따라서 곡물의 통상적 또는 평균적인 화폐가격은 그와 같이 오랜 기간 동안 같거나 계속 거의 비슷할 수 있다. 또 그것과 함께, 적어도 사회가 그 밖의 모든 점에서 같거나 계속 거의 비슷한 상태에 있는 한은, 노동의 화폐가격도 또한 그와 같을 수 있다. 그 기간 중에 곡물의 그때그때의 일시적인 가격은 어떤 해에는 전년의 2배, 이를테면 1쿼트에 25실링에서 50실링으로 변동하는 일도 흔히 있다.

그러나 곡물이 50실링의 가격일 때, 곡물지대의 명목가치뿐 아니라 실질가치도 그것이 앞의 가격일 때의 2배가 될 것이다. 다시 말해 2배의 노동량, 또는 대부분의 다른 상품의 2배를 지배할 것이다. 노동의 화폐가격, 또 그것과 아울러 대개의 다른 상품의 화폐가격은 이런 모든 변동이 있는 동안 계속 똑같기 때문이다.

따라서 노동이 가치의, 유일하게 정확한 척도인 동시에 유일하게 보편적인 척도이기도 하다는 것, 다시 말해 온갖 상품의, 모든 때와 모든 장소의 가치를 비교할 수 있는 유일한 표준이라는 것은 명백하게 알 수 있다. 우리가 세기에서 세기에 걸친 온갖 상품의 실질가치를, 그것과 교환되는 은의 양으로 평가할 수 없다는 것은 인정받고 있다. 우리는 해마다 그것을 곡물의 양으로 평가할 수는 없다. 노동의 양에 의하면, 우리는 그것을 세기간(世紀間)에 걸쳐서나 연간(年間)에 걸쳐서 가장 정확하게 평가할 수 있다. 세기에서 세기에 걸쳐서는 곡물은 은보다 뛰어난 척도인데, 그것은 세기에서 세기에 걸쳐서는 같은 양의 곡물이 같은 양의 은보다 같은 양에 가까운 노동을 지배할 것이기 때문이다. 반대로 연간에 걸쳐서는 은이 곡물보다 좋은 척도가 되며, 그것은 같은 양의 은이 같은 양에 가까운 노동을 지배할 것이기 때문이다.

그러나 영구지대를 설정할 때, 또는 매우 장기간의 임대계약을 맺을 때도, 실질가격과 명목가격을 구별하는 것은 유용하겠으나, 인간생활에서 더욱 평범하고 통상적인 거래인 매매에 있어서는 전혀 유용하지 않다.

같은 때와 장소에서는, 모든 상품의 실질가격과 명목가격은 서로 정확하게 비례하고 있다. 예를 들면, 런던 시장에서 무엇이든 상품과 교환하여 얻을 수 있는 화폐가 많은가 적은가에 따라, 같은 때와 장소에서 구매하거나 지배할 수 있는 노동도 많았다가 적었다가 한다. 따라서 같은 때와 장소에서는 화폐는 모든 상품의 실질적 교환가치의 정확한 척도이다. 단, 그것은 같은 때와 장소에 한해서만 그러하다.

서로 떨어진 장소 사이에서는 상품의 실질가격과 명목가격 사이에 규칙적인 비율은 없지만, 어쨌든 어떤 장소에서 다른 장소로 상품을 운반하는 상인은, 상품의 화폐가격 외에는, 즉, 상품을 살 때의 은의 양과 상품을 팔 때 받을 수 있는 은의 양의 차이 외에는 아무것도 고려할 필요가 없다. 중국의 광동(廣東)에서의 반 온스의 은은 런던에서의 1온스보다 많은 노동과 많은 양의 생활필수품 및 편의품을 지배할지도 모른다. 따라서 광동에서 은 반 온스에 팔리는 상품은, 그곳에서 그 상품을 가진 사람에게는 런던에서 은 1온스에 팔리는 상품이 런던에서 그 상품을 가진 사람에 대해서보다 실질적으로 더 비싸고 실질적 중요성도 더 클지도 모른다.

그러나 만일 런던의 상인이 광동에서 은 반 온스로 어떤 상품을 사서 나중에 런던에서 그것을 은 1온스에 팔 수 있다면, 그는 이 거래에서 100%의 이득을 보는 셈이 된다. 그것은 런던에서의 은 1온스가 광동에서의 은 반 온스와 정확하게 같은 가치라는 얘기가 된다. 광동에서 반 온스의 은이, 런던에서 1온스의 은보다 많은 양의 노동과 생활필수품 및 편의품에 대한 지배권을 그에게 주었을 것이라는 사실은 그에게는 전혀 중요하지 않다. 런던에서의 1온스의 은은 그곳에서 반 온스의 은이 지배할 수 있었을 모든 것의 2배의 지배력을 항상 그에게 줄 것이고, 그것이야말로 그가 원하는 바이다.

따라서 모든 매매가 신중한 검토가 이루어졌는지의 여부를 최종적으로 결정하고, 그렇게 함으로써 값과 관련된 일상생활의 거의 모든 일을 규제하는 것은 재화의 명목가격 또는 화폐가격이므로, 그 쪽에 실질가격보다 훨씬 많은 주의가 집중되어 왔다고 해도 우리는 이상하게 생각할 것이 없다.

그러나 이 책과 같은 저서에서, 어떤 특정 상품의 상이한 때와 장소에서 가지는 상이한 실질가치를 비교하는 것, 즉, 어떤 특정 상품이, 상이한 경우에 그것을 소유하고 있었던 사람들에게 주어진, 다른 사람들의 노동을 지배하는 힘의 차이를 비교하는 것은 때로는 유용할 수도 있다. 이런 경우 우리는, 보통 그 상품을 팔아서 얻은 은의 양의 차이보다도, 오히려 그런 다른 양의 은이 구매할 수 있었던 노동량의 차이를 비교하지 않으면 안 된다. 그러나 동떨어진 때와 장소에서의 노동의 시가를 조금이나마 정확하게 아는 것은 거의 불가능한 일이다. 곡물의 시가는 규칙적으로 기록되어 있는 곳은 적지만 일반적으로 전자보다 잘 알려져 있고, 역사가나 그 밖의 저작가들에게 주목을 받는 경우가 전자보다 많다. 따라서 우리는 일반적으로는 곡물의 시가로 만족하지 않으면 안 된다. 그것은 곡물의 시가가 노동의 시가와 항상 정확하게 비례하고 있기 때문이 아니라, 보통 얻을 수 있는 비율 중에서는 그것과 가장 가깝기 때문이다. 나는 뒤에서 이런 비교를 몇 가지 해 볼 예정이다.

상업이 발달함에 따라, 상업에 종사하는 여러 국민들은 몇 가지의 다른 금속을 화폐로 주조하는 것이 편리하다는 사실을 알게 되었다. 즉, 금은 고액의 지불용으로, 은은 중위의 가치의 구매용으로, 그리고 구리 또는 뭔가 다른 비금속을 가장 소액의 용도로 주조한 것이다. 그러나 그들은 항상 그런 금속 가운데 어느 하나를 다른 둘보다 특별한 가치의 척도로 생각해 왔다. 이 선호는 일반적으로 그들이 우연히 상업 용구로서 최초로 사용한 금속에 주어진 것 같다. 그것을 일단 그들의 표준으로 사용하기 시작하자―달리 화폐를 갖지 않았을 때는 그렇게 하지 않을 수 없었을 것이다―그 필요성이 변화했을 때도 일반적으로 그것을 표준으로 계속 사용한 것이다.

로마인은 약 5년 뒤에 제1차 포에니 전쟁이 일어날 때까지[7]는 동화(銅貨)밖에 가지고 있지 않았고, 그때 처음으로 은화를 주조하기 시작했다고 한다. 따

---

[7] 플리니우스 《자연지》 제33편 제3장. 로마와 카르타고 사이의 포에니 전쟁은 기원전 264년에 시작되었다. 또한 플리니우스의 원문에서는 '5년 전.'

라서 로마 공화국에서는 동화가 계속 가치의 척도였던 것 같다. 로마에서는 아스나 세스테르티우스로 모든 장부가 기입되었고, 모든 재산의 가치가 계산되었던 모양이다. 아스는 언제나 동화의 명칭이었다. 세스테르티우스라는 말은 2 아스 반을 의미한다. 따라서 세스테르티우스는 원래는 은화였는데도 그 가치는 동화로 평가된 것이다. 로마에서는 많은 돈을 빌린 사람을 남의 구리를 많이 가지고 있다고 표현했다.

　로마제국의 폐허 위에 나라를 세운 북방 민족들은 그 정착 초기부터 은화를 가지고 있었고, 그 뒤 여러 세대에 걸쳐 금화와 동화에 대해서는 몰랐던 것 같다. 영국에서는 색슨 시대에는 은화가 있었으나 에드워드 3세 시대까지 금화는 거의 주조되지 않았고, 그레이트브리튼의 제임스 1세 시대까지는 동화도 전혀 주조되지 않았다. 따라서 영국에서는, 내가 믿는 바로는 같은 이유에서 유럽의 다른 모든 근대 국가에서도, 계산은 모두 은으로 기입되었고, 모든 재화와 재산의 가치는 일반적으로 은으로 계산되었다. 우리가 어떤 사람의 자산 총액을 표현하고자 할 때, 그것과 교환할 수 있을 것으로 생각되는 영국 파운드의 수로 환산하고 기니의 수[*8]로 따지는 일은 거의 없다.

　모든 나라에서, 본디 지불상의 법정통화(法定通貨)가 될 수 있었던 것은, 특별히 가치의 표준 또는 척도로 여기고 있었던 금속으로 만든 주화뿐이었다고 나는 믿는다. 영국에서는 금은화폐로 주조된 뒤에도 오랫동안 법정통화로 간주되지 않았다. 금화와 은화의 가치 비율은 어떤 법률이나 포고로 확정되는 일 없이 시장에서 정해지는 대로 맡겨져 있었다. 채무자가 금으로 지불하겠다고 하면, 채권자는 그런 지불을 전면적으로 거부할 수 있었고, 그와 채무자가 동의할 수 있는 금의 평가로 지불받을 수도 있었다. 동화는 지금도 소액의 은화에 대한 거스름돈의 경우 외[*9]에는 법정통화가 아니다. 이런 상황에서는 표준화폐인 금속과 표준화폐가 아닌 금속의 구별은 명목상의 구별 이상의 것이었다.

[*8] 영국 정화(正貨)의 파운드가 은화였던 것에 비해, 기니(guinea)는 금화(나중에는 은화)의 명칭이며, 1717년부터 1기니는 21실링으로 정해졌다. 1파운드는 20실링(1실링은 12펜스)이었지만, 실링이라는 단위는 십진법의 채용으로 1971년 2월에 폐지되었다.

[*9] 은화의 금액에 이르지 않은 동화는 법정화폐라는 말.

시간이 지남에 따라, 또 사람들이 차츰 다양한 금속을 주화로 사용하는 데 익숙해지고, 따라서 그런 금속 사이의 가치 비율을 잘 알게 됨에 따라, 대부분의 나라에서 이 비율을 확정하고, 공식 법률에 의해, 이를테면 이러이러한 중량과 순도의 1기니는 21실링과 교환될 수 있다거나, 그 금액의 채무에 대한 법정화폐로 한다고 고시하는 것이 편리하다는 사실이 밝혀졌다고 나는 믿는다. 이런 정황에서는, 다시 말해 이런 종류의 어떤 규정된 비율이 존속하는 경우에는, 표준인 금속과 표준이 아닌 금속의 구별은 거의 명목상의 구별에 지나지 않게 된다.

그러나 이 규정된 비율에 뭔가 변화가 생기면, 그 결과 이 구별은 다시 명목상의 구별 이상의 것이 된다. 적어도 그렇게 될 것이라고 나는 본다. 이를테면 1기니의 법정가치가 20실링으로 인하되거나 22실링으로 인상된다면, 모든 계산은 은화로 기록되고 있고 거의 모든 채무가 은화로 표시되고 있으므로, 어느 쪽의 경우에도 지불은 대부분 종전과 같은 양의 은화로 이루어질 수 있지만, 금화로는 매우 다른 양, 즉 한쪽의 경우에는 더 많은 양이, 다른 쪽의 경우에는 더 적은 양이 필요하게 되어, 은은 금보다 가치가 변하지 않는 것처럼 보일 것이다. 그러면 은은 금의 가치를 측정하는 것처럼 보이고, 금은 은의 가치를 측정하는 것으로는 보이지 않게 된다. 금의 가치는 그것과 교환할 수 있는 은의 양에 의존하는 것처럼 보이지만, 은의 가치는 그것과 교환할 수 있는 금의 양에 의존하는 것으로 보이지 않을 것이다.

그러나 이 차이는 오로지 계산을 기록하는 습관, 크고 작은 모든 금액을 금화보다 은화로 표시하는 습관에 의한 것이다. 드러먼드[*10]의 25기니 또는 50기니의 어음 가운데 한 장은, 이런 종류의 변경 뒤에도 종전과 같은 방식으로 25기니 또는 50기니화로 지불될 수 있을 것이다. 그러한 변경 뒤에도 종전과 같은 양의 금으로 지불될 수 있겠지만, 은의 양으로는 완전히 달라질 것이다. 그런 어음의 지불에서는 금은 은보다 가치가 불변하는 것처럼 보일 것이다. 금

─────────

*10 조지 드러먼드(1687~1766)를 말하는 건지도 모른다. 그는 에든버러 시장을 여섯 번 역임한 정치가이자 자선가였다. 18세기 에든버러에서 가장 유력한 시민으로 알려져 있었다. 왕립 병원 건설과 에든버러 뉴타운의 개발에서 중심적 역할을 했고, 대학에 대해서도 영향력을 행사하여 퍼거슨·블레어·로버트슨의 취임을 실현시켰다. 스미스의 무덤에서 가까운 캐넌게이트 묘지에 묻혔다. 최근의 프랑스어역 《국부론》(1995)에서는 런던의 은행가인 헨리 드 러먼드(?~1794)를 들고 있는데, 그 이유는 불명이다.

은 은의 가치를 재는 것처럼 보이지만, 은은 금의 가치를 재는 것처럼은 보이지 않을 것이다. 만일 이런 방법으로 계산을 기록하고 약속어음이나 그 밖의 화폐채무를 표시하는 습관이 일반화되면, 은이 아니라 금이, 특별히 가치표준 또는 척도가 되는 금속으로 여겨질 것이다.

실제로는 주화 가운데 여러 가지 금속의 각각의 가치 사이에 일정한 법정비율이 존속하는 동안은, 가장 귀중한 금속의 가치가 모든 주화의 가치를 규제한다. 12펜스의 동화에는 상형(常衡)*11으로 반 파운드의 구리가 들어 있지만, 이 구리는 가장 양질의 것은 아니며, 주조되기 전에는 은 7펜스의 가치도 없는 것이었다. 그러나 규정에 따라 그런 12펜스는 1실링과 교환할 수 있는 것으로 되어 있으므로 시장에서는 그것을 1실링의 가치가 있는 것으로 여기고 있고, 그것으로 언제라도 1실링을 얻을 수 있다. 그레이트브리튼의 최근의 금화개혁*12 이전에도, 금화는 그 가운데 적어도 런던과 그 인근에서 유통되고 있었던 부분은 일반적으로 은의 대부분보다 표준중량을 밑도는 일이 드물었다. 그러나 마멸(닳음)된 은화 21실링은 1기니와 같은 값으로 여기고 있고, 이 1기니화도 아마 마멸되어 있었다 해도 은화만큼 심하지는 않았다. 최근의 입법은 어느 나라의 유통화폐에 대해서도 가능한 한 금화를 그 표준중량에 근접시켰다. 그리고, 관공서는 중량에 의한 방법 외에는 금을 영수해서는 안 된다는 명령이 이행되고 있는 한, 표준중량이 유지될 것 같다. 은화는 금화개혁 이전과 마찬가지로 마멸하고 감가한 상태를 지금도 계속 유지하고 있다. 그러나 시장에서는 이 마멸한 은화 21실링이 여전히 우량금화 1기니와 같은 가치로 여기고 있다.

금화개혁은 그것과 교환할 수 있는 은화의 가치를 명백하게 인상시켰다.
영국 조폐국에서는 중량 1파운드의 금은 44기니 반으로 주조된다. 그리고 1기니 당 21실링이면, 그것은 46파운드 14실링 6펜스와 같다. 따라서 그러한 금화의 1온스는 은화로 3파운드 17실링 10펜스 반에 해당한다. 영국에서는 조폐에 세금과 수수료를 부과하지 않으므로, 중량 1파운드 또는 중량 1온스의

---

*11 상형(avoirdupois)은 귀금속·보석·약품 이외에 사용하는 중량으로, 16온스를 1파운드로 한다.
*12 1774년의 조지 3세 14년 법률 70호에 의한 개주(改鑄). 제1편 제11장에서도 언급하고 있다.

표준금괴(金塊)를 조폐국에 가지고 가면, 아무런 공제 없이 중량 1파운드 또는 중량 1온스의 금화를 받을 수 있다. 따라서 1온스 당 3파운드 17실링 10펜스 반이 영국에서의 금의 조폐국가격, 즉 조폐국이 표준금 지금과 바꿔주는 금화의 양이다.

금화개혁 이전에는 시장에서의 표준금괴는 여러 해 동안 1온스 당 3파운드 18실링 또는 3파운드 19실링, 때로는 4파운드일 때도 자주 있었는데, 이것은 아마 표준금 1온스 이상이 들어 있는 일이 거의 없는, 마손(磨損)된 금화로서의 금액일 것이다. 금화개혁 이래, 표준금괴의 시장가격은 1온스 당 3파운드 17실링 7펜스를 거의 넘지 않았다. 금화개혁 이전에는 시장가격은 항상 조금이나마 조폐국가격보다 높았는데, 그 개혁 이래, 시장가격은 항상 조폐국가격보다 낮았다. 그러나 그 시장가격은 금화로 지불되든 은화로 지불되든 똑같다. 따라서 최근의 금화개혁은 금화의 가치를 인상했을 뿐만 아니라, 마찬가지로 은화의 가치도 금괴에 비해, 또 아마 다른 모든 상품에 비해서도 인상한 것이다. 다만, 대부분의 다른 상품의 값은 매우 많은 다른 원인에 의해 영향을 받으므로, 그런 상품에 비한 금은화의 가치 상승은 그다지 명확하게 느껴지지 않을지도 모른다.

영국의 조폐국에서는 중량 1파운드의 표준은괴는, 금화의 경우와 같은 방법으로 중량 1파운드의 표준은이 들어 있는 62실링으로 주조된다. 따라서 1온스 당 5실링 2펜스가 영국에서의 은의 조폐국가격, 즉 표준은괴와 교환하여 조폐국이 주는 은화의 양으로 알려져 있다. 금화개혁 이전에는 표준은괴의 시장가격은 때에 따라 1온스 당 5실링 4펜스, 5실링 5펜스, 5실링 6펜스, 5실링 7펜스이고, 5실링 8펜스인 경우도 매우 많았다. 그러나 5실링 7펜스가 가장 통상적인 가격이었던 것 같다. 금화개혁 이래, 표준은괴의 시장가격은 때로는 1온스 당 5실링 3펜스, 5실링 4펜스, 5실링 5펜스로 떨어졌지만, 이 마지막 가격을 넘어서는 일은 거의 없었다. 은지금의 시장가격은 금화개혁 이래 상당히 떨어졌으나 조폐국가격으로까지는 떨어지지 않았다.

영국 주화의 여러 가지 금속 사이의 비율에 있어서는 구리가 그 실질가치보다 매우 높게 평가되고 있는 것처럼, 은은 그 실질가치보다 조금 낮게 평가되고 있다. 유럽 시장에서는 프랑스의 주화도 네덜란드의 주화도 1온스의 순금은 약 14온스의 순은과 교환된다. 영국의 주화에서는 그것은 약 15온스로, 즉 유럽의 공통 평가에 의한 가치보다 많은 은과 교환되는 셈이다. 그러나 영국에서조차, 영국 주화에서의 구리가 고가(高價)라고 해서 봉동(棒銅)의 가격이 올라가는 일이 없는 것과 마찬가지로, 영국 주화에서 은이 저가라고 해서 은괴의 가격이 내려가는 일은 없다. 은괴는 봉동이 은에 대해 적절한 비율을 유지하고 있는 것과 같은 이유로 여전히 금에 대해 적절한 비율을 유지하고 있다.

윌리엄 3세 시대의 은화개혁 때, 은괴의 가격은 계속해서 조폐국가격보다 조금 높았다. 로크는 이 높은 가격을 은괴의 수출허가와 은화의 수출금지 때문이라고 했다. 이 수출허가가 은지금의 수요를 은화의 수요보다 더 크게 만드는 것이라고 그는 말했다. 그러나 국내 통상용인 매매를 위해 은화를 필요로 하는 사람들의 수가, 수출이나 그 밖의 어떤 용도를 위해 은괴를 필요로 하는 사람들의 수보다 훨씬 많은 것은 분명하다. 지금, 금괴의 수출은 허가되고 금화의 수출은 금지되고 있지만, 금괴의 가격은 조폐국가격 이하로 떨어져 있다. 그러나 당시 영국의 은화는 현재와 마찬가지로 금과의 비율에서는 낮게 평가되었고, 금화(당시에도 개혁이 필요하다고 생각되지는 않았다)는 당시에도 현재와 마찬가지로 주화 전체의 실질가치를 규제하고 있었다. 은화개혁은 당시 은괴의 가격을 조폐국가격으로까지 하락시키지 않았으므로, 같은 개혁이 오늘날 그것을 하락시키는 일은 거의 없을 것 같다.

만일 은화가 금화와 마찬가지로 그 표준중량에 가깝도록 회복된다면, 1기니는 아마 현재의 비율에 의하면 은괴를 구매하는 것보다 많은 은화와 교환될 것이다. 이 경우, 은화에는 표준중량이 충분히 들어 있기 때문에, 그것을 녹이면 이익을 얻을 수 있다. 즉, 먼저 은괴를 팔아서 금화로 바꾼 뒤에, 마찬가지로 하여 녹이는 것을 목적으로 은화와 교환하는 것이다. 현행의 비율을 조금 변경하는 것이 이런 불편을 방지하는 유일한 방법으로 생각된다.

주화로서의 은은 현재 금에 대한 적절한 비율 이하로 평가되고 있는데, 만일 그것과 정도로 그 비율 이상으로 평가된다면 이 불편은 아마 줄어들 것이다. 다만 그러기 위해서는, 그것과 동시에 동화가 1실링 은화의 거스름돈 이상으로는 법정화폐가 아닌 것과 마찬가지로, 은화도 1기니의 거스름돈 이상으로는 법정화폐일 수 없다는 것이 입법화될 필요가 있다. 이 경우, 현재 구리가 주화로서 높게 평가되고 있기 때문에 속는 채권자가 있을 수 없는 것과 마찬가지로, 은이 주화로서 높게 평가되고 있기 때문에 속는 채권자도 있을 수 없는 것이다. 이 규제로 괴로운 것은 은행가뿐일 것이다. 예금인출 소동이 일어나면 은행가들은 가끔 6펜스 은화로 내어 줌으로써 시간을 벌려고 애쓰는데, 이 규제가 가능하면 그들은 즉시, 지불을 회피하는 이 떳떳치 않은 방법을 쓰지 못하게 된다. 그 결과, 그들은 현재보다 많은 현금을 항상 금고에 보유하지 않을 수 없게 된다. 그것은 그들에게는 의심할 여지없이 커다란 불편일지 모르지만, 채권자(예금자)에게는 든든한 보장이 될 것이다.

현재의 우리의 우량한 금화조차, 3파운드 17실링 10펜스 반(금의 조폐국가격)에는 1온스 이상의 표준금이 들어 있지 않은 것은 분명하며, 따라서 그 이상의 표준금괴를 구매하지 않을 거라고 생각할 수 있다. 그러나 주화로서의 금은 금괴보다 편리하고, 또 영국에서는 화폐의 주조는 무료라고 하지만, 지금(地金)의 상태로 조폐국에 들어오는 금은 몇 주일이 지나야 소유자에게 주화로 반환되는 것이 보통이다. 조폐국이 현재와 같이 바쁠 때는 몇 달이 걸릴지도 모른다. 이 지체는 소액의 세금과 같은 것이어서 주화로서의 금을 지금(地金)으로서의 같은 양의 금보다 조금이나마 더 가치가 높은 것으로 만든다. 영국의 주화에 있어서 은이 금에 대한 적절한 비율에 따라 평가된다면, 은괴의 가격은 아마 은화개혁이 없더라도 조폐국가격 이하로 떨어질 것이다. 현재의 마손된 은화조차, 그 가치는 그것과 교환할 수 있는 우량금화의 가치에 의해 규제되고 있기 때문이다.

금과 은의 주조에 대해 소액의 조폐수수료 또는 세금을 부과하면, 아마 주화로서의 두 금속이 지금으로서 같은 양의 금과 은에 대해 가지는 우월성을 더욱 증대시킬 것이다. 이 경우, 주조는 이 소액의 세금의 크기에 비례하여 주조된 금속의 가치를 증대시킨다. 그것은 세공을 하면 세공가격에 비례하여 판금의 가치가 커지는 것과 같은 이유에서이다. 주화의 지금에 대한 우월성은 주화의 용해를 방지하고 그 수출을 저지하게 된다. 사회적 긴급 사태가 일어나 주화의 수출이 필요해지더라도, 그 대부분은 곧 자연적으로 되돌아올 것이다. 주화는 국외에서는 그 무게의 지금으로서밖에 팔리지 않는다. 국내에서는 그 무게 이상의 것을 구매할 수 있다. 따라서 주화를 국내에 가지고 돌아오면 이윤을 얻을 수 있는 것이다. 프랑스에서는 주조에 약 8퍼센트의 조폐수수료가 붙으며, 프랑스의 주화는 수출되어도 저절로 다시 돌아온다고 한다.

금은지금(金銀地金)의 시장가격이 수시로 변동하는 것은, 다른 모든 상품의 시장가격이 변동하는 것과 같은 원인에서 일어난다. 해로와 육로에서 일어나는 갖가지 사고 때문에 때때로 일어나는 금속의 손실, 도금이나 금몰, 레이스나 자수 등의 장식으로 인한 끊임없는 낭비 및 주화와 판금의 소모는, 광산을 가지지 않은 모든 나라에서 그 손실과 낭비를 보충하기 위해 계속적인 수입을 필요로 하게 만든다. 다른 모든 상인과 마찬가지로 수입 상인은, 당장 수요가 있을 것으로 판단되는 상품에, 그때그때 수입을 가능한 한 맞추려고 노력하는 것이어서 우리는 믿어도 무방할 것이다. 그러나 아무리 주의해도, 그들은 이 사업을 때로는 지나치게 하고 때로는 너무 적게 하기도 한다. 필요 이상으로 지금을 수입했을 때 그들은 가끔, 그것을 재수출하는 위험과 노력을 부담할 바에는 차라리 통상가격 또는 평균가격보다 조금 싸게 그 일부를 팔려고 한다. 반대로, 필요 이하로 수입했을 때는 어느 정도 평균가격 이상을 손에 넣을 수 있다. 그러나 이런 우연한 변동에도 불구하고, 금은지금의 시장가격이 몇 년 동안 변하지 않고 조폐국가격보다 조금 높거나 낮은 상태를 유지하고 있을 때, 우리는 높든 낮든 그 확고한 불변성은 주화의 상태에서 일어나는 어떤 사정의 결과라고 확신할 수 있으며, 그것이 일정량의 주화를, 들어 있어야 하는 정확한 지금의 양보다 가치를 높게 만들거나 작게 만드는 것이다. 결과의 안정성과 불변성은 그것에 대응하는 원인의 안정성과 불변성을 상정하게 한다.

어떤 특정 국가의 화폐가 어떤 특정한 때와 장소에서 얼마나 정확한 가치척도인지는, 유통주화가 그 표준에 얼마나 정확하게 합치하는가, 즉 들어 있어야 하는 순금 또는 순은의 양을 얼마나 정확하게 들어 있는가에 좌우된다. 이를테면, 영국에서 가령 44기니 반에 정확하게 1파운드의 표준금, 즉 11온스의 순금과 1온스의 합금이 들어 있다면, 영국의 금화는 어떤 특정한 때와 장소에서도, 사항의 성질이 허락하는 한 물품의 실제 가치의 정확한 척도가 될 것이다. 그러나 만일 마손에 의해 44기니 반이, 일반적으로 1파운드 이하의 표준금이 들어 있다면, 설령 마손의 정도는 금화 조각에 따라 크고 작은 차이가 있다 하더라도, 가치 척도는 다른 모든 도량형이 한결같이 겪고 있는 것과 같은 종류의 불확실성을 면치 못하게 된다. 이런 도량형이 그 표준에 정확하게 합치하는 일은 거의 없으므로, 상인은 자신의 상품의 가격을 그런 도량형의 본디 수준이 아니라, 경험을 통해 알 수 있는 실상의 평균치에 될 수 있는 대로 맞춘다. 주화에 있어서의 이와 같은 혼란의 결과, 상품의 가격은 마찬가지로 주화가 들어 있어야 하는 순금 또는 순은의 양이 아니라, 경험을 통해 실제로 들어 있음을 아는 평균치에 적응시키게 된다.

주의해야 할 것은 상품의 화폐가격이라고 할 때, 나는 항상 주화의 명칭과 아무런 상관없이 상품의 판매로 획득할 수 있는 순금 또는 순은의 양으로 이해하고 있다는 사실이다. 이를테면 에드워드 1세 시대의 6실링 8펜스는 내가 생각하는 바로는, 현재의 1파운드스털링과 똑같은 화폐가격이다. 왜냐하면 그것은 우리가 판단할 수 있는 한, 거의 같은 양의 순은이 들어 있었기 때문이다.

제6장
상품가격 구성 부분에 대하여

　자산의 축적과 토지 점유에 앞선 사회 초기의 미개한 상태에서는, 여러 가지 물건을 획득하는 데 필요한 노동량 사이의 비율이 그러한 물건을 서로 교환하기 위한 어떤 기준을 제공할 수 있는 유일한 사정이었을 것이다. 이를테면 수렵 민족 사이에서 한 마리의 바다표범을 잡을 때, 보통 사슴 한 마리를 잡는 데 필요한 노동의 2배가 든다면, 한 마리의 바다표범은 당연히 두 마리의 사슴과 교환할 수 있다. 즉 사슴 두 마리의 가치가 있는 셈이다. 보통 이틀 또는 두 시간의 노동으로 생기는 생산물이 하루 또는 한 시간의 노동 생산물의 두 배의 가치가 되는 것은 당연한 일이다.

　만일 어떤 종류의 노동이 다른 노동보다 더 힘든 것이라면, 더 힘든 만큼 거기에 대해 당연히 배려가 있어야 할 것이고, 한쪽의 방법으로 한 1시간의 노동 생산물은 흔히 다른 방법으로 한 2시간의 노동 생산물과 교환될 수 있을 것이다.

　또는 만일 어떤 종류의 노동이 뛰어난 솜씨와 창의력을 필요로 한다면, 그런 재능에 대해서 사람들이 가지는 존경심은 당연히 그 재능의 생산물에, 그것에 소비된 시간에 상당하는 것보다 뛰어난 가치를 부여할 것이다. 그런 재능은 오랜 노력의 결과가 아니면 여간해서 얻을 수 없는 것이며, 그 재능의 생산물에 주어지는 뛰어난 가치는 흔히 그런 재능을 획득하는 데 소비되어야 하는 시간과 노동에 대한 적절한 대가에 지나지 않는 일이 많다. 진보된 사회에서는 노동임금에, 이런 특히 힘든 일이나 특별한 숙련도에 대한 배려가 이루어지는 것이 보통이며, 매우 초기의 미개한 사회에서도 아마 틀림없이 이와 비슷한 배려가 있었을 것이다.

　사물의 이런 상태에서는 모든 노동 생산물은 노동자의 것이고, 어떤 상품을 획득하거나 생산하는 데 통상 사용되는 노동의 양이 그 상품이 통상 구매하고, 지배하고, 또는 교환되어야 하는 노동의 양을 규제할 수 있는 유일한 사정이다.

자산이 일단 개개인의 수중에 축적되어 버리면 그들 가운데 어떤 자는 자연히 그것을 부지런한 사람들을 취업시키는 데 사용할 것이다. 그들이 그 사람들에게 원료와 생활 물자를 공급하는 것은, 그 사람들의 생산물을 판매함으로써, 즉 그들의 노동이 원료의 가치에 부가하는 것에 의해 이윤을 얻기 위한 것이다. 완성품을 화폐나 노동, 또는 다른 재화와 교환할 때는, 원료의 가격과 노동자의 임금을 지불하는 데 충분한 정도를 넘어서, 이러한 모험에 자신의 자산을 과감하게 투자한 기업가의 이윤으로서 어느 정도이 몫이 주어져야 한다. 따라서 노동자가 원료에 부가하는 가치는, 이 경우 두 부분으로 나누어지는데, 그 하나는 그들의 임금을 지불하고, 또 하나는 그들의 고용주가 선불한 원료와 임금이라는 자산 전체에 대한 이윤을 지불하는 것이다. 고용주는 노동자들의 제품을 판매하는 데서 자신의 자산을 회수하고도 남는 것을 기대하지 않는다면, 그들을 고용하는 데 아무런 관심도 가지지 않을 것이고, 그의 이윤이 그의 자산의 크기에 비해 일정한 비율을 가지지 않는다면, 적은 자산이 아니라 큰 자산을 사용하는 데 아무런 관심도 가질 수 없을 것이다.

자산의 이윤은 어떤 특정한 종류의 노동, 즉 감독하고 지휘하는 노동에 대한 임금의 다른 이름에 지나지 않는다고 생각될지 모른다. 그러나 이윤은 전혀 다른 것이고, 전혀 다른 원리에 의해 규제되며, 이 감독하고 지휘하는 노동의 양과 노고와 창의성에는 조금도 비례하지 않는다. 그것은 사용된 자산의 가치에 의해서만 좌우되며, 그 크기는 이 자산의 크기에 비례한다. 예를 들어, 어떤 특정한 장소에서 제조업의 자산에 대한 통상적인 연이윤이 10%라 하고, 그곳에 2개의 다른 공장이 있는데, 두 군데 모두 각각 20명의 노동자가 각각 연 15파운드의 비율로 고용되어 있다고 가정하자. 즉 각 공장에서 연 300파운드의 경비로 고용되어 있는 것이다. 그리고 이들 중 한 공장에서는 해마다 가공되는 저질의 원료비가 700파운드밖에 들지 않는 데 비해, 다른 공장에서는 양질의 원료비가 7천 파운드나 든다고 가정하자. 이 경우 해마다 사용되는 자본은, 한쪽은 겨우 천 파운드밖에 안 되는데, 다른 한쪽은 7천300파운드에 이른다. 그러므로 이윤율 10%에서는, 한쪽 기업가는 약 100파운드의 연 이윤밖에 기대하지 않지만, 다른 기업가는 약 730파운드의 이윤을 기대할 것이다. 그러나 그들의 이윤에는 이처럼 큰 차이가 있지만, 그들이 감독 지휘하는 노동은 완전히 같거나 거의 같을 것이다. 대부분의 대규모 작업장에서는 이런 종류의 노동은 거의 모두 어떤 주임직원에게 맡겨지는 것이 보통이다. 그의 임금은 이 감독 지휘의 노동가치를 적절히 표현한다. 임금을 정할 때는 그의 노동과 숙련도뿐만 아니라 그에게 주어진 신임에 대해서도 어떤 배려가 이루어지는 것이 보통이지만, 그렇다고 그가 운영을 감독하는 자본에 대해 어떤 정해진 비율을 갖는 일은 결코 없다. 그리고 이 자본의 소유자는 이렇게 하여 거의 모든 노동을 면제받는 데도 불구하고, 그의 이윤이 그의 자본에 대해 일정한 비율을 가질 것을 기대한다. 따라서 상품가격에 있어서 자산이윤은 노동임금과는 전혀 다른 구성 성분이 되어,*1 전혀 다른 원리에 의해 규제된다.

사물의 이런 상태에서는 모든 노동 생산물은 반드시 언제나 노동자의 것이 되는 것은 아니다. 그는 대부분의 경우, 그를 고용한 자산소유자와 그것을 나눠가지지 않으면 안 된다. 또, 어떤 상품의 획득 또는 생산에 일반적으로 사용되는 노동의 양도, 그 상품이 일반적으로 구매하고, 지배하고, 또는 그것과 교환되어야 하는 노동의 양을 규제할 수 있는 유일한 사정은 아니다. 그 노동임금을 선불하고 원료를 조달한 자산이윤으로서 일정한 추가량이 할당되어야 한다는 것은 명백하다.

어떤 나라의 토지가 일단 모두 사유재산이 되어 버리면, 지주들은 다른 모든 사람과 마찬가지로 자기가 씨를 뿌리지도 않은 곳에서 수확하기를 좋아하며, 토지의 자연 생산물에 대해서까지 지대를 요구한다. 숲 속의 나무와 들판의 풀을 비롯한 대지의 모든 자연 산물은, 토지가 공유였을 때는 노동자에게는 그저 거둬들이는 수고밖에 들지 않았는데, 이제부터는 그에게 있어서도 추가 가격을 가지게 된다. 그렇게 되면 사람들은 그것을 채취하는 허가에 대해 대가를 지불해야 하게 되어, 그의 노동이 수집 또는 생산하는 것의 일부를 지주에게 넘겨주지 않으면 안 된다. 이 부분이, 또는 같은 말이 되지만, 이 부분의 가격이, 토지지대를 구성하고 대부분의 상품가격에서 제3의 구성 부분이 되는 것이다.

---

*1 '구성 성분이 되어'는 초판에서는 '가치의 원천이며'로 되어 있다.

값의 여러 가지 구성 부분의 모든 실질가치는 그 각각의 부분이 구매 또는 지배할 수 있는 노동의 양에 따라 매겨진다는 것에 유의해야 한다. 노동은, 값 속에 노동으로 분해되는 부분의 가치뿐 아니라, 지대로 분해되는 부분과 이윤으로 분해되는 부분의 가치도 측정한다.

어느 사회에 있어서나, 모든 상품의 값은 결국 이 세 부분 중 어느 하나 또는 모두로 분해된다. 그리고 모든 개량된 사회에서는 이 세 가지 모두가 많든 적든 거의 모든 상품가격 속에 구성 부분으로서 들어 있다.

예를 들면, 곡물값에서는 일부는 토지지대를 지불하고 다른 일부는 그것을 생산하는 데 사용되는 노동자와 가축의 임금 또는 유지비를 지불하고, 제3의 부분은 농업 경영자*²의 이윤을 지불한다. 이 세 부분은 직접적으로 또는 최종적으로 곡물값 전체를 형성하는 것처럼 보인다. 제4의 부분이 농업 경영자의 자산을 회수하기 위해, 즉 가축이나 그 밖의 농경 용구의 손모(損耗)를 보상하기 위해 필요하다고 아마 생각될 것이다. 그러나 역마(役馬)와 같은 농업 용구의 값도, 그 자체가 같은 세 부분, 즉 그 말이 사육되고 있는 토지지대와, 말을 돌보고 사육하는 노동, 그리고 그 토지지대와 노동임금을 선불하는 농업자의 이윤으로 구성되어 있다는 것을 고려하지 않으면 안 된다. 따라서 곡물값은 이 말의 유지비 같은 비용도 지불하겠지만, 전체 가격은 또한, 직접적으로 또는 최종적으로 지대와 노동과 이윤 같은 세 부분으로 분해된다.

밀가루 또는 곡물가루의 값에는, 곡물값에 제분업자의 이윤과 그 고용인의 임금을 가산해야 하고, 빵값에는 빵집 주인의 이윤과 그의 고용인의 임금을 가산해야 하며, 그 두 가지 값에는 곡물을 농장에서 제분소까지, 또 제분소에서 빵집까지 수송하는 노동을, 그 노동의 임금을 선불하는 사람들의 이윤과 함께 가산하지 않으면 안 된다.

아마(亞麻)의 값은 곡물값과 똑같이 세 부분으로 분해된다. 마직물의 값에는 아마값에 아마손질공·방적공·직조공·표백공 등의 임금을 그들의 고용주의 이윤과 함께 가산해야 한다.

어떤 특정한 상품도 제조공정이 추가되면 추가될수록 그 값 속에서 임금과 이윤으로 분해되는 부분은, 지대로 분해되는 부분에 비해서 커진다. 제조업이

---

*2 농업 경영자(farmer)는 지대를 지불하고 지주에게 토지를 빌려, 그곳에서 노동자를 고용하여 농업을 경영하는 자본가.

진보함에 따라 이윤의 종류가 늘 뿐 아니라, 다음 단계의 이윤은 항상 그 앞 단계의 이윤보다 큰 법이다. 그 이유는 다음 단계의 이윤이 나오게 되는 자본이 항상 크게 마련이기 때문이다. 예를 들어, 직조공을 고용하는 자본은, 방적공을 고용하는 자본보다 크다. 왜냐하면 그것은 그 자본을 이윤과 함께 회수할 뿐만 아니라 직조공의 임금까지 지불하기 때문이며, 또 이윤은 항상 어느 정도 자본에 비례하지 않을 수 없기 때문이다.

그러나 가장 개량된 사회에서도, 값이 노동임금과 자산이윤이라는 두 부분으로만 분해되는 소수의 상품은 늘 있고, 또 그보다 더 소수이지만 값이 전적으로 노동임금만으로 형성되는 상품도 있다. 예를 들어, 생선값은 일부는 어부의 노동에 지불되고, 다른 일부는 어업에 사용된 자본의 이윤으로 지불된다. 내가 뒤에서 설명하는 바와 같이, 지대는 때로는 값의 일부분을 형성하기도 하지만, 그런 경우는 매우 드물다. 하천어업에서는 적어도 유럽의 대부분에 있어서 그렇지 않다. 연어어업은 지대를 지불하며, 또 그것은 토지지대라고 부르는 것은 적절치 않다 하더라도 임금 및 이윤과 마찬가지로 연어값의 일부분을 이룬다. 스코틀랜드의 어떤 지방에서는 소수의 가난한 사람들이 보통 스코틀랜드석(石)이라는 이름으로 알려진 여러 가지 색깔의 돌을 해안에서 수집하는 것을 생업으로 삼고 있다. 석공들이 그들에게 지불하는 값은 오로지 그들의 노동에 대한 임금일 뿐, 지대도 이윤도 그 값의 일부를 형성하지 않는다.

그러나 어떤 상품도 그 전체 값은 또한 최종적으로는 이 세 부분 중의 어느 하나로, 아니면 그 모두로 분해되지 않을 수 없다. 왜냐하면 토지지대를 지불하고, 또 그 상품을 산출하고 제조하여 시장에 가지고 가는 데 사용된 모든 노동에 지불한 뒤에 남는 값 부분은, 어찌 되었거나 필연적으로 누군가의 이윤이 될 것이 틀림없기 때문이다.

모든 개개의 상품의 값, 즉 교환가치가, 하나하나 개별적으로 살펴보면, 그 세 부분의 어느 것, 또는 모두로 분해되듯이, 각국의 노동의 연간 전 생산물을 구성하는 모든 상품의 값도, 총체적으로 보면 반드시 같은 세 부분으로 분해되고, 그 나라의 여러 주민들 사이에 그들의 노동임금, 그들의 자산에 대한 이윤, 또는 그들의 토지지대로서 분할될 것이다. 각 사회의 노동에 의해 해마다 수집 또는 생산되는 것의 전체, 어쩌면 같은 말이 되겠지만, 그 모두의 값은, 이렇게 하여 맨 먼저 다양한 구성원 속의 어떤 사람들 사이에 분배된다. 임금과 이윤과 지대는 모든 교환가치의 본디의 원천인 동시에 모든 수입의 세 가지 근원적 원천이기도 하다. 다른 모든 수입은 궁극적으로는 이 세 가지 가운데 어느 것에서인가 나오는 것이다.

자기 자신의 원천에서 자신의 수입을 이끌어 내는 사람은 누구나, 그것을 자신의 노동에서나 자신의 자산, 또는 자신의 토지에서 이끌어 내지 않으면 안 된다. 노동에서 이끌어 내는 수입을 '임금'이라고 한다. 자산을 관리하거나 사용하는 사람에 의해 거기서 얻어지는 수입은 '이윤'이라고 부른다. 자신은 그 자산을 사용하지 않고 남에게 빌려 주는 사람에 의해 얻는 수입은 '이자' 또는 '화폐사용료'라고 부른다. 그것은 차용인이 화폐 사용을 통해 만들어 낼 기회를 가지는 이윤에 대해 대여자에게 지불하는 대가이다. 그 이윤의 어떤 부분은 마땅히 위험을 무릅쓰고 그것을 사용하는 수고를 하는 차용인에게 속하고, 다른 부분은 그에게 그 이윤을 만들 기회를 주는 대여자에게 속한다. 화폐의 이자는 항상 파생적인 수입이며, 그것은 화폐를 사용함으로써 생기는 이윤에서 지불되지 않으면 뭔가 다른 수입원에서 지불되어야 한다. 다만 거기에는, 차용인이 아마 첫 번째 부채의 이자를 지불하기 위해 두 번째 부채를 계약하는 낭비가 아닐 것이라는 전제가 따른다.

토지에서만 나오는 수입은 지대(地代)라고 부르며, 지주에게 속한다. 농업 경영자의 수입은, 일부는 그의 노동에서, 일부는 그의 자산에서 나온다. 그에게 있어서 토지는, 그가 이 노동의 임금을 벌고 이 자산의 이윤을 올리는 것을 가능하게 하는 용구에 지나지 않는다. 모든 세금, 세금을 토대로 하는 모든 수입, 모든 급료와 은급, 그리고 모든 종류의 연금*3은, 최종적으로는 그 세 가지의 본원적 수입원 가운데 어느 하나에서 나오는 것이며, 노동임금이나 자산이윤이나 토지지대에서 직접적 또는 간접적으로 지불된다.

그러한 세 가지의 종류가 다른 수입은 각각 다른 사람들의 것일 때는 쉽게 구별되지만, 같은 한 사람의 것일 때는 적어도 일상용어에서는 서로 혼동되는 일이 있다.

자기가 소유한 토지의 일부에서 농장을 경영하는 시골양반*4은 경작비용

---

*3 은급(pension)은 반드시 명확한 반대급부 없이 은혜로서, 또는 존경과 우정에서 주어지지만, 연금(annuity)은 본인이나 근친 등의 재원에 의한 것이 보통이다.

*4 시골양반(gentleman)은 농촌의 토박이 지주로, 사회적 지위는 기사 아래. 소작인을 가지는

을 지불하고 난 뒤에 지주의 지대와 농업 경영자의 이윤을 함께 벌지 않으면 안 된다. 그러나 그는 자칫하면 자기가 번 이득 전체를 이윤이라고 부르기 쉬우며, 그리하여 적어도 일상용어에서는 지대를 이윤과 혼동한다. 우리 북아메리카와 서인도의 입식자들은 대부분 이런 상황에 놓여 있다. 그들의 대부분은 자신의 영지에서 농장을 경영하고 있고, 따라서 우리는 식민농원의 지대에 대해서는 듣는 일이 거의 없고, 그 이윤에 대해서는 자주 듣는다.

보통 농업 경영자가 농장의 일반적인 작업을 지휘하는 감독자를 고용하는 일은 거의 없다. 일반적으로 그들도 괭이질·써레질 등을 하면서 자신의 손으로 많은 일을 한다. 따라서 지대를 지불한 뒤에 남는 수확물은, 경작에 사용된 자산을 통상적인 이윤과 함께 그들에게 회수해 줄 뿐만 아니라, 노동자와 감독자로서의 당연히 받아야 할 임금도 지불해 주어야 한다. 그런데도 지대를 지불하고 자산을 유지한 뒤에 남는 것은 모두 이윤이라 불리고 있다. 그러나 분명히 임금이 그 일부를 이루고 있다. 농업 경영자는 이 임금을 절약함으로써 필연적으로 그것을 취득하게 된다. 따라서 이런 경우에 임금은 이윤과 혼동되고 있는 것이다.

원료를 구매하고 또한 자기 제품을 시장에 운반할 수 있게 될 때까지 자신을 유지할 만한 자산을 가지고 있는 독립 제조업자는, 주인 밑에서 일하는 고용노동자의 임금과, 노동자의 제품을 판매함으로써 생기는 이윤을 취득해야 한다. 그런데 보통 그가 번 것을 모두 이윤이라고 부르며, 이 경우에도 또한 임금은 이윤과 혼동되고 있다.

자기의 정원을 자기 손으로 가꾸는 원예가는 지주와 농업 경영자와 노동자라는 세 가지 다른 성격을 한 몸에 통합하고 있다. 따라서 그의 생산물은 지주의 지대, 농업 경영자의 이윤, 그리고 노동자의 임금을 그에게 지불해야 한다. 그런데 그가 취득한 이익 모두는 보통 그의 노동이 벌어들인 것으로 여겨지고 있다. 이 경우 지대와 이윤이 함께 임금과 혼동되고 있는 것이다. 문명국에서는 교환가치가 노동에서만 생기는 상품은 조금밖에 없고, 대부분의 상품의 교환가치에는 지대와 이윤이 크게 이바지하고 있으므로, 그 나라의 연간

동시에, 영지의 일부에서 농업을 경영하는 일이 많았다. 이 말이 신사로서 남성을 가리키는 일반적인 경칭이 된 것은 19세기 말 무렵부터로 추정된다.

노동 생산물은 항상 그것을 산출하고, 가공하고, 시장에 가지고 가는 데 사용되는 노동보다 훨씬 많은 양의 노동을 구매 또는 지배하기에 충분할 것이다. 만일 사회가 해마다 구매할 수 있는 모든 노동을 해마다 사용한다면, 노동의 양은 해마다 크게 증가할 것이므로, 그 뒤의 어느 해의 생산물이라도 전해의 생산물보다 훨씬 큰 가치를 지니게 된다. 그러나 해마다의 생산물 모두가 부지런한 사람들을 부양하는 데 사용되는 나라는 존재하지 않는다. 어디서나 놀고먹는 자들이 그 상당한 부분을 소비한다. 그리고 생산물이 그 다른 두 계층의 사람들 사이에서 해마다 분할되는 비율의 차이에 따라, 그 통상적 또는 평균적 가치는 해마다 증가하거나 감소하고, 아니면 계속 똑같을 것이 틀림없다.

어떤 사회나 근린 지방에도, 노동과 자산의 여러 가지 용도마다, 임금과 이윤 어느 쪽에도 통상률 또는 평균율*¹이 있다. 이 비율은 나중에 설명하듯이, 첫째로 사회의 일반적 사정, 즉 사회가 부유한가 가난한가, 전진 상태에 있는가, 정체 상태에 있는가, 쇠퇴 상태에 있는가에 따라, 둘째로 각 용도의 특정한 성질에 따라 자연적으로 규제되고 있다.

마찬가지로 어느 사회나 근린 지방에도 지대의 통상률 또는 평균율이 있으며, 그것도 또한 나중에 설명하겠지만, 일부는 그 토지가 위치하는 사회 또는 근린 지방의 일반적 사정에 의해, 일부는 그 토지의 본디의, 또는 개량된 비옥도(肥沃度)에 의해 규제된다.

이런 통상률 또는 평균율은 그것이 통례가 되어 있는 때와 장소에서의 임금, 이윤 및 지대의 자연율이라고 불러도 무방할 것이다.

어떤 상품의 가격이 그것을 산출하고 가공하여, 시장에 가지고 오는 데 사용된 토지지대와 노동임금과 자산이윤을 그런 자연율에 따라서 지불하는 데 충분한 금액보다 많지도 적지도 않다면, 그때 그 상품은 그 자연가격이라고 불러도 좋은 값으로 팔리는 것이다.

이 경우에 그 상품은 정확하게 그 가치대로, 즉 그것을 시장에 가지고 오는 사람이 실제로 거기에 들인 값으로 팔리고 있는 것이다. 왜냐하면, 일상용어인 상품의 원가라는 것은 그 상품을 재판매할 사람의 이윤을 포함하고 있지는 않지만, 그래도 만약 그가 그것을 근린 지방에서의 통상적인 비율의 이윤을 얻을 수 없는 값으로 판다면, 그는 이 거래에서 명백하게 손실을 입게 되

---

*1 여기서 사용되는 비율(rate)이라는 말은, 반드시 언제나 비율을 의미하는 것은 아니다.

기 때문이다. 그것은 그의 자산을 어떤 다른 방법으로 사용했더라면, 그는 그 이윤을 얻었을지도 모르기 때문이다.

더욱이 그의 이윤은 그의 수입이며, 그의 생계를 위한 당연한 자원이다. 그는 그 재화를 가공하여 시장에 가지고 오는 동안, 그가 노동자에게 임금, 즉 생계비를 지불하듯이, 그 자신에게도 마찬가지로 자기의 생계비를 선불하는 것이며, 그 생계비는 그가 그의 재화의 판매에서 기대해도 되는 이윤에 적합한 것이 일반적이다. 따라서 그 재화가 그에게 이런 이윤을 가져다 주지 않는다면, 그 재화는 그가 그것을 위해 실제로 소비했다고 정당하게 주장할 수 있는 것을 그에게 돌려주지 않은 것이 된다.

그러므로 그에게 이 이윤을 남기는 값은, 반드시 취급업자가 이따금 그의 재화를 팔 수도 있는 최저가격이라고는 할 수 없을지언정, 적어도 완전한 자유가 있는 곳, 즉 그가 얼마든지 직업을 바꿀 수 있는 곳에서는 상당한 기간 동안 팔아서 수익을 올릴 수 있는 최저가격이다.

어떤 상품이 보통 팔리는 실제가격을 시장가격이라고 한다. 그것은 자연가격보다 높을 수도, 낮을 수도 있고, 아니면 그것과 정확하게 같을 수도 있다.

모든 상품의 시장가격은 실제로 시장에 반입되는 양과 그 상품의 자연가격, 즉 그 상품을 시장에 가져오기 위해 지불해야 하는 지대와 노동과 이윤의 전체 가치를 지불할 의사가 있는 사람들의 수요 사이의 비율에 의해서 좌우된다. 그런 사람들을 유효수요자(有效需要者), 그들의 수요를 유효수요라고 불러도 무방할 것이다. 그런 수요는 그 상품을 시장에 가지고 오게 하는 효과를 올리는 데 충분할 것이기 때문이다. 그것은 절대수요(絶對需要)와는 다르다. 아주 가난한 사람도 어떤 의미에서는 말 6필이 끄는 마차에 대한 수요를 가지고 있다고 할 수 있다. 그는 그것을 가지고 싶어할 수는 있지만 그 수요는 유효수요가 아니다. 그 수요를 충족시키기 위해 그 상품이 시장에 나오는 일은 결코 없기 때문이다.

시장에 반입되는 어떤 양이 유효수요에 미치지 않을 때는, 그것을 가져오는 데 지불해야 하는 지대와 임금과 이윤의 총가치를 지불할 의사가 있는 모든 사람들이, 자신들이 원하는 양을 공급받는 일은 결코 없다. 그들 가운데 어떤 사람은 그것이 없이 지내기보다는 더 많은 값을 지불해도 좋다고 생각할 것이다. 그들 사이에는 곧 경쟁이 일어날 것이고, 시장가격은 상품이 부족한 정도,

또는 경쟁자의 부와 충동적인 사치가 때마침 경쟁열을 부추기는 데 따라서, 많든 적든 자연가격을 초과하게 된다. 부와 사치가 같은 정도인 경쟁자들 사이에서는,*² 그 상품을 획득하는 것의 중요성이 그때 그들*³에게 큰지 작은지에 따라, 같은 부족이 불러일으키는 경쟁의 크기도 달라진다. 도시의 봉쇄 기간이나 기근일 때 생활필수품의 가격이 엄청나게 오르는 것은 이 때문이다.

시장에 반입된 양이 유효수요를 넘을 때는, 그것을 가지고 오기 위해 지불되어야 하는 지대와 임금과 이윤의 총가치를 지불할 의사가 있는 사람들에게 모든 양이 다 팔리는 일은 없다. 어떤 부분은 그보다 적게 지불하고자 하는 사람들에게 팔리지 않을 수 없고, 그들이 그것에 대해 지불하는 낮은 값이 전체의 값을 인하시킬 것은 명백하다. 초과의 정도가 판매자의 경쟁을 증대시키는 정도에 따라, 또는 그 상품을 즉각 처분해 버리는 것이 판매자에게 얼마나 중요한가에 따라, 시장가격은 많든 적든 자연가격보다 내려갈 것이다. 같은 초과라도, 부패하기 쉬운 상품의 수입인 경우에는 내구상품의 수입의 경우보다, 훨씬 큰 경쟁을 불러일으킬 것이다. 이를테면 오렌지 수입의 경우가 고철(古鐵) 수입의 경우보다 더 그런 것과 같다.

시장에 반입된 양이 유효수요를 채우는 데 꼭 알맞고 그 이상이 아닐 때는, 시장가격은 당연히 자연가격과 정확하게 같아지거나, 판단할 수 있는 한 거기에 가까워진다. 수중에 있는 모든 양은 이 값으로 처분되고, 그 이상의 값으로 처분되는 일은 없다. 여러 상인들 사이의 경쟁이 그들 모두에게 이 값을 받아들이지 않을 수 없게 하지만, 그 이하의 값을 받아들이게 하지는 않는다.

시장에 반입된 모든 상품의 양은 자연히 그 유효수요에 맞춰진다. 그 양이 결코 유효수요를 넘지 않는 것은, 어떤 상품을 시장에 가지고 오는 데 자신들의 토지나 노동, 자산을 사용하는 모든 사람들의 이익이 되고, 한편 그것이 그런 수요를 결코 내려가지 않는 것은 다른 모든 사람들의 이익이 된다.

만일 어떤 경우에 그것이 유효수요를 초과하면, 그 값의 구성 부분 가운데 어떤 것은 자연율보다 낮게 지불되지 않을 수 없다. 만일 그것이 지대라면 지주들의 이해관심이 곧 그들을 움직여 그들의 토지 일부를 회수하게 할 것이다. 또 만일 그것이 임금 또는 이윤이라면, 임금의 경우에는 노동자들의 이해

---

*2 '부와……사이에서는'은 제2판의 추가.
*3 '그들'은 초판에서는 '경쟁자들'

관심이, 이윤의 경우에는 그들의 고용주의 그것이 그들을 움직여, 그들의 노동 또는 자산의 일부를 그 일에서 거둬들이게 한다. 시장에 반입되는 양은 곧 유효수요를 공급하는 데 충분한 정도를 넘지 않게 될 것이다. 이 상품가격의 갖가지 부분은 모두 각각의 자연율까지 올라갈 것이고, 전체의 값도 그 자연가격까지 올라갈 것이다.

반대로 만일 시장에 반입된 양이 어떤 경우에 유효수요보다 부족하면, 그 값의 구성 부분 가운데 어떤 것은 그 자연율 이상으로 올라갈 것이 틀림없다. 만일 그것이 지대라면 다른 모든 지주의 이해관심이 자연히 그들을 움직여, 그 상품의 산출에 더 많은 토지를 제공하게 할 것이다. 만일 그것이 임금 또는 이윤이라면 다른 모든 노동자와 상인의 이해관심이 곧 그들을 움직여, 이 상품을 준비하여 시장에 가지고 가는 데 더 많은 노동과 자산을 사용하게 할 것이다. 시장에 반입되는 양은 곧 유효수요를 채우는 데 충분해질 것이고, 이 상품가격의 갖가지 부분들은 모두 곧 그 자연율까지 내려가고, 전체의 값도 그 자연율까지 내려갈 것이다.

따라서 자연가격은 모든 상품값을 끊임없이 끌어당기는 중심가격이다. 갖가지 우연이 값을 자연가격보다 훨씬 위로 끌어올리는 수도 있고, 그보다 얼마간 끌어내리는 수도 있다. 그러나 값이 이 정지와 지속의 중심에 안정되는 것을 방해하는 장애가 어떤 것이든, 값은 끊임없이 중심을 향하고 있다.

어떤 상품을 시장에 들여오는 데 해마다 사용되는 근로의 총량은 이렇게 하여 유효수요에 자연적으로 맞춰진다. 그것은 자연적으로 그 수요를 채우는 데 부족하지도 넘치지도 않는 정확한 양을 항상 시장에 들여오는 것을 목표로 하고 있다.

그러나 직업에 따라, 같은 양의 근로가 해마다 매우 다른 양의 상품을 생산하는 것도 있고, 같은 양의 근로가 항상 같은 양 또는 거의 같은 양의 상품을 생산하는 것도 있다. 농업에서는 같은 수의 노동자가 생산하는 곡물·포도주·기름·홉 등의 양이 해마다 크게 다르다. 그런데 같은 수의 방적공과 직조공은 해마다 같은 양 내지 거의 같은 양의 마직물과 모직물을 생산한다. 전자와 같은 종류의 근로에서는 어쨌든 유효수요에 맞출 수 있는 것은 평균생산량뿐이다. 그리고 그 실제생산량은 평균생산량보다 훨씬 많거나 훨씬 적은 일이 흔하므로, 시장에 반입되는 그 상품의 양은 유효수요를 훨씬 초과할 때도 있고 훨씬 부족할 때도 있다. 따라서 설령 그 수요가 계속해서 같다 하더라도 그 시장가격은 크게 변동하기 쉬워서, 자연가격보다 훨씬 떨어질 때도 있는 가 하면 상당히 올라갈 때도 있을 것이다. 후자와 같은 종류의 근로에서는 같은 양의 노동에서 나오는 생산물은 항상 같거나 거의 같으므로, 그것은 유효 수요에 전자보다 정확하게 맞출 수가 있다. 따라서 그 수요가 계속해서 같은 한, 그 상품의 시장가격도 역시 같을 것이고, 자연가격과 완전히 같거나 판단 할 수 있는 한 거의 같을 것이다. 마직물이나 모직물의 가격은 곡물가격처럼 그렇게 자주, 또 큰 폭으로 변동하지 않는다는 것은, 누구나가 경험을 통해 알 고 있다. 전자와 같은 종류의 상품 가격은 수요의 변동에 따라서만 변동하지 만, 후자의 경우에는 수요의 변동에 따라 변동할 뿐 아니라, 그 수요를 충족시 키기 위해 시장에 반입되는 수량의, 훨씬 크고 훨씬 빈번한 변동과 함께 변동 한다.

어떤 상품이라도 시장가격의 우발적이고 일시적인 변동은 그 가격 가운데 임금과 이윤으로 분해되는 부분에 주로 영향을 준다. 지대로 분해되는 부분이 받는 영향은 그보다 적다. 확정화폐지대(確定貨幣地代)는 비율에 있어서나 가 치에 있어서나 그런 변동에서 조금도 영향을 받지 않는다.

지대가 일정한 비율 또는 일정량의 원생산물(原生産物)일 경우에는, 그 원 생산물의 시장가격의 일시적인 모든 변동에 의해 그 연가치(年價値)에 영향을 받는 것은 틀림없지만, 연율(年率)에 영향을 받는 일은 거의 없다. 토지 임대차 계약의 조건을 정할 때, 지주와 농업 경영자는 각자 최선의 판단에 따라, 그 연율을 그 생산물의 일시적인 그때그때의 가격이 아니라 평균적인 통상의 가 격에 맞추려고 노력한다.

그와 같은 변동은 상품 또는 노동이, 즉 이미 이루어진 일 또는 이제부터 이루어질 일이, 그때 시장에서 공급과잉 상태에 있는지 공급부족 상태에 있는 지에 따라, 임금 또는 이윤의 가치와 비율 양쪽에 영향을 준다. 공장(公葬)은 검은 천(그러한 경우에 시장은 거의 언제나 공급부족이다)의 값을 높이고, 그것 을 많이 가진 상인의 이윤을 증대시킨다. 그것은 직조공의 임금에는 아무런 영향도 미치지 않는다. 시장에서 공급이 부족한 것은 상품이지 노동이 아니 다. 즉 이미 이루어진 일이지, 이제부터 이루어져야 할 일이 아니라는 얘기이 다. 공장은 고용재봉사의 임금을 높인다. 이 경우 시장에서는 노동의 공급이 부족한 것이다. 입수할 수 있는 것보다 많은 노동에 대해, 즉 입수할 수 있는 것보다 많은 이루어져야 할 일에 대해 유효수요가 있는 것이다. 공장은 색깔 있는 견직물과 모직물의 값을 떨어뜨리고, 그럼으로써 그것을 많이 가진 상인들의 이윤을 감소시킨다. 그것은 또 그런 상품을 만드는 데 종사하는 노동자들의 임금을 떨어뜨리고, 그런 상품에 대한 모든 수요를 6개월 동안, 아니 어쩌면 1년 동안 정지시켜 버린다. 이 경우 시장은 상품과 노동, 양쪽이 다 공급 과잉이 된다.

그러나 모든 개별 상품의 시장가격은 이와 같이 하여 끊임없이 자연가격을 향해 끌려가고 있다고 할 수 있는데, 때로는 어떤 우발적인 사건이, 때로는 자연적인 원인이, 또 때로는 특정한 행정상의 규제가, 많은 상품의 시장가격을 오랫동안 자연가격보다 꽤 높게 유지되도록 하는 수가 있다.

유효수요가 증가하여 어떤 특정 상품의 시장가격이 자연가격보다 상당히 올라가면, 그 시장에 공급하는 데 자신들의 자산을 사용하는 사람들은 일반적으로 주의 깊게 이 변화를 감추려고 한다. 만일 그것이 널리 알려진다면, 그들의 큰 이윤은 매우 많은 새로운 경쟁자를 유인하여 같은 용도로 자산을 사용하게 만들 것이고, 그렇게 되면 유효수요는 완전히 충족되어 시장가격은 머지않아 자연가격까지, 어쩌면 한동안은 그 이하로까지 내려갈 것이다. 만일 시장이 그곳에 공급하는 사람들의 주거에서 멀리 떨어져 있다면, 그들은 때로는 그 비밀을 몇 해 동안 계속 유지할 수 있고, 그동안 새로운 경쟁자도 없이 그들의 특별한 이윤을 실컷 누릴 수 있을 것이다. 그러나 이런 종류의 비밀이 오래 유지되는 일은 좀처럼 없고, 특별한 이윤도 그 이상 오래 계속되는 일이 거의 없다는 것은 누구나 다 인정할 것이다.

제조업에서의 비밀은 상업에서의 비밀보다 오래 유지될 수 있다. 일반적으로 사용되고 있는 원료의 반값밖에 들지 않는 원료로 특정한 색깔을 만들어 내는 방법을 발견한 염색업자는, 운영만 잘하면 자신의 발견에서 나오는 이익을 평생 동안 챙길 수 있고, 자손에게 유산으로서 남겨 줄 수도 있다. 그의 특별한 이득은 그의 비장의 노동에 대해 지불된 높은 값에서 나오는 것이다. 그 이득은 정확하게 말하면 그 노동의 높은 임금이다. 그러나 그 이득은 그의 자산의 모든 부분에 대해 되풀이해서 발생하며, 그 때문에 그 총액이 자산에 대해 규칙적인 비율을 가지기 때문에 일반적으로는 자산의 특별이윤으로 여겨지고 있다.

시장가격의 그와 같은 상승은, 분명히 특수하고 우연한 사건의 결과이지만, 그 작용은 때로는 몇 해나 계속되는 수가 있다.

어떤 자연 생산물은 매우 특이한 토양과 위치를 필요로 하기 때문에, 그것의 생산에 적합한 큰 나라의 모든 토지로도 유효수요를 충족시키는 데 부족한 수가 있다. 따라서 시장에 반입되는 총량은, 그것을 생산한 토지의 지대를 그것을 가공하여 시장에 가지고 오는 데 사용된 노동임금 및 자산이윤과 함께, 각각의 자연율에 따라 지불하는 데 충분한 것보다 더 많은 것을 기꺼이 주는 사람들에게 팔릴 것이다. 그런 상품은 몇 세기 동안 계속하여 비싼 값으로 팔릴 것이고, 이 경우에는 그 가격 중에서 토지지대가 되는 부분이, 일반적으로 그 자연율보다 높게 지불되는 부분이다. 그와 같이 특이하여 인기가 높은 생산물을 공급하는 토지지대는, 특별히 양호한 토양과 위치를 가진 프랑스의 몇몇 포도원의 지대처럼, 똑같이 기름지고 똑같이 잘 경작되고 있는 인근의 다른 토지지대와 어떤 규칙적인 비율을 가지는 것은 아니다. 반대로 그런 상품을 시장에 가지고 오는 데 사용되는 노동임금과 자산이윤은, 인근에서 달리 사용되고 있는 노동과 자산의 임금과 이윤에 대한 자연적인 비율을 벗어나는 일이 거의 없다.

시장가격의 이와 같은 상승은, 유효수요가 한번이라도 충분히 공급되는 것을 방해하고, 따라서 영구히 작용할지도 모르는 자연적인 원인의 결과인 것은 명백하다.

개인 또는 상사(商社)에 주어지는 독점은 상업 또는 제조업의 비밀과 같은 효과를 가지고 있다. 독점자들은 시장을 줄곧 공급 부족 상태로 둠으로써, 즉 유효수요를 결코 충족시키지 않음으로써, 자신들의 상품을 자연가격보다 훨씬 비싸게 팔아서, 자신들의 이득을 임금이든 이윤이든 자연율보다 훨씬 높게 끌어올린다.

독점가격은, 어떤 경우에도 얻을 수 있는 최고의 값이다. 반대로 자연가격, 즉 자유경쟁 가격은, 확실히 모든 경우에 다 그런 것은 아니지만, 상당한 기간에 걸쳐 획득할 수 있는 최저의 값이다. 전자는 어떤 경우에도 구매자로부터 짜낼 수 있는 최고의 값, 즉 그들이 주는 데 동의할 것으로 예상되는 최고의 값이다. 후자는 판매자가 불만 없이 받아들일 수 있고, 동시에 자신들의 일을 계속할 수 있는 최저의 값이다.

동업조합의 배타적인 특권, 도제조례(徒弟條例)와 특정 직업에서의 경쟁을, 그렇지 않으면 참가할지도 모르는 소수의 사람들에게 한정하는 모든 법률은, 정도는 덜하더라도 이와 같은 경향을 가지고 있다. 그것은 일종의 확대된 독점이며, 흔히 몇 세대에 걸쳐 모든 종류의 직업에서, 여러 특정 상품의 시장가격을 자연가격보다 높게 유지하고, 거기에 사용된 노동의 임금과 자산의 이윤을 모두 자연율보다 어느 정도 높게 유지한다.

시장가격의 이와 같은 상승은 그것을 유발하는 행정적 규제가 있는 한 계속될 것이다.

어떤 특정 상품의 시장가격도, 그 자연가격보다 오랫동안 높을 수는 있어도, 오랫동안 계속해서 내려가는 일은 거의 없다. 자연율 이하로 지불된 부분이 무엇이든, 그것으로 이해(利害)에 영향을 받은 사람들은 즉각 손실을 느끼고, 적정한 양의 토지나 노동, 자산을 즉각 그 용도에서 거두어들일 것이고, 그러면 시장에 들어오는 양은 곧 유효수요를 충족하는 정도를 넘지 않게 될 것이다. 따라서, 그 상품의 시장가격은 곧 자연가격으로 올라갈 것이다. 이것은 적어도 완전한 자유가 있는 곳에서는 사실일 것이다.

도제조례와 동업조합에 관한 규약은, 제조업이 번영하고 있을 때는 노동자가 임금을 자연율보다 상당히 높게 올리는 것을 가능하게 하지만, 제조업이 쇠퇴하면 그보다 상당히 낮게 내리지 않을 수 없게 만든다. 앞의 경우에는 그것이 많은 사람들을 그 노동자의 일에서 배제하는 것처럼, 뒤의 경우에는 그 노동자를 많은 일에서 배제한다. 그러나 그런 규제의 효과는, 노동자의 임금을 그 자연율보다 올리는 경우에 비해, 그보다 내리는 경우에는 지속성이 작다. 그러한 규제의 작용은, 한 쪽의 경우에는 몇 세기에 걸쳐 지속되겠지만, 다른 경우에는 그 사업이 번영하고 있을 때 육성된 노동자들 가운데 몇몇 사람들이 살아 있는 동안밖에 존속할 수 없다. 그들이 죽어 버리면, 그 뒤에 이 직업을 위해 육성되는 사람들의 수는 자연히 유효수요에 맞춰질 것이다. 어떤 특정한 직업에서, 몇 세대에 걸쳐, 노동임금 또는 자산이윤을 자연율 이하로 끌어내릴 수 있는 행정은, 인도스탄*⁴이나 고대 이집트(거기서는 종교상의 원리

---

*4 스미스는 동인도에 대해 India, East India, Eastern India, Indostan이라는 네 가지 이름을 사용하고 있으며, 인도스탄은 인도 아대륙 속에 힌두교가 지배하는 지역으로 한정되어 있지만,

에 의해 아버지의 직업을 잇지 않으면 안 되었고, 만일 다른 직업으로 옮기면 가장 무서운 불경죄를 저지르는 것이 되었다)의 행정과 마찬가지로 광포한 것이 틀림없다.

일시적이든 영구적이든 상품의 시장가격이 자연가격에서 이탈하는 데 대해서, 일단 말해 둘 필요가 있다고 생각하는 것은 위와 같다.

자연가격 자체는 임금·이윤·지대라고 하는 그 구성 성분 각각의 자연율과 함께 변동한다. 그리고 어느 사회에서나 이 비율은 각 사회의 사정에 따라, 즉 그 사회의 빈부·전진·정체(停滯)·쇠퇴의 상태에 따라 변화한다. 나는 다음의 네 개(8·9·10·11) 장에서 그것들의 다양한 변화의 원인을 되도록 충분하고 명확하게 설명하고자 노력할 것이다.

첫째로, 나는 임금비율을 자연히 결정하는 사정은 무엇인지, 또 그런 사정이 어떻게 사회의 빈부에 따라, 전진·정체·쇠퇴의 상태에 따라, 영향을 받게 되는지 설명하게 될 것이다.

둘째로, 나는 이윤율을 자연히 결정하는 사정은 무엇이며, 또 그런 사정이 어떻게 해서 사회 상태의 같은 변화에서 영향을 받는지에 대해 밝히려고 노력할 것이다.

금전적인 임금과 이윤은 노동과 자산의 용도가 다르면 크게 달라진다고 하지만, 노동의 모든 다양한 용도에서의 금전적 임금 사이에도, 자산의 모든 다양한 용도에서의 금전적 이윤 사이에도, 보통 일정한 비율이 성립되는 것처럼 생각된다. 이 비율은 나중에 밝혀지듯이, 하나는 여러 가지 직업의 성질에 따라, 또 하나는 그런 직업들이 영위되는 사회의 다양한 법률과 정책에 따라 좌우된다. 그러나 이 비율은 많은 점에서 법률과 정책에 좌우된다고는 하지만, 그 사회의 빈부와 전진적·정체적·쇠퇴적인 상태에는 거의 영향을 받지 않으며, 그런 다양한 상태를 통해 똑같거나, 거의 똑같은 것으로 생각된다.

셋째로, 나는 이 비율을 규제하는 다양한 사정들을 설명하려고 노력할 것이다.

앞의 셋(특히 이스트인디아)은 범위가 매우 애매하다. 중국과 인디스탄을 인디아 속에 포함시키는 경우도 있다.

넷째이자 마지막으로, 나는 토지지대를 규제하는 사정, 또 토지가 산출하는 모든 물질의 실질가격을 끌어올리기도 하고 끌어내리기도 하는 사정이 무엇인지 설명하려고 노력할 것이다.

제8장
노동임금에 대하여

노동 생산물은 노동의 자연적인 보상 또는 임금을 구성한다.

토지소유와 자산축적에 앞서는, 사물의 원초적인 상태에서는, 노동의 모든 생산물은 노동자의 것이 된다. 그에게는 그것을 나누어 가져야 할 지주도 주인도 없다.

만일 이 상태가 계속되었더라면, 노동임금은 분업이 불러일으키는 노동 생산력의 모든 개량과 더불어 증대했을 것이다. 모든 것의 값은 차츰 싸졌을 것이다. 모든 것은 전보다 적은 양의 노동으로 생산되었을 것이고, 또 사물의 이런 상태에서는 같은 양의 노동에 의해 생산된 상품은 당연히 서로 교환될 수 있으므로, 그런 상품은 마찬가지로 더 적은 양의 노동 생산물로 구매할 수 있었을 것이다.

그러나 실제로는 모든 것이 전보다 싸졌다 하더라도, 겉으로는 많은 것이 전보다 비싸진 것처럼 보일지도 모른다. 즉 더 많은 양의 다른 재화와 교환된 것처럼 보일 수도 있다. 이를테면 대부분의 직업에서 노동 생산력이 10배로 개량되었다고 가정하자. 즉 하루의 노동이 본디 하고 있던 일의 10배의 양을 생산할 수 있었다고 하자. 그러나 어떤 특정한 직업에서는 노동 생산력이 2배밖에 개량되지 않았다, 즉 하루의 노동이 전에 하던 일의 2배밖에 생산할 수 없었다고 가정하자. 대부분의 직업에서의 하루치 노동 생산물을 이 특정한 직업에서의 하루치 노동 생산물과 교환할 때, 전자에서의 본디의 작업량의 10배는, 후자에서의 본디의 작업량의 2배밖에 구매하지 못하게 된다. 따라서 후자의 어떤 특정량, 이를테면 중량 1파운드는 전보다 5배나 비싸게 보일 것이다. 그러나 실제로는 이 1파운드는 전보다 2배나 싸진 것이다. 그것을 구매하는 데는 5배의 다른 재화가 필요해졌지만, 그것을 구매 또는 생산하는 데 절반의 노동밖에 필요하지 않으므로, 그것을 획득하는 데는 전보다 2배나 쉬워지는 셈이다.

그러나 노동자가 자기의 노동 생산물 모두를 누리는, 그러한 원초적인 상태는, 토지소유와 자산축적이 처음으로 도입된 뒤에도 계속될 수는 없었다. 따라서 이 상태는 노동 생산력에 가장 두드러진 개량이 이루어지기 훨씬 전에 끝났고, 노동의 보상, 즉 임금에 그것이 어떤 영향을 주었는지 더 이상 파헤쳐봤자 아무 소용 없는 일이다.

토지가 사유재산이 되자마자, 지주는 노동자가 거기서 생산하거나 채집할 수 있는 거의 모든 생산물에 대해서 몫을 요구한다. 그의 지대는 토지에 사용되는 노동 생산물에서의 첫 번째 공제가 된다.

토지를 경작하는 사람이 수확을 할 때까지 자신의 생활을 유지할 수 있는 재력을 가지고 있는 일은 드물다. 그의 생활유지비는 일반적으로 주인, 즉 그를 고용하는 농업 경영자의 자산에서 선불되는데, 이 농업 경영자는 그의 노동 생산물에서 자기의 몫을 받을 수 없다면, 즉 자기의 자산이 이윤과 함께 회수되지 않는다면, 그를 고용하는 데 아무런 관심도 가지지 않을 것이다. 이 이윤이 토지에 사용되는 노동 생산물로부터의 두 번째 공제가 된다.

거의 모든 다른 노동 생산물도 이와 같은 이윤의 공제를 면할 수가 없다. 모든 기술과 제조업에서 노동자의 대부분은 일의 원료와 그것이 완성될 때까지 드는 그들의 임금과 유지비를 선불해 줄 주인을 필요로 한다. 주인은 그들의 노동 생산물에서, 즉 그들의 노동이 원료에 투하되어 부가되는 가치 속에서 자신의 몫을 얻는다면, 이 몫이 바로 그의 이윤인 것이다.

사실 단독의 독립노동자가 일의 원료를 직접 구매하고, 그것이 완성될 때까지 자기를 유지할 수 있는 자산을 가지고 있는 수도 있다. 그는 주인인 동시에 노동자인 것이며, 그의 노동의 모든 생산물, 즉 그의 노동이 원료에 투하됨으로써 부가되는 모든 가치를 누릴 수 있다. 그것은 보통 같으면, 서로 다른 두 사람에게 속하는 두 개의 개별 수입, 즉 자산이윤과 노동임금을 포함하고 있다.

그러나 그런 경우는 흔치 않으며, 유럽의 어느 지방에서나 독립노동자 한 사람에 대해, 주인 밑에서 일하는 노동자는 20명이나 된다. 노동임금이라 하면 어디서나, 노동자와 그를 고용하는 자산 소유자가 각각 다른 사람인 일반적인 경우를 가리키는 것으로 이해되고 있다.

일반적인 노동임금이 어떤 것인가는, 어디서나 이해가 결코 같지 않은 이들 두 당사자 사이에 흔히 맺어지는 계약에 달려 있다. 노동자는 되도록 많이 받기를 바라고, 주인은 되도록 적게 주고 싶어한다. 전자는 노동임금을 올리기 위해서 단결하고, 후자는 그것을 내리기 위해 단결하려고 한다.

그러나 일반적인 모든 경우에, 두 당사자 가운데 어느 쪽이 이 분쟁에서 유리한지, 어느 쪽이 상대를 자신들의 조건에 승복하게 할 것인지를 예견하는 것은 그리 어려운 일이 아니다. 그 수가 비교적 적은 주인들은 훨씬 쉽게 단결할 수 있을 뿐 아니라, 법률은 노동자들의 단결을 금지하고 있는 데 비해 주인들의 단결은 인정하고 있고, 그렇지 않다 해도 적어도 금지하지는 않는다. 우리에게는 노동가격을 내리기 위한 단결을 금지하는 의회법은 없지만, 그것을 올리기 위한 단결을 금지하는 의회법은 많다.[1] 그와 같은 모든 분쟁에 있어서, 주인들은 훨씬 오래 버틸 수가 있다. 지주·농업 경영자·제조업자, 또는 상인들은 노동자를 한 사람도 고용하지 않더라도, 이미 획득한 자산으로 1년이나 2년은 생활할 수 있다. 그러나 일이 없는 상태에서 1주일 동안 생존할 수 있는 노동자는 많지 않고, 한 달 동안 버틸 수 있는 노동자는 매우 적으며, 1년 동안 생존할 수 있는 사람은 아마 거의 없을 것이다. 장기적으로는 노동자에게 주인이 필요한 것 못지않게 주인에게도 노동자가 필요하지만, 그 필요성은 그다지 직접적인 것은 아니다.

노동자들의 단결에 대해서는 자주 듣지만, 주인들의 단결에 대해서는 좀처럼 듣지 못한다는 말들을 해 왔다. 그러나 그런 말을 듣고 주인들이 좀처럼 단결하지 않는다고 생각하는 사람이 있다면, 그는 이 문제에 대해서 무지할 뿐 아니라 세상 물정에 대해서도 무지한 것이다. 주인들은 언제 어디서나 일종의 암묵적인, 그러나 항구적이고 한결같은 단결을 맺고, 노동임금을 실제의 비율보다 올리지 않으려고 했다. 이 단결을 깨는 것은 어디서나 매우 좋지 않은 행위였고, 그렇게 하는 주인은 이웃이나 동업자 사이에 이른바 비난의 대상이 되었다. 확실히 우리는 이런 단결에 대해서 좀처럼 얘기를 듣지 못하는데, 그 까닭은 그것이 아무도 얘기를 듣지 못할 정도로 일상적인, 사물의 자연

---

[1] 1720년에 재단사에 대해, 1725년에 양털 소모공(梳毛工)과 직조공에 대해, 직종별로 단결금지가 입법화되기 시작하여 1748년에는 더욱 범위가 확대되었다.

상태라고 할 수 있는 것이기 때문이다. 주인들은 또 노동임금을 이 비율 이하로 끌어내리기 위해 특정한 단결을 맺는 일이 있다. 이 단결은 언제나 실행하는 순간까지 극도의 침묵과 비밀 속에 추진되며, 사실 노동자들이 이따금 그렇게 하듯이 저항하지도 못하고 굴복할 때, 노동자들은 이런 단결을 통절하게 느끼지만 다른 사람들의 귀에는 결코 들어가지 않는 것이다. 그러나 그와 같은 단결은 흔히 그와 맞서는 노동자들의 방어적인 단결에 의해 저항을 받는다. 노동자들도 이런 종류의 도발이 전혀 없더라도, 자기들의 노동임금을 올리기 위해 자발적으로 단결할 때가 있다. 그들의 주장은 보통, 어떤 때는 식료품값이 너무 비싸다는 것이고, 어떤 때는 자기들의 노동에 의해 주인들이 얻는 이윤이 너무 크다는 것이다. 그런데 그들의 단결이 공격적인 것이든 방어적인 것이든 그에 대한 소문은 언제나 크게 난다. 쟁점을 신속하게 해결하기 위해서 그들은 언제나 가장 시끄럽게 떠드는 방법에 호소하고, 때로는 가장 충격적인 폭력이나 소동에 호소하기도 한다. 그들은 필사적이다. 그리고 필사적인 사람들의 어리석음과 무모함으로 행동한다. 그들은 굶어 죽거나 아니면 주인들을 위협하여 즉각 자기들의 요구를 받아들이게 하지 않으면 안 되기 때문이다.

이런 경우, 주인들은 상대편에게 그들 못지않게 떠들어 대면서 행정 관료의 도움과, 고용인·노동자·하인들의 단결을 그토록 엄중하게 금지하는 법률을 엄격하게 시행할 것을 소리 높여 강력하게 요구한다. 따라서 노동자들이 이렇게 소란한 단결의 폭력에서 무언가 이익을 끌어 내는 일은 매우 드물며, 이런 단결은 일부는 행정 관료의 간섭 때문에, 일부는 주인들의 완강함이 더 세기 때문에, 또 일부는 노동자들의 대부분이 눈앞의 생계를 위해 굴복해야 할 필요가 있기 때문에, 일반적으로 주모자의 처벌이나 파멸 이외에는 아무것도 얻는 일 없이 끝나고 만다.

그러나 주인들도 일반적으로 노동자들과의 분쟁에서 유리하다고는 해도, 가장 비천한 종류의 노동의 임금조차 다소 장기간에 걸쳐 그 이하로 내리는 것은 불가능하다고 생각되는 일정한 비율이 있다.

사람은 언제나 일을 하여 생활해야 하고, 그의 임금은 적어도 그의 생활을 유지하는 데 충분해야 한다. 임금은 대부분의 경우, 오히려 그것보다 어느 정도 많아야 한다. 그렇지 않으면 가족을 부양할 수가 없고, 그런 노동자의 가족은 1세대 이상 계속되는 일이 없을 것이다. 이런 이유에서 캉티용*²은 최저의 노동자라도 평균 두 명의 자녀를 키우기 위해서는 어디에 있든 적어도 자기 자신의 생활유지비의 2배는 벌어야 한다고 생각한 것 같다. 이 경우, 아내의 노동은 아이들을 돌볼 필요가 있기 때문에, 그녀 자신의 생활을 유지하는 데 충분할 뿐이라고 상정되어 있다. 그러나 태어나는 어린이의 절반은 성년이 되기 전에 죽는 것으로 계산되어 있다. 따라서 이 계산에 따르면, 두 자녀가 성년이 될 때까지 살 기회를 가지기 위해서는, 아무리 가난한 노동자라도 적어도 평균 네 아이를 양육하지 않으면 안 된다.

그러나 네 아이에 필요한 생활유지비는 성인 한 사람의 그것과 거의 맞먹는 것으로 상정되어 있다, 이 저자는 덧붙여서, 튼튼한 몸을 가진 노예의 노동은 그의 생활유지비의 2배의 가치가 있는 것으로 계산된다고 했고, 가장 비천한 노동자의 노동도 튼튼한 몸을 가진 노예 한 사람의 그것보다 가치가 적을 수는 없다고 생각했다. 일가족의 부양을 위해서는, 일반적인 노동의 가장 낮은 종류에 있어서도, 부부를 합친 노동으로 자신들의 생활유지에 정확하게 필요한 것보다도 약간 많이 벌 수 있지 않으면 안 된다는 것은 적어도 확실하다고 생각된다. 그러나 그 많다는 것이 어느 정도의 비율인지, 즉 앞에서 설명한 비율인지, 아니면 다른 어떤 비율인지 나는 굳이 정하지 않기로 하겠다.

그러나 어떤 사정이 있어서 그것이 이따금 노동자에게 유리하게 작용하여, 그들이 자신들의 임금을 그 비율보다, 즉 명백하게 보통 사람으로서의 최저한의 비율보다 매우 높게 끌어올리는 것을 가능하게 한다.

임금으로 생활하는 사람들, 즉 노동자, 고용된 노동자, 모든 종류의 하인에 대한 수요가 있는 나라에서 끊임없이 증가하고 있는 경우, 즉, 해마다 전해에 고용된 자보다 많은 사람들에게 고용이 주어질 경우에는, 노동자들은 임금을 올리기 위해 단결할 필요가 없다. 일손 부족은 주인들 사이에 경쟁을 일으킨

---

*2 R. 캉티용(Richard Cantillon, 1680~1734)은 아일랜드 출신의 은행가로, 《상업론》(*Essai sur la nature du commerce en général*, London, 1755)의 저자. 스미스가 언급한 계산은, 이 책의 제1부 제11장에 '헬리 박사의 계산과 관찰에 의하면'으로 나와 있다. 다만, E. 헬리의 설로 되어 있는 것은, 어린이들의 반이 17세가 되기 전에 죽는다는 것뿐이며, R. 캉티용도 아내의 노동에 대해서는 언급하지 않았다. E. 헬리(Edmund Halley, 1656~1742)는 헬리 혜성의 발견자인 동시에 생존통계학의 창시자.

다. 주인들은 노동자를 구하기 위해 서로 다투며, 그리하여 임금을 올리지 않으려 하는 주인들의 자연적인 단결을 자발적으로 깨버리고 만다.

임금으로 생활하는 사람들에 대한 수요는 분명히 임금의 지불에 충당되는 자금 증대의 비례에 의해서만 증가할 수 있다. 이런 자금에는 두 종류가 있는데, 하나는 생활유지에 필요한 것을 넘는 수입이고, 또 하나는 주인들의 일에 필요한 것을 넘는 자산이다.

지주, 연금 수령자, 또는 부자가 자신의 가족을 부양하는 데 충분하다고 판단하는 것보다 많은 수입을 얻을 때, 그는 이 잉여의 모두 또는 일부를 한 사람 또는 그 이상의 집안일에 필요한 하인을 부양하는 데 사용한다. 이 잉여가 증가하면, 그는 자연히 하인 수를 늘릴 것이다.

직조공이나 제화공 같은 자영 직공이 그 자신의 제품의 재료를 사고, 그 제품을 팔 때까지 생계를 유지하는 데 필요한 것보다 많은 자산을 얻었을 때는, 그 잉여로 그는 자연히 한 사람 또는 그 이상의 노동자를, 그들의 작업으로 이윤을 얻기 위해 고용한다. 이 잉여가 증대하면 그는 자연히 노동자의 수를 늘릴 것이다.

따라서 임금으로 생활하는 사람들에 대한 수요는 필연적으로 각 나라의 수입과 자산의 증가에 따라 필연적으로 증가하며, 그것이 없이는 결코 증가할 수 없다. 수입과 자산의 증가는 나라의 부(富)의 증가이다. 따라서 임금으로 생활하는 사람들에 대한 수요는 국부의 증가와 더불어 증가하고, 그것이 없이는 결코 증가할 수 없다.

노동임금이 올라가는 것은 국부가 실제로 크기 때문이 아니라, 그것이 계속해서 증대하고 있기 때문이다. 따라서 노동임금이 가장 높은 것은, 가장 부유한 나라들이 아니라 가장 번영하고 있는 나라들, 즉 가장 급속하게 부유해지고 있는 나라들이다. 확실히 잉글랜드는 현대에는 북아메리카 어느 지방보다 부유한 나라이다. 그런데 북아메리카에서는 노동임금이 잉글랜드의 어느 지방보다 훨씬 높다. 뉴욕 주의 보통 노동자는 하루에 3실링 6펜스, 즉 영국의 파운드화로 2실링과 같은 액수를 번다. 배목수는 10실링 6펜스와 영국 파운드화로 6펜스의 가치가 있는 럼주 1파인트,[*3] 합쳐서 영국 파운드화 6실링 6펜스

---

*3 파인트(pint)는 술이나 우유 등에 사용되는 양단위로 약 0.55리터.

와 같은 액수를 번다. 건축 목수와 벽돌공은 영국 파운드화 4실링 6펜스와 같은 액수인 8실링을, 재봉사는 영국 파운드화로 약 2실링 10펜스와 거의 같은 액수인 5실링을 번다.

이런 가격은 모두 런던의 가격보다 비싸며 임금은 다른 식민지에서도 뉴욕에서와 마찬가지로 높다고 한다. 식료품값은 북아메리카 어디서나 잉글랜드보다 훨씬 싸다. 그곳에서는 식량 부족 같은 것은 결코 알지 못한다. 수확이 최악이라도, 수출용은 감소하지만 그들은 자기들이 먹을 것을 언제나 충분히 갖고 있다. 그러므로 만일 노동의 화폐가격이 모국(母國)의 어디보다도 높다면, 그 실질가격, 즉 그것이 노동자에게 가져다 주는 생활필수품과 편의품에 대한 실질적인 지배력은 더 큰 비율로 높을 것이 틀림없다.

그러나 북아메리카는 아직 영국만큼 부유하지는 않다 해도 훨씬 번영하고 있고, 더 많은 부의 획득을 향해 훨씬 급속하게 전진하고 있다. 어느 나라에서나 그 번영의 가장 결정적인 지표는 인구의 증가이다. 그레이트브리튼과 다른 대부분의 유럽 국가에서는 인구가 500년 이내에 2배가 될 거라고는 예상하지 않고 있다. 북아메리카의 여러 브리튼 식민지에서는 20년 내지 25년에 주민이 2배가 될 거라는 사실이 밝혀졌다. 지금도 이 증가는 주로 새로운 주민의 계속적인 유입에 의한 것이 아니라, 인간의 증식에 의한 것이다. 노년까지 사는 사람들은, 이 땅에서는 자신의 몸에서 나온 자손이 때때로 50명에서 100명, 때로는 그보다 훨씬 더 많은 것을 볼 수 있다고 한다. 그곳에서는 노동의 보수가 매우 좋기 때문에 자식이 많은 가족은 부모에게 무거운 짐이 아니라 부와 번영의 원천이다. 집을 떠날 수 있게 될 때까지 자녀 한 사람 한 사람의 노동은, 부모로 봐서는 100파운드의 순이득의 가치에 해당하는 것으로 계산되고 있다. 4, 5명의 자식을 거느린 젊은 과부는, 유럽의 중류 또는 하급 계층의 사람들 사이에서는 재혼 기회가 거의 없지만, 거기서는 흔히 일종의 자산으로서 청혼을 받는다. 어린아이들의 가치는 결혼에 대한 모든 유인(誘因) 중에서도 가장 큰 것이다.

그러므로 북아메리카 사람들이 일반적으로 매우 젊어서 결혼하는 것을, 우리는 이상하게 여길 필요가 없다. 그와 같은 조혼에 의해 일손이 크게 증가하는 데도 불구하고, 북아메리카에서는 일손 부족에 대한 불만이 끊이지 않는다. 노동자에 대한 수요, 즉 노동자의 유지에 충당되는 자금 쪽이, 고용할 노동자를 찾을 수 없을 만큼 신속하게 증대하고 있는 것으로 생각된다.

한 나라의 부가 매우 크다 하더라도, 만일 그 나라가 오랫동안 정체해 있다면, 우리는 그 나라에서 노동임금이 매우 높을 것을 기대해서는 안 된다. 임금의 지불에 충당되는 자금, 즉 그 나라 주민의 수입과 자산은 최대 규모일지도 모르지만, 만일 그것이 여러 세기에 걸쳐서 계속 똑같거나 똑같은 것에 매우 가까운 규모라면, 해마다 취업하는 노동자의 수는 이듬해에 요구되는 노동자 수를 쉽게 채울 수 있을 것이고, 그것을 넘기까지 할 것이다. 그렇다면 일손 부족은 있을 수 없는 일이고, 주인들이 일손을 구하려고 서로 다투어야 할 필요도 없다. 오히려 이 경우에는 일손은 자연히 고용을 넘어서서 증가할 것이다. 일자리는 언제나 부족하고, 노동자들은 일자리를 얻으려고 서로 경쟁하지 않을 수 없게 된다. 그런 나라에서 만일 노동임금이 노동자를 유지하고 그들의 가족을 부양할 수 있는 금액보다 많다 하더라도, 노동자들의 경쟁과 주인들의 이해 관계가 곧 임금을 일반적인 인간성과 양립하는 최저한의 비율로 끌어내릴 것이다.

중국은 오랫동안 세계에서 가장 부유한, 즉 땅이 가장 기름지고 가장 잘 경작되며, 가장 부지런하고 가장 인구가 많은 나라의 하나였다. 그러나 이 나라는 오랫동안 정체 상태에 있었던 것으로 여겨진다. 500년 이전에 이 나라를 방문한 마르코 폴로*4는 그 경작과 산업과 많은 인구를 현재의 여행자들이 말하는 것과 거의 같은 표현으로 설명했다. 아마도 중국은 그가 방문했던 때보다 훨씬 전에, 이미 그 나라의 법률과 제도의 성질상 획득할 수 있는 모든 부(富)를 완전히 획득했던 것 같다.

모든 여행자들의 이야기는 다른 많은 점에서는 일치하지 않지만, 중국에서의 저임금과 노동자가 가족을 부양하는 데 겪는 어려움에 대해서는 일치하고 있다. 온종일 땅을 갈고 저녁에 겨우 적은 양의 쌀을 살 만한 돈을 얻을 수만 있다면 그들은 만족한다. 수공업자들의 상태는 아마 더 심할 것이다. 유럽처럼 자기들의 작업장에서 한가롭게 고객이 찾아오기를 기다리는 것이 아니라, 저

---

*4 마르코 폴로(Marco Polo, 1254~1324)는 베네치아의 상인으로, 원나라의 중국에 머물며(1271 ~1290) 그 견문을 여행기(*Il Milione*)로 구술했다. 그는 일본에 가지는 않았지만, 이 여행기를 통해 처음으로 일본(지팡구)이 유럽에 알려지게 되었다.

마다 연장을 들고, 말하자면 일거리를 구걸하면서 쉴새없이 거리를 뛰어다닌다. 중국 하층민의 빈곤은 유럽에서 가장 가난한 국민의 그것을 훨씬 넘는다. 흔히 하는 말처럼, 광동(廣東) 가까이에서는 몇백, 몇천 세대나 되는 가족들이 땅 위에 주거를 가지지 못하고 강이나 수로에 떠 있는 조그만 배에서 생활하고 있다. 거기서 그들이 손에 넣는 생활 재료는 매우 빈약하여, 유럽의 선박이 바다에 버리는 가장 더러운 폐기물을 열심히 건져 올릴 정도이다. 아무리 썩은 고기라도, 이를테면 개나 고양이의 시체라도, 반쯤 썩어서 악취를 풍기고 있더라도, 가장 건강한 음식이 다른 나라 사람들에게 환영받듯이 그들에게 환영받고 있다. 중국에서 결혼이 장려되고 있는 것은 자식들이 이익이 되기 때문이 아니라 자식들을 죽이는 것이 자유롭기 때문이다. 어느 대도시에서나 밤마다 어린이가 몇 명씩 길바닥에 버려지거나 강아지처럼 물 속에 던져진다. 이런 무서운 역할을 하는 것이 어떤 사람들이 생활비를 버는 공공연한 직업이라는 말까지 있을 정도이다.

그러나 중국은 아마 정지해 있는지는 모르지만 후퇴하고 있는 것 같지는 않다. 중국의 도시는 어디나 주민들에 의해 버림받지는 않고 있다. 한번 경작된 토지는 아무데도 방치되어 있지 않다. 그러므로 해마다의 노동은 어디서나 똑같거나 거의 똑같게 계속되고 있는 것이 틀림없으며, 따라서 노동의 유지에 충당되는 자금은 눈에 띄게 감소하고 있지는 않다. 그러므로 가장 비천한 노동자들은 생활 재료가 빈약함에도 불구하고, 이런저런 방법으로 융통을 하면서 자신들의 통상적인 수를 유지할 정도로는 자기들의 종족을 존속시키고 있는 것이 틀림없다.

그러나 노동의 유지에 충당되는 자금이 눈에 띄게 감소하고 있는 나라에서는 사정이 다를 것이다. 해마다 하인과 노동자에 대한 수요는 다양한 종류의 모든 직업에서 그 전 해보다 적을 것이다. 상급의 종류[*5]의 일을 위해 훈련받은 많은 사람들은 그런 종류의 업무에서는 일자리를 찾지 못하고 최하급 업무에서도 기꺼이 일자리를 구할 것이다. 최하급의 업무도 그 자체의 노동자들뿐만 아니라 다른 모든 종류에서 넘쳐난 노동자들로 공급과잉이 되어 있기 때문

---

*5 상급의 종류(superior classes)라는 것은 이른바 상류계급이 아니라, 노동의 종류의 구분.

에, 일자리를 구하는 경쟁은 더욱 치열해져서, 노동임금은 노동자의 가장 비참하고 빈약한 생활 수준까지 내려가게 된다. 많은 사람들은 이렇게 혹독한 조건에서도 일자리를 구하지 못하고, 굶주리거나 아니면 걸식을 하든 흉악한 범죄를 저질러서라도 먹을 것을 구하지 않을 수 없게 된다. 가난과 굶주림과 죽음이 곧 이 계급에 만연하여, 거기서 다시 상류계급으로 번져 나가서, 마침내 그 나라의 주민 수는, 다른 것을 파괴해 버린 폭정과 재난을 면해 그 나라에 잔존하는 수입과 자산으로 쉽게 부양될 수 있는 수준으로까지 감소하게 되는 것이다.

이것이 아마 벵골이나 그 밖의 동인도*⁶에 있는 영국 식민지의 현상에 가까울 것이다. 이전에 인구가 대폭으로 감소함으로써 생계가 그다지 어렵지 않을 텐데도, 30만이나 40만 명의 사람들이 해마다 굶어 죽는 기름진 나라에서는, 노동빈민*⁷의 유지에 충당되는 자금이 급속하게 줄어들고 있는 거라고 우리는 확신할 수 있다. 북아메리카를 보호하고 통치하는 브리튼 정치 기구의 정신과, 동인도에서 억압과 압정을 휘두르는 상사*⁸의 정신의 차이를 예증하는 데는, 아마도 이런 나라들의 상태의 차이를 설명하는 것이 가장 확실할 것이다.

따라서 노동에 대한 후한 보수는 증대하고 있는 국부(國富)의 필연적인 결과인 동시에 그 자연스러운 조짐이기도 하다. 한편 노동빈민의 가난한 생계는 사물이 정지하고 있다는 것의 자연스러운 조짐이고, 그들이 기아 상태에 있는 것은 사물이 급속히 후퇴하고 있다는 것의 자연스러운 조짐이다.

그레이트브리튼에서는, 노동임금이 현재로서는 노동자가 가족을 부양하는 데 꼭 필요한 액수를 명백하게 넘어선 것으로 생각된다. 이 점을 납득하기 위해, 굳이 가족을 부양할 수 있는 최저액이 어느 정도인가에 대해 따분하고 의심스러운 계산에 들어갈 필요는 없을 것이다. 이 나라에서는 노동임금이, 일반

---

*6 현재의 인도아대륙 및 인도네시아를, 당시에는 서인도와 구별하여 동인도라고 불렀다.

*7 노동빈민(labouring poor)은 일반노동자(common labourer)와 함께 전문적인 기술을 가지지 않고 길드의 보호를 받지 않는 미숙련 하층 노동자를 가리키는데, 분업과 기계의 발전에 의해 생산의 중심이 된다.

*8 스미스의 동인도 회사 비판은 제4편 제7장에서 전개된다.

적인 인간성에 합치하는 이 최저한의 비율에 의해 규제되고 있는 곳은 어디에도 없다는 명백한 조짐이 많이 있다.

첫째로, 그레이트브리튼의 거의 모든 지방에서는 가장 하급의 노동에서도 여름과 겨울의 임금에 차이가 있다. 여름의 임금은 언제나 가장 높다. 그러나 연료비가 너무 비싸 가족의 생활비는 겨울이 가장 높다. 따라서 임금은 생활비가 최저일 때 최고이므로, 임금은 이 생활비에 필요한 액수에 의해 규제되지 않고, 일의 양과 그 추정 가치에 의해 규제되는 것은 명백한 것 같다. 확실히 노동자는 겨울의 생활비를 충당하기 위해 여름에 받은 임금의 일부를 절약해야 한다거나, 1년 전체를 통해서 보면 임금이 노동자의 가족을 1년 내내 부양하는 데 필요한 액수를 넘지 않는다고 말할 수 있을지 모른다. 그러나 노예나, 직접적인 생계를 절대적으로 우리에게 의존하고 있는 사람은, 이렇게 다룰 수 없을 것이다. 그들의 나날의 생계는 그들의 나날의 필요에 비례할 것이다.

둘째로, 노동임금은 그레이트브리튼에서는 식료품값과 함께 변동하지 않는다. 식료품은 어디서나 해마다 변동하며 때로는 다달이 변동한다. 그러나 많은 곳에서 노동의 화폐가격은 때로 반세기에 걸쳐서 줄곧 변하지 않고 그대로 있다. 그러므로 만일 이런 곳에서 노동빈민이 식료품값이 비싼 해에 가족을 부양할 수 있다면, 상당히 풍부할 때는 안락하게 사는 것이 틀림없고, 특별히 쌀 때는 풍요롭기까지 할 것이다. 지난 10년 동안의 높은 식료품값이, 이 왕국의 많은 지방에서 노동의 화폐가격을 두드러지게 상승시킨 적은 없었다. 그런 지방도 있었던 건 사실이지만, 그것은 아마도 식료품값의 상승보다는 노동수요의 증대에 더 큰 원인이 있을 것이다.

셋째로, 식료품값은 노동임금보다 해마다 변동률이 크지만, 노동임금은 식료품값보다 장소에 의한 변동이 더 크다. 빵과 식육의 가격은 일반적으로 연합왕국[9]의 대부분에서 같거나 매우 비슷하다. 노동빈민들은 일반적으로 빵과

---

*9 연합왕국(United Kingdom)은 현재로는 잉글랜드·스코틀랜드·웨일스 및 북아일랜드를 포함하는 United Kingdom of Great Britain을 말하는데, 스미스는 아마 잉글랜드와 스코틀랜드 연방을 가리켜 이렇게 말한 것이리라. 그레이트브리튼이라고 말할 때도 그럴지 모른다.

식육, 그밖의 대부분의 것을 소매로 사고 있고, 그런 것들은 일반적으로 대도시에서도 이 나라의 먼 지방과 똑같이 싸거나 그보다 싼데, 그 이유에 대해서는 나중에 설명할 기회가 있을 것이다. 그러나 대도시나 그 인근의 노동임금은 몇 마일 떨어진 곳보다 흔히 4분의 1 내지 5분의 1, 즉 20% 내지 25% 비싸다고 봐도 무방하다. 하루 18펜스가 런던 및 그 인근에서의 일반적인 노동가격이다. 몇 마일 떨어지면 14펜스, 15펜스로 내려간다. 에든버러와 그 인근에서는 10펜스가 그 가격이라고 봐도 된다. 다시 몇 마일 떨어지면 8펜스로 내려가는데, 이것이 스코틀랜드의 저지대 대부분의 일반적인 노동의 통상가격이며, 그곳에서는 잉글랜드보다 가격 차이가 매우 적다. 이런 가격 차이는 사람을 한 교구(敎區)에서 다른 교구로 옮기게 하는 데 반드시 충분한 것은 아니라고 생각되지만, 가장 부피가 큰 상품이라도 한 교구에서 다른 교구로 뿐만 아니라 왕국의 한쪽 끝에서 다른 끝으로, 거의 세계의 한쪽 끝에서 다른 쪽 끝으로, 이윽고 가격을 거의 같은 수준으로 접근시킬 정도의 대수송을 필연적으로 불러일으킬 것이다. 인간 본성의 경박함과 변덕에 대해서는 여러 가지 말이 있지만, 경험으로 뚜렷이 알 수 있는 것은 인간이란 모든 종류의 짐 가운데 가장 수송이 어렵다는 점이다. 그러므로 만일 노동빈민이 이 왕국 안에서도 노동가격이 가장 낮은 지방에서 가족을 부양할 수 있다면, 그것이 가장 높은 지방에서는 그들은 풍족하게 생활할 수 있을 것이 틀림없다.

넷째로, 노동가격의 변동은 장소적으로나 시간적으로 식량가격의 변동에 대응하지 않을 뿐만 아니라 흔히 정반대인 경우가 있다.

보통 사람들의 주식인 곡류는 스코틀랜드가 잉글랜드보다 비싸며, 스코틀랜드는 거의 해마다 잉글랜드에서 대량 공급을 받는다. 그러나 잉글랜드의 곡물은 그것이 반입되는 스코틀랜드에서는 반출되는 잉글랜드보다 비싸게 팔려야 하는 데도, 스코틀랜드에서는 품질에 비해, 그것과 경쟁하여 같은 시장에 오는 스코틀랜드의 곡물보다 비싸게 팔리지 않고 있다. 곡류의 품질은 제분소에서 그것으로 만들어 내는 고운 가루나 거친 가루의 양에 주로 의존하는데, 이 점에서는 잉글랜드의 곡류가 스코틀랜드의 곡류보다 훨씬 뛰어나며, 그 때문에 잉글랜드의 곡류는 외관, 즉 양에 비해서는 때때로 스코틀랜드의 곡물보다 비싸지만, 실제로는, 즉 질적으로, 또는 무게로 따져도 일반적으로 스코틀랜드의 곡류보다 싼 편이다. 이에 비해 노동가격은 스코틀랜드보다 잉글랜드가 비싸다. 따라서 노동빈민이 연합왕국의 한 지방에서 가족을 부양할 수 있다면 다른 지방에서는 풍족하게 살 수 있을 것이 틀림없다. 오트밀*10은 스코틀랜드의 서민들에게 최대이자 최량의 음식을 제공하고 있는 것은 확실하지만, 그것은 이웃인 잉글랜드의 같은 계층 사람들보다 일반적으로 훨씬 질이 떨어진다. 그러나 이런 생활양식의 차이는 그들의 임금의 차이의 원인이 아니라 결과이다. 그런데 기묘한 오해로 인하여 그것이 원인이라고 말하는 것을 나는 자주 들은 적이 있다. 어떤 사람은 부유한데 그 이웃은 가난한 것은, 한쪽은 사륜마차를 가지고 있고 다른 쪽은 걸어서 다니기 때문이 아니라, 한쪽은 부유하기 때문에 마차를 가지고 있고, 다른 쪽은 가난해서 걸어다니는 것이다.

연합왕국의 두 지방에서, 곡류의 가격은 전세기(前世紀) 전체에 걸쳐 현세기 전체보다 비쌌다. 이것은 이제 어떤 의문도 가질 수 없는 사실이며, 그 증거는 될 수 있는 대로, 아마 잉글랜드보다 스코틀랜드에 대해서 더욱 결정적이다. 스코틀랜드에서는 그것은 공정곡가라는 증거, 즉 스코틀랜드의 각주에서 각종 곡류에 대해 시장의 실상에 따라 선서를 바탕으로 이루어지는 해마다의 평가에 의해 지탱되고 있다. 만일 이런 직접적인 증거를 확인하기 위해 뭔가 방증이 필요하다면 이것은 프랑스에서도 마찬가지로 사실이었고, 아마도 유럽 다른 대부분의 지방에서도 그러했다고 나는 말하고 싶다. 프랑스에 관해서도 더욱 명백한 증거가 있다. 그러나 연합왕국의 두 지방에서 곡류는 현세기보다 전세기에 약간 비쌌던 것은 확실하지만, 노동이 훨씬 더 쌌다는 것도 마찬가지로 확실하다. 따라서 만일 당시에 노동빈민이 가족을 부양할 수 있었다면, 현재 그들은 훨씬 더 안락할 것이 틀림없다. 전세기에 스코틀랜드의 대부분에서, 일반적인 노동의 가장 통상적인 하루 임금은 여름에는 6펜스, 겨울에는 5펜스였다. 이와 거의 같은 가격인 주 3실링이 하이랜드와 서부 제도의 몇몇 지방에서 아직도 지불되고 있다. 저지대의 대부분에 걸쳐서 일반적인 노동의 가

---

*10 오트밀(oatmeal)은 거칠게 빻은 메귀리로, 이것으로 죽을 쑨 것이 스코틀랜드의 주식이었다. 새뮤얼 존슨(Samuel Johnson, 1709~1784)이 '잉글랜드에서는 흔히 말 사료로 쓰이지만, 스코틀랜드에서는 인간을 키우는 곡물'이라고 정의하여 스코틀랜드의 빈곤의 지표로 삼은 것이 유명하다(A dictionary of the English language, London, 1755).

장 통상적인 임금은 현재 하루 8펜스이고, 에든버러 주변에서는 10펜스, 때로는 1실링이며, 잉글랜드와 인접한 여러 주에서는 그 인접 때문에, 또 최근에 노동수요가 상당히 늘어난 다른 몇몇 장소, 즉 글래스고·캐런*[11]·에어셔*[12] 등지에서도 이와 마찬가지이다. 잉글랜드에서는 농업·제조업·상업의 개량이 스코틀랜드보다 훨씬 일찍부터 시작되었다. 노동에 대한 수요와 그에 따른 가격은 그런 개량과 더불어 필연적으로 높아지지 않을 수 없었다. 그래서 전세기는 현세기와 마찬가지로 노동임금이 스코틀랜드보다 잉글랜드 쪽이 높았다. 임금은 그때부터 대폭으로 상승했지만, 잉글랜드 각지에서 지불되는 임금의 커다란 다양성 때문에 얼마나 상승했는지 확인하는 것은 훨씬 더 어렵다. 1614년에 보병의 급여는 현재와 마찬가지로 하루 8펜스였다. 그것이 처음 정해졌을 때는 당연히 보병이 가장 많이 나오는 계층, 즉 일반노동자의 통상적인 임금에 따라 규제되었을 것이다.

찰스 2세 시대에 책을 쓴 대법관 헤일스*[13]는, 여섯 명으로 구성된 노동자 가족, 즉 부모와 약간의 일을 할 수 있는 두 자녀, 그리고 아무 일도 할 수 없는 두 자녀로 구성된 노동자 가족의 필요 생활비를 1주일에 10실링, 1년에 26파운드로 산정했다. 그들이 만일 이것을 자신의 노동으로 벌 수 없으면, 그들은 구걸이나 도둑질로 보충하지 않으면 안 된다. 그는 이 문제를 매우 주의 깊게 연구한 것 같다. 1688년에, 데이브넌트*[14] 박사가 그 정치산술(政治算術)의 솜씨를 격찬했던 그레고리 킹*[15]은 1688년에, 노동자와 통근 하인(out-servant)의 통상소득을 평균 3명 반으로 상정한 일가족에 대해 1년에 15파운드로 계산했다. 따라서 그의 계산은 헤일스 판사의 계산과 얼핏 다른 것처럼 보이지만, 근본적으로는 거의 일치한다. 양쪽 모두 그런 가족의 주당(週當) 지출을 한 사람 앞에 약 20펜스로 추정하고 있다. 그런 가족의 금전상의 소득과 지출도, 왕

---

*11 캐런(Carron)은 글래스고와 에든버러 중간에 있으며, 1760년에 제철공장이 건설되었다.

*12 에어셔(Ayrshire)는 글래스고 남쪽에 인접한 주(州)로, 글래스고의 공업화에서 영향을 받았다.

*13 헤일스는 헤일(Matthew Hale, 1609~1676)의 오기. 헤일은 혁명기부터 찰스 2세 시대에 걸친 재판관으로, 스미스가 언급하고 있는 것은 *Discourse touching provision of the poor*, London, 1683 이다.

*14 데이브넌트(Charles Davenant, 1656~1714)는 토리 자유무역논자로 불리는 중상주의 경제학자.

*15 킹(Gregory King, 1648~1712)은 문장(紋章), 가계사가(家系史家).

국의 대부분에 걸쳐서 곳에 따라 많고 적은 차이는 있어도 당시보다 상당히 증가했다. 다만 현재의 노동임금에 대한 약간의 과장된 보고가 최근에 공표한 것처럼 크게 증가한 곳은 아마 거의 없을 것이다. 한 가지 주의할 것은, 노동가격은 어디서나 매우 정확하게 확인할 수는 없는 것이며, 노동자의 능력의 차이뿐만 아니라 주인이 너그러운가 인색한가에 따라서도, 같은 장소에서 같은 노동에 대해 때때로 다른 가격이 지불된다는 점이다. 임금이 법률로 규제되지 않는 곳에서는, 우리가 확인한다고 말할 수 있는 것은 기껏해야 가장 통상적인 임금은 어느 정도인가 하는 것뿐이다. 그리고 법률이 임금을 적절히 규제한다고 때때로 말해 왔지만, 그것은 결코 가능한 일이 아니라는 것도 경험이 말해 주고 있는 것 같다.

노동의 실질적인 보상, 즉 노동이 노동자에게 가져다 주는 생활필수품과 편의품의 실질적인 양은 현세기 동안 노동의 화폐가격보다 아마 더 큰 비율로 증가했을 것이다. 곡물이 어느 정도 싸졌을 뿐 아니라, 근로빈민이 쾌적하고 건강에 좋은 다양한 음식을 만들어 내는 그 밖의 많은 것도 매우 싸졌다. 이를테면 감자는 왕국의 대부분에서 3, 40년 전의 반값도 안 된다. 순무·당근·양배추 같은 것은 호미로밖에 재배하지 못했는데, 지금은 일반적으로 말이 끄는 쟁기로 재배되고 있는 것에 대해서도 같은 말을 할 수 있을 것이다. 또 모든 청과물도 값이 싸졌다. 그레이트브리튼에서 소비되는 사과와 심지어 양파도, 전세기에는 대부분 플랑드르에서 수입되었다. 비교적 거친 제품인 마직물과 모직물도 크게 개량되어 노동자들에게 더 싸고 질 좋은 의류가 공급되고 있다. 또 조금속(粗金屬) 제품도 크게 개량되어 수많은 쾌적하고 편리한 가정용 기구뿐만 아니라, 더 싸고 질 좋은 직업용 연장도 노동자들에게 공급되고 있다. 비누·소금·양초·가죽·발효주는 주로 거기에 부과된 세금 때문에 확실히 비싸졌다. 그러나 노동빈민에게 있어서 소비할 필요가 조금이라도 있는 그런 것들의 양은 매우 적기 때문에, 그런 것들의 가격상승이 다른 지극히 많은 것의 가격 하락을 상쇄시키는 일은 없다. 사치가 최저 계층의 사람들에게까지 번졌다든가 노동빈민은 전에 그들을 만족시킨 것과 같은 의식주로는 더 이상 만족하지 않을 것이라든가 하는 흔히 듣는 불평은, 노동의 화폐가격뿐 아니라 그 실질적인 보수도 또한 증대했다는 것을 우리에게 확신시켜 준다.

하층민의 생활 조건이 이렇게 개선된 것은 사회에 유리하다고 보아야 할 것인가, 아니면 불리하다고 보아야 할 것인가? 여기에 대한 대답은 얼른 보아도 너무나 명백한 것 같다. 여러 종류의 하인·노동자·직공은 어떤 커다란 정치 사회에서도 압도적인 다수를 이루고 있다. 그러나 이 대부분의 생활 조건을 개선하는 것이 전체에 있어서 불리하다고는 여겨져서는 절대로 안 된다. 구성원의 압도적 대대수가 가난하고 비참한 사회가 번영하고 행복한 일은 결코 있을 수 없다. 더욱이 국민 모두에게 의식주를 제공하는 사람들이, 그들 자신의 노동 생산물 중에서 그들 자신에게 충분한 의식주를 제공할 수 있는 몫을 가지는 것은 어디까지나 공평한 일일 뿐이다.

가난은 의심할 여지없이 결혼할 의욕을 꺾지만, 반드시 언제나 그것을 방해하는 것은 아니다. 그것은 출산에는 오히려 더 편리해 보이기까지 한다. 하이랜드의 반쯤 굶주리고 있는 여성이 20명 이상의 아이를 낳는 일이 때때로 있는데, 포식하고 있는 귀부인은 흔히 하나도 낳지 못하거나 일반적으로 둘이나 셋만 낳으면 체력이 바닥나 버린다. 상류부인 가운데 그토록 많은 불임이 지위가 낮은 여성들 사이에서는 매우 드물다.

여성의 사치는 아마도 향락에 대한 열정을 불태우는 한편으로, 출산 능력을 항상 약화시키고, 때로는 완전히 파괴해 버리는 것처럼 여겨진다.

그러나 가난은 출산을 방해하지는 않는다지만, 아이들을 키우는 데는 매우 불리하다. 허약한 식물은 싹이 나더라도 추운 토양과 모진 기후 속에서는 곧 시들어 죽어 버린다. 내가 자주 들은 바로는, 스코틀랜드의 하이랜드에서는 20명을 낳은 어머니의 아이 중에 끝까지 살아남는 것은 2명도 안 되는 경우가 드물지 않다고 한다. 경험이 풍부한 몇 사람의 장교가 나한테 장담한 말을 들어 보면, 그들의 연대 안에서 태어난 병사의 아이들 전부를 가지고도 연대의 보충은커녕 고적병(鼓笛兵)조차 공급할 수 없었다고 한다. 그러나 발육이 좋은 아이들을 병영 근처보다 더 많이 볼 수 있는 곳은 좀처럼 없다. 그 가운데 13세 또는 14세까지 살아남는 것은 극소수인 것 같다. 어떤 지방에서는 태어난 아이들의 절반은 4세 이전에 죽고, 많은 곳에서는 7세가 되기 전에, 거의 모든 곳에서는 9세나 10세가 되기 전에 죽어 버린다. 그러나 이렇게 높은 사망률은 주로, 어디서든 더 높은 지위의 사람들처럼 세심하게 자식들을 돌볼 수 없는 보통 서민의 자녀들에게서 볼 수 있을 것이다. 그들의 결혼은 일반적으로 상류 사람들보다 자식을 많이 낳지만, 그들이 성년에 이르는 비율은 낮다. 고아원이나 교회의 자선단체에서 키우는 아이들의 사망률은 일반 서민의 아이들보다 훨씬 높다.

어떤 종류의 동물이든 당연히 그들의 생활 수단에 비례하여 증식하며, 그것을 넘어서 증식할 수 있는 동물은 결코 없다. 그러나 문명 사회에서는 생활 재료의 빈곤이 인류의 더 이상의 증식을 제한할 수 있는 것은 낮은 계층의 사람들 사이에서뿐이며, 더욱이 그것은 그런 다산하는 결혼이 낳는 아이들의 많은 부분을 사망시키는 방법으로밖에 제한할 수 없는 것이다.

노동에 대한 후한 보수가 주어지면, 노동자들은 자녀들에게 더 나은 것을 제공할 수 있게 되고, 따라서 더 많은 아이들을 양육할 수 있게 되므로, 증식의 한계가 자연히 확대되고 연장되는 경향이 있다. 이것은 노동에 대한 수요가 필요로 하는 비율에 가능한 한 맞춰서 필연적으로 일어난다는 것도 또한 지적해 둘 만하다. 만일 이 수요가 계속해서 증가한다면, 노동의 대가는 필연적으로 노동자의 결혼과 증식을 촉진하고, 그 결과 그들은 계속해서 증가하는 수요를 계속해서 늘어나는 인구에 의해 충족할 수 있게 된다. 언제라도, 만일 대가가 이 목적에 필요한 것보다 적으면, 일손 부족이 곧 그것을 끌어올릴 것이고, 또 만약 그것이 너무 많으면 일손의 과도한 증식이 곧 그것을 이 필요한 비율로 끌어 내릴 것이다.

시장은, 전자의 경우에는 노동의 공급이 부족한 것이고, 후자의 경우에는 공급이 과잉한 것이므로, 머지않아 그 차이만큼 노동가격을 그 사회의 사정이 필요로 하는 적당한 비율까지 회복시킬 것이다. 이런 방법으로 인간에 대한 수요는 다른 어떤 상품에 대한 수요나 마찬가지로 인간의 생산을 필연적으로 규제하며, 그 진행이 너무 느릴 때는 촉진하고 너무 급속할 때는 정지시킨다. 이 수요가 세계의 모든 나라에서, 즉 북아메리카에서, 유럽에서, 그리고 중국에서 인간의 증식 상태를 규제하는데, 북아메리카에서는 그것을 급속하게 진행시키고, 유럽에서는 그것을 완만하고 점진적으로 하며, 중국에서는 그것을 완전히 정체시키고 있다.

노예의 소모(消耗)는 주인의 경비 부담이 되지만, 자유로운 하인의 소모는 본인 자신의 부담이라는 말들을 해 왔다. 그러나 실제로는 후자의 소모도 전자와 마찬가지로 주인의 부담이 된다. 모든 종류의 고용노동자나 하인에게 지불되는 임금은 노동자와 하인에 대한 사회의 수요가 증가하고 있는가, 감소하고 있는가, 아니면 정지해 있는가에 따라 필요하다고 판단되는 정도에 따라서, 그 계층을 대체적으로 존속시킬 수 있는 것임에 틀림없다. 그러나 자유로운 하인의 소모도 마찬가지로 주인의 부담이라 해도, 그것은 일반적으로 주인에게 있어서 노예의 소모보다 훨씬 적게 든다. 노예의 소모를 보충 또는 수리 (이렇게 말해도 된다면)하는 데 충당되는 자금은 일반적으로 게으른 주인이나 부주의한 감독자에 의해 운영되는 것이 보통이다. 자유인에 대해 같은 역할을 하는 데 충당되는 자금은 자유인 자신에 의해 운영된다. 흔히 부자의 경제를 지배하는 무질서는 자연히 노예의 관리에도 파고든다. 가난한 사람의 엄격한 검소함과 절약에 대한 배려는 자연히 자유인의 경제에도 나타난다. 이렇게 다른 관리하에서는 목적은 같아도 그 실행에 필요한 비용은 매우 다르지 않을 수 없다. 따라서 모든 시대, 모든 국민의 경험으로 보아, 자유인이 한 일이 노예가 한 일보다 결국은 적게 든 것이 명백하다고 나는 믿는다. 일반적인 노동 임금이 그토록 높은 보스턴·뉴욕·필라델피아에서도 그렇다는 것이 알려지고 있다.

따라서 노동에 대한 후한 보수는 증가하고 있는 부(富)의 결과인 동시에, 증가하고 있는 인구의 원인이기도 하다. 이에 대해 불평하는 것은 가장 큰 사회적 번영의 필연적인 결과와 원인에 대해 탄식하는 것이 된다.

아마도 다음과 같은 점은 지적해 둘 만하다고 생각한다. 노동빈민, 즉 민중 대다수의 상태가 가장 행복하고 가장 쾌적한 것으로 생각되는 것은, 사회가 부를 충분히 획득했을 때보다도, 더 큰 부를 획득하기 위해 전진하고 있는 진보의 상태라는 사실이다. 노동빈민의 상태는 사회가 정체 상태에 있을 때는 엄격하고, 쇠퇴 상태에 있을 때는 비참하다. 실제로는 진보적 상태야말로 사회의 온갖 계급에 있어서 즐겁고 활기찬 상태이다. 정체 상태는 활기가 없고, 쇠퇴 상태는 우울하다.

노동에 대한 후한 보수는 일반 민중의 번식을 촉진하는 동시에, 그들의 근로를 증진시킨다. 노동임금은 부지런함에 대한 장려이며, 부지런함은 다른 모든 인간의 자질처럼 그 장려에 비례하여 증대한다. 풍족한 생계는 노동자의 체력을 증진하고, 그의 처지를 개선하며, 안락하고 풍요로운 만년을 맞이할 수 있을 거라는 즐거운 희망은, 노동자에게 활기를 불어넣어 그 체력을 최대한으로 발휘하게 한다. 그러므로 임금이 높은 곳에서는 임금이 낮은 곳보다, 이를테면 스코틀랜드보다 잉글랜드에서, 멀리 떨어진 농촌보다 대도시 인근에서, 노동자가 더욱 활동적이고 부지런하며 일도 척척 해내는 것을 우리는 늘 볼 수 있다. 물론 4일 동안 1주일을 살 수 있는 돈을 벌 수 있을 때는, 나머지 사흘은 아무 일도 하지 않고 보내는 사람도 있을 것이다. 그러나 이것은 결코 대부분의 사람에게 적용되는 것은 아니다. 반대로 노동자들은 생산량에 대해 후하게 지불받으면 자기도 모르게 지나치게 일을 하여 몇 년 만에 건강과 체질을 망가뜨리기 쉽다. 런던 및 다른 몇몇 지방에서는 8년이 넘도록 왕성하게 활동할 수 있는 목사는 없다고 보고 있다. 이 같은 일은 노동자가 일한 생산량에 따라 보수가 지불되는 다른 많은 직업에서도 볼 수 있는 일이며, 자금이 보통보다 높은 곳이면 어디든, 제조업에서는 일반적으로 그렇고 농촌의 노동에서조차 그러하다. 거의 모든 종류의 수공업자들은 그들의 특수한 작업에 지나치게 열중하는 데서 생기는 어떤 특유한 질병에 걸리기 쉽다.

이탈리아의 유명한 의사 라마치니*[16]는 그런 병에 대해 전문서적을 냈다. 우리는 우리의 병사들을 우리 가운데 가장 부지런한 사람들로는 생각지 않는다. 그러나 병사들이 무언가 특정한 종류의 일에 종사하고, 그 일한 분량에 따라 후한 보수를 받을 때, 그들의 장교들은, 병사들이 보수를 받는 비율에 있어서 매일 일정액 이상을 벌게 해서는 안 된다는 계약을 때때로 기업가와 맺지 않으면 안 되었다. 이 계약이 성립되기 전까지는 서로의 경쟁과 더 큰 이득에 대한 욕망이, 때때로 병사들을 내몰아 과로에 빠지게 하고, 지나친 노동으로 건강을 해치게 만들었던 것이다. 1주일 중 나흘 동안 과도하게 일하는 것은 때때로 나머지 사흘 동안 아무 일도 하지 않는 것의 참된 원인이 되는데, 이에 대해서는 크게, 또 소리 높이 불평이 터져 나오고 있다. 심신 어느 쪽이든 심한 노동이 며칠에 걸쳐서 계속되면, 대부분의 사람들은 그 뒤에 휴식에 대한 커다란 욕구가 자연히 나타나게 마련이고, 그 욕구는 강제나 무언가 강한 필요에 의해 억제되지 않는 한 거의 저항하기 힘든 것이다. 그것은 자연적인 요구이며, 이 요구는 때로는 편안하게 쉼으로써, 때로는 기분 전환과 오락을 즐김으로써 풀어 줄 필요가 있다. 만일 그것이 이루어지지 않는다면 결과는 때때

---

*16 라마치니(Bernardino Ramazzini, 1633~1714)의 저서는 *De morbis artificum diatri-ba*, Mutinae, 1700으로, *A treatise of the disease of tradesmen*, London, 1705로서 번역되었다.

로 위험해지고 때로는 치명적이 되어, 거의 어김없이 조만간에 그 직업에 특유한 질병을 가져오게 된다.

만일 주인들이 언제나 이성과 인간성이 명하는 바에 귀를 기울인다면, 노동자들의 과도한 열의를 부추기기보다는 그것을 억제하는 것이 때때로 필요해질 것이다. 계속해서 일할 수 있도록 적당하게 일하는 사람이 자신의 건강을 가장 오래 유지할 수 있을 뿐만 아니라, 1년을 통해 가장 많은 양의 일을 수행한다는 것을 모든 종류의 직업에서 알 수 있다고 나는 확신한다.

식료품이 싼 해에는 노동자들은 일반적으로 통상의 해에 비해 게으르고, 비싼 해에는 부지런하다는 주장이 있다. 따라서 풍부한 식량은 그들의 부지런함을 느슨하게 하고, 부족한 식량은 그들의 부지런함을 촉진시킨다는 결론이 나온다. 평년보다 약간 풍부하면, 약간의 노동자들을 게으르게 만든다는 것은 크게 의심할 수 없는 일이다. 그러나 그것이 대부분의 노동자들에게 똑같은 영향을 미친다든가, 사람들은 일반적으로 충분히 먹을 수 있을 때보다 충분하게 먹지 못할 때, 기운이 왕성할 때보다 낙담에 빠져 있을 때, 일반적으로 건강할 때보다 자주 병에 걸릴 때 일을 더 잘 한다는 것은 그리 있을 법한 일로 생각되지 않는다. 기근인 해에는 일반적으로 서민들 사이에서 질병이나 사망이 많은 해이고, 그것은 그들의 근로 생산물을 감소시키지 않을 수 없다는 점에 특히 유의해야 할 것이다.

식량이 풍부한 해에는 하인들은 때때로 주인을 떠나서 자기들의 근로로 얻을 수 있는 것으로써 생계를 유지하려고 한다. 그러나 바로 이 식료품이 싸다는 것이 하인의 부양에 충당되는 자금을 증가시킴으로써 고용주들, 특히 농업 경영자들로 하여금 전보다 더 많은 사람을 고용하도록 촉진한다. 농업 경영자들은, 그런 경우 곡물을 시장에서 싼 가격에 파는 것보다는, 그것으로 부양할 수 있는 노동하인을 몇 사람 더 늘림으로써 더 많은 이윤을 기대한다. 하인에 대한 수요는 증가하는 한편, 그 수요를 채우려고 나서는 사람의 수는 감소한다. 따라서 노동가격은 식료품값이 싼 해에 올라가는 일이 흔히 있다.

식량이 부족한 해에는 생계가 어렵고 불확실하기 때문에, 그런 사람들은 모두 간절하게 일자리로 되돌아가고 싶어한다. 그러나 식료품의 높은 가격은 하인의 부양에 충당되는 자금을 감소시키고, 고용주들로 하여금 고용하고 있는 사람들의 수를 늘리기보다 오히려 감소시키려 하게 한다. 식료품이 비싼 해에는 또 가난한 독립노동자들은 자신들의 작업 재료를 자급하는 데 사용하고 있었던 얼마 안 되는 자산을 다 소비해 버리고 생계를 위해 고용노동자가 되지 않을 수 없다. 일자리를 찾는 사람이 일자리를 쉽게 구할 수 있는 사람보다 많아진다. 많은 사람들이 보통보다 낮은 조건으로도 기꺼이 일하려 하고, 하인의 임금도 고용노동자의 임금과 함께 식료품이 비싼 해에 내려가는 일이 흔하다.

따라서 모든 종류의 고용주들은, 식료품이 싼 해보다 비싼 해에 하인과 유리한 거래를 하며, 전자보다 후자에 하인이 더 저자세이고 의존적이라는 것을 알고 있다. 그래서 그들은 당연히 후자를 전자보다 근로에 유리하다고 장려한다. 또, 고용주 가운데 가장 대표적인 종류인 지주와 농업 경영자에게는 식품이 비싼 해를 좋아하는 또 하나의 이유가 있다. 지주의 지대와 농업의 이윤은 식료품값에 매우 크게 의존한다. 그러나 사람들이 일반적으로 자신을 위해 일할 때가 남을 위해 일할 때보다 적게 일한다고 생각하는 것만큼 어처구니없는 일은 없을 것이다. 가난한 독립노동자는 생산물로 따져서 일하는 고용노동자에 비해서도 더 부지런한 것이 보통이다. 전자는 자기 자신의 근로의 모든 생산물을 내 것으로 가지고, 후자는 그것을 고용주와 나눠 갖는다. 전자는 분리 독립의 상태에 있기 때문에, 커다란 제조 공장에서 매우 흔하게 후자의 도덕심을 해치는 나쁜 동료의 유혹에 직면하는 일이 적다.

한 달 또는 1년 계약으로 고용되어, 많이 일하든 적게 일하든 임금과 수당이 같은 하인에 대한 독립노동자의 우월의식은 훨씬 더 클 것이다. 식료품값이 싼 해에는 모든 종류의 고용노동자와 하인에 대한 독립노동자의 비율을 늘리고, 그것이 비싼 해에는 그 비율을 줄이는 경향이 있다.

박식하고 창의적인 프랑스의 저자이자 생테티엔 징세구의 징세관인 메상스 *¹⁷는, 엘뵈프에서 생산되고 있는 거친 모직물과 루앙 전역에 널려 있는 마직물 및 견직물, 이 세 가지의 각각 다른 제조업에서 각각 다른 시기에 만들어진 상품의 양과 가치를 비교함으로써 식료품값이 비싼 해보다 싼 해에 빈민들이

*17 메상스(Messance)의 저서는 *Recherches sur la population des généralités d'Auvergne, de Lyon, de Rouen et de quelques provinces et villes du royaume, avec des réflexions sur la valeur du bled tant en France qu'en Angleterre, depuis 1674 jusqu'en 1764*, Paris, 1766(ASL 1150).

더 많은 일을 한다는 것을 보여 주고자 노력했다. 관청의 등기부에서 베낀 그의 설명에 의하면, 그 세 가지 제조업 전체에서 만들어진 상품의 양과 가치는 일반적으로 식료품이 싼 해가 비싼 해보다 컸다는 것, 그리고 그것은 언제나 가장 싼 해에 최대이고 가장 비싼 해에 최소였다는 것을 알 수 있다. 이들은 셋 다 정체적인 제조업, 즉 그 생산물은 해마다 조금은 변동할지 모르지만 전체적으로는 전진도 후퇴도 하고 있지 않은 제조업인 것 같다.

스코틀랜드의 마직물 제조업과 요크셔의 웨스트라이딩에 있는 거친 모직물 제조업은 성장하고 있는 제조업이고, 그 생산물은 약간의 변동은 있어도 일반적으로 양과 가치가 함께 증대하고 있다. 그러나 그러한 해마다의 생산물에 대해 발표된 설명을 검토해 본 결과, 나는 그 변동이 수확물이 싼 계절인가 비싼 계절인가에 따라 무언가 확실한 관계가 있다는 것을 발견하지 못했다. 대흉년이었던 1740년에, 두 제조업이 모두 쇠퇴한 듯이 보이는 것은 사실이다. 그러나 또 한 번의 대흉년이었던 1756년에 스코틀랜드의 제조업은 평균 이상의 발전을 이룩했다. 요크셔의 제조업은 확실히 쇠퇴하여 그 생산고가 미국의 인지법이 폐지된 뒤인 1766년까지, 1755년 당시의 생산고를 넘지 못했다. 그해와 그 이듬해에는 생산고가 그때까지의 어느 해보다 뛰어나게 높아져서 그 때부터 계속 증가하고 있다.

원거리 판매를 지향하는 모든 대형 제조업의 생산물은 그런 제조업이 운영되는 나라들의 농산물가격의 계절에 따른 변화보다는, 그 생산물이 소비되는 나라들의 수요에 영향을 주는 모든 사정, 즉 평화인가 전쟁인가, 다른 경쟁 제조업이 번영하고 있는가 쇠퇴하고 있는가, 또 중요한 고객들의 감정이 좋은가 나쁜가에 필연적으로 의존하게 마련이다. 뿐만 아니라, 아마 식량이 싼 해에 이루어지는 임시적인 일은 대부분 제조업에 대한 공적인 기록에는 결코 기입되지 않을 것이다. 고용주 곁을 떠나는 남자 하인은 독립노동자가 된다. 여자는 부모 곁으로 돌아가서 자기 가족들의 옷을 짓기 위해 실을 잣는 것이 보통이다. 독립노동자들조차 반드시 언제나 널리 판매하기 위해 일하는 것이 아니라, 그 이웃 중의 누군가에게 고용되어 가족용 제품을 만드는 데 종사한다. 따라서 그들의 노동 생산물은 공적인 기록에 숫자로 나타나지 않는 경우가 흔하며, 그런 기록은 이따금 매우 호들갑스럽게 공표되는데, 우리의 상인들과 제조업자들은 그것을 가지고 때때로, 가장 위대한 제국의 성쇠를 분명히 보여 주는 것이라고 의기양양하게 주장하는 것이다.

노동가격의 변동은 반드시 식료품값의 변동과 언제나 일치하지 않을 뿐 아니라, 흔히 정반대이기는 하지만, 그렇다고 해서 우리는 식료품값이 노동가격에 아무런 영향도 주지 않는다고 생각해서는 안 된다. 노동의 화폐가격은 필연적으로 두 가지 사정에 의해, 즉 노동에 대한 수요와, 생활필수품 및 편의품의 가격에 의해서 규제된다. 노동에 대한 수요는 그것이 그때 증가하고 있는가, 정지되어 있는가, 아니면 감소하고 있는가에 따라, 바꿔 말하면 그때의 인구의 증가·정지·감소 가운데 어느 것을 필요로 하는가에 따라 노동자에게 주어져야 하는 생활필수품과 편의품의 양을 결정한다. 그리고 노동의 화폐가격은 이 양을 구매하는 데 필한 금액에 의해 결정된다. 따라서 노동의 화폐가격은 식료품값이 낮은 경우에 높은 일이 이따금 있다고는 하나, 식료품값이 높으면 수요가 계속해서 같아도 더욱 높을 것이다.

식료품이 갑자기 이례적으로 풍부해진 해에 노동의 화폐가격이 올라가거나, 갑자기 이례적으로 희소해진 해에 노동의 화폐가격이 내려가는 것은, 전자의 경우에는 노동에 대한 수요가 증가하고, 후자의 경우에는 감소하기 때문이다.

식량이 갑자기 이례적으로 풍부해진 해에는, 그 전해에 고용된 것보다 더 많은 근로 민중을 유지하고 고용하는 데 충분한 자금이 근로를 고용하는 다수 사람들의 수중에 있지만, 그렇다고 이 이례적인 수의 노동 민중을 반드시 언제라도 획득할 수 있는 것은 아니다. 그래서 더 많은 노동자를 얻고 싶어하는 주인들은 그들을 획득하기 위해 서로 경쟁하게 되며, 그것이 그들의 노동의 실질가격과 화폐가격을 함께 끌어올리기도 하는 것이다.

이와 반대의 일이 갑자기 이례적으로 부족해진 해에 일어난다. 노동자를 고용하는 데 충당되는 자금은 그 전 해보다 적다. 상당수의 사람들이 일자리에 쫓겨나고 그들은 일을 얻기 위해 서로 경쟁하게 되며, 그것이 노동의 실질가격과 화폐가격을 끌어내리기도 한다. 이례적인 흉년이었던 1740년에는 대부분의 사람들은 겨우 먹고 살 수 있는 돈만 벌 수 있으면 기꺼이 일했다. 그 다음에 계속된 풍년에는 노동자와 하인을 구하기가 어려웠다.

식료품이 비싼 해의 식량 부족은 노동에 대한 수요를 감소시킴으로써 그 값을 내리는 경향이 있지만, 식료품의 높은 값은 노동가격을 올리는 경향도 있다. 반대로, 식료품이 싼 해의 식량과잉은 노동수요를 증가시킴으로써 노동가격을 올리는 경향이 있지만, 식료품의 싼 값은 노동가격을 내리는 경향도 있다. 식료품값의 통상적인 변동에 있어서는 그 두 가지의 상반되는 원인이 서로 상쇄하는 것 같다. 그리고 이것은 아마 노동임금이 어디서나 식료품값에 비해 훨씬 안정적이고 영속적인 이유의 일부일 것이다.

노동임금의 증가는 가격 가운데 임금으로 분해되는 부분을 증가시킴으로써 필연적으로 많은 상품가격을 증가시키고, 그만큼 국내외에서 그러한 상품의 소비를 감소시키는 경향이 있다. 그러나 노동임금을 상승시키는 것과 같은 원인, 즉 자산의 증가는 노동 생산력을 높여서 더 적은 양의 노동으로 더 많은 양의 제품을 생산하게 하는 경향이 있다. 많은 노동자를 고용하는 자산 소유자는 필연적으로 자신의 이익을 위해 될 수 있는 대로 많은 제품을 생산할 수 있도록 고용을 적절하게 분할하고 분배하고자 한다. 같은 이유로 그는 노동자에게 자신이나 노동자가 생각할 수 있는 가장 좋은 기계를 지급하려고 노력한다. 어떤 개별 작업장의 노동자들 사이에 일어나는 일은 같은 이유로 전체 사회의 노동자들 사이에서도 일어난다. 노동자의 수가 많으면 많을수록 그들은 자연히 고용의 여러 가지 종류와 작은 부문으로 나뉘게 된다. 각자의 일을 수행하는 데 가장 적절한 기계의 발명에 종사하는 사람이 증가하고, 따라서 또 그런 기계가 발명될 가능성이 더욱 높아진다. 그러므로 이런 개량의 결과, 수많은 상품이 전보다 훨씬 적은 노동으로 생산되므로, 노동가격의 증가는 노동량의 감소에 의해 상쇄되고도 남게 되는 것이다.

제9장
자산이윤에 대하여

　자산에 대한 이윤의 상승과 저하는 노동임금의 상승과 저하와 같은 원인, 즉 사회의 부가 증가 상태에 있는가 감소 상태에 있는가에 의존한다. 그러나, 그런 원인이 주는 영향은 전자와 후자에 매우 다르다.

　자산의 증가는 임금은 올리지만 이윤은 내리는 경향이 있다. 많은 부유한 상인들의 자산이 똑같은 사업에 투자될 때 그들의 상호 경쟁은 자연히 그 사업의 이윤을 끌어내리는 경향이 있다. 그리고 같은 사회에서 경영되는 모든 사업에서 마찬가지의 자산이 증가할 때는, 같은 경쟁이 그런 모든 사업에서 같은 결과를 낼 것이 틀림없다.

　이미 말한 것처럼 노동의 평균임금이 얼마나 되는지 확인하는 것은, 특정한 곳, 특정한 때에 있어서조차 쉬운 일이 아니다. 우리는 이 경우에도, 가장 통상적인 임금은 얼마 정도인가 하는 것 이상은 좀처럼 결정할 수가 없다. 그러나 이때도 자산의 이윤에 대해서는 이것마저도 불가능하다. 이윤은 매우 변동적이라서 어떤 특정한 사업을 경영하는 사람도, 자신이 해마다 올리는 이윤이 평균 얼마인지 어김없이 언제나 스스로 말할 수 있는 것은 아니다. 이윤은 그가 다루는 상품가격이 변동할 때마다 영향을 받을 뿐 아니라, 그의 경쟁자와 고객의 행운 또는 불운에 의해서도, 또는 상품이 해로 또는 육로로 운반되어 올 때, 또는 창고에 저장되어 있을 때조차, 피해갈 수 없는 수많은 다른 우발 사건에 의해서도 영향을 받는다. 따라서, 이윤은 해마다 변동할 뿐 아니라, 날마다 또는 거의 시간마다 변동한다. 특히 큰 나라에서 이루어지는 갖가지 사업 전체의 평균이윤이 얼마인지 확인하는 것은 그보다 훨씬 어려울 것이다. 그것이 전에, 또는 먼 시기에 얼마였는지 조금이라도 정확하게 판단하는 것은 완전히 불가능한 일이나 다름없다.

　그러나 자산의 평균이윤이 현재는 얼마인지, 또는 옛날에는 얼마였는지를 조금이라도 정확하게 결정하는 것은 불가능할지 모르지만, 화폐의 이자를 통해 그것에 대한 어떤 관념을 만들 수는 있을 것이다. 화폐의 사용으로 많은 것을 얻을 수 있는 곳에서는 어디든지, 그 사용에 대해 보통 많은 것이 주어지고, 화폐의 사용에 의해 조금밖에 얻을 수 없는 곳에서는 어디서나 보통, 그 사용에 대해 더 적은 것밖에 얻을 수 없다는 것은 원리로서 확인할 수 있다. 따라서 어느 나라에서나 통상의 시장이자율이 변동하는 데 따라서, 자산의 통상이윤도 그것과 함께 변동하는 것이 틀림없다, 즉 그것이 내리면 이윤도 내리고, 그것이 오르면 이윤도 틀림없이 오른다고 확신해도 무방할 것이다.

헨리 8세 37년(1545)의 법령에 의해 10%가 넘는 이자는 모두 위법이라고 선언되었다. 그 전까지는 더 많은 이자를 받는 일도 있었던 것 같다. 에드워드 6세 시대(1547~1553)에는 종교적인 열광에 의해 이자가 모두 금지되었다.*[1] 그러나 이 금령은 같은 종류의 다른 모든 금령과 마찬가지로 아무런 효과도 없었고, 오히려 높은 이자의 해악을 줄이기는커녕 증대시켰다고 한다. 헨리 8세의 법령은 엘리자베스 13년의 법령 8호에 의해 부활되어, 제임스 1세 21년에 이자가 8%로 제한될 때까지 10%가 계속해서 법정이자율이었다. 그것이 왕정복고 후 곧 이자는 6%로 내려가고, 앤 여왕 12년의 법령에 의해 5%로 인하되었다. 이런 다양한 법적 규제는 모두 지극히 적정하게 이루어진 것으로 생각된다. 그런 것들은 시장이자율, 즉 신용 있는 사람들이 보통 빌릴 때의 비율에 따른 것이고, 그것에 선행하는 것은 아니었던 것으로 보인다. 앤 여왕 시대 이래, 5%는 시장이자율보다 낮기는커녕 오히려 높았던 모양이다. 최근의 전쟁*[2] 전에는 정부는 3%에 빌렸고, 수도와 왕국의 다른 대부분의 지방의 신용 있는 사람은 3.5·4·4.5%에 빌리고 있었다.

헨리 8세 시대 이래, 이 나라의 부와 수입은 계속 증가했고, 그 증가 과정에서 양쪽의 속도는 줄어들기보다 오히려 서서히 빨라진 것으로 보인다.

그것은 진행을 계속해 왔을 뿐 아니라, 차츰 더 빨라진 것 같다. 같은 기간

---

*1 그리스도교는 이자를 금지하고 있었다. 에드워드 6세의 법령은 1551년.
*2 7년 전쟁(1756~1763)과 인도 및 아메리카를 둘러싼 영국과 프랑스의 분쟁(1763년의 파리조약으로 일단 종료).

에 노동임금은 계속 증가하고, 상업과 제조업의 여러 부분에서 자산이윤은 감소하고 있었던 것이다.

어떤 종류의 사업이든 대도시에서 경영하는 것이 시골에서 경영하는 것보다 일반적으로 많은 자산을 필요로 한다. 일반적으로 전자의 이윤율은 어떤 사업 부문에서나 사용되는 자산이 크고 부유한 경쟁자가 많기 때문에 후자의 이윤율보다 내려간다. 그러나 노동임금은 대체로 시골보다 대도시가 높다. 번영하고 있는 도시에서는 큰 자산을 가지고 있는 사람들은 필요로 하는 수의 노동자를 구하지 못하는 일이 때때로 있고, 따라서 되도록 많은 노동자를 확보하기 위해 서로 경쟁한다. 이것이 노동임금을 올리고 자산이윤을 내린다. 시골 벽지에서는 모든 사람을 고용할 수 있는 자산이 없는 경우가 흔하며, 그러므로 그들은 일자리를 얻으려고 서로 경쟁하게 되고, 그것이 노동임금을 내리고 자산이윤을 높인다.

스코틀랜드에서는 법정이율은 잉글랜드와 같지만, 시장이율은 오히려 잉글랜드보다 높다. 스코틀랜드에서는 아무리 신용 있는 사람도 5% 이하로는 좀처럼 빌릴 수가 없다. 에든버러의 개인 은행가조차 전액 또는 일부가 요구지불되는 약속어음에 대해 4%를 지불한다. 런던의 개인 은행가들은 그들에게 맡겨진 화폐에 대해 이자를 지불하지 않는다. 스코틀랜드에서는 잉글랜드보다 작은 자산으로 경영할 수 없는 사업이 거의 없다. 그러므로 일반 이윤율은 약간 높을 것이 틀림없다. 이미 말한 것처럼 노동임금은 잉글랜드보다 스코틀랜드가 낮다. 나라 자체도 잉글랜드보다 훨씬 가난할 뿐 아니라, 더 나은 상태로 전진하고 있는 발걸음도, 나아가고 있는 것은 틀림없지만, 훨씬 완만하고 더딘 것처럼 보인다.

프랑스의 법정이율은, 현세기 동안 반드시 언제나 시장이율에 의해 규정된 것은 아니었다. 1720년에 이자는 금액의 20분의 1*³에서 50분의 1로, 즉 5%에서 2%로 인하되었다. 1724년에는 30분의 1, 즉 3과 3분의 1%로 인상되었다. 1725년에는 다시 20분의 1, 즉 5%로 인상되었고, 1766년 라베르디*⁴의 임기 중에는 25분의 1페니, 즉 4%로 인하되었다. 아베 테레*⁵는 나중에 그것을 본디의

---

*3 직역하면 '20분의 1페니'이지만, 이 페니는 화폐 단위가 아니라 화폐 자체를 의미한다.
*4 라베르디(Laverdy, 1723~1793)는 프랑스의 재정총감.
*5 테레(Terray, 1715~1778)는 라베르디의 후임.

이율인 5%로 인상했다. 이렇게 급격한 이자 인하의 목적은 공채이자(公債利子)를 인하하는 길을 여는 데 있었던 것으로 생각되며, 그 목적은 때로는 이룩되기도 했다. 아마 프랑스는 현재로서는 잉글랜드만큼 부유한 나라가 아닌 것 같고, 프랑스의 법정이율도 잉글랜드보다 낮은 일이 때때로 있었지만, 시장이율은 일반적으로 잉글랜드보다 높았다. 그것은, 프랑스에서는 다른 나라들과 마찬가지로, 법률을 빠져 나갈 수 있는 매우 안전하고 쉬운 방법이 몇 가지 있기 때문이다. 두 나라에서 장사를 했던 브리튼의 상인들이 나에게 장담한 바에 의하면, 장사의 이윤은 프랑스 쪽이 잉글랜드보다 높은데, 많은 브리튼 사람들이 상업이 매우 존경받는 나라보다 경멸받는 나라[*6]에서 자신들의 자본을 사용하려 하는 것은 의심할 여지없이 바로 이 때문이다. 노동임금은 프랑스가 잉글랜드보다 낮다. 스코틀랜드에서 잉글랜드에 가면 두 나라 서민들의 복장이나 표정에서 어떤 차이를 느낄 수 있는데, 그 차이는 그들의 생활 상태의 차이를 여실히 나타내는 것이다. 이 대조는 프랑스에서 돌아오면 더욱 커진다. 프랑스는 말할 것도 없이 스코틀랜드보다 부유한 나라이기는 하지만, 스코틀랜드만큼 급속히 전진하고 있다고는 생각되지 않는다. 오히려 후퇴하고 있다는 것이 그 나라에서의 일반적인 의견이고, 널리 인정받고 있는 의견이기도 하다. 이 견해는 프랑스에 있어서도 근거가 희박하다고 나는 생각하지만, 스코틀랜드를 30년 전에 보았고 지금 다시 보는 사람이라면, 스코틀랜드에 대해 그런 생각을 하는 사람은 아무도 없을 것이다.

한편, 네덜란드는 지역의 넓이와 민중의 수의 비율로 본다면 잉글랜드보다 부유한 나라이다. 그곳에서는 정부는 2%에 빌려 쓰고, 충분한 신용을 가진 개인은 3%에 빌려 쓴다. 노동임금은 네덜란드가 잉글랜드보다 높다고 하며, 또 네덜란드인이 유럽의 어느 국민보다도 낮은 이윤으로 사업을 하고 있는 것은 널리 알려진 사실이다. 네덜란드의 상업은 쇠퇴하고 있다고 어떤 사람들은 주장해 왔고, 몇몇 개별 부분이 그렇다는 것은 아마 사실일지도 모른다. 그러나 이런 조짐은 일반적인 쇠퇴는 없다는 것을 충분히 보여 주고 있는 것으로 여겨진다.

---

*6 프랑스에서는 귀족은 군인이 되어야 하고, 상업에 종사해서는 안 되었다. 그것은 일반적으로 상업이 경시되고 있었던 것의 반영이다.

이윤이 감소하면 상인들은 장사가 잘 되지 않는다고 불평하기 쉬운데, 이윤의 감소는 상업 번영의 자연적인 결과이거나, 아니면 전보다 큰 자산이 사업에 사용되고 있는 것에 대한 자연스러운 결과이다. 최근의 전쟁 동안 네덜란드인은 프랑스의 모든 중계무역을 획득했고, 지금도 매우 큰 비율을 차지하고 있다. 그들이 프랑스와 잉글랜드의 공채 형태로 소유하고 있는 막대한 재산은, 후자만으로도 약 4천만 파운드라고 하는데(그러나 이것은 매우 과장된 것이라고 나는 생각하지만), 그들이 자기 나라보다 이율이 높은 나라들의 개인에게 빌려 주고 있는 금액이 거액이라는 것은, 말할 것도 없이 그들의 자산이 남아 돌고 있다는 것, 즉, 자기 나라의 적절한 사업에서 상당한 이윤을 얻을 수 있는 것 이상으로 증가한 것을 보여 주는 사정이지 사업이 부진하다는 것을 나타내는 것은 아니다. 개인의 자본은, 어떤 특정한 사업에 의해 획득된 것일지라도 그 사업에서 사용할 수 있는 한도를 넘어서 증가할 수 있고, 더욱이 그 사업도 계속 증대할 수 있는 것과 마찬가지로 어떤 국민의 자본 역시 증대할 수 있는 것이다.

우리의 북아메리카 및 서인도의 식민지에서는 노동임금뿐만 아니라 화폐의 이자도, 따라서 자산의 이윤도 잉글랜드보다 높다. 각 식민지에서는 법정이율과 시장이율 모두 6~8%이다. 그러나 높은 노동임금과 높은 자산이윤은 아마 신(新)식민지의 특수한 사정 아래서가 아니라면 좀처럼 병존하지 않는 법이다. 신식민지는 항상 한동안은 다른 대부분의 나라보다 영토의 넓은 면적치고는 자산이 부족하고, 또 자산 규모에 비해서는 인구가 부족하지 않을 수 없다. 그들이 가지고 있는 땅은 그것을 경작할 수 있는 그들의 자산보다 넓다. 따라서 그들이 가지고 있는 자산은 가장 기름지고 가장 이로운 위치에 있는 땅, 즉 해안에 가까운 땅과 항행이 가능한 하천가에 있는 땅의 경작에만 사용된다. 그런 땅도 흔히 그 자연적 생산물의 가치에도 미치지 못하는 값으로 살 수 있다. 그런 땅의 구입과 개량에 사용되는 자산은 틀림없이 매우 큰 이윤을 낳을 것이고, 따라서 매우 큰 이자를 지불할 수 있다. 그런 이로운 용도로 급속하게 그것이 축적되면, 식민자는 새로운 입식지에서는 일손이 따라갈 수 없을 만큼 급속하게 자산을 늘릴 수 있게 된다. 따라서 그가 찾아 낸 사람에게는 매우 후한 보수가 주어진다.

식민지가 확대됨에 따라 자산이윤은 차츰 줄어든다. 가장 기름지고 가장 좋은 위치에 있는 땅이 모두 점유되어 버리면, 토양도 위치도 떨어지는 땅의 경작으로 얻을 수 있는 이윤은 줄어들고, 또 그렇게 사용되는 자산에 대해 주어지는 이자도 줄어든다. 따라서 우리의 식민지의 대부분에서는 법정이율과 시장이율 모두 현세기 동안 상당히 떨어졌다. 부(富)와 개량과 인구 증대에 따라 이자는 떨어진 셈이다. 노동임금은 자산이윤과 함께 떨어지는 것이 아니다. 노동에 대한 수요는, 자산이윤이 얼마가 되든 그것이 증가하는 데 따라 증대한다. 그리고 이윤이 감소한 뒤에도 자산은 계속해서 증가할 수 있을 뿐만 아니라, 전보다 훨씬 급속하게 증가할 수 있다. 그것은, 부지런한 개인에 대해서도 마찬가지여서, 부를 획득하기 위해 전진하고 있는 부지런한 국민에 대해서도 적용될 수 있다. 큰 자산은 비록 이윤이 작아도, 큰 이윤을 올리는 작은 자산보다 일반적으로 급속하게 증가한다. 속담에서 말하듯이 돈이 돈을 버는 것이다. 조금이라도 벌고 나면 더 많은 것을 손에 넣는 건 쉬운 일이다. 어려운 것은 그 작은 것을 버는 일이다. 자산의 증가와 근로의 증가, 또는 유용노동(有用勞動)에 대한 수요 증가의 관계에 대해서는 이미 부분적으로 설명했으나, 나중에 자산의 축적에 대해 다룰 때 더 상세히 설명할 것이다.

새로운 영토, 또는 새로운 사업 부문의 획득은, 부의 획득에 있어서 급속하게 전진하고 있는 나라에서조차, 자산이윤을, 또 그것과 더불어 화폐이자를 끌어올릴 수 있다. 자산이 분배되는 여러 사람들에게 새로운 영토와 새로운 사업 부문의 획득이 가져다 주는 사업의 증가 전체에 비해 그 나라의 자산은 충분하지 않기 때문에, 그 자산은 가장 큰 이윤을 주는 특정한 부문에만 투자된다. 지금까지 다른 사업에 사용되고 있었던 자산의 일부는 필연적으로 거기서 회수되어 새롭고 더 유리한 사업으로 돌려진다. 그러므로 지금까지의 모든 사업은 경쟁이 전보다 줄어든다. 시장에는 온갖 종류의 수많은 상품들이 예전처럼 충분히 공급되지 않게 된다. 그런 상품값은 필연적으로 조금이나마 상승하여 그것을 거래하는 사람들에게 전보다 많은 이윤을 가져다 준다. 따라서 그 사람들은 더 높은 이자로 돈을 빌려 쓰게 된다.

최근의 전쟁이 끝나고 한동안은, 가장 신용 있는 개인뿐만 아니라 런던의 가장 큰 몇몇 회사들도, 그전에는 4%나 4.5% 이상은 지불하지 않았는데 5%에 빌려 쓰는 것이 보통이 되었다. 우리가 북아메리카와 서인도에서 영토를 획득함으로써 영토와 사업이 크게 증가한 것이, 이 사회의 자본금*7 감소를 굳이 추정하지 않아도 이것을 충분히 설명해 주고 있다. 기존 자산으로 운영되어야 하는 새로운 사업이 이처럼 크게 증가한 것은, 경쟁이 줄고, 따라서 이윤이 늘어난 것이 틀림없는 다수의 개별 부문에 사용되는 자산의 양을 필연적으로 줄인 것이 분명하다. 나는 나중에 그레이트브리튼의 자본금이 최근에 겪은 전쟁에서 사용된 거액의 경비에 의해서도 줄어들지 않았음을 믿어야 하는 이유를 말하게 될 것이다.

그러나 그 사회의 자본금의 감소, 즉 근로의 유지에 충당되는 재원의 감소는 노동임금을 끌어내리는 동시에 자산의 이율을 높이고, 따라서 화폐의 이자도 높인다. 노동임금이 인하되므로, 그 사회에 남아 있는 자산의 소유자들은 전보다 적은 비용으로 상품을 시장에 내놓을 수 있고, 또 시장에 상품을 공급하는 데 쓰이는 자산이 전보다 줄어들었기 때문에, 상품을 전보다 비싸게 팔수 있다. 그 상품들은 그들에게는 전보다 싸게 되므로 그것과의 교환으로 전보다 더 많은 것을 얻게 된다. 그래서 그들의 이윤은 양쪽에서 증대하므로 충분히 높은 이자를 지불할 수 있다. 벵골과 그 밖에 동인도의 브리튼 식민지에서 큰 자산을 매우 갑자기 그리고 쉽게 획득할 수 있었던 것은, 그런 파멸한 나라들에서는 노동임금이 매우 낮고 아울러 자산이윤이 매우 높다는 것을 우리에게 납득시켜 줄 것이다. 화폐의 이자도 이에 비례해서 높다. 벵골에서, 화폐는 흔히 농업 경영자에게 40·50·60%에 대출되고, 다음 수확이 그 지불을 위한 담보가 된다. 그런 이자를 지불할 수 있는 이윤은, 지주의 지대 거의 전체를 잠식해 버릴 것이 틀림없고, 마찬가지로 그러한 거액의 높은 이자는 또한 그러한 이윤의 대부분을 삼켜버릴 것이다. 로마 공화국의 몰락 이전에도 그 지방 총독들의 파멸적인 폭정하에서 같은 종류의 고리를 각주에서 공통적으로 볼 수 있었던 것 같다. 키케로의 편지*8에서 알 수 있듯이, 그 덕망 높은 브루투스*9도

*7 자본금이란 capital stock의 역어인데, 스미스는 이 말을 여기와 제5편에서만 사용하고 있으며, 후자에서는 스톡이라고만 썼다.
*8 키케로(Marcus Tullius Cicero, BC 106~43)는 로마의 정치가이자 철학자. Ad Atticus, VI, i, 5-6(ASL 365)에서 브루투스에 대해 언급했다.
*9 브루투스(Marcus Junius Brutus, BC 85~42)는 율리우스 카이사르 암살의 주모자로, 엄격한 도덕성으로 명성이 높았다.

키프로스에서 48%*10의 이자로 돈을 빌려 주었던 것이다.

  토양과 기후의 성질과 다른 나라와의 관계에서의 위치가 허용하는 한도까지 모든 부를 획득한 나라, 따라서 그 이상은 전진할 수도 없고 후퇴하지도 않는 나라에서는, 노동임금과 자산의 이윤은 아마 매우 낮을 것이다. 그 나라의 영토가 부양할 수 있거나 그 자산이 고용할 수 있는 정도를 넘어서서 인구가 넘치고 있는 나라에서는, 일자리를 구하는 경쟁은 필연적으로 매우 치열하고, 노동임금은 겨우 노동자를 유지할 수 있는 금액으로 내려갈 것이며, 이미 인구가 포화 상태에 있기 때문에 노동자의 수는 결코 증가하지 않을 것이다. 운영해야 하는 모든 사업에 비해 자산이 충분한 나라에서는, 어떤 개별 부문에서도 사업의 성질과 범위가 허용하는 한의 자산이 쓰여진다. 따라서 경쟁은 어디서나 가능한 한 극심해지고, 따라서 통상이윤은 가능한 한 내려갈 것이다.

  그러나 아마도 이 정도로 부를 이룩한 나라는 일찍이 없었을 것이다. 중국은 오랫동안 정체해 있었던 것처럼 보이고, 아마도 오래 전에 이 나라의 법률과 제도의 성질과 양립하는 한의 모든 부를 획득해 버린 것 같다. 그러나 그 모든 부는 다른 법률과 제도가 있었으면 그 토양과 기후와 위치로 가능했을지도 모르는 양에는 훨씬 못 미치는 것이다. 대외 상업을 무시하거나 경시하고, 한두 군데 항구밖에 외국배의 입항을 허가하지 않는 나라는, 다른 법률이나 제도에 의하면 가능할지도 모르는 양의 사업은 영위할 수 없다. 또 부자, 즉 대자본의 소유자는 크게 안전을 누리고 있지만, 가난한 사람, 즉 소자본 소유자는 거의 안전을 누리지 못하고, 정의라는 구실 아래 언제라도 하급관리의 약탈과 수탈을 당하기 쉬운 나라에서도, 모든 사업 부문에 사용되는 자산의 양은 그 사업의 성질과 규모가 허락할 수 있는 양에는 결코 이를 수 없다. 다양한 모든 부문에서, 가난한 사람에 대한 억압은 부자의 독점을 확립하지 않을 수 없고, 부자는 모든 사업을 독점함으로써 매우 큰 이윤을 얻을 수 있다. 따라서 중국에서는 통상이자가 12%라고 하며, 자산의 통상적인 이윤도 이 비싼 이자를 제공하는 데 충분한 것임에 틀림없다.

  법률의 결함이 이따금 그 나라의 빈부 상태가 요구하는 것보다 이율을 매우

---

*10 '48%'는 초판에서는 '45%'.

높게 끌어올리는 수 있다. 법률이 계약 이행을 강제하지 않을 때는, 모든 차용자는 잘 규제되고 정비된 나라의 파산자나 신용이 의심스러운 사람들과 거의 같은 입장에 처한다. 대여자는 자기 화폐의 회수가 불확실하기 때문에 보통 파산자에게 요구되는 것과 같은 높은 이자를 짜내게 된다. 로마제국의 서부 속주(屬州)를 침략한 야만 민족들 사이에서는 오랜 세월 동안 계약의 이행은 계약 당사자들의 신의에 맡겨져 있었다. 그들의 국왕들의 재판소는 여간해서 그 일에 개입하지 않았다. 그러한 고대에 생긴 높은 이율은 아마 일부는 이 원인으로 설명할 수 있을 것이다.

법률이 이자를 전면적으로 금지하고 있을 때도 이자는 저지할 수 없었다. 돈을 빌리지 않으면 안 되는 사람은 많은데, 돈의 사용으로 얻을 수 있는 것에 어울릴 뿐만 아니라, 법률을 피해 가는 어려움과 위험에 합당한 배려가 없으면 돈을 빌려 주려는 사람이 없을 것이다. '모든 이슬람 국민들 사이의 높은 이율은 그들의 가난 때문이 아니라, 일부는 이것 때문이고 다른 일부는 돈을 회수하는 어려움 때문'이라고 몽테스키외는 설명했다.*11

최저의 통상이율은 자산의 사용이 반드시 직면하게 되는 그때그때의 손실을 보상하는 데 충분한 것보다 언제나 약간 높아야 한다. 이 잉여만이 실질이윤 또는 순이윤이다. 총이윤이라고 불리는 것은, 이 잉여뿐 아니라 그런 특별 손실을 보충하기 위해 유보된 것까지 포함하는 수가 흔히 있다. 차용자가 지불할 수 있는 이자는 순이윤에만 비례한다.

마찬가지로 최저의 통상이율도, 아무리 신중을 기해도 대여에는 따르게 마련인 우발적인 손실을 보상하는 데 충분한 것보다 약간 넘어야 한다. 만일 그것을 넘지 않으면, 자선이나 우정만이 대부의 동기가 될 수 있을 것이다.

부를 모두 획득해 버려서 사업의 모든 개별 부문에 사용될 수 있는 최대한의 자산이 있는 나라에서는 보통 순이율은 매우 작고, 따라서 거기서 얻을 수 있는 통상적인 시장이율도 매우 낮고, 매우 부유한 사람들 외에는 아무도 자신들의 화폐이자로 생활하는 것은 불가능해질 것이다. 중소(中小) 재산을 가진 사람은 모두, 자기들의 자산의 사용을 스스로 관리하지 않을 수 없게 된다. 거

*11 몽테스키외(Charles−Louis de Secondat, baron de La Bréde et de Montesquieu, 1689~1755)는 볼테르와 함께 프랑스 계몽사상 초기의 대표 사상가. 《법의 정신》 제4부 제22편 제19장 참조.

의 모든 사람이 실업가가 되는 것, 즉 어떤 종류의 사업에 종사하는 것이 필요해진다. 네덜란드는 이 상태에 가까워지고 있는 것처럼 여겨진다. 거기서는 실업가가 아닌 것은 유행에 뒤떨어지는 일이다. 필요가 거의 모든 사람들에게 있어서 실업가가 되는 것을 예삿일로 만들고 있으며, 관습이 어디서나 유행을 좌우한다. 옷을 입지 않으면 우습게 보이듯이, 다른 사람들과 마찬가지로 직업을 갖지 않는 것도 약간 우습게 보인다. 비군사 전문인이 야영지 또는 수비대에 들어가면 어울리지 않게 보이고, 경멸당할 우려마저 있지만, 할 일 없는 사람이 실업가들 속에 끼어 있는 것도 그와 마찬가지이다.

최고의 통상이율이란, 대부분의 상품가격 가운데, 토지의 지대가 되어야 하는 것을 모두 흡수하고, 상품을 가공하여 시장에 가지고 오는 노동에 대해, 노동이 어디서나 지불받을 수 있는 최저의 비율에 따라서, 즉 노동자의 최저 생계비를 지불할 수 있는 정도만 남겨두는 것과 같은 것이다. 노동자는 일을 하는 동안은 어쨌든 부양되어 온 것이 틀림없는데, 지주는 반드시 언제나 지불을 받아온 것은 아닐지도 모른다. 동인도 회사의 사용인들이 벵골에서 하고 있는 장사의 이윤은 아마도 이 상태와 그다지 거리가 멀지 않을 것이다.

통상의 순이윤율에 대해 통상의 시장이율이 차지해야 하는 비율은, 이윤이 오르내리는 데 따라 필연적으로 변동한다. 그레이트브리튼에서는 이자의 2배가 상인들이 말하는 올바르고 적절하고 타당한 이윤으로 여겨진다. 이 용어는 보통 통상적인 이윤을 의미하는 것이 틀림없다고 나는 생각한다. 통상의 순이윤율이 8 내지 10%인 나라에서는 사업이 차입금으로 운영되는 경우에는, 언제나 그 절반이 이자로 돌아가는 것이 타당할 것이다. 차용자는 자산을 자기의 위험 부담으로 사용하는 것으로, 그는 말하자면 대여자에게 그 안전을 보증하는 것이고, 4 내지 5%는 대부분의 영업에 있어서 이 보험에 포함되는 위험에 대한 충분한 벌이인 동시에, 자산을 사용하는 노고에 대한 충분한 보상이기도 하다. 그러나 이자와 순이윤의 비율은, 통상의 이윤율이 그보다 매우 낮거나 매우 높은 나라에서는 같지 않을지도 모른다. 만일 그것이 매우 낮으면 그 절반이 이자로서 주어지는 일은 아마 없을 것이고, 만일 매우 높으면 반보다 많은 것이 이자로 주어질지도 모른다.

부를 향해 급속하게 전진하고 있는 나라에서는 낮은 이윤율이 대부분의 상품가격에 있어서 높은 노동임금을 상쇄하고, 그 때문에 그런 나라들에는 번영도가 떨어지고 노동임금도 더 싼 이웃 나라와 마찬가지로 싸게 팔 수 있을 것이다.

실제로는, 높은 이윤은 고임금보다 제품의 가격을 상승시키는 경향이 훨씬 크다. 이를테면 마직물 제조업에서 아마 손질공·방적공·직조공 같은 여러 노동자들의 임금이 하루에 2펜스 상승한다고 하면, 마직물 한 필의 값을, 거기에 사용된 인원수에 2펜스를 곱하고, 다시 그들이 그 일에 종사한 일수를 곱한 금액만큼 올려야 할 필요가 있다. 이 상품값 가운데 임금으로 분해한 부분은, 모든 공정 단계에서 이 임금 상승에 대한 산술급수적 비율로 상승할 뿐이다. 그런데, 그러한 노동자들의 모든 고용주의 이윤이 5% 상승한다고 하면, 이 상품값 가운데 이윤으로 분해한 부분은, 모든 공정단계에서 이 이윤 상승에 대한 기하급수적 비율로 상승할 것이다. 아마 손질공들의 고용주는 그의 아마를 팔 때, 그의 노동자들에게 선불한 원료와 임금의 가치 전액에 대한 추가 5%를 요구할 것이다. 방적공의 고용주는 상승한 아마값과 방적공의 임금 양쪽에 대해 다시 추가 5%를 요구한다. 그리고 직조공의 고용주는 같은 5%를, 상승한 아마실값과 직조공의 임금 양쪽에 대해 요구할 것이다. 상품값을 올리는 데 대해 임금 상승은, 빚이 누적될 때 단리이자가 작용하는 것과 같은 방법으로 작용한다. 이윤상승은 복리이자와 마찬가지로 작용한다. 높은 임금은 가격을 상승시키고, 그것으로 인해 국내에서나 국외에서 자신들의 상품이 잘 팔리지 않게 되는 나쁜 결과에 대해, 우리의 상인과 제조업자는 크게 불평을 토로한다. 그들은 높은 이윤의 해로운 영향에 대해서는 아무 말도 하지 않는다. 자신들이 얻는 이득의 해로운 영향에 대해서는 침묵으로 일관하는 그들은 타인의 이득에 대해서만 불평하는 것이다.[12]

＊12 이 문단 전체는 제2판에서의 추가.

제10장
노동 및 자산 여러 용도에서의 임금과 이윤에 대하여

노동과 자산의 여러 가지 용도의 유리한 점과 불리한 점은, 전체적으로는 같은 지방에서는 완전히 균등하거나, 끊임없이 균등화되어 가는 경향이 있다. 만일, 같은 지방에서 어떤 직업이 다른 직업보다 명백하게 이익이 많거나 또는 적다면, 전자의 경우에는 많은 사람들이 그 직업에 몰려들 것이고 후자의 경우는 많은 사람들이 그 직업을 버릴 것이므로, 그 직업의 이점은 곧 다른 직업의 수준으로 돌아갈 것이다. 이것은 적어도 사물이 그 자연적인 흐름에 맡겨져 있고, 완전한 자유가 있으며, 모든 사람이 자신이 적절하다고 생각하는 직업을 선택하거나, 적당하다고 생각할 때마다 직업을 바꾸는 것이 완전히 자유로운 사회에서는 사실일 것이다. 누구나 자신의 이해관심이 이끄는 대로 유리한 직업을 찾고, 불리한 직업은 피할 것이다.

확실히 금전상의 임금과 이윤은, 노동과 자산의 용도가 다름에 따라 유럽 각지에서 매우 다르다. 그러나 이 차이는, 첫째로 그 직업 자체의 일정한 사정에서, 즉 실제로, 또는 적어도 사람들의 상상 속에서, 어떤 직업에서의 금전적 이득이 적은 것을 보충하고, 다른 직업에서 이득이 많은 것을 상쇄하는 사정에서 생기며, 둘째로 어디서나 사물을 완전한 자유에 맡기지 않는 유럽의 정책에서 생긴다.

그런 사정과 정책을 개별적으로 살피기 위해 이 장을 두 부분으로 나눌 것이다.

제1절 직업의 성질 자체에서 생기는 불평등

다음의 다섯 가지가, 내가 관찰할 수 있는 한, 어떤 직업에서 금전상의 이득이 작은 것을 보충하고, 다른 직업에서 이득이 큰 것을 상쇄하는 주된 사정이다. 첫째로는 직업 자체가 쾌적한가 불쾌한가, 둘째로는 직업이 익히기 쉽고 비용이 적게 드는가, 어렵고 비용이 많이 드는가, 셋째로는 고용이 안정적인가 불안한가, 넷째로는 직업에 종사하는 사람들에 대한 신임이 큰가 작은가, 다섯째로는 그것으로 성공이 가능한가 불가능한가이다.

첫째로, 노동임금은 그 직업이 쉬운가 어려운가, 청결한가 불결한가, 명예로운가 명예롭지 못한가에 따라 달라진다. 그러므로 대부분의 곳에서 1년을 통해 보면, 고용재봉사는 고용직조공보다 수입이 적다. 전자의 일이 훨씬 쉽기 때문이다. 고용직조공은 고용대장장이보다 벌이가 적다. 그의 일은, 후자보다 반드시 쉬운 건 아니지만 훨씬 청결하다. 고용대장장이는 확실히 수공업자이기는 하지만, 12시간씩 일해도 그가 버는 돈은, 노동자에 지나지 않는 탄광부가 8시간에 버는 금액도 채 안 된다. 그의 일은 탄광부의 일만큼 더럽지는 않고 위험도 적으며, 햇빛 속에서, 더욱이 땅 위에서 이루어지기 때문이다. 명예로운 모든 전문직*¹에서는, 명예가 보수의 커다란 부분을 이룬다. 금전적 이득이라는 점에서는, 모든 것을 고려에 넣어도, 이제부터 서서히 밝히려고 노력하는 것처럼, 그것은 일반적으로 충분히 보답받지 못하고 있다. 불명예는 반대의 효과를 갖는다. 도살자라는 직업은 잔인하고 불쾌한 일이기는 하지만, 대부분의 곳에서 일반적인 직업의 대부분보다 유리하다. 모든 직업 중에서도 가장 불쾌한 직업인 사형 집행인의 직업은 하는 일의 양에 비해서는 일반적인 어떤 직업보다도 후하게 받는다.

사회가 미개 상태에 있을 때 인류의 가장 중요한 직업이었던 사냥과 고기잡이는, 사회가 진보한 상태에서는 그들의 가장 쾌적한 오락이 되었다. 그들은 전에 자기들이 필요해서 종사했던 일을 이제는 오락을 위해 하고 있다. 그러므로 사회가 진보된 상태에는 다른 사람들이 오락으로 하는 일을 직업으로 하는 것은 모두 매우 가난한 사람들이다. 고기잡이는 테오크리토스 시대*²부터 그러했다. 밀렵자는 그레이트브리튼에서는 어디서나 매우 가난한 사람들이다. 법

---

*1 전문(profession)은 숙련 또는 전문적 지식을 공언(profess)할 수 있는 직업으로, 본디는 신학·법학·의학의 직업을 가리켰지만, 널리 확대되었다.
*2 테오크리토스(Theokritos)는 기원전 3세기 전반의 그리스 시인.

률이 엄격해서 밀렵을 허용하지 않는 나라에서는, 면허를 받은 수렵자도 밀렵자보다 그리 좋은 상황은 아니다. 그런 직업에 대한 자연적인 기호가, 그것으로 쾌적하게 생활할 수 있는 사람보다 더 많은 사람들을 그 일에 종사하게 만들어, 그들의 노동 생산물은 그 양에 비해 너무 싸게 시장에 나오므로, 노동자들은 가장 가난한 생활을 보낼 수밖에 없다.

쾌적하지 않은 것과 남 보기에 좋지 않은 것은, 노동임금의 경우와 같은 방법으로 자산의 이윤에도 영향을 준다. 여관이나 술집 경영자는 그 자신의 집인데도 주인이 아니며, 모든 주정뱅이의 난동을 겪으면서 그리 쾌적하지도 훌륭하지도 않은 일을 하고 있다. 그러나 평범한 직업에서 이렇게 작은 자산이 이렇게 큰 이윤을 낳는 것은 좀처럼 없다.

둘째로, 노동임금은 그 업무가 익히기 쉽고 비용이 적게 드는가, 어렵고 비용이 많이 드는가에 따라 달라진다.

어떤 값비싼 기계가 설치될 때는, 그 기계가 망가질 때까지 수행할, 통상을 넘어선 일에 의해, 거기에 투자된 자본이 적어도 통상적인 이윤과 함께 회수될 것이라는 기대를 틀림없이 하고 있다. 통상을 넘어선 기량과 숙련도를 필요로 하는 직업을 위해 많은 노동과 시간을 들여 교육받은 사람은 그런 값비싼 기계에 비유할 수 있다. 그가 익히는 일은 통상적인 노동의 통상적인 임금 외에 그의 교육비용 모두, 적어도 그것과 동등한 가치를 가진 자본의 통상적인 이윤과 함께 그에게 돌려 줄 것으로 기대할 수 있다. 이것은 또한 적절한 기간 안에 이루어져야 한다. 왜냐하면 더욱 확실한 기계의 내구 기간에 대해서와 마찬가지로 인간의 불확실한 수명을 고려해야 하기 때문이다.

숙련노동의 임금과 일반노동의 임금의 차이는 이 원리에 입각한다.

유럽의 정책은 모든 기계공·기능공·제조공의 노동을 숙련노동으로 여기고 모든 농촌노동자의 노동을 일반노동으로 여기고 있다. 그것은 전자의 노동이 후자의 노동보다 정밀하고 섬세한 성질의 것으로 생각하기 때문인 것 같다. 그러나 경우에 따라서는 그렇겠지만 대부분의 경우에는 전혀 그렇지 않아서, 나는 앞으로 그것을 밝혀 가도록 노력할 것이다. 따라서 유럽의 법률과 관습은, 전자와 같은 노동을 하는 자격을 허가하기 위해서, 곳에 따라 엄격한 정도는 다르지만, 도제수업(徒弟修業)을 의무화하고 있다. 그러한 법률과 관습은 후자와 같은 노동을 모든 사람에 대해 자유롭게 개방하고 있다. 도제수업 기간 중에는, 도제의 노동은 모두 그의 주인에게 속한다. 그 기간 동안 도제는 대부분의 경우 부모나 친척에 의해 부양되어야 하며, 거의 모든 경우에 그들에게 의복을 제공받아야 한다. 더욱이 직업교육을 받는 대가로서 약간의 돈이 주인에게 지불되는 것이 보통이다. 돈을 지불할 수 없는 사람은 시간으로 지불한다. 즉 통상적인 연수보다 오래 도제로서의 의무를 지게 된다. 이런 조치는 도제가 일반적으로 게으르기 때문에 주인에게 반드시 유리하다고는 할 수 없지만, 도제에게는 언제나 불리하다.

이에 비해 농촌노동에서는, 노동자가 더 쉬운 일에 종사하는 동안 더 어려운 일도 익히게 되어, 그 자신의 노동이 그의 직업의 모든 단계에서 그의 생활을 지탱해 준다. 따라서 유럽에서는 기계공·기능공·제조공의 임금이 일반노동자의 임금보다 약간 높아야 하는 것은 타당한 이유가 있는 것이다. 실제로도 임금이 높아서, 그들의 수입이 낮다는 점에서 대부분의 곳에서 그들은 민중 가운데 우월한 계층으로 여겨진다. 그러나 이 우월성은 일반적으로 매우 작으며, 평직(平織)의 마직물이나 모직물 같은, 비교적 평범한 종류의 제조업에서 고용노동자가 하루 또는 일주일에 얻는 평균소득은 대부분의 곳에서 일반노동자의 일급을 아주 약간 넘는 수준이다. 확실히 그들의 고용이 더 착실하고 안정적이며, 그들의 소득의 우월성도 1년 전체를 보면 약간 더 클지도 모른다. 그러나 그 우월성은 명백하게 그들의 교육비의 우월성을 보상하는 데 그리 충분한 것 같지는 않다.

독창적인 예술과 지적인 직업*3의 교육은 시간과 비용이 훨씬 더 든다. 그러므로 화가와 조각가, 법률가와 의사의 금전적인 보상은 훨씬 후한 것이어야 하고 또 실제로도 그러하다.

자산이윤은 그것이 사용되는 사업을 익히는 난이도(難易度)에는 거의 영향을 받지 않는 것처럼 생각된다. 대도시에서 자산이 일반적으로 사용되는 여러 가지 방법은, 실제적으로 습득의 난이도에는 거의 차이가 없는 것으로 보인다. 외국무역이나 국내 상업에서도, 어느 한 부문이 다른 부문보다 훨씬 복잡하다고는 도저히 말하기 어렵다.

---

*3 지적인 직업(liberal profession)은 자유인으로서의 신사에게 어울리는 학예에 종사하는 직업으로, 필요에 쫓기지 않는다는 의미에서의 자유도 포함한다.

셋째로, 여러 가지 직업에서의 노동임금은, 그 고용이 안정적인가 아닌가에 따라 달라진다.

어떤 직업에서는 다른 직업보다 고용이 훨씬 안정적이다. 대부분의 제조업에서 고용노동자는, 1년 중에 그가 일할 수 있는 날은 거의 언제나 고용이 상당히 확실하다고 믿고 있다. 반대로, 석공이나 벽돌공은 서리가 많이 내릴 때나 날씨가 궂을 때는 일을 할 수 없고, 그렇지 않은 모든 경우에도 그의 일은 고객들의 그때그때의 요구에 의존한다. 따라서 그는 때때로 아무런 일거리도 없을 때가 많다. 그래서 그가 고용되어 있는 동안 버는 것은, 일거리가 없는 동안 그를 부양해 줄 수 있을 뿐만 아니라, 그와 같은 불안정한 상황을 생각하면 아무래도 이따금 겪게 마련인 불안과 초조에 대해 얼마간 보상이 되는 것이 아니면 안 된다. 따라서 대부분의 제조공의 추정수입이 일반노동자의 하루 임금과 거의 같은 수준인 곳에서는, 석공이나 벽돌공의 소득은 일반적으로 일반노동자의 임금의 1.5배 내지 2배이다. 일반노동자가 일주일에 4, 5실링을 버는 곳에서는, 석공과 벽돌공은 흔히 7, 8실링을 번다. 전자가 6실링을 버는 곳에서는 후자는 흔히 9, 10실링을 번다. 그리고 런던처럼 전자가 9, 10실링을 버는 곳에서는 후자는 15 내지 18실링을 버는 것이 보통이다. 그러나 어떤 종류의 숙련노동이든 석공과 벽돌공만큼 익히기 쉬운 것은 없는 것 같다. 런던의 가마꾼*4은 여름 동안 이따금 벽돌공으로 고용된다고 한다. 그러므로 그런 노동자들의 높은 임금은 그들의 숙련도에 대한 대가라기보다는 그들의 고용 불안정에 대한 보상인 셈이다.

목수는 석공보다 정밀하고 섬세한 일을 하고 있는 것처럼 보인다. 그러나 대부분의 곳에서는(왜냐하면 어디서나 다 그런 것은 아니기 때문에) 목수의 하루 임금은 석공보다 약간 낮다. 그의 일은 고객의 요구에 크게 의존하고는 있지만, 석공만큼 전면적으로 의존하고 있는 것은 아니고, 또 석공만큼 날씨에 따라 중단되기 쉬운 것도 아니다.

일반적으로 안정적인 일자리를 제공하는 직업이 어쩌다가 특정한 곳에서 제공하지 않게 되면 노동자들의 임금은 언제나 일반노동의 임금에 대한 통상 비

---

*4 가마꾼(chairmen)은 의자식 가마(sedan chair)에 사람을 태우고 운반하는 노동자.

율보다 매우 높아진다. 런던에서는, 거의 모든 숙련된 기능공들이 다른 곳의 날품팔이 노동자와 마찬가지로 그들의 주인들에 의해서 그날 그날, 그 주(週) 그 주에 고용되고 해고되기 쉽다. 따라서 일반노동자의 임금이 18펜스로 추정될 때, 최하층 기능공인 숙련된 재봉사는 반 크라운*5을 번다. 소도시 및 시골에서는 숙련재봉사의 임금은 일반노동의 임금에 거의 미치지 못할 때가 때때로 있다. 그러나 런던에서 그들은, 특히 여름에는 몇 주일씩 일거리가 없는 경우가 많다.

고용의 불안정성에 일의 어려움, 불쾌함, 불결함까지 겹칠 때는 가장 일반적인 노동임금을 가장 숙련된 기능공의 임금보다 높게 만드는 수가 있다. 작업한 분량에 따라 임금을 받는 탄광부는, 뉴캐슬에서는 보통 일반노동자의 약 2배, 스코틀랜드 대부분의 지방에서는 약 3배 버는 것으로 여겨지고 있다. 광부의 높은 임금은 완전히 그 작업의 어려움, 불쾌감, 불결함 때문이다. 그의 일자리는 대개의 경우 그가 원하는 만큼 계속할 수 있다. 런던의 석탄하역부*6들은 그 작업의 어려움, 불결함, 불쾌감에 있어서 광부의 일과 거의 맞먹는 일을 하고 있다. 또 석탄선 도착이 아무래도 불규칙할 수밖에 없어서 그들의 고용도 필연적으로 매우 불규칙하다. 그래서 만일 광부가 일반 노동임금의 2배, 3배를 버는 것이 보통이라면, 석탄하역부가 때로는 그들 임금의 4배, 5배를 번다 해도 부당하게 생각될 리가 없다. 그들의 생활 상태에 대해 몇 해 전에 실시된 연구에 의하면, 그들이 그때 지불받았던 비율로 보아 그들은 하루에 6 내지 10실링을 벌 수 있었다는 사실이 밝혀졌다. 6실링이면 런던에서의 일반노동 임금의 약 4배가 되는데, 모든 개별적인 직업에서도 가장 낮은 일반수입은 언제나 대다수 사람들의 수입으로 여길 수 있다. 그런 수입이 아무리 엄청난 것으로 보이더라도, 만일 그것이 그 일의 모든 불쾌한 사정을 보상하고도 남는다면, 배타적 특권이 없는 직업에서는 곧 매우 많은 경쟁자가 나타나, 그런 수입을 더 낮은 비율로 곧장 끌어내리고 말 것이다.

업무가 안정적이냐 아니냐 하는 것이, 어떤 개별적인 직업의, 자산의 통상이윤에 영향을 주는 일은 결코 없다. 자산이 안정적으로 사용되고 있느냐 아

*5 크라운(crown)은 영국의 오래된 은화의 명칭으로, 5실링의 가치가 있었던 것에서 5실링을 나타내는 화폐단위가 되었다.

*6 석탄 하역부(coalheaver)는 뉴캐슬에서 배로 운반되어 오는 석탄을 부리는 일을 하는 노동자.

니냐는 직업에 의하는 것이 아니라 사업가에 의하는 것이다.

넷째로, 노동임금은 노동자들에게 주어져야 하는 신뢰의 크기에 따라 달라진다.

대장장이와 보석공의 임금은 어디서나 그들과 동등할 뿐만 아니라, 그들보다 훨씬 뛰어난 솜씨를 가진 다른 많은 노동자들의 임금보다도 높지만, 그것은 그들에게 맡겨지는 귀중한 재료 때문이다.

우리는 자신들의 건강을 의사에게 맡기고, 우리의 재산을, 때로는 우리의 생명과 명성까지 법률가와 변호사에게 맡긴다. 그와 같은 신뢰는, 지위가 매우 낮거나 매우 비천한 사람들에게는 안심하고 맡길 수가 없는 것이다. 따라서 그들의 보수는 그와 같이 중대한 신뢰가 필요로 하는 사회의 지위를 그들에게 주는 것이어야 한다. 그들의 교육에 투자되어야 하는 긴 시간과 큰 비용이 이 사정과 연관될 경우, 필연적으로 그들의 노동가격은 다시 높아진다.

사람이 자신의 자산만을 직업에 사용할 때는 거기에 신임이라는 것은 없고, 그가 다른 사람들한테서 획득할 수 있는 신뢰는 그의 직업의 성질이 아니라 그의 재산·성실성·신중한 사려에 대한 다른 사람들의 의견에 의존한다. 그러므로 여러 가지 직업 부문에서의 이윤율의 차이는, 그 사업자에게 주어지는 신뢰도의 차이에서 생기는 것은 결코 아니다.

다섯째로, 여러 가지 직업에서의 노동임금은, 그것에 성공할 가능성이 있느냐 없느냐에 따라서 달라진다.

어떤 특정한 사람이, 그것을 위해 교육을 받은 직업에 과연 적격이냐 아니냐 하는 것은 직업에 따라 매우 다르다. 기계공 직업의 대부분은 성공이 거의 확실하지만, 지적인 직업에서는 매우 불확실하다. 여러분의 아들을 구둣방의 도제로 보낸다고 하자. 그는 의심할 여지 없이 한 켤레의 구두를 만드는 기술을 익힐 것이다. 그러나 그를 법률 공부하러 보낸다면, 그가 과연 그 일로 생활할 수 있을 만큼 숙달될지 어떨지는 기껏해야 20 대 1이다. 완전히 공평한 복권에서 당첨되는 사람은 당첨되지 않는 사람들이 잃어버리는 모두를 획득하는 것이 당연하다. 한 사람이 성공하는 대신 20명이 실패하는 직업에서는 그 한 사람은 실패한 20명이 획득한 모든 것을 획득해야 한다. 아마 40세 가까이 되어서야 자기 직업에서 약간의 재산을 모으기 시작하는 변호사는, 그 자신의 그토록 많은 시간과 비용이 드는 교육의 보상뿐만 아니라, 그것에 의해 뭔가를 얻을 가능성이 없는 20명이 넘는 다른 사람에 대한 보상까지 받아야 한다.

변호사의 수수료가 이따금 아무리 터무니없이 보일지라도, 그들의 실질적인 보상은 결코 그와 같은 것이 아니다. 어디든 특정한 지방에서, 제화공이나 직조공 같은 일반적인 직업의 모든 노동자들이 해마다 버는 액수와 해마다 지출하는 액수를 추정해 본다면, 전자의 액수가 일반적으로 후자를 넘는다는 것을 알게 될 것이다. 그러나 모든 변호사 및 모든 법학원*7의 변호사와 법학생에 대해 같은 계산을 해 본다면, 아무리 그들의 연수입을 될 수 있는 대로 많게, 연지출을 될 수 있는 대로 적게 평가한다 해도, 전자가 후자에 대해 매우 작은 비율밖에 차지하지 않는다는 것을 알 수 있을 것이다. 그러므로 법률이라는 복권은 완전히 공평한 복권과는 거리가 멀고, 다른 대부분의 지적이고 명예로운 전문직과 마찬가지로, 금전적인 이득면에서는 명백하게 보상이 모자란다.

그러나 이런 전문직도 다른 직업과 동등하며, 위와 같은 불리함에도 불구하고 가장 너그럽고 자유로운 정신을 가진 사람들이 모두들 거기에 열심히 모여들고 있다. 사람들이 이것을 좋아하는 데는 두 가지 이유가 있다. 첫째로는 그 가운데 어느 것에 특별히 뛰어난 경우에 따르게 되는 명성에 대한 욕구, 둘째로는 누구든지 자기 자신의 능력뿐만 아니라, 자기 자신의 행운에 대해 많든 적든 자연적으로 지니고 있는 자신감이다.

보통 수준에 이른 사람도 매우 드문 전문직에서 뛰어나다는 것은, 천재 또는 수재로 불리는 자의 가장 결정적인 표시이다. 이와 같이 두드러진 재능에 따르는 사회의 칭송은 언제나 그것에 대한 보상의 일부분을 이루며, 보상의 크기는 칭송의 정도에 비례한다. 그것은, 의사의 직업에서는 보상의 상당한 부분을 차지하고, 법률적인 직업에서는 아마 더 큰 부분을 차지할 것이며, 시와 철학에서는 거의 전체를 차지한다.

몇 가지의 매우 쾌적하고 아름다운 재능은, 그것을 가지고 있으면 일종의

---

*7 법학원(Inns of Court)에는 법학생의 숙사라는 의미와 모든 법률가가 소속되는 법조협회라는 의미가 있다.

칭송을 듣게 되지만, 그것을 이득을 위해 행사하면, 이성에 의해서든 편견에 의해서든, 일종의 공공연한 타락으로 여겨진다. 따라서 그런 재능을 이득을 위해 행사하는 사람들의 금전적 보상은, 그런 재능을 획득하는 시간과 노동과 비용을 보상하는 데 충분할 뿐만 아니라, 그것을 생계 수단으로 사용하는 데 따르는 불명예를 보상하는 데도 충분한 것이 아니면 안 된다. 배우·오페라 가수·오페라 댄서 등의 어마어마한 보수는 그 두 가지 원리, 즉 그 재능이 희소하고 아름답다는 것과, 그 재능을 이와 같은 방법으로 사용하는 데 대한 불명예에 의한 것이다. 우리가 그들의 인격을 경멸하고, 그러면서도 그들의 재능에 대해 아낌없는 너그러움으로 보수를 주는 것은, 얼핏 불합리하게 보인다.

그러나 우리는 한쪽을 할 때는, 필연적으로 다른 쪽도 하지 않으면 안 되는 것이다. 만일 그런 직업에 대한 여론 또는 편견이 변한다면, 그와 같은 금전적 보수는 급속히 줄어들 것이다. 전보다 많은 사람들이 그것을 지망할 것이고, 경쟁은 그들의 노동가격을 급속히 하락시킬 것이다. 그런 재능은 물론 흔한 것은 아니지만, 결코 상상하는 것만큼 드문 것도 아니다. 그런 재능을 매우 완전한 형태로 소유하고 있으면서도 그것을 이런 방법으로 사용하는 것을 경멸하는 사람들이 많은데, 만일 명예를 잃지 않고도 조금의 이득을 얻을 수 있게 된다면, 더 많은 사람들이 그런 재능을 습득할 수 있을 것이다.

대부분의 사람들이 자기들의 재능에 대해 가지고 있는 자부심은, 모든 시대의 철학자와 도덕가가 말한 것처럼 오래 전부터의 악덕이다. 자기 자신의 행운에 대한 대부분의 사람들의 어리석은 희망은 그다지 사람들의 주목을 끌지 못했다. 그러나 이쪽이, 만일 그렇게 말해도 된다면, 훨씬 더 보편적이다. 웬만큼 건강하고 기력이 있는 사람 중에 그런 희망을 조금이라도 가지고 있지 않은 사람은 거의 없다. 누구나 이득의 기회는 조금 과대평가하고, 손실의 기회는 과소평가하게 마련이며, 웬만큼 건강하고 기력이 있는 사람으로 손실의 기회를 과대평가하는 사람은 거의 없다.

이득의 기회가 자연히 과대평가된다는 것은, 복권이 어디서나 성공하고 있는 것에서도 알 수 있다. 완전히 공평한 복권, 즉 이득 전체가 손실 전체를 보상하는 복권은 지금까지 한 번도 없었고 앞으로도 없을 것이다. 왜냐하면 그래서는 복권업자가 아무런 이득도 얻을 수 없기 때문이다. 국영복권에서는, 복권은 최초의 응모자들이 지불하는 가격만큼의 가치가 실제로는 없는데도, 시장에서는 보통 20~30, 때로는 40% 비싸게 팔린다. 큰 상금의 어느 것이라도 타겠다는 헛된 기대가 이 수요의 유일한 원인이다. 매우 성실한 사람들도 1, 2만 파운드를 벌 수 있는 기회를 노리고 조금의 돈을 지불하는 것을 어리석은 행위라고 생각하지는 않는다. 그 조금의 금액조차, 아마 그 기회의 가치보다 20~30%는 높다는 것을 그들도 알고 있는 것이다.

20파운드가 넘는 상금이 없는 복권은, 비록 그것이 다른 점에서는 일반적인 국영복권보다 완전히 공평한 복권에 훨씬 가까운 것이라 해도, 국영복권과 같은 수요는 없을 것이다. 큰 상금에 걸려들 수 있는 기회를 찾아서 몇 장의 복권을 사는 사람들도 있고, 소액으로 더 많은 복권을 사는 사람들도 있다. 그러나 내기를 하는 복권이 많으면 많을수록 여러분이 손실자가 될 가능성이 크다는 것만큼 확실한 수학적 명제는 아마 없을 것이다. 복권 모두에 걸면 확실하게 손해를 본다. 복권을 많이 사면 살수록 이 확실성에 그만큼 접근하는 것이다.

손해를 볼 기회는 때때로 과소평가되어 실질 이상으로 평가되는 일이 거의 없다는 것은, 보험업자들의 이윤이 매우 온당한 것이라는 데서 알 수 있다. 화재보험이든 해상보험이든, 보험을 하나의 사업으로 하기 위해서는 통상의 보험료가 통상의 손실을 보상하고, 경영비용을 지불하며, 뭔가 일반 직업에 사용된 같은 액수의 자본에서 끌어 낼 수 있었을 이윤을 올리는 데 충분한 것이 아니면 안 된다. 꼭 이만큼밖에 지불하지 않는 사람은 분명히 위험의 실질 가치, 즉 보험에 듦으로써 합리적으로 기대할 수 있는 최저가격밖에 지불하지 않는 것이다. 그러나 보험으로 조금의 돈을 번 사람은 많지만, 큰 재산을 모은 사람은 매우 드물다. 이것만 생각해 보아도 보험업에서의 통상의 손익 균형이 매우 많은 사람들이 자산을 만드는 다른 통상의 사업보다 유리한 것이 아니라는 것은 충분히 밝혀진 것 같다. 그러나 보험료가 아무리 타당한 것이라 해도, 많은 사람들은 위험을 경시하여 그것을 지불하고 싶어 하지 않는다. 왕국 전체의 평균을 잡아 보면, 20호 가운데 19호가 아니라, 아마 1백 호 가운데 99호는 화재보험에 들어 있지 않을 것이다.

대부분의 사람들에게는 해난(海難) 쪽이 대다수 사람들에게 위험도가 강하게 느껴지므로, 보험을 든 선박이 보험에 들지 않은 선박보다 훨씬 많다. 그러나 어느 계절에나, 전쟁 중에조차, 보험에 들지 않은 채 항행하는 선박이 많다.

이런 일은 때로는 특별히 사려가 없어서 일어나는 것도 아니다. 큰 회사, 또는 큰 상인조차 20척 내지 30척의 배를 해상에 띄우고 있을 때, 그런 배들은 말하자면 서로 보험을 들고 있는 것이라고 할 수 있다. 선박 전체에 대해 절약되는 보험료는, 일반적인 과정에서 입을 수 있는 손실을 보상하고 남을지도 모른다. 그러나 선박의 보험을 가옥의 보험처럼 경시하는 것은, 대부분의 경우 그런 면밀한 계산의 결과가 아니라 단순히 생각이 부족한 경솔함이나 위험에 대한 오만한 경시의 결과이다.

위험에 대한 경시와 성공에 대할 오만한 기대는, 인생에서 젊은이가 전문직을 선택하는 무렵만큼 적극적인 때는 없다. 그때 불행에 대한 두려움이 행운에 대한 기대를 상쇄할 가능성이 얼마나 작은지에 대해서는, 상류사회 사람들이 이른바 지적인 직업을 얻으려는 열의보다, 보통 사람들이 병사가 되거나 선원이 될 때의 적극성에서 훨씬 뚜렷하게 확인할 수 있다.

일반 병사가 무엇을 잃을 것인지는 참으로 명백하다. 그러나 청년 지원병들은 전쟁이 일어날 때는 특히 자진하여 지원하고, 거의 승진할 기회가 없는데도 젊은이다운 공상 속에서 명예와 명성을 거머쥐는, 일어나지도 않을 무수한 기회를 그려본다. 이 낭만적인 기대가 그들의 피에 대한 대가이다. 그들의 급여는 일반노동자의 급여보다 적고, 게다가 실제 근무에서 얻는 피로는 그들이 훨씬 크다.

해상 근무라는 복권은 반드시 육군이라는 복권만큼 불리한 것은 아니다. 훌륭한 노동자나 기능공의 아들이 아버지의 동의를 얻어 선원이 되는 일이 때때로 있는데, 만일 육군 병사가 된다면 대개 아버지의 동의 없이 하는 일이다. 전자의 직업에서는 그에게 무언가를 할 기회가 있다는 것을 다른 사람들도 인정하지만, 후자의 직업에서는 무언가를 할 기회가 있다고 인정하는 것은 그 자신 외에는 아무도 없다. 대제독(大提督)은 사회적 칭송의 대상으로서 대장군에 미치지 못하고, 해상에서의 최고의 성공이 약속하는 재산과 명성은 육상에서의 같은 성공에 미치지 못한다. 이것과 같은 차이는 양자에 있어서 모든 하위 서열에서 볼 수 있다.

서열의 규칙에 의하면, 해군 대령은 육군 대령과 동격*8이지만, 일반적인 평

---

*8 해군 대령은 captain이라 불리며 통상은 함장이지만, 육군의 캡틴은 3계급 아래의 대위이다.

가에서는 동격이 아니다. 복권은 상금이 큰 것은 소수이지만, 상금이 작은 것은 그보다 다수이다. 따라서 일반 수병(水兵)은 일반 육군 병사보다 약간의 행운과 승진을 얻을 기회가 많다. 그리고 이런 복권의 희망이 이 직업을 선망하게 하는 주된 요인이다. 그들의 기량과 숙련이 거의 어떤 기능공보다도 훨씬 뛰어나다 하더라도, 또 그들의 전 생애가 고난과 위험으로 점철된 하나의 무대를 이루고 있다 하더라도, 그런 숙련과 기량에 대해, 또 그런 고난과 위험에 대해 그들이 받는 보상은, 그들이 일반 수병의 지위에 머물러 있는 한, 숙련과 기량을 활용하여 고난과 위험을 극복하는 기쁨 이외는 거의 아무것도 없다. 그들의 임금은 선원의 임금비율을 규제하는 항만노동자의 임금보다 많지 않다. 그들은 끊임없이 항구에서 항구로 이동하므로 그레이트브리튼의 모든 항구에서 출항하는 사람들의 다달의 급료는, 그 여러 곳에 있는 다른 어떤 노동자의 경우보다도 차이가 적다. 그리고 최대 다수의 선원이 출항하고 입항하는 항구, 즉 런던 항구의 임금비율이 다른 모든 항구의 임금비율을 규제한다.

런던에서는 다양한 종류의 노동자 대부분이 받는 임금은, 에든버러의 같은 종류의 노동자의 약 2배이다. 그러나 런던 항에서 출항하는 선원은, 리드 항에서 출항하는 선원보다 한 달에 3, 4실링 이상 많이 받는 일은 드물고, 그 차액이 3, 4실링도 되지 않는 경우도 흔히 있다. 평화시에는, 그리고 상선 근무에서는, 런던의 가격은 한 달에 1기니 내지 27실링 정도이다. 런던의 일반노동자는 1주일에 9, 10실링의 비율로 계산하면 한 달에 40, 45실링을 벌 수 있다. 물론 선원은 급료 외에 식량을 지급받는다. 그러나 식량의 가치는 아마도 그의 급료와 일반노동자의 급여 사이의 차액을 결코 넘지 않을 것이다. 또 설령 그것을 넘는 일이 있다 하더라도, 그 초과분은 선원의 순수한 수입은 되지 않는다. 왜냐하면 그는 그 초과분을 처자와 함께 나눠 먹을 수가 없고, 집에서 그들을 자신의 임금으로 부양해야 하기 때문이다.

모험 생활의 위험이나 아슬아슬함은, 젊은 사람들의 용기를 꺾기는커녕 때때로 그들을 그런 직업으로 끌어당기는 것 같다. 하층민들 사이에서, 다정한 어머니는 흔히 자기 아들을 항구 도시의 학교로 보내기를 두려워하는데, 그것은 배를 보거나 선원들의 대화 또는 모험담을 듣다가 선원이 되고 싶은 유혹을 느끼면 난처하기 때문이다. 용기와 수완만 있으면 피할 수 있을 것으로 기대되는 위험을 멀리서 바라볼 때는, 그것은 우리에게 불쾌한 일이 아니며, 어떤 직업에서도 노동임금을 끌어올리지 못한다. 그러나 용기와 수완이 아무 소용 없는 경우에는 사정이 다르다. 건강에 매우 나쁜 것으로 알려진 직업에서는, 노동임금이 매우 높은 것이 보통이다. 건강에 나쁘다는 것은 일종의 불쾌감이고, 그것이 노동임금에 미치는 영향은 불쾌감이라는 그 일반 항목에 들어가야 하는 것이다.

자산의 다양한 용도에 있어서의 통상이율은, 많든 적든 수익이 확실한가 불확실한가에 따라 달라진다. 수익은 일반적으로 외국 무역보다 국내 교역이 불확실성이 적고, 또 외국 무역 중에서도 어떤 부문보다 다른 부문이, 이를테면 자메이카 무역보다 북아메리카 무역 쪽이 불확실성이 적다. 통상이율은 항상 위험에 따라 많든 적든 상승한다. 그러나 그것은 위험에 정비례하여, 즉 위험을 완전히 보상할 만큼 상승하는 것 같지는 않다. 파산은, 가장 위험한 사업에서 가장 빈번히 일어난다. 모든 사업 가운데 가장 모험적인 것, 즉 밀무역업자의 사업은, 물론 모험이 성공했을 때는 가장 이윤이 크지만, 파산에 이르는 틀림없는 길이기도 하다. 성공에 대한 무분별한 희망이, 다른 모든 경우와 마찬가지로 여기서도 작용하여, 매우 많은 모험가들을 그런 위험한 사업으로 유인하기 때문에, 그들의 경쟁이 이윤을, 위험을 충분히 보상할 수 있는 금액 이하로 낮게 끌어내려 버리는 것 같다. 위험을 완전히 보상하기 위해서는, 일반수익이 자산의 통상적인 이윤을 넘어서, 가끔 입는 모든 손실을 보상할 뿐만 아니라, 보험업자의 이윤과 같은 성질의 잉여이윤을 모험가들에게 주지 않으면 안 된다. 그런데 만일 일반수익이 이 모든 것을 충족시킬 수 있다면, 파산이 이런 사업에서 다른 사업 이상으로 빈발하는 일은 없을 것이다.

따라서 노동임금에 차이가 나게 하는 다섯 가지 사정 중에서 자산이윤에 영향을 주는 것은, 그 일이 유쾌한가 불쾌한가 하는 것과 그것에 따르는 위험 또는 안전, 이 두 가지뿐이다. 유쾌한가 불쾌한가 하는 점에서는, 자산의 다양한 용도의 압도적인 다수에는 거의 또는 전혀 차이가 없다. 그러나 노동의 다양한 용도에는 큰 차이가 있다. 자산의 통상이윤은, 위험과 더불어 상승하기는 하지만 항상 그것에 비례하여 상승한다고는 생각되지 않는다. 이러한 모든 것에서 알 수 있는 것은, 같은 사회 또는 그 인근에서는 자산의 다양한 용도에서의 평균 또는 통상의 이율은 다양한 종류의 노동의 금전적 임금보다 차이가 적을 것이라는 점이다. 따라서 사실상 그렇게 되어 있다. 일반노동자의 소득과 잘 나가는 법률가나 의사의 소득의 차이는, 어떤 다른 두 가지 사업 부문의 통상이윤의 차이보다 훨씬 큰 것은 분명하다. 게다가 다양한 사업의 이윤에 있어서의 외관상 차이는, 일반적으로는 임금으로 보아야 하는 것과 이윤으로 보아야 하는 것을, 우리가 반드시 항상 구별하지는 않는 데서 오는 착각이다.

약제사의 이윤이라는 것은 각별히 어마어마한 것을 가리키는 속담이 되어 있다. 그러나 이 외관상의 큰 이윤이 바로 노동의 타당한 임금인 경우가 때때로 있다. 약제사의 숙련된 기량은 어떤 기능공의 기량보다 훨씬 정교하고 미묘한 것이며, 그에게 주어진 신임은 훨씬 큰 중요성을 가진다. 그는 모든 경우에 빈민의 의사이며, 고통이나 위험이 그리 크지 않을 때는 부자의 의사도 된다. 그러므로 그의 보수는 그의 숙련된 기량과 신임에 어울려야 하며, 그것은 일반적으로 그가 파는 약품의 가격에서 나온다. 그 큰 시장도시에서 가장 잘 되는 약국이 1년 동안 파는 약은 전체 다 해서 아마 30 내지 40파운드 이상은 들지 않을 것이다. 그러나 그가 그것을 300 내지 400파운드, 즉 천 %의 이윤으로 판다고 해도, 이것은 흔히 그의 약값에 가해진 자신의 노동의 타당한 임금 이상은 아닐 것이고, 이것이 그에게 있어서 자신의 임금을 청구할 수 있는 유일한 방법이다. 외관상의 이윤의 대부분은 이윤이라는 옷으로 위장한 실질적인 임금인 것이다.

조그만 항구 도시에서는 작은 잡화상은 불과 100파운드의 자산으로 40 내지 50%의 이윤을 올리겠지만, 한편 같은 곳에서 꽤 큰 도매상은 1만 파운드의 자산에 대해 8 내지 10%의 이윤도 올리지 못할 것이다. 잡화상이라는 직업은 주민의 편의를 위해서는 필요한 것이지만, 시장이 좁아서 그 사업에 비교적 큰 자본을 사용할 수는 없는 노릇이다. 그러나 그 사람은 자신의 직업으로 생활해야 할 뿐 아니라, 그 직업이 필요로 하는 자격에 맞춰서 생활해야 한다. 소자본을 소유하는 것 외에 그는 읽고 쓰고 계산할 줄 알아야 하고, 또 아마도 50, 60종류나 되는 갖가지 상품의 가격과 품질, 그것을 가장 싸게 구할 수 있는 시장에 대해 기본적인 판단력을 가지지 않으면 안 된다. 요컨대 그는 대상인에게 필요한 모든 지식을 가져야 하며, 그가 대상인이 되는 것을 가로막는 것은 충분한 자본이 없다는 것뿐이다. 1년에 30 내지 40파운드는 이와 같이 완성된 인물의 노동에 대한 보상 치고는 그리 많다고 할 수 없다. 그의 자본의, 얼핏 커보이는 듯한 이윤에서 이것을 빼면 자산의 통상적인 이윤을 넘을 정도로는 거의 남지 않을 것이다. 외관상의 이윤의 대부분은 이 경우에도 실제로는 임금인 것이다.

소매업의 외관상 이윤과 도매업의 외관상 이윤의 차이는 소도시나 농촌보다 수도 쪽이 훨씬 작다. 식료 잡화상에 1만 파운드나 투자할 수 있는 곳에서는 잡화상의 노동임금은, 그다지 큰 자산의 실질이윤에 대한 매우 하찮은 추가에 지나지 않는다. 따라서 부유한 소매상의 외관상 이윤은 도매상의 외관상 이윤과 같은 금액에 가깝다. 소매로 팔리는 상품이, 수도에서는 작은 도시나 농촌과 거의 같을 정도로 싸거나 흔히 그보다 훨씬 더 싼 것은 바로 이 때문이다. 이를테면, 식료 잡화는 일반적으로 훨씬 싸고, 빵과 식육은 때때로 비슷할 정도로 싸다. 식료 잡화를 대도시로 운반해 오는 데는, 시골로 가지고 오는 것보다 많은 비용이 들지는 않지만, 곡물이나 가축은 대부분 그보다 훨씬 먼 곳에서 가지고 와야 하므로 비용이 훨씬 더 많이 든다. 따라서 식료 잡화의 원가는 두 곳에서 같기 때문에, 최소한의 이윤이 매겨지는 곳에서 가장 값이 싸다. 빵과 식육의 원가는 대도시가 농촌보다 높다. 따라서 이윤은 작아도, 빵과 식육은 반드시 언제나 농촌보다 싼 것은 아니고 때때로 같을 정도이다. 빵이나 식육 같은 물품에서는, 외관상의 이윤을 감소시키는 것과 같은 원인이 원가를 증대시킨다. 시장이 넓어지면 사용할 수 있는 자산도 커짐으로써 외관상의 이윤을 감소시키지만, 더 먼 곳에서의 공급을 필요로 함으로써 원가를 증가시킨다. 이 전자의 감소와 후자의 증대는, 대부분의 경우 서로 거의 상쇄하는 것으로 생각된다. 이것이 아마도, 곡물과 가축의 가격은 왕국의 지방에 따라 크게 다른 것이 보통인데, 빵과 식육의 가격은 왕국의 대부분에서 일반적으로 거의 같은 이유이다.

도매업에서나 소매업에서나 자산이윤은 일반적으로 수도가 소도시나 시골보다 작지만, 그래도 수도에서는 소규모로 출발하여 큰 자산을 획득하는 일이 때때로 있는데, 후자에서는 좀처럼 그렇게 되지 않는다. 소도시나 시골에서는 시장이 좁기 때문에 자산이 확대되면 반드시 사업도 따라서 확대되는 것은 아니다. 그러므로 그런 곳에서는 특정한 사람의 이윤율은 매우 높을지 모르지만, 그 금액 또는 양이 매우 클 수는 결코 없고, 따라서 그가 해마다 축적하는 금액 또는 양이 매우 큰 일도 있을 수 없다. 이에 비해 대도시에서는 자산이 증가함에 따라 사업은 확대할 수 있고, 절약가인 데다 사업이 번영하고 있는 사람의 신용은 그의 자산보다 훨씬 급속하게 높아진다. 그의 사업은 이 두 가지의 크기에 비례하여 확대되고, 그의 이윤의 금액 또는 양은 그의 사업 규모에 비례하며, 그의 해마다의 축적은 그의 이윤의 양에 비례한다.

그러나 대도시에서도 오랜 부지런함과 절약과 주의 깊은 생활의 결과가 아니면, 정규적이고 안정되고 잘 알려진 어떤 사업 부문에 의해 큰 재산을 이루는 일은 좀처럼 있을 수 없다. 확실히 그런 곳에서는, 이른바 투기업에 의해 하루아침에 벼락부자가 되는 일이 있다. 투기적인 상인은, 정규적이고 안정적이며 널리 알려진 사업 부문에서는 일을 하지 않는다. 그는 올해는 곡물 상인이고, 내년에는 포도주 상인이며, 그 다음 해는 설탕·담배, 또는 차 상인이 된다. 그는 보통 이상으로 이로울 것처럼 보이면 어떤 사업에도 뛰어들고, 그 이윤이 다른 사업의 수준으로 돌아갈 것 같이 보이면 거기서 손을 뺀다. 따라서 그의 손익은 안정되고 널리 알려진 어떤 사업 부문의 손익과도 일정한 비율을 유지할 수가 없다. 대담한 모험가라면, 두세 번 투기에 성공하여 상당한 재산을 모으는 수가 있다. 그러나 그것과 완전히 마찬가지로, 두세 번 투기에 실패하여 그것을 잃을지도 모른다. 이런 사업은 대도시가 아니면 어디서도 영위되지 못한다. 거기에 필요한 정보를 얻을 수 있는 것은 가장 광범한 상업과 통신이 있는 곳뿐이다.

위에서 말한 다섯 가지 사정은, 노동임금과 자산이윤에 상당한 불평등을 가져오기는 하지만, 각각의 다양한 용도의, 실질적인 것이든 상상의 것이든 이익과 불이익 전체에서는 아무런 불평등도 일으키지 않는다. 그런 사정들은, 어떤 사업에서의 금전적 이득이 적은 것을 메워 주고, 다른 사업에서의 금전적 이득이 많은 것을 상쇄하는 성질을 가지고 있다. 그러나 이 평등이 그런 이익 및 불이익의 전체에서 성립될 수 있으려면, 가장 완전한 자유가 있는 곳에서도 다음의 세 가지가 필요하다. 첫째, 이런 직업은 인근에 널리 알려져 있고 확립된 지 오래된 것이라야 한다는 것. 둘째, 이런 직업은 그 통상의 상태, 즉 자연의 상태라고 불러도 좋은 상태에 있어야 한다는 것. 셋째, 이런 직업은 거기에 종사하는 사람들의 유일하고 중요한 직업이어야 한다는 것이다.

첫째로, 이런 평등이 성립될 수 있는 것은, 인근에 널리 알려지고 확립된 지

오래된 직업에서만 가능하다.

다른 모든 사정이 같으면, 임금은 일반적으로 오래된 사업보다 새로운 사업이 더 높다. 기업가가 새로운 제조업을 시작하려고 할 때, 그는 먼저 그의 노동자들이 자신들의 일에서 벌 수 있는 것보다 높은 임금으로, 또는 그렇지 않을 경우에 그의 노동의 성질이 필요로 할지도 모르는 것보다 높은 임금으로, 그들을 다른 직업에서 유인하지 않으면 안 된다. 그리고 그가 이런 임금을 통상의 수준으로 과감하게 끌어내릴 수 있으려면, 상당한 시간이 지나지 않으면 안 된다. 수요가 오로지 유행이나 변덕에서 생기는 제조업은 끊임없이 변화하고 있어서, 오래된 제조업으로 생각될 만큼 오래 계속되는 일은 좀처럼 드물다. 이에 비해, 수요가 주로 습관이나 필요에서 생기는 제조업은 그다지 잘 변화하지 않으며, 같은 형태와 구조를 가진 것이 여러 세기 동안 줄곧 수요가 지속되는 경우가 있다. 따라서 노동임금은 전자의 제조업에서 후자의 제조업보다 높아지기 쉽다. 버밍엄은 주로 전자와 같은 종류의 제조업에 종사하고, 셰필드는 주로 후자와 같은 종류의 제조업에 종사하고 있다.[9] 그리고 그 다른 두 지방에서의 노동임금은, 각 제조업의 성질이 갖는 이 차이에 상응하는 것이라고 한다.

뭔가 새로운 제조업이나 새로운 상업 부문, 또는 새로운 농경 방법[10]을 시작하는 것은 언제나 투기이고, 창업자는 거기서 이례적인 이윤을 기대한다. 그 이윤은 매우 큰 경우도 있고, 어쩌면 완전히 반대인 경우도 많다. 그러나 그 이윤은 대개 인근의, 다른 오래 전부터의 사업과 일정한 비율을 가지지 않는 것이 일반적이다. 만일 기획이 성공하면, 그 이윤은 처음에는 매우 높은 것이 보통이다. 만일 사업 또는 방식이 완전히 확립되고 널리 알려지게 되면, 경쟁 때문에 이윤은 다른 사업의 수준까지 내려간다.

---

[9] 버밍엄(Birmingham)도 셰필드(Sheffield)도, 중부 잉글랜드(미들랜드)의 금속공업 도시이지만, 스미스가 여기서 양쪽 제품의 특징을 대비하고 있는 것에 대해서는 잘 알 수가 없다. 셰필드가 날붙이 제품으로 유명한 데 비해, 버밍엄은 중공업 외에 단추·버클·침대 같은 유행의 영향을 받는 제조업을 가졌기 때문인지도 모른다.

[10] 산업혁명에 앞서는 농업혁명 속에서의 기술혁신을 가리킨다. 툴(Jethro Tull, 1674~1741)이나 타운센드(Charles Townshend, 1674~1738)의 신농법이 유명하다. 순무와 클로버를 영국 농업에 도입한 것은 타운센드이다.

둘째로, 노동과 자산의 여러 가지 사용에 대한 이익 및 불이익 전체로서의 이런 균등성은, 이런 직업의 통상적인 상태, 또는 자연의 상태라고 불러도 되는 상태에서만 생길 수 있다.

다양한 종류의 거의 모든 노동의 수요는, 통상보다 때로는 크고 때로는 작다. 전자의 경우에는 그 직업의 이익이 통상적인 수준보다 높아지고, 후자의 경우에는 그보다 낮아진다. 농촌노동에 대한 수요는, 건초기와 수확기에는 1년의 대부분의 기간을 웃돌고, 임금도 수요와 함께 올라간다. 전시에 4만 내지 5만 명의 선원들이 상선 근무에서 군함 근무로 옮기도록 강제될 경우, 상선 선원에 대한 수요는 필연적으로 그들의 희소성과 함께 증대하고, 그런 경우 그들의 임금은 한 달에 1기니 내지 27실링에서 40실링 내지 3파운드로 올라가는 것이 보통이다. 이와 반대로 쇠퇴하고 있는 제조업에서는, 대부분의 노동자들은 자신들의 오랜 직업을 버릴 바에는 차라리 그 직업의 성질에 알맞은 임금보다 적은 임금으로 만족한다.

자산이윤은 그것이 사용되는 상품의 가격과 함께 변화한다. 어떤 상품의 값이 그것의 통상적인, 또는 평균적인 금액보다 올라가면, 그것을 시장에 가지고 나가는 데 사용된 자산 가운데서 적어도 어떤 부분의 이윤은 그 본디의 수준보다 올라가고, 값이 내려가면 이윤도 그 수준보다 내려간다. 모든 상품은 많든 적든 가격 변화를 면할 수 없는데, 그 가운데 어떤 상품은 다른 상품보다 훨씬 더 변화하기 쉽다. 인간의 근로에 의해 생산되는 모든 상품에서 해마다 사용되는 근로의 양은 평균적인 연생산이 평균적인 연소비에 될 수 있는 대로 접근하도록 필연적으로 그해 그해의 수요에 의해 규제된다. 이미 말한 것처럼, 어떤 직업에서는 같은 양의 노동은 항상 같거나 거의 같은 양의 상품을 생산한다. 이를테면, 마직물과 모직물 제조업에서, 같은 수의 일손은 해마다 거의 같은 양의 마직물과 모직물을 생산할 것이다. 그러므로 그런 상품의 시장가격의 변동은, 어떤 우연적인 수요의 변화에 의해서만 일어날 수 있다. 공장(公葬)은 검은 천의 값을 인상시킨다. 그러나 대부분의 무지 마직물과 모직물에 대한 수요는 상당히 일정하고 따라서 값 또한 마찬가지로 일정하다.

그러나 그 밖에 같은 양의 근로가 반드시 같은 양의 상품을 생산한다고 할 수 없는 직업도 있다. 이를테면 같은 양의 근로는 해에 따라 매우 다른 양의 곡물·포도주·홉·설탕·담배 같은 것을 생산한다. 따라서 그런 상품의 값은 수요의 변동과 더불어 변동할 뿐 아니라, 훨씬 크고 빈번한 양의 변화에 의해서도 변동하며, 그 결과 매우 유동적이다. 그런데, 이런 것을 다루는 업자 가운데 어떤 사람들의 이윤은, 필연적으로 상품값과 함께 변화하지 않을 수 없다. 투기 상인의 조작은 주로 그런 상품에 대해 이루어진다. 그는 그런 상품값이 오를 것으로 예상되면 그것을 매점하려고 노력하고, 내려갈 것으로 예상될 때는 팔아 버리려고 애쓴다.

셋째로, 노동과 자산의 여러 가지 용도에 따른 이익 및 불이익 전체의 균등이 일어날 수 있는 것은, 그 직업이 거기에 종사하는 사람들에게 유일하거나 중요한 것인 경우뿐이다.

어떤 사람이 자신의 생계를 어떤 한 가지 직업에서 얻고 있고, 그 직업이 그의 시간 대부분을 차지하지 않을 경우, 그는 여가가 있을 때 다른 직업에 종사하거나, 그 직업의 성질에 합당한 임금보다 싼 임금으로 기꺼이 일하는 일이 때때로 있다.

스코틀랜드의 많은 지방에는, 몇 해 전에는 현재보다 더 많았다고 하지만, 지금도 오두막살이 농부 또는 더부살이 농부라고 불리는 사람들이 남아 있다. 그들은 지주나 농업 경영자의 일종의 통근 하인들이다. 그들이 주인한테서 받는 통상의 보수는 한 채의 집, 채소밭, 암소 한 마리를 키울 만한 목초지, 그리고 아마 1에이커나 2에이커 정도의 척박한 경작지뿐이다. 주인은 그들의 노동이 필요할 때는 그들에게 그것 외에 1주일에 2펙*¹¹의 오트밀을 주는데, 값으로 쳐서 주당 약 16펜스가 된다. 1년의 대부분 주인은 그들의 노동을 거의 또는 전혀 필요로 하지 않는 데다 경작해야 할 그들 자신의 보유지가 워낙 작아서 자유시간이 늘 남아 돌 정도이다. 이런 소작인들이 현대보다 많이 있었을 때는, 그들은 남는 시간을 누구에게나 제공하여 다른 노동자들보다 적은 임금으로 기꺼이 일해 주었다고 한다. 옛날에는 유럽 전역에 걸쳐서 흔히 그들을 볼 수 있었던 것 같다. 그들이 없었다면, 구석구석 경작의 손길이 잘 미치지 않고 주민수가 적은 나라에서는, 대부분의 지주와 농업 경영자는 일정한 계절에 농촌노동이 필요로 하는 수많은 일손을 조달할 수가 없었을 것이다. 그런

---

*11 펙(peck)은 곡물의 양의 단위로 약 9리터.

노동자들이 주인한테서 이따금 받는 하루 또는 1주일의 보수는 명백하게 그들의 노동의 전체 가격이 아니었다. 그들의 얼마 안 되는 보유물이 그 상당한 부분을 차지하고 있었다. 그러나 옛날의 노동과 식료품의 가격을 조사하여, 그 두 가지가 놀랄 만큼 낮았다고 주장하기를 좋아한 많은 저작자들에 의해, 이 하루 또는 1주일의 보수가 그들의 노동의 전체가격으로 여겨졌던 것 같다.

그런 노동 생산물은, 그 성질에 합당한 값보다 싼 값으로 시장에 나오는 일이 때때로 있다. 스코틀랜드의 많은 지방에서는 긴 양말이, 다른 곳에서 직기로 만들어지는 것보다 훨씬 싼 값에 생산된다. 그것은 생계의 주요 부분을 다른 직업에서 얻고 있는 하인과 노동자들이 만드는 제품이기 때문이다. 1천 켤레가 넘는 셰틀랜드*12의 긴 양말이 해마다 리드에 수입되는데 그 값은 한 켤레에 5펜스 내지 7펜스이다. 내가 확인한 바에 의하면, 셰틀랜드 제도의 작은 수도 러윅에서는 하루 10펜스가 일반적인 노동의 통상가격이라고 한다. 같은 제도에서 그들은 한 켤레에 1기니, 또는 그 이상의 값이 나가는 소모사(梳毛絲) 양말을 짜고 있다.

스코틀랜드에서는, 아마실을 잣는 일은 긴 양말을 짜는 것과 거의 마찬가지로, 주로 다른 목적으로 고용된 하인들이 한다. 그들은 이 두 가지 일 중 한 가지로 생활비를 벌기 위해 애쓰고 있지만, 매우 가난한 생활밖에 하지 못한다. 스코틀랜드의 대부분의 지방에서 1주일에 20펜스를 버는 여자는 우수한 방적공이다.

부유한 나라에서는, 일반적으로 시장이 매우 넓기 때문에 어떤 직업이든 한 가지로, 거기에 종사하는 사람들의 노동과 자산을 모두 사용할 수 있다. 사람들이 하나의 직업으로 생활하고, 동시에 다른 직업에서 뭔가 조금의 이익을 보고 있는 예는 주로 가난한 나라에서 볼 수 있다. 그러나 거의 같은 종류의 다음과 같은 사례는, 매우 부유한 나라의 수도에서도 찾아볼 수 있다.

유럽의 도시 가운데 런던만큼 집세가 비싼 곳은 없다고 나는 믿지만, 그러나 가구가 딸린 아파트를 이토록 싸게 빌릴 수 있는 수도를 나는 모른다. 런던의 방값은 파리보다 훨씬 싸고, 같은 정도의 질이라면 에든버러보다 훨씬 싸

---

*12 셰틀랜드(Shetland)는 스코틀랜드 북동쪽에 있는 제도로, 셰틀랜드 울이라고 하는 우스티드용 긴 양털(梳毛)을 생산한다.

다. 그리고 터무니없다고 생각할지 모르지만, 집세가 비싼 것이 방값이 싼 원인이다. 런던에서 집세가 비싼 것은, 모든 큰 수도에서 집세를 비싸게 만드는 원인, 즉 노동가격이 비싸다는 것, 일반적으로 매우 먼 곳에서 가지고 와야 하는 건축 재료가 비싸다는 것, 그리고 무엇보다도 지주도 독점자 구실을 하여, 불과 1에이커의 열악한 도시 땅에서, 농촌의 가장 좋은 땅 백 에이커에서 받을 수 있는 것보다 더 비싼 지대를 짜내는 데서 오는 비싼 지대에만 이유가 있는 것은 아니다. 그것은 또 부분적으로는 한 가족의 가장은 누구나 지하에서 옥상까지 집 전체를 빌려야 한다는, 사람들의 특유한 풍습 때문이기도 하다.

잉글랜드에서는 주택이라고 하면 같은 지붕 아래 있는 모든 것을 의미한다. 프랑스·스코틀랜드 및 유럽의 다른 많은 지방에서는, 흔히 하나의 층밖에 의미하지 않는다. 런던의 소매상인들은 그 도시의 고객들이 살고 있는 거리에서 집 한 채를 다 빌리지 않을 수 없다. 가게는 아래층에 있고, 그와 그의 가족들은 다락방에서 기거하며, 중간의 두어 층은 세 드는 사람들에게 빌려 줌으로써 집세의 일부를 충당하려고 노력한다. 그는 가족을 자신의 직업으로 부양할 생각이지 세입자에게 기대할 생각은 없다. 이에 비해 파리와 에든버러에서는, 방을 세놓는 사람들은 그것 외에 다른 생활 수단을 가지지 않는 것이 보통이고, 셋방의 가격은 그 집의 집세뿐만 아니라 가족의 모든 경비까지 조달하지 않으면 안 된다.

제2절 유럽의 정책에 의해 일어나는 불평등

앞에서 설명한 세 가지 필요조건 가운데 어느 하나가 없어도, 완전한 자유가 있는 곳에서조차 노동과 자산의 다양한 용도의 이익과 불이익 전체에 위와 같은 불평등을 불러일으킨다. 그러나 유럽의 정책은 사물을 완전히 자유에 맡기지 않음으로써 훨씬 큰 중요성을 갖는 다른 불평등을 불러일으킨다.

그것은 주로, 다음의 세 가지 방법으로 일어난다. 첫째로는 몇 가지 직업에서의 경쟁을 제한하여, 그렇게 하지 않으면 직업을 가지겠다는 생각을 가질지도 모를 경쟁자를 줄이는 것, 둘째로는 다른 직업에서의 경쟁을 자연히 그렇게 되는 것보다 증대시키는 것, 그리고 셋째로, 어떤 직업에서 다른 직업으로,

어떤 곳에서 다른 곳으로 노동과 자산의 자유로운 유통을 방해하는 것이다.

첫째로, 유럽의 정책은 몇 가지 직업에서의 경쟁을 제한하여, 그렇게 하지 않으면 그런 직업을 가지려 할지도 모르는 경쟁자를 줄여 버림으로써, 노동과 자산의 여러 가지 용도의 이익과 불이익의 모두에서 매우 중대한 불평등을 불러일으키고 있다.

동업조합의 배타적 특권은 이 목적을 위해서 그것이 이용하는 주된 수단이다.

동업조합의 배타적 특권은, 동업조합이 설립되어 있는 도시에서, 그 직업을 가질 자유를 가진 사람들에게만 경쟁을 제한한다. 그 도시에서 정규 자격을 가진 주인 밑에서 도제수업을 받았다는 것이, 보통 이 자유를 얻는 데 필요한 조건이다. 동업조합의 규약은 때로는 주인이 가질 수 있는 도제의 수를 규제하고, 또 거의 언제나 도제가 근무해야 하는 햇수를 규제한다. 양쪽의 이런 규제의 의도는, 그렇게 하지 않으면 이 직업을 가질 생각을 할지도 모르는 경쟁자들의 수를 훨씬 적게 제한하는 것이다. 도제 수의 제한은 경쟁을 직접적으로 제한한다. 긴 도제수업은 교육비용을 증대시킴으로써 더 간접적으로, 그러나 똑같이 효과적으로 경쟁을 억제한다.

셰필드에서는 동업조합의 규약에 따라 도검 기술자는 동시에 한 사람 이상의 도제를 두지 못한다. 노퍽과 노리치*¹³에서는 직조공 주인이 두 사람 이상의 도제를 둘 수 없으며, 이를 어기면 월 5파운드의 벌금을 국왕에게 바쳐야 한다. 모자 제조공 주인은 잉글랜드 식민지 어디에서나 두 사람 이상의 도제를 가질 수 없으며, 이를 어기면 월 5파운드의 벌금을 물게 되는데, 그 반은 국왕의 것이 되고, 반은 어느 등기재판소*¹⁴이든 거기에 그것을 고소한 사람이 받게 되어 있다. 이런 규제는 둘 다 왕국의 국법으로 확인된 것이지만, 분명히 세필드의 규약을 재정한 것과 같은 동업조합 정신에서 나온 것이다. 런던의 견

---

*13 노리치(Norwich)는 잉글랜드 동부의 노퍽(Norfolk) 주의 수도로, 직물업이 활발했다. 스미스가 여기서 '노퍽과 노리치'라고 나열한 것은, 동업조합이 수도와 그 밖에서는 다른 조직이 있었기 때문일 것이다.

*14 등기재판소(Court of Record)는 소송기록이 정식으로 보존되는 재판소이며, 주권자의 재판소로서 벌금과 투옥에 대한 권한을 가진다.

직물 업자는 동업조합을 만들고부터 거의 1년도 안 되어 어느 주인이든 한 번에 두 사람 이상의 도제를 두는 것을 제한하는 규약을 제정했다. 이 규약을 폐지하는 데는 의회의 특별법이 필요했다.

옛날에는 유럽 전체에 동업조합이 있는 직업의 대부분에서 7년이, 도제수업 기간으로 확립된 통상적인 연한이었던 것으로 생각된다. 그런 동업조합은 모두 옛날에는 유니버시티라고 불렀는데, 유니버시티는 실은 모든 동업조합의 본디의 라틴어 명칭이다. 대장장이 유니버시티, 재단사 유니버시티라고 하는 표현을 우리는 옛날 도시의 오래된 특허장 속에서 흔히 볼 수 있다. 오늘날 특별히 유니버시티라고 부르는 특정한 동업조합이 처음으로 설립되었을 때 '마스터 오브 아츠' 학위를 취득하는 데 필요한 수업 연한은, 그보다 훨씬 옛날부터 동업조합이 있었던 일반 직업의 도제수업 연한을 모방한 것이 확실한 것 같다.

누구든지 일반 직업에서 자기 스스로 주인이 되어 도제를 두는 자격을 얻기 위해서는, 정당한 자격이 있는 주인 밑에서 7년 동안 수업하는 것이 필요했던 것처럼, 자유학예*15에서 선생·교수, 또는 박사(이들은 옛날에는 같은 뜻의 말이었다)가 되어, 자기 밑에서 공부하는 학생 또는 문하생(이들도 마찬가지로 전에는 같은 뜻의 말이었다)을 두기 위해서는, 정당한 자격이 있는 스승 밑에서 7년 동안 연구하는 것이 필요했다.

일반 도제조례라고 불리는 엘리자베스 5년의 법령에 의해, 그 무렵 잉글랜드에서 시행되고 있었던 어떤 직업과 기능과 수예도, 그때부터는 누구든지 그전에 적어도 7년 동안 도제수업을 받은 뒤가 아니면 하지 못하도록 규정되었다. 그리하여 그때까지는 다수의 개별 동업조합의 규약이었던 것이, 잉글랜드에서는 시장 도시에서 영위되는 모든 직업에 대한 전국적인 일반법이 되었다. 왜냐하면 이 조례의 용어는 매우 보편적이며 명백하게 왕국 전체를 포함하는 것으로 생각되지만, 해석상 시장 도시로 한정되어, 시골 마을에서는 주민의 편의를 위해 온갖 종류의 다양한 직업이 필요한데 사람들의 수는 각각의 직업에 일정한 수의 일손을 공급하는 데 충분하지 않으므로, 각각의 직업에서 7년 동안의 도제수업을 마치지 않더라도 혼자서 몇 가지 다른 직업을 영위해도 괜찮

---

*15 자유학예란 고대 로마에서 자유인에게만 학습하는 것을 허락한 문법·논리학·수사학·산술·기하·음악·천문의 7과목.

은 것으로 생각되어 왔기 때문이다.

또, 용어의 엄밀한 해석에 의해 이 조례의 적용은, 엘리자베스 5년 이전에 잉글랜드에서 확립되어 있었던 직업에만 한정되고, 그 뒤에 도입된 직업에는 결코 적용되지 않았다. 이 한정은, 행정규칙으로서는 상상할 수 있는 한 가장 어리석은 것으로 보이는 몇 가지 차별을 낳았다. 이를테면, 사륜마차 제조공은 자신이 만드는 마차 바퀴를 자기 손으로 만드는 것도, 직공을 고용하여 만드는 것도 허용되지 않았고, 오직 수레 목수한테서 사야 한다는 판결이 내려졌다. 그 까닭은 후자의 직업이 잉글랜드에서는 엘리자베스 5년 이전부터 있었기 때문이다. 그런데 수레 목수는 사륜마차 제조공 밑에서 도제수업을 한 적이 없다 하더라도 직접 사륜마차를 만들 수도 있고, 직공을 고용하여 만들 수도 있다. 그것은 사륜마차 제조공이라는 직업이 이 법률이 제정될 때 잉글랜드에 없었기 때문이다. 맨체스터*16·버밍엄·울버햄프턴*17의 제조업은 대부분, 이런 이유에서 법률의 범위 안에 들지 않는다. 엘리자베스 5년 이전에는 잉글랜드에 그런 직업들이 없었던 것이다.

프랑스에서는 도제수업의 기간이 도시와 직업에 따라 다르다. 파리에서는 5년이 대다수의 경우에 요구되는 기간이다. 그러나 그 중의 많은 직업에서는 누구든 스스로 그 직업의 주인이 될 자격을 가지려면, 다시 5년을 고용노동자로 근무하지 않으면 안 된다. 이 후자의 기간 동안 그는 그 주인의 동료라고 불리고, 그 기간 자체는 그의 동료시대라고 불린다.

스코틀랜드에는 도제수업의 연한을 보편적으로 규제한 일반적인 법률은 없다. 그 기간은 조합에 따라 다르다. 그것이 긴 직업은 매우 적은 납부금을 지불하여 그 일부를 면제받는 것이 보통이다. 또 대부분의 도시에서는, 아주 적은 납부금만 내면 어떤 동업조합의 특권도 살 수 있다. 이 나라의 주요 제조품인 아마 및 대마(大麻)*18의 직조공은 그들에게 도움이 되는 다른 모든 기능공들, 즉 물레 제조공, 실패 제조공 등과 함께 어느 자치도시에서나 아무런 납부금도 없이 그들의 직업을 영위할 수 있다. 모든 자치도시에서 모든 사람은 1주일

---

*16 맨체스터(Manchester)는 산업혁명기에 면공업의 중심지가 된다.
*17 울버햄프턴(Wolverhampton)은 버밍엄에 가까운 금속공업 도시.
*18 대마(hemp)는 두꺼운 직물이나 밧줄의 원료.

에 법률로 허가된 날에는 언제든지 자유롭게 식육을 팔 수 있다. 스코틀랜드에서는 매우 정교한 직업에서도 3년이 일반적인 도제수업 기간이다. 그리고 일반적으로 유럽에서 동업조합법이 스코틀랜드처럼 비억압적인 나라를 나는 본 적이 없다.

누구든 자기 자신의 노동 속에 가지고 있는 재산은, 다른 모든 재산의 근원적인 기초인 동시에, 가장 신성하고 불가침적인 재산이다. 가난한 사람의 상속재산은 그의 두 손의 힘과 솜씨에 있으며, 그가 이 힘과 솜씨를 이웃을 침해하는 일 없이 자기가 알맞다고 생각되는 방법으로 사용하는 것을 방해하는 것은, 가장 신성한 이 재산의 명백한 유린이다. 그것은 노동자와 노동자를 고용할 마음이 있을지도 모르는 사람의 정당한 자유에 대한 명백한 침범이다. 그것은 전자가 스스로 알맞다고 생각하는 일을 하는 것을 방해하는 것과 마찬가지로 후자가 스스로 알맞다고 생각하는 사람을 고용하는 것을 방해한다. 그가 고용하기에 알맞은가 어떤가 하는 판단은 분명히, 거기에 매우 큰 이해관계가 있는 고용주들에게 맡겨도 되는 일이다. 그들이 알맞지 않은 사람을 고용하지 않도록 한다는, 입법자의 그럴 듯한 걱정은 분명히 억압적인 동시에 주제넘은 참견이다.

오랜 도제수업 제도는, 부실한 제품이 빈번히 공공연하게 판매되지 않으리라는 보장을 할 수 없다. 따라서, 그런 일이 있는 경우, 그것은 일반적으로 사기에 의한 결과이지 무능의 결과는 아니다. 그리고 도제수업이 아무리 길어도 사기에 대한 보장이 될 수는 없다. 이 피해를 막으려면 완전히 다른 규제가 필요하다. 금·은 식기의 공인된 순도 각인이나, 마직물과 모직물의 검인 같은 것은 어떤 도제조례보다 구매자에게 훨씬 큰 보장이 된다. 구매자는 일반적으로 그런 것에 주목하지, 그 노동자가 7년의 도제수업을 마쳤는지 어떤지에 대해서는 물어볼 가치가 있다고는 결코 생각하지 않기 때문이다.

오랜 도제수업 제도는 젊은 사람들을 부지런하게 육성하는 경향을 갖지 않는다. 생산량으로 보수를 받는 고용노동자는 부지런해지기 마련이며, 그것은 부지런하게 일한 만큼 자신에게 이익이 돌아오기 때문이다. 도제는 게을러지기 쉽고, 사실 거의 언제나 게으른데, 그 이유는 그가 게으르지 않다 해도 직접적으로 아무런 이득이 없기 때문이다. 저급한 일에서는 노동의 즐거움은 전적으로 그 보수에 있다. 그 즐거움을 가장 빨리 누릴 수 있는 상태에 있는 사람들은, 가장 빨리 거기에 대한 취미를 붙여 부지런한 습관을 일찍부터 기르기 쉽다. 젊은 사람은 오랫동안 노동에서 아무런 이익도 얻지 못할 때는 자연히 노동에 대한 혐오를 느낀다. 공공 자선단체에서 도제로 보내는 소년들은, 일반적으로 통상의 햇수보다 오래 의무에 구속된다. 그리고 그들은 일반적으로 매우 게으르고 쓸모없는 사람이 되어 버린다.

고대인들은 도제수업이라는 것을 전혀 모르고 있었다. 주인과 도제 상호간의 의무는 근대의 어느 법전에서도 꽤 중요한 조항이 되어 있다. 그러나 로마법은 이에 대해 아무런 언급도 없다. 우리가 오늘날 도제라는 말에 부여하는 관념, 즉 어떤 특정한 직업에서 주인이 그 직업을 가르친다는 조건으로, 일정한 기간 동안 주인을 위해 일해야 하는 하인이라는 관념을 표현하는 그리스어나 라틴어를 나는 알지 못한다(그런 말은 없다고 감히 주장해도 무방하리라고 나는 믿는다).

오랜 도제수업은 도무지 필요 없는 일이다. 탁상시계나 회중시계의 제조 같은, 일반 직업보다 훨씬 고급한 기술도, 오랜 교육과정을 필요로 하는 비전(祕傳)을 아무것도 갖고 있지 않다. 물론 그런 훌륭한 기계의 첫 발명은, 또 그것을 만드는 데 사용된 도구의 발명도, 의심할 것 없이 깊은 사고와 오랜 시간의 성과인 것은 틀림없고, 그런 것을 인간의 독창성의 가장 훌륭한 노력의 하나로 간주하는 것은 당연한 일이다. 그러나 그 두 가지가 완전히 발명되어 충분히 이해되었을 때는, 어떤 청년에게 그런 도구의 사용법과 그런 기계의 구조를 가장 완전한 방법으로 설명하는 데 몇 주일 이상 걸리는 일은 아마 거의 없을 것이다. 어쩌면 며칠의 교육으로 충분할 것이다. 일반적인 기능직이라면 틀림없이 며칠의 교습이면 충분할 것이다. 물론 숙련된 기량은 일반 직업에서도 많은 실습과 경험이 없으면 터득하기가 어렵다.

그러나 청년이 만일 처음부터 고용노동자로 일한다면, 즉 그가 할 수 있는 적은 작업에 비례해서 보수를 받고, 그 대신 그가 서투른 솜씨와 무경험 때문에 이따금 재료를 손상시키는 것에 대해서는 스스로 변상하도록 한다면, 그는 훨씬 부지런히, 그리고 주의 깊게 일할 것이다. 이렇게 하면 그의 교육은 일반적으로 더욱 효과적이고, 지루하지 않으며, 비용은 적게 든다. 사실 주인은 손해를 볼 것이다. 그는 지금까지 7년 동안 꼬박 지출하지 않았던 도제의 임금을, 그리하면 모두 지불해야 한다. 그러나 결국 손해를 보는 것은 아마 도제 자신일 것이다. 이렇게 쉽게 습득할 수 있는 직업인만큼 경쟁자가 지금보다 많아질 것이고, 그가 완전한 노동자가 되었을 때의 임금은 지금보다 훨씬 적어질 것이다. 이와 같은 경쟁의 증가는 노동자의 임금뿐만 아니라 주인들의 이윤도 감소시키게 된다. 그런 사업·기능·비법은 모두 손해를 보는 반면, 모든 수공업 제품이 이리하여 훨씬 쉽게 싼 값으로 시장에 나오므로 사회는 덕을 보게 된다.

모든 동업조합과 대부분의 동업조합법이 만들어진 것은, 자유경쟁을 제한함으로써 자유경쟁이 가장 확실하게 가져다 주는 가격 저하, 또 거기에 따른 임금과 이윤의 감소를 방지하기 위한 것이다. 동업조합을 설립하기 위해서는, 옛날에는 유럽의 많은 지방에서 그것이 설립되는 자치도시의 인가 외에는 어떤 인가도 필요하지 않았다. 다만, 잉글랜드에서는 그와 더불어 국왕의 특허장이 필요했다. 그러나 이 왕의 대권(大權)은 그와 같은 억압적인 독점에서 일반인의 자유를 지키기 위해서가 아니라 백성들로부터 돈을 짜내기 위해서 유보되어 있었던 것으로 생각된다. 국왕에게 상납금을 내면 특허장은 대개 금방 교부되었던 것 같다. 그리고 어떤 특정한 종류의 기능공이나 상인이 특허장 없이 동업조합으로서 활동하고자 할 때가 있는데, 그런 이른바 불법 길드는 반드시 그 때문에 특권을 빼앗긴 것은 아니며, 그들이 가로챈 특권을 행사하는 대신 국왕에게 해마다 상납금을 내야 하는 의무가 있었다.[19] 모든 동업조합을 직접 감독하고, 동업조합이 자기들의 자치를 위해 제정하는 것이 좋겠다고 생각하는 규약을 직접 감독하는 것은, 동업조합이 소재하는 자치도시의 권한에 속했다. 그리고 동업조합에 대해 행사되는 통제권은, 국왕이 아니라 그들의 하위 조합을 단순한 부분 또는 성원으로 두는 더 큰 동업조합에 있는 것이 보통이었다.

자치도시의 통치는, 완전히 상인과 기능공의 수중에 있었다. 그리고 시장(市場)이, 그들 자신의 특정한 산업에서, 그들이 늘 말하는 공급과잉이 되지 않도록 하는 것이, 그들의 어떤 특정한 사람들에게도 명백한 이익이었다. 그것은

＊19 Madox, Firma Burgi, p. 26, &c. 참조(이 주는 제2판에서 추가). 매독스(Thomas Madox, 1666~1727)는 법제사가(法制史家)로, *Firma burgi, or an historical essay concerning the cities towns and boroughs of England*, London, 1726(ASL 1083)은 자치체의 연구.

실제로는 시장을 언제나 부족한 상태로 해 두는 일이다. 각 계급의 사람들은 이 목적에 알맞은 규제를 두는 데 열을 올렸고, 만일 그것이 허락된다면, 다른 모든 계급의 사람들이 같은 일을 해도 기꺼이 동의했다. 그러한 규제의 결과, 각 계급은 자신들이 필요로 하는 상품을 그 도시 안의 다른 계급의 사람들한 테서, 그렇지 않은 경우에 살 수 있었을지도 모르는 값보다 약간 비싸게 사지 않을 수 없었다. 그러나 그것을 벌충하기 위해 그들은 자기들의 상품을 그만 큼 비싸게 팔 수 있었다. 따라서 그런 한에 있어서는 그들이 말하는 대로 결국 은 마찬가지였던 것이다. 그리고 그 도시 안의 다양한 계급 상호간의 거래에서 는, 이 규제 때문에 손해를 보는 계급은 아무도 없었다. 그러나 농촌과 거래할 때는 그들은 모두 큰 이득을 보았고, 모든 도시를 유지하고 부유하게 만드는 상업은 모두 이 농촌과의 거래였다.

모든 도시는 모든 생활 자료와 그 산업의 모든 원료를 농촌에서 구한다. 이 에 비해 도시는 주로 두 가지 방법으로 대가를 지불한다. 첫째로는 그 원료의 일부를 완성된 제품으로 농촌에 되돌려 주는 것이다. 이 경우 원료의 값은 노 동자의 임금 및 그들의 주인 또는 직접적인 고용주의 이윤만큼 증가한다. 둘째 로는 다른 나라로부터, 또는 같은 나라의 먼 지방에서 그 도시로 반입된 원생 산물(原生産物)과 제조품의 일부를 농촌에 보내는 것이다. 그 경우에도 그런 재화의 원가는 운반인 또는 선원의 임금과 그들을 고용하는 상인의 이윤만 큼 증가한다. 그런 두 가지 부문의 상업 가운데 전자에 의한 이득에는 도시가 그 제조업을 통해 얻는 이익이 있고, 후자에 의한 이득에는 도시의 국내 상업 과 외국무역의 이익이 있다. 노동자들의 임금과 그들의 고용주들의 이윤이, 이 두 부문을 통해 벌 수 있는 모든 이득이다. 따라서 그런 임금과 이윤을, 그것 이 없는 경우보다 증가시키는 경향을 가진 규약은, 모두 도시가 더 적은 노동 으로 더 많은 농촌노동의 생산물을 구매할 수 있게 하는 경향이 있다. 그러한 규약은 도시 상인과 기능공을 농촌의 지주·농업 경영자·노동자보다 유리하게 만들어, 규약이 없는 경우에 도시와 농촌 사이에서 이루어지는 상업에서 생기 는 자연적인 평등을 파괴해 버린다. 그 사회의 노동이 해마다 생산하는 모든 재화는 그런 두 가지의 다른 부류의 사람들 사이에 해마다 분배된다. 이 규약 에 의해 그것이 없을 경우에 도시 주민에게 돌아갈 것보다 큰 몫이 그들에게 주어지고, 농촌 주민에게는 더 작은 몫이 돌아간다.

도시가 해마다 수입하는 식료품과 원료에 대해 실제로 지불하는 값은, 거기서 해마다 반출되는 제조품과 다른 재화의 양이다. 후자가 비싸게 팔릴수록 전자는 그만큼 싸게 살 수 있다. 도시의 산업은 훨씬 유리해지고, 농촌의 산업은 훨씬 불리해진다.

유럽 어디서나, 도시에서 영위되는 산업이 농촌에서 영위되는 산업보다 유리하다는 데 대해서는 굳이 정밀하게 계산해 볼 필요도 없이, 하나의 매우 간단명료한 관찰로 납득할 수 있다. 유럽의 어느 나라에서나, 본디 도시에 속하는 산업인 상업과 제조업으로 작은 재산에서 출발하여 큰 재산을 이룬 사람들과, 토지의 개량과 경작으로 원생산물을 만드는 본디 농촌에 속하는 산업으로 작은 재산에서 시작하여 큰 재산을 이룬 사람들을 비교하면, 전자는 적어도 1백 명은 되는 데 비해, 후자는 한 사람 정도인 것을 알 수 있다. 따라서 전자의 상황에서는 후자의 상황에서보다 산업이 더 좋은 대가를 받고 있는 것은 틀림없고, 노동임금과 자산이윤도 분명히 클 것이다. 그러나 자산과 노동은 자연히 가장 유리한 용도를 추구한다. 그러므로 자연히 그것은 되도록 도시에 모여들고 농촌을 버린다. 한 도시의 주민은 한 곳에 모여 있으므로 쉽게 단결할 수 있다. 따라서 도시에서 영위되는 가장 하찮은 직업조차 어딘가에서 동업조합을 만들어 왔고, 결코 동업조합을 만든 적이 없는 곳에서도 동업조합 정신, 즉 외래자에 대한 경계, 도제를 갖거나 직업의 비밀을 전하는 데 대한 기피가 일반적으로 그들 사이에 번져 있어서, 규약으로 금지할 수 없는 자유경쟁을 임의의 결합과 협정으로 저지하도록 때때로 그들에게 가르치고 있다.

소수의 일손밖에 고용하지 않는 직업은 그런 결합을 가장 쉽게 맺을 수 있다. 천 명의 방적공과 직조공을 취업시키기 위해서는 아마도 6명의 소모공(梳毛工)이 필요할 것이다. 그들은 단결하여 도제를 갖지 않음으로써 그 직업을 독점할 수 있을 뿐만 아니라, 그 제조업 전체를 자신들의 일종의 노예로 만들어, 자신들의 노동가격을 그 일의 성격에 알맞은 수준보다 훨씬 높게 끌어올릴 수도 있다.

먼 곳에 흩어져 있는 농촌 주민들은 쉽게 단결할 수가 없다. 그들은 한 번도 동업조합을 만든 적이 없을 뿐만 아니라 그들 사이에 동업조합 정신이 퍼진 적도 없다. 농촌의 대산업인 농업에 대한 자격을 주기 위해 도제수업이 필요하다고 생각한 적은 한 번도 없었다. 그러나 예술이나 지적인 직업으로 불리는 것 외에, 이만큼 다양한 지식과 경험이 필요한 직업은 아마 없을 것이다. 그것에 대해 모든 언어로 씌어진 무수한 책은, 가장 현명하고 가장 학식 있는 국민들조차 농업을 매우 쉽게 이해할 수 있는 일로 생각한 적이 없다는 것을 우리에게 납득시켜 준다. 그리고 일반노동자조차 공통으로 가지고 있는, 농업의 다양하고 복잡한 작업에 대한 지식을 그런 책에서 수집하려고 해 보아야 헛일이다. 그런 책 가운데 매우 한심한 저자들은 농업 경영자에 대해 이따금 매우 모멸조로 말하는 것을 좋아한다. 이에 비해 일반 기계공의 직업에서는 어떤 것이든, 불과 몇 페이지의 팸플릿으로 모든 작업을 그림과 함께 가장 완전하고 가장 명확하게 설명할 수 있다. 프랑스 과학아카데미에서 현재 간행하고 있는 《기술사(技術史)》[20]에서는 몇 가지 작업이 실제로 이런 방법으로 설명되어 있다. 더욱이 날씨가 변할 때마다, 또 우발적인 사건이 일어날 때마다 변화하지 않을 수 없는 작업을 지휘할 때는, 항상 같거나 거의 같은 작업을 지휘할 때보다 훨씬 많은 판단력과 재량을 필요로 한다.

농경 작업의 일반적인 지휘라고 하는 농업 경영자의 기술뿐만 아니라, 그보다 저급인 대부분의 농촌노동 부문도 기계공의 직업의 대부분보다 훨씬 많은 기술과 경험을 필요로 한다. 놋쇠와 철을 가공하는 사람이 사용하는 용구와 가공하는 재료는, 그 성질이 항상 똑같거나 거의 똑같다. 그러나 한 쌍의 말 또는 황소로 땅을 가는 사람은 경우에 따라서 건강이나 힘이나 상태가 매우 다른 연장으로 일을 한다. 그가 가공하는 재료의 상태도 그가 사용하여 일하는 연장의 상태와 마찬가지로 변하기 쉬워, 둘 다 많은 판단력과 재량으로 조작할 필요가 있다. 보통 쟁기질하는 농부는 일반적으로 우둔함과 무지의 전형으로 여겨지지만, 판단력과 재량이 없는 예는 좀처럼 없다. 그가 도시에 사는 기계공보다 사교에 익숙하지 않은 것은 사실이다. 그의 목소리나 말씨는 너무 빨라서 익숙하지 않은 사람들에게는 얼른 알아듣기가 힘들다. 그러나 그의 이해력은 늘 더욱 다양한 사물을 고려하는 데 익숙하기 때문에, 아침부터 저녁까지 늘 한두 가지 매우 단순한 작업을 수행하는 데 온 주의력을 기울이고 있는 기계공보다 일반적으로 훨씬 뛰어나다.

농촌의 비교적 낮은 계층 사람들이 도시의 그런 사람들보다 실제로 얼마나

---

*20 *Descriptions des arts et métiers faites ou approuvées par messieurs de l'Académie Royale des Sciences*, 1761~1788.

뛰어난지는 거래상, 또는 호기심으로 양쪽과 자주 이야기를 할 기회가 있는 사람이라면 누구나 잘 알고 있는 일이다. 따라서, 중국과 인도에서는 농촌노동자의 신분과 임금이 기능공이나 제조공보다 높다고 한다. 동업조합법과 동업조합 정신이 방해하지 않는다면 아마 어디서나 그럴 것이다.

유럽의 어디서나 도시의 산업이 농촌의 산업에 대해 갖는 우월성은, 반드시 동업조합과 동업조합법에 의한 것은 아니다. 그것은 다른 많은 규제에 의해 지탱되고 있다. 외국의 제조품과 외국 상인이 수입하는 모든 재화에 대한 높은 관세는 모두 같은 목적에 도움이 되고 있다. 동업조합법 덕택에 도시의 주민들은 자국인의 자유경쟁에 의해 싸게 팔릴 걱정 없이, 자신들의 가격을 끌어올릴 수 있다. 앞에서 말한 다른 여러 규제도 마찬가지로 외국인의 자유경쟁으로부터 그들을 보호해 준다. 이 양자에 의해 일어나는 가격 상승은, 어디서나 최종적으로는 농촌의 지주·농업 경영자·노동자에 의해 지불되며, 그들은 그런 독점의 확립에 거의 반대한 적이 없다. 그들은 일반적으로 단결할 의향도, 적성(適性)도 없이, 상인이나 제조업자의 고함소리나 궤변에 의해, 그 사회의 일부, 그것도 종속적인 일부 사람들의 사적인 이익을 전체의 일반적인 이익으로 쉽게 믿어 버린다.

그레이트브리튼에서는 도시 산업의 농촌 산업에 대한 우위는 현재보다 과거가 더 컸던 것 같다. 농촌노동의 임금은 제조업 노동임금에, 그리고 농업에 사용되는 자산이윤은 상업 및 제조업의 자산이윤에, 전세기 또는 금세기 초에 그랬던 것으로 알려진 것보다 훨씬 더 가까워져 있다. 이 변화는 도시의 산업에 주어진 비정상적인 장려의, 매우 늦지만 필연적인 귀결로 볼 수 있다. 여러 도시에 축적된 자산은 시간의 흐름에 따라 커져서, 이제 도시에 특유한 산업에서는 옛날 같은 이윤을 올릴 수 없게 되었다. 그 산업은 다른 모든 것과 마찬가지로 한계가 있으며, 자산의 증대는 경쟁을 증가시킴으로써 필연적으로 이윤을 감소시킨다.

도시에서의 이윤 저하는 자산을 농촌으로 밀어 내고, 농촌에서는 농촌노동에 대한 새로운 수요가 만들어지며, 그것은 또 필연적으로 농촌노동의 임금을 끌어올린다. 그리하여 그것은 말하자면 지표(地表)로 퍼져 나가 농업에 사용됨으로써, 본디는 농촌의 희생으로 도시에 대폭으로 축적되어 있었던 것이 부분적으로 농촌에 환원되는 것이다. 유럽의 곳곳에서 농촌의 가장 큰 개량은 본디 도시에 축적된 자산이 그와 같이 넘쳐났기 때문이었다는 것을, 나는 나중에 밝힐 예정이다. 그리고 동시에 다음과 같은 것도 증명할 생각이다. 즉, 몇몇 나라들은 이런 경과를 거쳐 상당한 정도의 부에 이르렀지만, 그 경과 자체는 필연적으로 완만하고 불확실하며 무수한 사건의 방해로 중단되기 쉬우며, 모든 점에서 자연과 이성의 질서에 어긋난다는 점이다. 나는 그것을 불러일으킨 이해관계와 편견, 법률·습관을 이 연구의 제3편과 제4편에서 되도록 상세하고 명확하게 제시해 볼 것이다.

동종업자(同種業者)들은 오락이나 기분 전환을 위해서조차 모이는 일이 드물지만, 그때의 대화도 사회에 대한 음모, 즉 값을 인상하기 위한 일종의 계략에 시종일관한다. 그런 모임을 저지하는 것은, 실시가 가능한 법률에 의해서든 자유와 정의에 합치하는 법률에 의해서든 불가능한 일이다. 그러나 법률은, 동종업자들이 이따금 집회를 가지는 것을 방해할 수는 없다 해도, 그러한 집회를 조장하거나 하물며 필요하다고 인정해서는 안 된다.

어떤 개별 도시의 동종업자 전원에게 그들의 이름과 주소를 공공등기부에 등록하는 것을 의무화하는 규제는 그런 집회를 조장한다. 그런 규제는 그것이 없었으면 결코 서로 알지 못했을지도 모르는 개인들을 이어주고, 모든 동종업자에게 다른 동종업자의 소재를 알 수 있는 단서를 제공한다.

동종업자들이 자신들 가운데 빈민·병자·과부·고아를 부양하기 위해, 자기 자신들에게 자금을 부담시킬 수 있도록 하는 규제는, 그들에게 처리해야 할 공통의 관심사를 제공함으로써 그런 집회를 필요한 것으로 만든다.

동업조합 조직은 그것을 필요한 것으로 만들 뿐 아니라, 다수자의 결의를 전체에 대해 구속력을 가지게 한다. 자유로운 직업에서는 그 개개의 업자가 만장일치로 동의해야만 효과적인 단결을 확립할 수 있고, 또 그 단결도 한 사람 한 사람의 업자가 모두 같은 의사를 가지고 있는 동안만 존속할 수 있다. 동업조합의 다수파는 독자적인 벌칙이 따르는 규약을 제정할 수 있고, 그 규약은 어떤 임의의 단체보다 유효하고 아울러 지속적으로 경쟁을 제한할 것이다.

동업조합은 그 직업을 더욱 잘 관리하기 위해 필요하다는 주장에는 아무런 근거가 없다. 노동자에게 실질적이고 효과적으로 규율을 부여하는 것은, 그의 동업조합이 아니라 그의 고객이다. 그가 사기(詐欺)를 억제하고 그의 태만을 교정하는 것은 일자리를 잃지나 않을까 하는 두려움이다. 배타적인 동업조합은 필연적으로 이 규율을 약화시킨다. 그 경우, 어떤 특정 집단의 노동자는 그 행동 여하에 상관없이 고용하지 않을 수 없다. 많은 큰 자치도시*²¹에서 가장 필요한 몇몇 직업에서도 쓸 만한 노동자가 눈에 띄지 않는 것은 이 때문이다. 만일 일을 제대로 시키고 싶다면, 노동자가 배타적인 특권을 가지지 않고 오직 자신들의 평판에만 의존하는 교외에서 일하게 한 다음, 그것을 될 수 있는 대로 은밀하게 도시로 가져오는 수밖에 없다.*²²

이렇게 하여, 유럽의 정책은 몇몇 직업에서의 경쟁을, 그렇게 하지 않으면 그런 직업에 끼어들 생각을 할지도 모르는 사람들보다 적은 수로 제한함으로써 노동과 자산의 온갖 용도의 이익과 불이익 모두에 매우 중대한 불평등을 불러일으키고 있다.

둘째로, 유럽의 정책은 몇몇 직업에서의 경쟁을 자연히 그렇게 되는 것보다 증가시킴으로써, 노동과 자산의 온갖 용도에 대한 이익과 불이익 전체에 대해 위와는 정반대의 또 하나의 불평등을 자아내고 있다.

적절한 수의 젊은이들을 일정한 직업을 위해 교육하는 것은 매우 중요하다고 생각했기 때문에, 때로는 공적으로, 때로는 개인적인 기부를 통해, 많은 보조금과 장학금, 장려금, 급여 등이 이런 목적으로 마련되었고, 이것이 그런 직업에 더 많은 사람들을 끌어들이게 되었다. 내가 알기로는, 모든 그리스도교 국가의 교회에서 일하는 사람들에 대한 대부분의 교육이 이런 방법으로 영위되고 있다. 그들 가운데 완전히 자비로 교육을 받는 사람은 극소수에 불과하다. 따라서 그런 사람들이 받는 따분하고 비용이 드는 장기 교육은, 그들에게 반드시 합당한 보상을 가져다 주지 않는다. 그런 교육이 자격을 부여해 주는 것보다 훨씬 적은 보상으로 만족하는 사람들이, 일자리를 얻기 위해 교회로 모여들기 때문인데, 그렇게 하여 빈민의 경쟁이 부자의 보수를 빼앗아 가는 것이다. 목사보(牧師補) 또는 교회 목사를 일반 직업의 고용노동자와 비교하는 것은 분명히 온당치 못한 일일 것이다. 그러나 목사보나 교회 목사의 급여를 고용노동자의 임금과 같은 성질의 것으로 생각하는 것은 매우 적절할지도 모

---

*21 자치도시(corporated town)의 도시정부는 주요 동업조합의 대표자들로 구성되어 있다.
*22 유럽의 오래된 도시에서는 입시세(入市稅)를 받았다. 스미스 시대의 글래스고에서도 마찬가지였다.

른다. 그들 삼자 모두 각각의 상사(上司)와 맺는 계약에 따라서 그들이 하는 일에 대해 지불을 받는다.

몇몇 전국종교회의의 포고가 규제하고 있는 바에 의하면, 14세기 중반이 지날 때까지 잉글랜드에서는 현재 우리의 화폐로 10파운드와 거의 같은 은이 들어 있는 5마크가 잉글랜드의 목사보 또는 유급 교구 사제의 일반 급여였다. 같은 시기에 현재 우리의 화폐로 1실링과 같은 양의 은이 들어 있는 4펜스가 석공 우두머리의 하루 급여로 선언되었고, 현재 우리의 화폐로 9펜스와 맞먹는 3펜스가 고용석공의 하루 급여로 선언되었다.*23 따라서, 이 두 종류의 노동자 임금은 그들이 줄곧 고용되어 있었다고 가정하면, 목사보의 그것보다 훨씬 높았다. 석공 우두머리의 임금은 가령 1년의 3분의 1은 일이 없었다 하더라도, 충분히 목사보의 그것과 같았을 것이다. 앤 여왕 12년(1713)의 법령 제12호는 '목사보에 대한 충분한 생활비와 장려가 부족했기 때문에, 여러 곳에서 목사보가 부족하기에 이르렀다. 그러므로 주교는 인장을 찍은 친필 문서로, 1년에 20파운드가 넘고 50파운드는 넘지 않는 충분한 일정 봉급 또는 수당을 지급할 수 있는 권한이 주어진다'고 선포했다.

1년에 40파운드는 지금도 목사보에게는 매우 좋은 급료로 여겨지고 있으며, 이 의회법에도 불구하고 1년에 20파운드 이하인 목사보들이 많다. 런던에는 고용제화공(製靴工)으로 1년에 40파운드를 버는 사람이 있고, 또 그 수도에서는 어떤 종류이든 부지런한 직공이라면 1년 20파운드 이상 벌지 않는 사람은 거의 한 사람도 없다. 분명히 이 20파운드라는 액수는, 대부분의 농촌 교구에서 때때로 일반노동자가 버는 액수를 넘지 않는다. 법률이 노동자의 임금을 규제하려고 하는 것은, 언제나 임금을 올리기보다는 내리기 위한 것이었다. 그러나 법률은 대부분의 경우 목사보의 임금을 올리려고 시도해 왔고, 또 교회의 위신 때문에 교구 목사에게 목사보가 자신들로서는 기꺼운 마음으로 받았을지도 모르는 비참한 생활비 이상의 것을 지급하는 것을 의무화하려고 시도했다. 그리고 두 경우에 모두 법률은 똑같이 효과가 없었던 것으로 여겨지며, 의도한 수준으로 목사보의 임금을 올린 적도 없고, 노동자의 임금을 내린 적도 없다. 왜냐하면 법률은 한쪽이 가난한 형편과 경쟁자가 많은 것 때문에 법정 수

---

*23 에드워드 3세 25년의 노동자법 참조(이 주는 제2판의 추가).

당보다 적더라도 기꺼이 받는 것을 저지할 수가 없었고, 또 후자가 그들을 고용하는 데서 이윤이나 쾌락을 얻을 것을 기대하는 사람들의, 그것과는 반대되는 경쟁 때문에 법정 금액보다 많이 받는 것을 막을 수 없었기 때문이다.

교회의 하급 성직자는 비참한 처지에 놓여 있음에도 불구하고 교회의 명예가 유지되고 있는 것은, 성직자의 높은 급여와 그 밖에 성직의 위신 때문이다. 이 직업에 대한 존경심 또한 그들에게도 금전상의 비참한 보수에 대한 약간의 보상이 되고 있다. 잉글랜드*²⁴ 및 모든 로마 가톨릭 국가에서, 교회라는 복권은 실제로는 필요 이상으로 훨씬 유리하다. 스코틀랜드나 제네바의 교회 및 다른 몇몇 프로테스탄트 교회의 실례는, 이토록 쉽게 교육을 받을 수 있고 이토록 명예로운 직업에서는, 훨씬 약소한 성직급여에 대한 기대조차, 충분한 수의 학식이 있고 고상하며 존경받을 만한 사람들을 성직으로 끌어들인다는 것을 우리에게 납득시켜 줄 것이다. 법률이나 의술처럼 성직급여가 없는 직업에서도, 만일 교회의 경우와 같은 비율의 사람들이 공공비용으로 교육을 받는다면, 경쟁이 매우 치열해져서 그들의 금전상의 보수를 크게 끌어내릴 것이다. 그렇게 되면, 자기 아들을 자기 비용으로 그런 직업 중의 어느 것을 위해 교육시킨다는 것은 누구에게나 가치가 없어질 것이다. 그 직업은 그와 같이 공공자선사업에 의해 교육받은 사람들에게 완전히 맡겨질 것이고, 그들은 많은 수와 궁핍 때문에 일반적으로 매우 비참한 보수에 만족하지 않을 수 없게 되어, 법률과 의술이라는 현재 존경받고 있는 직업도 완전히 지위가 낮아지게 될 것이다.

일반적으로 문인이라고 불리는 주머니가 가난한 사람들은, 법률가나 의사가 아마 앞에서 말한 가정 아래 놓여질 것으로 생각되는 것과 거의 같은 상황에 있다. 유럽의 어느 지방에서나, 그들의 대부분은 교회에 들어가기 위해 교육을 받았지만, 갖가지 이유로 성직에 들어가는 것을 저지당했다. 따라서 그들은 일반적으로 공공비용으로 교육받고, 그 수가 어디에나 매우 많아서, 그들의 노동가격을 매우 적은 보수로까지 끌어내리는 것이 보통이다.

인쇄술이 발명되기 전에는 문인이 자신의 재능으로 할 수 있는 유일한 일은,

---

*24 영국 국교회는 헨리 8세가 로마 교황과 절연했기 때문에 프로테스탄트라고 칭하고 있지만 실질적으로는 가톨릭에 가깝고, 스코틀랜드 교회는 제네바에서의 칼뱅의 종교개혁을 녹스(John Knox, 1502~1572)한테서 계승한 프로테스탄트 교회였다.

공적 또는 사적*25 교사의 일, 즉 그가 스스로 획득한 신기하고 유용한 지식을 다른 사람들에게 전달하는 일이었다. 그리고 이것은 지금도 출판을 하기 위해 글을 쓰는, 인쇄술이 낳은 다른 일보다, 확실히 더 명예롭고 유용할 뿐만 아니라 일반적으로 가장 유리하기까지 하다. 여러 학문의 뛰어난 교사 자격을 얻는 데 필요한 시간과 연구·재능·지식·노력은 법률이나 의술의 가장 뛰어난 실무가가 되는 데 필요한 것과 적어도 맞먹는다. 그러나 뛰어난 교사의 통상적인 보수는, 법률가나 의사의 그것과는 비교도 할 수 없는 것이다. 그 까닭은, 교사라는 직업에는 공공비용으로 그것을 위해 육성된 가난한 사람들이 몰려 있는 데 비해, 다른 두 직업에서는 자비로 교육받지 않은 사람들의 비율이 매우 작기 때문이다. 그러나 공공의 교사의 통상적인 보수가 적어 보일지 모르지만, 만일 빵을 위해서 글을 쓰는 더욱 가난한 문인들의 경쟁이 시장에서 제거되지 않는 한, 의심할 것도 없이 지금보다 더욱 낮아질 것이다. 인쇄술이 발명되기 전에는, 학생과 거지는 거의 동의어였던 것으로 생각된다. 그전의 대학 총장들은 자신들의 학생들에게 구걸 면허장을 내주는 일이 때때로 있었던 것 같다.

가난한 사람들이 학식 있는 직업을 갖도록 교육하기 위한 이런 종류의 자선사업이 아무것도 확립되지 않았던 고대에는, 뛰어난 교사의 보수는 지금보다 훨씬 컸던 것 같다. 이소크라테스*26는 소피스트에 대한 그의 반론으로 불리는 책 속에서 그 시대의 교사들의 모순을 비난했다. "그들은 학생들에게 가장 훌륭한 약속을 하고, 현명하고 행복하고 올바르도록 교육하는 일을 맡는데, 그토록 중요한 일을 하는 대가로 그들은 4, 5미나밖에 안 되는 보잘 것 없는 보수를 원한다." 그는 계속 말한다. "지혜를 가르치는 자는 확실히 자기 자신도 현명하지 않으면 안 되지만, 만일 이런 약속을 이러한 값으로 파는 자가 있다면, 그 사람은 가장 명백하게 어리석은 짓을 저질렀다는 판정을 받을 것이다. 그가 여기서 보수를 과장하려는 것이 아니라는 것은 확실하고, 또 그 보수는 그가 말한 것보다 적지는 않았다고 우리는 믿어도 될 것이다. 4미나는 13파운드 6실링 8펜스와 같고, 5미나는 16파운드 13실링 4펜스와 같았다. 따라서,

---

*25 '또는 사적'은 제2판의 추가.
*26 이소크라테스(Isokrates, BC 436~338)는 플라톤과 거의 동시대의 아테네 철학자. 법정 변론과 청년교육이 직업이었던 것에서 소피스트의 경쟁자가 되었다.

이 둘 가운데 가장 큰 것보다 적지 않은 금액이, 그 시대에 아테네에서 가장 뛰어난 교사들에게 통상적으로 지불되고 있었던 것이 틀림없다.

이소크라테스 자신은 학생 한 사람 앞에 10미나, 즉 33파운드 6실링 8펜스를 요구했다. 그가 아테네에서 가르쳤을 때는 100명의 학생들이 있었다고 한다. 이것은 그가 한 번에 가르친 학생 수, 즉 우리가 말하는 한 코스의 강의를 청강한 수라고 나는 이해한다. 이 숫자는 그와 같은 대도시에서 그와 같이 유명한 교사를, 더욱이 여러 학문 중에서 당시에 가장 인기가 있었던 학문인 수사학*27을 가르쳤다는 것을 생각하면, 결코 이상하게 생각할 것도 아니다. 따라서, 그는 한 코스의 강의마다 1천 미나 즉 3천333파운드 6실링 8펜스를 벌었을 것이 틀림없다. 그래서 플루타르코스도 다른 곳에서 1천 미나가 이소크라테스의 수업료, 즉 통상적인 강의료였다고 말했다.*28

그 시대의 다른 많은 뛰어난 교사들은 큰 재산을 이룬 것으로 추정된다. 고르기아스*29는 델포이 신전에 그 자신의 순금상을 헌납했다. 우리는 그것이 등신대(等身大)였을 거라고 상상해서는 안 된다고 나는 생각한다. 그의 삶의 방식은 그 시대의 다른 두 사람의 뛰어난 교사, 즉 히피아스*30와 프로타고라스*31의 삶의 방식과 더불어 화려하다고 할 수 있을 정도로 훌륭했다고 플라톤은 말했다. 플라톤 자신도 매우 호화로운 생활을 했다고 한다.

아리스토텔레스는 알렉산드로스의 가정교사로서, 일반적으로 인정받고 있는 것처럼 알렉산드로스와 그의 아버지 필리포스, 두 사람으로부터 매우 후한 보수를 받았는데, 그러면서도 그 뒤 자기 학교의 수업을 재개하기 위해 아테네로 돌아가는 것을, 그만한 가치가 있는 일로 생각했다. 아마 그 시대에는 학문의 교사들은 1, 2대(代) 뒤에 비해 아직은 일반적이 아니었고, 1, 2대 뒤가 되

---

*27 수사학의 인기는 두 가지 이유에 의한 것이었다. 하나는 정치·법률·상업의 영역에서 커뮤니케이션의 중요성이 커진 것, 또 하나는 지식·교양이 신분과 출신에 관계없이, 교육을 통해 취득할 수 있다고 생각하기 시작한 것이다. 변론과 수사는 처세 수단이 되었다.

*28 플루타르코스(Plutarchos, 46?~120?)는 그리스 철학자이자 전기 작가. 이소크라테스의 수업료가 한 사람 10미나였던 것은 《대비열전(對比列傳)》데모스테네스의 항목에 있다(《플루타르코스 영웅전》(10) 126페이지).

*29 고르기아스(Gorgias, BC 484~375)는 시칠리아 출신의 변론술 교사로, 소피스트.

*30 히피아스(Hippias, BC 560?~490)는 그리스 철학자로, 소피스트.

*31 프로타고라스(Protagoras, BC 485?~414?)는 최초의 소피스트로, 교육의 가능성과 중요성을 주장하고 변론술을 가르쳤다.

자, 아마 경쟁 때문에 교사의 노동가격과 인물에 대한 칭송이 어느 정도 떨어진 것 같다. 그래도 그들 가운데 가장 뛰어난 사람들은 언제나 현대의 같은 직업을 가진 누구보다 훨씬 더한 존경을 받았던 것으로 생각된다. 아테네 사람들은 로마에 중대한 사절을 보낼 때, 아카데미 학파의 카르네아데스*[32]와 스토아 학파의 디오게네스*[33]를 파견했다. 그들의 도시 아테네는 그 전의 융성에 비하면 쇠퇴해 있었으나 여전히 독립된 훌륭한 공화국이었다. 카르네아데스도 태생은 바빌로니아이고, 또 아테네인처럼 외국인을 공직에 앉히는 데 대해 경계심을 가지고 있었던 국민은 없었으므로, 그에 대한 아테네인의 존경심은 매우 컸던 것이 틀림없다.

이 차이는 전체로 보아 아마도 사회에 해롭다기보다 오히려 이로울 것이다. 그것은, 공공 교사라는 직업의 품격을 조금 떨어뜨릴지는 모른다. 그러나 학예교육이 싸게 먹힌다는 것은 이 조그마한 불편을 상쇄하고도 남는 이익임에는 틀림없다. 만일 교육이 시행되고 있는 초등 및 고등교육제도*[34]가 유럽의 대부분의 지역에서 현재 볼 수 있는 것보다 더욱 합리적인 것이었더라면, 사회도 더 큰 이익을 얻을 수 있었을 것이다.

셋째로, 유럽의 정책은 한 직업에서 다른 직업으로, 한 곳에서 다른 곳으로 노동과 자산이 자유롭게 이동하는 것을 방해함으로써, 어떤 경우에 그 여러 가지 사용에 대한 이익과 불이익의 모두에 매우 불합리한 불평등을 불러일으키고 있다.

도제조례는, 같은 곳에서조차 노동이 한 직업에서 다른 직업으로 자유롭게 이동하는 것을 방해한다. 동업조합의 배타적인 특권은 같은 직업 안에서조차 노동이 한 곳에서 다른 곳으로 자유롭게 이동하는 것을 방해한다.

어떤 제조업에서는 노동자에게 높은 임금이 지불되고 있는데, 다른 제조업

---

*[32] 카르네아데스(Karneades, BC 214?~129?)는 키레나이카(북아프리카) 출신의 회의주의 철학자. 아테네의 아카데미 주재자였지만, 이 시기의 아카데미는 플라톤과 직접적인 관계가 없다. 본문에서 카르네아데스를 바빌로니아 출신이라고 한 것은 잘못이다.

*[33] 디오게네스(Diogenes, BC 240?~152)는 제논의 뒤를 이은 스토아학파 철학자. 바빌로니아 출신으로, 바빌로니아의 디오게네스라고도 한다.

*[34] 이런 학교들도 그리스도교 내부의 교육기관으로서 성립했다. '더욱 합리적인 것이었더라면'이라고 한 스미스의 비판은 그것을 두고 한 말이었으리라.

의 노동자는 빠듯한 생활비로 만족하지 않을 수 없는 일이 흔히 있다. 전자는 상승 상태에 있어서 새로운 일손에 대한 끊임없는 수요가 있지만, 후자는 하강 상태에 있어서 일손의 과잉이 갈수록 심해지고 있다. 이 두 가지 제조업은, 때로는 같은 도시 안에, 때로는 서로 이웃한 곳에 있어서 서로 최소한의 도움도 제공할 수가 없다. 전자의 경우에는 도제조례가 그것을 막을 것이고 후자의 경우는 도제조례와 배타적인 동업조합 양쪽이 막을 것이다. 그러나 대부분의 제조업에서는 작업이 매우 비슷하기 때문에, 만일 그와 같은 불합리한 법률이 방해하지 않는다면 노동자들이 쉽게 서로 직업을 바꿀 수 있을 것이다. 이를테면 평직의 마직물과 평직의 견직물의 직조 방법은 거의 똑같다. 평직의 모직물 직조 방법은 조금 다르지만 그 차이가 매우 적으므로, 마직물 또는 견직물의 직조공은 불과 며칠 만에 상당히 솜씨 있는 노동자가 될 수 있다. 따라서, 이 세 가지 중요한 제조업 가운데 어느 것이 쇠퇴하고 있다면, 노동자들은 더 번영하고 있는 다른 두 가지 제조업 중의 하나로 활로를 뚫을 수 있을 것이다. 그러면, 그들의 임금이 번영하고 있는 제조업에서 너무 높아지는 일도, 쇠퇴하고 있는 제조업에서 너무 낮아지는 일도 없게 된다.

잉글랜드에서는 확실히 마직물 제조업은 특별조례에 의해 모든 사람에게 개방되어 있기는 하지만, 이 제조업은 잉글랜드의 대부분의 지방에서 그다지 발달되어 있지는 않기 때문에, 쇠퇴하고 있는 다른 제조업의 노동자들에게 일반적인 활로를 제공할 수 없다. 그래서 그들은 도제조례가 시행되고 있는 곳에서는 어디서나 교구의 보호를 받거나, 일반노동자로 일하는 길밖에 선택의 여지가 없다. 그런데 일반노동자로서, 그들은 그 습성 때문에 그들 자신의 제조업과 비슷한 어떤 제조업에 대해서보다 훨씬 더 부적합하다. 그래서 그들은 대체로 교구의 보호를 받는 쪽을 선택한다.

노동이 한 직업에서 다른 직업으로 자유로이 이동하는 것을 방해하는 것은 모두, 자산의 자유로운 이동도 마찬가지로 방해한다. 어떤 사업 부문에서 사용되는 자산의 양은, 거기서 사용되는 노동의 양에 크게 의존하기 때문이다. 그렇지만 동업조합법이, 자산이 한 곳에서 다른 곳으로 자유롭게 이동하는 것을 방해하는 정도는, 노동의 경우보다 적다. 부유한 상인이 자치시에서 장사할 수 있는 특권을 획득하는 것은, 가난한 기능공이 그곳에서 일할 수 있는 특권을 얻는 것보다 훨씬 쉽다.

동업조합법이 노동의 자유로운 이동을 방해하는 것은, 내가 믿기로는 유럽의 모든 지방에 공통적이다. 빈민구제법이 노동의 자유로운 이동에 가하고 있는 방해는, 내가 아는 한 잉글랜드 특유의 것이다. 그것은 가난한 사람이 자신이 속한 교구가 아닌 다른 교구에서는 정주권(定住權 : 일정한 곳에 거주할 수 있는 권리)을 얻기 어렵다는 것, 또는 심지어 일을 하는 것조차 어렵다는 뜻이다. 자유로운 이동이 동업조합법에 의해 방해받는 것은, 기능공과 제조공*35의 노동뿐이다. 정주권을 얻기가 어려운 것은 일반노동의 이동까지 방해한다. 잉글랜드의 행정에서 아마 가장 큰 혼란일 이런 현상의 발생·추이·현황에 대해 몇 가지 설명을 하는 것도 가치가 있는 일일 것이다.

수도원의 파괴에 의해 빈민들이 그러한 종교적 시설로부터 받던 자선을 빼앗겨 버리자, 그들을 구제하기 위해 몇몇 효과 없는 시도가 있은 뒤, 엘리자베스 43년(1601)의 법령 제2호에 의해, 각 교구는 교구 안의 빈민을 부양할 의무가 있으며, 빈민 감독관이 해마다 임명되어 교구위원들과 함께 이 목적에 충분한 금액을 교구세로 조달해야 한다는 규정이 마련되었다.

이 법령에 의해 모든 교구에 자기 교구 안의 빈민들을 부양하는 의무가 불가피하게 부여되었다. 그러자 누구를 각 교구의 빈민으로 여겨야 하는가 하는 것이 꽤 중요한 문제로 대두되었다. 이 문제는 약간의 변천을 겪은 뒤, 찰스 2세 13~14년의 법률에서 다음과 같이 규정함으로써 최종적으로 결정되었다. 즉, 누구든 40일 동안 평화롭게 거주하면 어느 교구에서든 정주권을 취득할 수 있다는 것, 그러나 그 기간 안에 두 명의 치안판사가, 교구위원 또는 빈민 감독관의 항의에 의해 새 주민을 그전에 그가 합법적으로 정주했던 교구로 옮기게 해도 적법하다는 것, 단 그 새 주민이 1년에 10파운드의 셋집을 빌리거나, 현재의 교구에 부담을 가하지 않는다는 것에 대해, 이 두 명의 판사가 충분하다고 판단할 만한 담보를 제공할 수 있는 경우는 예외로 한다는 것 등이다.

이 법령의 결과, 일종의 부정 행위가 있었다고 한다. 교구관리들이 이따금 자기 교구의 빈민들을 매수하여, 몰래 다른 교구로 보내 40일 동안 숨어 있게 함으로써 그곳의 정주권을 취득하게 하여, 자기 교구의 부담을 덜었던 것이다.

---

*35 제조공(manufacturers)이라는 것은 제조업 노동자를 의미한다.

그리하여 제임스 2세 1년(1685)의 법률에 의해, 누구든 정주권을 얻는 데 필요한 40일의 평화로운 거주는, 그가 거주하기 위해 찾아온 교구의 교구위원이나 감독관에게 주소와 가족 수를 서면으로 신고한 날부터 기산(起算 : 셈을 시작함)해야 한다고 규정되었다.

그러나 교구관리들은 자기 교구에 대해서는 다른 교구에 요구하는 것처럼 반드시 성실했던 것 같지는 않으며, 이따금 신고를 받고도 그에 따르는 적절한 조치를 하지 않고, 그런 침입을 묵인한 듯하다. 그래서 교구 주민들은 누구나 그런 침입자가 자신들의 짐이 되는 것을 되도록 막는 데 관심을 가지고 있다고 보고, 윌리엄 3세 3년(1691)의 법률에 의해 40일의 거주는 그와 같은 서면 신고가 일요일, 예배 직후에 교회에 공시(公示)되었을 때부터 기산하는 것으로 규정되었다.

번 박사는 이렇게 말했다. "결국은 서면에 의한 신고의 공시 후 40일 동안의 계속에 의한 이런 종류의 정주권이 취득되는 것은 매우 드물다. 또 이 법률의 의도는, 몰래 교구에 들어온 사람에게 정주권을 주는 것보다 그것을 회피하는 데 있다. 왜냐하면 신고를 하는 것은, 퇴거시킬 권한을 교구에 부여하는 것이나 다름없기 때문이다. 그러나 어떤 사람이 실제로 퇴거시킬 수 있는 상황인지 어떤지 의심스러울 때는, 그 사람은 신고를 함으로써 교구에 대해, 40일 동안의 계속거주를 허락하고 싸우지 않고 정주권을 주거나, 그 사람을 퇴거시켜서 권리를 확인하는 선택을 강요하게 될 것이다."[*36]

따라서 이 조례는 빈민이 40일 동안의 거주라는 지금까지의 방법으로 새로운 정주권을 취득하는 것을 거의 불가능하게 만들었다. 그러나 이 법률은 어떤 교구의 일반 사람들이 다른 교구에 안전하게 정착하는 것을 완전히 배제하는 것은 아닌 것으로 보이게 하기 위해, 아무런 신고나 공시 없이도 정주권을 취득할 수 있는 다른 네 가지 방법을 지정했다. 첫째로는 교구세를 부과받아서 그것을 지불하는 경우, 둘째로는 임기 1년의 교구관리직에 선출되어 1년

---

*36 스미스는 여기서도, 이 뒤에서도, 번을 인용하면서 출전을 표시하지 않았다. 40일간의 거주에 대해서는 번의 《치안판사》에 본문과 같은 설명이 있지만, 인용문에 해당하는 것은 찾을 수 없다(Richard Burn, *The justice of the peace & parish officer*, 3 vols., London, 1755, 10th edition, 4 vols., 1766(ASL 256), vol. 3, pp. 412~414). 스미스가 가지고 있었던 것은 4권본이며(분실), 이 책은 제9판까지는 2권 또는 3권이었다.

동안 그 일을 맡는 경우, 셋째로는 그 교구 안에서 도제수업을 하는 경우, 넷째로는 1년 동안 그 교구 안에서 고용되어, 전 기간 동안 계속해서 근무하는 경우 등이다.

앞의 두 가지 방법 가운데 하나로, 정주권을 취득하려면 교구민 전체의 공적 승인을 받지 않으면 안 되는데, 그들은 자신을 부양하기 위해 자신의 노동밖에 가진 것이 없는 신참자를 받아들이고, 그에게 교구세를 부과하거나 그를 교구관리직으로 선출하는 것이 어떤 결과를 가져올지 충분히 알고 있다.

결혼한 남자는 나머지 두 가지 방법에 의해 정주권을 취득하는 것은 도저히 불가능하다. 우선 기혼인 도제는 거의 없고, 결혼한 하인은 1년 동안 고용되어도 정주권을 획득할 수 없다고 명문으로 규정되어 있다. 고용에 의한 정주권 도입의 주요한 효과는, 1년 동안의 고용이라는 오래된 풍습을 널리 유통시킨 것이었다. 잉글랜드에서는 이것은 전부터의 관습이었기 때문에, 오늘날에도 법률은, 특정한 기간이 협정되어 있지 않으면 모든 하인들은 1년 동안 고용되는 것으로 여기고 있을 정도이다.

그러나 주인들은 반드시 이런 방법으로 하인을 고용함으로써 그들에게 정주권을 주는 것을 원하지 않고, 하인들도 반드시 그런 방법으로 고용되는 것을 원하지 않는다. 정주권이 바뀔 때마다 종전의 정주권은 모두 무효가 되고, 따라서 하인들은 자신의 부모와 친척들이 살고 있는 출생지에서의 정주권을 잃어버리기 때문이다.

독립된 노동자는 노동자이든 기능공이든, 도제수업 또는 고용을 통해 새로운 정주권을 취득할 수 있는 전망이 없는 것은 명백하다. 그러므로 그런 사람이 새로운 교구에 일하러 갈 경우에는, 아무리 건강하고 부지런해도 교구위원 또는 감독관 마음대로 퇴거 명령을 받기 쉬웠다. 다만 그가 1년에 10파운드의 셋집을 빌리거나, 교구에 부담을 주지 않을 거라는 것에 대해 두 명의 치안판사가 충분하다고 판단할 수 있는 보증을 제공할 수 있는 경우는 예외이지만, 연 10파운드의 셋집을 빌리는 것은 자신의 노동으로밖에 살아갈 수 없는 사람에게는 불가능한 일이다. 치안판사가 어떤 보증을 원하는지는 완전히 그들의 재량에 달려 있지만, 그들이 30파운드 이하를 요구할 리는 없다. 30파운드 이하의 가치를 가진 자유 보유지(自由保有地)의 구매로는 교구의 부담을 해제하는 데 충분하지 않으므로, 누구에게도 정주권을 주어서는 안 된다고 법으로 규정되어 있기 때문이다. 그러나 이것은 노동으로 생활하는 사람은 거의 누구도 제공할 수 없는 보증이다. 그런데도 이보다 훨씬 큰 담보가 요구되는 일도 자주 있다.

이런 여러 가지 법령이 거의 전면적으로 빼앗아 버린 노동의 자유로운 이동을 조금이라도 회복하기 위해 착안한 것이 증명서의 발명이었다. 윌리엄 3세 8년(1696) 및 9년(1697)의 법률에 의해, 누구든지 그때까지 거주하고 있던 교구의 교구위원과 빈민감독관이 서명하고 두 명의 치안판사가 허가한 증명서를 지참한다면, 다른 모든 교구는 그를 받아들일 의무가 있고, 그가 실제로 교구에 부담을 주는 경우 외에, 단순히 부담이 될 것 같다는 이유만으로 퇴거를 명령해서는 안 되며, 또 실제로 부담을 주었을 경우에는 증명서를 내준 교구는 그의 부양과 퇴거 양쪽의 비용을 지불해야 한다는 것 등이 제정되었다. 그리고 그런 증명서를 가진 자가 거주하기 위해 들어오는 교구에 가장 완벽한 보증을 하기 위해, 이 법률은 다시 다음과 같이 규정했다. 그는 1년에 10파운드의 셋집을 빌리거나, 아니면 만 1년 동안 자비로 임기 1년의 교구위원으로서 근무하는 방법 외에는, 즉 신고·고용·도제수업·교구세 지불 그 어느 것에 의해서도 정주권을 취득할 수 없다고 한 것이다. 앤 여왕 12년(1712)의 법령 제18호에 의해, 그런 증명서를 가진 사람의 하인과 도제도 그 증명서로 그가 거주하는 교구에서는 정주권을 취득할 수 없다고 제정되었다.

이 제도가, 선행하는 여러 법령에 의해 거의 완전하게 빼앗기고 있었던 노동의 자유로운 이동을 얼마나 회복시켰는지는, 번 박사의 다음과 같은 매우 현명한 견해를 통해서 알 수 있을 것이다. "어떤 장소에 와서 정주하고자 하는 사람들에게 증명서를 요구하는 데는 분명히 여러 가지 그럴듯한 이유가 있다. 즉, 증명서에 의해서 거주하는 사람들은 도제수업에 의해서도, 고용되어도, 신고를 해도, 교구세를 지불해도 정주권을 획득할 수가 없다. 또 그들은 자기들의 도제와 하인에게도 정주권을 취득하게 해 줄 수 없다. 만일 그들이 교구의 부담이 될 때는 그들의 퇴거지는 확실하게 알려져 있고, 교구는 퇴거 비용과 당분간의 부양비를 지불받는다. 만일 그들이 병들어서 퇴거할 수 없을 때는, 그들에게 증명서를 준 교구가 그들을 부양해야 한다. 이런 모든 것은 증명서가 없이는 할 수 없는 일이다. 이런 이유는 또, 교구가 통상의 경우에 증명서를 주지 않는 이유도 될 것이다. 왜냐하면 증명서를 받은 자가 다시 이전보다 더 나쁜 상태로 교구로 돌아올 가능성이, 그렇지 않은 경우보다 훨씬 높기 때문이다."[37]

이 견해의 교훈은, 증명서는 가난한 사람이 와서 거주하는 교구에 의해 언제나 요구되는 것이며, 가난한 자가 퇴거하려고 하는 교구에 의해서는 좀처럼 주어지는 일이 없을 거라는 뜻인 것 같다. 이 매우 현명한 저자는 그의 《구빈법(救貧法)의 역사》에서 다음과 같이 말했다.

"이 증명서 문제에는 약간의 어려움이 있다. 즉 불행하게도 이미 정주권이라고 하는 것을 받아버린 곳에서 계속 사는 것이 아무리 불편해도, 또 다른 곳에서 생활함으로써 어떤 이익을 노리든, 그를 말하자면 종신 투옥하는 권한을 한 교구관리에게 줌으로써 생기는 것이다."[38]

증명서는 선행(善行)을 증명하는 것이 아니라, 그 사람이 실제로 소속되어 있는 교구에 소속한다는 것만 증명하는 것이지만, 그것을 교부할지 거절할지는 완전히 교구관리의 판단에 달려 있다. 번 박사의 말에 의하면, 교구위원과 감독관에게 증명서에 서명하도록 강제하는 재판소 명령서가 제의된 적이 있지만, 고등재판소는 이 제의를 이례적인 시도라며 각하해 버렸다.

잉글랜드의 서로 그다지 멀리 떨어져 있지 않은 지방 사이에서도 노동가격이 매우 다른 것을 흔히 볼 수 있는데, 그것은 아마 가난한 사람이 증명서 없이 그의 근로를 한 교구에서 다른 교구로 옮기려 하는 것을 정주법이 막고 있기 때문인 것 같다. 건강하고 부지런한 독신자라면, 확실히 증명서가 없어도 거주가 묵인되는 수가 있지만, 아내와 가족을 거느린 남자가 그렇게 하려고 하면 대부분의 교구에서는 퇴거당할 것은 확실하고, 또 그 독신자가 나중에 결혼하면 그도 또한 퇴거당하는 것이 통례일 것이다.

그러므로 한 교구에서의 일손 부족이, 스코틀랜드에서는 언제나 그렇듯이, 다른 교구에서의 일손 과잉으로 해소되는 것은 아니다. 또 내가 믿는 바로는 정주권에 대한 어려움이 없는 다른 모든 나라에서도 그런 것처럼, 그런 나라들에서는 대도시의 인근이나, 그밖에 노동에 대한 이례적인 수요가 있는 곳이

---

[37] 캐년도 글래스고 판도 R. Burn, *The justice of the peace & parish officer*, 1764, vol.2, p. 274를 전거로 하지만, 해당 문장은 없다.

[38] 글래스고 판은 R. Burn, *The history of the poor laws*, London, 1764, pp. 235∼236을 들어, '인용은 원문 그대로는 아니다'라고 했다.

라면 어디든, 임금이 조금 올라가고, 또 그런 곳에서 멀어짐에 따라 차츰 내려가서 마침내 그 나라의 일반적인 비율로 되돌아가는 일이 있다 해도, 잉글랜드에서 이따금 볼 수 있는, 인근 각지 사이에서의 갑작스럽고 설명할 수 없는 임금의 격차는 결코 볼 수 없다. 그곳에서는 가난한 사람이 교구라는 인위적인 경계를 통과하는 것은, 바다의 후미나 높은 산봉우리처럼, 다른 나라들에서 임금액을 매우 뚜렷하게 구분하는 일이 있는 자연적인 경계를 넘는 것보다 어려울 때가 흔히 있다.

경범죄를 저지른 적이 없는 사람을, 그가 거주하고 싶어하는 교구에서 퇴거시키는 것은, 자연적인 자유와 정의의 명백한 침해이다. 그러나 잉글랜드의 일반 서민들은 자신들의 자유를 지키는 데 열심이지만, 대부분의 다른 나라의 서민들과 마찬가지로 그것이 무엇인지 정확하게 이해하지 못한 채, 벌써 1세기가 넘도록 아무런 대책도 없이 그 억압에 몸을 맡기고 있다.

사려 깊은 사람들은 때로는 정주법을 사회적인 불만의 원인이라고 비난해 왔지만, 의심할 여지없이 악습이라 해도, 일반적인 억압을 불러일으킬 것처럼 생각되지는 않는 일반 체포영장*[39]만큼 일반 민중의 비난의 대상이 된 적은 없었다. 나는 감히 말하지만, 잉글랜드의 마흔 살 먹은 가난뱅이 가운데, 생애의 어느 시기에 이 고약한 악법인 정주법에 의해 가혹하게 억압받았다고 느끼지 않은 사람은 거의 한 사람도 없을 것이다.

나는 이 긴 장(章)을 다음과 같은 말로써 끝맺을까 한다. 옛날에는 거의 왕국 전체에 걸친 일반법에 의해, 나중에는 각 주의 치안판사의 개별 명령에 의해 임금을 정하는 것이 보통이었지만, 지금은 그 양쪽 관행이 모두 완전히 사라지고 말았다. 번 박사는 이렇게 말했다.

"400년 이상의 경험으로 보아, 그 자체의 성질상 자질구레하게 제한할 수 없는 사항에 엄격한 규제를 두고자 하는 모든 노력은, 이제 그만두어야 할 시기인 것 같다. 왜냐하면, 같은 종류의 일에 종사하는 모든 사람들이 똑같은 금액의 임금을 받도록 하면, 경쟁은 사라질 것이고, 부지런함과 창의를 위한 여지

---

*39 일반체포영장(General Warrant)은 무기명 체포장으로도 번역된다. 이름을 특정하지 않고 아무나 체포할 수 있는 영장으로, 스미스 시대에는 윌크스 사건(John Wilkes 의 국왕 비판)에 적용되어 논쟁을 불러일으켰다.

도 사라질 것이기 때문이다."*40

그러나 지금도 개별 의회법으로 특정한 직업과 특정한 지방에서의 임금을 규제하려고 시도하는 일이 있다. 그리하여 조지 3세 8년(1768)의 법령은, 일반적인 국상(國喪)의 경우를 제외하고, 런던 및 그 주변 5마일의 모든 재단사의 주인이 노동자에게 하루 2실링 7펜스 반 이상을 주거나, 노동자가 그것을 받는 것을 무거운 형벌로 금지하고 있다. 입법부가 주인들과 그 노동자들 사이의 불화를 규제하려고 시도할 때 그 상담 상대가 되는 것은 언제나 주인들이다.

그러므로 그 규제가 노동자들에게 이로울 때는 언제나 공정하고 정당하지만, 주인에게 유리할 때는 그렇지 않을 때가 흔히 있다. 그리하여 몇몇 다른 직업에서, 주인이 노동자에게 물품이 아니라 화폐로 지불하는 것을 의무화한 법률은 참으로 정당하고 공정하다. 그것은 주인에게 아무런 실질적인 어려움도 주지 않는다. 그것은 주인이 물품으로 지불하는 척하면서 실제로는 반드시 물품으로 지불하지 않았던 가치를 화폐로 지불할 것을 의무화할 뿐이다.

이 법률은 노동자에게 유리하지만, 조지 3세 8년(1768)의 법령은 주인에게 유리하다. 주인들이 노동자의 임금을 끌어내리기 위해 단결할 때는, 그들은 보통 벌칙에 의해 일정액 이상의 임금을 주지 않도록 하는 은밀한 맹약 또는 협정에 들어간다. 만일 노동자가 같은 종류이기는 하나 반대되는 협정을 만들고 일정한 벌칙을 마련하여, 일정액의 임금을 받아들이지 않기로 한다면, 법률은 노동자를 매우 엄격하게 처벌할 것이다. 만일 법률이 공정하게 다룬다면, 주인을 똑같이 다룰 것이다. 그런데 조지 3세 8년(1768)의 법령은, 주인이 이따금 그와 같은 단결을 통해 설정하려고 하는 규제 자체를 강제하는 것이다. 이 법령은 가장 유능하고 부지런한 노동자를 일반 노동자와 같은 입장에 둔다는 노동자들의 불만은 확실히 완전한 근거가 있는 것처럼 여겨진다.

옛날에는 또 식료품 및 그 밖의 재화의 가격을 정함으로써 상인과 그 밖에 취급업자의 이윤을 규제하려는 시도가 늘 있었다. 빵의 공정가격은 내가 아는 한 이 옛 관행의 유일한 잔재이다. 배타적인 동업조합이 있는 곳에서 제1차적인 생활필수품의 값을 규제하는 것은 아마 적절한 일일 것이다. 그러나 그것이

---

*40 R. Burn, *The history of the poor laws*, p. 130

없는 곳에서는 경쟁이 어떤 공정가격보다도 그것을 훨씬 더 잘 규제할 것이다. 조지 2세 31년(1757)의 법령으로 확정된 빵의 공정가격을 정하는 방법은, 그 법령의 결함 때문에 스코틀랜드에서는 실시되지 못했다.

법령의 실시는 시장서기의 직무였는데 스코틀랜드에는 그것이 존재하지 않았던 것이다. 이 결함은 조지 3세 3년(1763)의 법령 때까지 시정되지 않았다. 공정가격이 없다는 것은 특별히 두드러진 불편을 낳지 않았고, 법정가격이 아직 시행되지 않는 소수의 지방에 그것을 제정해도, 두드러진 이점을 낳지 않았다. 그러나 스코틀랜드의 대부분의 도시에는 엄격하게 지켜지고 있지는 않지만, 배타적인 특권을 주장하고 있는 빵집 동업조합이 있다.

노동과 자산의 다양한 용도에 있어서, 여러 가지 임금률 사이의 비율과 이윤율 사이의 비율은, 이미 말한 것처럼 그 사회의 빈부와 전진적·정체적·쇠퇴적 상태에 의해서는 그다지 영향을 받지 않는 것 같다. 공공복지의 그런 변동은 확실히 전반적인 임금률과 이윤율에 영향을 미치지만, 결국은 모든 직업을 통해 균등하게 영향을 줄 것이 틀림없다. 그러므로 그 사이의 비율은 여전히 같을 것이고, 또 적어도 상당한 기간은 그런 변동에도 바뀌지 않을 것이다.

제11장
땅값에 대하여

땅값은 토지의 사용에 대해 지불되는 값으로 당연히 차지인(借地人 : 땅을빌린사람)이 그 토지의 실제 상황에서 지불할 수 있는 최고의 값이다. 임대 조건을 조정할 때 지주는 생산물 가운데, 차지인이 씨앗을 준비하고 노동을 투여하고, 가축과 그 밖의 농경 용구를 구매하고 보유할 수 있는 자산을 유지하는 데 충분한 금액에, 인근의 농업용 자산의 통상이윤을 더한 금액보다 큰 몫이 차지인에게 돌아가지 않도록 하려고 애쓴다. 이것은 분명히 차지인이 손해를 보지 않고 만족할 수 있는 최소의 비율이며, 지주가 그 이상을 차지인에게 남기게 하는 일은 좀처럼 없다. 생산물 가운데, 또는 같은 말이지만 생산물값 가운데, 이 몫을 넘는 부분이 얼마가 되든, 지주는 당연히 그것을 자기 토지의 지대로서 자기 수중에 넣으려고 한다. 그것이 토지의 실제 상황하에서 차지인이 지불할 수 있는 최고액인 것은 분명하다. 확실히 때로는 지주의 후한 마음씨 때문에, 또 더 많게는 무지 때문에, 지주가 이 부분보다 약간 적게 받는 일도 있고, 또 때로는 훨씬 드물기는 하지만, 차지인이 무지 때문에 약간 많이 지불하려고 하는 것, 즉 인근의 농업용 자산의 통상 이윤보다 약간 적은 것으로 만족하려 하는 경우도 있다. 그러나 이 부분도 또한 자연지대(自然地代), 즉 그것만 받으면 대부분의 토지를 빌려줘도 된다고 당연하게 생각할 수 있는 지대로 여겨도 무방할 것이다.

땅값은 지주가 토지개량을 위해 투자한 자산에 대한 타당한 이윤 또는 이자에 지나지 않는 경우가 많다고 생각될지도 모른다. 확실히 이것은 어떤 경우에는 부분적으로 사실일 것이다. 왜냐하면 그것이 좀처럼 부분적 사실 이상의 것일 수는 없기 때문이다. 지주는 개량되지 않은 토지에 대해서도 지대를 요구한다. 그리고 개량비용에 대한 이자 또는 이윤으로 생각되고 있는 것은 일반적으로 이 고유의 지대에 대한 추가분이다. 더욱이 그런 개량은 반드시 지주의 자산으로만 이루어지는 것은 아니며, 이따금 차지인의 자산으로도 이루어지는 경우도 있다. 그런데도 차지계약을 갱신할 때 지주는 그런 개량이 모두 자기 자신의 자산으로 이루어진 것처럼 그것과 같은 지대의 증액을 요구하는 것이 보통이다.

그는 이따금, 인위적인 개량이 전혀 불가능한 것에 대해서도 지대를 요구한다. 켈프(kelp)는 일종의 해초인데, 그것을 태우면 유리·비누, 그 밖의 몇 가지 목적에 도움이 되는 알칼리성 소금을 얻을 수 있다. 그것은 그레이트브리튼의 몇몇 지방, 특히 스코틀랜드에서 매일 두 번씩 바닷물에 잠기는, 가장 높은 수위(水位) 아래의 바위에서만 자라며, 따라서 인간의 근로에 의해서는 결코 증식될 수 없는 산물이다. 그런데 이런 종류의 켈프 해안에 접한 소유지의 지주들은, 그것에 대해서도 자신의 곡물 밭과 같은 금액의 지대를 요구하는 것이다.

셰틀랜드 제도의 근해에는 평균 이상으로 어류가 풍부한데, 이것이 그 섬 주민들 생계의 큰 부분을 차지한다. 그런데 해산물로 이윤을 얻기 위해서 그들은 가까운 육지에 거주하지 않으면 안 된다. 지주의 지대는 농업 경영자가 토지에서 얻을 수 있는 것이 아니라, 토지와 바다 양쪽에서 얻을 수 있는 것에 비례한다. 지대는 부분적으로 바다 생선으로 지불된다. 그리하여 지대가 그 상품값의 일부를 이루는, 매우 적은 예의 하나를 그 지방에서 볼 수 있는 것이다.

따라서 토지의 사용에 대해 지불되는 값으로 여겨지는 지대는 당연히 독점 가격이다. 그것은 지주가 토지의 개량에 투입했을지도 모르는 것에도, 그가 취득할 수 있는 것에도 전혀 비례하지 않고, 농업 경영자가 지불할 수 있는 것에 비례한다.

토지 생산물 가운데 보통 시장에 나갈 수 있는 것은, 그 통상가격이 그것을 시장에 가져가는 데 사용되어야 하는 자산을 통상적인 이윤과 함께 회수하는 데 충분한 부분뿐이다. 만일 통상가격이 이보다 높으면, 그 잉여 부분은 당연히 지대가 될 것이다. 통상가격이 이보다 높지 않으면, 그 상품은 시장에는 나가겠지만 그것은 지주에게 지대를 제공할 수는 없다. 값이 그 이상인가 아닌가 하는 것은 수요에 의존한다.

토지 생산물 중에는 그것에 대한 수요가 언제나 반드시 그것을 시장에 가겨가는 데 충분한 값보다 높은 값이 형성될 수 있는 부분도 있고, 수요가 이런 높은 값을 형성하기도 하고, 또 그러하지 않은 부분도 있다. 전자는 지주에게 언제나 반드시 지대를 제공한다. 후자는 사정의 차이에 따라 어떤 때는 제공할 것이고, 어떤 때는 제공하지 않을 것이다.

그러므로 주의해야 할 것은, 지대가 임금 및 이윤과는 다른 방법으로 상품 값의 구성에 끼어든다는 점이다. 임금과 이윤의 높고 낮음은 값이 높고 낮음의 원인이고, 지대의 높고 낮음은 그 결과이다.

어떤 특정한 상품값이 높기도 하고 낮기도 한 것은, 그 상품을 시장에 반출하기 위해 지불해야 하는 임금과 이윤이 높기도 하고 낮기도 하기 때문이다. 그러나 그 상품값이 높기도 하고 낮기도 하기 때문에, 다시 말해 그런 임금과 이윤을 지불하는 데 충분한 금액보다 많이 높거나 조금밖에 높지 않기도 하고, 또는 전혀 높지 않을 때도 있기 때문에, 지대가 높거나 낮기도 하고, 때로는 전혀 없기도 하는 것이다.

이 장은 다음과 같은 개별적인 연구에 따라 3절로 이루어지게 된다. 첫째로는 토지 생산물 가운데 언제나 얼마간의 지대를 제공하는 부분에 대해서, 둘째로는 때로는 지대를 제공하고 때로는 지대를 제공하지 않는 부분에 대해서, 그리고 셋째로는 그런 두 종류의 원생산물(原生産物)을 서로 비교하거나, 제조품과 비교할 때, 개량 시기의 차이에 따라 자연히 생기는 이런 원생산물의 상대가치의 변동에 대해서이다.

제1절 항상 땅값을 제공하는 토지 생산물에 대하여

사람은 다른 모든 동물과 마찬가지로 생존 수단에 비례하여 자연히 증가하므로, 식품은 많든 적든 항상 요구된다. 식품은 많든 적든 어떤 양의 노동을 구매 또는 지배할 수 있으며, 그것을 손에 넣기 위해서는 기꺼이 무언가를 할 의사가 있는 사람은 언제라도 발견할 수 있다. 사실, 이따금 노동에 주어지는 높은 임금 때문에, 식품이 구매할 수 있는 노동의 양은 가장 경제적으로 조달했을 경우에 그것이 유지할 수 있는 노동의 양과 반드시 같다고 할 수는 없다. 그러나 그것은 그것이 유지할 수 있는 노동의 양을 그 인근 지방에서 보통 그런 종류의 노동이 유지되고 있는 비율에 따라 항상 구매할 수가 있다.

그런데 토지는 거의 어떤 위치에 있든, 식품을 시장에 가져가는 데 필요한 모든 노동을, 가장 후하게 유지하는 데 충분한 것보다 많은 양의 식품을 생산한다. 그 잉여도 언제나, 노동을 고용한 자산을 그 이윤과 더불어 회수하는 것보다 많다. 따라서 언제나 일부가 지대로서 남겨진다.

노르웨이와 스코틀랜드의 가장 거친 황무지에도 가축을 위한 어떤 종류의 목초는 자란다. 그 가축의 젖이나 어린 새끼는 언제나, 가축을 돌보는 데 필요한 모든 노동을 유지하고, 그 농업 경영자 즉 가축 떼의 소유자에게 통상의 이윤을 지불할 뿐 아니라, 그 지주에게 소액의 지대를 주고도 여전히 남을 정도이다. 이 지대는 목초의 품질에 비례해서 증대한다. 같은 면적의 토지가 더 많은 가축을 유지할 뿐 아니라, 가축을 더 작은 면적 안에 넣을 수 있으므로, 그것을 돌보고 생산물을 수집하는 데 필요한 노동도 적어진다. 지주는 생산물의 증가와 생산물로 유지되어야 하는 노동의 감소, 양쪽으로 이익을 얻는다.

지대는 그 토지 생산물이 무엇이든 그 비옥도에 따라 변할 뿐만 아니라, 비옥도가 어떻든 그 위치에 따라서도 변한다. 도시에 가까운 토지는 원격지의 농촌에 있는 똑같이 비옥한 땅보다 많은 지대를 가져다 준다. 전자를 경작하는 데 후자를 경작하는 것보다 많은 노동이 드는 것은 아니지만, 멀리 떨어진 땅의 생산물을 시장에 운반하려면 언제나 전자보다 많은 노동이 필요하다. 그러므로 전자보다 많은 양의 노동이 그 생산물로 유지되지 않으면 안 되며, 그리하여 농업 경영자의 이윤과 지주의 지대 양쪽에서 나올 수 있는 잉여는 감소하지 않을 수 없다. 그런데 원격지의 농촌에서는 이윤율이 이미 설명한 것처럼, 대도시 인근보다 일반적으로 높다. 따라서 이 감소한 잉여 가운데 지주에게 돌아가는 비율은 감소할 수밖에 없다.

좋은 도로·운하, 항행 가능한 하천은 수송비용을 감소시킴으로써 원격지의 농촌을 도시 인근과 거의 같은 수준으로 올려놓는다. 그런 이유로, 그것들은 모든 개량 가운데 가장 큰 것이다. 그것들은 항상 농촌의 가장 드넓은 지역인 원격지의 경작을 촉진한다. 그것은 도시에 가까운 농촌의 독점을 파괴하기 때문에 도시에 있어서 유리하다. 그것은 또 그 인근 농촌 지방으로 보아서도 유리하다. 그것은 기존 시장에 얼마간의 경쟁 상품을 가지고 오기는 하지만, 이 땅의 생산물에 많은 새로운 시장을 열기 때문이다. 뿐만 아니라 독점은 훌륭한 경영의 적(敵)이다. 훌륭한 경영은 자유롭고 보편적인 경쟁의 결과로서가 아니면 결코 보편적으로 이룩될 수 없으며, 그런 경쟁은 각자를 자기 방어를 위해 훌륭한 경영에 의지하게 한다. 런던 근교에 있는 몇몇 지방이 유료도로를 벽지의 여러 지방으로 확장하는 데 반대하는 청원을 의회에 제출한 지 아직 50년도 지나지 않았다. 그들의 주장은 그런 원격지의 지방은 노동력이 싸기 때문에 목초나 곡물을 런던 시장에서 자기네들보다 싸게 팔 수 있고, 따라서 자기들의 지대를 감소시키고 경작을 파괴해 버린다는 것이었다. 그러나 그들의 지대는 그때부터 상승했고 경작은 개량되었다.

비옥도가 중간 정도인 곡물밭은 같은 넓이의 가장 좋은 방목지보다 사람이 먹을 식품을 훨씬 많이 생산한다. 그 경작에는 훨씬 많은 노동이 필요하지만, 씨앗을 회수하고 그 모든 노동을 유지하고 남는 잉여도 마찬가지로 훨씬 크다. 따라서 식육 1파운드가 빵 1파운드보다 가치가 있다고 생각되지 않았더라면, 이 증대한 잉여는 어디서나 훨씬 큰 가치를 가지고, 농업 경영자의 이윤에 있어서나 지주의 지대에 있어서도 훨씬 큰 기초자금이 되었을 것이다. 조잡한 초기 농업에서는 어디서나 그러했던 것 같다.

그러나 빵과 식육이라는 서로 다른 두 종류의 식품이 가진 상대가치는 농업 시기에 따라 매우 달라진다. 조잡한 초기에는 나라의 압도적인 대부분을 차지하는 미개척지는 모두 가축용으로 방치된다. 식육은 빵보다 많고, 따라서 빵은 최대의 경쟁이 벌어지는 식품이며, 그 결과 가장 높은 값을 부르는 식품이다. 우요아가 우리에게 일러 주는 바에 의하면,[1] 부에노스아이레스에서는 4레알,[2] 즉 영국 정화로 21펜스 반이, 4, 50년 전에는 200 내지 300마리의 소 떼 중에서 골라 낸 황소 한 마리의 일반적인 값이었다. 그는 빵값에 대해서는 아무 말도 하지 않았는데, 아마 그것에 대해서는 특별히 두드러진 점이 없다고 생각했기 때문일 것이다. 그곳의 암소 한 마리는 그것을 잡는 노동밖에 들지 않는다고 그는 말했다. 그런데 곡물은 어디서나 많은 노동이 없이는 생산

---

*1 George Juan et Antoine de Ulloa, *Voyage historique de l'Amérique méridionale fait par ordre du roi d'Espagne par don George Juan et par don Antoine de Ulloa*, Paris, 1752. *A voyage to South America. Describing at large, the Spanish cities, towns, provinces, &c. on that extensive continent*. 2nd edition, revised and corrected, London, 1760, vol. 2, p. 185. 우요아(1716~1794)는 에스파냐의 과학자.

*2 레알은 에스파냐의 화폐 단위.

될 수 없고, 또 그 당시 유럽에서 포토시*³의 은광으로 가는 직행로였던 라플라타 강 유역에 있는 이 나라에서는, 노동의 화폐가격이 매우 싸다는 것은 있을 수 없는 일이었다. 경작이 그 나라의 대부분에 걸쳐 확대될 때는 사정이 달라진다. 그때는 식육보다 빵이 더 많아진다. 경쟁의 방향은 바뀌어 식육이 빵보다 비싸진다.

게다가 경작의 확대로 미개척지만으로는 식육의 수요를 채울 수 없게 된다. 경지 중의 큰 부분이 가축을 키우고 살찌우는 데 이용되지 않으면 안 되며, 따라서 그 값은 가축을 돌보는 데 필요한 노동뿐만 아니라, 그 땅을 경작에 이용했을 때 지주가 얻을 수 있는 지대와, 농업 경영자가 얻을 수 있는 이윤을 지불하는 데 충분한 것이 아니면 안 된다. 잘 경작되지 않은 황무지에서 사육된 가축도, 같은 시장에 나왔을 때 무게와 품질에 따라 가장 개량된 땅에서 사육된 가축과 같은 값에 팔린다. 그런 황무지의 소유자들은 그것으로 이윤을 올리고, 자신들의 가축값에 따라 지대를 인상한다. 스코틀랜드 하이랜드의 많은 지역에서 식육이 오트밀 빵과 비교해도 똑같이 싸거나, 그보다 더 쌌던 시절부터 아직 1세기도 채 지나지 않았다. 잉글랜드와 스코틀랜드의 합병*⁴은, 잉글랜드의 시장을 하이랜드의 가축에 대해 문을 열어 주었다. 그 통상가격은 현재 현세기 초에 비해 약 3배이고, 대부분의 하이랜드 영지의 지대는 같은 기간에 3배 내지 4배가 되었다. 그레이트브리튼의 거의 모든 지방에서 가장 좋은 식육 1파운드는 현재 일반적으로 가장 좋은 흰빵 2파운드 이상의 값이 나간다. 그리고 풍작인 해에는 이따금 3파운드 내지 4파운드의 값이 나가기도 한다.

이렇게 개량이 진행됨에 따라 개량되지 않은 방목지의 지대와 이윤은 개량된 방목지의 지대와 이윤에 의해 어느 정도 규제를 받게 된다. 또 후자의 지대와 이윤은 곡물밭의 지대와 이윤에 의해 규제받게 된다. 곡물은 1년생 작물이다. 식육은 사육하는 데 4, 5년이 걸리는 수확물이다. 따라서 1에이커의 토지에서 곡물류의 식품은 다른 종류의 식품보다 훨씬 적은 양밖에 생산되지 않으므로, 양에서 떨어지는 점을 값의 우월로 벌충하지 않으면 안 된다. 만일 그것

---

*3 포토시는 현재의 볼리비아령.
*4 1707년에 잉글랜드와 스코틀랜드는 합병에 의해 그레이트브리튼이 되었다. 그때까지는 국왕은 같지만, 각각 독립된 나라였다.

이 벌충되고도 남는 것이 있다면 더 많은 곡물밭이 방목지로 전환될 것이고, 그것이 보충되지 않는다면 방목지가 된 토지의 일부는 곡물밭으로 되돌아갈 것이다.

그러나 목초지의 지대 및 이윤과, 곡물밭의 지대 및 이윤 사이의 이런 균등성, 즉 직접적인 생산물이 가축의 먹이가 되는 토지의 지대 및 이윤과, 직접적인 생산물이 사람의 먹이가 되는 토지의 지대 및 이윤 사이의 이 균등성은 큰 나라의 개량된 토지 대부분에서만 생긴다는 것을 이해하지 않으면 안 된다. 어떤 특정한 지역적 상황에 있어서는 사정이 완전히 다르며, 목초지의 지대와 이윤은 곡물밭의 그것보다 훨씬 크다.

이리하여 대도시 근방에서는, 우유와 말먹이의 수요가, 식육의 높은 값과 더불어 목초의 가치를 곡물의 가치에 대한 이른바 자연적인 비율 이상으로 끌어올리는 원인이 되는 수가 때때로 있다. 이 지역적인 이점이 멀리 있는 지방에까지 미칠 수 없는 것은 명백하다.

특수한 사정 때문에 몇몇 나라의 인구가 크게 증대하여, 그것 때문에 국토 전체를 가지고도, 대도시 근방의 토지와 마찬가지로 주민의 생존에 필요한 목초나 곡물을 함께 충분히 생산하지 못한 적이 이따금 있었다. 따라서 그런 나라의 토지는, 비교적 부피가 나가는 상품이며, 멀리서 가져오기가 그리 쉽지 않은 목초의 생산에 주로 사용되었고, 국민 대다수의 식량인 곡물은 주로 외국에서 수입되었다. 네덜란드가 현재 이 상태에 있고, 고대 이탈리아의 상당한 부분도 로마인의 번영기에 그랬던 것으로 추정된다. 키케로가 우리에게 들려주는 바에 의하면, 대(大) 카토*5는, 가축을 잘 키우는 것이 사유지의 경영에 있어서 첫 번째이고 가장 유리하며, 그럭저럭 잘 키우는 것이 두 번째, 그리고 그리 잘 키우지 못하는 것이 세 번째라고 말했다. 그는 땅을 경작하는 것에는 이윤과 유익함이라는 점에서 네 번째 지위에 놓았을 뿐이다.

확실히 경작은 고대 이탈리아의 그 지방에서는, 곡물이 무상 또는 매우 싼 값에 민중에게 분배되었기 때문에, 매우 강력한 저지를 당했을 것이 틀림없다. 이 곡물은 정복된 여러 속주에서 가져온 것으로, 그 중의 어떤 속주는 세금 대신 그들의 생산물의 10분의 1을 지정값으로, 즉 1펙에 약 6펜스로 로마 공화

---

*5 대 카토(Marcus Porcius Cato, BC 234~149)는 로마의 정치가로, 중소(中小) 토지 소유를 옹호했다. 키케로는 De officiis(《의무에 대하여》)에서 카토의 견해를 소개했다.

국에 공급할 의무를 가졌다. 이 곡물이 국민에게 분배될 때의 낮은 값은 필연적으로 로마의 옛 영지인 라티움*6에서 로마 시장에 나온 곡물값을 떨어뜨렸을 것이고, 또 그곳에서의 경작을 저해했을 것이 틀림없다.

곡물을 주로 생산하는 평야 지방에서도, 울타리가 잘 둘러쳐진 한 구획의 목초지가 인근의 어떤 곡물밭보다 비싸게 임대되는 일이 때때로 있다. 그것은 곡물 경작에 이용되는 가축을 사육하는 데 편리하기 때문이며, 그 비싼 지대는 이 경우 목초지 자체의 생산물의 가치에서 본디 지불된다기보다는, 그것(가축)을 수단으로 경작되는 곡물밭의 생산물의 가치에서 지불되는 것이다. 이 비싼 지대는 만일 인근의 토지가 완전히 울타리로 둘러쳐지면 하락하게 될 것이다. 스코틀랜드에서 울타리를 친 구획지가 현재 지대가 비싼 것은, 울타리를 친 구획지의 희소성 때문인 듯하며, 이 희소성이 없어진 뒤까지 계속되지는 않을 것이다. 울타리를 치는 이점은 곡물밭보다 방목지가 더 크다. 그것은 가축을 감시하는 노동을 줄여 주고, 가축은 또 감시인이나 감시견의 방해를 받지 않을 때 잘 자라기 때문이다.

그러나 이런 종류의 지역적 이점이 없는 곳에서는, 곡물이나 그 밖의 무엇이든 국민의 일반적인 식물성 식품의 생산에 알맞은 토지의 지대와 이윤이 방목지의 지대와 이윤을 자연히 규제하지 않을 수 없을 것이다.

인위적인 목초, 즉 순무·당근·양배추 및 그 밖의 같은 면적의 토지에서 자생하는 목초로 키우는 것보다 많은 가축을 키우기 위해 착안한 편법의 사용은, 개량된 나라에서는 자연히 식육의 값이 빵의 값보다 높아지는 것을 얼마간 완화할 것으로 기대해도 좋을지 모른다. 사실이 또한 그랬던 것 같으며, 적어도 런던 시장에서는 빵값에 비교한 식육가격이 전세기 초보다 현재가 훨씬 싸다고 믿을 만한 몇 가지 이유도 있다.

《황태자 헨리의 생애》*7의 부록에서 버치 박사는, 이 황태자가 평소에 지불한 고기값을 계산했다. 그것에 의하면, 그는 무게 600파운드의 황소 한 마리의 사지(四肢)에 보통 9파운드 10실링, 즉 무게 100파운드 당 31실링 8펜스를 지불

---

*6 라티움은 로마 곡창지대. 로마 시의 남동쪽에 있으며, 기원전 5세기 무렵에 로마에 병합되었다.

*7 Thomas S. Birch, *The life of Henry Prince of Wales*, London, 1760(ASL 164). 버치(1705~1766)는 목사로, 왕립학회 서기가 되었다.

했다. 황태자 헨리는 1612년 11월 6일, 19세 나이로 사망했다.

1754년 3월, 당시의 식료품값이 비싼 원인에 대해 의회의 조사가 실시되었다. 그때, 그 목적으로 수집된 다른 증거 가운데 어느 버지니아 상인이 제출한 다음과 같은 증언이 있었다. 1763년 3월, 그는 쇠고기를 헌드레드웨이트*⁸당 24 내지 25실링에 사서 자신의 배에 싣고, 그것을 보통 가격이라고 생각했다. 그런데 식료품이 고가였던 1764년에는 같은 무게와 같은 종류의 쇠고기에 대해 27 실링을 지불했다고 한다. 그러나 1764년의 이 높은 값은, 황태자 헨리가 보통 지불한 값보다 4실링 8펜스나 싸다. 더욱이 주의할 점은 그런 원거리 항해를 위해 소금 절이는 데 적합한 것은 가장 양질의 쇠고기라는 점이다.

황태자 헨리가 지불한 값은, 나쁜 고기와 좋은 고기를 모두 합친 전체의 무게 1파운드당 3펜스 5분의 4가 된다. 그리고 이 비율로는 가장 좋은 부분의 고기는 소매로 1파운드당 4펜스 반이나 5펜스 이하로는 판매될 수 없었을 것이다.

1764년의 의회 조사 때 증인들은, 가장 좋은 쇠고기 중에서 가장 좋은 부위의 값은, 소비자에게는 1파운드당 4펜스 내지 4펜스 4분의 1, 나쁜 부위는 일반적으로 7파딩에서 2펜스 반 및 2펜스 4분의 3이라고 말했다. 그리고 그들은, 이 값은 보통 3월에 판매되었던 같은 종류의 고기보다 일반적으로 반 페니 비싸다고 했다. 그러나 이 높은 값마저도 황태자 헨리 시대의 일반적인 소매값이었다고 우리가 추정할 수 있는 값보다 훨씬 싼 것이다.

전세기 초의 12년 동안, 윈저 시장에서 가장 좋은 밀의 평균값은, 9윈체스터 부셸*⁹의 1쿼터당 1파운드 18실링 3펜스 6분의 1이었다.

그러나 1864년을 포함한 그 전의 12년 동안은, 같은 시장에서 같은 양의 가장 좋은 밀의 평균가격은 2파운드당 1실링 9펜스 반이었다.

따라서, 전세기 초의 12년 동안은 1764년을 포함한 그 전의 12년보다 밀은 매우 싸고, 식육은 훨씬 비쌌던 것으로 추정된다.

모든 큰 나라에서는, 경작지의 대부분은 사람이나 가축의 식량 생산에 사

*8 헌드레드웨이트(hundred-weight)는 영국에서는 112파운드이지만, 스미스는 100파운드로 계산하고 있다.
*9 윈체스터 부셸(Winchester bushel)은, 곡물 등의 용적 단위로, 현재는 미국과 캐나다에서 사용되고 있다.

용되고 있다. 이런 토지의 지대와 이윤은 다른 모든 경작지의 지대와 이윤을 규제한다. 만일 어떤 특정한 생산물이 지대와 이윤을 그보다 적게 제공한다면, 그 토지는 곧 곡물밭이나 목장으로 전용될 것이고, 그 편이 많은 지대와 이윤을 제공한다면, 곡물밭이나 방목지의 일부는 곧 그 생산으로 바뀔 것이다.

토지를 그 생산에 적합하도록 만들기 위해, 전보다 많은 기초개량비를 투자하거나 전보다 많은 경작비를 투자해야 하는 생산물이 있고, 그런 생산물이 일반적으로 곡물밭이나 방목지보다 많은 지대 또는 이윤을 제공하는 것처럼 보이는 것은 사실이다. 그러나 이 우월이 이 비용의 초과에 대한 온당한 이자 또는 보상보다 많은 금액이 되는 일은 좀처럼 없다.

홉 농장·과수원·채소밭에서는 지주의 지대와 농업 경영자의 이윤은 둘 다 일반적으로 곡물밭이나 목초지보다 크다. 그러나 토지를 이 조건에 맞추려면 추가 비용이 필요하다. 그러므로 더 많은 지대가 지주에게 지불되는 것이 당연하다. 그것은 또 더욱 주의 깊고 숙련된 운영을 필요로 한다. 그러므로 더 많은 이윤이 농업 경영자의 것이 된다. 수확도 적어도 홉 농장 및 과수원에서는 더욱 불안정하다. 따라서 그 값은 모든 우연적인 손실을 보상할 뿐 아니라, 보험 수입과 비슷한 것을 제공하지 않으면 안 된다. 농원 주인들의 처지가 일반적으로 가난하고 항상 중간을 벗어나지 않는 것은, 그들의 뛰어난 창의력이 충분히 보상되지 않는 일이 흔하다는 것을 말해 주고 있다. 그들의 쾌적한 노동은 매우 많은 부자들이 즐거움을 위해 하고 있는 것이므로, 이윤을 위해 하고 있는 사람들이 올리는 이익은 조금밖에 되지 않는다. 당연히 그들의 가장 큰 고객이 될 사람들이 그들의 가장 비싼 생산물을 모두 자급(自給)하기 때문이다.

지주가 그런 개량에서 얻는 이익은, 어느 시대고 그것을 위한 본디의 비용을 보상하고 남을 정도는 아니었던 것 같다. 고대의 농경에서는 관개(灌漑)가 잘 되어 있는 채소밭이, 농장 가운데 포도원 다음으로 가장 가치 있는 생산물을 산출하는 것으로 여겨지고 있었던 모양이다. 그러나 약 2천 년 전에 농경에 대해 책을 써서 고대 사람들이 그 기술의 아버지의 한 사람으로 생각했던 데모크리토스*[10]는, 채소밭에 울타리를 치는 것은 현명한 행동이 아니라고 생각

---

*10 데모크리토스(Demokritos, BC 460?~370?)는 그리스의 유물론 철학자로, 저서는 단편밖에 남아 있지 않다.

했다. 이윤은 돌담의 비용을 보상해 주지 않을 것이고, 벽돌(그는 햇볕에 말린 벽돌을 말한 것이라고 나는 생각한다)은 비나 겨울의 폭풍에 무너져서 줄곧 수리하지 않으면 안 된다고 그는 말했다. 데모크리토스의 이런 판단을 전한 콜루멜라[*11]는 이에 반론을 제기하지 않고, 가시덤불이나 찔레나무로 생울타리를 치는 매우 절약적인 방법을 제안했다. 그는 경험을 통해 이 생울타리가 오래 갈 뿐만 아니라 침입하기 어려운 장벽이라는 것을 알았다고 한다.

그러나 데모크리토스의 시대에는 그것이 일반적으로 알려져 있지 않았던 것 같다. 팔라디우스[*12]는 그 전에 바로[*13]가 권한 적이 있는 콜루멜라의 의견을 채용했다. 이런 고대의 개량가들의 판단으로는, 채소밭의 생산물은 특별한 재배와 관개비를 간신히 지불할 수 있는 정도였던 것으로 추정된다. 왜냐하면, 그 정도로 햇빛이 강한 나라에서는 그 당시에도 현재와 마찬가지로, 채소밭의 각 묘상(苗床)에 급수할 수 있도록 흐르는 물을 자유롭게 사용하는 것이 적절하다고 생각되었기 때문이다. 유럽의 대부분에서 현재, 채소밭에는 콜루멜라가 권장한 것보다 더 좋은 울타리를 칠 만한 가치는 없는 것으로 여겨지고 있다. 그레이트브리튼과 그 밖의 몇몇 북방 나라에서는, 담장이 없이는 좋은 과일을 수확할 수 없다. 따라서, 그런 과일값은 그것을 얻는 데 꼭 필요한 것을 건설하고 유지하는 비용을 충분히 지불할 수 있어야 한다. 과수원의 담장이 채소밭을 에워싸는 일도 흔히 있어서, 그런 채소밭은 자신의 생산물로는 좀처럼 지불할 수 없는 울타리의 혜택을 누리고 있다.

포도밭은, 알맞게 심어지고 잘 손질되면 농장 중에서 가장 가치 있는 부분이라는 것이, 모든 포도주 생산국에서는 고대 농업의 의심할 여지 없는 정설이었던 것 같다. 그 점은 근대 농업에서도 마찬가지이다. 그러나 새로운 포도밭을 만드는 것이 이로운지 어떤지는, 콜루멜라를 통해 알 수 있듯이, 고대 이탈리아의 영농가들 사이에서도 논쟁거리였다. 콜루멜라는 모든 새로운 재배법의 참된 애호자답게 포도밭이 유리하다는 결론을 내리고, 이윤과 경비를 비교하

[*11] 콜루멜라(Lucius Junius Moderatus Columella)는 1세기 중엽 로마의 저술가로, *De re rustica*(ASL 678)를 썼다. 그 속에 데모크리토스에 대한 언급이 있다.

[*12] 팔라디우스(Rutilius Taurus Aemilianus Palladius)는 4세기 로마의 저술가로, *Opus Agriculturae*(ASL 678)를 썼다.

[*13] 바로(Marcus Terentius Varro, BC 116~27)는 로마의 학자로, '가장 박식한 사람'이라고 불렸다. *Rerum rusticarum*(ASL 678)을 썼다.

여 포도밭이야말로 가장 유리한 개량이라는 것을 보여 주려고 노력했다. 그러나 새로운 기획의 이윤과 경비의 그런 비교는 매우 신빙성이 없는 것이 보통이고, 특히 농업에서는 거의 믿을 수 없다. 그런 농원에서 실제로 얻을 수 있는 수익이, 일반적으로 그가 상상한 것만큼 크다면, 그것에 대해 아무런 논쟁도 일어나지 않았을 것이다.

똑같은 점이 오늘날 포도주 산출국 사이에서 벌어지는 논쟁의 중심이다. 그런 나라들의 농업에 관한 저작자들, 즉 집약농경(集約農耕)의 애호자 및 추진자들이, 일반적으로 콜루멜라에게 동조하여 포도밭이 유리하다는 단정하는 경향이 있는 것처럼 보이는 것은 확실하다. 프랑스에서는 오래된 포도밭의 소유자들이 새로운 포도밭 조성을 막으려고 안간힘을 쓰고 있는데, 그것은 이런 저작자들의 의견을 지지하는 것으로 생각되며, 이런 종류의 재배가 현재 그 나라에서는 다른 어떤 것보다 유리하다는 것을 틀림없이 경험한 사람들의 의식을 보여 주고 있는 것으로 여겨진다. 그러나 동시에 그것은 다른 의견, 즉 이 높은 이윤은 현재 포도의 자유로운 재배를 억제하고 있는 법률이 없어지면 더 이상 존속할 수 없다는 의견도 보여 주고 있다.

1731년에 오랜 포도밭의 소유자들은, 새로운 포도밭의 조성과 2년 동안 경작이 중단되었던 오랜 포도밭의 재개를 국왕의 특별한 허가가 없는 한 금지한다는 칙령을 받아 내는 데 성공했다. 그 특별한 허가는 속주의 지사가 그 토지를 조사했다는 것과 포도 외에는 어떤 것도 재배할 수 없다는 것을 증명하는 보고에 의해서만 비로소 주어지는 것이었다. 이 칙령의 이유라는 것은 곡물과 목초의 부족과 포도주의 과잉이었다. 그러나 만일 이 과잉이 사실이었다면, 칙령 같은 것이 없더라도, 이런 종류의 재배의 이윤이, 곡물과 목초의 이윤에 대한 자연적 비율 이하로 내려감으로써, 새로운 포도밭의 조성이 효과적으로 저지되었을 것이다. 포도밭의 증가 때문에 일어나는 것으로 상정되는 곡물의 결핍에 대해서 말한다면, 프랑스에서 곡물이 가장 정성들여 재배되고 있는 곳은, 부르고뉴·기엔·상(上)랑그도크처럼, 토지가 포도 생산에 알맞은 포도주 생산지들이다. 한쪽의 경작에 고용되는 많은 일손은 다른 쪽의 생산물을 위한 손쉬운 시장을 제공함으로써 그 생산물의 경작을 필연적으로 장려하게 된다. 그 생산물에 대한 지불 능력이 있는 사람의 수를 감소시키는 것은 확실히 곡물의 재배를 장려하는 데는 가장 효과가 없는 방법이다. 그것은 제조업을 저해함으로써 농업을 추진하고자 하는 정책과 비슷하다.

따라서 토지를 그런 생산물에 알맞게 만드는 데 필요한 처음의 개량비나, 해마다의 경작비가 큰 생산물의 지대와 이윤이, 곡물과 목초 지대와 이윤보다 훨씬 높은 경우가 때때로 있는데, 이 지대와 이윤이 그런 이례적인 경비를 보상하는 것뿐이라면 그것은 실제로는 그런 일반 작물의 지대와 이윤에 의해서 규제되고 있는 것이다.

어떤 특정한 생산물에 알맞은 것으로 만들 수 있는 토지의 양이 너무 적어서 유효수요를 채울 수 없는 일이 이따금 일어나는 것은 사실이다. 모든 생산물은 그것을 생산하여 시장에 가져가는 데 필요한 지대·임금·이윤을 그런 자연율에 따라, 즉 다른 대부분의 경작지에서 지불되는 비율에 따라, 지불하는 데 충분한 것보다 조금 많은 금액을 기꺼이 지불하는 사람들에게 팔릴 것이다. 그 값 가운데 개량과 경작의 전체 비용을 뺀 뒤에 남는 잉여 부분은, 이 경우, 아니 이 경우에 한해서, 곡물이나 목초 가격의 같은 잉여 부분과 규칙적인 비율을 유지하는 것이 아니라 거의 무제한으로 그것을 초과하고 있고, 그 초과의 대부분은 당연히 지주의 지대가 된다.

이를테면, 포도원의 지대 및 이윤과, 곡물 및 목초의 이윤 사이에 통상의 자연적인 비율이 생기는 것은, 가벼운 토지나 모래와 자갈이 많은 땅이면 거의 아무데서나 재배되며, 그 강도와 자양분 외에는 장점이 없는, 일반적인 양질의 포도주밖에 생산하지 않는 포도밭뿐이라고 이해하지 않으면 안 된다. 국내의 일반적인 토지가 경쟁할 수 있는 것은 그런 포도밭뿐이다. 왜냐하면, 특수한 지질을 가진 포도밭과는 경쟁할 수 없는 것이 명백하기 때문이다.

포도나무는 다른 어떤 과수보다도 지질의 차이에 많은 영향을 받는다. 어떤 토양은 포도에, 다른 토양에서는 아무리 재배하고 관리해도 흉내낼 수 없는 풍미를 주는 것으로 알려져 있다. 이 풍미는, 실제의 것이든 상상 속의 것이든, 소수의 포도밭 생산물에 특유한 것인 경우가 있다. 그것은 작은 지역의 대부분을 차지하고 있는 경우도 있고, 커다란 속주의 상당한 부분에 걸쳐 있는 경우도 있다. 시장에 나오는 그런 포도주의 전량은 유효수요, 즉 그것을 생산하여 시장에 반입하는 데 필요한 지대와 이윤, 임금의 전액을 그 통상적인 비율에 따라, 즉 일반 포도밭에서 지불되고 있는 비율에 따라 지불할 의향이 있는 사람들의 수요를 채우는 데 부족하다.

따라서, 그 전량은 통상의 비율보다 많은 것을 기꺼이 지불할 사람들에게 팔리는데, 그것은 필연적으로 그 값을 일반 포도주값 이상으로 끌어올린다. 그 값의 차이는 그 포도주의 인기와 희소성이, 사는 사람의 경쟁심을 부추기는 데 따라 커지기도 하고 작아지기도 한다. 그 차액이 얼마가 되든, 대부분 지주의 지대가 된다. 왜냐하면 그런 포도밭은 일반적으로 다른 대부분의 포도밭보다 주의깊게 경작되고 있지만, 포도주의 높은 값은 이 주의깊은 경작의 결과라기보다 오히려 원인인 것처럼 여겨지기 때문이다. 그토록 값진 생산물에서는, 부주의에서 일어나는 손실이 매우 크기 때문에 가장 부주의한 사람조차 주의가 깊어지지 않을 수 없다. 따라서 이 높은 값의 작은 일부분이라도, 그 재배에 투입된 특별한 노동임금과, 그 노동을 활동하게 한 특별한 자본이윤을 지불하는 데는 충분하다.

서인도*[14]에 유럽 각국이 소유한 설탕식민지는, 이 값비싼 포도밭과 비교할 수 있을 것이다. 그 설탕식민지의 모든 생산물을 다 합쳐도 유럽의 유효수요에는 부족하기 때문에, 그것을 생산하여 시장에 내가는 데 필요한 지대·이윤·임금의 모두를, 그런 것이 보통 뭔가 다른 생산물에 의해 지불되는 비율로 지불하는 데 충분한 것보다 많이 지불하는 사람들에게 팔리게 된다. 코친차이나*[15]의 농업에 관한 매우 주의 깊은 관찰자인 푸아브르*[16]의 말에 따르면, 이 나라에서는 가장 좋은 백설탕이 1퀸틀에 3피아스터,*[17] 영국 화폐로는 13실링 6펜스에 팔리고 있다. 그곳에서 1퀸틀은 파리파운드로 150 내지 200파운드의 무게이며, 그 평균을 계산하면 175파리파운드이다, 이것을 잉글랜드의 1헌드레드웨이트로 환산하면 설탕 100파운드는 영국 정화로 약 8실링이 되며, 우리의 식민지에서 수입되는 황설탕 또는 흑설탕에 보통 지불되는 값의 4분의 1이 안되고, 또 최상의 백설탕에 지불되는 값의 6분의 1도 안 된다. 코친차이나의 경작지 대부분은, 국민 대부분의 식량인 잡곡과 쌀을 생산하는 데 이용되고 있

---

*14 서인도(West Indies)는 카리브 해 제도의 총칭으로, 콜럼버스가 인도에 이른 것으로 착각한 데서 본디의 인도(동인도)와 구별하기 위해 서인도라 불리게 되었다.

*15 코친차이나(Cochin-China)는 현재 베트남·라오스·캄보디아가 있는 반도 전체를 가리키는 (인도차이나라고도 불린다) 경우와, 프랑스가 일찍 식민지화한 그 일부를 가리키는 경우가 있다.

*16 푸아브르(Pierre Poivre, 1719~1786)는 일드프랑스 주의 지사, 리용 아카데미 회원.

*17 피아스터는 에스파냐의 화폐 단위.

다. 잡곡·쌀·설탕의 각 가격은, 거기서는 아마 자연적인 비율을 가지고 있는 것 같다. 즉 경작지 대부분의 여러 가지 작물 사이에 자연히 성립되는 비율, 또 통상적인 기초개량비와 해마다의 경작비에 따라, 산정할 수 있는 한 정확하게 지주와 농업 경영자에게 그것을 보상하는 비율이다. 그러나 우리의 설탕식민지에서는 설탕값이, 유럽과 아메리카의 쌀과 잡곡 산지의 생산물 가격에 대해 그런 비율을 갖고 있지 않다. 설탕농장주는 럼주[18]와 당밀(糖蜜)로 모든 경작비를 충당하고, 설탕은 모두 순이익이 될 것을 기대하고 있다고 흔히 말한다. 나는 군이 긍정하고 싶지는 않지만, 만일 그것이 사실이라면, 그것은 곡물 농업자가 왕겨와 밀짚으로 자신의 경작비용을 충당하고, 알곡은 모두 순이익이 되기를 기대하는 것과 같다.

우리는 흔히 런던과 그 밖의 상업 도시의 상인단체가, 우리의 설탕식민지에 있는 황무지를 구입하는 것을 본다. 그들은 이런 토지가 아득히 먼 곳에 있고, 또 그 나라의 사법행정의 결함 때문에 수익이 불확실함에도 불구하고, 중개인이나 대리인에게 맡겨 그 토지를 개량하고 경작하여 이윤을 올리고 싶어한다. 스코틀랜드·아일랜드, 또는 북아메리카의 곡물생산지 가운데 가장 기름진 땅은, 그곳의 사법제도가 더욱 엄격하기 때문에 더욱 규칙적인 수익을 기대할 수 있을지도 모르는데, 아무도 설탕식민지와 같은 방법으로 개량하고 경작하려고는 하지 않는다.

버지니아나 메릴랜드에서는 곡물 재배보다는 담배 재배가 더 이롭다고 인기를 끌고 있다. 담배는 유럽 대부분의 지방에서 재배하여 이익을 올릴 수 있었지만, 유럽의 거의 모든 지방에서 중요한 과세 대상이 되어 있었고, 농촌에서 이 식물이 재배되고 있는 농장마다 세금을 징수하는 것은 세관에서 담배를 수입할 때 과세하는 것보다 어려운 일로 여겨져 왔다. 이런 까닭으로 담배의 재배는 유럽의 대부분에 걸쳐 매우 불합리하게 금지되어 왔는데, 그것은 필연적으로 담배 재배가 허용되고 있는 나라들에 일종의 독점권을 주고 있다. 그리고 버지니아와 메릴랜드는 그 최대의 양을 생산하기 때문에 약간의 경쟁자가 있기는 하지만, 이 독점 이익의 큰 몫을 차지하고 있다. 그러나 담배 재배는 설탕 재배만큼 이롭지는 않은 것 같다.

---

*18 럼주는 사탕수수로 만들어진다. 17세기 초에 서인도에서 만들어져, 18세기에는 수요가 아메리카와 아프리카까지 퍼졌고 노예무역에도 이용되었다.

그레이트브리튼에 사는 상인의 자본으로 개량되고 경작된 담배농장이 있다는 애기는 나는 지금까지 들은 적이 없다. 또 우리의 담배식민지에서는, 설탕식민지에서 찾아오는 것을 때때로 볼 수 있는 부유한 재배업자를 본국으로 돌려보낸 적도 없다. 그런 식민지에서는 곡물 재배보다 담배 재배를 우선하고 있는데, 담배에 대한 유럽의 유효수요가 완전하게 충족되고 있지는 않은 것으로 보이겠지만, 아마도 설탕에 대한 유효수요보다는 완전에 가깝게 충족되고 있을 것이다. 또 현재의 담배값은 아마도 담배를 생산하여 시장에 내가는 데 필요한 지대와, 임금과 이윤의 전액을, 그런 것이 곡물산지에서 보통 지불되고 있는 비율에 따라 지불하는 데 충분한 것보다 많겠지만, 현재의 설탕값이 그것을 넘을 정도는 아닌 것이 틀림없다.

따라서 우리의 담배 농장주들은 프랑스의 오랜 포도밭 소유자들이 포도주 과잉에 대해 보인 것과 같은 두려움을 담배의 과잉에 대해 보이기 시작했다. 그들은 식민지 의회의 법령에 의해 담배 경작을 16세부터 60세까지의 흑인 한 사람당 6천 포기, 즉 천 파운드의 수확이 예상되는 포기 수로 담배 재배를 제한했다. 그들의 계산으로는, 흑인 한 사람이 이만한 양의 담배 외에 4에이커의 옥수수밭을 운영할 수 있게 되어 있다.

더글러스 박사*[19]에 의하면(나는 그가 잘못된 정보를 근거로 하고 있지 않나 하고 생각하지만), 시장이 공급 과잉이 되는 것을 막기 위해, 풍작인 해에는 네덜란드 사람들이 향료에 대해 사용한 것으로 알려진 것과 같은 방법으로, 흑인 한 사람당 일정량의 담배를 태워 버리는 일이 있었다고 한다. 만일 그런 거친 방법이 담배의 현재 값을 유지하는 데 필요하다면, 곡물 재배에 비교한 담배 재배의 이점은 아직 어느 정도는 있다 하더라도 아마 오래 계속되지는 않을 것이다.

이렇게 하여 인간의 식량을 생산하는 경지의 지대는 다른 대부분의 경지의 지대를 규제한다. 어떤 특정한 생산물도 그 이하의 지대를 오랫동안 제공할 수는 없다. 왜냐하면 그 토지는 즉각 다른 용도로 돌려질 것이기 때문이다. 또

---

* 19 더글러스(William Douglas, 1691?~1752)의 저서의 제목은 *A summary, historical and political, of the first planting, progressive improvements, and present state of the British settlements in North-America*, London, 1760(ASL 530). 더글러스는 스코틀랜드 출신의 의사로, 1718년부터 보스턴에 정주했다.

만일 어떤 특정한 생산물이 일반적으로 그 이상의 지대를 제공한다면, 그 생산물에 적합한 토지의 양이 너무 적어서, 유효수요를 채울 수 없기 때문이다.

유럽에서는 곡물이 인간의 식량으로서 직접 도움이 되는 중요한 토지 생산물이다. 따라서 특수한 위치에 있는 토지를 제외하고, 곡물밭의 지대가 유럽에서는 다른 모든 경지의 지대를 규제한다. 브리튼은 프랑스의 포도밭이나 이탈리아의 올리브밭을 부러워할 필요가 없다. 특수한 위치에 있지 않다면 그런 것의 가치는 곡물의 가치에 의해 규제되고, 그 점에서는 브리튼의 비옥도는 그 두 나라의 어느 쪽에도 별로 뒤지지 않는다.

만일 어떤 나라에서, 공통으로 애호하는 식물성 식품을 어떤 식물에서 얻을 수 있고, 그 식물이 가장 평범한 토지에서 똑같은, 또는 거의 똑같은 경작을 한 경우에도, 가장 기름진 토지에서 생산되는 곡물보다 훨씬 많이 생산된다면, 지주의 지대, 즉 노동을 지불하고 농업 경영자의 자산을 그 통상의 이윤과 함께 회수한 뒤에 지주에게 남는 잉여 식품의 양은, 필연적으로 곡물의 경우보다 훨씬 클 것이다. 그 나라에서 노동이 일반적으로 유지되고 있는 비율이 얼마가 되든, 그보다 큰 잉여는 언제나 더 많은 양의 노동을 유지할 수 있을 것이고, 따라서 그 지주는 곡물밭의 지주보다 많은 노동을 구매 또는 지배할 수 있을 것이다. 그의 지대의 실질가치, 즉 그의 실질적인 힘과 권위, 다른 사람들의 노동이 그에게 공급할 수 있는 생활필수품 및 편의품에 대한 그의 지배는 필연적으로 곡물밭의 지주보다 훨씬 커질 것이다.

쌀을 생산하는 논은 가장 기름진 잡곡밭보다 훨씬 많은 식량을 생산한다. 1년에 2모작으로 1모작당 30에서 60부셀이, 1에이커의 통상생산량이라고 한다. 그러므로 그것을 경작하는 데 드는 노동이 잡곡보다 많더라도, 그 모든 노동을 유지한 뒤에 남는 잉여는 훨씬 크다. 따라서 쌀이 그 국민이 보통 좋아하는 식물성 주식이고, 경작자도 주로 쌀에 의해 유지되는 쌀생산국에서는, 잡곡생산국보다, 더 큰 잉여의 더 큰 몫이 지주에게 돌아간다. 캐롤라이나에서는 다른 브리튼령 식민지와 마찬가지로, 농장주들은 일반적으로 농업 경영자인 동시에 지주이며, 따라서 거기서는 지대가 이윤과 혼동되어 있고, 또 그 논은 1년에 한 번밖에 수확하지 않으며, 유럽의 관습이 지배하고 있기 때문에 쌀이 국민이 좋아하는 식물성 주식이 아님에도 불구하고 쌀 재배가 잡곡 재배보다 유리한 것으로 알려져 있다.

좋은 논은 사철 내내 늪지이며, 어떤 계절에는 물에 덮인 늪지이다. 그것은 잡곡에도, 목초에도, 포도에도, 나아가서는 사람에게 쓸모 있는 다른 어떤 식물성 생산물에도 알맞지 않다. 또 그런 것들에 알맞은 토지는 쌀에 알맞지 않다. 그러므로 쌀생산국에서도 논의 지대는 미작으로 돌릴 수 없는 다른 경지의 지대를 규제할 수는 없다.

감자*20밭에서 생산되는 식품은, 양에 있어서는 논에서 생산되는 식품에 못지않고, 밀밭에서 생산된 것보다는 훨씬 많다. 1에이커의 토지에서 나오는 1만 2천 파운드의 감자는 2천 파운드의 밀보다 큰 생산물이 아니다. 감자에는 수분이 많아서 사실, 이런 두 가지 식물의 각각에서 얻을 수 있는 식품, 즉 고형영양물은 무게에 비례한다고 할 수 없다. 그러나 크게 양보하여, 이 뿌리채소의 무게의 절반이 수분이라고 인정해도, 그래도 여전히 그런 1에이커의 감자밭은, 6천 파운드의 고형 영양물, 즉 밀 1에이커에서 생산되는 양의 3배를 생산한다. 감자밭 1에이커는 밀밭 1에이커보다 적은 비용으로 경작할 수 있다.

일반적으로 밀의 파종에 앞선 밭갈기는, 감자 키우는 데 늘 필요한 제초(除草)와 그 밖의 특별한 재배 작업을 훨씬 넘어선다. 만일 그 뿌리가 유럽의 어느 지방에서 몇몇 쌀생산국에서의 쌀처럼 국민이 좋아하는 식물성 주식이 되어, 밀이나 그 밖의 종류의 식용 곡물이 현재 차지하고 있는 것과 같은 비율의 경작지를 차지하게 된다면, 같은 면적의 경작지가 훨씬 많은 사람들을 부양할 것이고, 노동자는 보통 감자로 부양되므로 경작에 쓰인 모든 자산을 회수하고, 모든 노동을 유지한 뒤에 더 큰 잉여가 남게 될 것이다. 또한 이 잉여 가운데 지주의 것이 되는 부분도 더 커질 것이다. 인구는 늘고 지대도 현재보다 훨씬 오를 것이다.

감자에 알맞은 토지는 다른 거의 모든 쓸모 있는 작물에 알맞다. 만일 감자가 현재 곡물이 차지하고 있는 것과 같은 비율의 경작지를 차지한다면, 마찬가지로 감자가 다른 경작지의 대부분의 지대를 규제할 것이다.

나는, 랭커셔*21의 몇몇 지방에서는 귀리로 만든 빵이 밀로 만든 빵보다 노동하는 사람들에게는 영양이 풍부한 식품이라고 주장하고 있다는 얘기를 들

---

*20 감자(potatoe)는 마령서(馬鈴薯)라고도 한다. 16세기에 남아메리카에서 유럽에 전해졌고, 식용작물로서는 18세기에 유럽 전체에 보급되었다.
*21 랭커셔(Lancashire)는 잉글랜드 북부의 주로, 산업혁명기에는 면공업의 중심지가 되었다.

은 적이 있고, 또 스코틀랜드에서도 같은 설이 있다는 말을 자주 들었다. 그러나 나는 그 설이 과연 옳은지에 대해 조금 의문을 가지고 있다. 귀리를 먹고 있는 스코틀랜드의 서민들은 일반적으로 밀빵을 먹고 있는 잉글랜드의 같은 계층 사람만큼 건강하거나 풍채가 훤칠하지도 않다. 그들은 그렇게 일을 잘하지도 않거니와, 그렇게 튼튼해 보이지도 않는다. 그러나 두 나라의 상류 사람들 사이에서는 그런 차이가 없으니, 스코틀랜드의 서민들이 먹는 식품은 이웃인 잉글랜드의 같은 계층 사람들이 먹는 식품만큼 인간의 몸에 알맞지 않다는 것을, 경험이 보여 주고 있는 것이 아닌가 한다. 그러나 감자에 대해서는 사정이 다른 것 같다. 런던의 가마꾼·지게꾼·석탄하역부, 그리고 매춘으로 살아가는 불행한 여자들은, 브리튼의 영토에서 가장 건장한 남자이고 가장 아름다운 여자이겠지만, 그들의 대부분은 일반적으로 이 뿌리채소를 먹고 사는 아일랜드의 최하층 출신이라고 한다. 어떤 식품도, 그 영양상의 성질과 인체의 건강에 특별히 알맞다는 것에 대해 이보다, 더 결정적인 증거를 제공할 수는 없을 것이다.

감자를 1년 내내 저장하는 것은 어려운 일이고, 곡물처럼 2년 내지 3년 동안 저장해 두는 것은 불가능한 일이다. 팔기 전에 썩어 버리지 않을까 하는 우려가 그 경작을 방해하고 있고, 또 아마 어딘가의 큰 나라에서 감자가 빵처럼 모든 계층 사람들의 식물성 주식이 되는 것에 대한 주요한 장애가 되고 있다.

제2절 땅값을 때로는 제공해주지 못하는 토지 생산물에 대하여

인간의 식량은 언제나 그리고 필연적으로 지주에게 약간의 지대를 제공하는 유일한 토지 생산물인 것 같다. 다른 종류의 생산물은 여러 가지 사정에 따라 때로는 제공하고, 때로는 제공하지 않기도 한다.

식량 다음으로는 옷과 집이 인류의 2대 필수품이다.

토지는 원시 미개의 상태에서는 그것이 부양할 수 있는 것보다 훨씬 많은 사람들에게 옷과 집을 제공할 수 있다. 개량된 상태에서는, 토지는 이따금 옷과 집의 재료를 제공할 수 있는 것보다 많은 사람들을 부양할 수 있다. 적어도 그들이 그 재료를 필요로 하고, 또한 기꺼이 지불하려고 하는 사람들에 한

해서는 그러하다. 그러므로 전자의 상태에서는 그런 재료는 언제나 남아돌아서, 그것 때문에 때때로 거의 또는 전혀 가치를 갖지 않는다. 후자의 상태에서는 그것은 때때로 부족하여, 필연적으로 그 가치를 증대시킨다. 전자의 상태에서는 그것의 많은 부분은 필요없다고 버려지고, 사용되는 것의 값은 그것을 사용할 수 있게 만드는 노동 및 비용과 같은 것으로 여겨져 지주에 대해 아무런 지대도 제공하지 않는다. 후자의 상태에서는 그것은 모두 사용되어 때때로 구할 수 있는 것보다 많은 것이 요구된다. 어떤 사람들은 항상 그것들을 시장에 내가는 데 드는 비용보다 많은 것을 그 모든 부분에 대해 기꺼이 지불한다. 그러므로 그 값은 언제나 지주에게 약간의 지대를 제공할 수 있다.

비교적 큰 동물 가죽이 의복의 최초 재료였다. 따라서, 주로 그런 동물 고기를 먹고 사는 수렵민족과 유목민족은 모두 식량을 자급함으로써 혼자서는 다 입을 수 없을 정도로 많은 의복 재료를 스스로 조달하게 된다. 만일 외국무역이 없었더라면, 그 대부분은 무가치한 것으로서 버려졌을 것이다. 북아메리카의 수렵민들은 그들의 나라가 유럽인들에게 발견되기 전까지는 아마 그랬을 것이다. 그러나 지금의 그들은 남은 짐승 가죽을 유럽인의 담요·무기·브랜디와 교환하고 있고, 그것이 모피에 약간의 가치를 주고 있다. 내가 믿는 바로는, 이미 알려진 세계에서의 지금과 같은 상업 상태에서는, 아무리 미개한 민족도 토지소유권이 확립되어 있으면 이런 종류의 외국무역을 하고 있으며, 그들의 토지가 생산하지만 국내에서는 가공도 소비도 되지 않는 의복 재료는, 모두 그들보다 부유한 이웃 국민들 사이에서 수요를 구하고 있고, 이 수요가 그것의 값을, 더욱 부유한 사람들에게 보내는 데 필요한 비용 이상으로 끌어올리고 있다. 그러므로 그것은 지주에게 어느 정도의 지대를 제공한다.

스코틀랜드의 하이랜드산 가축의 대부분이 자기 나라의 구릉지대에서 소비되고 있었을 때는 그 가죽의 수출은 그 나라의 가장 중요한 상업품목이었고, 그것과 교환으로 수입된 것은 하이랜드 지방의 지대에 약간의 추가를 제공해 주었다. 옛날에는 국내에서 소비도, 가공도 되지 않았던 잉글랜드 양모는, 그 무렵 잉글랜드보다 부유하고 부지런한 나라였던 플랑드르에서 시장을 발견했다. 그리고 그 값이 그것을 생산한 토지지대에 약간의 몫을 제공했다. 당시의 잉글랜드보다, 또는 지금의 스코틀랜드 하이랜드보다 잘 경작되어 있지 않고 외국무역도 하지 않는 나라에서는, 의복 재료가 남아돌아 대부분

쓸모 없는 것으로 버려졌으므로, 어느 부분도 지주에게 지대를 제공하지 않았다.

집의 재료는 옷의 재료처럼 먼 곳에 수송할 수가 없어서 쉽사리 외국무역의 대상이 되는 일도 없다. 그것이 그 생산국에서 과잉되면 세계적 상업의 현상 아래에서도 지주에게 있어서 가치를 가지지 않게 되는 일이 흔히 발생한다. 런던의 근교에 질 좋은 채석장이 있으면 상당한 지대를 제공할 것이다. 그러나 스코틀랜드나 웨일스의 대부분의 지방에 있으면 그것은 아무런 지대도 제공하지 않는다. 열매를 맺지 않는 재목은 인구가 많고 잘 경작된 나라에서는 큰 가치를 가지며, 그것을 생산하는 토지는 상당한 지대를 제공한다. 그러나 북아메리카의 많은 지방에서는, 지주의 큰 나무 대부분을 가져가겠다는 사람이 있으면 지주는 몹시 고마워할 것이다. 스코틀랜드 하이랜드의 어떤 곳에서는 도로와 수운이 부족하기 때문에, 나무껍질이 수목에서 시장에 내다 팔 수 있는 유일한 부분이다. 재목은 지상에서 썩는 대로 방치된다. 집의 재료가 그와 같이 과잉일 경우, 사용되는 부분의 가치는 다만 그것을 그 용도에 알맞도록 만드는 데 드는 노동과 비용뿐이다. 그것은 지주에게 지대를 제공하지 못하며 지주는 일반적으로 그것을 사용하겠다고 허가를 요청하는 정도의 수고를 아끼지 않는 사람이면 누구에게나 사용을 허가한다. 그러나 더 부유한 국민의 수요가 있으면, 지주는 그것에 대해 지대를 취득할 수 있게 된다.

런던의 도로 포장은, 스코틀랜드 해안에 있는 거친 바위산 소유자들에게, 전에는 전혀 지대를 제공하지 않았던 토지에서 지대를 얻을 수 있게 해 주었다. 노르웨이와 발트 해 연안의 목재는 국내에서 찾을 수 없었던 시장을 그레이트브리튼의 많은 지방에서 발견하여, 그것으로 그 소유자들에게 약간의 지대를 제공했다.

나라의 인구는 그 나라의 생산물이 옷과 집을 줄 수 있는 사람의 수가 아니라, 식량을 줄 수 있는 사람의 수에 비례한다. 식량이 마련되면 필요한 옷과 집을 발견하는 것은 쉬운 일이다. 그러나 필요한 옷과 집이 가까이 있어도 식량을 구하기 어려운 경우가 흔히 있다. 브리튼 영토의 어떤 지방에서조차 '집'이라고 할 수 있는 것을 인간 한 사람의 하루 노동으로 지을 수 있는 일도 있다. 가장 단순한 옷인 짐승 가죽도, 그것을 가공하여 사용할 수 있도록 하는 데는 뭔가 그 이상의 노동을 필요로 한다. 그래도 많은 노동을 필요로 하는 것은 아니다. 미개하고 야만적인 민족 사이에서는 국민의 대다수를 만족시킬 수 있는 옷과 집을 마련하는 데 1년치 노동의 100분의 1, 또는 그것을 약간 넘는 노동으로 충분할 것이다. 나머지 100분의 99로도 그들의 식량을 겨우 해결하는 일이 흔히 있다.

그러나 토지의 개량과 경작으로 한 가족의 노동이 두 가족에게 식량을 공급할 수 있게 되면, 사회의 절반의 노동이 모두의 식량을 공급하는 데 충분하게 된다. 따라서, 나머지 절반, 또는 적어도 절반의 대부분은 다른 것을 공급하는 데, 즉 인류의 다른 욕망이나 기호를 충족시키는 데 쓰일 수 있다. 옷·집·가구 및 이른바 가정용품*²²은 그런 욕망이나 기호의 주요 대상이다. 부유한 사람이 가난한 이웃보다 많은 식량을 소비하는 것은 아니다. 질은 매우 다를지 모르고, 그것을 선택하고 만드는 데 필요한 노동과 기술도 많이 들지 모른다. 그러나 양에 있어서는 거의 같다. 하지만 전자의 넓은 저택과 큰 옷장을 후자의 오두막이나 몇 벌의 누더기 옷과 비교해 보면, 그들의 옷과 집, 가정용품 사이에는 양에 있어서도 질의 차이와 거의 마찬가지로 큰 차이가 있다는 것을 알 수 있다. 먹을 것에 대한 욕구는 인간의 위의 용량에 의한 제약이 있지만, 건물·옷·가구·가정용품 같은 편의품과 장식품에 대한 욕구에는, 제한도 일정한 한계도 없는 것 같다.

따라서 자기들이 다 소비할 수 없을 정도로 많은 식량을 지배할 수 있는 사람들은 그 잉여분, 또는 같은 말이지만 그 잉여분의 값을 다른 종류의 욕망에 대한 충족과 기꺼이 교환한다. 한정된 욕망을 충족시키고 남는 부분이 그런 욕망을 즐기는 데 할애되지만, 그것은 충족되기는커녕 완전히 무제한으로 보인다. 가난한 사람들은 먹을 것을 얻기 위해 부유한 사람들의 그 기호를 채워 주는 데 노력하고, 또 그것을 더욱 확실하게 얻기 위해 자신들의 노동을 더 싸고 더 완전한 것으로 만들기 위해 서로 경쟁한다. 노동자의 수는 식량의 양이 증가하는 데 따라, 즉 토지의 개량과 경작이 진보함에 따라 증가한다. 그리고 그들이 하는 일의 성질이 노동의 극도의 세분을 허용하기 때문에, 그들이 가공할 수 있는 재료의 양은 그들의 수보다 훨씬 큰 비율로 증가한다. 그래서 인간의 발명에 의해 건물·옷·가구·가정용품에 쓸모있게 또는 장식적으로

＊22 가정용품(equipage)이란 도자기·유리 등 가정용 소도구를 가리킨다. 티 세트를 티 에퀴피지 라고 한다. 옥스퍼드 영어사전에서는 스미스의 이 문장을 용례로 들고 있다.

사용할 수 있는 모든 종류의 재료, 즉 땅 속에 매장되어 있는 화석이나 광물, 귀금속 및 보석에 대한 수요가 발생한다.

그리하여 식량은 지대 본디의 원천일 뿐 아니라, 나중에 지대를 제공하는 토지 생산물의 다른 모든 부분 또한, 그 가치 가운데 지대 부분을 토지의 개량과 경작에 의한 식량생산 노동력의 개량에서 끌어 내는 것이다.

그러나 나중에 지대를 제공하는 토지 생산물의 다른 부분이 반드시 언제나 그것을 제공하는 것은 아니다. 개량되고 경작된 나라에서조차 이런 부분에 대한 수요는, 그것을 시장에 내가는 데 쓰여야 하는 노동을 지불하고, 자산의 통상이윤과 함께 회수하는 데 충분한 것보다 큰 값을 반드시 언제나 제공할 정도인 것은 아니다. 이 수요가 그런 것인가 아닌가는 여러 가지 사정에 따라 다르다.

이를테면, 어떤 탄광이 얼마만큼의 지대를 제공할 수 있느냐 하는 것은, 일부는 그 풍요도(豊饒度)에, 일부는 그 위치에 의존한다.

어떤 종류의 광산이든, 풍부한 광산이라고 불리느냐 빈약한 광산이라고 불리느냐 하는 것은, 일정량의 노동으로 거기서 캐낼 수 있는 광물의 양이, 같은 종류의 다른 광산 대부분에서 같은 양의 노동으로 캐낼 수 있는 것보다 많은가 적은가에 따라 다르다.

어떤 탄광은, 유리한 위치에 있으면서도 빈약한 광산이기 때문에 채광되지 않는 것도 있다. 그 생산물로는 비용을 조달할 수가 없고, 이윤도 지대도 얻을 수 없다.

생산물이 그 생산에 쓰여진 노동임금을 지불하고, 쓰여진 자산을 통상이윤과 함께 겨우 회수할 수 있는 탄광도 있다. 그런 탄광은 그 사업의 경영자에게 약간의 이윤을 제공하지만, 지주에게는 아무런 지대도 제공하지 않는다. 지주 자신이 그 사업의 경영자이고, 거기에 쓰이는 자본의 통상이윤을 얻지 않는 한, 아무도 이런 탄광을 이롭게 가동시킬 수 없을 것이다. 스코틀랜드의 많은 탄광은 이런 방법으로 가동되고 있으며, 다른 어떤 방법으로도 가동될 수 없다. 지주는 어느 정도의 지대를 지불하지 않으면 누구에게도 탄광을 가동시키게 하지 않을 것이고, 지대를 지불할 여유가 있는 사람은 아무도 없다.

같은 나라의 다른 탄광 중에는 풍요도는 충분한데 위치 때문에 가동할 수 없는 것이 있다. 가동 비용을 충당하는 데 충분한 광물량은, 통상의 노동량으로, 또는 그보다 적은 노동량으로도 채굴될 수 있다. 그러나 주민이 적고 좋은 도로나 수운이 없는 오지에서는 그만한 양을 판매할 수 없다.

석탄은 목재만큼 쾌적한 연료가 아니고, 더욱이 건강상으로도 목재보다 못하다고 한다. 따라서 석탄의 비용은 그것이 소비되는 곳에서는 일반적으로 목재의 비용보다 약간 낮을 것이 틀림없다.

목재값은 또 가축값과 거의 같은 방법과 같은 이유로 농업의 상태에 따라 변화한다. 농업이 발달하지 않았던 초기에는 각국의 대부분이 수목에 덮여 있었기 때문에, 그 당시 수목은 지주에게는 가치 없는 방해물에 지나지 않았고, 누구든지 벌채해 간다고 하면 기꺼이 허락했다. 농업이 진보함에 따라 숲의 일부는 경작의 확대로 개척되고 일부는 가축 수의 증가로 인해 감소해 간다. 가축은 전면적으로 인간의 근로의 성과인 곡물과 똑같은 비율로 증가하지는 않지만, 인간의 배려와 보호 아래서 증식한다. 인간은 사료가 부족한 철에 가축을 사육할 수 있는 것을, 풍부한 철에 비축하고, 또 1년 전체를 통해서 경작되지 않은 자연이 가축에 주는 것보다 많은 식물을 가축에 공급한다. 그리고 가축의 적을 멸망시키고 소멸시킴으로써, 자연이 주는 모든 것을 가축이 자유롭게 누릴 수 있도록 확보해 주는 것이다.

많은 가축 떼가 숲 속을 제멋대로 돌아다니도록 내버려 두면, 늙은 나무를 손상시키지는 않지만 어린 나무의 싹이 자라지 못하게 방해하기 때문에 1세기나 2세기가 지나는 동안 숲 전체가 파괴되어 버린다. 그때는 목재의 부족이 그 값을 높인다. 그것은 충분한 지대를 제공하고, 지주는 이따금 가장 좋은 토지를 유효하게 사용하는 방법으로서 목재용 수목을 키우는 것보다 나은 것은 거의 없다는 것을 안다. 그 이윤의 크기가 수익의 회수가 지연되는 것을 보상해 주기 때문이다. 이것은 현재 그레이트브리튼의 몇몇 지방에서는 거의 실상에 가깝다고 생각된다. 그곳에서는 식림(植林)의 이윤이 곡물 또는 목초 재배 이윤과도 같다는 것이 알려져 있다. 지주가 식림에서 얻는 이익은 어디서나 적어도 상당한 기간에 걸쳐, 곡물이나 목초가 제공할 수 있는 지대를 넘을 수는 없다. 또 경작이 진행되고 있는 내륙 지방에서는, 이 이익은 때때로 이 지대에 아주 밑도는 정도는 아닐 것이다. 만일 석탄을 연료용으로 편리하게 얻을 수 있다면, 경작이 뒤떨어진 외국에서 재목을 가져오는 편이, 국내에서 생산하는 것보다 싸게 먹힐 수가 있다. 지난 몇 년 동안 건설된 에든버러의 신시가지*²³에는 스코틀랜드산 재목은 아마 한 토막도 없을 것이다.

목재값이 얼마이든, 석탄값이 비싸고, 석탄을 때는 비용이 장작을 때는 비용과 거의 맞먹는다면, 그 곳에서는, 또 그런 사정 아래에서는 석탄값은 가능한 한 가장 높다고 믿어도 된다. 잉글랜드의 몇몇 내륙 지방, 특히 옥스퍼드셔에서 그런 것 같다. 거기서는 서민들이 불을 땔 때도 석탄과 장작을 섞는 것이 통례이며, 따라서 그곳에서는 이 두 종류의 연료비가 그다지 큰 차이가 없다.

탄광 지방에서 석탄값은 어디서나 이 최고가격보다 훨씬 싸다. 만일 그렇지 않다면, 그것은 육로나 수로로 먼 거리에 수송하는 비용을 부담할 수 없을 것이다. 적은 양밖에 팔리지 않을 것이고, 탄광 경영자와 탄광 소유자들은 최고가격으로 적은 양을 파는 것보다 최저보다 조금 높은 값으로 많은 양을 파는 편이 유리하다는 것을 안다. 산출량이 가장 많은 탄광이 인근의 다른 모든 탄광의 석탄값을 규제한다. 그 사업의 소유자와 경영자는 인근의 모든 동업자보다 조금 싸게 팖으로써, 소유자는 더 많은 지대를, 경영자는 더 많은 이윤을 얻을 수 있다는 것을 안다. 그들의 이웃은 곧 같은 값으로 팔지 않을 수 없게 되는데, 그들에게는 그렇게 할 충분한 여유가 없으니, 그렇게 되면 그들의 지대와 이윤은 함께 감소하고, 때로는 아주 없어져 버리는 수도 있다. 어떤 탄광은 완전히 폐기되고, 더러는 지대를 제공할 수 없으므로 소유자에 의해서만 경영될 수 있을 뿐이다.

상당한 기간에 걸쳐 석탄이 팔릴 수 있는 최저가격은, 다른 모든 상품가격과 마찬가지로 그것을 시장에 내가는 데 쓰이는 자산을 그 통상이윤과 함께 겨우 회수할 수 있는 값이다. 지주가 지대를 얻을 수 없고, 자기가 경영하거나 그렇지 않으면 완전히 방치해 두는 수밖에 없는 탄광에서는 석탄값은 일반적으로 이 값에 가까울 것이다.

석탄이 지대를 제공할 수 있는 곳에서조차, 지대가 석탄값 속에서 차지하는 비율은, 다른 대부분의 토지 원생산물(原生産物)의 값에서보다 일반적으로 적다. 지상(地上) 소유지의 지대는 보통 총생산물의 3분의 1에 이른다. 그것은 일반적으로 그때그때의 수확의 변동과는 관계 없는 확정지대(確定地代)이다. 탄광에서는 총생산의 5분의 1이라고 하면 매우 큰 지대이고, 10분의 1이 일반적

---

*23 현재의 에든버러 시 안에, 철도에서 남쪽이 옛 에든버러이고, 그보다 북쪽인 프린시스·조지·퀸 대로가 신시가지로 불리는데, 1767년부터 건설이 시작되었다.

인 지대이다. 게다가 그것이 확정지대인 경우는 드물고, 그때그때의 생산 변동에 좌우된다. 이 변동이 매우 커서, 소유지의 소유권 가격으로서는 30년분의 지대가 온당한 가격으로 여겨지고 있는 나라에서도, 탄광소유권의 가격으로서는 10년분의 지대가 타당한 가격으로 여겨지고 있다.

소유자에게 있어서 탄광의 가치는, 흔히 그 풍요도와 마찬가지로 위치에 의존한다. 금속 광산의 가치는 풍요도에 의존하는 바가 크고, 위치에 대한 의존은 적다. 귀금속은 더욱더 그렇지만, 비금속(卑金屬)도 광석에서 분리되었을 때는 가치가 매우 높아서 그 때문에 매우 긴 육상 수송이나 가장 긴 해상 수송의 비용을 부담할 수 있다. 그 시장은 광산의 이웃 나라에 한정되지 않고 온세계에 미친다. 일본의 구리는 유럽에서 상품이 되어 있으며, 에스파냐의 철은 칠레와 페루의 상품이 되어 있다. 페루의 은은 유럽에 와 있을 뿐만 아니라, 유럽을 거쳐 중국에까지 이르고 있다.

웨스트모어랜드 또는 쉬롭셔의 석탄값은, 뉴캐슬의 석탄값에 거의 영향을 미치지 못하고, 리용 지방에서의 가격에는 전혀 영향을 미치지 못한다. 그와 같이 먼 거리에 있는 탄광의 생산물은 결코 서로 경쟁할 수 없는 것이다. 그러나 아주 먼 거리에 있는 여러 금속 광산의 생산품은 흔히 경쟁할 수 있고, 또 실제로 흔히 경쟁하고 있다. 따라서 세계에서 가장 생산량이 많은 광산에서의 비금속값, 하물며 귀금속값은 세계의 다른 모든 광산에서의 금속값에, 많든 적든 영향을 미치지 않을 수 없다. 일본의 구리값은 유럽의 여러 동광의 구리값에 일정한 영향을 미칠 것이 틀림없다. 페루에서의 은값, 즉 은이 그곳에서 구매하는 노동 또는 다른 재화의 양은 유럽의 은광뿐만 아니라, 중국의 은광에서의 은값에도 어느 정도 영향을 미치게 된다. 페루에서 광산이 발견된 뒤 유럽의 은광은 대부분이 폐광되고 말았다. 은 가치가 크게 떨어졌기 때문에, 그 생산물로는 은광을 가동시킬 비용을 지불하는 것, 즉 그 가동에 소비되는 의식주와 그 밖의 필수품을 이윤과 함께 회수하는 것이 이미 불가능해진 것이다. 이것은 또 포토시 은광이 발견된 뒤, 쿠바와 산토도밍고[24]의 은광에서 일어났고, 페루의 오래된 은광에서도 일어난 일이다.

따라서, 어느 광산의 어떤 금속값도, 실제로 가동하고 있는, 세계에서 가장

---

*24 산토도밍고는 아이티와 도미니카, 두 나라가 있는 섬.

생산량이 많은 광산에서의 그 금속값에 의해 어느 정도 규제되므로, 그 값은 대부분의 광산에서 가동비용을 충당하는 정도 이상은 거의 나오지 않아서 지주에게 매우 높은 지대를 제공하는 일이 좀처럼 없다. 그러므로 지대는 대부분의 광산에서 비금속값 중 작은 부분을 차지할 뿐이고, 귀금속값에서는 더 작은 부분을 차지할 뿐인 것 같다. 노동과 이윤이 그들의 대부분을 이루는 것이다.

주석 광산 지구의 교회 부감독 볼레이스 목사*[25]의 말에 의하면, 알려져 있는 한 세계에서 가장 생산량이 많은 콘월 주석 광산의 평균지대는 총생산의 6분의 1로 산정할 수 있다고 한다. 그 이상을 제공하는 것도 있는가 하면, 그만한 여유가 없는 것도 있다고 그는 말한다. 스코틀랜드의 매우 생산량이 많은 몇몇 납 광산의 지대도 또한 총생산의 6분의 1이다.

프레지에*[26]와 우요아가 말하는 바로는, 페루의 은광에서는 그 소유자는 광산 경영자로부터, 통상의 쇄광료(碎鑛料), 즉 광석을 깨는 요금을 지불하고 소유자의 쇄광장에서 광석을 깨는 것 외에는, 아무런 사례도 요구하지 않는 일이 때때로 있다는 것이다. 확실히 1736년까지 에스파냐 왕의 조세는 표준은(標準銀)의 5분의 1에 이르렀고, 이 비율은 세계에 알려져 있는 한 가장 풍부한 페루 은광의 대부분의 실제 지대로 그때까지 여겨졌는지도 모른다. 만일 거기에 조세가 없었다면, 그 5분의 1은 당연히 지주의 것이 되었을 것이고, 또 이 세금을 낼 수 없어서 가동할 수 없었던 많은 광산도 가동되었을지도 모른다.

콘월 공의 주석에 대한 세금은 그 가치의 5퍼센트, 즉 20분의 1 이상인 것으로 추정된다. 그의 비율이 어떻든, 만일 주석에 세금이 없다면, 그것도 또한 당연히 이 광산소유자의 것이 되었을 것이다. 그러나 만일 6분의 1에 20분의 1을 보태면 콘월 주석 광산의 총 평균지대는, 페루의 은광 총 평균지대에 대해서 13대 12라는 것을 알 수 있다. 페루의 은광은 현재 이 낮은 지대조차 지불

---

*25 William Borlase, *The natural history of Cornwall*, Oxford, 1758, p. 175. 볼레이스(1695~1772)는 옥스퍼드 출신의 지방사가(地方史家). 스미스는 Borlace 라고 쓰고 있다.

*26 프레지에(A. F. Frézier, 1682~1773)는 프랑스의 항해가이자 토목기사. 페루에 대해서는 다음의 저서가 있다. *A voyage to the South Sea and the coasts of Chili and Peru in the years 1712, 1713 and 1714*, London, 1717.

할 수 없으며, 은에 대한 세금은 1736년에 5분의 1에서 10분의 1로 경감되었다. 은에 대한 이 세금조차, 주석에 대한 20분의 1의 세금보다 훨씬 더 밀수에 대한 큰 유혹이 되며, 또 밀수에는 부피가 큰 상품보다 값비싼 상품이 훨씬 쉬울 것이 틀림없다.

그러므로 에스파냐 국왕의 세금은 매우 조금밖에 지불되지 않지만, 콘월 공의 세금은 매우 잘 지불되고 있다고 한다. 따라서 지대는 세계에서 가장 풍부한 은광에서의 은값의 경우보다, 세계에서 가장 풍부한 주석 광산에서의 주석값의 경우가, 더 큰 부분을 차지한다 것은 충분히 있을 수 있는 일이다. 그런 여러 가지 광산을 가동시키는 데 쓰이는 자산을, 그 통상이윤과 함께 회수한 뒤에 소유자에게 남는 잉여는, 귀금속의 경우보다 비금속의 경우가 큰 것처럼 여겨진다.

은광 경영자의 이윤도 페루에서는 그리 크지 않다. 앞에서 말한 가장 존경할 만하고 가장 사정에 밝은 저자들에 의하면, 페루에서 새로운 광산을 경영하려 하는 자는 누구든 일반적으로 파산과 파멸의 운명을 진 자로 여겨지며, 그런 이유로 모든 사람들에게서 기피당하고 경원당한다는 것이다. 광산업은 거기서도 이곳과 마찬가지로 복권 같은 것으로 생각되고 있는 모양이다. 몇 명의 당첨자가 수많은 모험가를 유혹하여 이런 전망 없는 사업에 재산을 쏟아 붓게 하지만, 당첨된 복권이 공친 복권을 보상해 주지는 않는다.

그러나 주권자(主權者)는 은광의 생산물에서 수입의 상당한 부분을 얻고 있으므로, 페루의 법률은 새 광산의 발견과 경영을 될 수 있는 대로 장려하고 있다. 새 광산을 발견하는 사람은 누구든지 광맥의 방향이라고 자신이 생각하는 방향을 향해, 길이 246피트와 그 절반의 폭을 측량하여 가지는 권리가 주어진다. 그는 그 광산의 이 부분에 대한 소유자가 되어, 지주에게 아무런 사례도 하지 않고 그것을 가동할 수 있다.

콘월 공도 자신의 이익을 위해서 그의 오랜 공작령(公爵領)에 이것과 거의 같은 종류의 규제를 만들었다. 울타리를 둘러치지 않은 황무지에서 주석 광산을 발견한 자는, 누구든지 일정한 면적까지 경계를 구획해도 좋은 것으로 했고, 그것은 광산의 경계 설정이라고 불리고 있다. 경계 설정자는 그 광산의 실제 소유자가 되며, 토지소유자의 동의 없이 그것을 자기가 경영해도 되고, 타인에게 임대해도 된다. 단 경영할 때는 토지소유자에게 아주 소액의 사례금을 지불하지 않으면 안 된다. 이 두 가지 법규에서는 사유재산의 신성한 권리는 공공수입(公共收入)이라는, 가정 속의 이익을 위해 희생이 되고 있는 것이다.

페루에서는 새로운 금광의 발견과 경영도 장려하고 있는데, 금의 경우, 왕의 세금은 표준 금속의 30분의 1밖에 되지 않는다. 그 세금은 은의 경우와 마찬가지로 전에는 5분의 1, 나중에는 10분의 1이었다. 그 사업은 두 가지 조세 가운데 최저비율조차 부담할 수 없다는 것이 밝혀진 것이다. 그러나 앞에서 말한 저자들, 즉 프레지에와 우요아의 말에 의하면, 은광으로 재산을 이룬 사람이 드물다면, 금광으로 재산을 이룬 사람은 훨씬 더 보기 드물다고 한다. 이 20분의 1은 칠레와 페루의 대부분의 금광이 지불하고 있는 전체 지대인 듯하다. 금은 은보다 훨씬 밀수하기가 쉬운데, 그것은 이 금속이 부피에 비해 가치가 높기 때문이기도 하지만, 자연이 그것을 독특한 방법으로 생산하기 때문이기도 하다. 은이 순수한 형태로 발견되는 것은 매우 드물고, 일반적으로 다른 대부분의 금속처럼 뭔가 다른 물질과 혼합된 광석으로 되어 있다. 그래서 매우 시간과 품이 드는 조작을 거치지 않으면, 비용을 충당할 수 있는 양의 은을 거기서 분리하는 것은 불가능하며, 더욱이 그 조작은 그 목적을 위해 지어진 작업장에서 국왕의 관리들이 감독하는 가운데서만 실시될 수 있다.

이에 반해 금은 거의 언제나 순수한 형태로 발견된다. 그것은 때로는 덩어리로 발견되기도 한다. 또 작아서 거의 눈에 띄지 않는 입자로서 모래나 흙, 그 밖의 이물질과 섞여 있을 때도, 단시간의 간단한 작업으로 분리할 수 있다. 그 작업은 누구나 적은 양의 수은만 있으면 자기 집에서도 할 수 있다. 그러므로, 만일 은에 대해서 왕에게 세금을 바치는 것이 나쁘다면, 금에 대해서는 훨씬 더 나쁠 것이다. 그리고 금값에서 지대가 차지하는 비율은 은의 경우와 비교해도 훨씬 작을 것이 틀림없다.

귀금속이 팔릴 수 있는 최저가격, 즉 일정한 기간에 걸쳐 귀금속과 교환될 수 있는 다른 재화의 최소량은, 다른 모든 재화의 최저 통상가격을 정하는 것과 같은 원리에 의해 규제된다. 귀금속을 광산에서 시장에 내오는 데 일반적으로 사용되는 자산, 즉 그것을 위해 일반적으로 소비되는 의식주가 그것을 결정한다. 그것은 적어도 그 자산을 통상이윤과 함께 회수하는 데 충분한 것이 아니면 안 된다.

그러나 그런 것의 최고가격은 그 자체가 실제로 희소한가 풍부한가 하는 것 외에는, 그 무엇에 의해서도 필연적으로 결정되지는 않는 것 같다. 석탄값은 장작값에 의해 결정되며, 석탄이 아무리 부족해도 그 이상으로는 결코 올라가지 않지만, 귀금속의 최고가격이 그것처럼 다른 상품가격에 의해 결정되는 일은 없다. 금의 희소성을 어느 정도 높여 보자. 그러면 아무리 최소량이라도 다이아몬드보다 귀해져서, 훨씬 많은 다른 재화와 교환될 수 있을 것이다.

그런 금속에 대한 수요는, 일부는 그 유용성에서, 일부는 그 아름다움에서 생긴다. 철을 제외하면, 귀금속은 다른 어떤 금속보다도 쓸모가 있다.

그것은 다른 금속보다 녹이 잘 슬지 않고, 잘 더러워지지 않으므로, 청결을 유지하는 것도 전자보다 쉽다. 그렇기 때문에 식탁 또는 부엌의 도구류는 귀금속으로 만드는 것이 좋다. 은주전자는 납이나 구리, 또는 주석 주전자보다 깨끗하고, 그와 같은 성질이 금주전자를 은주전자보다 훨씬 더 좋은 것으로 되게 하고 있다. 그러나 그 금속의 주요 가치는 그 아름다움에서 오는 것으로, 이것이 그 금속을 특별히 의복과 가구 장식에 알맞은 것으로 되게 한다. 어떤 칠이나 물감도 도금보다 훌륭한 색채를 낼 수 없다. 아름다움이라는 귀금속의 가치는 그 희소성에 의해 크게 올라간다. 대부분의 부유한 사람들에게 부(富)가 주는 즐거움은 그 부를 남에게 과시하는 데 있는데, 그들의 눈으로 보면, 그들 이외에 아무도 가질 수 없는 부의 결정적인 표시를 가지고 있는 것처럼 보일 때만큼, 완전하게 그것을 과시할 수 있는 일은 없는 것이다. 그들이 보는 바로는, 약간 쓸모 있거나 아름다운 어떤 것의 가치는, 그 희소성에 의해, 즉 그것을 상당히 많이 모으는 데 필요한 많은 노동, 다시 말해, 그들 외에는 아무도 지불할 수 없는 노동에 의해 높아진다. 그들은 그런 것을, 그보다 훨씬 아름답고 유용하지만 그보다 흔한 것보다 높은 값으로 사들인다.

이런 유용성·아름다움·희소성이라는 성질은, 그런 귀금속의 값이 높은 이유, 즉 어디서나 그것으로 교환할 수 있는 다른 재화의 양이 많은 본디의 이유이다. 이 가치는 귀금속이 주화로서 쓰이는 것에 선행하고, 또 그것과는 관계가 없으며, 이 성질이 귀금속을 그런 사용에 알맞은 것으로 되게 한 것이다. 그러나 그렇게 쓰이는 것은 새로운 수요를 불러일으킴으로써, 또 다른 용도로 쓰일 수 있는 양을 감소시킴으로써, 그 뒤에는 가치의 유지 또는 증가에 이바지했을지도 모른다.

보석에 대한 수요는 순전히 그 아름다움에서 발생한다. 그것은 장식품으로서 외에는 아무런 가치가 없다. 또 그 아름다움이란 가치는 그 희소성에 의해, 즉 광산에서 그것을 취득할 때의 어려움과 비용에 의해서 크게 높아진다. 따라서, 대부분의 경우 임금과 이윤이 그 높은 값의 거의 모두를 차지한다. 지대는 매우 조그만 몫밖에 차지하지 못하고, 때로는 전혀 몫이 없는 경우도 있다. 상당한 지대를 제공하는 것은 가장 풍부한 광산뿐이다. 보석상인 타베르니에*27가 골콘다와 비지아푸르*28의 다이아몬드 광산을 방문했을 때, 자신의 이익을 위해 그런 광산을 경영하고 있었던 그 나라의 주권자는, 가장 크고 아름다운 다이아몬드를 산출하는 광산을 제외하고 나머지는 모두 폐쇄하도록 명령했다는 것을 알았다. 다른 광산은 소유자에게 있어서 경영할 만한 가치가 없었던 것 같다.

귀금속과 보석의 값이 전세계 어디서나, 세계에서 가장 풍부한 광산에서의 값에 의해 규제되고 있으므로, 귀금속 또는 보석의 광산이 소유자에게 가져다 주는 지대는 그 절대적인 풍요도가 아니라 상대적인 풍요도라고 부를 만한 것, 즉 같은 종류의 다른 광산에 대한 그 광산의 우월성에 비례한다. 만일 포토시 광산이 유럽의 광산보다 뛰어난 것만큼 포토시 광산보다 훨씬 뛰어난 새 광산이 발견된다면, 포토시 광산마저 경영할 만한 가치가 없을 정도로 은의 가치는 떨어져 버릴지도 모른다. 에스파냐령 서인도 제도가 발견되기 전까지, 유럽에서 가장 풍부한 광산은, 페루의 가장 풍부한 광산이 오늘날 그렇게 하고 있는 것처럼 큰 지대를 소유자에게 제공하고 있었을 것이다. 은의 양은 훨씬 적었더라도 같은 양의 다른 재화와 교환되었을지 모르고, 소유자의 몫도 같은 양의 노동 또는 상품을 구매 또는 지배할 수 있을 정도였을지 모른다. 생산물의 가치와 지대의 가치, 즉 그런 것들이 사회와 소유자 양쪽에게 제공한 실질적인 수입은 같았을지도 모른다.

＊27 타베르니에(Jean Baptiste Tavernier, 1605~1689)의 저서는 *Les six voyages de Jean Baptiste Tavernier, en Turquie, en Perse, et aux Indes*, Paris, 1679(ASL 1637) 및 *Recueil de plusieurs relations et traites singuliers & curieux* …, Paris, 1679(ASL 1638). 타베르니에는 광산이 폐쇄된 것은 보석에 관한 사기에 의한 것이라 썼다.

＊28 골콘다와 비지아푸르는 16세기 인도의 왕국.

가장 풍부한 귀금속 또는 보석 광산도, 세계의 부에는 거의 아무것도 보태 주지 못할 것이다. 어떤 생산물의 가치가 주로 그 희소성에 있다면, 그 생산물이 풍부해지면 해질수록 가치는 필연적으로 떨어진다. 한 벌의 식기와 그밖에 하잘것없는 옷이나 가구의 장식류는, 전보다 적은 양의 노동으로, 또는 전보다 적은 양의 상품으로 구매할 수 있을 것이고, 그 풍부함에서 세계가 얻을 수 있는 유일한 이익은 이 점에 있을 것이다.

지상의 소유지에서는 사정이 다르다. 그 생산물 가치와 지대의 가치는 그 상대적인 비옥도가 아니라 절대적인 비옥도에 비례한다. 일정량의 의식주를 생산하는 토지는, 언제나 일정수의 사람들에게 의식주를 제공할 수 있다. 지주의 몫이 얼마가 되든, 그것은 언제나 그런 사람들의 노동에 대해, 그리고 그 노동이 그에게 공급할 수 있는 상품에 대한 몫에 비례하는 지배권을 그에게 줄 것이다. 가장 메마른 토지의 가치도, 가장 기름진 토지가 인접해 있음으로써 감소하는 것은 아니다. 오히려 그것으로 증대되는 것이 보통이다. 기름진 토지에 의해 부양되는 많은 사람들은 거친 땅에서 생산되는 생산물의 많은 부분에 시장을 제공하게 된다. 그 시장은 거친 땅 자체의 생산물이 부양할 수 있는 사람들 사이에서는 결코 형성될 수 없는 것이다.

식량 생산에 대한 토지의 비옥도의 증가는 어떤 것이든 개량이 실시된 토지의 가치를 증대시킬 뿐 아니라, 다른 많은 토지의 생산물에 대해 새로운 수요를 만들어 냄으로써 그런 토지의 가치 증대에도 마찬가지로 이바지한다. 토지개량의 결과로 많은 사람들이 스스로 소비할 수 있는 것을 넘어서 마음대로 처분할 수 있게 된 풍부한 식량은, 귀금속이나 보석에 대한 수요를 옷·집·가구, 가정용품 같은 다른 모든 편의품과 장식품에 대한 수요와 함께 만들어 내는 커다란 원인이다. 식량은 세계의 부의 주요 부분을 이룰 뿐 아니라, 다른 많은 종류의 부에 가치의 주요 부분을 주는 것도 식량의 풍부함이다. 쿠바와 산토도밍고의 가난한 일반 주민들은, 에스파냐 사람들에게 처음으로 발견되었을 때 자신들의 머리와 옷에 작은 금 조각을 장식품으로 달고 있는 것이 보통이었다. 그들은 그런 금 조각을, 우리가 다른 것보다 두드러지게 깨끗하고 고운 조약돌을 평가하는 정도로밖에 평가하지 않았던 것 같으며, 다만 주워둘 만한 가치는 있지만 그것을 누군가가 가지고 싶다고 청하면 거절할 만한 가치가 없는 물건으로 여긴 것 같다. 그들은 손님들이 그것을 달라고 했을 때

서슴지 않고 주었으며, 무언가 값비싼 선물을 했다고 생각하는 것 같지도 않았다.

그들은 에스파냐 사람들이 그것을 획득하려고 열광하는 모습을 보고 놀랐다. 그리고 자신들에게는 언제나 이렇게도 부족한 식량을 수많은 사람들이 넘칠 정도로 자유롭게 누릴 수 있는 나라가, 어딘가에 존재할 수 있다고는, 그리고 그들이 매우 적은 양의 싸구려 장식품과 맞바꾸어, 많은 사람들이 가족 모두를 몇 해에 걸쳐 부양할 수 있을 만한 많은 식량을 기꺼이 가져다 주리라고는 생각지 못했다. 만일 그들에게 이것을 이해시킬 수 있었다면, 에스파냐 사람들의 열광도 그들을 놀라게 하지는 않았을 것이다.

제3절 언제나 땅값을 제공해주는 종류의 생산물이 가지는 각각의 가치 사이 비율 변동에 대하여

개량과 경작이 증대한 결과 식량이 풍부해지면, 필연적으로 식량이 아닌 토지 생산물, 실용 또는 장식에 이용할 수 있는 토지 생산물의, 모든 부분에 대한 수요를 증가시키게 된다. 따라서 개량이 진행되는 모든 과정을 통해 그 다른 두 종류의 생산물의 비교가치에는 단 하나의 변동밖에 없다는 것을 예상할 수 있다. 때로는 지대를 제공하고, 때로는 제공하지 않는 종류의 생산물의 가치는, 언제나 약간의 지대를 제공하는 생산물의 가치에 따라 끊임없이 상승할 것이다. 기술과 산업이 발달함에 따라, 옷과 집의 여러 재료, 땅 속의 쓸모 있는 화석(化石)과 광물, 그리고 귀금속과 보석은 차츰 더 많은 수요가 생기게 되고, 차츰 더 많은 양의 식량과 교환될 것이다. 바꾸어 말하면 차츰 더 값이 비싸질 것이다. 따라서 이것은 대개의 경우, 그런 것들 가운데 대부분이 사실이었고, 또 특정한 우발적 사건이 일어나는 경우에, 그 가운데 어떤 것의 공급을 수요보다 더 큰 비율로 증대시키기라도 하지 않는 한, 모든 경우, 모든 것이 사실이었을 것이다.

이를테면, 사암(砂巖)이나 석회암 등의 채석장의 가치는, 그 주변 지방의 개량과 인구증대에 따라 필연적으로 증대할 것이고, 만일 그 채석장이 인근에서 유일한 것이라면 특히 그럴 것이다. 그러나 은광의 가치는, 거기서 천 마일 이내에 다른 은광이 없더라도, 그것이 위치한 지방의 개량과 함께 필연적으로 증대하는 것은 아니다. 채석장의 생산물에 대한 시장이 그 주변으로 수 마일 이상 퍼지는 일은 드물고, 그 수효도 일반적으로 그 작은 지역의 개량과 인구에 비례할 것이 틀림없다. 그러나 은광의 생산물에 대한 시장은, 알려져 있는 한 온 세계에 미칠 수 있다. 그러므로 세계 전체의 인구와 개량이 증가하지 않으면 은에 대한 수요는 그 광산의 이웃에 있는 큰 나라가 개량된다 해도 그것에 따라 증대하는 일은 전혀 없을 것이다. 이를테면, 설령 세계 전체가 개량되고 있다 해도, 그 개량 과정에서 이미 알고 있는 어느 광산보다 풍부한 새 광산이 발견된다면, 은에 대한 수요는 필연적으로 증대하겠지만 공급이 훨씬 큰 비율로 증대할 것이므로, 그 금속의 실질가치는 차츰 내려갈 수 있다. 즉 일정량, 이를테면 1파운드의 은이 구매하거나 지배하는 노동의 양은 차츰 적어질 것이다. 즉, 그것과 교환할 수 있는 노동자의 중요한 생활 자료인 곡물의 양은 차츰 적어질 수 있는 것이다.

은에 대한 큰 시장은 세계에서도 상업적이고 문명화한 지역이다.

만일 개량이 전반적으로 진행됨에 따라 이 시장의 수요가 증가하고, 또한 공급이 동시에 그것과 같은 비율로 증가하지 않는다면, 은의 가치는 곡물의 가치에 비해 차츰 상승할 것이다. 일정량의 은은 차츰 더 많은 양의 곡물과 교환될 것이고, 따라서 곡물의 평균 화폐가격은 차츰 더 싸질 것이다.

반대로, 만일 공급이 어떤 우발적인 사건으로 몇 해 동안 줄곧 수요보다 큰 비율로 증가한다면, 그 금속값은 차츰 싸질 것이고, 따라서 곡물의 평균 화폐가격은 모든 개량에도 불구하고 차츰 더 올라갈 것이다.

그러나 만일 그 금속의 공급이 수요와 같은 비율로 증가한다면, 그것은 계속해서 거의 같은 양의 곡물을 구매하거나 그것과 교환될 것이고, 곡물의 평균 화폐가격은 모든 개량에도 불구하고 계속해서 거의 같을 것이다.

개량이 진행될 때 일어날 수 있는 모든 현상의 조합은 이 세 가지로 집약할 수 있을 것 같다. 그리고 프랑스와 그레이트브리튼에서 일어난 일에서 판단하는 한, 현세기에 앞선 4세기 동안, 이 세 가지의 다른 배합은 모두, 유럽의 시장에서, 내가 여기서 설명한 것과 거의 같은 순서로 발생한 듯하다.

1. 과거 4세기 동안에 있었던 은의 가치 변동에 관한 이야기

●제1기

1350년과, 그전 몇 년 동안 잉글랜드의 밀 1쿼터의 평균가격은, 타워중량*29으로 은 4온스보다 낮게 평가되는 일은 없었던 모양이다. 은 4온스는 우리의 현재 화폐로 약 20실링에 해당한다. 이 값에서 밀값은 차츰 내려가서, 우리의 현재 화폐로 약 10실링에 해당하는 은 2온스가 된 것 같다. 이것은 우리가 아는 바로는 16세기 초에 평가된 밀값으로, 약 1570년까지 줄곧 이 값으로 평가되었던 것으로 추정된다.

에드워드 3세 25년인 1350년에 이른바 노동자법이 제정되었다. 그 전문(前文)은 주인에게 임금 인상을 요구하는 하인들의 불손함에 대한 불만을 얘기하고 있다. 그래서 이 법률은 다음과 같이 규정했다. 장차 모든 하인과 노동자는, 현 국왕의 제20년과 그에 앞선 4년 동안 관습적으로 받아온 것과 같은 임금과 제복*30(제복이라 하면 그때는 옷뿐만 아니라 식료품도 의미했다)에 만족해야 하고, 또 그 이유로 제복으로서의 밀은 어디서나 1부셀에 10펜스 이상으로 평가해서는 안 되며, 그들에게 밀과 화폐 중 어느 쪽을 지급하느냐 하는 것은 언제나 주인의 선택에 있다고 한 것이다. 따라서 1부셀에 10펜스라는 값은 에드워드 3세 25년에 밀의 매우 온당한 값으로 여겨졌던 것이며, 하인에게 식료품이라고 하는 통상의 제복 대신 이것을 받도록 하기 위해서는 특별한 법률이 필요했던 것이다. 그리고 그보다 10년 전, 즉 이 법률이 언급한 시기인 에드워드 3세 16년에는, 이 값은 합리적인 것이라고 생각되었다. 그러나 에드워드 3세 16년에는 10펜스가 타워중량으로 약 반 온스의 은이 들어 있고, 그것은 현 화폐의 반 크라운과 같다. 그러므로, 타워중량으로 은 4온스는 그 시대의 화폐 6실링 8펜스와 같고, 현 화폐의 거의 20실링에 해당하며, 이것이 8부셀인 1쿼터의 밀의 온당한 값으로 여겨지고 있었던 것이 틀림없다.

이 법률은 확실히 그 시대에 타당한 곡류값으로 여겨졌던 것에 대해서는, 역사가와 다른 저술가들이 일반적으로 기록한 몇몇 특정한 해의 값보다 훌륭

---

*29 타워중량(Tower-weight)은 런던탑에 있는 표준 파운드에 의한 중량.
*30 제복(livery)은 봉건 영주가 신하에게 준 제복(군장)이었지만, 나중에는 여기서 말한 것처럼 현물 급여를 의미하게 되었다.

한 증거로서, 그들의 기록은 이례적인 높은 값이나 낮은 값에 의한 것이어서, 거기서 통상가격이 어느 정도였는지 판단하기란 어려운 일이다. 게다가, 14세기 초와 그 이전의 어느 기간 동안, 밀의 일반적인 값이 1쿼터에 은 4온스 이하는 아니었으며, 다른 것의 값도 거기에 준하고 있다고 믿을 만한 다른 이유들이 있다.

1309년 캔터베리에 있는 성 아우구스티누스 수도원의 부원장 랄프 드 본은 자신의 서임기념일에 연회를 베풀었다. 그 연회의 식단표뿐만 아니라 많은 품목의 값에 대해서도 윌리엄 손이 기록을 남겨 두었다. 그 연회에서 소비된 것은, 첫째로는 19파운드가 든 밀 53쿼터, 즉 1쿼터에 7실링 2펜스이며, 지금의 화폐로 약 21실링 6펜스와 같다. 둘째로는 17파운드 10실링이 든 맥아 58쿼터, 즉 1쿼터에 6실링이며, 지금의 화폐로 약 18실링과 같다. 셋째로는 4파운드가 든 귀리 20쿼터, 즉 1쿼터에 4실링이며, 지금의 화폐로 약 12실링과 같다. 여기서의 맥아와 귀리값은 밀값에 대한 일반적인 비율보다 높은 것으로 생각된다.

이러한 값은 이례적으로 비싸거나 싸다고 해서 기록한 것이 아니라, 호화롭기로 유명했던 연회에서 소비된 많은 양의 곡류에 대해 실제로 지불된 값으로서 부수적으로 적어 놓은 것이다.

헨리 3세 51년인 1262년에, '빵과 에일맥주*31의 공정가격'이라고 하는 해묵은 법률이 부활되었다. 왕은 그 전문에서, 이 법률은 일찍이 잉글랜드 왕이었던 그의 조상들 시대에 제정된 것이라고 밝히고 있다. 따라서 아마 적어도 그의 조부 헨리 2세 시대까지 거슬러 올라가는데, 어쩌면 더 멀리 노르만 정복*32 만큼 오래된 것인지도 모른다. 그것은 그때그때의 밀값을 당시의 화폐로 1쿼터에 2실링에서 20실링 사이로 하고, 그 값에 따라서 빵값을 규제하고 있다. 그러나 이런 법률은 중간값으로부터의 모든 벗어남, 즉 그 이상으로의 벗어남과 그 이하로의 벗어남을 똑같이 경계하여 제정된 것으로 일반적으로 추정된다. 따라서 이 법률에 의하면, 타워중량으로 은 6온스가 들어 있는 10실링, 현재의 화폐로 약 30실링 이것이 처음 제정된 당시의 밀 1쿼터의 중간값으로 여겨졌음이 확실하고, 헨리 3세 51년에도 계속 그랬던 것이 틀림없다. 그러므로 이 중간값이 이 법률이 규정하는 빵의 최고값의 3분의 1 이하, 즉 타워중량

---

*31 에일(ale)은 홉을 사용하지 않은 맥주를 가리켰지만, 지금은 일반적인 맥주와 차이가 없다.
*32 노르만인의 영국 정복은 1066년.

으로 은 4온스가 들어 있는 당시의 화폐 6실링 8펜스 이하는 아니었던 것으로 생각해도 크게 틀린 것은 아닐 것이다.

이런 여러 가지 사실에서, 14세기 중엽과 그전의 상당한 기간에 밀 1쿼터의 평균 또는 통상가격은, 타워중량으로 은 4온스 이하는 아닌 것으로 결론을 내려도 좋을 것 같다.

14세기 중엽부터 16세기 초까지, 밀의 타당하고 적절한 값, 즉 통상 또는 평균가격은, 차츰 이 값의 약 절반으로 내려가, 마침내 타워중량으로 은 약 2온스, 현재의 화폐로 약 10실링과 같은 값까지 하락한 것으로 추정된다. 밀은 1570년 무렵까지 줄곧 이 값으로 평가되었다.

1512년에 작성된 제5대 노섬벌랜드 백작인 헨리의 가계부에는, 밀에 대해 두 가지의 다른 평가가 있다. 하나는 1쿼터에 6실링 8펜스로 계산되었고, 하나는 불과 5실링 8펜스로 계산되어 있다. 1512년의 6실링 8펜스는 타워중량으로 불과 은 2온스밖에 들어 있지 않았고, 현재의 화폐로 약 10실링에 해당한다.

에드워드 3세 25년부터 엘리자베스의 시대 초기까지 200년이 넘는 동안, 6실링 8펜스가 계속해서 밀의 타당하고 적절한 값, 즉 통상 또는 평균가격으로 여겨지고 있었음을 몇 가지 법률을 통해 알 수 있다. 그러나 이 명목금액에 들어 있는 은의 양은, 주화에 대해 실시된 몇 차례의 변경 결과, 이 기간을 통해 계속해서 감소했다. 그러나 은 가치의 증대가 같은 명목금액에 들어 있는 은의 양의 감소를 크게 보충했으므로, 입법부는 이 사정을 문제삼을 필요가 없다고 생각했다.

이리하여 1436년에는, 밀값이 6실링 8펜스까지 내려간 경우에는 허가 없이 수출해도 된다고 법으로 정해졌다. 또 1463년에는, 값이 1쿼터에 6실링 8펜스를 넘지 않으면 밀을 수입할 수 없는 것으로 제정되었다. 입법부는, 값이 그만큼 낮으면 수출해도 아무런 지장이 없지만, 만일 그보다 높아지면 수입을 허락하는 것이 현명하다고 생각한 것이다. 그러므로 현재의 화폐로 13실링 4펜스에 들어 있는 은(에드워드 3세 때 같은 명목금액에 들어 있었던 양보다 3분의 1이 적다)과 거의 같은 양의 은이 들어 있는 6실링 8펜스가 그 시대의 이른바 타당하고 알맞은 값으로 여겨지고 있었던 것이다.

1554년에는 필립 및 메리 1~2년의 법률에 의해서, 또 1558년에는 엘리자베스 1년의 법률에 의해 밀의 수출은, 1쿼터의 값이 6실링 8펜스를 넘으면 마찬가지로 언제든지 금지되었다. 그때의 6실링 8펜스는 현재의 같은 명목금액보다 2펜스 많은 은밖에 들어 있지 않았다. 그러나 곧 알게 된 것은, 밀의 수출을 값이 그토록 낮아질 때까지 저지하는 것은, 실제로는 전면적으로 금지하는 거나 같다는 것이었다. 그래서 1562년 엘리자베스 5년의 법률에 의해, 1쿼터의 값이 10실링을 넘지 않을 때는 언제라도 일정한 항구에서 밀을 수출하는 것이 허가되었다. 그 10실링은 현재의 같은 명목금액과 거의 같은 양의 은이 들어 있었다. 따라서 이 값이 그때는 밀의 이른바 타당하고 알맞은 값으로 여겨지고 있었던 셈이다. 그것은 1512년, 노섬벌랜드 백작의 가계부에 기록된 금액과 거의 일치한다.

마찬가지로 프랑스에서도 곡류의 평균가격이 15세기 말과 16세기 초에는 그전 2세기보다 훨씬 낮았던 사실이, 뒤프레 드 생 모르*³³와 《곡류 정책론》*³⁴의 우아한 저자에 의해 기록되어 있다. 그 값은 같은 기간에 유럽의 대부분에서 아마 똑같이 하락했을 것이다.

곡물가치에 비해 은의 가치가 이처럼 상승한 것은, 개량과 경작이 증대한 결과 이 금속에 대한 수요가 증대했는데도 공급은 그 동안 계속해서 종전 그대로였던 것에 전적으로 기인하거나, 수요는 계속해서 전과 같은데도 그 당시 세계에 알려져 있었던 광산의 대부분이 매우 고갈되고, 따라서 채굴 비용이 크게 늘어났기 때문에 공급이 차츰 감소한 것에 전적으로 기인하는지도 모르며, 어쩌면 이 두 가지 사정이 서로 부분적으로 원인이 된 것일 수도 있다. 15세기 말과 16세기 초에, 유럽의 대부분은 그 이전의 몇몇 시대보다 안정된 정치 형태에 가까워지고 있었다. 안정성의 증대는 자연히 산업과 개량을 증대시키고, 귀금속에 대한 수요도 다른 모든 사치나 장식에 대한 수요와 마찬가지로 부의 증대에 따라 자연히 증대한다. 연간 생산량이 증가하면, 그것을 유통시키기 위해 전보다 많은 양의 주화가 필요해진다. 그리고 부자의 수가 증가하면, 더 많은 은식기와 그밖의 은제 장식품도 필요해질 것이다. 또 그 당시 유럽 시장에

---

*33 뒤프레 드 생 모르(Nicolas François Dupré de Saint Maur, 1659?~1774)는 프랑스의 회계관리로 아카데미 회원. 스미스가 인용한 것은 그가 익명으로 출판한 *Recherches sur la valeur des monnoies, et sur le prix des grains, avant et après le Concile de Francfort*, Paris, 1762(ASL 556).

*34 [C. J. Herbert], *Essai sur la police générale des grains, sur leurs prix et sur les effects de l'agriculture*, Berlin, 1757(ASL 772). 에르베르(1700~1758)는 농업을 중시하고 곡물 거래의 자유화를 주장했다는 의미에서, 중농학파의 선구자로 여겨진다.

은을 공급하고 있던 광산의 대부분이 매우 고갈되어 있어서, 경영에 더욱 비용이 들었을 거라고 추정하는 것도 당연하다. 그런 광산의 대부분은 로마인 시대부터 경영되어 온 것이었다.

그러나 옛날의 상품값에 대해 기록한 사람들의 대부분은, 노르만 정복 이래, 어쩌면 율리우스 카이사르의 침입 이래*35 아메리카에서 광산을 발견하기까지, 은의 가치는 끊임없이 감소해 왔다는 의견이었다. 그들이 이 의견에 이른 것은, 하나는, 그들이 곡물과 그 밖의 토지 원생산물의 값에 대해 관찰할 기회가 있었기 때문이고, 또 하나는 어느 나라에서나 부의 증대와 더불어 은의 양도 자연히 증가하므로 그 가치는 그 양의 증가와 함께 감소한다는 통념 때문인 것으로 생각된다.

곡물값에 대한 그들의 관찰에 있어서, 세 가지 사정이 때때로 그들을 잘못 인도한 것으로 보인다.

첫째로, 옛날에는 거의 모든 지대(地代)가 현물, 즉 일정량의 곡물·가축·가금(家禽)류 등으로 지불되었다. 그러나 이따금 지주가 차지인에 대해 해마다의 지불을 현물로 요구하느냐, 아니면 그 대신 일정액의 화폐로 요구하느냐 하는 것은 지주의 자유 의사로 한다는 것을 계약 조항으로 정하는 일이 있었다. 이런 방법으로 현물 지불이 일정액의 화폐로 대체되는 경우의 값을, 스코틀랜드에서는 환산가격(換算價格)이라고 부른다. 현물을 받느냐 그 값을 받느냐의 선택은 언제나 지주에게 있으므로, 차지인의 안전을 위해 환산가격이 평균시장가격을 웃도는 것보다는 밑돌게 할 필요가 있다. 따라서 많은 곳에서는 환산가격이 평균시장가격의 절반보다 그다지 높지 않다. 스코틀랜드의 대부분 지방에서는, 이 관습이 가금류에 대해서 지금도 존속하고 있고, 어떤 곳에서는 가축에 대해서도 존속하고 있다. 만일, 공정곡가제도가 이 관습을 폐지하지 않았다면, 아마 그것은 곡물에 대해서도 계속 시행되고 있었을 것이다.

공정곡가란, 순회재판*36의 판결에 따라 해마다 모든 종류의 곡류의 평균가격에 대해 내리는 평가를 말하며, 이 평가는 각 주(州)의 실제 시장가격에 따

---

*35 카이사르의 영국 침략은 기원전 55년.
*36 순회재판(Assize)은, 상급재판소의 재판관이 잉글랜드 및 웨일스의 각 주를 순회하여 실시한 배심재판으로, 이 재판이 결정하는 빵과 맥주의 공정가격을 가리킨다.

라 모든 종류, 모든 품질의 곡류에 대해 이루어진다. 이 제도는 이른바 곡물지대(穀物地代)를 환산하는 데, 일정한 고정적인 값보다는 해마다의 공정곡가를 기준으로 하기 때문에, 차지인에게는 충분히 안전해졌을 뿐 아니라, 지주로 봐서도 훨씬 편리해졌다. 그러나 옛날의 곡물값을 수집한 저술가들은, 스코틀랜드에서 환산가격이라고 불렀던 것을 흔히 실제의 시장 값으로 때때로 오해한 것 같다.

플리트우드*37는 어떤 기회에 자기가 그런 실수를 범했다고 인정한 적이 있다. 그러나 플리트우드는 어떤 특정한 목적으로 책을 썼기 때문에, 이 환산가격을 열다섯 번이나 필사(筆寫 : 베낌)한 뒤에야 비로소 그것을 인정하는 것이 적절하다고 생각했다. 그 환산가격이란 밀 1쿼터에 8실링이다. 이 금액은 1423년, 즉 그가 그 필사를 시작한 해에는 현재의 화폐 16실링과 같은 양의 은이 들어 있었다. 그러나 그가 그 필사를 끝낸 해인 1562년에는, 이 금액에는 같은 명목금액이 현재 들어 있는 양밖에 들어 있지 않았다.

둘째로, 그들이 오해하게 된 것은, 옛날의 조례가 때로는 게으른 필사자에 의해 아무렇게나 작성되거나, 때로는 입법부에 의해 실제로 날림으로 입법되었기 때문이다.

옛날의 순회재판 조례는 언제나 밀과 보리값이 최저일 경우에 빵과 맥주값은 얼마여야 하는지를 먼저 결정하고, 그 뒤에 이 두 종류의 곡물값이 최저가 넘어서 차츰 높아짐에 따라 빵과 맥주값은 얼마여야 하는지를 결정한 것으로 추정된다. 그러나 그런 조례를 필사한 사람들은, 흔히 그 규제를 처음의 가장 낮은 값으로 서너 가지만 베껴 쓰면 충분하다고 생각했던 모양이다. 그러면 그들 자신의 노동도 절약되고, 또 이건 나의 상상이지만, 그 이상의 모든 값에 대해 어떤 비율이 지켜져야 하는지를 나타내는 데는 그것으로 충분하다고 판단했던 것이리라.

이리하여 헨리 3세 51년의 빵과 에일맥주의 순회재판에서는, 빵값은 밀값이 그 시대의 화폐로 1쿼터 당 1실링에서 20실링까지 변동하는 데 따라 규제되었

---

*37 플리트우드(William Fleetwood, 1656~1723)는 일리의 주교로, *Chronicon preciosum* : or, an account of English money, the price of corn, and other commodities …, London, 1707(ASL 617)을 출판했다(익명).

다. 그러나 러프헤드*38판(版) 법령집 이전의 여러 가지 판본이 인쇄 대본으로 삼았던 사본(寫本)에서는, 12실링이 넘는 값에 대해서는 필사자들이 이 규제를 전혀 필사하지 않았다. 따라서 몇 사람의 저자들이 이 불완전한 사본 때문에, 중간값, 즉 1쿼터당 현재의 화폐로 약 18실링과 같은 6실링을 그 당시 밀의 통상 또는 평균가격으로 잘못된 결론을 내린 것은 매우 자연스러운 일이었다.

거의 같은 무렵에 제정된, 고문 도구와 죄수 호송차에 관한 조례에서는, 보리값이 1쿼터에 2실링과 4실링 사이에서 6펜스 상승할 때마다, 에일맥주의 값도 그에 따라 규제되어 있다. 그러나 이 4실링이 그 시대에 보리가 때때로 상승하는 일이 있었던 최고가로 여겨지지는 않았고, 또 이 값이 그보다 높거나 낮거나 상관없이 다른 모든 값에 대해 지켜져야 할 비율의 한 예로 제시되어 있는 것에 지나지 않는다는 것은, 이 조례의 마지막에 나오는 문장인 *"et sic deinceps crescetur vel diminuetur per sex denarios"*라는 말에서 추론할 수 있다. 그 표현은 지극히 모호한 것이지만, 뜻은 충분히 알 수 있는데 에일맥주의 값은 이와 같이 하여 보리값이 6펜스 오르내릴 때마다 그에 따라 증감되어야 한다는 것이다. 이 조례를 성문화할 때 입법부 자체가, 필사자가 다른 조례를 베껴 쓸 때와 마찬가지로 부주의했던 것 같다.

스코틀랜드의 오랜 법률서인 《왕위의 존엄(*Regiam Majestatem*)》의 옛날 사본에는 공정가격의 조례가 있다. 거기서는 빵값이 잉글랜드의 약 반 쿼터와 맞먹는 스코틀랜드의 1볼에 대한 밀값이 10펜스에서 3실링 사이에서 변동하는 경우에 대응해서 규제되어 있다. 이 법정가격이 제정된 것으로 추정되는 시대의 스코틀랜드의 3실링은, 현재의 영국 정화로 약 9실링과 같았다. 러디만*39은 이 것을 보고, 3실링은 그 시대에 밀이 상승한 최고값이며, 또 10펜스 1실링 또는 기껏해야 2실링이 통상가격이었다고 결론을 내리고 있는 것 같다. 그러나 이 친필 원고*40를 잘 살펴보면, 이런 모든 가격은 명백하게 밀과 빵의 각 값 사이

---

* 38 러프헤드(Owen Ruffhead, 1723~1769)는 법률가로 *The statutes at large from Magna Charta to the twentieth year of the reign of King George the third inclusive*, London, 18 vols., 1769~1780(ASL 1590) 을 편집했다.
* 39 러디만(Thomas Ruddiman, 1674~1757)은 문헌학자이자 인쇄업자로, 에든버러 법조도서관 사서.
* 40 앤더슨(James Anderson, 1662~1728)은 스코틀랜드의 역사가로 그 조례집 *Selectus diplomatum & numismatum Scotiae thesaurus*, 1739(ASL 39)이 러디만에 의해 출판된 것이므로 스미스는 친필원고 자체를 이용한 것은 아니다.

에 지켜져야 하는 비율의 예로서 기록된 것에 지나지 않는 것으로 생각된다. 그 조례의 마지막 말은, "그 밖의 경우에 대해서는, 위에 설명된 바에 따라 곡물값을 고려하여 판단해야 한다"고 되어 있다.

셋째로, 그들은 또 먼 옛날 밀이 이따금 매우 싸게 팔린 것에 의해서도 오해에 빠져, 그 시대의 밀의 최저가는 나중 시대의 최저가보다 훨씬 낮았으므로, 그 통상가격도 마찬가지로 훨씬 낮았을 것이 틀림없다고 생각한 것 같다. 그러나 그들은 그런 옛 시대에는, 밀의 최저가가 후대에 알려진 어떤 값보다도 낮았던 것과 같은 정도로, 최고가는 후대에 알려진 어떤 값보다 높았다는 것을 알 수 있었을 것이다. 그래서 1270년에 플리트우드는, 밀 1쿼터에 대해 두 가지 값을 우리에게 알려 주고 있다. 하나는 그 시대의 화폐로 4파운드 16실링이며, 현 화폐의 14파운드 8실링과 같고, 하나는 6파운드 8실링으로, 현 화폐의 19파운드 4실링과 같다. 15세기말 또는 16세기 초에는 이런 터무니없는 값에 가까운 값은 발견할 수 없다. 곡물값은 언제나 변동하기 쉽지만, 모든 상업과 교통이 차단되어 한 나라에서 어떤 지방의 풍요가 다른 지방의 결핍을 구제하지 못하는 번잡하고 무질서한 사회에서 가장 변동이 심하다. 12세기 중엽부터 16세기 말에 이르기까지 잉글랜드를 통치한 플랜태저넷 왕조 시대의 무질서한 상태에서는, 어떤 지역에서는 곡물이 풍부한 데도 불구하고 그리 멀지도 않은 다른 지역은 기후로 인한 재해나 이웃 영주의 침입 때문에, 작물을 망치고 기근의 두려움에 시달리는 일이 있었을지도 모른다. 더욱이 그 두 지방 사이에 적대적인 영주의 토지가 끼어 있으면 한쪽이 다른 한쪽에 최소한의 원조마저 할 수 없었을 수도 있다. 잉글랜드를 15세기 후반과 16세기 전체에 걸쳐 다스린 튜더 왕조의 강력한 통치 아래에서는, 감히 공공의 안전을 교란시킬 만큼 강력한 영주는 아무도 없었다.

독자는 이 장의 끝에서, 플리트우드가 수집한 1202년부터 1597년까지의 밀의 모든 값을 보게 될 것이다. 그것은 1202년과 1597년 양쪽을 포함하며 현재의 화폐로 환산되어 있고, 연대순에 따라 12년씩 7부로 정리되어 있다. 또한 각부의 끝에는 그 부를 구성하는 12년 동안의 평균가격이 있는 것을 알 수 있을 것이다. 그 긴 기간 속에서 플리트우드가 수집할 수 있었던 것은 80년 동안 뿐이기 때문에, 마지막 12년을 채우려면 4년이 모자란다. 그래서 나는, 이튼 칼리지*41의 회계 기록에서 1598·1599·1600년 및 1601년의 값을 추가해 두었다. 내가 추가한 것은 그것뿐이다.

독자는 13세기 초에서 16세기 중반 이후에 걸쳐 각 12년의 평균가격이 차츰 내려가고, 16세기 말에 가까워지면서 다시 오르기 시작한 것을 알게 될 것이다. 플리트우드가 수집한 값은 주로 이례적으로 높거나 낮았기 때문에 눈에 띄었던 것으로 생각되며, 나는 거기서 매우 확실한 결론을 끌어 낼 수 있다고는 주장하지 않는다. 그러나 이런 값이 무언가를 증명한다면, 그것은 내가 설명하려고 노력해 온 것을 확증하는 것이다. 그러나 플리트우드 자신은, 다른 대부분의 저자들과 마찬가지로, 이 시기 전체에 걸쳐서 은의 가치는 은이 차츰 풍부해진 결과 끊임없이 감소했다고 믿었던 것 같다. 그 자신이 수집한 곡물값은 분명히 이 견해와는 일치하지 않는다. 그런 값은 뒤프레 드 생 모르 씨의 견해나 내가 설명하려고 노력해 온 견해와 완전히 일치한다. 플리트우드 주교와 뒤프레 드 생 모르는, 옛날의 모든 물가를 가장 부지런하고 충실하게 수집한 것으로 생각되는 두 사람의 저자이다. 그들의 견해가 이렇게 크게 다른데도, 그들이 수집한 사실이 적어도 곡물값에 관한 한 이토록 정확하게 일치하고 있는 것은 약간 기묘한 일이다.

그러나 가장 총명한 저술가들이, 그런 아득한 옛 시대에 은의 가치가 컸다고 추정한 것은, 곡물의 낮은 값보다도 토지의 다른 원생산물이 낮은 값이었던 것에 기인한다. 곡물은 일종의 제조품이므로 그 미개한 시대에는 다른 상품의 대부분보다 훨씬 높은 값이었다고 한다. 그것은 가축·가금, 모든 종류의 사냥 포획물 같은 비제조 상품의 대부분보다 값이 비쌌다는 의미라고 나는 생각한다. 그 빈곤과 야만의 시대에는, 그런 비제조품이 곡물에 비해 훨씬 쌌던 것은 의심할 여지없는 진실이다. 그러나 이 싼 값은 은의 가치가 높았던 것의 결과가 아니라, 그런 상품의 가치가 낮았던 것의 결과였다. 그것은 은이 그런 시대에는 더 많은 양의 노동을 구매 또는 대표했기 때문이 아니라, 그런 상품이 더욱 부유하고 개량된 시대보다 훨씬 적은 양의 노동을 구매 또는 대표했기 때문이다. 은은 확실히 유럽보다 에스파냐령 아메리카, 다시 말해 그것이 생산된 나라에서, 육로·해로에서의 장거리 수송비, 즉 운임과 보험료를 들여서

---

*41 이튼 칼리지는 퍼블릭스쿨이라 불리는 영국 명문교의 대표적인 것으로, 1440년 창립.

운반해 온 나라보다 쌀 것은 틀림없다. 그러나 우요아의 말에 의하면, 영국 정화 21펜스 반은, 부에노스아이레스에서 별로 멀지 않은 과거에 3, 400마리 중에서 골라 낸 황소 한 마리의 값이었다. 바이런*42이 말한 바로는 영국 정화 16실링은 칠레의 수도에서 좋은 말 한 필의 값이었다.

본디 기름진 데도 대부분 전혀 경작되지 않는 나라에서는 가축·가금, 모든 종류의 사냥 포획물 등은 매우 적은 양의 노동으로 획득할 수 있으므로, 그것이 구매 또는 지배하는 노동은 매우 적은 양에 지나지 않는다. 그것이 판매되는 화폐가격이 낮은 것은, 그곳에서의 은의 실질가치가 매우 높다는 증거가 아니라 그런 상품의 실질가치가 매우 낮다는 증거이다.

항상 기억해 두어야 하는 것은, 어떤 특정한 상품 또는 상품군(商品群)이 아니라, 노동이 은에 대해서나 다른 모든 상품에 대해서 가치의 참된 척도라는 것이다.

그러나 거의 황무지이거나 주민이 매우 적은 나라에서는, 가축·가금, 모든 종류의 사냥 포획물 등은 자연의 자생적인 생산물이기 때문에, 자연은 그것을 흔히 주민의 소비에 필요한 것보다 훨씬 많은 양으로 생산한다. 이런 상태에서는 공급이 수요를 넘는 것이 보통이다. 따라서 사회의 상태가 다름에 따라, 개량의 단계가 다름에 따라, 그런 상품은 매우 다른 양의 노동을 대표할 것이고, 따라서 그것과 같은 가치일 것이다.

사회의 어떤 상태에서도, 개량의 어느 단계에서도, 곡물은 인간의 근로의 산물이다. 그러나 각종 근로의 평균적 생산물은, 조금은 정확하게 평균적 소비에 언제나 맞춰지고, 평균적 공급은 평균적 수요에 맞춰진다. 게다가 개량의 어느 단계에서도, 같은 토양과 기후에서는 같은 양의 노동을 필요로 할 것이다. 또는 같은 뜻이 되겠지만, 거의 같은 양의 노동가격을 필요로 할 것이다. 경작의 개량에 따르는 노동 생산력의 끊임없는 증대가, 농업의 중요한 도구인 가축의 끊임없는 가격 증대로 많든 적든 상쇄되기 때문이다. 따라서 이 모

---

*42 바이런(John Byron, 1723~1786)은 항해자. 1741년에 칠레의 난바다에서 난파하여 1744년부터 2년 걸려서 영국으로 돌아왔다. 스미스가 인용한 것은 *Narrative of the hon. John Byron, containing an account of the great distress suffered by himself and his companions on the coast of Patagonia from the year 1740 until their arrival in England 1746*, London, 1768으로 생각되지만, 이 책은 몇 번이나 판을 거듭했기 때문에 판을 특정할 수는 없다.

든 이유에 입각하여 우리는 다음과 같은 것을 쉽게 확신해도 좋을 것이다. 따라서 이런 모든 이유에서 우리는, 어떤 사회 상태에서도 어떤 개량의 단계에서도, 같은 양의 곡물은 같은 양의 다른 어떤 토지 원생산물보다 근사적(近似的)으로 같은 양의 노동을 대표한다고, 즉 그것과 같은 가치라고 확신해도 무방할 것이다. 그러므로 곡물은, 이미 살펴본 것처럼, 부와 개량의 모든 단계에 있어서, 다른 어떤 상품 또는 상품군보다 정확한 가치의 척도이다. 그러므로 우리는 그런 모든 단계에서 은의 실질가치를 다른 어떤 상품 또는 상품군과 비교하는 것보다도 곡물과 비교함으로써 더 잘 판단할 수 있는 것이다.

뿐만 아니라, 곡물 또는 그 밖의 어떤 것이든 민중이 일반적으로 좋아하는 식물성 식품은, 모든 문명국에서도 노동자의 생활 자료의 주요 부분을 이룬다. 농업이 확대된 결과 모든 나라의 토지는 동물성 식품보다 훨씬 많은 양의 식물성 식품을 생산하고, 노동자는 어디서나 주로 가장 싼 값으로 가장 풍부한 영양식품으로 생활한다. 식육은 가장 번영하고 있는 나라, 즉 노동이 가장 비싼 보수를 받는 곳을 제외하면, 노동자의 생활 자료의 하찮은 부분을 이루는 데 지나지 않으며, 가금은 그보다 더 작은 부분을 이루며, 사냥의 포획물은 아예 그 속에 포함되지도 않는다. 프랑스에서는, 그리고 프랑스보다 노동의 보수가 약간 나은 스코틀랜드에서도, 노동 빈민은 축제일이나 그 밖의 특별한 기호를 제외하면 좀처럼 식육을 먹지 않는다. 따라서 노동의 화폐가격은 식육 또는 토지의 다른 원생산물보다 노동자의 생활 자료인 곡물의 평균가격에 훨씬 크게 의존하고 있다. 그러므로 금은의 실질가치, 즉 금은이 구매 또는 지배할 수 있는 노동의 실질적인 양은, 금은이 구매 또는 지배할 수 있는 식육 또는 다른 어떤 토지 원생산물 부분의 양보다도 곡물의 양에 훨씬 많이 의존하고 있다.

그러나 어떤 나라에서도 은의 양은 부의 증가와 함께 자연히 증가하게 마련이므로, 은의 가치는 그 양이 증가함에 따라 감소한다는 통속적인 견해에 동시에 영향 받는*43 일이 없었더라면, 곡물과 그밖의 다른 상품의 값에 대한 이런 약간의 관찰이 이렇게 많은 현명한 저자들을 오해로 이끌지는 않았을 것이다. 하지만 이 견해는 전혀 근거가 없는 것으로 여겨진다.

---

*43 '동시에 영향 받는'은 초판에서는 '동의하는'.

귀금속의 양은 어느 나라에서나 두 가지의 다른 원인에 의해 증가할 수 있다. 첫째로는 그것을 공급하는 광산의 산출량 증대, 둘째로는 국민의 부의 증대, 즉 그들의 연간 노동 생산물의 증대이다. 이 원인 가운데 첫째는 의심할 것도 없이 필연적으로 귀금속의 가치 감소와 결부된다. 그러나 두 번째의 경우는 그렇지 않다.

　더욱 풍부한 광산이 발견되면 전보다 많은 양의 귀금속이 시장에 반입된다. 그리고 그것과 교환되어야 하는 생활필수품 및 편의품의 양은 전과 같으므로, 같은 양의 금속이 전보다 적은 양의 상품과 교환되지 않을 수 없다. 그러므로 어떤 나라의 귀금속 양의 증가가 광산의 산출량 증가에서 오는 한, 이 증가는 그 가치의 약간의 감소와 필연적으로 결부되어 있다.

　이와 반대로, 한 나라의 부가 증가할 때는, 즉 그 나라의 연간 노동 생산물이 차츰 증가할 때는, 더 많은 상품을 유통시키기 위해서 더 많은 양의 주화가 필요해진다. 그리고 국민은 그만한 능력이 있기 때문에, 즉 그것과 교환할 만한 상품을 전보다 많이 가지고 있으므로, 자연히 더욱 많은 양의 금은 식기를 사게 될 것이다. 그들의 주화의 양은 필요에 따라 증대할 것이고, 그들의 금은 식기의 양도, 허영이나 허식에서, 즉 훌륭한 조각이나 그림, 그 밖의 모든 사치품과 골동품의 양이 증가하는 것과 같은 이유에서, 그들 사이에서 증가할 것이다. 그러나 조각가나 화가가 부와 번영의 시기에 빈곤과 불황의 시기보다 적은 보수를 받는 일은 있을 수 없는 것과 마찬가지로, 부와 번영의 시대에 금과 은이 더 적은 지불을 받는 일은 있을 수 없는 것이다.

　금은의 값은, 더 풍부한 광산이 우연히 발견되어, 그 값을 인하시키지 않는 한, 그것은 각국의 부와 더불어 자연히 상승하므로, 광산의 상태가 어떻든 가난한 나라보다 부유한 나라에서 항상 높게 마련이다. 금은은 다른 모든 상품과 마찬가지로, 자연히 가장 좋은 값이 지불되는 시장을 찾기 마련이며, 어떤 물건이든 가장 좋은 값이 주어지는 것은 보통 그것을 살 능력이 가장 큰 나라에서이다. 잊지 말아야 할 것은, 모든 것에 대해 지불되는 궁극의 값은 노동이라는 것이고, 노동이 평등하고 충분한 보수를 받고 있는 나라에서는, 노동의 화폐가격은 노동자의 생활 자료의 화폐가격에 비례하게 마련이다. 그러나 금은은 당연히 가난한 나라보다는 부유한 나라에서, 즉 생활 자료가 변변찮게 공급되는 나라보다 풍부하게 공급되는 나라에서 더 많은 양의 생활 자료와 교환될 것이다. 만일 그 두 나라가 멀리 떨어져 있다면, 그 차이는 매우 클 것이다. 왜냐하면, 귀금속은 당연히 불리한 시장에서 유리한 시장으로 떠나 버린다고는 하지만, 그런 것을 그 값이 두 나라의 시장에서 거의 같아질 만큼 많은 양을 수송하는 일은 어려울 것이기 때문이다. 만일 그런 나라들이 서로 가까이 있다면 그 차이는 더 적을 것이고, 때로는 거의 느끼지 못할 정도일지도 모른다. 왜냐하면, 이 경우에는 수송이 쉽기 때문이다.

중국은 유럽의 어떤 지방보다 훨씬 부유한 나라이고, 중국과 유럽의 생활자료의 값 차이는 매우 크다. 중국의 쌀은 유럽의 어떤 지방의 밀보다 훨씬 싸다. 잉글랜드는 스코틀랜드보다 훨씬 부유한 나라이지만, 두 나라에서 곡물의 화폐가격의 차이는 훨씬 작아서 겨우 눈에 띌 정도에 지나지 않는다. 스코틀랜드의 곡물은 그 양, 즉 용적에 비해서는 일반적으로 잉글랜드의 곡물보다 매우 싼 것처럼 보이지만, 그 질에 비해서는 스코틀랜드의 곡물이 확실히 약간 비싸다. 스코틀랜드는 거의 해마다 잉글랜드에서 매우 많은 공급을 받는데, 어느 상품이든 그것이 반입되는 나라가 본디의 나라보다 조금 비싼 것이 보통이다. 그러므로 곡물값은 잉글랜드보다 스코틀랜드에서 더 비쌀 것이 틀림없다. 그러나 그 질에 비해서는, 즉 그곳에서 만들어지는 밀가루나 거친 가루의 양과 질에 비해서는, 시장에 나와서 그것과 경쟁하는 스코틀랜드의 곡물보다 비싸게 팔리는 것은 통상적으로 있을 수 없는 일이다.

중국과 유럽에서 노동의 화폐가격의 차이는 생활 자료의 화폐가격의 차이보다 훨씬 크다. 왜냐하면, 노동의 실질적 보상이 유럽이 중국보다 높기 때문인데, 그것은 중국이 정체해 있는 것처럼 보이는 데 유럽의 대부분은 개량되고 있는 상태이기 때문이다. 노동의 화폐가격은 스코틀랜드가 잉글랜드보다 낮다. 왜냐하면, 노동의 실질적 보상이 훨씬 낮기 때문이며, 스코틀랜드는 더 큰 부를 향해 전진하고 있기는 하지만, 잉글랜드보다는 훨씬 느리다. 스코틀랜드에서의 이주는 빈번한데도 잉글랜드에서의 이주는 드문 것은, 노동에 대한 양국의 수요가 매우 다르다는 것을 여실히 증명하고 있다.*44 다른 나라 사이의 노동의 실질적 보상 비율이 저절로 규제되는 것은, 그런 나라들이 실제로 부유한가 가난한가에 의하는 것이 아니고, 전진적인 상태에 있는가, 정체적인

---

*44 '스코틀랜드에서……증명하고 있다'는 제2판에서의 추가.

상태에 있는가, 또는 쇠퇴적인 상태에 있는가에 의하는 것임을 기억해 두지 않으면 안 된다.

금은은 가장 부유한 국민들 사이에서 당연히 최대의 가치가 있는 것처럼, 가장 가난한 국민들 사이에서는 당연히 최소의 가치밖에 없다. 모든 국민들 중에서 가장 가난한 미개인들에게는, 그것은 거의 아무런 가치도 가지지 않는다. 대도시에서는 곡물이 언제나 농촌의 벽지 지방보다 비싸다. 그러나 그것은 은이 실질적으로 싼 결과가 아니라, 곡물이 실질적으로 비싼 결과이다. 대도시에 은을 가지고 가는 데 농촌의 벽지 지방에 가지고 가는 것보다 적은 노동이 드는 것은 아니지만, 곡물을 가지고 가는 데는 훨씬 많은 노동이 필요하다.

네덜란드나 제노바령*45 같은 매우 부유한 몇몇 상업국에서는, 곡물이 대도시에서 비싼 것과 같은 이유로 비싸다. 그런 나라는 주민을 부양하는 데 충분한 양을 생산하지 못한다. 그런 나라는 기능공이나 제조업자의 부지런함과 기량에 있어서, 노동을 쉽게 하고 단축할 수 있는 모든 종류의 기계에 있어서, 선박에 있어서, 그 밖의 모든 운송과 상업 용구 및 수단에 있어서 부유하기는 하지만, 곡물에 있어서는 빈곤하다. 곡물은 먼 나라에서 들여오지 않으면 안 되므로 그 값에 추가로 그런 나라로부터의 수송비를 지불하지 않으면 안 되는 것이다. 은을 암스테르담으로 운반하는 데, 단치히*46에 가지고 가는 것보다 적은 노동이 드는 것은 아니다. 그러나 곡물을 가지고 가는 데는 훨씬 많은 노동이 든다. 은의 실질적 비용은 두 곳에서 거의 같은 것이 틀림없지만, 곡물의 실질적 비용은 매우 차이가 있을 것이다. 네덜란드와 제노바의 주민 수는 그대로 두고 실질적인 부를 감소시켜 보자. 즉, 먼 나라에서 곡물을 입수할 수 있는 힘을 감소시켜 보는 것이다. 그렇게 하면 곡물값은 이 감퇴에 그 원인 또는 결과로서 필연적으로 따르는 은의 양의 감소와 더불어 하락하는 것이 아니라, 기근가격(飢饉價格)으로까지 상승할 것이다.

필수품이 모자랄 때, 우리는 모든 불필요한 물건을 내놓지 않을 수 없다. 그 가치는 부와 번영의 시기에 상승하듯이 빈곤과 불황의 시기에는 하락하는 것

---

*45 네덜란드는 주명(州名)이지만, 제노바는 도시국가인 동시에 그 수도의 도시명이기 때문에 전자의 의미에서 제노바령(the territory of Genova)으로 한 것.

*46 단치히(Danzig)는 발트 해에 면한 항만 도시로, 당시에는 독일령이었으나 현재는 폴란드령으로, 그다니스크라 불린다.

이다. 필수품은 그렇지 않다. 필수품의 실질가격, 즉 그것이 구매 또는 지배할 수 있는 노동의 양은, 빈곤과 불황의 시기에는 상승하고 부와 번영의 시기에는 하락한다. 부와 번영의 시기는 언제나 필수품이 매우 풍부한 때이고, 그렇지 않으면 부와 번영의 시기일 수 없기 때문이다. 곡물은 필수품이고, 은은 쓸모 없는 물건에 지나지 않는다.

따라서, 14세기 중반부터 16세기 중반까지의 기간을 통해 부와 개량이 증대한 결과, 귀금속의 양이 얼마나 증대했든, 그 증가는 그레이트브리튼에서나 유럽의 다른 지방에서나 그 가치를 감소시키는 경향을 가질 수 없었을 것이다. 따라서 만일 옛날의 물가를 수집한 사람들이 곡물 또는 재화의 값에 대해 관찰한 것에서, 이 기간의 은 가치의 감소를 추론할 만한 이유가 없었다면, 부와 개량의 증대를 상정하여 거기서 은의 가치의 감소를 추론하는 것은, 더욱 이유가 없는 일이다.

●제2기

그러나 이런 제1기 동안, 은의 가치의 추이에 대한 식자들의 의견이 아무리 제각각이었어도, 제2기에서의 그것에 대한 그들의 의견은 일치하고 있다.

1570년 무렵부터 1640년 무렵까지의 약 70년 동안, 은의 가치와 곡물의 가치의 비율은 완전히 반대되는 과정을 거쳤다. 은의 실질가치는 하락하여, 전보다 적은 양의 노동과 교환할 수 있었다. 곡물의 명목가격은 상승하여 1쿼터에 은 약 2온스, 즉 현재의 화폐로 보통 약 10실링에 팔리던 것이, 1쿼터에 은 6 내지 8온스 즉 현재의 화폐로 약 30 내지 40실링에 팔리게 되었다.

아메리카에서 풍부한 광산이 발견된 것이, 은의 가치가 곡물가치와의 비율에서 이처럼 감소한 것에 대한 유일한 원인이었던 것으로 생각된다. 따라서 이 일에 대해서는 모든 사람들이 같은 방법으로 설명하고 있고, 사실에 대해서나 그 원인에 대해서 어떤 논쟁도 없었다. 유럽의 대부분은 이 기간을 통해 산업과 개량이 계속 전진하고 있었고, 따라서 은에 대한 수요는 계속 증가해 온 것이 틀림없다. 그러나 공급의 증가가 수요의 증가를 훨씬 넘어섰기 때문에, 이 금속의 가치는 매우 하락했던 것 같다. 유의해야 할 것은, 포토시 광산도 10년 이상이나 전에 발견되었음에도 불구하고, 아메리카의 여러 광산의 발견은 1570년 이후에 이르기까지 잉글랜드의 물가에 크게 두드러진 영향을 주었다고는 생각할 수 없다는 사실이다.

이튼 칼리지의 회계 기록에 의하면, 1595년과 1620년을 포함한 두 해 사이에 윈저 시장에서의 최고급 밀 9부셸의 1쿼터 평균가격은 2파운드 1실링 6펜스 13분의 9였음을 알 수 있다. 이 금액에서 끝수를 무시하고 9분의 1, 즉 4실링 7펜스 3분의 1을 공제하면, 8부셸의 1쿼터 값은 1파운드 16실링 10펜스 3분의 2가 되는 셈이다. 그리고 이 값에서 마찬가지로 끝수를 무시하고, 9분의 1[*47] 즉 4실링 1페니 9분의 1을 최고급 밀값과 중간급 밀값의 차이로서 공제하면, 중간급 밀의 값은 약 1파운드 12실링 8펜스 9분의 8, 즉 은으로 약 6온스 3분의 1이었던 셈이다.

1621년과 1636년을 포함한 두 해 사이에 같은 시장에서 최상질 밀의 같은 척도에 의한 평균가격은, 같은 회계 기록에 보면 2파운드 10실링이었다. 거기서 앞의 경우처럼 공제하면 중간급 밀 8부셸 1쿼터의 평균가격은 1파운드 19실링 6펜스, 즉 은으로 약 7온스 3분의 2였다는 계산이 나온다.

● 제3기

1630년과 1640년 사이, 즉 1636년 무렵 아메리카에서 발견된 여러 광산들이 은의 가치를 감소시킨 영향은 끝난 것 같고, 그 금속의 가치는 곡물가치와의 비율에서 그 무렵보다 낮아진 적은 결코 없었던 것으로 생각된다. 은의 가치는 금세기 동안 약간 상승한 것으로 생각되는데, 그 상승은 아마도 전세기 말 조금 전부터 이미 시작되었을 것이다.

1637년에서 1700년까지, 두 해를 포함해서 전세기의 마지막 64년 동안, 윈저 시장에서 최고급 밀 9부셸 1쿼터의 평균가격은, 앞에서와 같은 회계 기록에 보면 2파운드 11실링 3분의 1펜스였다는 것을 알 수 있으며, 그것은 그 전의 16년 동안보다 1실링 3분의 1펜스 비쌀 뿐이다. 그러나 이 64년 동안에 두 가지 사건이 일어났다. 이 사건은 그렇지 않아도 계절적인 추이가 불러일으켰을지도 모르는 것보다 훨씬 큰 곡물 부족을 초래한 것이 틀림없고, 따라서 은의 가

---

*47 가장 좋은 밀값의 9분의 8이 빵에 적합한 밀값이라고, 찰스 스미스(Charles Smithe, 1713~1777)가 주장한 것에 의한다(*Three tracts on the corn-trade and corn-laws*, London, 1766(ASL 1560). 또, 그 전의 9분의 1의 공제는 9부셸의 1쿼터 값을 8부셸의 1쿼터 값으로 환산하기 위한 것.

치가 더 인하되었다는 것을 상정하지 않더라도 이런 매우 작은 가격 상승에 대한 설명으로서는 충분하고도 남을 것이다.

이 사건 가운데 첫 번째는 내란*[48]이었다. 그것은 경작을 방해하고 상업을 저해함으로써, 그렇지 않아도 계절적인 추이가 일으켰을지도 모르는 것보다 훨씬, 곡물값을 상승시킨 것이 틀림없다. 그것은 왕국의 다양한 시장 전체에 많든 적든 이런 영향을 주었겠지만, 가장 먼 거리에서 공급받을 필요가 있었던 런던 근교의 시장에서 특히 영향이 컸다. 따라서 1648년에 윈저 시장에서 최고급 밀값은, 같은 회계 기록으로 알 수 있는 바로는 9부셸 1쿼터에 4파운드 5실링이었고, 1649년에는 4파운드였다. 이 두 해의 값이 2파운드 10실링(1637년에 앞선 16년 동안의 평균가격)을 넘는 초과액*[49]은 3파운드 5실링으로, 그것을 전세기의 후기 64년으로 분할한다면, 그것만으로 곡물값에 생긴 것으로 여겨지는 미미한 가격 상승이 거의 설명될 것이다. 그러나 이런 값은 최고의 것이었다 해도, 내란에 의해 일어난 것으로 보이는 유일한 높은 값은 결코 아니다.

두 번째 사건은, 1688년에 지급된 곡물 수출장려금이었다. 이 장려금은 경작을 장려함으로써, 오랫동안 국내 시장에서의 곡물을 장려금이 없는 경우보다 매우 풍부하게 하여, 따라서 그것을 훨씬 싸게 했을 것이라고 많은 사람들은 생각해 왔다. 나는 이 장려금이 언제 그 효과를 어느 정도 올릴 수 있는지에 대해서는 나중에 검토할 생각이다. 여기서는 다만 1688년과 1700년 사이에는 그런 효과를 낳을 시간이 없었다는 것만 말해두기로 한다. 이 짧은 기간, 그것의 유일한 영향은, 해마다의 잉여 생산물의 수출을 장려함으로써, 따라서 어떤 해의 과잉이 다른 해의 결핍을 보충하는 것을 방해함으로써, 국내 시장에서의 값을 인상시킨 것이었음이 틀림없다. 1693년에서 1699년까지 이 두 해를 포함한 기간 동안 잉글랜드를 지배한 곡물 부족은, 의심할 여지없이 주로 일기 불순에 의한 것이었으며, 따라서 유럽의 상당한 지방에 걸쳐서 번져 나갔지만, 장려금 때문에 더욱더 심했을 것이다. 그래서 1699년에는 그 이상의 곡물 수출이 9개월 동안 금지되었다.

---

*48 내란(Civil War)은 1642년에 종교·경제·정치의 여러 요인들이 복합적으로 작용하여 일어났으며, 1649년에 찰스 1세의 처형에서 크롬웰 호국경 정권의 성립을 거쳐, 60년의 왕정복고에 이른다. 청교도혁명 또는 시민혁명이라고도 한다.

*49 1648년과 1649년 두 해의 값이 16년 동안의 평균을 넘는 금액의 합계.

같은 기간에 세 번째 사건이 일어났다. 그것은 곡물 부족도, 또 어쩌면 곡물에 대해 통상적으로 지불되는 은의 실질적인 양의 증가도 불러일으키지 못했지만, 필연적으로 은의 명목금액은 어느 정도 증대했을 것이 틀림없다.

이 사건은 마손되는 데서 오는 은화의 심한 열화(劣化)였다. 이 해악은 찰스 2세 때부터 시작되어 1695년까지 줄곧 증대해 왔다. 그 무렵, 라운즈*⁵⁰가 전하는 것에 의하면, 유통은화는 평균해서 그 표준가치보다 25% 가까이 낮았다. 그러나 각 상품의 시장가격인 명목금액은 표준에 따라 거기에 들어 있어야 하는 은의 양에 의하기보다, 경험에 의해 거기에 실제로 들어 있다는 것을 알 수 있는 은의 양에 의해 필연적으로 규제된다. 그러므로 이 명목금액은 주화가 마손되어 심하게 훼손되었을 때가, 그 표준가치에 가까울 때보다 필연적으로 비싸게 마련이다.

금세기를 통해, 은화는 현재만큼 표준중량에 미치지 못한 적은 한 번도 없었다. 그러나 매우 마손되어 있어도, 은화의 가치는 그것과 교환되는 금화의 가치에 의해 유지되어 왔다. 왜냐하면, 최근에 개주(改鑄)*⁵¹하기 전에는 금화도 또한 상당히 마손되어 있었지만 은화보다는 덜했기 때문이다.

이에 비해 1695년에는 은화의 가치는 금화에 의해 유지되고 있지 않았다. 그 당시에는 1기니가 통상적으로 마손된 은화 30실링과 교환되었기 때문이다. 최근에 행해진 금화개주 이전에는, 은지금(銀地金)의 값이 1온스에 5실링 7펜스보다 높았던 적은 좀처럼 없었고, 또한 이 값은 조폐국가격보다 5펜스가 많을 뿐이다. 그런데 1695년에는, 은지금의 통상적인 값은 1온스에 6실링 5펜스였으며, 그것은 조폐국가격보다 15펜스 높다. 따라서 최근의 금화 개주 이전에도, 주화는 금은을 은지금과 비교했을 때 그 표준가치보다 8% 이상 낮다고는 생각되지 않았다. 반대로 1695년에는, 표준가치보다 25% 가량이나 밑도는 것으로 생각되고 있었다.

그러나 현세기 초, 즉 윌리엄 왕의 대 개주(大改鑄) 직후에는 유통은화의 대부분은 현재보다 더욱 표준중량에 가까웠을 것이 틀림없다. 또 금세기를 통해, 내란과 같은, 경작을 저해하거나 국내 산업을 방해할지도 모르는 사회적인 큰 재해가 없었다. 그리고 금세기의 대부분에 걸쳐 실시된 장려금은, 그것이 없

---

*50 라운즈(William Lowndes, 1652~1724)는 재무관료이자 하원의원.
*51 스미스는 제1편 제5장에서도 이것에 대해 언급했다.

을 경우에 실제의 경작 상태에서 그렇게 되었을지 모르는 것보다 곡물값을 언제나 약간 높게 끌어올릴 것이 틀림없다 하더라도, 또한 금세기를 통해 그 장려금은, 경작을 촉진하고 그것에 의해 국내 시장의 곡물량을 증대시킨다고 하는, 통상장려금에 돌려져야 하는 모든 좋은 영향을 낳는 데 충분한 시간이 있었으므로, 내가 나중에 설명하고 검토할 체계의 원리에서 생각해 보면, 이 장려금은, 한편으로는 그 상품의 값을 올리는 데 약간 이바지한 것과 마찬가지로, 다른 한편으로는 그것을 내리는 데도 어느 정도 이바지했다고 생각될지도 모른다. 그것은 많은 사람들에 의해 그 이상의 작용을 한 것으로 상정되고 있다. 따라서 금세기 초의 64년 동안, 윈저 시장의 최고급 밀 9부셸 1쿼터의 평균가격은, 이튼 칼리지의 회계 기록으로 알려진 바에 의하면 2파운드 6펜스 32분의 19*[52]펜스였던 것 같다. 그것은 전세기의 마지막 64년보다 약 10실링 6펜스, 즉 25퍼센트*[53] 이상 싼 값이고, 아메리카의 풍부한 광산의 발견이 그 충분한 효과를 낳은 것으로 생각되는 1636년에 앞선 16년 동안보다도 약 9실링 6펜스 싸고, 이 발견이 충분한 효과를 낳았다고 확실하게 상정할 수 있는 시기보다 이전인 1620년까지 26년 동안보다 약 1실링 싸다. 이 계산에 의하면 금세기 초의 64년 동안, 중간급 밀의 평균가격은 8부셸 1쿼터에 약 32실링이었던 셈이 된다.

따라서 은의 가치는 금세기 동안 곡물의 가치에 비해 약간 상승한 것처럼 여겨진다. 그리고 이 상승은 아마도 전세기 말 얼마 전부터 이미 시작되었을 것이다.

1687년에는 윈저 시장의 최고급 밀값은 9부셸 1쿼터에 1파운드 5실링 2펜스였고, 그것은 1595년 이래의 최저값이었다.

1688년, 이런 종류의 문제에 대한 지식으로 유명한 그레고리 킹은, 그런대로 풍작인 해의 밀의 평균가격을, 생산자에게 있어서 1부셸에 3실링 6펜스, 즉 1쿼터에 28실링으로 평가했다. 생산자가격이란 내가 이해하기로는, 때로는 계약가격이라고 불리는 것, 즉 농업 경영자가 일정량의 곡물을 일정 연수에 걸쳐 다루는 업자에게 인도하기로 계약할 때의 값이다. 이런 종류의 계약은 농업 경영자가 시장에서 판매하는 비용과 수고를 덜어 주므로, 계약 값은 일반적으

---

*52 정확하게는 32분의 9.

*53 정확하게는 약 21퍼센트.

로 평균 시장가격으로 생각되는 것보다 낮다. 킹이 1쿼터에 28실링이 그런대로 풍작인 해의 통상적인 계약가격이라고 판단했다. 최근의 이례적인 흉작 때문에 식량 부족이 일어나기 전에는, 그것이 모든 평년의 통상적인 계약가격이었다고 나는 확신을 얻었다.*54

1688년에 곡물 수출에 대한 의회의 장려금이 인가되었다. 그 당시 입법부 안에서 현재보다 큰 비율을 차지하고 있었던 시골 지주들은 곡물의 화폐가치가 하락하고 있다고 느끼고 있었다. 장려금은 그것을 찰스 1세와 2세 시대에 흔히 곡물이 팔리고 있었던 높은 값까지 인위적으로 끌어올리는 하나의 방편이었다. 따라서 그것은 밀이 1쿼터에 48실링으로 올라갈 때까지, 즉 킹이 바로 그 해에 그럭저럭 풍작일 때 그렇게 될 거라고 계산한 생산자값보다 20실링, 그러니까 7분의 5만큼 올라갈 때까지 실시될 예정이었다. 만일 그의 계산이 매우 광범하게 획득한 명성에 다소나마 가치를 가진 것이라면, 1쿼터에 48실링이라는 값은, 당시로서는 장려금 같은 무슨 방편이라도 없었으면 이례적으로 흉작인 해를 제외하고는 생각도 할 수 없는 값이었다. 그런데 그때는 윌리엄 왕의 정부가 아직 충분히 안정되어 있지 않았다.*55 정부가 1년마다 내는 조세의 창설을 시골 지주들에게 간청하고 있었던 바로 그 시기였으므로, 그들에 대해서는 어떤 일도 거절할 수 있는 상태가 아니었다.

따라서 은의 가치는 곡물가치와의 비율에 있어서 아마 전세기 말 이전부터 상승하여, 현세기의 대부분을 통해 계속 상승한 것으로 추정된다. 다만 장려금의 필연적인 작용이, 그것이 없었을 경우에 실제적인 경작 상태에서 일어났을 은의 가치의 뚜렷한 상승을 막은 것이 틀림없다.

풍작인 해에는 장려금은 이례적인 수출을 일으킴으로써, 장려금이 없는 경우보다 곡물값을 필연적으로 인상시킨다. 최대의 풍년에도 곡물값을 유지함으로써 경작을 장려하는 것이 이 제도의 공공연한 목적이었다.

대흉작인 해에는 또한 장려금은 대체로 정지되었다. 그러나 그것은, 그 무렵의 많은 해의 값에 무언가의 영향을 준 것이 분명하다. 풍작인 해에 일어나는 이례적인 수출에 의해, 그것은 흔히 어떤 해의 풍작이 다른 해의 흉작을 메워주는 것을 방해할 것이 틀림없다.

---

*54 '나는 확신을 얻었다'는 제2판에서 추가.
*55 윌리엄 3세는 1688년에 네덜란드의 부름을 받아 이듬해 즉위했다(명예혁명).

따라서 풍년이든 흉년이든 장려금은 곡물값을 실제적인 상태에서 자연히 형성되는 값보다 인상시킨다. 그러므로 금세기의 처음 64년 동안 만일 평균가격이 전세기의 마지막 64년 동안보다 낮았다면, 경작 상태가 같고, 장려금의 이런 작용이 없었던 경우에는 평균가격은 훨씬 더 낮았을 것이 틀림없다.

그러나 장려금이 없었다면 경작 상태가 같지 않았을 것이라고 할 수 있을지도 모른다. 이 나라의 농업에 대한 이 제도의 영향이 어떠했는지에 대해서는 나중에 여러 장려금을 상세하제 다루게 될 때 설명하게 될 것이다. 지금은 다만 곡물가치에 비해 은의 가치가 이렇게 상승한 것은 잉글랜드 특유의 현상이 아니었다는 것만 말해두겠다. 프랑스에서도 같은 기간 동안 거의 같은 비율로 그것이 일어났다는 것은, 세 사람의 매우 성실하고 부지런하며 수고를 아끼지 않는 곡물값 수집가인 뒤프레 드 생 모르, 메상스, 그리고 《곡물 정책론》의 저자가 증언하고 있다. 그러나 프랑스에서는 1764년까지 곡류의 수출이 법률로 금지되어 있었다. 그리고 이 금지에도 불구하고 어떤 나라에서 일어난 것과 거의 같은 값 저하가, 다른 나라에서는 수출에 대한 이례적인 장려로 인해 일어났다고 상정하는 것은 좀 곤란하다.

곡물의 평균 화폐가격이 이렇게 변동하는 것은, 곡물의 실질적 평균가치가 약간 하락한 결과라기보다는, 유럽 시장에서의 은의 실질가치가 조금씩 상승한 결과로 생각하는 편이 아마 더 적절할 것이다. 이미 설명했듯이, 곡물은 장기간에 걸쳐서 보면, 은 또는 다른 어떤 상품보다도 정확한 가치의 척도이다. 아메리카에서 풍부한 광산이 발견된 뒤, 곡물이 그 전의 화폐가격보다 3배·4배로 상승했을 때, 이 변화는 일반적으로 곡물의 실질가치가 상승한 탓이 아니라 은의 실질가치가 하락한 탓으로 돌려졌다. 따라서 만일 금세기의 첫 64년 동안 곡물의 평균 화폐가격이 전세기의 대부분의 기간보다 얼마간 낮아졌다면, 우리는 마찬가지로 그 변화를 곡물의 실질가치가 약간 하락한 탓이 아니라 유럽 시장에서 은의 실질가치가 약간 상승한 탓으로 돌려야 한다.

지난 10년 내지 12년 동안의 곡물의 높은 값은, 확실히 은의 실질가치가 유럽 시장에서 계속 하락하고 있다는 의심을 불러일으켰다. 그러나 곡물의 이 높은 값은 분명히 이례적인 일기 불순의 결과라고 생각되며, 따라서 영속적인 사건이 아니라 일시적이고 우연적인 현상으로 간주되어야 할 것이다. 지난 10년 내지 12년 동안 유럽의 대부분이 일기 불순을 겪었다. 그리고 폴란드의 무질서*56는 식료품이 비싼 해에는 이 나라의 시장에서 공급받고 있었던 모든 나라의 식량 부족을 크게 증대시켰다. 일기 불순이 이렇게 오래 계속되는 것은 그다지 일반적인 일은 아니라 하더라도 결코 이례적인 일은 아니다. 그리고 지난 시대의 곡물값의 역사에 대해 많이 연구한 사람은 누구나, 그 밖에 몇몇 같은 종류의 실례를 떠올리는 건 그리 힘든 일이 아닐 것이다. 뿐만 아니라 10년의 이례적인 흉작은 10년의 이례적인 풍작보다 더 놀랄 것도 없는 일이다. 1741년과 1750년의 두 해를 포함하는 기간의 낮은 곡물값은, 지난 8년 내지 10년 동안의 그 높은 값과 아주 좋은 대조가 될 수 있다. 1741년에서 1850년까지 윈저 시장에서 최고급 밀 9부셸 1쿼터의 평균가격은 이튼 칼리지의 회계 기록에 보면, 불과 1파운드 13실링 9펜스 5분의 4였으며, 그것은 금세기의 첫 64년 동안의 평균가격보다 거의 6실링 3펜스나 낮다. 이 계산에 의하면 중간급 밀 8부셸 1쿼터의 평균가격은, 지난 10년 동안 1파운드 6실링 8펜스에 지나지 않았던 셈이 된다.

그러나 1741년에서 1750년 사이에 이 장려금은, 곡물값이 국내 시장에서 자연히 하락했을지도 모르는 정도까지 하락하는 것을 막았을 것이 틀림없다. 이 10년 동안 수출된 모든 곡류의 양은, 세관 장부에 의하면 802만 9천 156쿼터 1부셸 이하로 내려가지 않았음을 알 수 있다. 이에 대해 지불된 장려금은 151만 4962파운드 17실링 4펜스 반에 이르렀다. 그래서 1749년에 당시의 총리 펠람*57은 하원에서 지난 3년 동안 곡물 수출에 대한 장려금으로서 매우 이례적인 금액이 지불되어 왔다고 말했다. 그는 이렇게 말한 데는 충분한 이유가 있었고, 이듬해는 더욱 충분한 이유가 있었을지도 모른다. 그 한 해에 지불된 장려금만 해도 32만 4천 176파운드 10실링 6펜스나 되었던 것이다. 이 강제적인 수출이 국내 시장에서 곡물값을, 그것이 없었을 경우보다 얼마나 많이 상승시켰는지에 대해서는 새삼 말할 필요도 없다.

이 장에 첨부된 기록의 마지막에, 독자는 다른 부분에서 떼어 낸 10년 동안의 개별 기록을 보게 될 것이다. 독자는 또 거기서 그에 앞서는 10년에 대한

---

*56 폴란드의 무질서란, 1772년에 폴란드가 프로이센과 러시아로 분할된 무렵의 여러 혼란을 가리킨다.

*57 펠람(Henry Pelham, 1696~1754)은 영국의 총리(1743~1754)로서 오스트리아 계승전쟁에 참전했다.

상세한 기록도 보게 될 텐데, 그 평균은 금세기 초 64년 동안의 총평균보다, 뒤의 10년 동안 만큼은 아니지만 또한 낮았다. 그러나 1740년은 이례적인 흉년이었다. 1750년에 앞서는 이 20년은 1770년에 앞서는 20년과 매우 좋은 대조를 이루고 있다고 할 수 있다. 한두 해의 높은 값인 해가 끼여 있는데도 전자가 그 세기의 총평균보다 매우 낮았는데, 후자는 이를테면 1759년 같은 1, 2년의 낮은 값인 해가 끼여 있는데도 그 세기의 총평균보다 매우 높았다. 만일 후자가 총평균을 웃돈 만큼 전자가 총평균을 밑돌지 않았다면, 우리는 아마 그것을 장려금 탓으로 돌려야 할 것이다. 이 변화는 분명히 너무나 돌발적이어서, 항상 완만하고 점진적인 은 가치의 변화 탓으로 돌릴 수가 없다. 결과가 돌발적인 것은 돌발적으로 일어날 수 있는 원인, 즉 기후의 우발적인 변화에 의해서만 설명할 수 있다.

그레이트브리튼에서의 노동의 화폐가격이 현세기 동안 줄곧 상승한 것은 틀림없는 사실이다. 그러나 이것은 유럽 시장에서 은의 가치가 감소한 결과라기보다, 그레이트브리튼의 전반에 걸친 크나큰 번영으로 인해 이 나라의 노동수요가 증대한 결과라고 생각된다. 그레이트브리튼과 똑같이 번영하고 있지는 않은 프랑스에서는, 전세기 중엽 이후, 노동의 화폐가격은 곡물의 평균 화폐가격과 함께 서서히 하락한 것으로 여겨져 왔다. 거기서는 전세기나 현세기나 일반노동자 하루 임금은, 거의 한결같이 밀 1세티에의 평균가격의 약 20분의 1이었다고 한다. 1세티에는 4윈체스터부셀보다 약간 많은 양이다. 이미 살펴본 것처럼 그레이트브리튼에서는 노동의 실질적인 보상, 즉 노동자에게 주어지는 생활필수품과 편의품의 실질적인 양은 현세기 동안 매우 증가했다. 그 화폐가격의 상승은 유럽의 일반 시장에서 은 가치가 감소한 결과가 아니라, 그레이트브리튼이라는 개별 시장에서 노동의 실질가치가 그 나라 특유의 좋은 사정으로 상승한 결과였던 것으로 생각된다.

아메리카 대륙이 발견된 지 얼마 동안, 은은 계속해서 이전 값, 또는 그보다 별로 낮지 않은 값으로 팔리고 있었다. 광업의 이윤은 한참 동안 매우 컸으며, 그 자연율을 훨씬 넘어서고 있었다. 그러나 그 금속을 유럽에 수입한 사람들은, 곧 해마다의 수입 전체를 이 높은 값으로 처리하는 것은 불가능하다는 것을 깨달았다. 은은 갈수록 적은 양의 재화와 교환되었다. 그 값은 차츰 더 하락하여 마침내 그 자연가격, 즉 그것을 광산에서 시장에 내가기 위해 지불해야 하는 노동임금과 자산이윤, 그리고 토지지대를, 그 자연율에 따라 지불하는 데 꼭 맞는 값으로까지 하락했다. 페루의 대부분의 광산에서는, 총생산의 10분의 1*58에 이르는 에스파냐 국왕의 세금이 이미 말한 바와 같이 토지의 전 지대를 잡아먹어 버린다. 이 세금은 처음에는 2분의 1이었지만, 그뒤 곧 3분의 1로 내려갔다가, 이어서 5분의 1로, 그리고 마침내 10분의 1로*59 내려가서 지금까지 계속 그 비율을 유지하고 있다. 페루의 대부분의 은광에서는, 그 사업 경영자의 자산을 그 통상 이윤과 함께 회수한 뒤에 남는 것은 이것뿐인 것으로 생각된다. 그리고 전에는 매우 높았던 이 이윤이 지금은 겨우 사업을 계속해 나갈 수 있을 정도로 낮아졌다는 것은 널리 인정되고 있는 것 같다.

에스파냐 왕의 조세는 1504년, 즉 포토시 광산이 발견된 1545년의 41년*60 전에는, 등록된 은의 5분의 1로 인하되었다. 그로부터 90년*61이 지나는 동안, 즉 1636년까지, 전 아메리카에서 가장 풍부한 이 광산은 충분한 영향을 미칠 수 있는 시간을 가졌다. 즉 유럽 시장에서의 은의 가치를, 에스파냐 국왕에 대한 세금을 계속 지불하면서 가능한 한 하락시키는 데 충분한 시간을 가졌던 셈이다. 90년*62은, 독점이 없는 상품이라면 어떤 상품이든 그 자연 값까지, 즉 특정한 세금을 지불하면서 상당한 기간 계속해서 판매될 수 있는 최저가격까지 끌어내리는 데 충분한 시간이다.

유럽 시장에서의 은의 값은 어쩌면 더욱 내려갔을지도 모르고, 은에 대한 세금을 1736년처럼 10분의 1로 내릴 뿐만 아니라, 금에 대한 것과 마찬가지로 20분의 1로 내리거나, 아니면 현재 가동 중인 아메리카 광산의 거의 모든 조업을 포기할 필요가 생겼을지도 모른다. 은에 대한 수요가 차츰 증가한 것, 즉 미국의 은광 생산물에 대한 시장이 차츰 확대된 것이, 아마도 이런 사태가 일어나는 것을 저지한 원인일 것이다. 그리고 유럽 시장에서의 은의 가치를 유지했을 뿐만 아니라, 아마도 전세기 중반보다 약간 높게 올리기까지 한 원인일 것이다.

---

*58 초판에서는 '5분의 1'.
*59 '그리고 마침내 10분의 1로'는 제2판의 추가.
*60 초판에서는 '1535년의 30년'.
*61 초판에서는 '1세기'.
*62 초판에서는 '100년'.

아메리카가 처음 발견된 이래, 그 은광의 생산물에 대한 시장은 차츰 넓게 확대되어 갔다.

첫째로, 유럽 시장이 차츰 더 넓어졌다. 아메리카의 발견 이래 유럽의 대부분은 크게 개량되었다. 잉글랜드·네덜란드·프랑스·독일, 그리고 스웨덴·덴마크·러시아까지 모두 농업과 제조업 양쪽에서 상당한 발전을 이룩했다. 이탈리아도 후퇴했다고는 생각되지 않는다. 이탈리아의 몰락은 페루의 정복*63 이전의 일이다. 그때부터 이탈리아는 오히려 어느 정도 회복한 것처럼 보인다. 에스파냐와 포르투갈은 후퇴했다고 생각되고 있는 것이 사실이다. 그러나 포르투갈은 유럽의 매우 조그만 부분에 지나지 않고, 에스파냐의 쇠퇴는 아마 일반적으로 상상되고 있는 것처럼 크지는 않다. 16세기 초에 에스파냐는, 프랑스에 비해서도 매우 가난한 나라였다. 프랑스는 그때부터 크게 개량되었다. 두 나라를 그토록 자주 여행한 황제 카를 5세*64가, '프랑스에서는 모든 것이 풍부하고, 에스파냐에서는 모든 것이 부족하다'고 한 것은 매우 유명한 말이다. 유럽의 농업과 제조업의 생산물이 증가하면, 필연적으로 그것을 유통시킬 은화의 양이 차츰 증가할 필요가 생겼을 것이고, 또 부유한 개인의 수가 증가하면 그들의 은식기와 그 밖의 은제 장식품의 양도 증가할 필요가 있었을 것이 틀림없다.

둘째로, 아메리카 자체가 아메리카의 은광 생산물에 대한 새로운 시장이다. 그리고 그 농업과 공업, 인구의 전진은 유럽의 가장 번영하고 있는 나라들보다 훨씬 급속하므로, 그 수요는 훨씬 급속하게 증대할 것이다. 잉글랜드의 식민지는 완전히 새로운 시장이며, 그것은 일부는 주화(鑄貨)를 위해 일부는 은식기를 위해, 전에는 아무런 수요도 없었던 큰 대륙에 걸쳐 끊임없이 증대하는 은의 공급을 필요로 하고 있다. 에스파냐와 포르투갈의 식민지도 대부분 완전히 새로운 시장이다. 뉴그라나다·유카탄·파라과이·브라질에는 유럽인이 발견하기 전에는 미개 민족들이 살고 있었는데, 그들은 기술도 농업도 갖고 있지 않았다. 지금은 상당한 정도의 기술과 농업이 국민 전체에 도입되었다. 멕

---

*63 페루의 정복이란 에스파냐인이 16세기에 이룩한 정복을 가리킨다.
*64 신성 로마제국 황제 카를 5세(1500~1558)는 처음에는 에스파냐 국왕 카를로스 1세, 나중에는 독일 황제가 되었다.

시코와 페루는 완전히 새로운 시장으로 볼 수 없다 하더라도, 그 전의 어느 때보다도 훨씬 드넓은 시장임에는 틀림없다. 그런 나라가 먼 옛날에 훌륭한 상태에 있었다는 것에 대한 놀라운 이야기가 많지만, 조금이라도 냉정한 판단력을 가지고 그 발견과 정복의 역사를 읽는 사람은 누구나, 그런 나라들의 주민들이 기술·농업·상업에 있어서 지금의 우크라이나 지방의 타타르인들보다 훨씬 무지했다는 것을 확실히 알게 될 것이다. 두 나라 중에서는 비교적 개화되어 있었던 페루인조차, 금은을 장식품으로 이용하기는 했지만 주화는 전혀 갖고 있지 않았다.

그들의 상업은 모두 물물교환으로 이루어졌고, 따라서 그들 사이에 분업은 거의 없었다. 토지를 경작하는 사람들은 스스로 자기 집을 짓고, 가구와 옷·신발·농업 용구도 직접 만들지 않으면 안 되었다. 그들 가운데 소수의 수공업자들은 모두 주권자·귀족·성직자가 부양하고 있었다고 하니, 아마도 그들의 하인이거나 노예였던 것 같다. 멕시코와 페루의 옛 기술은 유럽에 어떤 제품도 공급한 적이 없었다. 에스파냐의 군대는 500명이 넘는 경우는 거의 없고, 흔히 그 절반도 되지 않았는데도 거의 어디서나 식량 조달에 큰 어려움을 겪었다. 한편으로는, 인구가 무척 많고 잘 경작되고 있다고 하는 지방 가운데, 이 군대가 가는 곳은 거의 어디서나 기근이 발생했다는 것은, 인구가 많고 경작이 잘 되고 있다는 이야기가 대부분 과장이라는 것을 충분히 증명해 준다. 에스파냐의 식민지는 농업·개량·인구에 대해, 잉글랜드의 식민지보다 많은 점에서 불리한 통치하에 있다. 그러나 에스파냐 식민지는 이 모든 것에 대해 유럽의 어느 나라보다도 빠르게 발전하고 있는 것처럼 보인다. 기름진 토양과 좋은 기후의 혜택을 받은 토지가 이렇게 풍부하고 값이 싼 것은 모든 새 식민지에 공통된 사정으로, 그것은 국내 통치에서의 많은 결함을 보상할 수 있는 커다란 이점으로 여겨진다.

1713년에 페루를 방문한 프레지에는 리마를 2만5천 내지 2만8천 명의 주민이 사는 도시로 묘사했다. 같은 나라에 1740년부터 1746년까지 거주한 우요아*65는 그곳에는 5만 명이 넘는 주민들이 살고 있다고 했다. 칠레와 페루

---

*65 우요아는 에스파냐인에 대해 1만 6천 내지 1만 8천이라는 수(가족수라고도 읽을 수 있다)를 들고, 주민의 과반수는 흑인이나 인디언이라고 썼다. 또한 우요아는 1746년이 아니라 1744년에 리마를 떠났다.

의 다른 몇몇 도시의 인구에 대한 그들의 설명도 거의 이와 같은 차이가 있다. 두 사람이 다 정보의 정확성에 대해서는 의심할 이유가 없다고 생각되므로, 이 차이는 잉글랜드 식민지 못지 않게 인구가 증가했음을 나타내고 있다. 따라서 아메리카는 그 자신의 은광 생산물의 새로운 시장이고, 그 수요는 유럽에서 가장 번영하고 있는 나라의 수요보다 훨씬 급속하게 증대하고 있음이 틀림없다.

셋째로, 동인도의 여러 지방은 아메리카의 은광 생산물에 대한 또 하나의 시장이며, 더욱이 그런 광산이 발견된 이래 더욱 많은 양의 은을 흡수해 온 시장이다. 그때부터 아카풀코의 배*66로 영위되는 아메리카와 동인도 사이의 직접무역은 줄곧 증대해 왔고, 유럽을 거치는 간접거래는 더 큰 비율로 증대했다. 16세기 내내 동인도와 규칙적으로 통상을 실시한 유일한 유럽 국민은 포르투갈인이었다. 그 세기의 마지막 무렵에 네덜란드인이 이 독점을 침범하기 시작하여, 몇 년 뒤에는 포르투갈인을 인도의 중요한 정주지에서 몰아내고 말았다. 전세기의 대부분에 걸쳐 이 두 국민은 동인도 무역의 가장 큰 부분을 양분하고 있었다. 네덜란드인의 무역은 포르투갈인의 무역이 쇠퇴하는 비율보다 더 큰 비율로 계속 증대했다. 잉글랜드인과 프랑스인은 전세기에 인도와 약간의 무역을 영위하기는 했지만, 그것이 크게 증대한 것은 금세기의 과정에서이다. 스웨덴인과 덴마크인의 동인도 무역은, 금세기에 시작되었다. 러시아인들까지 지금은 육로로 시베리아와 타타르를 지나 북경에 이르는 일종의 대상(隊商)에 의해 중국과 규칙적인 무역을 하고 있다. 이 모든 국민의 동인도 무역은, 최근의 전쟁*67으로 거의 전멸해 버린 프랑스 무역을 제외하면 거의 끊임없이 증대해 왔다. 유럽에서 동인도의 재화를 소비하는 양이 매우 크게 증가하여, 그런 모든 국민의 고용을 차츰 증대시키고 있는 것으로 생각된다. 이를테면 차(茶)는, 전세기의 중반 이전에는 유럽에서는 좀처럼 사용되지 않는 약재였다. 지금은 잉글랜드의 동인도 회사가 자국민을 위해 해마다 수입하는 차의 가치가 1년에 150만 파운드가 넘고, 그것으로도 부족해서 더 많은 양이 네덜란드의 각 항구에서, 스웨덴의 예테보리에서, 또 프랑스의 동인도 회사가 번

---

*66 아카풀코의 배는 멕시코의 아카풀코와 필리핀을 잇는 무역선.
*67 159~160페이지 참조.

영한 동안에는 프랑스 연안에서도 끊임없이 이 나라에 밀수입되고 있었다. 중국의 자기, 몰루카 제도의 향료, 벵골의 피륙과 그 밖의 무수한 상품의 소비도 거의 같은 비율로 증가했다. 그러므로 전세기의 어떤 시기에도, 동인도 무역에 사용된 모든 유럽 선박의 톤수는 아마 잉글랜드 동인도 회사가 최근에 선박을 줄이기 전의 이 회사의 톤수보다 그리 크지는 않았을 것이다.

그러나 동인도의 여러 지방, 특히 중국과 인도스탄에서의 귀금속의 가치는, 유럽인이 처음으로 이 나라들과 무역을 시작했을 때는 유럽보다 훨씬 높았고, 지금도 여전히 높다. 일반적으로 2모작, 때로는 3모작을 하며, 매번의 수확이 어떤 다른 곡물보다 많은 쌀생산국에서는, 식량이 같은 면적의 어떤 곡물생산국보다 훨씬 풍부할 것이 틀림없다. 따라서 그런 나라들은 훨씬 인구가 많다. 그런 나라에서는 또 부자가 자신들이 소비할 수 있는 것 이상으로 가지고 있는 잉여 식량도 훨씬 많고, 그 때문에 다른 국민의 노동을 훨씬 많이 구매할 수 있는 수단을 가지게 된다. 그래서 중국 또는 인도스탄의 고관대작의 종자들은, 누구의 얘기를 들어 봐도, 유럽의 가장 부유한 국민의 종자보다 훨씬 수도 많고 호화롭다. 그들이 마음대로 처분할 수 있는 식량이 이렇게 남아돌기 때문에, 자연이 매우 적은 양밖에 제공하지 않는 특이하고 귀한 모든 생산물, 즉 부자들의 큰 경쟁거리인 귀금속이나 보석 같은 것과 맞바꾸어, 그들은 그런 식품을 더 많이 제공할 수 있다. 따라서 인도 시장에 공급한 광산은, 유럽 시장에 공급한 광산과 마찬가지로 산출량이 많다 하더라도, 그런 상품은 당연히 유럽에서보다 인도에서 더 많은 양의 식량과 교환될 것이다.

그러나 인도 시장에 귀금속을 공급한 광산은 유럽 시장에 귀금속을 공급한 광산보다 상당히 덜 부유하고, 보석을 공급한 광산은 상당히 더 부유했던 것처럼 생각된다. 그러므로 인도에서는 귀금속이 유럽보다도 당연히 어느 정도 많은 양의 보석과, 그리고 훨씬 많은 양의 식품과 교환될 것이다. 모든 사치품 가운데 으뜸 가는 다이아몬드의 화폐가격은 유럽보다 약간 낮고, 모든 필수품 중에서 첫 번째인 식량가격은 훨씬 낮을 것이다. 그러나 노동의 실질임금, 즉 노동자에게 주어지는 생활필수품의 실질적인 양은, 이미 말했지만 인도의 2대 시장인 중국과 인도스탄, 모두 유럽의 대부분보다 낮다. 그곳에서는 노동자의 임금은 더 적은 양의 식량밖에 구매할 수 없을 것이고, 인도에서는 식량의 화폐가격이 유럽보다 훨씬 낮으므로, 노동의 화폐가격은 인도에서는 이

중의 이유, 즉 그것이 구매할 수 있는 식량의 양이 적다는 것과 그 식량가격이 낮다는 것, 이 두 가지 이유로 유럽보다 낮다.

그러나 기술과 근면함이 동등한 나라들에서는 제조품의 대부분의 화폐가격은 노동의 화폐가격에 비례할 것이다. 중국과 인도스탄은 제조업의 기술과 부지런함은 유럽의 어떤 지방보다도 못한 것은 사실이지만, 매우 뒤떨어져 있다고는 생각되지 않는다. 그러므로 제조품의 대부분의 화폐가격은 당연히 그런 대제국 쪽이 유럽 어느 곳보다 훨씬 낮을 것이다. 또 유럽의 대부분에서 육상 수송의 비용이 대부분의 제조품의 실질가격과 명목가격을 다 함께 크게 증대시킨다. 먼저 원료를 가지고 오는 데, 그리고 나중에는 완성품을 시장에 가지고 가는 데 더 많은 노동이 들며, 따라서 더 많은 화폐가 드는 것이다.

중국과 인도스탄에서는 내륙 항행이 드넓고 다양하기 때문에 이 노동, 따라서 또한 이 화폐의 대부분이 절약되며, 그로 인해 대부분의 제조품의 실질가격과 명목가격을 함께 더욱 끌어내린다. 이런 모든 이유로, 귀금속은 유럽에서 인도로 운반하는 것이 언제나 매우 유리한 상품이었고, 지금도 여전히 유리한 상품이다. 인도에서는 귀금속보다 더 좋은 값으로 팔리는 상품은 거의 없다. 즉 유럽에서 그것을 얻는 데 필요로 한 노동과 상품의 양에 비해, 인도에서 이만한 많은 양의 노동과 상품을 구매 또는 지배하는 상품은 거의 없는 것이다. 그리고 또 그곳으로 은을 운반하는 편이 금을 운반하는 것보다 유리하지만, 그것은 중국이나 인도의 다른 대부분의 시장에서는 순은과 순금의 비율이 10 대 1, 아니면 기껏해야 12대 1에 지나지 않는데, 유럽에서는 14 내지 15대 1이기 때문이다. 중국에서, 또 인도의 다른 대부분의 시장에서는 10온스의 은, 또는 기껏해야 12온스의 은이면 1온스의 금을 구매할 수 있지만, 유럽에서는 14 내지 15온스의 은이 필요하다. 따라서 인도에 항행하는 대부분의 유럽 선박의 화물 중에서 은이 일반적으로 가장 값비싼 물건의 하나였다. 마닐라로 항행하는 아카풀코 선박에서 은은 가장 비싼 물건이었다. 신대륙의 은은 이렇게 하여 구대륙의 양끝 사이의 상업을 영위해 주는 주요 상품의 하나*[68]로 생각되며, 그런 세계에서 멀리 떨어진 지방들이 서로 연결되는 것도 이 은에 의하는 바가 크다*[69] 하겠다.

---

*[68] '하나'는 제2판의 추가.
*[69] '이 은에 의하는 바가 크다'는 초판에서는 '주로 은에 의한다'.

이와 같이 크게 확대된 시장을 채우기 위해, 은광에서 해마다 나오는 은의 양은, 번영하고 있는 모든 나라에서 필요한 주화와 은식기의 끊임없는 증가를 감당할 수 있을 뿐 아니라, 은이 사용되고 있는 모든 나라에서의 은의 끊임없는 소모와 소비를 보충하는 데 충분한 것이 아니면 안 된다.

귀금속이 주화로서는 사용에 의해, 또 식기로서는 사용과 손질에 의해 끊임없이 소모되고 있는 것은 매우 뚜렷한 사실이며, 용도가 이토록 드넓은 상품에 있어서는, 그것만으로도 해마다 매우 많은 공급을 필요로 한다. 몇몇 특정한 제조업에서 그런 금속을 소비하는 것은, 전체적으로는 이런 점진적인 소모비보다 아마 크지는 않겠지만, 훨씬 급속하기 때문에 훨씬 더 눈에 띈다. 버밍엄의 제조업에서만도, 해마다 도금이나 피금(被金)으로 사용되며, 따라서 다시는 그런 금속의 원형으로는 결코 나타날 수 없는 금은의 양은, 영국 정화로 5만 파운드 이상에 이른다고 한다. 여기서 우리는 세계의 모든 지방에서 버밍엄과 같은 종류의 제조업이나, 아니면 레이스·자수·금사·은사·책의 장정·가구 등에 해마다 소비되는 양이 얼마나 될 것인지 어느 정도 상상할 수 있을 것이다. 또 그런 금속을 한 곳에서 다른 곳으로, 해로와 육로 양쪽으로 수송하는 데도 해마다 상당한 양을 잃게 될 것이 틀림없다. 게다가 아시아의 대부분의 정부에서는 보물을 땅 속 깊이 묻어두는 것이 거의 보편적인 관습인데, 그것을 묻은 사람과 함께 그것을 묻은 사실조차 사장(死藏)해 버리기 때문에, 더욱 많은 양의 손실을 가져오게 된다.

카디스와 리스본에서 수입되는 금은의 양(등록되는 것뿐만 아니라, 밀수로 상정되는 것도 포함하여)은 가장 정확한 계산에 의하면 1년에 영국 정화로 약 6백만 파운드에 이른다.

메겐스에 의하면, 1748년부터 1753년까지, 이 두 해를 포함한 6년 동안, 에스파냐에 수입된 귀금속과 1747년부터 1753년까지, 이 두 해를 포함해서 7년 동안 포르투갈에 수입된 귀금속의 연평균은, 무게로 은 110만 1천 107파운드, 금 4만 9940파운드에 이르렀다. 이 은은 1트로이파운드 당 62실링으로 치면 영국 정화로 341만 3431파운드 10실링이 된다. 금은 1트로이파운드 당 44기니 반으로 치면 영국 정화 233만 3446파운드 14실링이 된다. 둘을 합치면 영국 정화로 574만 6878파운드 4실링에 이른다. 등록수입된 것의 금액은 정확하다고 그는 장담하고 있다. 그는 금은의 개별적인 출하지와, 등기부에 의한 각 금속의 발송지에 따른 특정량의 세목을 제공하고 있는데, 밀수된 것으로 추정되는 각 금속의 양도 고려에 넣고 있다. 이 현명한 상인의 풍부한 경험은, 그의 견해에 상당한 무게를 부여하고 있다.

《두 인도에서의 유럽인의 식민과 상업에 대한 철학적 정치적 역사》의 웅변에서, 이따금 그 사정을 잘 알고 있는 저자*[70]에 의하면, 1754년부터 1764년까지 이 두 해를 포함한 11년 동안, 평균하여, 등록된 금은이 에스파냐에 연간 수입된 것은 10레알을 1피아스터로 치고 1398만 4185피아스터 4분의 3*[71]에 이르렀다. 그러나 밀수된 것도 있을 것이므로, 전체로서의 연간 수입액은 1700만 피아스터에 이르렀을 것이라고 그는 상정하고 있다. 이것은 1피아스터를 4실링 6펜스로 치고 영국 정화로 382만 5천 파운드와 같다. 그는 또 금은의 특정한 수입처와 등기부에 기록된, 수입처별 각 금속의 특정한 수량을 상세히 보여 주고 있다. 그는 또 만일 우리가 브라질에서 리스본에 해마다 수입되는 금의 양을, 포르투갈 국왕에게 지불되는 세액(표준금속의 5분의 1로 여겨진다)으로 판단한다면, 우리는 그것을 1800만 크루제이로,*[72] 즉 프랑스의 4500만 리브르, 영국 정화로 약 2백만 파운드와 같다고 평가해도 될 것이라고 우리에게 전하고 있다. 그러나 밀수입된 것도 있을 것이므로, 우리는 이 금액에 8분의 1, 즉 25만 파운드를 보태도 상관없으며, 따라서 전체는 영국 정화로 225만 파운드에 이를 것이라고 그는 말했다. 그러므로 이 계산에 의하면, 에스파냐와 포르투갈 양쪽에 수입된 귀금속은 해마다 영국 정화로 약 607만 5천 파운드가 된다.

손으로 쓴 원고이기는 하지만,*[73] 그밖에 몇 가지 매우 확실한 기록은, 내가 확인한 바로는, 이 연간 수입 총액이 이따금 다소 증감하기는 했어도, 평균해

---

*70 Abbé Guillaume Thomas François Raynal, 1713~1796을 가리킨다. 디드로의 협력을 얻은 레이날의 주저(主著) *Histoire philosophique et politique, des établissemens et du commerce des Européens dans les deux Indes*, 6 vols., Amsterdam, 1770(2nd ed., 7 vols., La Haye, 1774 ; 3rd ed., 4 vols., Genève, 1780)은 계몽사상에 의한 식민지주의 비판으로 유명하다. 에스파냐·포르투갈에 대한 금은의 유입에 대해서는 제8편 제27장과 제9편 제39장에 있다. 스미스가 사용한 것은 1775년의 제네바 판(ASL 1411)으로, 여기에는 레이날의 초상과 그 밑에 이름이 있지만, 타이틀 페이지에는 저자명이 없다. 초판은 익명.

*71 제2판부터 '5분의 3'으로 되어 있지만, 초판의 '4분의 3'이 맞다.

*72 크루제이로는 브라질(포르투갈의 식민지)의 화폐 단위.

*73 '손으로 쓴 원고이기는 하지만'은 제2판의 추가.

서 약 600만 파운드가 된다는 점에서 일치하고 있다.

확실히 카디스와 리스본에 해마다 귀금속이 수입되는 금액은 물론 아메리카의 여러 광산에서의 연간 총생산액과 같지는 않다. 일부는 해마다 아카풀코의 선박을 통해 마닐라에 보내지고, 일부는 에스파냐 식민지가 다른 유럽 각국의 식민지와 영위하는 밀무역에 사용되며, 또 일부는 의심할 것도 없이 국내에 머무르고 있다. 게다가 아메리카의 광산들은 절대로 세계에서 유일한 금광·은광인 것은 아니다. 그러나 아메리카의 광산들은 산출량이 뛰어나게 많다. 그런 광산의 생산량에 비하면, 전부터 알려져 있는 다른 모든 광산의 생산물은 하찮은 것임이 인정되고 있다. 또 아메리카의 광산에서 생산되는 양의 거의 대부분이 카디스와 리스본에 해마다 수입되고 있는 것도, 마찬가지로 인정되고 있다. 그러나 1년에 5만 파운드 비율의 버밍엄이 소비량만으로도, 1년에 6백만 파운드의 비율로 본 이 연간 수입액의 120분의 1과 같다. 그러므로 금은이 사용되는 세계 모든 나라에서 해마다 소비되는 금은의 양은 아마 연간 총생산량과 거의 같을 것이다. 나머지는 번영하고 있는 모든 나라의 증가하는 수요를 충족시켜 주는 정도에 지나지 않을지도 모르고, 어쩌면 이런 수요를 채우는 데도 부족하여 유럽 시장에서 그 금속의 값을 약간 인상시켰을지도 모른다.

해마다 광산에서 시장에 반입되는 놋쇠와 철의 양은 금은의 양과 비교가 되지 않을 만큼 많다. 그러나 이런 이유로 해서 우리는 그런 비금속(卑金屬)이 수요를 넘어서서 증대하는 것 같다든가, 차츰 더 싸지고 있다고 상상하지는 않는다. 귀금속은 그렇게 될 것 같다고 우리가 상상하는 것은 어째서일까? 확실히 비금속은 귀금속보다 단단하기는 하지만, 훨씬 더 경질(硬質)의 용도에 사용되고 있으며, 귀금속보다 가치가 낮으므로 그 보존을 위해서 주의를 기울이는 일도 적다. 그러나 귀금속은 반드시 비금속 이상으로 영원한 것은 아니며, 매우 다양한 방법으로 분실되거나 마손되기 쉽다.

모든 금속값은 서서히 점진적으로 변동하는 경향은 있지만, 1년 단위의 변화는 다른 토지 원생산물에 비해서는 작다. 또 귀금속값은 비금속값보다 갑작스러운 변동을 겪는 일이 더 적다. 금속의 내구성이 값의 이 특별한 안정성의 기초이다. 작년에 시장에 나간 곡물은 모두 또는 대부분이 금년 말 훨씬 전에 소비될 것이다. 그러나 2, 3백 년 전에 광산에서 나온 철의 일부는 아직도 사용되고 있고, 2, 3천 년 전에 광산에서 나온 금의 일부도 아마 그럴 것이다. 그해 그해 세계의 소비에 충당되는 각 곡물의 양은 그해 그해의 생산과 언제나 거의 균형을 이룰 것이다.

그러나 다른 두 해에 사용될 철의 다른 양의 비율은, 그 두 해의 철광 생산고의 어떤 우연한 차이에도 매우 조금밖에 영향을 받지 않을 것이고, 금의 양 사이의 비율이 금광 생산고의 그런 차이에 영향을 받는 일은 더욱 적을 것이다.

그러므로 대부분의 금속 광산의 생산고는 대부분의 곡물 밭의 생산고에 비해서도 해마다의 변동이 훨씬 크다고는 하나, 그런 변동이 한쪽의 상품값에 미치는 영향은 다른 쪽 상품값에 미치는 영향과 같지는 않다.

2. 금과 은의 비교가치 변동

아메리카에서 광산이 발견되기 전에는, 순은에 대한 순금의 가치는 유럽의 여러 조폐국에서 1 대 10과 1 대 12 사이에서 정해져 있었다. 즉 1온스의 순금은 10 내지 12온스의 순은의 가치가 있는 것으로 평가된 것이다. 전세기 중간쯤에는 1 대 14에서 1 대 15 사이의 비율로 정해지게 되었다. 즉 1온스의 순금이 순은 14온스에서 15온스 사이의 가치가 있는 것으로 평가되었다. 금의 명목가치, 즉 금과 맞바꿀 수 있는 은의 양이 증대한 것이다. 두 금속 다 실질가치, 즉 그것이 구매할 수 있는 노동의 양이 하락했지만, 은이 금보다 더욱 하락한 것이다. 아메리카의 금광과 은광은 일찍이 알려진 어느 광산보다도 그 풍요도에서 뛰어났는데, 은광의 풍요도가 금광의 풍요도보다 더 컸던 것으로 생각된다.

유럽에서 인도로 해마다 운반되어 간 대량의 은은, 잉글랜드의 몇몇 식민지에서 금에 비한 은의 가치를 차츰 감소시켰다. 캘커타*⁷⁴의 조폐국에서는 유럽과 마찬가지로 1온스의 순금은 15온스의 순은의 가치가 있는 것으로 생각되었다. 이 조폐국에서는 금이, 벵골의 시장에서의 가치에 비해 너무 높은 평가를 받고 있는 것 같다. 중국에서는 금의 은에 대한 비율은 여전히 1 대 10, 또

---

*74 캘커타는 인도 서벵골 주의 주도.

는 1 대 12*75이다. 일본에서는 1 대 8이라고 한다.

유럽에 해마다 수입되는 금과 은의 양의 비율은 메겐스의 계산에 의하면 1 대 22이다. 즉, 금 1온스에 대해서 22온스보다 약간 많은 은이 수입된다. 그의 추정으로는, 동인도에 해마다 수송되는 많은 양의 은은, 유럽에 남아 있는 그 금속의 양의 비율을 그 가치의 비율인 1 대 14 내지 15가 될 때까지 감소시킨다. 양쪽의 가치 비율은 양쪽의 양의 비율과 필연적으로 같을 것이고, 따라서 이 대량의 은 수출이 없으면, 1 대 22가 되었을 것이라고 그는 생각한 듯하다.

그러나 두 상품의 각각의 가치의 통상적인 비율은, 시장에 있는 그 상품의 일반적인 양의 비율과 반드시 같지는 않다. 10기니로 계산된 황소 한 마리의 값은 3실링 6펜스로 계산되는 새끼양 값의 약 60배가 된다. 그러나 이것으로 시장에는 한 마리의 황소에 대해 60마리의 새끼양이 있다고 추론하는 것은 어리석은 생각이고, 1온스의 금이 보통 14에서 15온스의 은을 구매한다고 해서, 시장에는 보통 금 1온스에 대해 은 14 내지 10온스밖에 없다고 추론하는 것도 마찬가지로 어리석다.

보통 시장에 있는 금의 양에 대한 은의 양의 비율은, 아마도 일정량의 금의 가치와 같은 양의 은의 가치의 대한 비율보다 훨씬 클 것이다. 시장에 반입되는 값싼 상품은 값비싼 상품보다 전량이 많을 뿐만 아니라, 가치도 큰 것이 보통이다. 해마다 시장에 반입되는 빵은 식육보다 전량이 많을 뿐만 아니라 가치도 크다. 식육의 전량은 가금의 전량보다, 또 가금의 전량은 야조(野鳥)의 전량보다 많다. 값싼 상품은 값비싼 상품에 비해 훨씬 구매자가 많으므로, 값싼 상품이 양에 있어서뿐만 아니라 가치에 있어서도 더 많이 처분되는 것이 보통이다. 따라서, 싼 상품의 전량이 비싼 상품의 전량에 대해 갖는 비율은 일정량의 비싼 상품의 가치가 같은 양의 싼 상품의 가치에 대해 갖는 비율보다 큰 것이 보통일 것이다.

귀금속을 서로 비교해 보면 은은 싼 상품이고 금은 비싼 상품이다. 그러므로 우리는 당연히 시장에 있는 은은 양뿐만 아니라 가치에 있어서도 금보다 항상 클 것이라고 당연히 기대해야 한다. 금과 은을 다 조금씩 가지고 있는 사람에게 그 자신이 가지고 있는 은식기와 금식기를 비교하게 한다면, 그는 아

---

*75 '또는 1 대 12'는 제2판의 추가.

마 은식기가 양뿐만 아니라 가치에 있어서도 금의 그것을 크게 넘어선다는 것을 알 것이다. 게다가 상당량의 은식기는 있지만 금식기는 없는 사람이 많으며, 금붙이를 가지고 있는 사람도 일반적으로 시계 케이스·코담배 상자, 그 밖에 이와 비슷한 장신구에 한정되며, 그 총액이 큰 가치를 갖는 일은 드물다. 확실히 브리튼의 주화에서는 금화의 가치가 큰 우위를 차지하지만, 모든 나라의 주화가 다 그런 것은 아니다. 어떤 나라의 주화는 두 금속의 가치가 거의 비슷하다. 스코틀랜드의 주화는 잉글랜드와 합병하기 전에는 조폐국의 기록으로 알 수 있듯이 금화가 약간 우월하기는 했지만 매우 하찮은 정도에 지나지 않았다.*76 많은 나라의 주화에서는 은이 우위를 차지하고 있다. 프랑스에서는 최대의 금액은 은으로 지불되는 것이 보통이고, 호주머니에 넣고 다니는 정도 이상으로 금을 구하는 것은 어려운 일이다. 그러나 모든 나라에서 볼 수 있는 금식기의 가치에 대한 은식기의 가치의 우위는, 몇몇 나라에서만 볼 수 있는 은화에 대한 금화의 우위를 상쇄하고도 남을 것이다.

언어의 어떤 의미에서는 은은 언제나 금보다 훨씬 쌌고, 아마 앞으로도 언제나 싸겠지만, 다른 의미에서는 아마도 에스파냐*77 시장의 현 상태로서는 금이 은보다 약간 싸다고 할 수 있을지 모른다. 어떤 상품이 비싸거나 싸다고 말할 수 있는 것은, 그 상품의 통상가격의 절대적인 고저(高低)뿐만 아니라, 그 상품을 상당한 기간에 걸쳐 시장에 가지고 올 수 있는 최저가보다 그 값이 얼마나 높은지에도 달려 있다. 이 최저가는 그 상품을 그곳에 가지고 오는 데 사용되어야 하는 자산을 약간의 이윤과 함께 겨우 회수하는 값이다. 그것은 지주에게는 아무것도 제공하지 않고, 지대(地代)는 그 구성 부분이 아니며, 모두 임금과 이윤으로 분해되어 버리는 값이다. 그러나 에스파냐*78 시장의 현 상황으로는, 금은 확실히 은보다 어느 정도 이 최저가에 가깝다.

에스파냐 왕이 금에 부과하는 세금은, 표준 금속의 불과 20분의 1, 즉 5퍼센트밖에 되지 않는데, 은에 대한 그의 세금은 10분의 1, 즉 10퍼센트*79에 이른다. 이미 설명한 것처럼, 이런 세금이 에스파냐령 아메리카의 금은 광산 대부

---

*76 앤더슨의 Diplomata, &c. Scotiae 에 대한 러디만의 서문을 참고할 것. (이 주는 제2판에서 추가)
*77 초판에서는 유럽.
*78 초판에서는 유럽.
*79 초판에서는 5분의 1, 20퍼센트.

분의 전체 지대이고, 금에 대한 세금이 은에 대한 세금보다 납입 상태가 더 좋지 않다. 금광 경영자들의 이윤은 그들이 은광 경영자들보다 재산을 이루는 일이 드문 사실로 미루어 보아, 일반적으로 후자의 이윤보다 일반적으로 더 적은 것이 틀림없다. 따라서 에스파냐의 금값은 은값보다 적은 지대와 적은 이윤밖에 제공하지 않으므로, 에스파냐*[80]의 시장에서는 금을 시장에 가지고 올 수 있는 최저가에도 어느 정도 가까울 것이 분명하다. 모든 비용을 계산해 보면, 한쪽 금속의 전량(全量)을 에스파냐*[81] 시장에서 다른 쪽 금속의 전량만큼 유리하게 처리할 수 없는 것으로 생각된다. 확실히 브라질의 금에 대한 포르투갈 왕의 세금은, 확실히 멕시코 및 페루의 은에 대한 에스파냐 왕의 종전의 세금과 같으며, 표준 금속의 5분의 1이다. 따라서 아메리카산 금의 전량이 아메리카산 은의 전량보다, 그 시장에 가지고 올 수 있는 최저가에 더 가까운 값으로 유럽의 일반 시장에 반입될지 어떨지는 분명하지 않을 것이다.*[82]

다이아몬드나 그 밖의 보석값은 아마 금값에 비해서도, 시장에 내갈 수 있는 최저값에 더 가까울 것이다.

가장 적절한 과세 대상의 하나인, 사치스럽고 실용성이 없는 것에 부과할 수 있을 뿐만 아니라, 은에 대한 세금처럼, 매우 중요한 공공수입을 가져다주는 세금은, 납부가 될 수 있으면, 부분적으로라도 폐지되는 일은 거의 없을 것 같지만, 1736년에 5분의 1에서 10분의 1로 줄여야 할 필요가 있었던 것과 같은 사정, 즉 납부 불능이라는 사정은, 금에 대한 세금을 20분의 1로 인하할 필요가 있었던 것과 마찬가지로, 언젠가 더욱 인하해야 할 필요가 생길 것이다.*[83]

---

*80 초판에서는 유럽.

*81 초판에서는 유럽.

*82 초판에서는 '모든 비용'에서 여기까지가 다음과 같이 되어 있다. '확실히 브라질의 금에 대한 포르투갈 왕의 세금은 멕시코와 페루의 은에 대한 에스파냐 왕의 세금과 같으며, 표준 금속의 5분의 1이다. 그래도 유럽 시장에 반입되는 아메리카의 금의 전량은, 아메리카의 은의 전량보다, 그것을 그곳에 가지고 올 수 있는 최저가에 가깝다는 것은 여전히 진실임이 틀림없다.

*83 '은에 대한'에서 여기까지는 초판에서는 다음과 같이 되어 있다. '에스파냐 왕이 은에 대한 세금을 포기한다 하더라도, 은값은 그런 이유 때문에 유럽 시장에서 즉각 하락하는 일은 없을 것이다. 그곳에 나가는 양이 전과 같은 한, 그것은 여전히 같은 값으로 계속 팔릴 것이다. 이 변화의 최초이자 직접적인 결과는 광업 이윤의 증대이다. 광산 경영자는 이제, 그때까지 국왕에게 바치고 있었던 모든 것을 가질 것이기 때문이다. 이 커다란 이윤은 곧 더

에스파냐령 아메리카의 은광은 다른 모든 은광과 마찬가지로 작업을 계속하는 데 필요한 심도(深度)가 더욱 요구되고 있는 것과, 그런 깊이에서의 배수와 환기에 드는 경비도 늘어나고 있는 것 때문에, 채굴비가 차츰 증대하고 있다는 것은, 그런 광산의 상태를 조사한 모든 사람들이 인정하고 있는 점이다.

이런 원인들은, 은이 차츰 희소해지는 것과 같은 뜻이므로(왜냐하면, 상품은 그 일정량을 수집할 때의 어려움과 비용이 증대할 때 희소성이 커진다고 할 수 있으므로). 이윽고 다음과 같은 세 가지 결과 가운데 하나를 가져오게 될 것이 틀림없다.

비용의 증대는 첫째로는 그 금속의 값이 그와 비례해서 증대하여 완전히 상쇄되거나, 둘째로는 은에 대한 세금이 그와 비례해서 감소하여 완전히 상쇄되고, 아니면 셋째로는 그 두 가지 방법에 의해서 각각 부분적으로 상쇄될 것이다. 이 세 번째의 경우가 매우 가능성이 높다. 금이 세금의 큰 감소에도 불구하고 은값에 비해 금값이 상승한 것과 마찬가지로, 은에 대한 세금이 이와 마찬가지로 감소했음에도 불구하고, 노동과 여러 상품에 비한 은값이 상승할지도 모르는 것이다.

그러나 세금의 그런 연속적인 경감은, 유럽 시장에서의 은의 가치 상승을 전면적으로 저지하지는 않는다 하더라도 다소나마 그 속도를 늦추는 것은 확실하다. 그런 경감의 결과, 전에는 옛날의 세금을 지불할 여유가 없어서 가동할 수 없었던 많은 광산을 가동할 수 있게 될 것이고, 해마다 시장에 반입되는 은의 양은 언제나 어느 정도 증대하여, 따라서 그 일정량의 가치는 그렇지 않은 경우보다 약간 감소하지 않을 수 없다. 1736년의 조세 경감 결과, 유럽 시장에서의 은의 가치는 오늘날에는 그 경감 이전보다 낮지는 않다 하더라도, 에스파냐 궁정이 옛날의 세금을 계속 징수했다고 가정한 경우보다, 아마 적어도

많은 사람들을 유인하여 새로운 광산의 경영을 시작하게 만들 것이다. 이 세금을 납부할 여유가 없어서 현재로서는 경영할 수 없는 수많은 광산을 경영할 수 있게 할 것이다. 또 시장에 나가는 은의 양은 몇 해 안에 크게 증가하여, 아마도 그 값을 현재의 표준보다 약 5분의 1 인하시킬 정도로 증가할 것이고, 은가치의 이런 감소는 다시 광업의 이윤을 현재의 비율에 가깝게 끌어내릴 것이다. 물론 그토록 중요한 공공수입을 제공하고, 또한 가장 적당한 과세 대상의 하나에 부과되는 세금을 지불할 수 있는 한, 포기하는 일은 아마 결코 없을 것이다. 그러나 그것을 지불할 수 없다면, 금에 대한 세금을 감소시키지 않을 수 없었던 것과 마찬가지로 이윽고 그것을 감소시키지 않을 수 없게 만들지도 모른다.'

10퍼센트는 낮을 것이다.[*84]

지금까지 다룬 사실과 논의에서, 나는 이런 경감에도 불구하고 은의 가치가 현세기 동안 유럽 시장에서 약간 상승하기 시작했음을 믿고 싶고, 더욱 적절하게 말한다면, 그렇지 않을까 하고 의심하거나 억측하고 싶다. 왜냐하면, 이 주제에 대해 내가 가질 수 있는 가장 좋은 의견조차, 아마 소신이라는 이름에는 거의 어울리지 않을 것이기 때문이다.[*85] 분명히 은의 가치 상승은, 설령 어느 정도 있었다 하더라도,[*86] 여태까지는 매우 적었기 때문에, 여러 가지 얘기가 있었음에도 불구하고, 아마 대부분의 사람들에게는, 과연 그 일이 실제로 일어났느냐 하는 것뿐만 아니라, 오히려 반대의 일이 일어날 수 있지 않았는가, 즉 유럽 시장에서 은의 가치는 여전히 계속 하락할지도 모르지 않는가 하고 의심스럽게 생각될 것이다.

그러나, 해마다 금은의 수입이 얼마로 상정되든, 그런 금속의 연간 소비가 연간 수입과 일치하는 일정한 시기가 있다는 것에 유의하지 않으면 안 된다. 금은의 소비는, 그 양이 증가하는 데 따라 함께 증가하는 것이 틀림없다. 어쩌면 오히려 훨씬 큰 비율로 증가할지도 모른다. 또 그 양이 증가할수록 그 가치는 감소한다. 사용이 늘고, 전처럼 소중하게 여기지 않게 되면, 그 결과, 양의 증대보다 훨씬 큰 비율로 소비가 증대하게 된다. 따라서 일정 기간이 지나면, 그런 금속의 연간 소비는 이렇게 하여 연간 수입과 같아지는 것이다. 단, 수입이 계속적으로 증가하고 있지 않다는 전제하에서이기는 하지만, 현재로서는 그런 경우는 상정되지 않고 있다.[*87]

연간 소비가 연간 수입과 같아졌을 때, 만일 연간 수입이 차츰 감소한다면, 연간 소비는 한동안 연간 수입을 초과할 것이다. 금은의 양은 서서히, 느끼지 못할 정도로 감소할 것이고, 그 가치는 서서히, 느끼지 못할 정도로 상승하며, 마침내 연간 수입이 다시 일정해져서, 연간 소비도 서서히, 느끼지 못할 정도로 연간 수입이 충당할 수 있는 금액에 맞춰질 것이다.

[*84] 이 문단은 제2판의 추가.

[*85] '지금까지 다룬'부터 여기까지는 초판에서는 다음과 같이 되어 있다. '이런 세 가지 사항의 첫 번째는 이미 발생하기 시작했다는 것, 즉 은이 금세기 동안 유럽 시장에서 가치가 조금 오르기 시작했다는 것을, 위와 같은 사실과 논의를 통해 나는 믿고 싶은 기분이 든다.'

[*86] '설령 어느 정도 있었다 하더라도'는 제2판의 추가.

[*87] 이 문단과 다음 문단은 제2판의 추가.

3. 은의 가치가 여전히 감소하고 있다는 의혹의 근거

유럽의 부의 증가와, 귀금속의 양은 부의 증가에 따라 자연히 증가하므로 그 가치는 양의 증가에 따라 감소한다는 통념은, 아마도*88 귀금속의 가치가 유럽 시장에서 계속해서 떨어지고 있다고 많은 사람들로 하여금 믿게 할 것이고, 또 토지 원생산물의 대부분의 값이 여전히 올라가고 있는 것이 이 견해를 더욱더 확신하게 만들지도 모른다.

어느 나라에서나 부의 증대에서 오는 귀금속의 양의 증대가 그 가치를 감소시키는 경향을 갖지는 않는다는 것을 밝히기 위해 나는 지금까지 노력해 왔다. 금은이 부유한 나라에 자연히 모이는 것은 모든 종류의 사치품과 진기한 물건이 부유한 나라에 모이는 것과 같은 이유에서이며, 부유한 나라가 가난한 나라보다 금은이 싸기 때문이 아니라 비싸기 때문에, 즉 금은에 더 나은 값이 지불되기 때문이다. 금은을 유인하는 것은 값의 우월성이며, 그 우월성이 사라지기가 무섭게 금은은 필연적으로 부유한 나라에 가지 않게 된다.

만일 곡물이나 오로지 인간의 근로에 의해 재배되는 다른 채소류를 제외하면, 가축·가금, 각종 사냥 포획물, 땅 속에서 나오는 유용한 화석이나 광물 같은 모든 종류의 원생산물이 사회의 부와 개량으로 진보함에 따라 자연히 비싸진다는 것을, 나는 지금까지 보여 주려고 노력한 것이다. 따라서 그런 상품들은 전보다 많은 양의 은과 교환되는데, 그렇다고 은이 실질적으로 전보다 값이 싸졌거나 구매하는 노동의 양이 전보다 적어진 것은 아니고, 그런 상품들이 실질적으로 전보다 값이 비싸져서 구매하는 노동의 양이 전보다 많아지게 될 것이다. 개량의 진행에 따라 상승하는 것은 그런 것의 명목가격뿐 아니라 실질가격도 그런 것이다. 그런 것의 명목가격의 상승은 은의 가치가 떨어진 결과가 아니라, 그런 것의 실질가격이 상승한 결과이다.

4. 개량 진행이 다른 종류의 원생산물에 미치는 효과

이런 다양한 종류의 원생산물은 세 가지로 분류할 수 있다. 첫째는 인간의

---

*88 초판에서는 '더욱'.

근로의 힘으로는 거의 증가시킬 수 없는 것이 포함된다. 둘째는 인간의 근로가 수요에 따라 증가시킬 수 있는 것이 포함된다. 셋째는 근로의 효과가 제한되어 있거나 불확실한 것이 포함된다. 부와 개량의 진행에 따라, 첫 번째 것의 실질가격은 얼마든지 터무니없이 상승할 수 있으며, 또 거기에는 일정한 한계라는 것이 전혀 없는 것처럼 보인다.

두 번째 것의 실질가격은 크게 증대할 수는 있으나 상당한 기간에 걸쳐 넘어설 수 없는 일정한 한계가 있다. 세 번째 것의 실질가격은 개량의 진행에 따라 상승하는 자연적인 경향은 있지만, 개량의 정도가 같아도 다양한 우발적 사건이 이런 종류의 원생산물을 증가시키려 하는 인간의 근로를 성공시키는 정도에 따라, 때로는 하락하기도 하고, 때로는 계속해서 동일하며, 또 때로는 많든 적든 상승한다.

●첫 번째 종류

개량의 진행에 따라 가격이 상승하는 첫 번째 종류의 원생산물은, 인간의 근로의 힘으로는 거의 조금도 증산할 수 없는 것이다. 그것은 자연이 일정량밖에 생산하지 않고, 또 매우 부패하기 쉬운 성질이기 때문에 수많은 다른 계절의 생산물을 한꺼번에 저장할 수 없는 것이다. 희소하고 진기한 새나 물고기, 수많은 종류의 사냥 포획물, 거의 모든 야생조류, 특히 모든 철새, 그 밖의 많은 것이 여기에 속한다. 부와 그것에 따르는 사치가 증가하면, 그것과 함께 위에서 말한 것에 대한 수요가 증가하겠지만, 인간이 아무리 부지런하게 일해도, 이 수요가 증가하기 전보다 공급을 크게 늘릴 수는 없을 것이다. 따라서 그런 상품의 양은, 한편에서 그것을 구매하려는 경쟁이 끊임없이 커지고 있는데도 그대로 또는 거의 그대로인 채 있으므로 그 값은 터무니없는 정도로까지 상승할 수 있으며, 일정한 한계에 의해 제한받는 일은 없을 것으로 생각된다. 멧도요가 한 마리에 20기니에 팔릴 정도로 인기가 있어도, 인간의 근로의 힘으로 시장에 가지고 올 수 있는 멧도요의 수를 현재보다 훨씬 크게 늘릴 수는 없을 것이다.

로마인이 그 전성기에 희귀한 새나 생선에 지불한 높은 값은 이런 식으로 쉽게 설명할 수 있다. 그 값은 그 시대에 은의 가치가 낮았던 것의 결과가 아니라, 인간의 근로가 뜻대로 늘릴 수 없는 희귀한 것의 가치가 높았던 것의 결과이다. 은의 실질가치는 공화국의 몰락 전후[89] 얼마 동안 로마가 현재의 유럽 대부분보다 높았다. 영국 정화 6펜스와 같은 3세스테르티우스가, 시칠리아의 10분의 1세금인 밀 1모디우스, 즉 1펙에 대해 공화국이 지불한 값이었다. 그러나 이 값은 아마도 평균 시장가격보다 낮았을 것이다. 이런 비율로 밀을 내놓는 의무는 시칠리아의 농업 경영자들에 대한 세금으로 여겨지고 있었기 때문이다. 따라서 로마인들이 밀의 10분의 1세금이 넘는 곡물의 납부를 명령할 필요가 있었을 때는, 그들은 협정에 의해 초과분을 1펙 당 4세스테르티우스, 즉 영국 정화 8펜스의 비율로 지불하지 않으면 안 되었다. 그리고 이것은 아마 온당하고 적절한, 즉 그 시대의 통상 또는 평균계약가격으로 여겨지고 있었을 것이다. 그것은 1쿼터당 약 21실링과 같다. 1쿼터당 28실링이 최근의 흉작 이전에는 잉글랜드산 밀의 통상계약가격이었다. 이 잉글랜드산 밀은 품질에 있어서 시칠리아산 밀보다 못하며, 유럽 시장에서는 일반적으로 후자보다 낮은 값으로 팔린다. 그러므로 은의 가치는 그런 옛 시대에는 현재의 은 가치에 비해 3 대 4의 역비례였음이 틀림없다. 즉 은 3온스가 그 당시에는, 현재 4온스가 구매하는 것과 같은 양의 노동과 상품을 구매했을 것이다.

따라서 플리니우스의 책에서, 세이우스가 여제(女帝) 아그리피나에게 보내는 선물로서 흰 나이팅게일 한 마리를 우리의 현 화폐 약 50파운드와 같은 6천 세스테르티우스에 샀다[90]거나, 아시니우스 켈레루스가 홍어 한 마리를 현 화폐 약 66파운드 13실링 4펜스와 맞먹는 8천 세스테르티우스에 샀다[91]는 얘기를 읽을 때, 그 엄청난 값이 아무리 우리를 놀라게 하더라도, 그 금액은 우리에게는 실제로 지불된 것보다 약 3분의 1 적게 보이기 쉽다. 그런 것의 실질가격, 즉 그런 것에 대해 주어진 노동과 생활 자료의 양은 그 명목가격을 오늘날 우리가 받아들이기 쉬운 양보다 약 3분의 1이 많았다. 세이우스는 나이팅게일과 교환으로, 현재 66파운드 13실링 4펜스가 구매할 수 있는 것과 같은 노동과 생활 자료의 양에 대한 지배권을 주고, 아시니우스 켈레루스는 그 홍어와 교환으로 88파운드 17실링 9펜스 3분의 1이 구매할 수 있는 것과 같은 노동과

---

*89 아우구스투스가 황제가 되는 것이 기원전 27년이므로, 그 전의 혼란기를 가리키는 것으로 생각된다.
*90 플리니우스의 《자연지(自然誌)》 제10편 제29장.
*91 플리니우스의 《자연지》 제9편 제17장.

생활 자료의 양에 대한 지배권을 준 것이다. 그런 엄청나게 높은 값을 낳은 것은 은이 풍부해서가 아니라 노동과 생활 자료가 풍부해서이며, 그런 로마인들은 자신들이 사용할 필요가 있는 것보다 많은 것을 자유롭게 처분할 수 있었다. 그들이 자유롭게 처분할 수 있었던 은의 양은, 같은 양의 노동과 생활 자료에 대한 지배권이 오늘날 그들에게 가져다 줄 수 있는 은의 양보다 매우 적었다.

●두 번째 종류

개량의 진행에 따라 값이 상승하는 두 번째 종류의 원생산물은, 인간의 근로가 수요에 따라 증산할 수 있는 것이다. 그것은 경작을 하지 않는 나라에서 자연이 넘칠 정도로 풍부하게 산출하고, 그 때문에 거의 또는 전혀 가치가 없고, 따라서 또 경작이 진행됨에 따라, 뭔가 더 유리한 생산물에 자리를 비켜주지 않을 수 없게 되는 유용한 식물과 동물이다. 개량이 진행되는 긴 기간 동안 그 양은 계속 감소하며, 한편으로는 동시에 그것에 대한 수요는 계속 증대한다. 따라서 그 실질가치, 즉 그것이 구매 또는 지배하는 노동의 실질적인 양은 차츰 증대하고, 그 가치는 그것을 마침내 가장 기름지고 가장 잘 경작된 토지에서 인간의 근로가 생산할 수 있는 다른 어떤 것에 못지않게 유리한 생산물로 만들 정도로 상승한다. 실질적인 가치가 그토록 높아지면 그 이상은 도저히 상승할 수 없다. 만일 그렇게 되면 곧, 그 양을 증가시키기 위해 더 많은 토지와 더 많은 근로가 사용될 것이다.

이를테면 가축값이 매우 비싸져서, 그 사료를 생산하기 위해 토지를 경작하는 것이 인간의 식량을 생산하기 위해 토지를 경작하는 것과 마찬가지로 유리해진다면, 가축값이 그것보다 더 비싸질 수는 도저히 없다. 만일 그렇게 되면 더 많은 경작지가 곧 목초지로 전환될 것이다. 경작의 확대는 야생 목초의 양을 감소시킴으로써 노동과 경작이 없이 그 나라가 자연적으로 산출하는 식육의 양을 감소시키고, 또 식육과 교환으로 주어지는 곡물, 또는 같은 말이지만 곡물값을, 소유하는 사람들의 수를 증가시킴으로써 식육의 수요를 증가시킨다. 그 때문에 식육값, 따라서 가축값은 차츰 올라가서 가장 기름지고 가장 잘 경작된 토지를 가축의 사료 생산에 사용하는 것이 곡물 생산에 사용하는 것과 마찬가지로 유리해지는 높이에 이를 것이 틀림없다.

그러나 가축값을 이 높이까지 끌어올릴 수 있을 정도로 경작이 확장되는 것은 언제나, 개량의 진행에 있어서 훨씬 나중의 일일 것이 틀림없고, 또 그 나라가 조금이라도 진보하고 있는 한, 가축값이 이 높이에 이를 때까지 계속 상승할 것이 틀림없다. 아마 유럽에는 가축값이 아직 이 높이까지 이르지 않은 지방이 있을 것이다. 합병되기 전의 스코틀랜드의 어느 지방도 이 높이에 이르지 못했다. 스코틀랜드의 가축이 언제나 스코틀랜드 시장에만 한정되어 있었다면, 가축 사육 이외의 목적으로 사용될 수 있는 토지와의 비율에서, 그 이외의 목적에는 사용될 수 없는 토지의 양이 매우 큰 이 나라에서는, 가축값이 가축의 사육을 위해 토지를 경작하는 것이 유리해질 정도의 높이로 상승하는 것은 아마 거의 불가능했을 것이다. 잉글랜드에서는 이미 설명한 것처럼, 런던 인근에서는 전세기의 초반 무렵, 이 높이에 이른 것으로 보인다. 그러나 멀리 있는 여러 주의 대부분에서 이 높이에 이른 것은 아마 훨씬 나중의 일일 것이고, 그 가운데 몇몇 주에서는 아마 아직도 거의 그 높이에 이르지 않았을 것이다. 그러나 원생산물의 이 두 번째 종류를 구성하는 모든 것 가운데, 아마도 가축이 가장 먼저 개량의 진행에 따라 값이 이 높이까지 올라갈 것이다.

확실히 가축값이 이 높이에 이를 때까지는, 최고도의 경작이 가능한 토지조차 그 대부분이 완전히 경작되는 것은 거의 가능하지 않을 것 같다. 도시에서 너무 멀리 떨어져 있어서 그곳에서 비료를 운반해 올 수 없는 모든 농장, 즉 모든 드넓은 나라에서 경영되는 농장의 대부분에서는, 잘 경작된 토지의 양은 그 농장 자체가 생산하는 비료의 양에 비례할 것이 틀림없고, 비료의 양은 또 거기서 사육되는 가축의 양에 비례할 것이다. 토지에 비료가 주어지는 것은, 그 토지에서 가축을 방목하거나 축사에서 가축을 사육하여 그 분뇨를 토지에 갖다버리기 때문이다. 그러나 가축값이 경작된 토지의 지대와 이윤 양쪽을 지불하는 데 충분하지 않은 경우에는 가축을 그 토지에서 방목할 여유가 없으며, 그것을 축사에서 사육할 여유는 더더욱 없다. 개량되고 경작된 토지의 생산물로 길러야만 축사에서 가축을 사육할 수 있는 것이다.

왜냐하면 황폐하고 개량되지 않은 토지의 빈약하게 흩어져 있는 생산물을 수집하려면 너무 많은 노동과 비용이 들기 때문이다. 따라서 개량되고 잘 경작된 토지에서 방목을 할 수 있을 때라도 가축값이 그 토지의 생산물에 대해 지불하는 데 충분하지 않다면, 그 값은, 다량의 추가 노동으로 생산물을 수집하여 축사에 있는 가축에게 주지 않으면 안 되는 경우, 그 생산물에 대해 지불하는 데는 더욱 모자랄 것이다. 그러므로 이런 상황에서는 경작에 필요한 것보다 많은 가축을 축사에서 사육하여 이윤을 올릴 수는 없다. 그러나 이만한 가축으로는 그들이 경작할 수 있는 모든 토지를 언제나 양호한 상태로 유지하는 데 충분한 비료는 결코 제공할 수 없다. 이 가축들이 제공하는 비료는 농장 전체에는 부족하므로 그것은 자연히 가장 유리하게 또는 가장 편리하게 사용할 수 있는 토지, 즉 가장 기름진 토지 또는 아마도 농장 인근의 토지를 위해 비축될 것이다.

그리하여 그 토지는 항상 양호한 상태, 경작에 적합한 상태로 유지될 것이다. 그 나머지, 즉 대부분의 토지는 여기저기 흩어져 거의 아사 상태에 있는 소수의 가축을 겨우 연명시킬 수 있는 빈약한 목초 외에는 거의 아무것도 생산하지 못한 채, 황폐한 상태로 방치될 것이다. 그 농장은 완전히 경작하는 데 필요한 양에 비하면 가축이 훨씬 모자라지만, 실제 생산물과의 비율에서는 가축이 너무 많은 경우가 흔히 있다. 그러나 이 황무지의 일부분은 이런 비참한 방법으로 6, 7년 동안 줄곧 방목에 사용된 뒤에 경작될지도 모르지만, 그때는 아마 질이 나쁜 귀리나 또는 조잡한 곡류를 한두 번 수확하면 지력(地力)이 완전히 고갈되어 버려서, 전과 마찬가지로 다시 휴경지가 되어 방목에나 사용될 것이다. 이어서 다른 부분이 경작되고, 마찬가지로 지력이 고갈되어 또다시 똑같은 순서로 휴경지가 된다. 이런 것이 합병 이전의 스코틀랜드 저지 지방의 곳곳에서 이루어진 일반적인 경영 방식이었다.

비료가 꾸준하게 잘 공급되어 양호한 상태로 유지되는 토지는, 농장 전체의 3분의 1 또는 4분의 1을 넘는 일이 드물고, 때로는 그 5분의 1이나 6분의 1에도 이르지 못했다. 나머지는 아예 비료가 주어지지 않았고, 그 가운데 어떤 부분은 그럼에도 불구하고 차례차례 규칙적으로 경작되어 지력을 소모했다. 이런 경영 방식으로는 스코틀랜드의 토지 가운데 잘 경작할 수 있는 부분이라도, 생산 능력에 비해 매우 조금밖에 생산하지 못했던 것은 분명하다. 그러나 이 방식이 아무리 불리해 보이더라도, 합병 전에는 가축의 낮은 값 때문에 거의 불가피했을 것으로 보인다. 만일 가축값의 큰 상승에도 불구하고 이 방식이 여전히 이 나라의 상당한 부분에 걸쳐 계속 우세하다면, 그것은 의심할 여지없이 무지와 낡은 관습에 대한 애착 때문이지만, 대부분의 지역에서는 더 나은 방식의 즉각적인 또는 급속한 확립을 사물의 자연적인 추이가 저지하는 불가피한 장애 때문이다.

그것은 첫째로는 차지인들의 가난, 즉 그들이 자신들의 토지를 더욱 완전하게 경작하는 데 충분한 가축을 획득할 시간이 아직 없었기 때문이다. 더 많은 가축을 사육하는 것을 유리하게 해 주는 가축값의 상승은, 동시에 그것을 획득하는 것을 더욱 어렵게 한다. 그리고 둘째로는 그들이 더 많은 가축을 획득할 수 있다 하더라도, 자신들의 토지를 더 많은 가축에 적합한 상태로 만들 시간이 아직 없었기 때문이다. 가축의 증가와 토지의 개량은 병행해서 진행되어야 하는 두 가지 사항이며, 그 가운데 하나가 나머지 하나보다 훨씬 앞설 수는 없다. 가축이 어느 정도 증가하지 않으면 토지는 거의 개량될 수 없다. 그러나 토지가 상당히 개량되어야만 가축도 상당히 증가할 수 있다. 그렇지 않으면 토지는 증가한 가축을 사육할 수 없기 때문이다. 더 나은 경영 방식의 확립에 대한 이런 자연적인 장애는, 오랫동안의 절약과 근로에 의해서만 제거될 수 있다. 차츰 퇴색해 가는 낡은 방식이 이 나라의 모든 지방에서 완전히 폐지되려면, 아마도 반 세기나 한 세기가 더 지나야 할 것이다. 그러나 스코틀랜드가 잉글랜드와의 합병에서 얻은 모든 상업적 이점 가운데 가축값의 이런 상승이 아마 가장 클 것이다. 그것은 고원지대의 모든 사유지의 가치를 상승시켰을 뿐만 아니라, 어쩌면 저지 지방이 개량되는 주요 원인이기도 했을 것이다.

모든 새로운 식민지에서는 오랜 기간에 걸쳐 가축 사육 이외의 목적으로는 사용될 수 없는 대량의 황무지가 곧 가축을 매우 풍부하게 만들었는데, 어떤 일에서든 매우 싼 값은 매우 풍부함의 필연적인 결과이다. 아메리카에 있는 유럽 식민지의 모든 가축은 본디 유럽에서 들여온 것이지만, 곧 아메리카에서 크게 증식하여 가치가 아주 떨어졌기 때문에, 말까지 숲 속을 제멋대로 뛰어다니게 방치해 둔 채, 아무도 그것에 대한 권리를 주장할 만한 가치가 있다고 생각하지 않았을 정도였다. 그런 식민지가 처음 수립되고 오랜 시일이 지난 뒤에야, 경작된 토지의 생산물로 가축을 사육하는 것이 유리해지게 되었을 것이다. 따라서 비료의 부족, 경작에 사용되는 가축과 경작할 토지와의 불균형 등 스코틀랜드와 같은 원인이, 스코틀랜드의 그토록 많은 지방에서 지금도 여전히 사용되고 있는 것과 별로 다르지 않은 농경 방식을 도입시키게 될 것이다.

스웨덴의 여행가 칼름*92은 1749년에 목격한 북아메리카의 몇몇 잉글랜드 식민지의 농경 방식을 설명하면서, 그곳에서 농업의 모든 부문에서 매우 숙달된 잉글랜드 국민의 특성을 발견하기는 쉽지 않다고 말했다. 그의 말에 의하면, 그들은 곡물밭을 위한 비료를 거의 만들지 않고, 한 구획의 토지가 계속적인 수확으로 지력이 고갈되어 버리면, 다른 구획의 새로운 토지를 개간하고, 그것도 지력이 고갈되면 세 번째 구획으로 옮겨 간다. 그들의 가축은 숲이나 그 밖의 경작되지 않는 토지를 제멋대로 헤매도록 방치되어 그곳에서 거의 굶주리고 있다. 1년생 풀은 거의 모두 꽃을 피우거나 씨를 날릴 사이도 없는 초봄에 베어져서 일찌감치 근절되어 버렸기 때문이다.*93 그 1년생 풀은 북아메리카의 그 지방에서는 가장 좋은 야생 목초였던 것 같다. 유럽인들이 처음으로 그곳에 정주했을 때는 그 풀이 매우 무성하게 자라서 높이가 3, 4피트에 이르는 것이 보통이었다. 칼름이 저술했을 때는 한 마리의 암소도 키울 수 없는 한 구역의 토지가 전에는 네 마리를 키웠고, 게다가 그 네 마리는 각각 현재의 한 마리한테서 얻을 수 있는 우유의 4배의 양을 얻었다는 얘기를 그는 들었다. 그의 의견으로는, 목초의 빈곤이 가축을 퇴화시켰고, 그 경향은 다음 세대로 갈수록 더 심해졌다. 그 가축들은 아마도 30년이나 40년 전 스코틀랜드 전역에서 흔히 볼 수 있었던 발육이 좋지 않은 품종과 비슷했을 것이다. 그런데 그 품종이 현재는 저지 지방의 대부분에서 뚜렷하게 개량되었는데, 그것은 몇몇 지방에서 실시된 품종 개량 방법보다는 가축에 사료를 충분히 주는 방법 덕분이었다.

따라서 가축을 사육하기 위해 토지를 경작하는 것을 유리하게 하는 값을 가축이 가져다 줄 수 있게 된 것은, 개량의 진행 과정에서 매우 늦은 시기의 일이기는 하나, 가축은 이 두 번째 종류의 원생산물을 구성하는 모든 부분 중에서, 아마 이런 값을 가져다 주는 최초의 것일 것이다. 왜냐하면 가축이 이런 값을 가져다 주게 되기 전에는, 유럽의 많은 지방에서 이른 수준까지 개량되

---

*92 칼름(Pehr Kalm, 1716~1779)은 스웨덴의 박물학자로, 아메리카를 여행하고(1748~1751) 스칸디나비아에 적합한 식물을 발견하고자 노력했다. 그 여행기는, *En resa til Norra America* …, Stockholm, 3 vols., 1753~1761. *Travels into North America ; containing its natural history, and a circumstantial account of its plantations and agriculture in general* …, Translated into English by John Reinhold Forster, Warrington and London, 3 vols., 1770~1771(ASL 899).
*93 《칼름의 여행기》 제1권 343·344페이지(이 주는 제2판에서 추가).

는 것은 불가능해 보이기 때문이다.

가축이 이런 종류의 원생산물 가운데 이런 값을 가져다 주는 최초의 부류에 속한다면, 사슴고기는 아마 그 마지막 부류에 속할 것이다. 그레이트브리튼의 사슴고기값이 아무리 터무니없이 보이더라도 사슴을 사육한 경험이 조금이라도 있는 사람이면 누구나 다 알고 있듯이 사슴 농원의 비용을 보상하는 데는 부족하다. 만일 그렇지 않다면 사슴 사육은, 고대 로마인들이 지빠귀라고 하는 새를 사육한 것과 마찬가지로, 곧 일반적인 농업 경영의 하나가 될 것이다. 바로와 콜루멜라는 그것이 가장 이익이 많은 품목이었다고 확언하고 있다. 프랑스의 몇몇 지방에서는 바짝 여위어서 프랑스로 건너오는 철새인 멧새를 키우는 것이 바로 그런 품목이라고 한다. 만일 사슴고기가 계속 유행하고 그레이트브리튼의 부와 사치가 과거에 한참 동안 그랬듯이 증가한다면, 그 값은 현재보다 더 상승할 가능성이 매우 크다.

개량의 진행 과정에서 가축처럼 필요한 품목의 값이 그 높이에 도달하는 기간과, 사슴고기처럼 필요 없는 물품의 값이 거기에 이르는 기간 사이에는 매우 긴 간격이 있으며, 그 과정에서 다른 많은 종류의 원생산물이 여러 가지 사정에 따라 어떤 것은 빨리, 어떤 것은 늦게 각각의 최고가에 서서히 이르는 것이다.

이리하여 모든 농장에서 헛간이나 축사에서 나오는 폐기물로 일정한 수의 가금(家禽 : ^{집에서 기르}_{는 날짐승})을 사육하게 된다. 이 가금들은 그렇지 않으면 쓸모없어서 버려질 사료로 사육되므로 완전한 폐기물 이용이다. 그리고 농업자에게는 거의 아무런 비용도 들지 않으므로 이 가금을 아주 싼 값에 팔아도 손해 볼 일이 없다. 그의 손에 들어오는 것은 거의 모두 순이익이며, 그 값은 그가 그만한 수를 사육하는 것을 포기하게 할 만큼 낮아지는 일은 좀처럼 없다. 그러나 경작이 되지 않는 곳이 많고 따라서 인구가 적은 나라에서는, 이렇게 비용을 들이지 않고 사육된 가금으로 모든 수요를 충분히 채울 수 있는 경우가 흔히 있다. 그런 상태에서는 가금이 식육 또는 다른 어떤 동물성 식품과 마찬가지로 싸다. 그러나 농장이 이와 같이 비용을 들이지 않고 생산하는 가금의 전량은 거기서 사육되는 식육의 전량보다 언제나 훨씬 적을 것이다. 그리고 부와 사치의 시대에는, 가치가 거의 비슷하면, 희소한 것이 일반적인 것보다 애호되는 것이 보통이다.

그러므로 개량과 경작의 결과로 부와 사치가 증대하면, 가금값은 차츰 식육값보다 높아지고, 마침내 그것은 가금의 사육을 위해 토지를 경작하는 것이 유리해질 정도로 상승한다. 일단 그 높이에 이르러버리면, 그 이상으로는 도저히 상승할 수 없다. 만일 그렇게 된다면 곧 더 많은 토지가 그 목적으로 전용될 것이다. 프랑스의 어떤 주에서는 가금 사육이 농가 경제의 매우 중요한 품목의 하나로 여겨지고 있으며, 농업 경영자가 그 목적을 위해서 상당량의 옥수수와 메밀을 재배할 생각을 하게 될 만큼 이익이 있는 것으로 여겨지고 있다. 그곳에서는 중간 정도의 농업 경영자가 이따금 자기 농장에서 400마리의 닭을 키운다. 잉글랜드에서는 가금 사육을 아직도 일반적으로 그다지 중요한 것으로 생각하지 않는 것 같다.

그러나 가금이 프랑스보다 잉글랜드에서 값이 비싼 것은 확실하며 그것은 잉글랜드가 프랑스에서 적지 않은 공급을 받고 있기 때문이다. 개량의 진행 과정에서 어떤 특정한 종류의 동물성 식품이든 값이 가장 비싸지는 시기는, 당연히 그것을 생산하기 위해 토지를 경작하는 방식이 일반화되기 직전일 것이 틀림없다. 이런 방법이 일반화되기 전의 얼마 동안은 그 희소성이 필연적으로 가치를 끌어올릴 것이기 때문이다. 이것이 일반화되어 버린 뒤에는 새로운 사육 방법들이 널리 고안되어, 그것으로 농업 경영자는 그 특정한 종류의 동물성 식품을 같은 토지에서 전보다 훨씬 많은 양을 생산할 수 있게 된다. 풍부해지면 그는 전보다 싸게 팔지 않을 수 없을 뿐더러, 그런 개량의 결과, 싸게 팔 수 있게 된다. 왜냐하면 만일 그가 싸게 팔지 못하면, 풍부함이 오래 지속되지 않을 것이기 때문이다. 아마도 그렇게 해서 클로버·순무·당근·양배추 등의 도입이 런던 시장에서의 일반적인 식육값을 전세기 초보다 약간 낮게 하락시키는 데 이바지한 것 같다.

돼지는 오물 속에서 자신의 먹이를 찾고, 다른 유용한 동물들이 먹지 않는 것을 즐겨 먹으며, 가금과 마찬가지로 본디 폐기물 이용으로서 사육된 것이다. 이렇게 거의 또는 전혀 비용을 들이지 않고 사육할 수 있는 동물의 수가 충분히 수요를 채울 수 있는 한, 이런 종류의 식육은 다른 어떤 종류의 식육보다도 훨씬 낮은 값으로 시장에 나온다. 그러나 수요가 이 양으로 채울 수 있는 것보다 많아질 때는, 다시 말해 다른 가축을 키우고 살찌우는 것과 같은 방법으로 돼지를 키우고 살찌우기 위한 식품을 생산할 필요가 생길 때는, 그 값은 필연적으로 상승하며, 그 나라의 자연과 농업 상태에 의해 돼지의 사육이 다른 가축의 사육보다 비용이 더 들거나 덜 드는 것에 따라서, 다른 식육값보다 비싸지거나 싸지거나 하는 것이다. 뷔퐁*94에 의하면, 프랑스에서는 돼지고기값이 쇠고기값과 거의 같다. 그레이트브리튼의 대부분의 지방에서는 현재 돼지고기가 약간 비싸다.

그레이트브리튼에서 돼지와 가금값이 크게 상승한 것은 흔히 오두막살이 농부와 작은 토지점유자의 수가 감소한 탓으로 알려져 있다. 이 사건은 유럽의 모든 지방에서 개량과 경작 개선의 직접적인 선구가 되었으나, 동시에 그런 물품의 값이 그렇지 않은 경우보다 조금 일찍, 조금 급속하게 상승하는 데 이바지했을지도 모른다. 아무리 가난한 집이라도 흔히 전혀 비용을 들이지 않고 고양이나 개 한 마리를 키울 수 있는 것처럼, 아무리 가난한 토지소유자라도 아주 적은 비용으로 몇 마리의 가금 또는 암퇘지 한 마리에 새끼 몇 마리 정도는 키울 수 있는 법이다. 그들의 식탁에서 나오는 하찮은 고기 찌꺼기·치즈 부스러기·탈지유(脫脂乳)·버터 찌꺼기가 이런 동물에게 사료의 일부분을 공급하고, 나머지는 동물 자신이 누구에게도 별다른 손해를 끼치지 않고 인근의 밭에서 발견한다. 이렇게 하여 거의 또는 전혀 비용을 들이지 않고 생산되는 이런 종류의 식품의 양은, 작은 토지점유자의 수가 감소함으로써 확실히 적지 않게 감소했을 것이고, 그 결과 그런 것의 값은 그렇지 않은 경우보다 일찍, 그리고 급속하게 상승했을 것이다. 그러나 그 값은 개량의 진행에 따라, 늦든 빠르든 상승할 수 있는 한계까지, 즉 그런 동물에게 먹이를 공급할 토지를 경작하는 데 드는 노동과 비용을, 다른 대부분의 경작지에서와 마찬가지로 지불할 수 있는 값까지, 어쨌든 상승할 것이 틀림없다.

낙농업도 돼지나 가금의 사육과 마찬가지로, 본디는 폐기물 이용으로써 영위되었다. 가축*95은 반드시 농장에서 사육되며, 그 어린 새끼의 양육과 농업경영자 가족의 소비에 필요한 것보다 많은 우유를 생산하는데, 어떤 특정한

---

*94 뷔퐁(Georges Louis Leclerc, comte de Buffon, 1707~1788)은 《자연지》 *Histoire naturelle générale et particulière* …, 44 vols., Paris, 1749~1804(ASL 233)의 저자로, 스미스는 《에든버러 평론》의 논문에서 이 저작을 높이 평가했다. 단, 뷔퐁은 이 책 속에서, 돼지고기가 쇠고기보다 비싸다고 했으므로, 스미스의 여기서의 인용은 착각에 의한 것이다.

*95 가축(cattle)은 앞에서도 말한 것처럼 소로 대표되며, 특히 여기서는 소라고 번역해도 무방할 것 같지만, 낙농에는 산양도 포함된다.

철에 가장 많이 생산한다. 그러나 모든 토지 생산물 가운데 우유가 아마도 가장 부패하기 쉬운 것이다. 그것이 가장 풍부한 때인 따뜻한 철에는 아마 24시간도 안 갈 것이다. 농업 경영자는 그것을 무염버터로 만들어 그 일부를 1주일 동안 저장하고, 그것을 가염버터로 만들어 1년 동안 저장한다. 또 치즈를 만듦으로써 훨씬 많은 부분을 몇 해 동안 저장한다. 이런 모든 것의 일부는 그 가족의 사용을 위해 비축된다. 그 나머지는 되도록 좋은 값을 받기를 기대하며 시장에 반출된다. 그 값은 그 자신의 가족이 소비하고 남는 것은 시장에 내야겠다는 생각이 사라질 정도로 낮은 경우는 좀처럼 없다. 만일 그 값이 매우 낮다면 그는 대개 착유장을 아주 불결하고 성의없는 방법으로 경영할 것이고, 아마 그 목적을 위해서 특별실이나 건물을 마련해야겠다고 생각하는 일은 거의 없을 것이다.

그리하여 그 일을, 30년이나 40년 전 스코틀랜드의 거의 모든 농장의 착유장이 그랬고 지금도 그 대부분이 그렇듯이 자기집 부엌의 연기와 오물과 불결을 참으면서 일을 계속할 것이다. 식육의 가치를 차츰 상승시킨 것과 같은 원인, 즉 수요의 증가와 거의 또는 전혀 비용을 들이지 않고 사육할 수 있는 양이 농촌 개량의 결과 감소한 것은, 마찬가지로 하여 낙농업 생산물의 값을 끌어올린다. 값의 상승은 더 많은 노동과 배려와 청결을 보상해 준다. 낙농장은 농업 경영자가 더 주의를 기울일 가치가 있는 것이 되어 그 생산물의 질은 차츰 개량된다. 그 값은, 가장 기름지고 가장 잘 경작된 토지 중의 일부를 낙농만을 위해 가축을 사육하는 데 사용하는 것을, 그럴 만한 가치가 있는 일로 생각할 정도의 높이에 이르고, 값이 이 높이에 이르러 버리고 나면 그 이상으로 높아지는 일은 결코 없다. 만일 그렇게 되면, 더 많은 토지가 곧 이 목적으로 전용될 것이다. 값은 잉글랜드의 대부분의 지방에서 이 높이에 이른 것으로 생각되며, 그곳에서는 많은 면적의 좋은 토지가 보통 이렇게 사용되고 있다. 소수의 꽤 큰 도시 인근을 제외하면, 스코틀랜드의 어디에서도 아직 이 높이에는 이르지 않은 것처럼 생각되며 스코틀랜드에서는 보통 농업 경영자가 낙농의 목적만을 위해서 많은 토지를 가축 사료를 만드는 데 사용하는 일이 드물다. 그 생산물의 값은 지난 몇 해 동안 매우 크게 상승했지만, 그렇게 하기에는 아직도 너무 낮은 것 같다.

그 품질은 확실히 잉글랜드의 낙농 생산물에 낮은 값에 완전히 대응하고 있다. 그러나 이렇게 품질이 떨어지는 것은 아마 값이 이렇게 낮은 원인이라기보다 오히려 그 결과이다. 품질이 훨씬 좋다 하더라도, 이 나라의 현 상황에서는, 시장에 반입되는 낙농 생산물의 대부분이 훨씬 좋은 값으로 처리되는 일은 없을 것이라고 나는 생각한다. 그리고 현재의 값은 아마, 훨씬 좋은 품질의 것을 생산하는 데 필요한 토지와 노동의 비용을 보상해 주지 못할 것이다. 값의 우월에도 불구하고, 잉글랜드의 대부분에서 낙농은 농업의 2대 목적인 곡물 재배나 가축 사육보다 이익이 큰 토지 사용법으로는 생각되고 있지 않다. 따라서 스코틀랜드의 대부분에서 낙농은 아직 잉글랜드만큼도*⁹⁶ 유리할 수 없다.

어느 나라의 토지나, 인간의 근로가 거기서 만들지 않을 수 없는 모든 생산물의 값이, 완전한 개량과 경작 비용을 보상할 수 있는 높이에 다다르기 전에는, 완전히 경작되고 개량될 수 없다는 것은 명백하다. 그것을 위해서는 각각의 특정 생산물의 값이, 첫째로는 뛰어난 경작지의 지대를 지불하는 데 충분해야 한다. 그 지대가 바로 다른 대부분의 경작지의 지대를 규제하기 때문이다. 둘째로는 농업 경영자의 노동과 비용을, 좋은 곡물밭에서 보통 지불되고 있는 것과 마찬가지로, 지불하는 데 충분해야 하며, 바꿔 말하면, 농업 경영자가 사용하는 자산을 통상의 이윤과 함께 회수하는 데 충분하지 않으면 안 된다. 각각의 특정 생산물값의 이와 같은 상승은, 명백하게 그 생산에 충당되는 토지 개량과 경작에 선행하는 것이 아니면 안 된다. 이득이 모든 개량의 목적이며, 손실이 필연적인 결과로 나타나는 것은 개량이라고 할 수 없다. 그러나 값이 비용을 결코 회수할 수 없는 생산물을 위해 토지를 개량하면, 손실이라는 필연적인 결과가 따르지 않을 수 없다. 가장 확실한 일이지만 만일 농촌의 완전한 개량과 경작이 공익 가운데 가장 큰 것이라면, 다양한 종류의 모든 원생산물의 값이 이렇게 상승하는 것은 공공의 재난으로 여길 것이 아니라, 최대의 공공 이익의 필연적인 선구자이자 동반자로 여겨야 한다.

그런 다양한 종류의 모든 원생산물의 명목가격, 또는 화폐가격의 이와 같은 상승은 또한, 은의 가치가 떨어진 결과가 아니라 그런 원생산물의 실질가격이 상승한 결과였다. 그것은 전보다 많은 양의 은과 같은 가치를 갖게 되었을

---

*96 '잉글랜드만큼도'는 초판에서는 '잉글랜드와 마찬가지로'

뿐 아니라, 많은 양의 노동과 생활 자료와도 같은 가치를 지니게 되었다. 그것을 시장에 내가는 데는 전보다 많은 양의 노동과 생활 자료가 필요하므로 시장에 나온 그것은 전보다 많은 노동과 생활 자료의 양을 대표한다. 즉 더 많은 노동 및 생활 자료와 같은 가치가 되는 것이다.

●세 번째 종류

개량이 진행됨에 따라 과정에서 값이 자연히 상승하는 세 번째이자 마지막 종류의 원생산물은, 그 양을 증대시키는 데 있어서 인간의 근로 효과가 한정되어 있거나 불확실한 것이다. 그러므로 이런 종류의 원생산물의 실질 값은 개량의 진행에 따라 상승하는 경향이 당연히 있지만, 여러 가지 우발적인 사정이 그 양을 증대시키는 데 있어서 인간의 근로를 어느 정도 성공시키는가에 따라, 그 실질가격은 때로는 하락할 수도 있고, 때로는 개량의 매우 다른 시기 동안 계속해서 동일할 수도 있으며, 또 때로는 같은 시기에 조금이나마 상승할 수도 있다.

어떤 종류의 원생산물에는, 자연에 의해 다른 원생산물의 일종의 부속물이 된 것이 있고, 그 결과, 어떤 나라가 제공할 수 있는 한쪽의 양은 필연적으로 다른 쪽의 양에 의해 한정된다. 이를테면 어떤 나라가 제공할 수 있는 양모 또는 생가죽의 양은 그 안에서 사육되는 가축의 수에 의해 필연적으로 한정된다. 또 그 나라의 개량 상태와 농업의 성질 또한 필연적으로 이 수를 결정한다.

개량이 진행됨에 따라 식육값을 차츰 상승시키는 것과 같은 원인이 양모와 생가죽값에도 같은 영향을 주어 그 값까지 거의 같은 비율로 상승시킬 것이라고 생각될지도 모른다. 만일 초기의 개량이 미숙한 시기에, 후자의 상품 시장이 전자의 상품 시장과 마찬가지로 좁은 범위로 한정되어 있다면 아마 그럴지도 모른다. 그러나 그 각 시장의 크기는 매우 다른 것이 보통이다.

식육 시장은 거의 어디서나 식육을 생산하는 나라에 한정되어 있다. 아일랜드와 브리튼령(領) 아메리카의 어느 지방이 소금 절인 식품으로 상당한 규모의 교역을 하고 있는 것은 분명한 사실이다. 그러나 이런 나라들은 내가 믿기로는, 상업 세계에서 이런 교역을 영위하는 유일한 나라들, 즉 자국산 식육의 상당한 부분을 타국에 수출하는 유일한 나라들이다.

이에 비해 양모와 생가죽 시장은, 초기의 개량이 미숙한 시기에도 그것을 생산하는 나라에 한정되는 일은 매우 드물다. 양모는 아무런 가공도 하지 않고, 생가죽은 매우 간단한 가공만 하여 쉽게 먼 나라로 수송할 수 있다. 그것은 많은 제조품의 원료이므로, 그것을 생산하는 나라의 산업에는 그것에 대한 수요가 없을지 모르지만, 다른 나라의 산업에는 그 수요가 있을 수 있는 것이다.

경작이 잘 되지 않고, 따라서 인구도 적은 나라에서는, 개량과 인구가 계속 증가하고 있고 따라서 식육에 대한 수요가 더 많은 나라보다도, 양모와 생가죽값이 동물 한 마리 전체의 값에 비해 훨씬 큰 비율을 차지하고 있다. 흄의 말에 의하면, 색슨 시대에는 한 마리의 양모는 양 한 마리 전체 가치의 5분의 2로 평가되었는데, 그것은 현재의 평가비율을 훨씬 넘어선 것이었다. 에스파냐의 어떤 주에서는, 때때로 흔히 양모와 양기름만을 위해서 양을 도살하는 일이 많다고 단언하는 것을 나는 들었다. 그 몸뚱이는 흔히 지상에서 썩는 대로 방치되거나, 육식 동물과 새가 뜯어먹게 내버려 둔다. 만일 이런 일이 에스파냐에서조차 이따금 일어난다면, 칠레·부에노스아이레스 및 에스파냐령 아메리카의 다른 많은 지방에서도 거의 끊임없이 일어나고 있을 것이고, 거기서는 뿔 달린 가축이 단순히 껍질과 기름만을 위해 거의 끊임없이 도살되고 있다. 이 일은 또 에스파뇰라[*97]에서도 해적이 이 섬을 휩쓸고 다니는 동안, 또 프랑스 식민지(지금은 이 섬의 서반부 거의 전체가 해안선을 따라 펼쳐져 있다)의 정착·개량, 그리고 인구 증가로 인해 에스파냐의 가축의 가치가 상승하기 전까지 거의 언제나 일어난 일인데, 에스파냐인들은 아직도 그곳의 동부해안뿐만 아니라 내륙지방 산지 전체를 영유하고 있다.

개량과 인구 증가의 진행에 따라 동물 한 마리 전체의 값이 필연적으로 상승하기는 하지만, 양모나 생가죽값보다 사체의 값 쪽이 훨씬 큰 영향을 받기 쉽다. 사체 시장은 사회가 미개한 상태에서는 언제나 그것을 생산하는 나라에 한정되기 때문에 필연적으로 그 나라의 개량과 인구에 비례해서 확대되게 마련이다. 그러나 양모와 생가죽의 시장은 야만국의 것이라도 흔히 상업 세계 전체에 퍼져 있으므로, 그것이 같은 비율로 확대되는 일은 매우 드물다. 상업 세계 전체의 상태는 어떤 특정한 나라의 개량으로 큰 영향을 받는 일은 거의 없

---

*97 에스파뇰라 섬(Island Española)은 갈라파고스 제도 속의 작은 섬이지만, 스미스는 제도 전체를 가리키는 건지도 모른다. 그는 Hispaniola 라고 쓰고 있다.

고, 또 그런 상품의 시장은 그런 개량 뒤에도 그 이전과 같거나 거의 같은 상태를 유지하고 있을지도 모른다. 그러나 사물의 자연스러운 전개 속에서, 시장은 전체적으로는 그 결과 오히려 조금 확대될 것이다. 만일 특히 그런 상품을 원료로 하는 제조업이 그 나라에서 가령 번영하게 된다면 그 시장은 크게 확대되지는 않을지라도 적어도 전보다는 생산지에 훨씬 더 가까워지게 될 것이고, 그 원료의 값은 적어도 그때까지 그것을 먼 나라로 수송하는 데 일반적으로 들었던 비용만 증대할 것이다. 그러므로 그 값은 식육값과 똑같은 비율로는 상승하지 않을지 몰라도 자연히 조금은 상승할 것이고, 하락하지 않을 것은 확실하다.

그러나 잉글랜드에서는 모직물 공업의 번영에도 불구하고, 잉글랜드산 양모값은 에드워드 3세 시대 이래 눈에 띄게 하락했다. 이 군주의 시대(14세기 중반 가까이, 즉 1339년 무렵)에는 1토드,*98 즉 28파운드의 잉글랜드산 양모의 온당하고 타당한 값으로 여겨졌던 것은, 그 시대의 화폐로 10실링 이하가 아니었다는 것을 증명하는 믿을 만한 여러 기록이 있다.*99 그 시대의 10실링은, 1온스에 20펜스의 비율로는, 현재 화폐로 약 30실링과 같은 타워중량 6온스의 은이 들어 있었다. 지금은 1토드에 21실링이 매우 양질의 잉글랜드 양모에 대한 적절한 값으로 여길 수 있을 것이다. 그러므로 에드워드 3세 때의 양모의 화폐가격은 오늘날의 그 화폐가격에 대해 10 대 7이었다. 그 실질가격은 더 높았다. 밀 1쿼터에 6실링 8펜스의 비율로 치면, 10실링은 그런 옛 시대에는 밀 12부셸의 값이었다. 1쿼터에 28실링의 비율로는, 21실링은 지금은 불과 6부셸의 값이다. 따라서 옛날과 근대의 실질가격의 비율은 12 대 6, 즉 2 대 1이다. 그런 옛 시대에는, 1 토드의 양모는 현재 그것이 구매할 수 있는 양의 2배의 생활 자료를 구매했을 것이고, 따라서 노동의 실질보수가 옛날이나 지금과 같다고 한다면, 오늘날의 2배의 노동을 구매했을 것이다.

양모의 실질가치와 명목가치 양쪽의 이런 저하는, 사물의 자연적인 과정의

---

*98 토드(tod)는 양모의 중량단위로, 보통은 28파운드.

*99 스미스의 《양모 비망록》 제1권 5·6·7장 및 제2권 제176장을 참조할 것(이 주의 권, 장의 숫자는 제2판에서 추가). 스미스(John Smith, c. 1700~?)는 케임브리지를 나와 성직에 몸담았으나 양모업 연구에 몰두했다. *Chronicon rusticum-commerciale ; or, memoirs of wool*, London, 1747(ASL 1562)은 잉글랜드 양모업에 대한 표준적 저작으로 여겨지고 있다.

결과로서는 결코 일어날 수 없었다. 그러므로 그것은 강요와 술책의 결과였으나, 첫째로는 잉글랜드에서 양모 수출을 절대금지한 결과이고, 둘째로는 에스파냐*100로부터 양모의 면세 수입을 허가한 결과이며, 셋째로는 그것을 아일랜드에서 잉글랜드 이외의 어느 나라에도 수출을 금지한 결과이다. 이런 규제의 결과, 잉글랜드의 양모 시장은 잉글랜드의 개량의 결과 조금 확대하는 것이 아니라 국내 시장으로 한정되고, 그 국내 시장에서는 다른 몇몇*101 나라의 양모가 잉글랜드의 양모와 경쟁할 수 있도록 허용되며, 또 아일랜드의 양모는 잉글랜드의 양모와 경쟁하도록 강요된다. 아일랜드의 모직물 제조업 또한 법률과 공정거래에 어긋나지 않는 한도 안에서 매우 저해되기 때문에, 아일랜드인은 국내에서 자국산 양모의 매우 일부밖에 가공하지 못하고, 따라서 그 대부분을 그들에게 허용되어 있는 유일한 시장인 그레이트브리튼으로 보내지 않을 수 없다.

옛 시대의 생가죽값에 대해서는, 나는 그런 신뢰할 만한 기록을 전혀 발견할 수 없었다. 양모는 보통 국왕에 대한 상납금 대신 지불되었으므로, 그 상납금으로의 평가를 통해 적어도 어느 정도는 그 통상가격이 얼마 정도였는지 확인할 수 있다. 그러나, 생가죽의 경우에는 이것은 적용되지 않은 것으로 생각된다. 그런데 플리트우드는, 옥스퍼드의 버스터 수도원 부원장과 그 교단의 수사 한 사람 사이에 작성된 1425년의 한 회계 보고서에서, 적어도 그 특정한 기회에 기록되어 있는 대로 생가죽값을 보여 주고 있다. 즉, 5장의 황소가죽이 12실링, 5장의 암소가죽이 7실링 3펜스, 두 살짜리 양가죽 36장이 9실링, 송아지가죽 16장이 2실링이다. 1425년의 12실링은 현재의 화폐 24실링과 거의 같은 양의 은이 들어 있었다. 따라서 암소가죽 한 장은, 이 회계 기록에서 현재의 화폐 4실링 5분의 4와 같은 양의 은으로 평가된 셈이다. 그 명목가치는 현재보다 상당히 낮았다. 그러나 1쿼터에 6실링 8펜스의 비율로는, 그 시대의 12실링은 밀 14부셸 5분의 4를 구매할 수 있었을 것이다. 또 그것은 1부셸이 3실링 6펜스라고 치면, 오늘날에는 51실링 4펜스가 된다. 따라서 그 시대에 황소가죽 한 장은, 지금의 10실링 3펜스가 구매할 수 있는 것과 같은 양의 곡물을 구매할 수 있었을 것이다. 그 실질가치는 현재의 화폐 10실링 3펜스와 같았다.

---

*100 초판에서는 '다른 모든 나라'.
*101 초판에서는 '모든'.

가축이 겨울 동안 거의 굶주리다시피했던 그 옛날에는, 황소도 그리 큰 체구는 아니었을 것이다. 그러나 1스톤이 16파운드라고 할 때, 무게 4스톤의 황소 한 마리의 가죽은 지금 시대에도 그리 나쁜 편이 아니고, 그 옛날에는 아마도 매우 좋은 가죽으로 여겨졌을 것이다. 그러나 현재(1773년 2월) 내가 통상 가격으로 알고 있는 1스톤당 반 크라운이라는 시세를 보면 그런 가죽 한 장은 현재 불과 10실링밖에 안할 것이다. 그러므로 그 명목가격은 그런 옛날보다 지금이 더 비싸기는 하지만, 그것이 구매 또는 지배하는 생활 자료의 실질적인 양은 오히려 조금 적다. 암소가죽의 값은 위에서 말한 회계 기록에 설명되어 있는 대로, 황소가죽의 값과 일반적인 비율을 가지고 있다. 양가죽값은 그보다 매우 높다. 양가죽은 아마도 양모가 달린 채로 거래되었을 것이다. 반대로 송아지가죽의 값은 그보다 매우 낮다. 가죽값이 매우 낮은 나라에서는, 송아지는 가축의 수를 유지하기 위해 사육되지 않고, 2, 30년 전에 스코틀랜드에서 볼 수 있었던 것처럼 일반적으로 매우 어릴 때 도살되어 버린다. 그렇게 하면 우유가 절약된다. 송아지값은 우유값을 보상하지 않는 것이다. 따라서 송아지가죽은 거의 아무런 도움이 되지 않는 것이 보통이다.

생가죽값은 현재 몇 해 전보다 매우 낮다. 아마도 바다표범 가죽에 대한 세금이 폐지된 것과, 1769년에 아일랜드와 여러 식민지로부터의 생가죽 면세 수입이 일정 기간 동안 허가된 것 때문일 것이다. 현세기 전체를 평균하면, 그 실질가격은 아마 그런 옛날보다 조금 높을 것이다. 이 상품의 성질로 보아 그것을 양모처럼 먼 시장에 수송하는 것은 그리 적당하지 않다. 그것을 오래 보존하면 양모보다 손실이 크다. 소금 절인 가죽은 생가죽보다 못한 것으로 여겨져 그보다 낮은 값에 팔린다. 이 사정은, 가공하지 않고 수출해야만 하는 나라에서 생산된 생가죽값을 떨어뜨려, 그것을 가공하는 나라에서 생산된 생가죽값을 다소나마 높이는 경향을 어느 정도 필연적으로 가지지 않을 수 없다. 이런 사정은 생가죽값을 야만국에서 떨어뜨리고, 개량된 제조업을 가진 나라에서의 생가죽값을 높이는 경향을 어느 정도 가지게 된다. 따라서 이 사정은, 생가죽값을 옛날에는 떨어뜨리고 근대에는 끌어올리는 경향을 어느 정도 가진 것이 틀림없다. 뿐만 아니라, 가죽을 무두질하는 업자들은, 공동사회의 안전[102]

---

*102 '공동사회의 안전'은 safety of commonwealth의 번역인데, 이것은 키케로의 salus populi suprema lex(국민의 복지는 최고의 법이다)에서 온 것으로 추정된다. salus 를 safety 라고 번역

은 그들의 특정 제조업의 번영에 의존한다는 것을 국민의 예지에 호소하여 설득하는 데, 우리의 직물 업자들만큼은 성공하지 못했다. 그 결과 그들은 훨씬 지지를 적게 받았다.

생가죽의 수출은 확실히 금지되고 불법 행위로 선언되기는 했지만, 외국에서 수입하려면 세금이 부과되었고, 이 세금은 아일랜드와 식민지로부터의 수입에 대해서는(겨우 5년이라는 제한된 기간만) 철폐되었으나, 아일랜드는 잉여 생가죽과 국내에서 가공한 가죽의 판매가 그레이트브리튼의 시장에만 한정된 것은 아니었다. 식민지가 본국 이외에 어디에도 보내서는 안 되는 상품 중에 일반 가축의 생가죽이 포함된 것은 불과 몇 해 전의 일이다. 이 경우처럼 아일랜드의 상업이 그레이트브리튼의 제조업을 지원하기 위해 억압당한 일도 지금까지는 없었다.

양모 또는 생가죽값을 자연적인 값 이하로 끌어내리기 쉬운 규제는, 무엇이든, 개량되고 경작된 나라에서는 식육값을 올리는 무언가의 경향을 가지고 있을 것이 틀림없다. 개량되고 경작된 토지에서 사육되는 크고 작은 가축의 값은 모두, 개량되고 경작된 토지에서 당연히 지주가 기대하는 지대와 농업자가 기대하는 이윤을 지불하는 데 충분한 것이 아니면 안 된다. 만일 그렇지 않으면, 그들은 곧 가축을 사육하지 않게 될 것이다. 그러므로 이 값 중에서 양모와 생가죽으로 지불되지 않는 부분은 사체로 지불되어야만 한다. 전자에 대해 지불되는 것이 적으면 그만큼 후자에 대해 많이 지불되어야 한다. 이 값이 그 동물의 여러 부분에 대해 어떻게 배분되는지는, 지주와 농업 경영자로 봐서는 아무래도 상관 없는 사항이다. 따라서 개량되고 경작된 나라에서는, 지주나 농업 경영자로서의 그들의 이해 관계가 그런 규제로 큰 영향을 받는 일이 없는 것이다. 다만, 소비자로서의 그들의 이해관계는, 식료품값의 상승으로 영향을 받을지도 모른다. 그러나 개량되지도 않고 경작되지도 않은 나라에서는 사정은 완전히 달라질 것이다. 거기서는 토지의 대부분이 가축 사육 이외의 목적으로는 사용되지 않고, 양모와 생가죽이 그런 가축의 가치에서 중요한 부분을 이룬다. 이 경우에는 지주와 농업 경영자로서의 그들의 이해는 그런 규제에 의해 매우 심각한 영향을 받고, 소비자로서의 그들의 이해는 매우 작은 영향밖

하는 것이 관행이 되어 있지만, 우리말로는 복지 또는 번영 쪽이 적당하다.

에 받지 않을 것이다. 양모와 생가죽값의 하락은, 이 경우 사체의 값을 끌어올리지 않을 것이다.

왜냐하면 그 나라의 토지 대부분을 가축의 사육 이외의 어떤 목적으로도 사용할 수 없으므로 같은 수의 가축이 계속해서 사육될 것이기 때문이다. 그리하여 같은 양의 식육이 계속해서 시장에 나오고, 그것에 대한 수요도 전보다 크지 않을 것이므로, 그 값도 계속해서 전과 같을 것이다. 가축 전체의 값은 하락할 것이고 그와 더불어 가축이 주요 생산물이었던 모든 토지, 즉 그 나라의 토지 대부분의 지대와 이윤도 함께 하락할 것이다. 매우 잘못되어 일반적으로 에드워드 3세의 탓으로 돌려지고 있는 양모 수출의 영구적인 금지는, 이 나라의 그 시대의 사정에서는 생각할 수 있는 한 가장 파괴적인 규제였을 것이다. 그것은 왕국의 토지 대부분의 실지가치를 끌어내렸을 뿐만 아니라, 가장 중요한 종류의 작은 가축의 값을 끌어내림으로써 왕국의 그 이후의 개량을 매우 지연시키게 되었을 것이다.

스코틀랜드의 양모값은, 잉글랜드와 합병한 결과 눈에 띄게 하락했다. 합병에 의해 스코틀랜드의 양모는 유럽의 큰 시장에서는 배제되고, 그레이트브리튼의 좁은 시장에 한정되었기 때문이다. 주로 양 치는 지방인 남스코틀랜드 대부분의 토지가치는 식육값의 상승이 양모값의 하락을 충분히 보상하지 않았더라면, 이 사건으로 매우 심각한 영향을 받았을 것이다.

양모 또는 생가죽의 양을 증가시키려는 인간의 근로 효과는, 근로가 행사되는 나라의 생산물에 의존하는 한 한계가 있고, 마찬가지로 다른 나라의 생산물에 의존하는 한 확실성이 없다. 후자의 경우에 근로의 효과는 그런 나라들이 생산하는 양에 의존하기보다는, 그런 나라들이 가공하지 않는 양에 의존하며, 그 나라들이 이런 종류의 원생산물 수출에 가하는 제한을 적당하다고 생각하는지 여부에 의존한다. 이런 사정은 국내의 근로와는 전혀 관계가 없는 것이므로, 필연적으로 근로의 효과를 많든 적든 불확실한 것으로 만든다. 따라서 이런 종류의 원생산물을 증가시키는 데 있어서 인간의 근로 효과는 한도가 있을 뿐만 아니라 불확실하다.

그것은, 또 하나의 매우 중요한 종류의 원생산물인 생선이 시장에 나오는 양을 증가시키는 데 있어서도 마찬가지로 한도가 있고 불확실하다. 그것은 그 나라의 지리적 위치에 따라, 그 나라의 여러 지방이 바다에서 가까운지 먼지에 따라, 그 나라의 호수나 강의 수에 따라, 그리고 그 바다와 호수와 강이 이런 종류의 원생산물을 많이 산출하느냐 않느냐에 따라 제한된다. 인구가 증가함에 따라, 즉 그 나라의 토지와 노동의 연간 생산물이 차츰 커짐에 따라, 생선을 살 사람은 많아지고, 그런 사람은 또한 생선을 사기 위한 더 많고 다양한 다른 재화, 또는 같은 말이지만 더 많고 다양한 다른 재화의 값을 가지게 된다. 그러나 이 확대된 커다란 시장에 공급하는 것은, 한정된 좁은 시장에 공급하는 데 필요했던 것보다 더 큰 비율의 노동을 사용하지 않고는 일반적으로 불가능하다. 불과 1천 톤이 생선을 필요로 했던 시장이 1년에 1만 톤의 생선을 필요로 하게 되면, 전에 그것을 공급하는 데 충분했던 노동량의 10배 이상을 사용하지 않으면 좀처럼 공급할 수가 없다. 생선은 일반적으로 전보다 먼 곳에서 구하지 않으면 안 되고, 전보다 큰 선박이 사용되어야 하며, 모든 종류의 더 값비싼 기계가 이용되어야 한다. 그러므로 이 상품의 실질가격은 개량의 진보에 따라 자연히 올라간다. 내가 믿기로는, 어느 나라에서나 많든 적든 사정은 이와 비슷했다.

어떤 날의 어획의 성공은 매우 불확실한 일이기는 하지만, 그 나라의 지리적 위치가 일정하다면, 일정량의 생선을 시장에 내가는 데 있어서의 근로의 일반적 효과는, 1년 또는 몇 년의 과정을 통틀어서 살펴보면 아마 충분히 확실한 것으로 생각될 것이고, 또 의심할 것도 없이 그러하다. 그러나 근로의 효과는 그 나라의 부와 산업의 상태보다 지리적 위치에 크게 의존하고 있으므로, 또 이 이유로 그 효과는, 나라가 다르고 개량의 시기가 매우 달라도 같거나, 시기가 같아도 매우 다를 수가 있기 때문에, 인간의 근로 효과와 개량 상태의 관계는 불확실하다. 그리고 내가 여기서 얘기하고 있는 것은 이런 종류의 불확실성에 대한 것이다.

땅 속에서 발굴되는 여러 가지 광물과 금속의 양, 특히 귀금속과 보석의 양을 증대시키는 데 있어서의 인간의 근로 효과는 제한되어 있는 것이 아니라 매우 불확실한 것으로 여겨진다.

한 나라에서 발견되는 귀금속의 양은, 그 나라의 광산이 풍부한가 어떤가 하는 지역적인 어떤 상황에 의해서는 한정되지 않는다. 그런 금속은 광산이 전혀 없는 나라에서도 풍부한 일이 때때로 있다. 각 나라의 귀금속의 양은 두 가지 사정에 의존하는 것으로 보인다. 첫째로는 그 나라의 구매력과 산업의 상태, 그리고 토지와 노동의 연간 생산물로. 그 결과, 그 나라는 금은 같은 사치품을 자기 나라 또는 다른 나라의 광산에서 가져오거나 구매하는 데 많은 양, 또는 적은 양의 노동과 생활 자료를 사용할 여유가 생긴다. 둘째로는 어떤 특정한 시기에 이런 금속을 상업 세계에 공급할 수 있는 광산의 풍요도이다. 광산에서 가장 멀리 떨어진 나라의 그런 금속의 양도, 많든 적든 이 풍요도의 영향을 받지 않을 수 없다. 그 까닭은 그런 금속의 수송이 쉽고 비용이 적게 들며, 또 부피는 적은데 가치는 크기 때문이다. 중국과 인도스탄에 있는 그런 금속의 양은, 아메리카의 여러 광산의 풍부함에 의해 조금이나마 영향을 받았음이 틀림없다.

어떤 특정한 나라의 귀금속의 양이, 이 두 가지 사정 가운데 전자(구매력)에 의존하는 한, 그 실질가격은 다른 모든 사치품이나 필요 없는 물건의 실질가격과 마찬가지로 그 나라의 부와 개량과 함께 상승하고, 가난과 부진과 함께 하락하기 쉽다. 노동과 생활 자료의 여력을 많이 가지고 있는 나라들은, 그것이 적은 나라보다 많은 양의 노동과 생활 자료를 들여서 그런 금속의 특정량을 구매할 여유가 있는 것이다.

어떤 특정한 나라의 귀금속의 양이, 이 두 가지 사정 가운데서 후자(그 시점에 상업 세계에 공급하는 여러 광산이 풍부한가 어떤가)에 의존하는 한, 그 실질가격, 즉 그것이 구매 또는 교환하는 노동과 생활 자료의 실질적인 양은 의심할 여지없이 그 광산의 풍요도에 비례해서 많든 적든 하락하고 빈약함에 비례해서 상승할 것이다.

그러나 어떤 특정한 시기에 상업 세계에 귀금속을 공급하는 광산이 풍부한가 빈약한가 하는 것은 어떤 특정한 나라의 산업 상태와 어떤 관련도 가질 수 없는 것은 명백하다. 그것은 세계 전반의 산업 상태와도 그리 필연적인 관련을 가지고 있지 않은 것으로 생각된다. 확실히 기술과 상업이 차츰 더 지구의 큰 부분으로 퍼져 나감에 따라 새로운 광산의 탐색은 지구의 더 넓은 표면으로 확대되어, 더 좁은 범위에 국한되어 있었을 때에 비해 성공 가능성은 조금 더 커질 것이다. 그러나 기존의 광산이 차츰 고갈되어 감에 따라 새 광산을 발견한다는 것은 매우 불확실한 일이며, 인간의 어떤 기량이나 근로로도 보장할 수 없는 일이다. 널리 알려져 있듯이, 모든 조짐은 의심스러운 것이고, 새로운 광산이 실제로 발견되어 그것을 성공리에 가동시켜야 비로소, 그 광산의 가치,

아니 그 광산의 존재가 확실해지는 것이다. 이런 탐색에서는 인간의 근로의 성공 가능성에 대해서도 확실한 한계라는 것은 없는 것처럼 생각된다.

1, 2세기 동안, 지금까지 알려진 어떤 광산보다 풍부한 새 광산이 발견될 수도 있고, 또 그때 알려져 있던 가장 풍부한 광산이, 아메리카에서 광산들이 발견되기 전에 채굴되고 있던 어떤 광산보다 가난해지는 일도 마찬가지로 충분히 있을 수 있는 것이다. 이 두 가지 일 중에서 어느 쪽이 일어날 지는, 세계의 실질적인 부와 번영에 있어서, 즉 인류의 토지와 노동의 연간 생산물의 실질가치에 있어서 거의 중요성을 갖지 않는다. 그 명목가치, 즉 이 연간 생산물을 표현 또는 대표할 수 있는 금은의 양은 매우 다르겠지만, 그 실질가치, 즉 그것이 구매 또는 지배할 수 있는 노동의 실질적 양은 정확하게 같을 것이다. 전자의 경우 1실링은 현재 1페니가 대표하는 것보다 많은 노동을 대표하지 않을 것이고, 후자의 경우 1페니는 지금 1실링이 대표하는 것과 같은 노동을 대표할 것이다. 그러나, 전자의 경우 호주머니에 1실링을 가지고 있었던 사람은 현재 1페니를 가진 사람보다 부유하지는 않았을 것이고, 후자의 경우 1페니를 가지고 있었던 사람은 지금 1실링을 가진 사람과 마찬가지로 부유했을 것이다. 금은붙이가 싸고 풍부한 것이 전자의 경우에서 세계가 얻을 수 있는 유일한 이익이고, 그 하찮은 사치품이 비싸고 희소한 것이 후자의 경우에서 세계가 입을 수 있는 유일한 불편일 것이다.

5. 은의 가치 변동에 대한 나머지 논의의 결론

옛날의 여러 가지 재화의 화폐가격을 수집한 저술가들의 대부분은 곡물 또는 일반 재화의 화폐가격이 낮은 것, 바꾸어 말하면 금은의 가치가 높은 것을, 그런 금속의 희소성에 대한 증거로 여겼을 뿐만 아니라, 그런 상황이 일어났을 때 그 나라가 가난하고 미개했다는 증거라고 생각한 것 같다. 이 견해는 국민의 부가 금은의 풍부함에 있고 국민의 가난이 금은의 부족에 있다고 주장하는 경제 정책의 체계와 결부되어 있는데, 이 체계에 대해 나는 이 연구의 제4편에서 아주 상세하게 설명하고 검토하려고 노력할 것이다. 지금은 다만 귀금속의 높은 가치는 그런 일이 있었을 때 어느 특정한 국가의 가난 또는 미개의 증거일 수는 없다고 말하는 데 그치기로 한다. 그것은 그때 마침 상업 세계에 공급하고 있던 여러 광산이 빈약했다는 증거에 지나지 않는다. 가난한 나라는 부유한 나라보다 금은을 많이 살 여유가 없는 것과 마찬가지로, 더 비싸게 지불할 여유가 없다. 따라서 그런 금속의 가치가 부유한 나라보다 가난한 나라에서 더 높은 것은 있을 수 없는 일이다. 중국은 유럽의 어느 지방보다도 훨씬 부유한 나라이지만 귀금속의 가치는 유럽의 어느 지방보다 훨씬 높다.

유럽의 부가 아메리카에서 광산이 발견된 이래 크게 증가한 것은 확실하지만, 그만큼 금은의 가치의 이런 감소는 유럽의 실질적인 부, 즉 그 토지와 노동의 연간 생산물의 증대 때문이 아니라, 그 이전에 알려져 있던 어느 광산보다도 풍부한 새 광산이 우연히 발견되었기 때문이었다. 유럽에서 금은의 양의 증대와 그 제조업 및 농업의 증대는 거의 동시에 일어나기는 했지만 매우 다른 원인에서 온 두 가지 사건이며, 서로 거의 아무런 자연적인 연관이 없는 사건이다. 전자는 단순한 우연에서 생긴 일이며, 그 우연에는 신중한 고려나 정책은 전혀 관여하지 않았고 또 할 수도 없었다. 후자는 봉건제도의 붕괴에서 일어난 일이고, 산업에 대해 그것이 필요로 하는 유일한 장려, 즉 산업에 그 자신의 노동의 성과를 누리게 하는 상당한 보장을 주는, 정부의 확립에서 생긴 것이다. 지금도 여전히 봉건제도가 존재하는 폴란드는, 오늘날에도 아메리카가 발견되기 전과 다름없이 비참한 나라이다. 그런데 폴란드에서는 유럽의 다른 지방과 마찬가지로 곡물의 화폐가격은 상승하고 귀금속의 실질가치는 떨어졌다. 따라서 그곳에서도 귀금속의 양은 다른 곳과 마찬가지로 증가했고, 그 토지와 노동의 연간 생산물과 거의 같은 비율로 증대했을 것이 틀림없다. 그러나 그런 금속의 양의 이와 같은 증대는 그 나라의 연간 생산물을 증대시킨 것 같지는 않으며, 그 나라의 제조업과 농업을 개량하지도 않았고 그 주민의 처지를 개선해 주지도 않은 것으로 생각된다. 에스파냐와 포르투갈도 그런 광산을 소유하고 있지만, 아마도 폴란드에 이어 유럽에서 가장 가난한 나라들일 것이다. 그러나 귀금속의 가치는 에스파냐 및 포르투갈이 유럽의 다른 어느 지방보다도 낮을 것이 틀림없다. 왜냐하면 귀금속은 이 두 나라에서 유럽의 다른 모든 지방에 나가는데, 그때 운임과 보험료를 부담할 뿐 아니라 그 수출이 금지되어 있거나 과세 대상이 되어 있어서 밀수 비용까지 부담하기 때문이다. 따라서, 토지와 노동의 연간 생산물에 대한 비율로 말하면, 그 귀금속의 양은 유럽의 다른 어느 지방보다도 이들 나라가 더 많을 것은 틀림없다. 그런데도 이

나라들은 유럽의 대부분의 지방보다 가난하다. 봉건제도는 에스파냐와 포르투갈에서 폐지되었지만 그보다 훨씬 좋은 제도가 그 뒤를 잇지 못했다.

따라서 금은의 가치가 낮은 것은 그렇게 된 나라의 부와 번영 상태의 증거가 아닌 것처럼, 금은의 가치가 높은 것도, 재화 전체 또는 특히 곡물의 화폐가격이 낮은 것도, 그 나라가 가난하고 미개하다는 증거는 아니다.

그러나 재화 전체 또는 특히 곡물의 화폐가격이 낮은 것이 그 시대의 가난 또는 미개의 증거가 아니라 하더라도 어떤 특정한 종류의 재화, 즉 가축·가금, 모든 사냥 포획물 등의 화폐가격이 곡물의 화폐가격에 비해 낮은 것은 그것에 대한 매우 결정적인 증거이다. 그것은 첫째로는 그런 재화가 곡물에 비해 매우 풍부하다는 것, 따라서 또한 곡물이 차지하는 토지에 비해 그런 것이 차지하는 토지가 매우 넓은 것, 그리고 둘째로는 그 토지의 가치가 곡물밭에 비해 낮은 것, 따라서 그 나라의 거의 대부분이 토지가 경작도 되지 않고 개량도 되지 않은 상태에 있다는 것을, 뚜렷하게 증명하고 있다. 그것은 그 나라의 자산과 인구가 국토의 넓이에 대해, 문명국에서 일반적이 되어 있는 비율을 가지지 않은 것, 그리고 그 시기에 그 나라의 사회가 유치한 상태에 있었던 것을 분명히 보여 주고 있다.

재화 전체의 또는 특히 곡물의 화폐가격이 높고 낮은 데서 우리가 추정할 수 있는 것은, 그때 마침 상업 세계에 금은을 공급하고 있었던 광산들이 풍요로웠는가 빈약했는가 하는 것뿐이지 그 나라가 부유했는가 가난했는가 하는 것은 아니다. 그러나 어떤 종류의 재화의 화폐가격이 다른 재화의 화폐가격에 비해서 높고 낮은 것을 보면 우리는 거의 확실성에 가까운 개연성(蓋然性 : 절대적으로 확실하지 않으나 아마 그럴 것이라고 생각되는 성질)을 가지고 그 나라의 빈부를 추측할 수 있고, 그 나라의 토지 대부분이 개량되어 있었는지 여부와, 그 나라가 조금이라도 미개한 상태에 있었는가, 아니면 조금이라도 문명화된 상태에 있었는가를 추측할 수 있다.

오로지 은의 가치 하락에서 오는 재화의 화폐가격 상승은, 어느 정도든 모든 종류의 재화에 똑같이 영향을 미치며, 은이 이전 가치의 3분의 1, 4분의 1 또는 5분의 1을 잃게 되면, 그에 따라 재화의 가격을 3분의 1, 4분의 1 또는 5분의 1만큼 일률적으로 높일 것이다. 그러나 그토록 많은 추론과 대화의 주제가 되어 온 식료품값의 상승은, 모든 종류의 식료품에 똑같은 영향을 미치는 것은 아니다. 현세기를 통한 평균을 잡아 보면, 곡물값의 상승은, 이 상승을 은가치의 하락 때문이라고 설명하는 사람들조차 다른 몇몇 종류의 식료품값보다 훨씬 조금밖에 오르지 않았다는 것을 인정하고 있다. 따라서 그 다른 종류의 식료품값의 상승이 은 가치의 하락에만 기인한다는 것은 있을 수 없는 일이다. 뭔가 다른 원인을 고려하지 않으면 안 되지만, 앞에서 든 원인은, 아마 은의 가치 하락을 가정하지 않더라도, 그런 특정 종류의 식료품값이 곡물값에 비해 실제로 상승한 것을 충분히 설명할 수 있을 것이다.

곡물 자체의 값은, 현세기의 첫 64년 동안 및 요즈음 이례적으로 흉작이 계속되기 전에는, 전세기의 마지막 64년 동안보다 조금 낮았다. 이 사실은 윈저 시장의 기록뿐만 아니라, 스코틀랜드의 모든 주의 공정곡가와 메상스와 뒤프레 드 생 모르가 매우 부지런하고 충실하게 수집한 프랑스의 몇몇 시장의 기록에 의해서도 증명된다. 이 증거는 당연히 확인하기가 매우 어려운 사항에 대해 도저히 기대할 수 없을 정도로 완전한 것이다.

최근의 10년 내지 12년 동안의 곡물의 높은 값에 대해서는, 은의 어떤 가치 하락도 상정하지 않고, 계속되는 흉작으로 충분히 설명될 수 있다.

따라서 은의 가치가 끊임없이 하락하고 있다는 의견은 곡물값과 다른 식료품값에 대한 확실한 연구에 의한 것이 전혀 아닌 것처럼 여겨진다.

어쩌면 다음과 같이 말하는 사람이 있을지도 모른다. 즉, 여기에 제시되어 있는 설명에 따라서도, 같은 양의 은이 오늘날 구매할 수 있는 몇몇 종류의 식료품의 양은 전세기의 어떤 시기에 구매할 수 있었던 양보다 훨씬 적을 것이고, 이 변화가 그런 재화의 가치가 상승했기 때문인지, 아니면 은가치가 하락했기 때문인지 확인하는 것은 무익하고 쓸데없는 구별짓는 일이며, 일정량의 은만 가지고 시장에 가는 사람, 또는 일정한 화폐 수입밖에 없는 사람에게는 아무런 소용도 없을 거라고. 나는 물론 이 구별에 대한 지식이 있는 사람은 훨씬 더 싸게 구매할 수 있을 거라고 주장하는 것은 아니다. 그러나 그렇다고 해서 그 지식이 전혀 무용한 것은 아닐 것이다.

그것은 그 나라의 번영 상태에 대한 이해하기 쉬운 증거를 제공함으로써 공공(公共)*103에 어느 정도 도움이 될 수 있다. 만일 어떤 종류의 식료품값의 상승이 오로지 은의 가치 하락에 의한 것이라면, 그것은 아메리카의 여러 광산

---

*103 공공(publick)은 정부 또는 공권력으로 생각해도 무방할 것이다. 이 문단 끝과 다음 문단에서는 p 가 대문자로 되어 있다.

의 풍부함에서밖에 추론할 수 없는 사정에 의한 것이다. 그 나라의 실질적인 부, 즉 그 나라의 토지와 노동의 연간 생산물은 이런 사정에도 불구하고 포르투갈과 폴란드처럼 차츰 감퇴하거나, 아니면 유럽의 다른 대부분의 지방처럼 차츰 전진할 것이다. 그러나 만일 어떤 종류의 식료품값의 이와 같은 상승이, 그것을 생산하는 토지의 실질가치의 상승, 즉 그 토지의 비옥도의 증대에 의한 것이라면, 다시 말해 개량의 확대와 양호한 경작의 결과로서 그 토지가 곡물 생산에 적합해진 것에 기인한다면, 그것은 그 나라가 번영과 전진 상태에 있다는 것을 가장 확실하게 보여 주는 사정에 의한 것이다. 토지는 어떤 드넓은 나라에서도, 그 부의 가장 크고 가장 중요하며 가장 영속적인 부분이다. 그 부 가운데 가장 크고 가장 중요하며 가장 영속적인 부분의 가치가 증대하고 있다는 것에 대해 이만큼 결정적인 증거를 갖는 것은, 확실히 공공에 있어서 어느 정도 유용하거나 적어도 약간의 만족을 줄 수 있는 일이다.

그것은 또 공공에 있어서, 그 하급의 하인들 가운데 어떤 사람들의 금전적 보수를 규제할 때 얼마간 도움이 될 것이다. 만일 어떤 종류의 식료품값의 이 같은 상승이 은 가치의 하락에 의한 것이라면, 그들의 금전상의 보수는 만일 그것이 전에 지나치게 많지 않았다면, 이 하락의 정도에 따라 당연히 증가해야 할 것이다. 만일 그것이 증가되지 않는다면, 그들의 실질적인 보수는 분명히 그만큼 감소할 것이다. 그러나 값의 이 같은 상승이 그런 식료품을 생산하는 토지의 비옥도를 개량한 결과, 그 가치가 증가한 것에 기인한다면, 금전적인 보수를 어떤 비율로 증가시켜야 할 것인가, 또는 증가 그 자체가 과연 필요한 것인가를 판단하는 것은 훨씬 미묘한 문제가 된다. 개량과 경작의 확대는 한편에서 곡물값에 비해 모든 동물성 식품값을 필연적으로 조금 높이듯이, 한편에서는 모든 식물성 식품값을 필연적으로 낮출 것이라고 나는 믿는다. 그것이 동물성 식품값을 끌어올리는 까닭은, 그것을 생산하는 토지의 매우 큰 부분이 곡물 생산에 적합한 것이 되므로, 지주와 농업 경영자에게 곡물밭의 지대와 이윤을 제공하지 않으면 안 되기 때문이다. 그것이 식물성 식품값을 낮추는 까닭은, 토지의 풍요도를 증대시킴으로써 식물성 식품을 증가시키기 때문이다.

농업의 개량 또한 많은 종류의 식물성 식품을 도입하는데, 그것은 곡물보다 적은 토지와 노동을 필요로 하기 때문에 훨씬 싸게 시장에 반입된다. 이를테면 감자와 옥수수, 즉 인디언콘이라 불리는 것이 그것이며, 이런 것은 유럽의 농업, 아마도 유럽 자체가 상업과 항해의 대대적인 확장에서 획득한 두 가지의 가장 중요한 개량이다. 그뿐 아니라, 이를테면 순무·당근·양배추처럼, 미개 상태의 농업에서는 채소밭에만 한정되고 가래로만 생산되는 많은 종류의 식물성 식품이, 개량된 상태의 농업에서는 일반적인 밭에도 도입되어 쟁기로 재배된다. 따라서 만일 농업의 개량이 진행됨에 따라 어떤 종류의 식품의 실질가격이 필연적으로 상승하면 다른 종류의 식품의 실질가격은 마찬가지로 필연적으로 저하하며, 전자의 상승이 후자의 저하에 의해 어디까지 보상되는가를 판단하는 것은 더욱 미묘한 사항이 된다. 식육의 실질가격이 한번 그 정점에 이르러 버리면(아마 돼지고기를 제외한 모든 종류의 식육은, 1세기 이상 전에 잉글랜드의 상당한 부분에 걸쳐 이 높이에 이른 것으로 생각된다), 그 뒤에 일어나는 다른 어떤 동물성 식품값 상승도, 하급 계층 사람들의 생활에 큰 영향을 미치지 못한다. 잉글랜드의 상당한 부분에 걸쳐 빈민의 생활이 감자값 하락으로 편해질 것이 틀림없는 것만큼, 가금·생선·야조 또는 사슴고기의 값 상승에 의해 고통을 겪는 일은 없는 것이다.

현재와 같은 흉작의 계절에는 곡물의 높은 값은 의심할 여지없이 빈민을 곤궁하게 만든다. 그러나 곡물이 통상 또는 평균가격을 이루는 적당한 풍작 때는, 다른 어떤 종류의 원생산물값의 자연적인 상승도 그들에게 많은 영향을 줄 수는 없다. 아마도 그들은 소금·비누·가죽·양초·맥아·맥주·에일 같은, 몇 가지 제조품값에 대한 세금 때문에 일어나는 인위적인 상승에 의해 더 많은 영향을 받을 것이다.

6. 개량 진행이 제조품의 실질가격에 미치는 영향

그러나 거의 모든 제조품의 실질가격을 차츰 하락시키는 것이 개량의 자연적인 효과이다. 제조업의 작업의 실질가격도, 아마 그 모두에 있어서 예외 없이 하락할 것이다. 더 나은 기계, 더 뛰어난 솜씨, 작업의 더욱 적절한 분할과 배치는, 모두 개량의 자연적인 결과이지만, 그 결과로서 어떤 특정한 작업을 수행하는 데도, 그것에 필요한 노동량은 훨씬 적어진다. 그리하여 사회의 번영 상태의 결과, 노동의 실질가격이 매우 뚜렷하게 상승하더라도, 노동량의 대폭적인 감소는 일반적으로 그 값에 일어날 수 있는 최대의 상승을 보상하는 것보다 훨씬 클 것이다.

확실히 원료의 실질가격의 필연적인 상승이, 개량에 의해 작업의 수행에 초래될 수 있는 모든 이익을 상쇄하고도 남는 제조업도 약간은 있다. 목수나 소목장이의 작업, 조잡한 종류의 가구 제조에서는, 토지 개량의 결과인 목재의 실질가격의 필연적인 상승은 가장 좋은 기계, 가장 훌륭한 솜씨, 작업의 가장 적절한 분할과 배치에서 얻을 수 있는 모든 이익을 상쇄하고 남을 것이다.

그러나 원료의 실질가격이 전혀 상승하지 않거나 그리 크게 상승하지는 않은 모든 경우에는, 제조품의 실질가격은 매우 큰 폭으로 떨어진다.

이런 값 하락은 현세기와 전세기를 통해 비금속(卑金屬)을 원료로 하는 제조업의 경우에 가장 뚜렷했다. 전세기의 중간쯤에 20파운드면 살 수 있었던 것보다 정교한 시계가, 지금은 아마 20실링이면 구입할 수 있을 것이다. 칼장수나 자물쇠공의 제품, 모든 비금속제 장난감, 버밍엄산(産) 및 셰필드산이라는 이름으로 널리 알려진 모든 제품도, 같은 시기에 반드시 시계의 경우만큼은 아니더라도 매우 크게 값이 하락했다. 그래도 그것은 유럽의 다른 모든 지방의 노동자들을 놀라게 하기에 충분했다. 그들은 대부분의 경우, 2배의 값, 아니 3배의 값으로도 그것에 필적하는 품질의 제품을 생산할 수 없다는 것을 인정하고 있다. 어떤 제조업도 비금속을 원료로 하는 제조업 이상으로, 분업을 추진하거나 사용하는 기계를 훨씬 다양하게 개량하는 것은 아마 불가능할 것이다.

직물 제조업에서는 같은 기간에 그다지 눈에 띄는 값 하락은 없었다. 반대로 최상품의 직물값은 지난 25년 내지 30년 동안 그 질에 비해 어느 정도 상승했다고 단언하는 얘기를 나는 들은 적이 있다. 그것은 오로지 에스파냐산 양모로만 된 원료의 값이 매우 상승했기 때문이라고 했다. 잉글랜드산 양모만으로 만들어지는 요크셔 직물값은, 금세기 동안 품질에 비해 확실히 대폭 하락했다고 한다. 그러나 품질이라는 것은 논란의 여지가 매우 많은 사항이므로, 나는 그런 종류의 정보를 모두 어느 정도 불확실한 것으로 생각했다. 지금도 직물 제조업에서는 분업이 1세기 전과 거의 같으며, 사용되고 있는 기계도 별로 다르지 않다. 그러나 이 두 가지에 약간의 개량이 이루어지고, 그것이 약간의 값 하락을 초래했을지도 모른다.

그러나 현대의 이 제품의 값을 훨씬 먼 시기, 즉 현재보다 분업이 아마 훨씬 적고, 사용되는 기계도 훨씬 불완전했던 15세기 말의 값과 비교한다면, 이 하락은 훨씬 뚜렷하여 부정할 수 없는 것으로 보일 것이다.

　　헨리 7세 4년인 1487년에 누구나 '최상품의 진홍색 염색직물, 또는 다른 최상품 염색직물을 광폭(廣幅) 1야드에 16실링 이상으로 소매하는 자는 누구든지, 1야드의 매상에 대해 40실링의 벌금을 부과한다'는 것이 법률로 정해졌다. 따라서, 현재의 화폐 24실링과 같은 양의 은이 들어 있는 16실링이, 그 당시 최상품의 직물 1야드의 값으로는 부당하지 않은 값으로 여겨졌고, 또 이 법률은 사치금지법이므로, 그런 직물은 통상적으로 이것보다 약간 비싸게 팔렸을 수도 있다. 1기니는 오늘날의 최고가로 여겨도 무방하다. 그러므로 오늘날의 직물의 품질이 훨씬 우수하기는 하지만, 가령 그것이 같다고 가정하더라도, 최고급 직물의 화폐가격은 15세기 말부터 적잖이 감소한 것 같고, 그 실질가격은 더욱 크게 감소했다. 6실링 8펜스가 그 시절, 그리고 그 뒤에도 오랫동안 밀 1쿼터의 평균가격으로 여겨지고 있었다. 따라서 16실링은 밀 2쿼터 3부셀 이상의 값이었던 셈이다. 현재의 밀 1쿼터를 28실링으로 평가하면, 당시의 고급 직물 1야드의 실질가격은 적어도 현재의 화폐로 3파운드 6실링 6펜스와 같았을 것이 틀림없다. 그것을 산 사람은 오늘날 그 금액으로 구매할 수 있는 양과 같은 양의 노동과 생활 자료에 대한 지배권을 내놓은 거나 다름없다.

　　조잡한 제품의 실질가격의 하락은 상당한 것이었지만 상등품의 그것만큼 크지는 않았다.

　　에드워드 4세 3년인 1463년, '농장의 하인, 일반노동자, 도시 또는 도시 밖에 거주하는 모든 기능공인 하인은, 누구를 막론하고 광폭 1야드에 2실링이 넘는 직물을 의복으로 사용하거나 착용해서 안 된다'는 법률이 제정되었다. 에드워드 4세 3년의 2실링은 현재의 화폐 4실링과 거의 같은 양의 은이 들어 있었다. 그러나 현재 1야드 당 4실링에 판매되고 있는 요크셔 직물은, 가장 가난한 계층인 일반 하인의 착용을 위해 당시에 만들어지고 있었던 어떤 직물보다도 아마 훨씬 훌륭할 것이다. 따라서 그들의 의복의 화폐가격도 품질에 비하면 그 옛날보다 지금이 약간 싼 것 같고, 실질가격은 확실히 훨씬 싸다. 10펜스가 그 시절에는 밀 1부셀의 이른바 온당하고 타당한 값으로 여겨졌다. 그러므로 2실링은 2부셀과 2펙에 가까운 밀값이었고, 그것은 오늘날에는 1부셀에 3실링 6

펜스의 비율이며 8실링 9펜스의 가치가 있는 것이 된다. 이 직물 1야드를 위해서 가난한 하인들은, 현재 8실링 9펜스에 구매할 수 있는 것과 같은 양의 생활자료에 대한 구매력을 내놓은 것이 틀림없다. 이것도 또한 빈민의 사치와 낭비를 억제하기 위한 사치금지법이다. 그러므로 그들의 옷은 이보다 훨씬 비싼 것이 보통이었다.

같은 계층 사람들은 같은 법률에 의해, 한 켤레에 현재의 화폐로 약 28온스에 해당하는 14펜스, 즉 현재의 우리 화폐로 28펜스가 넘는 긴 양말을 신지 못하도록 금지되었다. 그러나 그 당시 14펜스는 밀 1부셸과 2펙에 가까운 값이었다. 그만한 밀은 오늘날에는 1부셸에 3실링 6펜스이고, 5실링 3펜스에 해당할 것이다. 오늘날 우리는, 이 값은 최하층민인 하인에게 한 켤레의 양말값으로는 매우 비싸다고 보아야 한다. 그러나 그 시절의 하인은 양말값으로서 실제로 이 값과 같은 것을 지불한 것이 틀림없다.

에드워드 4세 시대에는, 긴 양말을 짜는 기술은 아마 유럽의 어떤 지방에도 알려져 있지 않았을 것이다. 그 시대의 긴 양말은 일반적인 직물로 만들어졌는데, 그것이 이 양말값이 비싼 이유 중의 하나였을지도 모른다. 잉글랜드에서 긴 양말을 맨 처음 신은 인물은 엘리자베스 여왕이었다고 한다. 그녀는 그것을 에스파냐 대사한테서 선물로 받았다.

조잡하거나 상질이거나 모직물 제조에 사용된 기계는 그 옛날에는 현재보다 훨씬 불완전했다. 그것은 그 이후 세 가지의 매우 중요한 개량을 겪었고, 그밖에도 수와 중요성을 확인하는 것은 어려울지 모르지만, 수많은 자질구레한 개량이 있었다. 세 가지의 중요한 개량이란 첫째로, 물레를 얼레와 방추로 바꾼 것인데, 이것은 같은 양의 노동으로 두 배 이상의 일을 할 수 있다. 둘째로, 소모사(梳毛絲)나 방모사(紡毛絲)[104]를 감는 작업, 즉 날실과 씨실을 직기에 걸기 전에 가지런히 간추리는 작업을 더 큰 비율로 촉진하고 단축하는, 매우 매우[105] 정교한 기계를 몇 가지 사용하게 된 일이다. 이 작업은 그런 기계가 발명되기 전에는 매우 지루하고 시간이 걸리는 일이었다. 셋째로, 직물에 두께를 주기 위해 그것을 물 속에서 밟는 대신 축융기(縮絨機)를 사용한 것이

─────────────────

*104 소모사(worsted yarn)는 양털의 긴 섬유로 뽑는 실이고, 방모사(woollen yarn)는 짧은 섬유로 뽑는 실.

*105 제3판까지 '매우 매우(very very)'라고 되어 있었다.

다. 16세기 초와 같은 이른 시기에는, 잉글랜드에서는 풍차나 무자위에 대해서는 전혀 몰랐고, 내가 아는 한, 알프스 북쪽의 다른 어떤 지방에도 알려져 있지 않았다. 그것은 그 조금 전에 이탈리아에 도입된 것이었다.

이런 사정들을 생각하면, 아마 그런 옛날에는 조잡하든 상질이든 그런 제품의 실질가격이 현재보다 그렇게도 높았던 것은 무엇 때문인지 어느 정도 이해할 수 있을 것이다. 그런 재화를 시장에 내가는 데 더 많은 양의 노동을 필요로 했던 것이다. 따라서 그것이 시장에 나왔을 때는 더 많은 양의 노동 값을 구매하거나 그것과 교환되었음이 틀림없다.

조잡한 제조업은, 그런 옛날에는 아마 잉글랜드에서도 기술이나 제조업이 아직 유치한 상태에 있는 나라들과 같은 방식으로 영위되고 있었을 것이다. 그것은 아마 가내 제조업이었을 것이고, 작업의 다른 부분 하나하나가, 거의 모든 가정에서, 그 구성원 한 사람 한 사람에 의해 개별적으로 기회가 되는 대로 영위되었다. 그러나 그것은 달리 할 일이 없을 때만 그 일을 하는 방식이었고, 거기서 생계의 대부분을 얻는 중요한 일은 아니었다. 이미 설명한 것처럼, 이런 방식으로 만들어진 제품은, 노동자의 생계의 중요하거나 유일한 원천이 되는 제품보다 언제나 훨씬 싸게 시장에 나간다. 한편, 상질의 제조업은, 그 시대에는 잉글랜드에서는 영위되지 않고 부유한 상업국인 프랑스에서 영위되었다. 그리고 그것은 아마 그 당시, 현재와 마찬가지로 거기서 생계비의 전부 또는 대부분을 얻는 사람들에 의해 영위되었을 것이다. 게다가 그것은 외국의 제조품이라서 왕에게 얼마간의 세금을, 적어도 톤세(稅) 및 파운드세라고 하는 옛날의 관세를 납부하지 않으면 안 되었다. 이 세금은 사실상 그리 큰 것은 아니었을 것이다. 그 당시 유럽의 정책은 외국 제품의 수입을 높은 세금으로 억제하는 것이 아니라, 오히려 그것을 장려하는 것이었으며, 그렇게 함으로써 상류층 사람들이 갖고 싶어하지만 자국의 산업이 제공하지 못하는 편의품과 사치품을, 상인들이 되도록 싼 값으로 공급할 수 있도록 한 것이다.

이런 사정을 생각해 본다면, 그런 옛날에 조잡한 제품의 실질가격이 상질의 그것에 비해 지금보다 왜 그렇게 쌌던가 하는 것을 아마 어느 정도는 이해할 수 있을 것이다.

결론

이 매우 긴 장을 마치면서, 나는 사회의 여러 사정의 개량은 모두 직접적으로나 간접적으로 토지의 실질 지대를 끌어올리고, 지주의 실질적인 부, 즉 다른 사람들의 노동 또는 노동 생산물에 대한 지주의 구매력을 증대시키는 경향이 있다는 것을 말해 두고 싶다.

개량과 경작의 확대는 직접적으로 지대를 끌어올리는 경향이 있다. 생산물에 대한 지주의 몫은 생산물의 증가와 함께 필연적으로 증대한다.

토지의 원생산물 가운데 어떤 부분의 실질가격이 상승하는 것은, 처음에는 개량과 경작이 확대된 결과이고, 나중에는 개량과 경작이 다시 더욱 확대되는 원인이 되는데, 이를테면 가축값의 상승도 토지지대를 직접적으로, 더욱 더 큰 비율로 끌어올리는 경향이 있다. 지주의 몫의 실질가치, 즉 다른 사람의 노동에 대한 지주의 실질적인 지배가 생산물의 실질가치와 더불어 상승할 뿐 아니라, 모든 생산물에 대한 지주의 몫의 비율도 그것과 함께 상승한다. 이 생산물은 실질가격이 상승한 뒤에, 그것을 수집하는 데 전보다도 많은 노동을 필요로 하는 것은 아니다. 그러므로 이 노동을 고용하는 자산을 통상이윤과 함께 회수하는 데는 전보다 작은 비율의 생산물로 충분할 것이다. 따라서 생산물 가운데 지주에게 속하는 비율은 증가하지 않을 수 없다.

제조품의 실질가격을 직접 끌어내리는 경향이 있는 노동 생산력의 개량은, 모두 토지의 실질지대를 끌어올리는 경향이 있다. 지주는 그의 원생산물 중에서 자기가 소비하고 남는 부분, 또는 같은 말이지만 그 부분의 값을 제조업의 생산물과 교환한다. 후자의 실질가격을 끌어내리는 것은 모두 전자의 실질가격을 끌어올린다. 그리하여 종전과 같은 양의 전자가 종전보다 많은 양의 후자와 같은 가치를 가지게 되며, 지주는 그가 필요로 하는 편의품·장식품·사치품을 전보다 많은 양을 구매할 수 있게 된다.

사회의 실질적인 부의 증가, 즉 그 사회 속에서 사용되는 유용한 노동량의 증가는 모두, 토지의 실질지대를 간접적으로 끌어올리는 경향이 있다. 이 노동의 일정한 비율은 당연히 토지로 돌아간다. 토지 경작에 사용되는 인간과 가축의 수는 증가하고, 생산물은 이렇게 그 생산물을 산출하는 데 사용되는 자산이 증가함에 따라 증가하며, 지대는 생산물과 함께 증대한다.

이와 반대되는 사정, 즉 경작과 개량의 경시, 토지의 원생산물 가운데 어떤 부분의 실질가격의 저하, 제조업의 기술과 근로의 쇠퇴에서 오는 제조품의 실질가격의 상승, 그 사회의 실질적인 부의 축소는, 위의 모든 것과 반대로 토지의 실질지대를 저하시키고, 지주의 실질적인 부, 즉 다른 사람의 노동 또는 노동 생산물에 대한 그의 구매력을 감소시키는 경향이 있다.

모든 나라의 토지와 노동의 연간 생산물 전체, 또는 같은 말이지만 그 연간 생산물의 전체 값은 이미 말했듯이 당연히 토지지대, 노동임금, 자산이윤, 이 세 부분으로 나누어지며, 그것은 지대로 생활하는 사람들과 임금으로 생활하는 사람들, 그리고 이윤으로 생활하는 사람들, 이 세 가지 계층의 수입을 구성한다. 이런 사람들은 모든 문명사회를 근본적으로 구성하는 3대 계층으로, 궁극적으로 그들의 수입에서 다른 모든 계층의 수입을 이끌어 내는 것이다.

이런 3대 계층 가운데 첫 번째의 이해(利害)는, 방금 한 설명으로 알 수 있듯이 사회의 전반적인 이해와 밀접하고 불가분하게 연관되어 있다. 한쪽을 촉진 또는 저해하는 것은 무엇이든 필연적으로 다른 한쪽을 촉진 또는 저해한다. 공공이 상업 또는 행정에 관한 규제에 대해 토론할 때, 토지소유자들이 그들 자신의 특정 계층의 이익을 촉진하려는 생각에서 공공을 잘못 인도하는 것은, 적어도 그들이 그 이해에 대해 어느 정도 지식을 가지고 있다면 결코 있을 수 없는 일이다. 그런데 그들은 이 어느 정도의 지식조차 가지지 않은 경우가 너무나 많다. 이 세 계층 가운데 그들의 계층만은, 그 수입이 그들의 노동이나 배려가 없이도, 다시 말하면 저절로, 그들 자신의 계획이나 기획과는 아무런 상관없이 굴러들어오는 것이다.

그들의 처지가 안락하고 안정되어 있는 데서 오는 자연스러운 결과인 게으름 때문에, 그들은 그저 무지해질 뿐만 아니라, 어떤 공적인 규제의 결과를 예측하고 이해하는 데 필요한 정신 집중을 하지 못하는 일이 너무 많다.

두 번째 계층의 이해, 즉 임금으로 생활하는 사람들의 이해도, 첫 번째 계층의 이해와 마찬가지로 사회의 이익과 밀접하게 연관되어 있다. 노동자의 임금은 이미 말한 것처럼, 노동에 대한 수요가 계속 상승하고 있을 때, 즉 고용 노동량이 해마다 상당히 증대하고 있을 때만큼 높은 일은 없다. 사회의 이 실질적인 부가 정지 상태에 있으면 노동자의 임금은 곧 가족을 부양할 수 있는 정도, 즉 노동자라는 종족을 겨우 존속시킬 수 있는 정도까지 내려간다. 사회가 쇠퇴할 때는 임금은 이보다 더 낮은 데까지도 하락한다. 토지소유자 계층은 사회의 번영에 의해 아마 노동자 계층보다 많은 이익을 얻겠지만, 노동자 계층만큼 사회의 쇠퇴에 의해 극심한 고통을 받는 계층은 없다.

그러나 노동자의 이익은 사회의 이익과 밀접하게 연관되어 있지만, 그는 그 이익이 무엇인지도 알지 못하고, 그것이 자기의 이해와 결부되어 있다는 것도 이해하지 못한다. 그의 생활 상태는 필요한 정보를 얻기 위한 시간을 그에게 주지 않으며, 그의 교육과 관습은 그가 충분한 정보를 얻더라도 판단할 능력이 없는 인간으로 만드는 것이 보통이다. 따라서 공공의 심의에 있어서 그의 목소리는, 어떤 특정한 경우에 고용주가, 노동자를 위해서가 아니라 고용주 자신을 위해서 고무하고 선동하고 지지하는 경우를 제외하면, 거의 아무도 들어 주지 않고 존중도 해 주지 않는다.

그의 고용주가 세 번째 계층, 즉 이윤으로 생활하는 사람들의 계층을 구성된다. 어떤 사회에서나 유용한 노동의 대부분을 활동시키는 것은 이윤을 목적으로 사용되는 자산이다. 자산 사용자들의 계획이나 기획이 노동의 가장 중요한 작용의 모두를 규제하고 인도하는 것이며, 이윤이 그런 모든 계획과 기획이 노리는 목표이다. 그런데 이윤의 비율은 지대나 임금처럼 사회의 번영과 함께 상승하고 쇠퇴와 함께 하락하지는 않는다. 반대로 그것은 부유한 나라에서는 낮고 가난한 나라에서는 높은 것이 자연이며, 가장 급속하게 멸망하고 있는 나라에서 언제나 가장 높다. 따라서 이 세 번째 계층의 이해는 사회의 전반적 이해에 대해 다른 두 계층의 이해와 같은 연결을 갖지 않는다. 상인과 우두머리 제조업자는 이 계층 가운데 흔히 최대의 자본을 사용하고, 그 부에 의해 사회적 존경을 가장 많이 받는 두 종류의 사람들이다. 그들은 전 생애에 걸쳐 계획과 기획에 종사하고 있으므로 때때로 대부분의 시골 신사보다 예민한 이해력을 가지고 있다. 그러나 그들은 사회의 이해보다는 그들 자신의 특정한 사업의 이해에 대해 머리를 쓰게 마련이므로, 그들의 판단이 가장 공평하게(지금까지 언제나 그랬던 것은 아니지만) 내려지는 경우에도, 이 두 가지 대상 가운데 전자에 대해서보다 후자에 대한 것이 훨씬 더 믿을 수 있다. 그들이 시골 신사보다 나은 점은, 그들이 공공의 이해에 대한 지식을 갖고 있어서가 아니라, 그들이 자기 자신들의 이해를, 시골 신사가 자신의 이해에 대해 알고 있는 것 이상으로, 잘 알고 있다는 것이다. 그들은 자신들의 이해에 대한 이 우월한 지식으로, 때때로 시골 신사의 너그러움을 이용하여, 시골 신사의 이해가 아니라 자신들의 이해가 공공의 이익이라는 참으로 단순하고도 솔직한 신념에서, 시골 신사를 설득하여 그의 이익과 공공의 이익을 포기하게 만들었다. 그러나 상업과 제조업의 어떤 특정한 부문을 판매하는 업자들의 이해도 언제나 어떤 점에서는 공공의 이해와 다르고, 때로는 거기에 대립하기도 한다.

시장을 확대하고 경쟁을 제한하는 것은 언제나 판매업자의 이익이다. 시장을 확대하는 것은 흔히 공공의 이익과 충분히 일치할지도 모른다. 그러나 경쟁을 제한하는 것은 언제나 그것에 반하지 않을 수 없으며, 판매업자들이 그들의 이윤을, 자연히 그렇게 될 것으로 예상되는 것 이상으로 끌어올림으로써, 자기들의 이익을 위해 그들 이외의 동포로부터 불합리한 세금을 징수할 수 있게 하는 데 도움이 될 뿐이다. 상업상의 어떤 새로운 법률이나 규제에 대해 이 계층에서 나오는 제안에는 언제나 큰 경계심을 가지고 귀를 기울여야 하며, 가장 용의주도하게, 가장 의심 깊은 주의를 기울여 오랫동안 신중하게 검토한 뒤가 아니면 결코 채용해서는 안 된다. 그것은 그 이해가 결코 공공의 이해와 정확하게 일치하지 않는 계층의 사람들, 일반적으로 공공을 속이고 억압마저 하는 것을 이익으로 생각하는 계층의 사람들, 따라서 지금까지 대부분의 경우, 공중을 속이고 억압해 온 계층의 사람들에게서 나온 것이기 때문이다.

12개년	각 연도의 밀 1쿼터 가격			같은 해의 여러 가지 가격의 평균			현재의 화폐로 환산한 각 연도의 평균가격*106		
	£.	s.	d.	£.	s.	d.	£.	s.	d.
1202	—	12	—	—	—	—	1	16	—
1205	—	12	—	—	13	5	2	—	3
	—	13	4						
	—	15	—						
1223	—	12	—	—	—	—	1	16	—
1237	—	3	4	—	—	—	—	10	—
1243	—	2	—	—	—	—	—	6	—
1244	—	2	—	—	—	—	—	6	—
1246	—	16	—	—	—	—	2	8	—
1247	—	13	4	—	—	—	2	—	—
1257	1	4	—	—	—	—	3	12	—
1258	1	—	—	—	17	—	2	11	—
	—	15	—						
	—	16	—						
1270	4	16	—	5	12	—	16	16	—
	6	8	—						
1286	—	2	8	—	9	4	1	8	—
	—	16	—						
					합계		35	9	3
					평균가격		2	19	$1\frac{1}{4}$

---

*106 옛날의 화폐를 18세기 본위로 환산할 경우에는 마틴 포크스(Martin Folkes, Table of English Silver Coins, 1745, p. 142)에 따랐던 것 같다. 근사로 표시하는 것을 목적으로 하고 있다(예를 들면 3이라는 계수는 2.906 대신의 역할을 하기도 하고, 2.871 대신의 역할을 하기도 한다). 따라서 오류는 반드시 한결같지 않고, 이를테면 1464년에서 1497년 사이의 금액의 어떤 것은 근사수 $1\frac{1}{2}$을 곱하여 나왔던 것인데, 다른 것들은 정확하게 1.55를 곱하여 나왔던 것이다.

12개년	각 연도의 밀 1쿼터 가격			같은 해의 여러 가지 가격의 평균			현재의 화폐로 환산한 각 연도의 평균가격		
	$£.$	$s.$	$d.$	$£.$	$s.$	$d.$	$£.$	$s.$	$d.$
1287	—	3	4	—	—	—	—	10	—
1288	⎧ —	—	8 ⎫						
	—	1	—						
	—	1	4						
	—	1	6	—	3	$-\frac{1}{4}$ *107	—	9	$\frac{3}{4}$
	—	1	8						
	—	2	—						
	—	3	4						
	⎩ —	9	4 ⎭						
1289	⎧ —	12	— ⎫						
	—	6	—						
	—	2	—	—	10	$1\frac{2}{4}$	1	10	$4\frac{2}{4}$ *108
	—	10	8						
	⎩ —	—	— ⎭						
1290	—	16	— *109	—	—	—	2	8	—
1294	—	16	—	—	—	—	2	8	—
1302	—	4	—	—	—	—	—	12	—
1309	—	7	2	—	—	—	1	1	6
1315	1	—	—	—	—	—	3	—	—
1316	⎧ 1	—	— ⎫						
	1	10	—	1	10	16	4	11	6
	1	12	—						
	⎩ 2	—	— ⎭						
1317	⎧ 2	4	— ⎫						
	—	14	—						
	2	13	*110	1	19	6	5	18	6
	4	—	—						
	⎩ —	6	8 ⎭						
1336	—	2	—	—	—	—	—	6	—
1338	—	3	4	—	—	—	—	10	—
합계							23	4	$11\frac{1}{4}$
평균가격							1	18	8

12개년	각 연도의 밀 1쿼터 가격			같은 해의 여러 가지 가격의 평균			현재의 화폐로 환산한 각 연도의 평균가격		
	$£.$	$s.$	$d.$	$£.$	$s.$	$d.$	$£.$	$s.$	$d.$
1339	—	9	—	—	—	—	1	7	—
1349	—	2	—	—	—	—	—	5	2
1359	1	6	8	—	—	—	3	2	2
1361	—	2	—	—	—	—	—	4	8
1363	—	15	—	—	—	—	1	15	—
1369	{ 1 1	— 4	— — }	1	2	—	2	9	4 [111]
1379	—	4	—	—	—	—	—	9	4
1387	—	2	—	—	—	—	—	4	8
1390	{ — — —	13 14 16	4 — — }	—	14	5	1	13	7
1401	—	16	—	—	—	—	1	17	4
1407	{ — —	4 3	$4\frac{1}{4}$ 4 }	—	3	10	—	8	11
1416	—	16	—	—	—	—	1	12	—
합계							15	9	4
평균가격							1	5	$9\frac{1}{3}$
	$£.$	$s.$	$d.$	$£.$	$s.$	$d.$	$£.$	$s.$	$d.$
1423	—	8	—	—	—	—	—	16	—
1425	—	4	—	—	—	—	—	8	—
1434	1	6	8	—	—	—	2	13	4
1435	—	5	4	—	—	—	—	10	8
1439	{ 1 1	— 6	— 8 }	1	3	4	2	6	8
1440	1	4	—	—	—	—	2	8	—
1444	{ — —	4 4	4 — }	—	4	2	—	8	4
1445	—	4	—	—	—	—	—	9	—
1447	—	8	—	—	—	—	—	16	—
1448	—	6	8	—	—	—	—	13	4
1449	—	5	—	—	—	—	—	10	—
1451	—	8	—	—	—	—	—	16	—
합계							12	15	4
평균가격							1	1	$3\frac{1}{2}$

12개년	각 연도의 밀 1쿼터 가격			같은 해의 여러 가지 가격의 평균			현재의 화폐로 환산한 각 연도의 평균가격		
	£.	s.	d.	£.	s.	d.	£.	s.	d.
1453	—	5	4	—	—	—	—	10	8
1455	—	1	2	—	—	—	—	2	4
1457	—	7	8	—	—	—	—	15	4
1459	—	5	—	—	—	—	—	10	—
1460	—	8	—	—	—	—	—	16	—
1463	{ —	2	—	—	1	10	—	3	8
	—	1	8 }						
1464	—	6	8	—	—	—	—	10	—
1486	1	4	—	—	—	—	1	17	—
1491	—	14	8	—	—	—	1	2	—
1494	—	4	—	—	—	—	—	6	—
1495	—	3	4	—	—	—	—	5	—
1497	1	—	—	—	—	—	1	11	—
					합계		8	9	—
					평균가격		—	14	1

	£.	s.	d.	£.	s.	d.	£.	s.	d.
1499	—	4	—	—	—	—	—	6	—
1504	—	5	8	—	—	—	—	8	—
1521	1	—	—	—	—	1	1	10	6
1551	—	8	—	—	—	—	—	2	—
1553	—	8	—	—	—	—	—	8	—
1554	—	8	—	—	—	—	—	8	—
1555	—	8	—	—	—	—	—	8	—
1556	—	8	—	—	—	—	—	8	—
1557	{ —	4	—	—	12	7 [*112]	—	17	8 $\frac{1}{2}$
	—	5	—						
	—	8	—						
	2	13	4 }						
1558	—	8	—	—	—	—	—	8	—
1559	—	8	—	—	—	—	—	8	—
1560	—	8	—	—	—	—	—	8	—
					합계		6	5	1
					평균가격		—	10	5 [*113]

12개년	각 연도의 밀 1쿼터 가격			같은 해의 여러 가지 가격의 평균			현재의 화폐로 환산한 각 연도의 평균가격		
	£.	s.	d.	£.	s.	d.	£.	s.	d.
1561	—	8	—	—	—	—	—	8	—
1562	—	8	—	—	—	—	—	8	—
1574	{ 2 1	16 4	— — }	2	—	—	2	—	—
1587	3	4	—	—	—	—	3	4	—
1594	2	16	—	—	—	—	2	16	—
1595	2	13	—*114	—	—	—	2	13	—
1596	4	—	—	—	—	—	4	—	—
1597	{ 5 4	4 1	— — }	4	12	—	4	12	—
1598	2	16	8	—	—	—	2	16	8
1599	1	19	2	—	—	—	1	19	2
1600	1	17	8	—	—	—	1	17	8
1601	1	14	10	—	—	—	1	14	10
						합계	28	9	4
						평균 가격	2	4	9*115

위저 시장에서 9부셸들이 1쿼터당 최상, 즉 최고치의 밀값. 양단의 해를 포함한 1595년에서 1764년까지의 성모의 날(Lady Day)과 성 미카엘 축일(Michaelmas)의 것이며, 각 연도의 값은 이 두 기념일의 최고값 간의 중간의 수*116

연차		£.	s.	d.	연차		£.	s.	d.
1595,	—	2	0	0	1621,	—	1	10	4
1596,	—	2	8	0	1622,	—	2	18	8
1597,	—	3	9	6	1623,	—	2	12	0
1598,	—	2	16	8	1624,	—	2	8	0
1599,	—	1	19	2	1625,	—	2	12	0
1600,	—	1	17	8	1626,	—	2	9	4
1601,	—	1	14	10	1627,	—	1	16	0
1602,	—	1	9	4	1628,	—	1	8	0
1603,	—	1	15	4	1629,	—	2	2	0
1604,	—	1	10	8	1630,	—	2	15	8
1605,	—	1	15	10	1631,	—	3	8	0
1606,	—	1	13	0	1632,	—	2	13	4
1607,	—	1	16	8	1633,	—	2	18	0
1608,	—	2	16	8	1634,	—	2	16	0
1609,	—	2	10	0	1635,	—	2	16	0
1610,	—	1	15	10	1636,	—	2	16	8
1611,	—	1	18	8					
1612,	—	2	2	4	16)		40	0	0
1613,	—	2	8	8			2	10	0
1614,	—	2	1	$8\frac{1}{2}$					
1615,	—	1	18	8					
1616,	—	2	0	4					
1617,	—	2	8	8					
1618,	—	2	6	8					
1619,	—	1	15	4					
1620,	—	1	10	4					
	26)	54	0	$6\frac{1}{2}$					
		2	1	$6\frac{9}{13}$					

밀 1쿼터에				밀 1쿼터에			
연차	£.	s.	d.	연차	£.	s.	d.
1637, —	2	13	0	1671, —	2	2	0
1638, —	2	17	4	1672, —	2	1	0
1639, —	2	4	10	1673, —	2	6	8
1640, —	2	4	8	1674, —	3	8	8
1641, —	2	8	0	1675, —	3	4	8
1642,	0	0	0	1676, —	1	18	0
1643,	0	0	0	1677, —	2	2	0
1644,	0	0	0	1678, —	2	19	0
1645,	0	0	0	1679, —	3	0	0
1646, —	2	8	0	1680, —	2	5	0
1647, —	3	13	8	1681, —	2	6	8
1648, —	4	5	0	1682, —	2	4	0
1649, —	4	0	0	1683, —	2	0	0
1650, —	3	16	8	1684, —	2	4	8
1651, —	3	13	4	1685, —	2	6	8
1652, —	2	9	6	1686, —	1	14	0
1653, —	1	15	6	1687, —	1	5	2
1654, —	1	6	0	1688, —	2	6	0
1655, —	1	13	4	1689, —	1	10	0
1656, —	2	3	0	1690, —	1	14	8
1657, —	2	6	8	1691, —	1	14	0
1658, —	3	5	0	1692, —	2	6	8
1659, —	3	6	0	1693, —	3	7	8
1660, —	2	16	6	1694, —	3	4	0
1661, —	3	10	0	1695, —	2	13	0
1662, —	3	14	0	1696, —	3	11	0
1663, —	2	17	0	1697, —	3	0	0
1664, —	2	0	6	1698, —	3	8	4
1665, —	2	9	4	1699, —	3	4	0
1666, —	1	16	0	1700, —	2	0	0
1667, —	1	16	0				
1668, —	2	0	0	60)	153	1	8
1669, —	2	4	4		2	11	$0\frac{1}{3}$
1670, —	2	1	8				

1642, 1643, 1644, 1645, 기록없음 1646년은 사교 플리트우드에 의해 보충됨

밀 1쿼터에				밀 1쿼터에			
연차	£.	s.	d.	연차	£.	s.	d.
1701,	— 1	17	8	1734,	— 1	18	10
1702,	— 1	9	6	1735,	— 2	3	0
1703,	— 1	16	0	1736,	— 2	0	4
1704,	— 2	6	6	1737,	— 1	18	0
1705,	— 1	10	0	1738,	— 1	15	6
1706,	— 1	6	0	1739,	— 1	18	6
1707,	— 1	8	6	1740,	— 2	10	8
1708,	— 2	1	6	1741,	— 2	6	8
1709,	— 3	18	6	1742,	— 1	14	0
1710,	— 3	18	0	1743,	— 1	4	10
1711,	— 2	14	0	1744,	— 1	4	10
1712,	— 2	6	4	1745,	— 1	7	6
1713,	— 2	11	0	1746,	— 1	19	0
1714,	— 2	10	4	1747,	— 1	14	10
1715,	— 2	3	0	1748,	— 1	17	0
1716,	— 2	8	0	1749,	— 1	17	0
1717,	— 2	5	8	1750,	— 1	12	6
1718,	— 1	18	10	1751,	— 1	18	6
1719,	— 1	15	0	1752,	— 2	1	10
1720,	— 1	17	0	1753,	— 2	4	8
1721,	— 1	17	6	1754,	— 1	14	8
1722,	— 1	16	0	1755,	— 1	13	10
1723,	— 1	14	8	1756,	— 2	5	3
1724,	— 1	17	0	1757,	— 3	0	0
1725,	— 2	8	6	1758,	— 2	10	0
1726,	— 2	6	0	1759,	— 1	19	10
1727,	— 2	2	0	1760,	— 1	16	6
1728,	— 2	14	6	1761,	— 1	10	3
1729,	— 2	6	10	1762,	— 1	19	0
1730,	— 1	16	6	1763,	— 2	0	9
1731,	— 1	12	10	1764,	— 2	6	9
1732,	— 1	6	8				
1733,	— 1	8	4	64)	129	13	6
	69)	8	8		2	0	$61\frac{9}{32}$

밀 1쿼터에				밀 1쿼터에			
연차	£.	s.	d.	연차	£.	s.	d.
1731, —	1	12	10	1741, —	2	6	8
1732, —	1	6	8	1742, —	1	14	0
1733, —	1	8	4	1743, —	1	4	10
1734, —	1	18	10	1744, —	1	14	10
1735, —	2	3	0	1745, —	1	7	6
1736, —	2	0	4	1746, —	1	19	0
1737, —	1	18	0	1747, —	1	4	10
1738, —	1	15	6	1748, —	1	17	0
1739, —	1	18	6	1749, —	1	17	0
1740, —	2	10	8	1750, —	1	12	6
10)	18	12	8	10)	16	18	2
	1	17	$3\frac{1}{5}$		1	13	$9\frac{4}{5}$

---

*107 이것은 2실링 $7\frac{1}{4}$이었어야 할 것이다. 1287년의 3실링 4펜스가 잘못 가산되었기 때문에 생긴 오류임이 분명하다.

*108 각판 모두 원문 그대로이다. $\frac{1}{2}$로 해 버리는 것보다는 이렇게 두는 것이 미숙한 눈에는 이해하기 더 편리하기 때문이다.

*109 '그리고 어떤 때는 나이턴이 말한 것처럼 20실링이었다'–Fleetwood, *Chronicon Preciosum*, p. 82.

*110 잘못 옮겨진 것이다. Fleetwood, op. cit., p. 92에는 2 13 4로 되어 있다.

*111 명백히 2 11 4의 잘못이다.

*112 이것은 다음 란과 함께 17실링 7펜스로 되어야 할 것이다. 초판 및 제2판에는 12실링 7펜스로 되어 있다. 이것은 가산함에 있어서 1파운드의 오산이 있었기 때문이다.

*113 이것은 분명히 10실링 $\frac{5}{24}$펜스이어야 할 것이다. 초판과 제2판은 합계를 6파운드 5실링 1펜스로 하고, 평균을 '10실링 5펜스'로 하고 있는데 이것은 앞 〈주〉에서 말한 오산의 결과이다.

*114 잘못 매겨진 것이다. Fleetwood, *Chronicon Preciosum*, p. 123에는 2 13 14라고 되어 있다.

*115 초판과 제2판에는 2 4 9$\frac{1}{3}$이라고 되어 있다. 이것은 평균을 산출함에 있어서 28파운드를 12로 나누어서 그 나머지 수인 4파운드를 실링으로 환산하여 9실링에 더하니 89실링이 되었는데, 이것을 12로 나누어 7이 나왔어야 할 것을 20으로 나눈 것에서 생긴 잘못인 것이다.

*116 이 가격표는 그 시기 구분은 아니지만 명백히 찰스 스미스(Charles Smith)의 *Tracts on the Corn Trade*, 1766, pp. 97~102, cp. pp. 43, 104를 베낀 것이다. 그러나 찰스 스미스는, 이것은 이전에 공표된 것이라고 하고 있다.

제2편

자산의 성질 축적 용도에 대하여

서론

분업이 없고 교환이 거의 이루어지지 않으며, 각자가 모든 것을 스스로 조달하는 미개한 상태의 사회에서는, 그 사회의 일을 수행하기 위해 어떤 자산[*1]도 미리 축적하거나 비축할 필요가 없다. 누구나 자신의 근로로, 그때그때 발생하는 필요를 채우려고 노력한다. 그는 배가 고플 때는 사냥을 하러 숲으로 가고, 옷이 낡았으면 가장 먼저 죽인 큰 동물의 가죽을 몸에 걸친다. 그리고 오두막이 무너지기 시작하면, 가장 가까운 곳에 있는 나무와 토탄[*2]으로 최대한 잘 수리한다.

그러나 일단 분업이 완전히 도입되면, 한 사람의 노동 생산물은 그때그때 자신이 필요한 것의 매우 작은 부분밖에 충족시키지 못한다. 그밖의 훨씬 큰 부분은 다른 사람들의 노동 생산물에 의해 충족되며, 그는 그것을 자신의 노동 생산물, 또는 같은 말이지만 그 생산물의 값으로 구매하는 것이다. 그러나 이 구매는, 그의 노동 생산물이 완성되어 팔려 버리기 전까지는 이루어질 수 없다. 따라서 적어도 이런 두 가지 일이 이룩될 때까지는 그의 생활을 유지하고 그의 작업 재료와 도구를 그에게 공급하는 데 충분한 여러 종류의 재화가 어딘가에 저장되어 있지 않으면 안 된다. 직조공이 그의 특정한 작업에 완전히 전념할 수 있는 것은, 그가 직물을 완성할 뿐 아니라 팔 때까지 그의 생활을 유지해 주고 그에게 작업 재료와 도구를 공급하는 데 충분한 자산이, 그 자신의 소유물로서든 아니면 남의 소유물로서든 어딘가에 미리 저장되어 있는 경우뿐이다.

---

*1 자산(stock)은 지금까지 자재 또는 자본으로 번역해 왔지만, 돈이든 물건이든 저장된 단계를 가리키므로 자산으로 했다. 물론 자본으로 사용하는 것은 가능하지만, 그것은 자산의 한 기능에 지나지 않는다. 다만 capital stock 이라고 할 경우에는 두 가지 합쳐서 자본금이며, 이 capital 에 자본이라는 의미는 없다.

*2 토탄이라고 번역한 것은 turf 로, peat 라고도 한다. 벽돌 모양으로 잘라서 연료로 사용하거나 목재 대신 쓰기도 한다.

자산의 축적은 그 성질상 분업에 선행하지 않으면 안 되며, 따라서 선행하는 자산 축적의 증가에 비례해서 노동의 세분화도 증가할 수 있다. 같은 수의 사람들이 가공할 수 있는 재료의 양은, 노동이 세분화될수록 큰 비율로 증대한다. 그리고 각 노동자의 작업이 차츰 더 단순화함에 따라, 그 작업을 쉽게 하거나 생략하기 위해 여러 가지 새로운 기계가 발명된다. 그러므로 분업이 진행됨에 따라 같은 수의 노동자에게 계속 일을 주기 위해서는 같은 양의 식료품의 저장과 더욱 미개한 상태에서 필요한 것보다 더 많은 양의 재료와 도구라는 자산이 미리 축적되어 있지 않으면 안 된다. 그러나 어떤 사업 부문에서도 노동자의 수는 일반적으로 그 부분의 분업에 따라 증가한다. 어쩌면 오히려 그들의 수의 증가가 그들 자신을 이런 방법으로 분류하고 세분하는 것을 가능하게 하는 건지도 모른다.

　노동 생산력의 이 커다란 개량에는 자산의 축적이 필요하므로, 그 축적은 당연히 이 개량을 낳게 된다. 노동의 유지에 자신의 자산을 사용하는 사람은, 필연적으로 그것을 되도록 많은 양의 제품을 생산하는 방법으로 사용하고 싶어한다. 따라서 그는 노동자들에게도 가장 적절하게 업무를 배분하려고 애쓰는 동시에, 자신이 발명하거나 구입할 수 있는 가장 좋은 기계를 노동자들에게 제공하려고 노력한다. 이 두 가지 점에서의 그의 능력은 일반적으로 그의 자산의 규모, 즉 자산을 사용할 수 있는 사람들의 수에 비례한다. 따라서 근로의 양은 어느 나라에서나 근로를 사용하는 자산의 증가와 함께 증가할 뿐 아니라, 그 증가의 결과로 같은 양의 근로가 훨씬 많은 양의 제품을 생산하게 되는 것이다.

　자산의 증가가 근로와 그 생산력에 주는 효과는 일반적으로 위와 같다.

　이 제2편에서 나는 자산의 성질, 그것이 축적되어 다양한 종류의 자본이 되는 효과, 그 자본의 여러 가지 사용 효과를 설명하려고 노력했다.

　이 제2편은 다섯 장으로 나누어진다. 제1장에서 나는, 한 개인의 것이든 큰 사회의 것이든 자산이 자연히 갈라져 가는 여러 가지 부분 또는 부문이 어떤 것인지 보여 주려고 노력했다. 제2장에서는, 사회의 자산 전체의 한 특정 부문으로 생각되는 화폐의 성질과 작용을 설명하려고 노력했다. 축적되어 자본이 되는 자산은 그것을 소유하는 사람이 사용할 수도 있고 다른 사람에게 빌려 주는 수도 있을 것이다. 제3장 및 제4장에서 나는, 자산이 이런 두 가지 상황에서 그것이 어떻게 작용하는지 검토하려고 노력했다. 마지막인 제5장은 자본의 다양한 사용이 국민의 근로의 양과 토지 및 노동의 연간 생산물의 양에 직접적으로 가져다 주는 여러 가지 효과를 다룬다.

제1장
자산의 분류에 대하여

어떤 사람이 소유하는 자산이, 그 사람을 며칠 또는 몇 주일 동안 생활하게 하는 데 충분한 것밖에 되지 않을 경우, 그는 좀처럼 거기서 어떤 수입을 얻으려는 생각을 하지 않는다. 그는 그것을 되도록 아껴서 소비하고 그것이 모두 소비되기 전에 자기 노동으로 그것을 대체될 만한 어떤 것을 획득하려고 노력한다. 그의 수입은 이 경우, 그의 노동에서만 얻을 수 있다. 이것이 모든 나라의 대부분의 노동빈민들이 놓여 있는 상태이다.

그러나 그가 몇 달 또는 몇 해 동안 생활해 갈 수 있는 자산을 갖고 있는 경우에는, 그는 당연히 그 대부분에서 수입을 얻으려고 노력하며, 이 수입이 들어오기 시작할 때까지 자신을 유지할 수 있는 정도의 것을 직접 소비하기 위해 따로 챙겨 두게 될 것이다. 그러므로 그의 자산 전체는 두 개의 부분으로 구별된다. 이 수입을 자신에게 가져다 줄 거라고 그가 기대하는 부분은 그의 자본이라고 불린다. 다른 부분은 그의 직접적인 소비를 충당하는 부분으로, 그것은 첫째로 그의 전 자산 가운데 본디 이 목적을 위해 유보되어 있었던 부분, 또는 둘째로, 어떤 원천에서 나오는 것이든, 차례대로 들어오는 그의 수입, 아니면 셋째로, 이런 두 가지 가운데 어느 것에 의해 이전에 구입하여 아직 다 소비하지 않은 것, 이를테면 옷·가구 등의 자산 같은 것의 어느 한 가지이다. 사람들이 보통 자기 자신의 직접 소비를 위해 유보해 두는 자산은 위의 세 부류 가운데 어느 것 또는 모두이다.

자본이 그 사용자에게 수입 또는 이윤을 가져다 주도록 쓰이는 데는, 두 가지의 다른 방법이 있다.

첫째로, 그것은 재화를 생산 또는 제조 또는 구매하며 그리고 이윤을 얻어 그것을 다시 판매하는 데 쓰인다. 이런 방법으로 사용되는 자본은, 그것을 쓰는 사람의 소유로 머물러 있거나, 계속 같은 형태를 유지하는 경우에는, 그에게 아무런 수입과 이윤을 가져다 주지 않는다. 상인의 재화는 그가 그것을 화폐와 교환해 팔 때까지, 그에게 아무런 수입과 이윤을 가져다 주지 않고, 화폐는 다시 재화와 교환될 때까지, 마찬가지로 그에게 아무런 수입과 이윤을 가져다 주지 않는다. 그의 자본은 끊임없이 하나의 형태로 그에게서 사라지고 다른 형태로 그에게 되돌아온다. 그리고 그것이 그에게 어떤 이윤을 가져다 줄 수 있는 것은, 그런 순환, 즉 계속적인 교환을 통해서이다. 따라서 그런 자본은 유동자본이라고 부르는 것이 매우 적절할 것이다.

둘째로, 자본은 토지의 개량, 직업상 유용한 기계나 용구의 구입, 바꿔 말하면, 주인을 바꾸지 않고, 즉 그 이상 유통하지 않고 수입 또는 이윤을 낳는 것에 쓰인다. 따라서 그런 자본은 고정자본이라고 부르는 것이 매우 적절할 것이다.

사업이 다르면, 그것이 쓰이는 고정자본과 유동자본의 비율도 매우 달라지지 않을 수 없다.

이를테면 상인의 자본은 모두 유동자본이다. 그는 직업상의 기계나 용구를 ─그의 점포나 창고를 그런 것으로 여기지 않는 한─필요로 하지 않는다.

모든 수공업자 또는 제조업자의 자본 가운데 일정한 부분은 그의 직업상의 용구에 고정되지 않으면 안 된다. 그런데 이 부분은 어떤 직업에서는 매우 작고, 어떤 직업에서는 매우 크다. 재단사는 한 꾸러미의 바늘 외에는 직업상의 용구가 아무것도 필요하지 않다. 제화공의 직업상 용구는 그것보다 매우 적지만 값이 비싸다. 직조공의 직업 용구는 제화공의 그것보다 훨씬 비싸다. 그러나 그 모든 수공업자의 자본 가운데 훨씬 큰 부분은, 그런 노동자들의 임금 또는 그들의 재료값으로서 유통되며, 제품값이 되어 이윤과 함께 회수된다.

다른 직업에서는 훨씬 큰 고정자본이 필요하다. 이를테면, 큰 제철소에서는 광석을 녹이는 용광로·괴철로(塊鐵爐)·재단기 등은 매우 큰 비용을 들이지 않고는 건설할 수 없는 직업 용구이다. 탄광이나 모든 종류의 광산에서는 배수용이나 그 밖의 여러 목적에 필요한 기계 설비가 흔히 이보다 더 값이 비싸다.

농업 경영자의 자본 가운데 농업 용구에 쓰이는 부분은 고정자본이고, 노동 사용인들의 임금과 생활 자료[*1]에 쓰이는 부분은 유동자본이다. 그는 전자를 자신의 소유로 간직함으로써 이윤을 얻고, 후자를 지불함으로써 이윤을 얻는다. 그의 역축(役畜 : 부리기 위해 쓰는 가축)의 값 또는 가치는 농경 용구의 그것과 마찬가지로 고정자본이며, 그 유지비는 노동 사용인의 그것과 마찬가지로 유동자본이다. 농업 경영자는 역축을 보유함으로써, 그리고 그들의 유지비를 지불함으로써 이윤을 얻는다. 노동을 위해서가 아니라 판매를 위해서 구입하고 사육하는 가축값과 유지비는 양쪽 다 유동자본이다. 농업 경영자는 그것을 지불함으로써 이윤을 얻는다. 축산 지방에서 노동이나 판매를 위해서가 아니라 양털과 우유와 증식으로 이윤을 올리기 위해 구입하는 양과 가축[*2]의 무리는 고정자본이다. 그 이윤은 그들을 보유함으로써 얻어진다. 그들의 유지비는 유동자본이다. 그 이윤은 그것을 지불함으로써 얻어지는데, 그 자본은 그 유지비 자체의 이윤과 가축값 전체에 대한 이윤과 함께 양털과 우유와 증식의 값 속으로 돌아온다. 씨앗의 전체 가치도 사실은 고정자본이다. 씨앗은 토지와 곡창 사이를 오가지만 주인을 바꾸지 않으며, 따라서 정확하게 말하면 유통하는 것도 아니다. 농업 경영자는 씨앗을 파는 것이 아니라 증식함으로써 이윤을 올리는 것이다.

어떤 나라나 사회에서도, 그 자산의 전체는 모든 주민 또는 구성원의 자산 전체와 같으며, 따라서 자연히 같은 세 부분으로 나뉘며, 그 각각은 독자적인 기능 또는 역할을 가진다.

첫째는, 직접적인 소비를 위해 유보되는 부분으로, 그 특징은 그것이 수입이나 이윤을 제공하지 않는다는 것이다. 그것은 그 본디의 소비자에 의해 구매되기는 했지만, 아직 다 소비되지 않은 식료품·옷·가구 같은 자산이다. 어떤 시기에도 그 나라에 존재하는 단순한 집 또한 모두 이 첫째 부류의 일부가 된다. 집에 투입된 자산은, 만일 그것이 소유자의 집으로 하기 위한 것이라면, 그 순간부터 자본으로서 기능하지 않게 되어, 소유자에게 어떤 수입도 제공하지 않게 된다. 집 그 자체는 그 거주자의 수입에 아무런 이바지도 하지 않고, 그

[*1] 여기서의 생활 자료(maintenance)는 현물 지급을 의미하지만, 이 말은 화폐를 포함하여 사용되는 경우도 있다.

[*2] 가축(cattle)은 소를 가리키는 것으로 생각해도 무방할 것이다.

것은 의심할 여지없이 그에게는 매우 유용하지만, 그의 옷이나 가구가 그에게 유용하기는 하지만 그의 비용의 일부이지 수입의 일부는 아닌 것과 마찬가지이다. 만일 그것을 집세를 받고 누군가에게 빌려 주게 된다면, 집 자체는 아무 것도 생산할 수 없으므로 세입자는 그 집세를 자신이 노동이나 자산이나 토지에서 얻는 무언가 다른 수입 중에서 지불하지 않으면 안 된다.

따라서 집은 그 소유자에게 수입을 가져다 주고, 그것을 통해 그에게는 자본의 기능을 할지도 모르지만, 공공에 대해서는 아무런 수입도 가져다 주지 않고 자본의 기능도 하지 않으며, 국민 전체의 수입이 그것에 의해 조금이라도 증가하는 일은 결코 없다. 옷과 가구도 마찬가지로 때로는 특정한 사람들에게 수입을 가져다 주고, 그것으로 그들에게 자본의 기능을 해 준다. 가장무도회가 성행하는 나라에서는 가장무도회의 의상을 하룻밤 임대해 주는 영업이 있다. 실내 장식업자는 흔히 가구를 한 달에 얼마 또는 1년에 얼마로 임대한다. 장의사는 하루에 얼마 또는 1주일에 얼마로 장의용 도구를 빌려 준다. 가구가 딸린 집을 임대하고, 집에 대해서 뿐만 아니라 그 가구의 사용에 대해서도 임대료를 받는 사람들이 많다. 그러나 그런 것에서 얻을 수 있는 수입은 언제나 궁극적으로는 뭔가 다른 수입원에서 나오지 않으면 안 된다. 개인의 것이거나 사회의 것이거나 직접적인 소비를 위해 유보된 모든 자산의 부분 가운데 집에 투여된 부분이 가장 천천히 소비된다. 옷이라는 자산은 몇 해 동안 존속할 수 있고, 가구라는 자산은 반 세기 내지 1세기는 존속할 수 있는데, 집이라는 자산은 잘 지어서 관리만 잘하면 몇 세기나 유지할 수 있다. 그러나 완전히 소비되는 기간은 더 길지만, 그래도 집은 옷이나 가구와 마찬가지로 실제로는 직접적인 소비를 위해 유보된 자산이다.

사회의 총자산이 나뉘는 세 가지 부분 가운데 두 번째 것은 고정자본인데, 그 특징은 유통하지 않고, 즉 주인을 바꾸지 않고 수입 또는 이윤을 제공한다는 점이다. 그것은 주로 다음의 네 항목으로 이루어진다.

첫째는, 노동을 쉽게 하고 단축시켜 주는, 모든 직업상의 유용한 기계와 용구로 이루어진다.

둘째는, 이익이 나오는 모든 건물로 이루어져 있으며, 그런 건물은 집세를 받고 빌려 주는 소유자뿐만 아니라, 그것을 점유하고 그것에 대해 집세를 지불하는 사람에게도 수입을 얻는 수단이다. 이를테면 점포·창고·작업장·농장 및 거기에 필요한 건물, 즉 축사나 곡물 창고 같은 것이 그것이다. 그런 것은 단순한 주택과는 매우 다르다. 그것은 일종의 직업 용구이며 그것과 같은 관점에서 보아도 되는 것이다.

셋째는, 토지의 모든 개량, 즉 그 개간과 배수, 울타리·시비(施肥 : 거름주기) 및 그것을 경작과 사육에 가장 좋은 상태로 만들기 위해, 이익을 얻을 수 있도록 투여된 것으로 이루어진다. 개량된 농장은 노동을 쉽게 하고 절약해 주며, 그것을 통해 같은 양의 유동자본이 사용자에게 훨씬 많은 수입을 제공할 수 있는 유용한 기계와 동일시해도 완전히 무방할 것이다. 개량된 농장은 그런 기계의 어떤 것과도 마찬가지로 유리하고, 그 이상으로 내구성(耐久性)이 있으며, 그 경작에 사용되는 농업 경영자의 자본을 가장 유리하게 적용하는 것 외에는 아무런 수리도 필요 없는 경우가 많다.

넷째는, 그 사회의 모든 주민 내지 구성원이 획득한 유용한 여러 가지 능력으로 이루어진다. 그런 재능의 획득은, 교육·학습, 또는 도제수업으로 그것을 획득하는 자를 부양하는 데 언제나 실제로 비용이 드는 것이고, 그 비용은 그 한 사람에게 고정되고 실현된 자본이다. 그런 재능은 그의 재산의 일부가 되는 것과 마찬가지로 그가 속한 사회의 재산의 일부가 된다. 노동자의 개량된 기량은 노동을 쉽게 하고 단축시켜 주며, 일정한 비용은 들지만 그 비용을 이윤과 함께 회수하는, 직업상의 기계나 용구와 같은 관점에서 보아도 좋은 것이다.

사회의 총자산이 자연히 분할되는 세 부분 가운데 셋째, 즉 마지막 것은 유동자본이다. 그 특징은 유통함으로써, 즉 주인을 바꾸어야 비로소 수입을 제공한다는 점이다. 이것도 마찬가지로 네 부분으로 이루어진다.

첫째는, 화폐로 이루어지는 것이며, 이것에 의해 다른 셋이 유통하여 본디의 소비자[*3]에게 분배되는 부분이다.

둘째는, 식료품의 저장으로 이루어지는 것으로, 그것은 푸줏간 주인·목축업자·농업 경영자·곡물 상인·양조업자 등이 소유하고, 그 판매에서 이윤을 얻

─────────────
*3 '소비자'는 초판에서는 '사용자 및 소비자'.

기를 기대하고 있는 부분이다.

셋째는, 옷·가구·건물의 완전히 가공되지 않았거나 다소나마 가공된 재료인데, 아직 이 세 가지의 어느 형태로도 완성되지 않은 채 재배자·제조업자·포목상·직물상·목재상·목수·소목장이·벽돌 제조업자 등의 수중에 머물러 있는 것이다.

넷째, 즉 마지막은, 가공되고 완성되어 있지만 아직도 상인이나 제조업자의 수중에 있어 본디의 사용자 및 소비자*4에게 팔리거나 분배되지 않고 있는 제품으로 이루어지며, 우리가 흔히 대장간·가구점·금세공상·보석상·도기상(陶器商) 등의 가게에서 기성 제품으로서 흔히 볼 수 있는 완제품이다. 유동자본은 이와 같이 각 상인이 가지고 있는 모든 종류의 식료품·재료·완제품과 및 그런 것을 유통시키고 최종적으로 사용 또는 소비하는 사람들에게 분배하는 데 필요할 화폐로 이루어진다.

이런 네 부분 가운데 셋, 즉 식료품과 재료와 완제품은 해마다 또는 1년 안팎의 기간에 유동자본에서 규칙적으로 인출되어 고정자본이나, 또는 직접 소비를 위해서 유보되는 자산 속에 들어간다.

모든 고정자본은 본디 유동자본에서 나오는 동시에, 유동자본에 의해 끊임없이 유지될 필요가 있다. 영업상의 모든 유용한 기계나 용구도 본디 유동자본에서 나오는 것이며, 유동자본은 그것이 만들어지는 재료와 그것을 만드는 노동자의 생활유지비를 공급한다. 그런 것들도 또한, 끊임없이 손질해 두기 위해서 같은 종류의 자본을 필요로 한다.

어떤 고정자본도 유동자본에 의지하지 않고는 수입을 낳을 수 없다. 영업상 가장 유용한 기계와 용구도, 그것을 사용하기 위한 재료와 그것을 사용하는 노동자의 생활 자료를 제공하는 유동자본 없이는 아무것도 생산하지 못할 것이다. 토지가 아무리 개량되어도, 그 생산물을 육성하고 수확하는 노동자를 부양하는 유동자본이 없으면 아무런 수입도 낳지 않을 것이다.

직접 소비를 위해서 유보되는 자산을 유지하고 증가시키는 것이 고정자본과 유동자본 양쪽의 유일한 목적이고 목표이다. 사람들에게 의식주를 제공하는 것은 이 자산이다. 그들의 빈부는 이 두 가지 자본이 직접 소비를 위해 유

---

*4 '소비자'는 초판에서는 '사용자 및 소비자'.

보되는 자산에 제공할 수 있는 공급이 풍부한가 부족한가에 달려 있다.

그 사회의 총자산 가운데 다른 두 부문에 편입하기 위해서 유동자본의 그와 같이 큰 부분이 공제되기 때문에, 유동자본 쪽도 또한 끊임없는 공급이 필요하며, 그렇게 하지 않으면 그것은 곧 존재하지 않게 될 것이다. 이 공급은 주로 토지와 광산과 어장의 생산물이라는 세 가지 원천에서 나온다. 이런 것은 끊임없이 식료품과 재료를 공급하며, 그 일부는 나중에 완성품으로 가공되는데, 이 유동자본에서 끊임없이 빠져 나가는 식료품과 재료의 완성품은 이 보급에 의해 보상된다. 광산에서도 유동자본 가운데 화폐 부분을 유지하고 증대시키는 데 필요한 것이 나온다. 왜냐하면 사업의 일반적인 경과에서, 이 부분은 다른 세 부분처럼 그 사회의 총자산의 다른 두 부문 속에 편입되기 위해 필연적으로 유동자본에서 빠져 나가는 것은 아니라도, 다른 모든 것과 마찬가지로 마침내 마손되는 것이며, 때로는 분실되거나 외국에 보내지는 일도 있기 때문에, 물론 다른 세 부문보다는 훨씬 적은 양이지만 계속적인 공급을 필요로 할 것이 틀림없다.

토지와 광산과 어장을 운영하려면 고정자본과 유동자본이 모두 필요하며, 그 생산물은 그런 자본뿐만 아니라 그 사회의 다른 모든 자본도 이윤과 함께 회수한다. 이렇게 하여 농업 경영자는 해마다 제조업자에 대해 그 전 해에 그가 소비한 식료품과 가공한 재료를 보급하고, 또 제조업자는 농업 경영자에 대해 같은 시기에 그가 소모하거나 마손시킨 완성품을 보급한다. 이것이 그 두 계층 사람들 사이에 해마다 이루어지는 실제 교환이다. 다만 한쪽의 원생산물과 다른 한쪽의 제조품이 서로 직접 물물교환되는 일은 좀처럼 없다. 왜냐하면 농업 경영자가 그의 곡물·가축·아마·양모를, 그가 갖고 싶은 옷·가구·직업 용구를 사려고 하는 바로 그 사람에게 파는 것은 좀처럼 일어날 수 없는 일이기 때문이다. 따라서 그는 화폐와 교환하여 그의 원생산물을 파는 것이며, 그 화폐로 자기가 필요로 하는 제조품을 구할 수 있는 곳이라면 어디서나 살 수 있다. 토지는 어장이나 광산을 경영하는 자본을 적어도 부분적으로 회수하기까지 한다. 물고기를 물에서 유인하는 것은 토지의 생산물이고, 광물을 땅 속 깊은 곳에서 추출하는 것은 지표(地表)의 생산물이다.

토지·광산·어장의 생산물은 그런 자연적인 풍요도가 같을 때, 그것에 사용되는 자본의 크기와 운용의 적절함에 비례한다. 자본의 크기가 같고 그 운용도 똑같이 적절하다면 생산물은 그 자연적 풍요도에 비례한다.

안전이 상당히 보장되어 있는 모든 나라에서는, 보통의 이해력을 가진 사람이라면 누구나, 자신이 마음대로 할 수 있는 자산이라면 어떤 것이든, 현재의 향유나 미래의 이익을 손에 넣는 데 사용하려고 노력할 것이다. 만일 그것이 현재의 향유를 손에 넣는 데 사용된다면, 그것은 직접적인 소비를 위해 유보된 자산이다. 만일 그것이 미래의 이익을 손에 넣는 데 사용된다면, 그것은 이 이윤을 손에 넣기 위해 그에게 남아 있거나, 그에게서 떠나지 않으면 안 된다. 전자의 경우 그것은 고정자본이고, 후자의 경우는 유동자본이다. 안전히 상당히 보장되는 곳에서 자기 자신의 것이든 다른 사람한테서 빌린 것이든, 자기가 마음대로 할 수 있는 모든 자산을, 이 세 가지 가운데 어느 한 방법으로 사용하지 않는 사람은 그야말로 어리석은 사람이 틀림없다.

사람들이 자기보다 우월한 사람들의 폭력을 끊임없이 두려워하고 있는 불행한 나라에서는, 흔히 자산의 대부분을 묻어 두거나 숨기는데, 그것은 자기들이 줄곧 직면하고 있다고 생각하는 온갖 재난 가운데 어느 것에 위협을 받는 경우에 그것을 지니고 안전한 곳으로 피신할 수 있도록 언제나 바로 가까이 두기 위해서이다. 이것은 터키와 인도스탄에서 일반적인 관행이라고 하는데, 나는 아시아의 다른 대부분의 나라에서도 그럴 거라고 믿는다. 그것은 우리의 조상들 사이에서도 봉건적 통치가 맹위를 떨치던 시대의 일반적인 관행이었던 것 같다. 그 시대에 발굴된 재보는 유럽의 최대 주권자들의 수익의 무시할 수 없는 부분으로 여겨졌다. 땅 속에 감추어져 있던 재보가 발견되면 그것에 대해 어떤 특정인도 그에 대한 권리를 증명할 수 없었다. 그것은 당시에는 매우 중요한 물건으로 여겨졌기 때문에, 언제나 주권자의 것으로 생각되었고, 그의 특허장에 명기된 조항에 의해 그것에 대한 권리가 발견자 또는 그 토지 소유자에게 양보되지 않는 한, 그들의 것으로 여겨지지 않았다. 그런 재보는 금·은 광산과 동등하게 다루어졌고, 그런 광산은 특허장의 특별한 조항이 없으면 토지의 일반적 양도에 포함되는 것으로는 결코 생각되지 않았다. 다만 납·구리·주석·석탄 광산은 금·은 광산보다 중요성이 적다 하여, 일반적 양도에 포함되는 것으로 여겨졌다.

제2장
사회 총자산 한 특정 부문으로 여겨지는 화폐에 대하여, 즉 국민자본 유지비에 대하여

제1편에서는 다음과 같은 것이 제시되었다. 즉 대부분의 상품값은 세 부분으로 분해되며, 그 하나는 그것을 생산하여 시장에 가지고 가는 데 쓰인 노동의 임금을 지불하고, 또 하나는 그것에 쓰인 자산이윤을 지불하며, 셋째 부분은 그것에 쓰인 토지지대를 지불한다. 분명히 상품 속에는 값이 이 세 부분 가운데 둘, 즉 노동임금과 자산이윤으로만 이루어지는 것이 있고, 매우 적기는 하지만 오직 한 가지, 즉 노동임금뿐인 것도 있다. 그러나 지대도 임금도 되지 않는 부분은, 모두 필연적으로 누군가의 이윤이 되므로 모든 상품값은 반드시 이 세 부분의 어느 한 가지, 또는 그 전부로 분해된다는 것이다.

이것은, 이미 말한 바와 같이, 개별적으로 본 모든 상품에 대해 적용되므로, 모든 나라의 토지와 노동의 연간 생산물 전체를 구성하는 모든 상품을 총체적으로 볼 때도 그럴 것이 틀림없다. 그 연간 생산물의 전체 값, 즉 모든 교환가치는 같은 세 부분으로 분해되어 그 나라의 여러 주민들 사이에 그들의 노동임금이나 그들의 자본이윤, 그들의 지대 가운데 어느 것으로든 배분될 것이 틀림없다.

그러나 모든 나라의 토지와 노동의 연간 생산물이 가진 모든 가치가, 이와 같이 그 나라의 여러 주민들 사이에 분할되고 그들의 수입을 구성하기는 하지만, 우리가 개인의 소유지에 대해 총지대와 순지대(純地代)를 구별하듯이, 큰 나라의 주민 전체의 수입에 대해서도 같은 구별을 할 수 있을 것이다.

개인 소유지의 총지대는 농업 경영자에 의해 지불되는 것이 모두 포함되어 있다. 순지대는 경영 및 수리의 그 밖에 필요한 경비를 공제한 뒤에 지주가 마음대로 할 수 있도록 남겨지는 것, 다시 말해 지주가 자신의 소유지를 상하게 함이 없이 직접 소비를 위해 유보되는 자산에 넣을 수 있는 것, 즉 자신의 식탁이나 생활 도구, 집이나 가구의 장식품, 오락이나 심심풀이에 사용할 수 있는 것이 포함된다. 그의 실질적인 부는 총지대가 아니라 순지대에 비례한다.

큰 나라의 전체 주민이 얻는 총수입의 내용은, 그들의 토지와 노동의 연간 생산물이고, 순수입은 첫째로 그들의 고정자본에서, 둘째로 그들의 유동자본에서, 각각의 유지비를 공제한 뒤에 그들이 마음대로 할 수 있는 것, 바꿔 말하면 그들이 자기 자본을 잠식하는 일이 없이 직접적인 소비용으로 유보되는 그들의 자산 속에 넣을 수 있는 것, 즉 자산들의 생활 자료·편의품·오락품으로 사용할 수 있는 것이다. 그들의 실질적인 부도 또한 총수입이 아니라 순수입에 비례한다.

고정자본의 전체 유지비는 분명히 사회의 순수입에서 제외되지 않으면 안 된다. 그들의 직업상 유용한 기계와 용구, 그들의 유익한 건물 등을 유지하는 데 필요한 재료도, 그런 재료를 적당한 형태로 만들어 내는 데 필요한 노동 생산물도, 결코 순수입의 일부가 될 수 없다. 하기야 그 노동가격이 순수입의 일부가 될 수는 있을지도 모른다. 그런 일에 종사하는 노동자가 임금의 전체 가치를 직접적인 소비를 위해 유보되는 그들의 자산에 포함시킬지도 모르기 때문이다.

그러나 다른 종류의 노동에서는 노동가격·노동 생산물, 모두 직접적인 소비를 위해 유보되는 이 자산에 들어가는 것으로, 값은 노동자들의 자산에 들어가고, 생산물은 그런 노동자의 노동에 의해 생활 자료와 편의품과 오락품이 증가되는 다른 사람들의 자산에 들어가는 것이다.

고정자본의 목적은 노동의 생산력을 증가시키는 것, 즉 같은 수의 노동자가 훨씬 많은 일을 수행할 수 있도록 하는 것이다. 필요한 건물·울타리·배수로·통로 등이 가장 완전하게 갖추어져 있는 농장에서는 같은 수의 노동자와 역축으로, 넓이와 지질은 동등해도 동등한 편의를 갖추고 있지 않은 농장보다, 훨씬 많은 생산물을 산출할 것이다. 제조업에서 가장 좋은 기계의 도움을 받는 같은 수의 일손은, 그보다 불완전한 직업 용구를 가지고 하는 것보다 훨씬 많은 양의 재화를 만들어 낼 것이다. 어떤 종류의 고정자본이라도, 거기에 적절하게 소비되는 비용은 언제나 큰 이윤과 함께 회수되며, 연간 생산물의 가치를, 그런 개량에 필요한 보강을 훨씬 넘어서 증가시킨다. 그러나 이런 보강을 위해서도 그 생산물의 일정한 부분이 필요하다. 의식주, 즉 사회의 생활 자료와 편의품을 증가시키기 위해 직접 쓰였을지도 모르는 일정량의 재료와 일정수의 노동자의 노동이, 이렇게 매우 유리하기는 하지만 그것과는 다른 용도로 전용된다. 같은 수의 노동자가 같은 양의 일을 예전의 통례보다 싼 값에 단순한 기계 장치로 수행할 수 있도록 하는, 기계 기술상의 모든 개량이, 언제 어느 사회에서나 유익하다고 여겨지는 것은 이 때문이다. 여태까지는 더 복잡하고 비싼 기계 장치를 유지하는 데 쓰였던 일정량의 재료와 일정수의 노동자의 노동을, 이제부터는 방금 말한 기계 장치 또는 뭔가 다른 기계 장치만 쓰고도 할 수 있는 일의 양을 늘리는 데 쓸 수 있게 된다. 1년에 천 파운드를 기계 장치의 유지에 쓰는 어떤 대형 제조 공장의 기업가가, 만일 이 경비를 500파운드로 줄일 수 있다면, 그는 당연히 나머지 500파운드를 노동자 수의 추가로 가공할 수 있는 재료의 추가량을 구매하는 데 쓸 것이다. 따라서 그의 기계 장치를 사용하는 것만으로 수행되는 일의 양은 당연히 증가할 것이고, 또 그것과 함께 사회가 그 일에서 얻을 수 있는 모든 이익과 편의도 증가할 것이다.

큰 나라에서의 고정자본의 유지비는 개인 소유지의 수리비에 비교하는 것이 매우 적절할 것이다. 수리비는 흔히 소유지의 생산물을 유지하는 데, 따라서 또 지주의 총지대와 순지대를 유지하는 데 필요하다. 그러나 더욱 적절한 관리에 의해 생산물을 감소시키지 않고 수리비를 줄일 수 있다면, 총지대는 적어도 지금까지와 같고 순지대는 필연적으로 증가하게 된다,

그러나 고정자본의 전체 유지비는 이리하여 필연적으로 사회의 순수입에서 제외된다고는 하지만 유동자본의 유지비에 대해서는 사정이 다르다. 이 유동자본을 구성하는 네 부분, 즉 화폐·식료품·재료 및 완성품 가운데, 뒤의 셋은 이미 설명했듯이 유동자본에서 규칙적으로 회수되어, 그 사회의 고정자본이나 직접적인 소비를 위해 유보되는 사회의 자산에 편입된다. 그런 소비재 가운데 전자의 유지에 쓰이지 않는 것은 모두 후자에 들어가, 그 사회의 순수입의 일부가 된다. 따라서 고정자본을 유지하는 데 필요한 것 외에는, 유도자본의 그 세 부분의 유지는 그 사회의 연간 순수입에서 연간 생산물의 어떤 부분도 제거하지 않는다.

한 사회의 유동자본은 이 점에서 개인의 그것과 다르다. 개인의 유동자본은 모두, 그의 순수입의 어떤 부분도 이룰 수 없고, 순수입은 그의 이윤뿐이다. 그

러나 모든 개인의 유동자본은 그가 속하는 사회의 유동자본의 일부를 이루지만, 그렇다고 해서 그의 유동자본이 사회의 순수입의 일부가 되는 일이 완전히 불가능한 것은 아니다. 상인의 가게에 있는 모든 재화는 결코 직접적인 소비를 위해 유보되는 그 자신의 자산 속에 들어가서는 안 되지만, 다른 사람들의 직접적인 소비를 위한 자산 속에는 들어갈 수 있다. 그런 사람들은 이 상인 또는 그들의 자본을 조금도 감소시키지 않고, 다른 원천에서 얻는 수입에서 그런 재화의 가치를 그 이윤과 함께 규칙적으로 회수해 줄 수 있다.

따라서 화폐는 사회의 유동자본 가운데, 그것의 유지가 사회의 순수입의 감소를 가져올 수 있는 유일한 부분인 것이다.

고정자본과 유동자본 속의 화폐 부분은, 사회의 수입에 영향을 주는 데 있어서는 서로 매우 닮았다.

첫째로, 그 직업용의 기계나 용구 등은, 먼저 그것을 설치하는 데, 나중에는 그것을 유지하는 데 일정한 비용을 필요로 하고, 그 비용은 양쪽 모두 사회의 총수입의 일부를 이루기는 하지만, 사회의 순수입으로부터는 공제되며, 그것과 마찬가지로 한 나라에 유통하는 화폐 자산은, 먼저 그것을 모으는 데, 다음에는 그것을 유지하는 데 일정한 비용을 필요로 할 것이 틀림없고, 그런 비용은 양쪽 모두 사회의 총수입의 일부를 이루기는 하지만 또한 사회의 순수입으로부터는 공제된다. 매우 값비싼 재료인 금·은의 일정량과 매우 정교한 노동의 일정량은 직접적인 소비를 위해서 유보되는 자산, 즉 개개인의 생활 자료와 편의품과 오락품을 증가시키지 않고, 그 사회의 모든 개인의 생활 자료와 편의품과 오락품이 적절한 비율로 규칙적으로 분배되는 수단인, 위대하기는 하지만 값비싼 상업 용구를 유지하기 위해 쓰인다.

둘째로, 개인이나 사회의 고정자본을 구성하는 직업용의 기계나 도구 등은 개인이나 사회의 총수입의 일부분 또는 순수입의 일부분이 아닌 것처럼, 사회의 전체 수입이 그 구성원 전체에 규칙적으로 분배되는 수단인 화폐는, 그 자체는 그런 수입의 어떤 부분도 아니다. 유통의 이 커다란 수레바퀴는 그것에 의해 유통되는 재화와는 완전히 다르다. 사회의 수입은 모두 그런 재화이지 그것을 유통시키는 수레바퀴가 아니다. 어떤 사회의 총수입 또는 순수입을 계산할 때 우리는 언제나 그 사회의 화폐와 재화의 연간 유통총액에서 화폐의 가치총액을 공제하지 않으면 안 되며, 화폐는 단 1파싱이라 해도 어느 쪽의 일부분조차 될 수 없다.

이 명제를 의심스럽게, 또는 역설적으로 보이게 하는 것은 오로지 언어의 애매함이다. 적절히 설명되고 이해된다면, 그것은 거의 명백한 일이다.

뭔가 특정액의 화폐에 대해 이야기할 경우, 우리는 그 화폐를 구성하는 금속 조각을 의미하는 데 지나지 않는 일도 있고, 그것과 교환하여 입수할 수 있는 재화, 또는 그것을 소유하는 것이 가져다 주는 구매력에 대한 막연한 관련을 의미 속에 포함시키는 수도 있다. 그리하여 우리가 잉글랜드의 화폐 유통이 1800만 파운드로 계산되었다고 말할 경우, 우리는 어떤 저술가들이 그 나라에서 유통되고 있다고 계산 또는 상상한 금속 조각의 양을 표현하려 하고 있는 것뿐이다. 그러나 어떤 사람의 연수입이 50파운드 또는 100파운드라고 말할 경우에는, 우리는 보통, 해마다 그에게 지불되는 금속 조각의 액수뿐만 아니라, 그가 해마다 구매 또는 소비할 수 있는 재화의 가치까지 표현하고자 한다. 우리는 보통, 그의 생활 방식이 어떤지, 또는 어떠해야 하는지, 즉 그가 적절하게 누릴 수 있는 생활필수품과 편의품의 질과 양이 어떤 것인지, 또는 어떠해야 하는지를 확인하려고 한다.

우리가 어떤 특정액의 화폐로 그 화폐를 구성하는 금속 조각의 금액을 나타내려고 할 뿐만 아니라, 그것과 교환할 수 있는 재화에 대한 막연한 언급을 그 의미 속에 포함하려고 할 때는, 그것이 이 경우에 표시하는 부 또는 수입은, 같은 언어에 의해 이와 같이 약간 애매하게 시사되어 있는 두 가지 가치 가운데 한쪽, 더욱 적절하게는 전자보다 후자와, 화폐 자체보다 화폐의 가치와 같은 것이다.

이렇게 하여, 만약 어떤 특정인의 주급(週給)이 1기니라고 한다면, 그는 그 주에 그것으로 일정량의 생활 자료·편의품·오락품을 구매할 수 있다. 이 양의 크고 작음에 따라 그의 실질적인 부, 실질적인 주당(週當) 수입이 커지기도 하고 작아지기도 한다. 그의 주당 수입은 이 1기니와 그것으로 구입할 수 있는 것의 합계와 같은 것이 아니라, 그 둘의 같은 가치 가운데 어느 한쪽하고만 같으며, 더 적절하게 말하면 전자보다 후자 쪽이, 즉 1기니보다 1기니의 가치와 같은 것은 명백하다.

만일 그런 사람의 급여가 금이 아니라 매주 1기니의 어음으로 지불된다면, 틀림없이 그의 수입은 그 한 조각의 종이보다 그것과 교환할 수 있는 것이라는 편이 적절할 것이다. 1기니는 인근의 모든 소매상인에게서 일정량의 필수품과 편의품을 얻기 위한 어음이라고 생각할 수 있다. 그것을 받는 사람의 수입은 금조각이 아니라 그것으로 손에 넣을 수 있는 것, 즉 그것과 교환할 수 있는 것이라는 편이 더 적절하다. 만일 그것으로 아무것도 교환할 수 없다면, 그것은 파산자의 어음과 마찬가지로 가장 쓸모없는 종잇조각에 불과하다.

어느 나라에서나 모든 주민의 주수입 또는 연수입은 이와 같이 화폐로 지불될 수 있고, 흔히 실제로 화폐로 지불되고 있지만, 그들의 실질적인 부, 즉 그들 모두의 실질적인 주수입 또는 연수입을 합쳐 본다면, 그 크기는 항상 그들 전원이 그 화폐로 구입할 수 있는 소비재의 양에 비례할 것이 틀림없다. 그들 전원의 총수입은 명백하게 그 화폐와 소비재의 합계가 아니라 그 두 가지 가치 가운데 어느 한 쪽과, 더욱 적절하게 말하면 전자보다 후자와 같다.

따라서 우리는 흔히 어떤 사람의 수입을 그에게 해마다 지불되는 금속 조각으로 표현하지만, 그것은 그 금속 조각의 액수가 그의 구매력의 규모, 즉 그가 해마다 소비할 수 있는 재화의 가치를 규제하기 때문이다. 그래도 또한 우리는 그의 수입을 이 구매력 또는 소비력에 있다고 생각하지, 그것을 가져다 주는 금속 조각에 있다고 생각하지는 않는다.

그러나 이것이 개인에 대해서조차 충분히 명백한 일이라면 사회에 대해서는 더더욱 명백하다. 한 개인에게 해마다 지불되는 금속 조각의 금액은 그의 수입과 정확하게 같은 경우가 많으며, 따라서 그 가치에 대한 가장 알기 쉽고 간단한 표현이다. 그러나 한 사회 안에서 유통되는 금속 조각의 금액은 그 사회의 구성원 전체의 수입과 결코 같을 수 없다. 오늘 어떤 사람의 주급으로 지불하는 그 기니화(貨)는, 내일은 다른 사람의 주급으로 지불되고, 모레는 또 다른 사람의 주급으로 지불될지도 모르기 때문에, 어느 나라에서나 해마다 유통되는 금속 조각의 금액은, 그것으로 해마다 지불되는 화폐 급여의 총액보다 언제나 훨씬 가치가 적을 것이다. 그러나 구매력은, 즉 그 화폐 급여의 총액이 잇달아 지불됨에 따라 그것으로 잇달아 구매할 수 있는 재화는 언제나 그 급여와 정확하게 같은 가치일 것이 틀림없고, 그 급여가 지불되는 다양한 사람들의 수입에 대해서도 마찬가지일 것이다. 따라서 그 수입은, 그 가치에 훨썬 못 미치는 금속 조각이 아니라, 구매력, 즉 그 금속 조각이 손에서 손으로 끊임없이 유통함에 따라 구매할 수 있는 재화이다.

그러므로 유통의 커다란 수레바퀴이자 상업의 위대한 도구인 화폐는, 다른 모든 직업 용구와 마찬가지로 자본의 일부, 게다가 매우 가치 있는 부분이기는 하지만, 화폐가 속하는 사회의 수입의 어떤 부분도 되지 않는다. 또 화폐를 구성하는 금속 조각은 그 해마다의 유통 과정에서 당연히 각자에게 속해야 하는 수입을 각자에게 분배하지만, 금속 조각 자체는 그 수입의 어떤 부분도 아닌 것이다.

셋째, 즉 마지막으로, 고정자본을 구성하는 직업용 기계와 도구 등은 유동자본 가운데 화폐로 된 부분과 다시 다음과 같은 점에서 비슷하다. 즉 그 기계를 설치하고 유지하는 비용을 노동 생산력을 감소시키지 않고 절감하면, 그 절감은 모두 사회의 순수입의 개량이 된다. 그것과 마찬가지로 유동자본 가운데 화폐 부분을 모으고 유지하는 비용을 절감하면, 그것은 모두 사회 순수입의 완전히 같은 종류의 개량이 되는 것이다.

고정자본의 유지비의 모든 절약이 어떻게 하여 그 사회 순수입의 개량이 되는가 하는 것은 너무나 명백한 일이고, 또 일부는 이미 설명한 바 있다. 모든 사업에 있어서 기업가의 자본은 필연적으로 고정자본과 유동자본으로 나누어진다. 그의 자본이 계속 동일하다면, 어느 한쪽이 작으면 작을수록 다른 쪽은 필연적으로 그만큼 커진다. 재료와 노동임금을 제공하여 근로를 활동시키는 것은 유동자본이다. 따라서 노동 생산력을 감소시키지 않는 고정자본의 유지비를 절약한다면, 그것은 예외 없이 근로를 활동시키는 기금을 증가시키고, 따라서 모든 사회의 실질 수입인 토지와 노동의 연간 생산물을 증가시킬 것이 틀림없다.

금은화 대신 지폐를 사용하는 것은, 매우 값비싼 상업 용구를 싼 비용으로, 때로는 같은 정도로 편리한 상업 용구로 바꾸는 일이다. 유통은 낡은 수레바퀴보다 제작과 유지에 비용이 덜 드는 새로운 수레바퀴로 움직이게 된다. 그러나 이 작업이 어떻게 이루어지는지, 그리고 그것이 어떻게 하여 사회의 총수입과 순수입을 증가시키게 되는지는 그다지 명백하지 않으며, 따라서 그 이상의 어떤 설명이 필요할지도 모른다.

지폐*¹에는 몇 가지 종류가 있는데, 은행이나 은행가의 유통어음이 가장 널리 알려진 종류이고, 위의 목적에 가장 적합한 것으로 생각된다.

어느 특정한 나라의 국민이 어느 특정한 은행가의 재산, 성실, 신중한 고려를 깊이 신뢰하여, 언제라도 제시되는 그의 약속어음에는 항상 요구지불할 준비가 되어 있다고 믿고 있을 경우에는, 그 어음은 그것을 언제라도 금은화와 교환할 수 있다는 신뢰에서 금은화와 같은 유통성을 가지게 된다.

어떤 특정한 은행가가 자신의 고객들에게 10만 파운드의 약속어음을 빌려준다고 가정하자. 그런 어음은 화폐의 모든 목적에 도움이 되므로, 그의 채무자들은 그가 그것과 같은 금액의 화폐를 그들에게 빌려 준 것처럼, 같은 금액의 이자를 그에게 지불한다. 이 이자가 그의 이득의 원천이다. 그 어음 가운데 어떤 것은 지불을 요구하며 끊임없이 그에게 되돌아오지만, 다른 부분은 몇 달 또는 몇 년 동안 계속 유통된다.

따라서 그는 전체적으로 10만 파운드에 이르는 어음을 널리 유통시키고는 있지만, 이따금 요구에 응하기 위한 준비로서는, 금은화로 2만 파운드면 충분한 경우가 대부분일 것이다. 그러므로 이런 조작을 통해, 금은화로 2만 파운드는, 그렇지 않은 경우에 10만 파운드의 금은이 수행할 수 있는 모든 기능을 수행하는 셈이다. 다시 말해, 10만 파운드의 가치가 있는 그의 약속어음으로, 그것과 같은 가치의 금은에 의한 것과 동일한 교환이 이루어지고, 같은 양의 소비재가 그 본디의 소비자들 사이에 유통되고 분배될 것이다. 따라서 8만 파운드의 금은이 이런 방법으로 그 나라의 유통에서 절약될 수 있는 것이고, 만일 그와 동시에 다수의 다양한 은행과 은행가에 의해 이것과 같은 종류의 다양한 조작이 이루어진다면, 모든 유통이, 그렇지 않은 경우에 필요한 금은의 불과 5분의 1로 처리될 것이다.

이를테면 어떤 특정한 나라의 모든 유통화폐가 어떤 특정한 시기에 영국 정화 100만 파운드에 이르고, 그 금액이 그 나라의 토지와 노동의 연간 생산물 전체를 유통시키는 데 충분하다고 가정하자. 또 그 얼마 뒤에 다양한 은행과 은행가가 100만 파운드에 이르는 지참인 지불의 약속어음을 발행하고, 그때그때의 청구에 응하기 위해 20만 파운드를 그들의 여러 금고에 준비한다고 하자.

---

*1 스미스가 지폐(paper money) 속에 유통어음(circulating notes)을 포함시킨 것은, 정확한 것은 아니지만, 지금도 지폐는 은행권(bank note)이다.

그렇게 되면 금은으로 80만 파운드와 은행권 100만 파운드, 즉 지폐와 화폐를 합쳐서 180만 파운드가 계속 유통하게 될 것이다. 그런데 그 나라의 토지와 노동의 연간 생산물을 본디의 소비자들에게 유통시키고 분배하는 데, 전에는 100만 파운드밖에 필요하지 않았고, 게다가 그 연간 생산물은 은행업의 그런 조작으로 즉각 증가시킬 수 있는 것이 아니다. 따라서 그런 조작 뒤에도 그 생산물을 유통시키는 데는 100만 파운드면 충분할 것이다. 매매되는 재화는 전과 완전히 같으므로, 그것을 매매하는 데는 같은 양의 화폐로 충분하다.

유통의 수로(水路)라는 표현이 허용된다면, 그 수로는 전과 완전히 똑같은 채로 있을 것이다. 100만 파운드가 있으면 그 수로를 채우는 데 충분하다고 우리는 가정했다. 따라서 그 금액을 넘어서 이 수로에 주입된 것은 그 안에서 다 흐르지 못하므로 넘쳐날 것이 틀림없다. 거기에 주입된 것은 180만 파운드이다. 그러므로 80만 파운드는, 그 나라의 유통에서 사용될 수 있는 금액을 넘어서기 때문에, 넘쳐날 것이 틀림없다. 그러나 이 금액은 국내에서 사용할 수 없어도, 그냥 잠재워 두기에는 너무나 귀중하다. 그래서 국내에서는 발견할 수 없는 유리한 용도를 찾아 국외로 보내질 것이다. 그러나 지폐를 국외로 보낼 수는 없다. 왜냐하면 그것을 발행한 은행에서 멀리 떨어진 곳, 또 지폐에 의한 지불의 수령을 법률로 강제할 수 있는 나라에서 멀리 떨어진 곳에서는, 지폐는 통상의 지불에는 수령되지 않을 것이기 때문이다. 따라서 80만 파운드의 금액에 이르는 금은이 국외로 보내질 것이고, 국내 유통의 수로는 이전에 그것을 채우고 있었던 100만 파운드의 금은 대신 100만 파운드의 지폐로 또한 채워지게 될 것이다.

그러나 그토록 많은 양의 금은이 이렇게 국외로 나간다 하더라도, 우리는 그것이 무상으로 국외에 보내진다든가, 그 소유자들이 그것을 해외 여러 국민에게 선물로 보낸다고 생각해서는 안 된다. 그들은 어느 외국이나 자기 나라의 소비를 채워 주기 위해 그것을 여러 종류의 외국의 재화와 교환하는 것이다.

만일 그들이 금은으로 어떤 외국에서 재화를 구매하여 다른 외국의 소비에 공급하려고 한다면, 즉 이른바 중계무역에 사용한다면, 그들이 얻는 이윤은 모두 자기 나라의 순수익에 대한 추가가 될 것이다. 그것은 하나의 새로운 사업을 수행하기 위해서 창조된 새로운 기금 같은 것이다. 왜냐하면 국내의 사업은 이제 지폐로 이루어지고, 금은은 이 새로운 사업의 기금으로 전용되기 때문이다.

만일 그들이 금은을 국내 소비를 위한 외국 상품을 사는 데 사용한다면, 그들은 첫째로, 외국 포도주·외국 비단 등, 아무것도 생산하지 않는 게으른 사람들이나 소비할 것 같은 상품을 구매하거나, 아니면 둘째로, 자신들이 해마다 소비하는 가치를 이윤과 함께 재생산하는 부지런한 사람들의 생계와 고용을 추가하기 위해, 재료·도구·식료품의 추가분을 구매할 것이다.

첫째 방법으로 사용되는 한, 금은은 낭비를 촉진하고, 생산은 증가시키지 않고 비용과 소비를 증대시키며, 그 경비를 지탱하는 영속적인 기금을 아무것도 확립하지 않으므로, 모든 점에서 사회에 해롭다.

그런데 둘째 방법으로 사용되는 한, 금은은 근로를 촉진한다. 그것은 사회의 소비를 증가시키기는 하지만 그 소비를 지탱하기 위한 영속적인 기금을 제공하며, 소비하는 사람들은 그들의 연간 소비의 전체 가치를 이윤과 함께 재생산하기 때문이다. 그 사회의 총수입, 즉 그 토지와 노동의 연간 생산물은, 그 노동자들의 노동이 그들이 사용하는 재료에 부가하는 전체 가치만큼 증가하게 된다. 또 사회의 순수입은 그들의 직업상의 용구나 기구를 유지하는 데 필요한 금액을 공제한 뒤에, 이 가치 속에 남는 금액만큼 증가하게 된다.

은행업의 위와 같은 조작으로 국외에 밀려나가서 국내 소비를 위한 외국 재화를 사는 데 사용되는 금은의 대부분은, 이 둘째 종류의 재화를 사는 데 사용되고 있고 또 사용되지 않을 수 없지만, 그것은 있을 법한 일일 뿐만 아니라 거의 불가피한 것으로 생각된다. 어떤 특정한 사람들은 수입이 전혀 증가하지 않는데도 지출을 엄청나게 증가시키는 일이 때로는 있을지 모르지만, 하나의 계급 또는 계층의 사람들이 다 그렇게 하지는 않는다고 우리는 확신해도 좋을 것이다. 왜냐하면 일반적인 사려 분별의 원리는, 반드시 언제나 모든 개인의 행동을 지배하는 것은 아니지만, 모든 계급 또는 계층의 대다수 사람들의 행동에는 언제나 영향을 주기 때문이다. 그런데 하나의 계급 또는 계층으로 생각된 경우의 게으른 사람들의 수입은, 은행업의 그런 조작에 의해 최소한으로도 증가하지 않는다. 따라서 그들 가운데 몇몇 개인의 지출은 증가할지도 모르고, 또 때로는 실제로 증가하지만, 그들의 지출 전체가 은행업의 그런 조작에 의해 대폭으로 증가하는 일은 없다. 그러므로 외국의 재화에 대한 게으른 사람들의 수요는 전과 같거나 거의 같으므로, 은행업의 그런 조작으로 국외로 밀려나가 국내 소비를 위한 외국 재화의 구입에 사용되는 화폐 가운데 그들이 사용하기 위한 재화의 구입에 이용되는 것은 매우 작은 부분이다. 그 대부분은 자연히 게으름을 유지하는 데가 아니라 근로를 고용하는 데 충당될 것이다.

어떤 사회의 유동자본이 사용할 수 있는 근로의 양을 산정할 경우에, 우리는 언제나 그 중의 식료품·재료·완성품인 부분만을 고려해야 하며, 다른 부분, 즉 화폐로 되어 있고 위의 세 가지를 유통시키는 것에만 도움이 되는 부분은 언제나 제외되어야 한다. 근로를 작동시키려면 세 가지, 즉 가공할 재료, 작업을 위한 도구, 작업의 목적인 임금, 곧 보상이 필요하다. 화폐는 가공할 재료도 아니고 작업에 사용하는 도구도 아니다. 노동자의 임금은 보통 화폐로 지불되지만 그의 실질 수입은 다른 모든 사람들의 그것과 마찬가지로 화폐가 아니라 화폐의 가치, 즉 그 금속 조각이 아니라 그것으로 교환할 수 있는 것들이다.

어떤 자본이 고용할 수 있는 근로의 양은, 분명히 그 일의 성질에 적합한 재료와 도구와 생활 자료를 그 자본이 공급할 수 있는 노동자의 수와 같을 것이다. 노동자의 생활 자료와 함께 일의 재료와 도구를 구매하려면 화폐가 필요하다. 그러나 모든 자본이 고용할 수 있는 근로의 양은 구매하는 화폐와, 화폐로 구매되는 재료·도구 및 생활 자료, 이 양쪽이 아니라, 그런 두 가지 가치 가운데 어느 한쪽에만, 더욱 적절하게 말하면, 전자보다 후자와 같은 것은 확실하다.

금은화 대신 지폐가 사용되면, 전 유동자본이 공급할 수 있는 재료·도구·생활 자료의 양은, 그런 것을 구매하는 데 사용되었던 금은의 전 가치만큼 증가할 것이다. 유통과 분배의 커다란 수레바퀴의 전 가치가, 그것으로 유통되고 분배되는 재화에 보태지는 것이다. 이런 조작은 기계공학상의 어떤 진보의 결과, 낡은 기계 장치를 떼어 내고, 그 값과 새로운 기계값의 차이[*2]를 자신의 유동자본에, 즉 재료와 임금을 자신이 노동자들에게 지급하는 기금에 덧붙이는, 어떤 커다란 사업에서의 기업가의 조작과 어느 정도 비슷하다.

어떤 나라의 유통화폐가 그것으로 유통되는 연간 생산물의 전 가치에 대해 가지는 비율이 어느 정도인가 하는 것은 아마 결정하기가 불가능할 것이다.

[*2] 스미스는 새 기계가 싸다고 생각했는데, 그것은 산업혁명 직전 상황의 반영이었다.

그것은 여러 저자들에 의해서, 그 가치의 5분의 1, 10분의 1, 20분의 1, 또는 30분의 1로 산정되고 있다. 그러나 유통화폐가 연간 생산물의 전 가치에 대해 가지는 비율이 아무리 작더라도 그 생산물의 일부분, 때로는 매우 조그만 부분이, 근로의 유지에 충당되는 것이 보통이므로, 그 부분에 대해서는 유통화폐는 언제나 매우 큰 비율을 가질 것이 틀림없다. 따라서 지폐로 대치됨으로써 유통에 필요한 금은이 그 전의 양의 5분의 1로 줄어들 경우, 나머지 5분의 4 가운데 대부분이 근로의 유지에 충당되는 기금에 추가된다면, 그것만으로도 그 근로의 양, 따라서 또 토지와 노동의 연간 생산물의 가치에 대해 매우 큰 추가가 될 것이 틀림없다.

이런 종류의 조작은 스코틀랜드에서는 지난 25년 내지 30년 동안 거의 모든 대도시와 약간의 시골 마을에서도 새로운 은행회사의 설립에 의해 수행되어 왔다. 그 효과는 바로 위에서 말한 대로였다. 이 나라의 경제 활동의 거의 모두가, 모든 종류의 구매와 지불을 일반적으로 수행하고 있는 다양한 은행의 지폐로 영위되고 있다. 은화는 20실링짜리 은행권의 거스름돈 외에는 좀처럼 구경할 수 없고, 금화는 그보다 더욱 드물다. 그러나 그런 여러 회사의 모든 행동이 나무랄 데 없이 모두 만족할 만한 것은 아니었고, 따라서 그것을 규제하는 의회의 법령을 필요로 하기는 했지만, 그래도 그 나라가 은행 사업에서 큰 이익을 얻은 것은 분명하다.

나는 다음과 같은 주장을 들은 적이 있다. 즉, 글래스고 시의 상업은 그곳에 은행이 설립되고부터 약 15년만에 두 배가 되었고, 스코틀랜드의 상업은 에든버러에 두 개의 공립은행이 설립된 뒤 네 배 이상이 되었다는 것이다, 이 두 은행 중 스코틀랜드 은행이라고 불리는 것은 1695년에 의회법에 의해 설립되었고, 나머지 하나는 왕립은행이라고 불리며 1727년에 국왕의 특허장에 의해 설립된 것이다. 스코틀랜드 전반으로 보나 글래스고 시만 보나, 상업이 그런 단기간에 과연 그렇게 큰 비율로 증가했는가에 대해서는 나로서는 알 수가 없다. 만일 양자의 어느 한쪽이 이 비율로 증가했다고 해도 이 원인의 작용만으로 설명하기에는 너무 큰 결과인 것처럼 여겨진다. 그러나 스코틀랜드의 상업과 산업이 이 시기에 매우 두드러지게 증대했으며, 그 증대에 은행이 크게 공헌한 것은 의심할 수 없는 사실이다.

1707년의 합병 이전에 스코틀랜드에서 유통하고, 그 뒤 개주(改鑄)하기 위해 스코틀랜드 은행에 반입된 은화의 가치는 영국 정화로 41만 117파운드 10실링 9펜스에 이르렀다. 금화에 대한 기록은 없었으나, 스코틀랜드 조폐국의 오랜 기록에 의하면 해마다 주조된 금화의 가치는 은의 가치를 약간 넘었던 것 같다.*3

　가 경우에, 꽤 많은 사람들이 환급에 대한 불신으로 자신의 은화를 스코틀랜드 은행에 가지고 가지 않았고, 회수되지 않은 잉글랜드 주화도 조금 있었다. 그러므로 합병 전에 스코틀랜드에서 유통하고 있었던 금은의 전 가치가 영국 정화로 백만 파운드가 안 되었다고는 생각할 수 없다. 그것이 그 나라 통화의 거의 총량이었던 것으로 생각된다. 왜냐하면 당시 경쟁 상대가 없었던 스코틀랜드 은행의 은행권의 유통량은, 상당히 많았다 해도 전체로 보면 매우 작은 부분에 지나지 않았던 것으로 생각되기 때문이다. 현재 스코틀랜드의 통화는 200만 파운드 이하로는 생각되지 않으며, 그 가운데 금은화의 부분은 50만 파운드가 안 되는 것이 거의 확실하다. 그러나 스코틀랜드에서 유통되는 금은화가 그 시기에 그만큼 크게 감소하기는 했지만, 그 실질적인 부와 번영은 조금도 줄었다고 생각되지는 않는다. 오히려 스코틀랜드의 농업·제조업·상업, 즉 그 나라의 토지와 노동의 연간 생산물은 확실히 증가했다.

　은행 및 은행가의 대다수가 약속어음을 발행하는 것은 주로 환(換)어음을 할인함으로써, 즉 환어음이 만기가 되기 전에 화폐를 가불함으로써이다. 가불하는 금액이 얼마이든, 그들은 언제나 어음이 만기가 되기 전의 법정이자를 공제한다. 어음이 만기가 되어 지불이 이루어지면, 가불된 것의 가치는 이자라는 순이익과 함께 은행에 회수된다. 은행가가 어음을 할인하여 그 상인에게 금은화가 아니라 자신의 약속어음을 가불하는 경우에, 그 은행가는 통상적으로 유통하고 있다고 그가 경험상 알고 있는 자신의 약속어음의 전 가치만큼 여분으로 할인할 수 있다는 이점을 가지고 있다. 그렇게 함으로써 그는 그만큼 큰 금액에 대한 이자라는 순이익을 올릴 수 있는 것이다.

　스코틀랜드의 상업은 지금도 그리 크지는 않지만 최초의 두 은행회사가 설립되었을 때는 더 보잘것이 없었다. 그리고 만일 그 회사들이 업무를 환어음의 할인에만 한정하고 있었더라면, 거래량은 매우 하찮은 정도에 머물렀을 것

---

*3 Anderson's, Diplomata & c. Scotiæ에 대한 라디만의 서문을 참조할 것.

이다. 그래서 그들은 약속어음을 발행하는 또 하나의 방법을 발명했는데, 그것은 그들이 말하는 현금계정(現金計定)을 인가하는 일이다. 즉, 어떤 사람이 확실한 신용과 충분한 토지자산을 가진 두 사람의 보증인을 내세워, 신용이 주어진 일정액(이를테면 2천 또는 3천 파운드)의 범위 안에서 가불된 어떤 금액이든, 요구하는 대로 법정이자와 함께 상환하겠다는 것을 보장해 준다면, 그 사람에게 그만한 신용대출을 해 준다는 것이다. 이런 종류의 신용은, 내가 믿기로는, 전세계 곳곳의 은행과 은행가들에 의해 일반적으로 널리 주어지고 있다. 그러나 스코틀랜드의 은행회사의 관대한 상환 조건은 내가 아는 한 그들 특유의 것이며, 그들의 거래량이 큰 것도 이 나라가 거기서 얻은 편의가 큰 것과 함께, 그것이 아마 중요한 원인이었을 것이다.

누구든, 그런 회사의 하나로부터 이런 신용을 얻어, 그것에 따라 이를테면 천 파운드를 빌린다면, 그 사람은 이 금액을 한 번에 20파운드나 30파운드, 이렇게 조금씩 갚으면 된다. 회사는 그런 소액이 상환될 때마다, 그날부터 전액이 이 방법으로 상환될 때까지, 총액에 대한 이자 가운데 상환분의 이자를 공제해 가는 것이다. 따라서 모든 상인들 및 거의 모든 사업가들은 그런 회사와 이런 현금계정을 갖는 것이 편리하다는 것을 알고, 그 때문에 그런 회사의 영업을 촉진하는 데 관심을 갖는 것이며, 그리하여 그들은 그런 회사의 어음을 모든 지불에서 기꺼이 받기도 하고, 자신들이 어떤 영향력을 가진 모든 사람들에게 그것을 권하기도 하면서 촉진하는 것이다. 은행은 고객이 화폐의 차용을 요구하면 일반적으로 자기의 약속어음으로 그들에게 가불한다. 그 어음을 상인은 재화의 대가로서 제조업자에게, 제조업자는 재료와 식료품의 대가로서 농업 경영자에게, 농업 경영자는 지대로서 지주에게 지불하고, 지주는 그것을 자기에게 공급하는 편의품이나 사치품의 대가로서 상인에게 지불하며, 상인은 다시 자신의 현금계정을 결제하기 위해서, 즉 그가 은행에서 빌려 쓴 돈을 갚기 위해서 은행에 반환한다. 이렇게 이 나라의 거의 모든 화폐 거래가 이런 어음으로 이루어지고 있다. 그런 회사의 업무가 큰 것은 이 때문이다.

그런 현금계정에 의해서 각 상인은 무리하지 않고, 그렇지 않은 경우보다 큰 영업을 할 수 있다. 두 상인이 있는데, 한 사람은 런던에서, 또 한 사람은 에든버러에서 같은 부문의 영업에 같은 금액의 자산을 사용한다고 하면, 에든버러의 상인은 무리하지 않고 런던의 상인보다 큰 영업을 하며 많은 사람들에게 일을 줄 수 있다.

런던의 상인은 언제나 큰 금액의 화폐를 자신의 금고나 이자가 붙지 않는 은행가의 금고에 보유해 두지 않으면 안 된다. 그것은 그가 신용으로 구입하는 재화의 지불에 대해 끊임없이 오고 있는 청구에 응하기 위해서이다. 이 금액의 통상적인 크기를 500파운드라고 가정하면, 그의 창고 안에 있는 재화의 가치는, 만일 그가 그만한 금액을 사용하지 않고 어쩔 수 없이 보유하지 않아도 되는 경우보다 언제나 500파운드만큼 적을 것이 틀림없다. 그가 일반적으로 그의 수중에 있는 전 재고품, 즉 그가 가지고 있는 전 재고품의 가치와 같은 재화를 1년에 한 번만 판다고 상정하면, 그는 그토록 큰 금액을 사용하지 않고 보유하지 않을 수 없으므로 그가 1년 동안 파는 재화는 그렇지 않을 경우보다 가치가 500파운드 적을 것이 틀림없다. 그의 연간 이윤은 가치가 500파운드 많은 재화를 판매함으로써 얻었을 전액만큼 적을 것이고, 시장에 내가기 위해서 재화를 준비하는 데 고용된 사람들의 수는, 그 500파운드만큼 큰 자본이 고용할 수 있었을 인원수만큼 적을 것이 틀림없다.

한편 에든버러의 상인은, 그와 같은 수시의 청구에 응하기 위해 화폐를 사용하지 않고 보유하는 일이 없다. 실제로 청구가 올 때는, 그는 은행에 있는 자신의 현금계정으로 그것을 충당하고, 그의 재화의 수시 판매로 들어오는 화폐 또는 지폐로 그 금액을 차츰 상환한다. 따라서 그는, 같은 자본으로 무리하지 않고 언제나 그의 창고에 런던의 상인보다 많은 양의 재화를 보유할 수 있고, 그렇게 함으로써 그는 런던의 상인보다 많은 이윤을 올릴 수 있는 동시에, 그런 재화를 시장에 내가게 만들어 주는 부지런한 사람들을 더 많이 그리고 끊임없이 고용할 수 있다. 이 업무에서 이 나라가 취득한 편익이 큰 것은 이 때문이다.

확실히, 환어음의 할인이라는 편의가 잉글랜드의 상인에게 스코틀랜드 상인의 현금계정과 같은 편의를 제공하고 있다고 생각될지도 모른다. 그러나 스코틀랜드의 상인도 잉글랜드의 상인과 마찬가지로 환어음을 쉽게 할인할 수 있고, 게다가 현금계정이라는 추가적 편의가 있다는 것을 기억해 두지 않으면 안 된다.

어떤 나라에서 문제없이 유통할 수 있는 모든 종류의 지폐의 총액은, 지폐를 대신하는 금은화의 가치, 즉(상업이 같다고 하고) 지폐가 없으면 그곳에서 유통할 금은화의 가치를 결코 넘을 수는 없다. 이를테면 20실링짜리 지폐가 스코틀랜드에서 유통하는 최저액의 지폐라고 한다면, 같은 나라에서 문제없이 유통할 수 있는 통화의 총액은, 국내에서 일반적으로 거래되는 20실링 및 그 이상의 가치를 가진, 해마다의 교환을 처리하는 데 필요한 금은화의 금액을 넘을 수는 없다. 만일 어느 때고 유통지폐가 이 금액을 넘으면, 그 초과분은 국외에 보내질 수도 없고 그 나라의 유통에 사용될 수도 없으므로, 그것은 즉각 금은화와 교환되기 위해 은행으로 되돌아오지 않을 수 없다. 대부분의 사람들은 이내, 국내에서 자기들이 거래를 하는 데 필요한 것보다 많은 지폐가 있다는 것을 이해할 것이고, 그리고 그것을 국외로 보낼 수는 없으므로, 그들은 즉시 은행에 그 지불을 요구할 것이다. 이 여분의 지폐가 금은화로 바뀐다면, 그들은 그것을 국외에 보냄으로써 그 용도를 쉽게 발견할 수 있지만, 종이의 형태를 계속 유지한다면 어떤 용도도 발견할 수 없을 것이다. 따라서 이 여분의 지폐의 전액에 대해 당장 은행에 태환(兌換 : 지폐를 정 화와 바꿈)을 요구할 것이고, 만약 은행이 그 지불에 난색을 표시하거나 주저하는 모습을 보일 때는, 그것으로 인해 야기되는 불안은 필연적으로 태환을 증대시킬 것이므로, 태환은 훨씬 더 큰 규모가 될 것이다.

모든 사업 부문에 공통되는 집세와 고용인·사무원·회계원의 임금 같은 비용 외에, 은행 특유의 비용에는, 주로 다음과 같은 두 가지 항목이 있다. 첫째는, 어느 때고 은행권 보유자의 청구에 응하기 위해 거액의 화폐를 금고에 보유하는 비용인데, 이 화폐에 대해서 은행은 이자를 취하지 않는다. 둘째는, 그런 수시의 청구에 응함으로써 금고가 비었을 때 즉시 그것을 보충하는 비용이다.

어떤 은행이 그 나라의 유통에서는 모두 사용할 수 없을 정도로 많은 지폐를 발행하여, 그 초과분이 끊임없이 지불을 요구하며 은행으로 돌아온다면, 그 은행은 금고에 항상 보유하고 있는 금은의 양을, 이 초과에 비례해서 뿐만 아니라, 그것보다 훨씬 큰 비율로 증가시키지 않으면 안 된다. 은행권은 그 양의 초과에 비례하는 것보다 훨씬 급속하게 은행으로 돌아오기 때문이다. 따라서 그런 은행은 그들의 비용의 첫째 항목을, 자신의 업무의 이 피할 수 없는 증대에 비례해서 뿐만 아니라 그보다 훨씬 큰 비율로 증대시켜야 하는 것이다.

그런 은행의 금고는 또한, 업무가 더욱 타당한 범위에 국한되어 있는 경우보다 훨씬 더 채워 두어야 하지만, 그보다 훨씬 더 급속하게 비게 될 것이고, 그 것을 보충하기 위해서는 거액의 비용을 끊임없이 필요로 할 것이 틀림없다. 그리하여 은행의 금고에서 끊임없이 그토록 많은 양으로 인출되는 주화도 또한 그 나라의 유통에 사용되는 것이 아니다. 그것은 그 나라의 유통에 사용될 수 있는 금액을 넘는 지폐를 대신하는 것이며, 따라서 그것 또한 거기서 사용될 수 있는 금액을 초과하는 것이다. 그러나 그 주화를 놀려 둘 수는 없는 일이므로, 국내에서 발견할 수 없는 유리한 용도를 찾기 위해 무언가의 형태로 국외에 보내질 것이 틀림없다. 그리고 이 금은화의 계속적인 수출은 그와 같이 매우 급속하게 비게 되는 금고를 보충하기 위해 새로운 금은화를 발견하는 어려움을 증대시킴으로써 이 은행의 비용을 필연적으로 더욱 증대시킬 것이 틀림없다. 따라서 그런 은행은 이 피할 수 없는 업무의 증대에 따라, 둘째 항목의 비용을 다시 첫째 항목의 경비 이상으로 증가시키지 않으면 안 된다.

그 나라의 유통이 쉽게 흡수하고 사용할 수 있는 어느 한 은행의 전 지폐가 정확하게 4만 파운드이고, 또 그때그때의 청구에 응하기 위해 이 은행이 항상 그 금고에 금은화로 1만 파운드를 보유하지 않으면 안 된다고 가정하면, 만일 이 은행이 4만 4천 파운드를 유통시키려 한다면, 유통계가 쉽게 흡수하고 사용할 수 있는 금액을 초과하는 4천 파운드는, 거의 발행되자마자 은행으로 돌아올 것이다. 그러므로 이 은행은 그때그때의 청구에 응하기 위해 금고에 1만 1천 파운드가 아니라 1만 4천 파운드를 항상 보유하지 않을 수 없다. 그리하여 그 은행은 4천 파운드의 초과 유통액의 이자로는 아무 이득도 보지 못할 것이고 또 금고에 들어오자마자 쉴새없이 나가 버리는 4천 파운드의 금은화를 계속 수집하는 전 비용을 잃게 될 것이다.

만일 어느 개별 은행도 각각의 개별적인 이해(利害)를 이해하고 배려한다면, 유통계가 지폐과잉이 되는 일은 결코 없을 것이다. 그러나 모든 개개의 은행이 반드시 항상 자신의 개별적인 이해(利害)를 이해(理解) 또는 배려하지도 않았고, 그래서 유통계는 흔히 지폐의 공급과잉이 되었던 것이다.

잉글랜드 은행은 너무나 많은 양의 지폐를 발행하여, 이 거액의 주조 때문에 이 은행은(몇 해 전에 금화가 빠졌던 마멸과 품질저하 상태의 결과), 때때로 1온스당 4파운드나 되는 높은 값으로 지금(地金 : 화폐의 재료가 되는 금속)을 구매하지 않을 수 없고, 또한 그것을 곧 1온스당 3파운드 17실링 10펜스 2분의 1의 주화로 발행하여, 이리하여 그만큼 거액의 화폐주조로 2.5 내지 3퍼센트의 손해를 본 것이다. 따라서 이 은행은 조폐수수료를 지불하지 않고, 정부가 적절하게 주조비를 부담했지만, 정부의 이런 너그러운 정책으로도 이 은행의 실비를 완전하게는 방지할 수 없었다.

스코틀랜드의 모든 은행은 이와 같은 종류의 과잉발행을 한 결과, 자기들을 위해서 화폐를 수집해 주는 대리인을 항상 런던에 두지 않을 수 없었고, 그 비용은 1.5 내지 2퍼센트 아래로 내려간 적이 드물었다. 그 화폐는 짐마차로 수송되었으며, 운송업자에 대한 보험료로 4분의 3퍼센트, 즉 100파운드에 15실링의 추가 비용이 들었다. 그 대리인들은 반드시 언제나 고용주들의 금고가 비는 즉시 보충할 수 있었던 것은 아니다. 그런 경우에 모든 은행의 방책은, 런던에 있는 그들의 거래처에 대해 그들이 필요로 하는 금액만큼의 환어음을 발행하는 것이었다. 나중에 그 거래처가 이 금액의 지불을 이자 및 수수료와 함께 청구해 오면, 그 은행들 가운데 어떤 것은 자기들의 과잉 발행으로 빠진 곤경 때문에 이 어음을 결제하는 수단으로서 런던의 같은 거래처나 다른 거래처에 다시 일련의 어음을 발행하는 수밖에 없는 경우도 있었다. 그리하여 같은 금액, 또는 같은 금액의 어음이, 이렇게 때로는 두 번 또는 세 번 이상 왕래했고, 채무자인 은행은 누적된 전 금액에 대해 항상 이자와 수수료를 지불했다. 지나친 무분별로 소문이 난 적이 없는 스코틀랜드의 은행들조차 때로는 이 파멸적인 방책을 쓰지 않을 수 없을 때가 있었다.

잉글랜드 은행이나 스코틀랜드의 여러 은행이 발행한 지폐 가운데, 그 나라의 유통에 사용될 수 있는 것을 넘어선 부분과 교환으로 거기서 지불된 금화는, 또한 국내 유통에서 사용될 수 있는 금액을 넘었기 때문에, 때로는 주화의 형태로 국외로 보내지고, 때로는 용해되어 지금(地金)의 형태로 국외로 보내졌으며, 또 때로는 용해되어 1온스당 4파운드나 되는 높은 값으로 잉글랜드 은행에 매각되었다. 가장 새롭고, 가장 무겁고, 가장 좋은 주화만이 전 주화 가운데 주의 깊게 수집되어 국외로 보내지거나 용해되었던 것이다. 그런 무거운 주화도 국내에서 주화의 형태로 남아 있는 동안은 가벼운 주화보다 높은 가치가 있는 것은 아니었다. 그러나 국외에서는, 또는 국내에서 용해되어 지금이 되면 더 높은 가치를 가졌다.

잉글랜드 은행은 해마다 많은 양의 금액을 주조했지만, 해마다 전 해처럼 주화가 부족하다는 것, 해마다 같은 은행에서 우량한 새 주화가 많은 양으로 발행되는데도, 주화의 상태가 차츰 좋아지기는커녕 해마다 더욱 나빠지는 것을 알고 놀랐던 것이다. 해마다 그들은 전 해에 주조한 것과 거의 같은 양의 금화를 주조할 필요가 있다는 것을 알았다. 또 주화가 계속적으로 마손된 결과, 지금의 값이 끊임없이 상승하기 때문에 이 해마다의 대량 주조의 비용은 해가 갈수록 커졌다. 여기서 주의할 것은 잉글랜드 은행은 자신의 금고에 주화를 공급하면, 간접적으로 왕국 전체에 주화를 공급하지 않을 수 없게 된다는 것으로, 주화는 다양한 경로를 통해 이런 금고에서 왕국 전체에 끊임없이 흘러들어가는 것이다. 따라서 스코틀랜드와 잉글랜드 양쪽의 이 같은 지폐의 과잉유통을 유지하는 데 필요한 주화가 얼마가 되든, 이 과잉유통 때문에 왕국이 필요로 하는 주화 속에 얼마나 큰 빈틈이 생기든, 잉글랜드 은행은 그것을 채우지 않으면 안 되었다. 스코틀랜드 은행들은 모두 분명히 그들 자신의 무분별과 부주의에 대해 매우 값비싼 대가를 치렀다. 그러나 잉글랜드 은행은 자기 자신의 무분별에 대해서뿐만 아니라, 거의 모든 스코틀랜드 은행이 그보다 훨씬 무분별했던 데 대해서도 톡톡한 대가를 치렀던 것이다.

지폐의 이런 과잉유통의 근본 원인은, 연합 왕국의 이 두 지방에서 벌인, 몇몇 대담한 투기가들의 지나친 거래였다.

어떤 종류의 것이든 상인 또는 기업가에게 은행으로서 얼마나 가불해 주는 것이 적당한가 하면, 그가 사업을 하는 자본의 전액도 아니고 자본 속의 부분도 아니며, 다만 가불을 해 주지 않으면, 그가 그때그때의 청구에 응하기 위해 사용하지 않고 현금으로 수중에 보유해야 하는 부분에 지나지 않는다. 만일 은행이 가불하는 지폐가 결코 이 가치를 넘지 않으면, 그 지폐는, 지폐가 없으면 그 나라에서 필연적으로 유통할 금은화의 가치를 결코 넘을 수 없다. 즉 지폐는 그 나라의 유통계가 쉽게 흡수하고 사용할 수 있는 양을 결코 넘지 않는 것이다.

어떤 은행이 어떤 상인에 대해, 진정한 채권자가 진정한 채무자 앞으로 발행한 진성환어음을 할인하여, 그 어음이 만기가 되면 즉시, 그 채무자에 의해 틀림없이 지불된다고 한다면, 은행이 그 상인에게 가불하는 것은, 만약 가불이 없으면 그때그때의 청구에 응하기 위해 사용하지 않고 현금으로 수중에 보유하지 않으면 안 되는 가치의 일부에 지나지 않는다. 어음이 만기가 되어 지불되면, 은행이 가불한 가치는 이자와 함께 회수된다. 은행의 금고는, 은행거래가 그런 고객들에 한정되어 있는 한, 연못과 같아서, 그 연못에서는 끊임없이 물이 흘러나오고 있지만, 유출량과 완전히 같은 양의 물이 쉬지 않고 흘러들고, 따라서 그 이상 아무것도 배려하거나 주의하지 않아도 연못에는 언제나 같은 양 또는 거의 같은 양의 물이 가득 차 있는 것이다. 그런 은행의 금고를 보충하는 데, 조금이라도 비용이 필요해지는 일은 결코 있을 수 없다.

상인은 과잉거래를 하지 않더라도 일정한 금액의 현금이 필요할 때가 있는데, 더욱이 할인받을 어음이 한 장도 없는 경우가 때때로 있다. 그런 경우에 은행이 그의 어음을 할인해 주는 외에 스코틀랜드의 여러 은행처럼 좋은 조건으로 그 금액을 그의 현금계정으로 대출해 주고, 그때그때 그의 상품이 팔릴 때마다 조금씩 푼돈으로 상환하는 것을 인정해 준다면, 그는 그때그때의 청구에 응하기 위해, 자기 자산의 일정한 부분을 쓰지 않고 현금으로 보유할 필요에서 완전히 해방된다. 그런 청구가 실제로 들어오면, 그는 자기의 현금계정으로 충분히 그것에 응할 수 있다. 그러나 그 은행은 그런 고객과 거래할 때는, 어떤 단기간(이를테면 4·5·6·8개월의)에 그들로부터 통상적으로 받는 상환액이 그들에게 통상적으로 제공되는 대출금액과 완전히 같은지 어떤지를 매우 주의깊게 관찰하지 않으면 안 된다. 만일 그런 단기간에 어떤 고객들로부터 받는 상환액이 대부분의 경우에 대출금액과 완전히 같다면, 은행은 그런 고객들과 거래를 계속해도 안전할 것이다. 그 경우 은행에서 끊임없이 흘러나가는 흐름이 매우 크더라도, 금고에 끊임없이 들어오는 흐름도 적어도 마찬가지로 클 것이 틀림없고, 따라서 그 이상의 배려와 주의를 기울이지 않아도, 금고는 언제나 똑같이, 또는 거의 똑같이 채워져 있어서, 그것을 보충하는 데 특별한 비용을 필요로 하는 일은 좀처럼 일어나지 않는다. 반대로 만일 다른 고객들로부터의 상환액이 그들에게 대출해 주는 금액에 비해 통상적으로 훨씬 작다면, 적어도 그들이 그런 방법으로 거래를 계속하는 한, 은행은 그들과 조금이라도 안전하게 거래할 수 없을 것이다. 이 경우 은행 금고에서 끊임없이 흘러 나가는 흐름은 필연적으로 그곳에 끊임없이 들어오는 흐름보다 훨씬 크며, 따라서 그런 금고는 비용에 대해 끊임없이 큰 수고를 들여 보충하지 않는 한 머지않아 완전히 텅 비어 버릴 것이 틀림없다.

그러므로 스코틀랜드의 은행들은 오랫동안 매우 주의깊게 모든 고객들에게 빈번하고 규칙적인 상환을 요구했고, 아무리 재산 또는 신용이 있더라도 그런 빈번하고 규칙적인 거래를 해주지 않는 사람과는 결코 거래를 하려 하지 않았다. 이런 주의에 의해 그들은 금고를 보충하는 특별한 비용을 거의 전면적으로 절약했을 뿐만 아니라, 그 밖에 두 가지의 매우 중요한 이익을 얻었다.

첫째로, 이렇게 주의를 기울임으로써 그들은 채무자들이 번영하고 있는지, 쇠퇴하고 있는지에 대해 자신들의 장부가 제공해 주는 증거 외에 다른 증거를 찾을 필요도 없이 상당한 정도의 판단을 내릴 수 있었다. 사람들은 대개 자신들이 번영 상태에 있는지 또는 쇠퇴 상태에 있는지에 따라서, 상환이 규칙적이기도 하고 불규칙적이기도 하기 때문이다. 어떤 개인이 여섯 사람 또는 열두 사람의 채무자에게 화폐를 빌려 줄 경우, 그는 자기가 직접 또는 대리인들을 통해 채무자 한 사람 한 사람의 행동과 상황을 끊임없이, 세심하게 관찰하고 조사할 것이다. 그러나 500명이나 되는 온갖 사람들에게 화폐를 빌려 주고, 또한 매우 다른 종류의 대상에 끊임없이 주의를 기울이고 있는 은행이라면, 그 자신의 장부가 제공하는 것 이상으로는 그 채무자 대부분의 행동과 상황에 대해 아무것도 규칙적인 정보를 얻을 수가 없다. 자신들의 모든 고객에게 빈번하고도 규칙적인 상환을 요구할 때, 스코틀랜드의 은행들은 아마 이 첫 번째 이점을 고려할 것이다.

둘째로, 이와 같이 주의함으로써 그 은행들은 그 나라의 유통계가 쉽게 흡수하고 사용할 수 있는 것보다 많은 지폐를 발행할 가능성을 면할 수 있었다. 어떤 특정한 고객의 상환액이 상당한 기간 안에, 대부분의 경우 그에 대한 대출액과 완전히 같다는 것을 안다면, 은행은 이 고객에게 대출한 지폐가 그렇지 않은 경우에 그때그때의 요구에 응하기 위해 그가 수중에 가지고 있어야 하는 금은화의 양을 언제나 넘지 않았다는 것을 확신할 수 있고, 따라서 그를 통해 유통시킨 지폐는, 지폐가 없었을 경우에 그 나라에 유통했을 금은화의 양을 언제나 넘지 않았다는 것을 확신할 수 있을 것이다. 그의 상환이 빈번하고 규칙적이며, 금액이 충분하다는 것은, 대출받은 금액이, 그렇지 않은 경우 그때그때의 청구에 응하기 위해, 즉 그의 자본의 나머지 부분을 언제라도 사용할 수 있도록 하기 위해, 현금으로 간직하고 있어야 하는 자본 부분을, 언제나 넘지 않았다는 것을 충분히 증명할 것이다. 그의 자본 중에서 이 부분만이 적당한 기간 안에 지폐거나 주화거나 화폐 형태로 각 상인에게 끊임없이 돌아와서 같은 형태로 끊임없이 그들에게서 나가는 것이다.

만일 이 은행이 대출해 준 금액이 통상적으로 그의 자본의 이 부분을 넘는다면, 그가 통상적으로 상환하는 금액이 적당한 기간 안에 은행의 통상적인 대출금액에 이르는 일은 있을 수 없을 것이다. 그의 거래에 의해 끊임없이 은행 금고에 들어오는 흐름은, 같은 거래에 의해 끊임없이 나가는 흐름과 같아질 수는 없을 것이다. 은행권의 대출액은 그런 대부가 없었을 경우에, 그때그때의 청구에 응하기 위해서 가지고 있어야 하는 금은화의 양을 초과함으로써, 만일 지폐가 없었더라면(상거래액은 동일하다고 하고) 그 나라에 유통했을 금은화의 총량을 곧 초과하게 될지도 모르고, 따라서 또한 그 나라의 유통계가 쉽게 흡수하고 사용할 수 있는 양을 초과하게 될지도 모른다. 그리고 이 지폐의 초과분은 금은화와 교환되기 위해 즉각 그 은행으로 되돌아갈 것이다. 이 두 번째 이점은 첫 번째 이점과 마찬가지로 현실적이지만, 스코틀랜드의 다양한 은행 회사들은 아마 첫 번째 것만큼 잘 이해하지 못했던 것 같다.

일부는 어음할인이라는 편의에 의해, 일부는 현금계정이라는 편의에 의해, 어떤 나라의 신용 있는 상인들도 그때그때의 청구에 응하기 위해 자신들의 자산 일부를 사용하지 않고 현금으로 보유해야 하는 필요를 면할 수 있다면, 은행과 은행가로부터 그 이상의 원조를 기대할 수 없는 것은 당연하며, 그들은 그렇게까지 했으므로, 그 이상의 일은 그들 자신의 이익과 안전을 해치지 않고는 불가능하기 때문이다. 은행은 자기 자신의 이익을 손상시키지 않고는, 한 상인에게 그가 거래하는 데 사용하는 유동자본의 모두 또는 그 대부분조차도 대출할 수 없는 것이다. 왜냐하면 그 자본은 화폐 형태로 끊임없이 그에게 환류(還流 : 물·공기의 흐름이 방향을 바꾸어 되돌아 흐르는 일)하고, 또 같은 형태로 끊임없이 그에게서 유출하는 하지만, 환류의 총액은 유출의 총액과 너무나 큰 차이가 있으므로 그의 상환액이 은행의 편의에 맞는 적당한 기간 안에 그 대부액과 같아질 수는 없기 때문이다. 하물며 은행이 그에게 그 고정자본의 상당한 부분, 이를테면 제철업자가 제철소·용광로·작업장·창고 및 노동자들의 주택 같은 것을 건설하는 데 사용하는 자본, 광산업자가 수갱(堅坑 : 수직 굴)을 파고 배수용 기관을 설치하고 도로나 차도를 만드는 데 사용하는 자본, 토지개량에 착수하는 사람이 황무지의 개척하지 않은 벌판을 개간하고, 배수하고, 울을 치고, 비료를 주고, 갈고, 축사·곡창 등 모든 필요한 부속물과 더불어 농장 가옥을 건설하는 데 사용하는 자본 등의 상당한 부분을 그에게 대출할 여지는 더더욱 없다.

고정자본의 회수는 거의 모든 경우에 유동자본의 회수보다 훨씬 늦으며, 최대의 신중한 판단으로 투하되었을 때조차, 몇 년의 기간, 즉 은행의 편의에 맞는 훨씬 긴 기간이 지날 때까지 기업가에게 돌아오는 일은 좀처럼 없다. 상인이나 그 밖의 기업가가 차입금에 의한 그들의 기획의 매우 큰 부분을 매우 적절하게 운영하리라는 것은 의심할 여지가 없다. 그러나 이 경우, 그들 자신의 자본은 그들의 채권자들에 대해서는 당연히, 그 채권자들의 자본을, 이렇게 말해도 무방하다면, 보증하는 데 충분한 것이 아니면 안 된다. 다시 말해, 그 기획의 성공이 기획자들의 기대에 크게 못 미치더라도, 채권자들이 손실을 입는 일은 결코 있어서는 안 된다. 이런 배려하에서도, 몇 년 뒤에도 상환하지 않을 예정의 차입이라면, 그것은 은행으로부터가 아니라 차용증서 또는 저당증서를 근거로 다음과 같은 개인으로부터 빌려야 한다. 즉 자본을 직접 사용하는 수고를 들이지 않고 그 이자로 생활하고 싶어하는 사람들, 그런 이유로 그 자본을, 그것을 몇 년 동안 유지해 줄 수 있을 정도로 충분한 신용이 있는 사람들에게 기꺼이 빌려 주려고 하는 개인들로부터 빌려야 하는 것이다.

은행이 인지대와 차용증서나 저당증서를 작성하는 변호사 비용을 들이지 않고 화폐를 빌려 주고, 스코틀랜드의 은행들과 같은 좋은 조건의 상환을 인정한다면, 분명히 은행은 그런 상인과 기업가에게 매우 좋은 조건의 채권자일 것이다. 그러나 그런 상인과 기업가는 그런 은행에 있어서 가장 불편한 채권자인 것은 분명하다.

스코틀랜드의 은행들이 발행한 지폐가, 그 나라의 유통계가 쉽게 흡수하고 사용할 수 있는 금액과 완전히 같아진 지, 또는 오히려 약간 그것을 넘어선 지 벌써 25년이나 지났다. 그래서 그런 회사들은 그토록 오래 전부터, 은행이나 은행가가 자신들의 이익을 손상시키지 않고 제공할 수 있는 모든 원조를 스코틀랜드의 상인이나 그 밖의 기업가에게 제공하고 있었던 것이다. 그들은 그 이상의 것도 제공했다. 그들은 약간 과잉거래를 하여, 이 특수한 사업에서는 최소한의 과잉거래에서도 반드시 따르는 손실, 또는 적어도 이윤의 감소를 불러왔던 것이다.

상인이나 그 밖의 기업가는 은행과 은행가로부터 그토록 많은 원조를 받으면서도 더 많은 원조를 받고 싶어했다. 그들은 은행이 몇 연*⁴의 종이 외에는 아무런 비용도 들이지 않고, 원하기만 하면 얼마든지 신용을 확대할 수 있다고 생각했던 것 같다. 그들은 은행 임원들의 견해가 좁고 정신이 비열하다고 불평했다. 그들의 말을 빌리면, 그런 은행들은 국가의 기업 활동의 확대에 따라 자신들의 신용을 확대하지 않았는데, 그들이 말하는 사업 확대의 의미는 의심할 여지없이 그들이 자신들의 자본이나, 차용증서와 저당증서에 의한 통상적인 방법으로 개인으로부터 신용대출을 한 것으로 운영할 수 있는 수준 이상으로 그들의 기획을 확대하는 일이었다. 은행은 명예를 걸고서라도 이 부족을 보충하고, 사업에 사용하고 싶어하는 모든 자본을 자신들에게 제공하지 않으면 안 된다고 그들은 생각한 것 같다. 그러나 은행의 의견은 달랐다.

그들이 신용 확대를 거절하자, 그런 상인들 가운데 다음과 같은 편법에 호소하는 자가 있었다. 그것은, 훨씬 거액의 비용을 들기는 했지만, 은행의 신용이 최대한으로 확장되는 경우와 마찬가지로 효과적이고, 그들의 목적에 일시적으로는 도움이 되었다. 이 편법은 바로 어음의 발행 및 역발행이라는, 널리 알려진 방법으로, 불운한 상인들이 파산 위기에 있을 때 가끔 이용하는 궁여지책이었다. 이와 같이 하여 화폐를 조달하는 관습은, 잉글랜드에서는 오래 전부터 알려져 있었고, 높은 사업 이윤이 지나친 거래를 유혹하는 원인이 되었던 지난 번의 전쟁 중에 크게 성행했다고 한다. 그것은 잉글랜드에서 스코틀랜드에 도입되어, 거기서는 이내, 매우 한정된 상거래와 매우 보잘것 없는 국내 자본에 비해 일찍이 잉글랜드에서 이용된 것보다 훨씬 대규모로 이용되기 시작했다.

어음의 발행 및 역발행의 관습은 모든 사업가들에게 매우 잘 알려져 있으므로, 아마도 그에 대해서는 아무것*⁵도 설명할 필요가 없다고 생각할지 모른다. 그러나 이 책은 실업가가 아닌 다수의 사람들의 손에 들어갈지도 모르므로, 또 이 관습이 은행업에 끼치는 영향은 아마 실업가 자신도 이해하지 못하는 것이 보통일 것이므로, 나는 되도록 명확하게 설명할 생각이다.

유럽의 야만적인 법률이 상인의 계약이행을 강요하지 않았던 시대에 확립

---

*4 연(ream)은 제지공장에서 만드는 종이 한 두루마리로, 신문지라면 500장분.
*5 '아무것'의 뜻으로 부정관사 an을 쓰고 있는데, 제5판에서는 any를 쓰고 있다.

되어, 지난 2세기 동안 유럽의 모든 국민들의 법률에 도입된 상인의 관습은, 환어음에 매우 큰 특권을 주었기 때문에, 화폐는 다른 어떤 종류의 채무에 기초를 둔 경우보다 환어음에 기초를 두는 경우에 쉽게 대출이 되었고, 특히 환어음이 발행된 뒤 2, 3개월의 단기간에 지불되는 것인 경우에는 더욱 그러했다. 만일 그 어음이 만기가 되었을 때, 인수인이 그것을 제시받은 즉시 지불하지 않으면, 그는 그 순간부터 파산자가 된다. 어음에는 거절증서가 작성되어 발행인에게 되돌아가게 되며, 그 또한 즉각 지불하지 않으면 마찬가지로 파산자가 된다. 만일 그것이 인수인에게 지불을 청구하며 제시하는 사람에게 오기 전에 다른 몇 사람의 손을 거쳤고, 그 사람들이 서로 그 내용을 화폐 또는 재화로 잇달아 대출해 왔으며, 또 각자가 차례로 그 내용을 받았음을 표시하기 위해서 모두가 순번대로 배서(背書), 즉 그들의 이름을 어음 뒤에 썼다면, 그 배서인들은 각각 차례로 그 내용에 대해 그 어음의 소지자에게 채무를 지게 되는 것이며, 그리하여 만일 그가 지불하지 않으면 그도 그 순간부터 파산자가 된다.

어음의 발행인·인수인, 그리고 배서인이 모두 신용이 의심스러운 사람들이라도 어음의 기한이 짧을 때는 어음 소유자에게 약간의 안심감을 준다. 그들 모두 파산자가 될 가능성이 매우 높다 하더라도, 전원이 그토록 단기간에 그렇게 되기란 매우 어려운 일이다. 지친 나그네가 혼자 말하기를, 이 집은 낡아서 앞으로 그리 오래가지는 않겠지만 당장 허물어지는 일은 없을 테니, 오늘밤에는 큰맘 먹고 그 안에 들어가서 자고 가야겠다는 것과 같다.

에든버러의 상인 A가 런던의 B에게, 발행한 날로부터 2개월 뒤에 지불할 어음을 발행한다고 가정하면, 실제로는 런던의 B는 에든버러의 A에 대해서 아무런 채무도 없는 것이며, 그가 A의 어음을 인수하겠다고 승인한 것은, 지불 기한이 오기 전에 에든버러의 A에게 같은 금액의 이자와 수수료를 합한 것만큼의 어음을 또한 발행일 2개월 뒤 지불로 역발행한다는 조건 아래서이다. 그래서 B는 첫 두 달이 경과하기 전에 에든버러의 A에게 이 어음을 역발행한다. A는 다시 두 번째의 2개월이 경과하기 전에 런던의 B에게 두 번째 어음을 마찬가지로 발행일 2개월 후 지불로 발행하고, 그리하여 제3의 2개월이 경과하기 전에 런던의 B는 에든버러의 A에 대해서 또한 2개월 지불의 또 다른 어음을 역발행하는 것이다. 이 방법은 때로는 몇 달이 아니라 몇 해 동안 계속되며,

그 경우 어음은 언제나 그 이전의 모든 어음에 대한 누적된 이자와 수수료와 함께 에든버러의 A에게 되돌아간다. 이자는 1년에 5퍼센트였고, 수수료는 한번 발행 때마다 0·5퍼센트 이하로 내려가는 일이 결코 없었다. 이 수수료는 1년에 6회 이상 되풀이되는 것이므로 이 편법을 통해 A가 조달할 수 있는 화폐가 얼마가 되든, 그것은 필연적으로 1년에 8퍼센트가 넘는 비용이 들었을 것이 틀림없고, 때마침 수수료가 오르거나 앞서의 어음 이자와 수수료에 대해 복리로 지불해야 하는 경우에는, 그보다 훨씬 많이 들었을 것이다. 이 방법은 유통에 의한 화폐조달이라고 불렸다.

대다수의 상업 기획에서 자산의 통상적인 이윤이 6퍼센트에서 10퍼센트라고 상정되는 나라에서, 수익이, 운영을 위해 이렇게 자금을 빌릴 때의 거액의 비용을 보상할 뿐만 아니라, 그 기업가에게 충분한 잉여이윤을 제공할 수 있다면, 그것은 매우 운이 좋은 투자사업이었을 것이다. 그러나 많은 거대하고 광범한 기획이 착수되고, 이런 거액의 비용이 조달된 것 외에는, 기획을 지탱할 자금은 아무것도 없이 몇 해 동안이나 영위되었다. 기업가들이 이 큰 이윤을 그들의 황금의 꿈 속에서 똑똑히 보았을 것은 의심할 여지없다. 그러나 그들의 기획의 종말에, 또는 기획을 더 이상 추진할 수 없게 되었을 때, 깨닫고 보면, 이 큰 이윤을 발견하는 행운을 얻는 것은 매우 드문 일이었을 거라고 나는 믿는다.[6]

---

[6] 본문에 설명되어 있는 방법은 이따금 이런 모험가들이 자금을 융통하는 방법으로서, 결코 가장 일반적인 것도 아니고 가장 비용이 드는 것도 아니었다. 가장 흔한 것은, 에든버러의 A가 자신의 첫 번째 환어음을 런던의 B가 결제할 수 있도록, 그 어음의 기한 며칠 전에 같은 런던의 B 앞으로 3개월 후 지불의 지불어음을 발행하는 것이었다. 이 두 번째 어음은 A가 지명하는 사람에게 지불되는 것이므로, 그는 그것을 액면가대로 에든버러에서 매각하고, 그 금액으로 B를 지명인으로 하는 일람불어음(어음을 받은 사람이 제시하면, 곧 지급해야할 어음)을 사서 B에게 우송했다. 최근의 전쟁 끝 무렵, 에든버러와 런던 사이의 환율은 때때로 에든버러에서 3퍼센트 불리하여, 그 일람불어음은 A에게는 그만한 추가비용이 들었다. 따라서 이 거래는 1년에 적어도 네 번 되풀이되었고, 그때마다 적어도 0.5퍼센트의 수수료가 들었으므로, 그 무렵 A로서는 1년에 적어도 14퍼센트가 들었을 것이 틀림없다. 다른 때에는 A는 B가 최초의 어음을 결제할 수 있도록, 그 기한 며칠 전에, 2개월 지불의 두 번째 어음을 B가 아니라 다른 제3자, 이를테면 런던의 C앞으로 발행하는 일이 흔히 있었다. 이 두 번째 어음은 B의 지명인에게 지불되어야 하는 것이므로, B는 그것이 C에 의해 인수되자 런던의 어떤 은행에서 할인해 받았다. 그리고 A는 C가 그 어음을 지불할 수 있도록, 그 기한 며칠 전에 2개월 지불의 세 번째 어음을, 때로는 최초의 상대인 B에게, 때로는 네 번째 또는 다섯

에든버러의 A가 런던의 B에게 발행한 어음을, 만기가 되기 두 달 전에 규칙적으로 에든버러의 어떤 은행 또는 은행가에게 할인받고, 다시 런던의 B가 에든버러의 A에게 역발행한 어음 또한 규칙적으로 잉글랜드의 은행 또는 런던의 다른 어떤 은행가에게 할인받았다. 그와 같은 융통어음을 근거로 대부된 금액은 모두 에든버러에서는 스코틀랜드 은행의 지폐로 대출되었고, 런던에서 그것이 잉글랜드 은행에서 할인받았을 때는, 같은 은행의 지폐로 대출되었다. 이 지폐가 대출될 때의 어음은, 모두 만기가 되자마자 차례로 상환되었지만, 최초의 어음을 기초로 하여 실제로 대출된 가치가, 그것을 대출한 여러 은행으로 돌아오는 일은 실제로는 결코 없었다. 왜냐하면 각 어음이 만기가 되기 전에 곧 지불되어야 하는 그 어음보다 약간 큰 액수의 다른 어음이 언제나 발행되었으며, 이 다른 어음을 할인하는 것이 곧 만기가 되는 어음의 지불을 위해서 아무래도 필요했기 때문이다. 따라서 이 지불은 완전히 허구의 것이었다.

그런 융통환어음을 매개로 하여, 한번 은행 금고에서 나가게 된 흐름은, 실제로 금고에 흘러들어오는 어떤 흐름에 의해서도 결코 보충되지 않았다. 그런 융통환어음을 근거로 발행된 지폐는, 많은 경우 농업·상업 또는 제조업의 어떤 거대하고 광범한 사업 기획을 수행하기 위해서 예정된 자금의 전액에 이르는 수가 있었다. 그것은 그 자금 중에서 만일 지폐가 없었더라면 기획가들이 수시의 요구에 응하기 위해 사용하지 않고 현금으로 보유해야 했을 부분에 머물지 않았기 때문이다. 따라서 그 지폐의 대부분은, 만일 지폐가 없었더라면 그 나라에서 유통했을 금은화의 가치를 넘어서는 것이었다. 그러므로 그것은 그 나라의 유통계가 쉽게 흡수하고 사용할 수 있는 금액을 넘어서는 것으로, 그런 까닭으로 금은화와 교환되기 위해 즉각 은행으로 되돌아오고, 은행은 전

번째 인물, 이를테면 D나 E 앞으로 발행했다. 이 세 번째 어음은 C의 지명인에게 지불되어야 하는 것이므로, 그는 그것이 인수되는 즉시 똑같은 방법으로 런던의 어떤 은행에서 할인해 받은 것이다. 이런 조작이 1년에 적어도 여섯 번은 되풀이되었고, 한번 되풀이될 때마다 적어도 0.5퍼센트의 수수료가 5퍼센트의 법정이자와 함께 들었으므로, 이 방법에 의한 자금 조달은 본문에 설명된 것과 마찬가지로, A에게는 8퍼센트가 조금 넘어서는 정도로 든 것이 틀림없다. 그러나 그것은 에든버러와 런던 사이의 환차액을 절약할 수 있으므로, 이 주(註)에서 앞에 설명한 것보다 싸게 쳤지만, 그 경우에는 런던의 많은 업자들 사이에서 신용을 확립할 필요가 있었고, 이 이점은 이런 모험가들 대부분이 반드시 손에 넣기 쉬운 것은 아니었다(이 주는 제2판에서의 추가).

력을 다해 그 금은화를 찾아 내지 않으면 안 되었다. 그것은 그런 사업가들이 매우 교묘하게 연구하여 그런 은행에서 끌어 낸 자본으로, 은행은 그것을 알지도 못하고, 숙고 끝에 동의한 것도 아니며, 하물며 아마도 한동안은 자신들이 그것을 실제로 대출한 것이 아닌가 하는, 한 조각의 의심조차 품지 않았던 것이다.

서로 끊임없이 어음의 발행과 역발행을 하고 있는 두 사람이 언제나 한 은행가에게 그들의 어음을 할인받는다면, 그 은행가는 즉각 그들이 무엇을 하고 있는지 눈치챌 것이고, 그들이 자신들의 자본이 아니라 은행이 그들에게 대출해 주는 자본으로 영업하고 있다는 것을 똑똑히 알게 될 것이다. 그러나 그것을 눈치채는 것은, 다음과 같은 경우에는 반드시 그리 쉬운 일이 아니다. 그것은 그들이 어음을 때로는 이 은행가에게서, 때로는 다른 은행가에게서 할인받는 경우이며, 또 동일한 두 사람이 끊임없이 서로 어음의 발행과 역발행을 하는 것이 아니라, 때로는 사업가들의 대집단이 번갈아 가면서 하는 경우이다. 그런 사업가들은 이 방법으로 자금을 조달할 때 서로 돕는 것이 자기들의 이익이 된다고 생각하고 있으며, 그런 까닭으로 실제의 환어음과 허구의 그것의 구별, 즉 실제의 채권자가 실제의 채무자에게 발행한 어음과, 그것을 할인한 은행 외에는 진정한 채권자가 없고, 그 자금을 이용한 사업가 외에는 진정한 채무자가 없는 어음의 구별을 최대한 어렵게 하는 것이 자기들에게 이익이 된다고 생각하고 있는 것이다.

어느 은행가가 이것을 발견한다 하더라도, 때로는 그것이 너무 늦어서, 그런 사업가들의 어음을 이미 대량으로 할인해 주었기 때문에, 그 이상의 할인을 거부하면 필연적으로 그들 모두를 파산시킬 것이고, 그들을 파멸시키면 아마 그 자신도 파멸할 것이라는 점을 알게 될지도 모른다. 따라서 이 매우 위험한 입장에서, 그는 자기의 이익과 안전을 위해 다음과 같이 해야겠다고 생각할 것이다. 즉 한참 동안 그대로 계속하면서 동시에 서서히 손을 떼도록 노력하고, 그런 이유 때문에 하루하루 할인에 대한 이의를 확대시켜 그 사업가들을 차츰 다른 은행가들이나 다른 화폐조달 방법에 의존하지 않을 수 없게 만드는 것이며, 그렇게 함으로써 그들 자신이 되도록 빨리 그 집단으로부터 탈출할 수 있게 되는 것이다. 따라서 잉글랜드 은행이나 런던의 주요 은행가들, 그리고 더 심사숙고하는 스코틀랜드의 여러 은행까지 일정한 시간이 지난 뒤,

더욱이 그들 모두가 이미 너무나 깊이 빠진 뒤에야 할인에 대해 얘기하기 시작한 여러 문제점은 그런 사업가들을 경악시켰을 뿐만 아니라 극도로 분개하게 만들었다.

은행들의 이런 신중함 그리고 필요한 억제가 직접적으로 불러일으킨 자신들의 곤경을 그들은 '국가의 곤경'이라고 불렀다. 그리고 이 곤경은 그 나라를 미화하고, 개량하고, 부유하게 만들려고 헌신하는 사람들의 활기에 찬 사업에 대해 충분히 후하게 원조를 베풀지 않은 은행들의 무지와 두려움과 악행에 기인하는 것이라고 그들은 말했다. 그들이 빌리고 싶어하는 기간과 범위에서 빌려 주는 것이 은행의 의무라고 그들은 생각했던 것 같다. 그러나 은행은 이미 너무 거액의 신용을 주어 버린 사람들에게 그 이상의 신용을 이렇게 거부함으로써, 이제 그들 자신의 신용 또는 그 나라의 공신력을 구할 수 있는 유일한 방법을 택한 것이다.

이런 소동과 곤경 속에서 한 은행이 국난 구제라는 명백한 목적을 가지고 스코틀랜드에 설립되었다.*7 구상은 훌륭했지만 집행은 신중하지 못했고, 이 은행이 구제하려고 한 곤경의 성질과 원인은 거의 이해되지 않고 있었다. 이 은행은 현금계정을 주는 데 있어서나 환어음을 할인하는 데 있어서 모두 과거의 어느 누구보다 너그러웠다. 후자에 대해서는, 진성어음과 융통어음을 거의 구별하지 않고 모두 똑같이 할인해 주었던 것 같다. 이 은행이 공언한 원칙은, 토지개량처럼 수익을 얻는 것이 가장 느리고 시간이 걸리는 개량에 사용되어야 하는 전 자본을 타당한 담보만 있으면 대출해 준다는 것이었다. 그런 개량을 촉진하는 것이 이 은행 설립의 공공 정신에 입각한 여러 목적 가운데 중요한 것이라는 말까지 나왔다. 현금계정을 넉넉하게 주고 환어음을 후하게 할인했기 때문에, 이 은행은 의심도 없이 많은 양의 은행권을 발행했다. 그러나 그 은행권은 대부분이 나라의 유통계가 쉽게 흡수하여 사용할 수 있는 금액을 넘었기 때문에, 발행되자마자 금은과 교환되기 위해 은행으로 되돌아왔다. 그 은행의 금고가 충분히 채워지는 적은 한 번도 없었다. 두 차례의 모집에서 이

---

*7 Douglas, Heron and Company(통칭 에어뱅크)는 1769년 11월에 업무를 시작하여 1772년 7월에 인출소동이 일어나 도산했다. 스미스가 개인교사로서 해외여행에 함께 수행했던 버클루 공작은 최대주주의 한 사람이었기 때문에 채권자에 대한 지불에 고심하지 않을 수 없었고, 스미스도 그를 돕기 위해 자신의 은행계좌에 에어은행의 은행권을 인수할 준비를 했다.

은행에 응모한 자본은 16만 파운드였지만 그 가운데 불입된 것은 80퍼센트에 지나지 않았다. 이 금액은 여러 번 분할하여 불입해야 하는 것이었다. 주주의 대부분은 첫 번째 분할 불입을 했을 때 그 은행에 현금계정을 열었다. 임원들은 자신의 주주들을 다른 모든 주주들과 똑같이 너그럽게 대해야 한다고 생각하고, 많은 주주들에게 그 뒤에 분할 불입되는 모든 금액을 이 현금계정으로 빌리는 것을 인정했다.

따라서 그런 불입은 방금 한 금고에서 꺼내온 것을 다른 금고에 넣는 것에 지나지 않았다. 그러나 만약 이 은행의 금고가 충분히 채워져 있었다 하더라도, 그 과잉유통 때문에 다음에 설명하는 다른 어떤 방법으로 보충할 수 있었다 하더라도, 빨리 금고가 비었을 것이 틀림없다. 남겨진 것은, 런던 앞으로 어음을 발행하고 그것이 만기가 되면 같은 런던 앞으로 다른 환어음을 발행하여 이자와 수수료를 붙여서 첫 번째 어음을 결제하는 파멸적인 방법이다. 그 은행의 금고는 그토록 빈약한 내용이었으므로, 업무를 시작한 지 불과 몇 달 동안에 이 긴급 수단에 의존하지 않을 수 없었다고 한다.

이 은행 주주들의 자산은 수백만 파운드의 가치가 있었고, 그들이 이 은행의 원증서(原證書), 즉 원계약서에 서명함으로써 그 자산은 사실상 은행의 모든 채무에 응하기 위한 담보가 되어 있었다. 그와 같은 큰 담보가 필연적으로 은행에 준 큰 신용으로 은행은 너무나도 방만한 경영에도 불구하고 2년 이상 업무를 계속할 수 있었다. 업무를 정지하지 않을 수 없게 되었을 때, 이 은행은 유통계에 약 20만 파운드의 은행권을 가지고 있었다. 발행되자마자 은행에 끊임없이 되돌아오는 은행권의 유통을 유지하기 위해, 그 은행은 계속하여 런던 앞으로 환어음을 발행하는 방법을 계속 사용했기 때문에, 그 수와 가치는 끊임없이 증대하여, 은행이 문을 닫았을 때는 60만 파운드가 상회하고 있었던 것이다. 따라서 이 은행은 2년도 채 되기 전에 여러 사람들에게 80만 파운드 이상을 5퍼센트에 대출해 준 셈이 된다. 은행권으로 유통시킨 20만 파운드에 대한 이 5퍼센트는 아마도 운영비 외에는 아무것도 공제하지 않은 순이득으로 보아도 될 것이다. 그러나 끊임없이 런던 앞으로 환어음을 발행한 60만 파운드 이상에 대해서 은행은 이자 및 수수료로서 8퍼센트 이상을 지불하고 있었고, 따라서 그것은 그 거래 전체의 4분의 3이 넘는 것에 대해 3퍼센트 이상의 손실을 보고 있었던 것이다.

이 은행의 활동은 그것을 기획하고 지휘한 개개인들이 의도한 바와 완전히 어긋나는 효과를 낳은 것 같다. 그들은 당시 그 나라의 여러 지방에서 영위되고 있던 사업을 활기에 찬 기업이라고 생각하여 그것을 지원하려 했고, 동시에 모든 은행업무를 자기들에게 끌어옴으로써 다른 모든 스코틀랜드 은행, 특히 에든버러에 설립되어 환어음 할인에 대한 소극성 때문에 반감을 불러일으켰던 여러 은행의 자리를 차지할 생각이었던 것 같다. 의심할 여지없이 은행은 그런 기업가들을 일시적으로 구제해 주었고, 그런 구제가 없는 경우보다 약 2년쯤 오래, 그들이 사업을 계속하는 것을 가능하게 해 주었다. 그러나 이 은행은 그렇게 함으로써 그들이 그만큼 깊게 채무에 빠지게 만들었을 뿐이며, 그러기에 파멸이 왔을 때는 그들에게나 그들의 채권자들에게 훨씬 더 심한 타격을 주었다. 따라서 이 은행의 조작은 그런 기업가들이 자기들과 그 나라에 안겨 준 곤경을 구제하기는커녕, 실제로는 더욱 증대시키고 말았다.

만일 그들의 대부분이 실제보다 2년 빨리 업무를 정지시켰더라면, 그들 자신에게는 물론이고 그들의 채권자들이나 그들의 나라에 있어서도 훨씬 나았을 것이다. 그런데 이 은행이 그런 기업가들에게 제공한 일시적인 구제는 스코틀랜드 다른 은행들에 있어서는 진정한 영속적인 구제라는 것이 밝혀졌다. 다른 은행들이 융통환어음의 할인에 소극적이 되어 있었기 때문에, 그것을 거래하는 업자들은 모두 이 새 은행에 의존하지 않을 수 없었고, 또 새 은행도 그들을 환영했던 것이다. 그러므로 그런 은행은 치명적인 집단에서 매우 쉽게 탈출할 수 있었다. 만일 새 은행이 없었더라면, 큰 손해를 입는 일 없이, 또 아마도 어느 정도의 불신을 부르는 일 없이, 거기서 탈출하는 것은 불가능했을 것이다.

그러므로 결국 이 은행의 조작은, 그것이 구제하고자 한 그 나라의 진정한 곤경을 증대시키고, 또 이 은행이 대신 들어앉으려 했던 경쟁자들을 매우 큰 곤경으로부터 효과적으로 구제해 준 셈이었다.

이 은행이 처음 세워졌을 때, 그 은행의 금고가 아무리 빨리 비더라도, 그 은행이 지폐를 대출해 준 사람들의 담보를 근거로 자금을 조달하면 쉽게 금고를 보충할 수 있을 거라는 것이, 그 사람들의 의견이었다. 나는 경험이 곧 그들에게 다음과 같은 것을 확신시켰다고 믿는다. 즉 그 자금조달 방법은 그들의 목적에 호응하기에는 너무 느리고, 또 본디 그와 같이 불충분하게 채워져 있다가 그와 같이 급속히 비게 되는 금고는, 런던으로 어음을 발행하여 그것이 만기가 되면 누적된 이자와 수수료를 포함한 다른 어음을 또한 런던으로 발행함으로써 결제하는 파멸적인 편법이 아니고는 보충할 수 없다는 것이었다. 그런데 그들은 이 방법에 의해서 바라는 대로 급하게 자금을 조달할 수는 있었지만 이윤을 얻기는커녕 그런 조작을 할 때마다 손해를 보지 않을 수 없었고, 그 결과, 아마도 발행과 역발행이라는 그보다 훨씬 값비싼 방법에 의한 경우만큼 급속하지는 않더라도, 결국은 상업회사로서는 자멸하고 말았다.

그들은 지폐의 이자로도 아무런 이득을 보지 못했다. 그 지폐는 그 나라의 유통계가 흡수하여 사용할 수 있는 것을 넘어섰으므로 발행되자마자 금은화와 교환되기 위해 그들에게 되돌아왔고, 그 지불을 위해 그들은 끊임없이 자금을 빌리지 않으면 안 되었다. 반대로 이런 차입의 전 경비, 즉 빌려 줄 자금을 가진 사람들을 찾기 위한 대리인을 사용하는 비용, 그런 사람들과 교섭하고 적절한 차용증서 또는 양도증서를 작성하는 비용은 그들의 부담이 되었고, 그것은 그들의 계정잔고에는 그만큼 순손실이 되지 않을 수 없었다. 이런 방법으로 금고를 보충하려는 계획은, 끊임없이 물이 흘러나오는데 유입되는 물은 없는 연못을 가진 사람이, 그럼에도 불구하고 그 연못에 항상 물을 채워 두기 위해, 많은 사람들을 고용하여 몇 마일이나 떨어진 샘까지 물통을 들고 물을 길러 보내는 것에 비유할 수 있다.

그러나 이 조작이 한 상업회사로서의 은행에 있어서 실행 가능할 뿐 아니라 이윤을 얻을 수 있음이 판명되었다 하더라도, 그 나라는 거기서 아무런 편익도 얻을 수 없을 뿐만 아니라, 반대로 매우 중대한 손해를 입었을 것이 틀림없다. 이 조작은 빌려 줄 화폐량을 조금도 증가시키지 못했다. 그것이 할 수 있었던 것은 다만 이 은행을 나라 전체에 대한 일종의 총대출국(總貸出局) 같은 것으로 만든 것뿐이었다. 돈을 빌리고 싶은 사람들은 이 은행에 자신의 화폐를 빌려 준 개인에게 부탁하는 대신 이 은행에 부탁했을 것이다. 그러나 임원들이 그 대부분에 대해 거의 조금밖에 알 수 없는 500명이나 되는 다양한 사람들에게 화폐를 빌려 주는 은행의 경우는, 채무자의 선택에 있어서, 개인이 자신이 알고 있는 소수의 사람들, 더욱이 성실하고 검소한 행동을 신뢰할 수 있는 사람들에게 자신의 돈을 빌려 주는 경우보다 사려가 깊다고는 생각되지 않는다.

내가 그 행위에 대해서 약간 설명해 온 은행의 채무자들은 대부분 몽상적인 기업가이자 융통환어음의 발행인 또는 역발행인인 경우가 많은데, 그들이 화폐를 사용하려고 한 것은, 어떤 원조가 주어지더라도 결코 완수할 수 없고, 또 설령 완수한다 하더라도 실제로 소요된 비용을 결코 회수할 수 없고, 거기에 사용된 것과 같은 양의 노동을 부양할 수 있는 기금을 결코 제공할 수 없는, 터무니없는 여러 사업이었다. 반대로 성실하고 검소한 개인 채무자들은, 빌린 화폐를 자신들의 자본에 걸맞은 착실한 사업에 사용하는 경향이 있는데, 그 사업은 장대하고 화려하다는 점에서는 뒤떨어지지만, 견실하고 유리하다는 점에서는 더 나으며, 거기에 사용된 금액이 얼마가 되든 큰 이윤과 함께 그것을 회수할 수 있고, 그리하여 거기에 사용된 것보다 훨씬 많은 노동을 유지할 수 있는 기금을 제공할 것이다. 그러므로, 이 조작의 성공은 나라의 자본을 조금도 증가시키지 않고, 그 큰 부분을 사려 깊고 유리한 사업에서 사려가 없고 이익도 없는 사업으로 이동시켰을 뿐일 것이다.

스코틀랜드의 산업이, 그것을 가동시키는 화폐의 부족 때문에 쇠퇴했다는 것은 유명한 로*⁸의 견해였다. 그는 나라의 토지 전체의 가치총액에 이르는 지폐를 발행할 수 있다고 상상한 것 같은 특별한 종류의 은행을 설립함으로써, 이 화폐 부족을 구제할 것을 제안했다. 그가 처음으로 그 기획을 제안했을 때, 스코틀랜드 의회는 그것을 채용하는 것은 적절하지 않다고 생각했다. 그것은 나중에 약간의 수정을 거쳐 당시 프랑스의 섭정이었던 오를레앙 공에 의해 채용되었다. 지폐를 얼마든지 증가시킬 수 있다고 하는 생각은, 이른바 미시시피 계획*⁹이라고 하는 일찍이 없었던, 가장 엄청난, 은행 및 주식거래 사업의 참

---

*8 존 로(John Law, 1671~1729)는 에든버러 출신. 런던에서 결투에 의한 살인으로 투옥되어 대륙으로 탈주했다가, 암스테르담에서 은행업무를 습득하여 귀국했다. 그 지식을 바탕으로 조국을 곤경에서 구하고자 하는 제안이 뒤에 나오는 저서이다. 그러나 스코틀랜드 의회가 이 제안을 거부하자, 그는 다시 대륙으로 건너가 여러 도시의 정부에 제안을 되풀이했다. 프랑스의 섭정 오를레앙 공의 인정을 얻어 1720년 재정총감이 되었다. 그러나 미시시피 계획(다음 주 참조)의 붕괴로, 그는 프랑스에서 추방되어 베네치아에서 사망했다.

*9 미시시피 계획은 1715년에 로가 작성한, 북아메리카의 프랑스 식민지 개척을 위한 미시시피 회사의 계획으로, 그 몇 해 전에 영국에서 시작된 금융공황인 남해거품(사우스시버블, 남해회사 도산과 이에 따른 파산에서 비롯된 금융공황)처럼 미시시피버블(미시시피 계획의 실패에 따른 금융공황)로 귀결되었다. 스미스는 《법학강의》(LJB)에서 로와 그 체계에 대해 상당히 상세하게 언급했고, '국부론 초고'와 《국부론》 제4편 제7장에서도 언급했다. 그 사이에 제임

된 기초였다. 이 계획의 여러 가지 조작은, 뒤베르네 씨에 의해 《뒤토 씨의 상업 및 재정에 대한 정치적 고찰의 검토》*10 속에, 그토록 상세하고 명백하게, 또 매우 그토록 정연하고 명확하게 설명되어 있으므로 나는 거기에 대해 아무런 설명도 하지 않을 생각이다. 그 기초가 된 여러 원리는 로 자신이 처음으로 그 기획을 제안했을 때 스코틀랜드에서 출판한 화폐 및 무역에 관한 논문*11에서 설명하고 있다. 그 저술과 같은 원리에 입각한 다른 몇 가지 저서 속에서 설명되어 있는, 훌륭하지만 환상적인 생각은 지금도 여전히 많은 사람들에게 감명을 주고 있으며, 아마도 요즈음 스코틀랜드와 다른 여러 지방에서 불평의 표적이 되기 시작한 은행업의 지나친 행위에 아마 어느 정도는 영향을 끼쳤을 것이다.

잉글랜드 은행은 유럽 최대의 발권은행(發券銀行)이다. 이 은행이 법인으로 설립된 것은 의회의 법령에 따라 1694년 7월 27일자 특허장에 의해서였다. 당시 이 은행은 정부로부터 10만 파운드의 연금, 즉 이자율 8퍼센트로 연리 9만 6천 파운드와 연 4천 파운드의 경영비를 받기로 하고, 정부에 120만 파운드를 대출해 주었다. 혁명에 의해 수립된 정부가 이렇게 비싼 이자로 차입하지 않을 수 없었다면, 그 신용*12이 매우 낮았던 것이 틀림없다고 믿어도 무방할 것이다.

1697년에 이 은행은 자본을 100만 1171파운드 10실링의 증자로 그 자본을 증대시키는 것을 허가받았다. 그래서 전 자본이 이때 220만 1171파운드 10실링에 이르렀다. 이 증자는 공신력을 유지하기 위한 것이었다고 한다. 1696년에는

스 스튜어트 경은 주저(主著)의 제3편에서 스미스보다 상세하고 호의적인 해설을 곁들이고 있다.

*10 J. Paris Duverney, Examen du livre intitulé 'Réflexions politiques sur les finances et le commerce', La Haye, 1740. Dutot, Réflexions politiques sur les finances et le commerce, où l'on examine quelles ont été sur les Revenues, les Denrées, le Change étranger, et conséquemment sur notre commerce, les influences des Augmentations des valeurs numéraires des Monnoies, La Haye, 1738(ASL 1244).

*11 [J. Law], Money and trade considered, with a proposal for supplying the nation with money, Edinburgh, 1705(ASL 961, 1750 ed.).

*12 1688~1689년의 명예혁명에 의해 스튜어트 왕조는 소멸했지만, 그 부활운동은 1715년과 1745년 재커바이트의 반란에 의해 알 수 있듯이 상당히 뿌리 깊었고, 더욱이 스튜어트의 출신지인 스코틀랜드에 한정되지도 않았다. 이를테면 스미스가 유학했을 때의 옥스퍼드 대학에서도 재커바이트가 우세했다.

정부채무증서*[13]가 40·50·60퍼센트로 할인되고, 은행권은 20퍼센트로 할인되었다.

그때 진행 중이었던 은화의 대개주(大改鑄) 동안, 은행은 은행권의 지불을 정지하는 것이 적절하다고 생각했는데, 그것은 필연적으로 은행권에 대한 불신을 불러일으켰다.

앤 여왕 7년(1708) 법률 제7호에 의해 이 은행은 40만 파운드의 금액을 대출하여 국고에 지불했다. 그 결과, 은행이 본디의 연금, 즉 이자 9만6천 파운드와 경영비 4천 파운드와 교환으로 정부에 대출한 금액은 모두 160만 파운드가 되었다. 따라서 1708년의 정부의 신용은, 당시의 통상적인 법정이자율 및 시장이자율이었던 6퍼센트에 빌릴 수 있었으니 개인의 신용과 같았던 셈이다. 같은 법률에 의해 은행은 177만 5027파운드 17실링 10펜스 반에 이르는 국고증권을 6퍼센트의 이자로 상환하는 동시에, 그 자본을 배가하기 위한 증자 모집을 해도 좋다는 허가를 얻었다. 그리하여 1708년에는 은행자본이 440만 2343파운드에 이르렀고, 정부에 대한 대출은 337만 5027파운드 17실링 10펜스 반이 되었다.

1709년에는 15퍼센트의 납입청구에 의해 65만 6204파운드 1실링 9펜스가, 그리고 1710년에는 다시 10퍼센트의 납입청구로 50만 1448파운드 12실링 11펜스가 납부되어 자본이 되었다. 따라서 이 두 번의 납입청구 결과, 은행자본은 555만 9995파운드 14실링 8펜스가 된 것이다.

조지 1세 3년(1716)의 법률 제8호에 따라, 이 은행은 국고증권 200만 파운드를 인수하여 정부에 넘겼다. 따라서 이때 정부에 대한 은행의 대부는 537만 5027파운드 17실링 10펜스가 된 셈이다. 조지 1세 8년의 법률 제21호에 따라, 은행은 남해회사(南海會社)*[14]로부터 4백만 파운드의 주식을 구입했다. 그리하여 1722년 이 구입을 가능하게 하기 위한 사금을 모집한 결과, 1722년, 은행의 자본은 340만 파운드 증가했다. 따라서 이때 은행은 정부에 937만 5027파운드 17실링 10펜스 반을 대부해 주고 있었고, 그 자본은 895만 9995파운드 14실링

---

*13 정부채무증서(tally)는 납세영수증으로, 금액·납세연월일·납세자명이 기록되어 있다. 납세는 주권자에 대한 채권의 발생으로 여겨졌기 때문에, 이 정부채무증서가 국채나 다름없는 기능을 가지고 유통하게 되었다. 국채와 달리 상환의무가 없으므로 정부는 얼마든지 발행할 수 있었다. 왕정복고(1660) 때부터 명예혁명 뒤까지 이용되었다.

*14 남해회사(South Sea Company)는 1711년 에스파냐령 남아메리카와의 독점 무역회사로서 설립되었으나, 곧 투기열이 과열되어 1720년에 파산했다(남해거품사건).

8펜스밖에 되지 않았다. 이 은행이 이자를 받고 정부에 대출한 금액이 처음으로 그 자본, 즉 은행주식의 소유자에게 배당을 지불하는 자본의 총액을 넘게 된 것은 이때이다. 다시 말해, 은행이 주식으로 배당되는 자본을 넘어서는 무배당자본을 가지게 된 것이다. 이때부터 은행은 이것과 같은 종류의 무배당자본을 계속 가지고 있다.

1746년에 은행은 다양한 경우에 1168만 6800파운드를 정부에 대부하고, 또 은행의 배당자본은 여러 가지 납입청구와 모집으로 1087만 파운드로 인상되었다. 그 두 가지 금액은 그때부터 계속해서 같다. 조지 3세 4년(1764)의 법률 제25호에 의해 이 은행은 특허장 갱신과 교환으로, 정부에 11만 파운드를 무이자·무상환으로 지불하는 데 동의했다. 따라서 이 금액은 다른 두 금액의 어느 쪽도 증가시키지 않았다.

은행의 배당은 정부에 대출한 화폐에 대해서 여러 기회에 받은 이자율의 변동에 의해 변화했고, 다른 사정에 의해서도 변화했다. 그 이자율은 8퍼센트에서 4퍼센트로 차츰 인하되었는데, 지난 몇 해에 걸쳐서 이 은행의 배당은 5.5퍼센트였다.

잉글랜드 은행의 안정성은 브리튼 정부의 안정성과 같다. 이 은행이 정부에 대출한 돈을 모두 잃기 전에는, 그 채권자는 어떤 손실을 입지 않는다. 잉글랜드에서는 그 밖의 어떤 은행도 의회법으로 설립되거나, 6명 이상의 회원으로 구성될 수 없다. 그것은 하나의 보통은행으로서 활동할 뿐 아니라 국가의 큰 기관으로서도 활동하고 있다. 그것은 정부의 채권자들에게 만기가 된 연금의 대부분을 수납하고 지불하며, 국고증권을 유통시키고, 또 몇 년 뒤까지 불입이 완료되지 않는 일이 때때로 있는 토지세와 맥아세(麥芽稅)의 연간총액을 정부에 미리 대부해 준다. 그런 여러 가지 조작에 있어서 그것은, 임원들의 과실 때문이 아니라 정부에 대한 의무 때문에, 때로는 지폐를 유통계에 넘쳐나도록 하지 않을 수 없었을지도 모른다. 은행은 마찬가지로 상업어음의 할인도 하고, 여러 경우에 잉글랜드뿐 아니라 함부르크나 네덜란드의 주요 상사의 신용을 유지시켜 준 적도 있다. 어떤 경우에는 1763년에*15 은행은 이 목적을 위해 1주일에 약 160만 파운드를 대부분 지금(地金)으로 대부해 주었다고 한다. 그

---

*15 '1763년에'는 제3판의 추가.

러나 나는 그 금액의 크기나 그 기간의 짧음에 대해서 감히 장담할 생각은 없다. 다른 경우에는 이 큰 회사가 6펜스짜리 은화로 지불하는 곤경에 내몰렸다.

은행업의 가장 현명한 조작이 나라의 산업을 증대시킬 수 있는 것은, 나라의 자본을 증가시킴으로써가 아니라, 그 자본의 대부분을 은행업의 조작이 없을 때보다 더 활동적이고 생산적으로 만듦으로써이다. 자신의 자본 가운데, 업자가 그때그때의 청구에 응하기 위해, 사용하지 않고 현금으로 보유하지 않을 수 없는 부분은 그만한 금액의 사장자산(死藏資産)이며, 이 상태에 머무는 한 그것은 그에게나 그의 나라에 아무것도 가져다 주지 않는다. 은행업의 현명한 조작으로 그는 이 사장자산을 활동적이고 생산적인 자산, 즉 가공되는 재료, 일에 사용하는 도구, 일의 목적인 식료품과 생활 자료, 다시 말해 그에게나 그의 나라에나 무언가를 생산하는 자산으로 전환하는 것을 가능하게 한다. 어떤 나라 안에서 유통되고, 그 나라의 토지와 노동의 생산물이 해마다 유통하여 본디의 소비자들에게 분배되기 위한 수단이 되는 금은화는, 방금 말한 상인의 현금과 마찬가지로 모두 사장자산이다.

그것은 그 나라 자본의 매우 가치 있는 부분이기는 하지만 그 나라에 대해 아무것도 생산하지 않는다. 은행업의 현명한 조작은, 이 금은화 가운데 큰 부분을 지폐로 대체함으로써, 나라가 이런 사장자산 가운데 큰 부분을 활동적이고 생산적인 자산, 즉 그 나라에 대해 무언가를 생산하는 자산으로 전환할 수 있게 한다. 어떤 나라에서 유통하는 금은화를 공도(公道)에 비교하면 매우 적절할 것이다. 공도는 그 나라의 모든 목초와 곡물을 유통시키고 시장에 운반하지만, 그 자신은 그 중의 어느 한 품목도 생산하지 않는다. 은행업의 현명한 조작은, 이렇게 거친 비유가 허락된다면, 공중에 일종의 차도(車道)를 부설함으로써, 그 나라가 말하자면, 공도의 큰 부분을 훌륭한 목초지와 곡물밭으로 바꾸고, 그것에 의해 그 나라의 토지와 노동의 연간 생산물을 대폭으로 증가시키는 것을 가능하게 하는 것이다.

그러나 다음과 같은 것은 인정되지 않으면 안 된다. 그 나라의 상업과 공업은 약간 증대한다 해도, 지폐라고 하는 다이달로스의 날개*16로 매달려 있기

*16 다이달로스는 고대 그리스의 전설적인 명장(名匠)·기술자로, 아테네 출신. 크레타 섬의 미노스 왕에게 유폐되었을 때, 밀랍으로 만든 날개를 달고 탈출했다 한다. 같이 탈출한 아들 이카루스는 태양에 너무 가까이 다가갔기 때문에 날개가 녹아 떨어져 죽었다.

때문에, 금은화라는 굳건한 지면 위를 걸어다니는 경우만큼 안전할 수 없다는 것이다. 상공업은 이 지폐 관리인들의 미숙함으로 인한 불의의 사건에 직면할 뿐만 아니라, 관리인들이 아무리 사려 깊고 숙달되어 있어도 막을 수 없는 다른 여러 가지 사건을 겪기 쉽다.

이를테면 전쟁에 패하여 적이 수도를, 따라서 지폐의 신용을 유지하고 있던 재보를 점령한 경우, 그것은 유통 전체가 지폐로 이루어지고 있던 나라에서, 유통의 대부분이 금은화로 이루어지고 있던 나라보다 훨씬 큰 혼란을 불러일으킬 것이다. 일반적인 상업 용구가 그 가치를 잃어버렸으므로, 교환은 물물교환이나 신용에 의해서밖에 이루어질 수 없을 것이다. 모든 세금이 보통 지폐로 납부되었으므로, 군주는 자기 군대에 보수를 지급하는 데도 군수품을 조달하는 데도 수단을 잃게 되고, 나라의 상태도 유통의 대부분이 금은화로 이루어지고 있었을 경우보다 훨씬 회복하기 어려울 것이다. 자신의 영토를 언제나 가장 방위하기 쉬운 상태로 유지해 두는 것을 염원하는 군주는, 이런 이유로 지폐를 발행하는 여러 은행 자체를 파멸시키는 지폐의 과도한 증발뿐만 아니라, 은행이 나라의 유통계 대부분을 지폐로 채우는 것을 가능하게 하는 지폐 증발에 대해서도 경계하지 않으면 안 된다.

어느 나라의 유통도 두 가지의 다른 부문으로 나누어져 있다고 할 수 있다. 즉 업자들 사이의 유통과, 상인과 소비자 사이의 유통이 그것이다. 종이이든 금속이든, 같은 화폐 조각이 때로는 전자의 유통에 사용되기도 하고, 때로는 후자의 유통에 사용되기도 하지만, 양쪽의 유통은 끊임없이 동시에 이루어지고 있으므로, 각각이 그 진행을 위해 어느 한쪽의 화폐를 일정량 비축할 필요가 있다. 여러 상인들 사이에 유통되는 재화의 가치가 상인과 소비자 사이에 유통되는 재화의 가치를 초과하는 일은 결코 있을 수 없다. 상인이 구입하는 것은 무엇이나 결국은 소비자에게 판매되게 되어 있기 때문이다. 상인들 사이의 유통은 도매로 이루어지며 각 개별 거래에 매우 큰 금액을 필요로 하는 것이 보통이다. 반대로 상인과 소비자 사이의 그것은 소매로 이루어지는 것이 보통이므로 매우 적은 금액밖에 필요하지 않는 일이 흔하며, 1실링 또는 2분의 1페니만 있어도 충분한 경우가 많다. 그러나 작은 금액은 큰 금액보다 빠르게 유통된다. 1실링은 1기니보다 주인을 바꾸는 횟수가 더 많다. 따라서 소비자 전체의 연간 구매는, 상인 전체의 구매와 적어도 가치에 있어서는 같더라도, 일반적으로 훨씬 적은 양의 화폐로 거래할 수 있다. 같은 화폐 조각이라도, 전자와 같은 종류의 구매 쪽이 유통 속도가 빠르므로, 다른 종류의 구매에서보다 훨씬 많은 구매에 도움이 되기 때문이다.

지폐의 유통은 다음과 같이 규제할 수 있다. 즉 그것을 서로 다른 상인들 사이의 유통에만 엄격하게 제한하거나, 마찬가지로 상인과 소비자 사이의 유통의 대부분으로 확대하는 것이다. 런던의 경우처럼 10파운드 이하의 은행권이 유통하지 않는 곳에서는, 지폐는 대체로 상인들 사이의 유통에 한정된다. 10파운드짜리 은행권이 소비자의 손에 들어가면, 그는 일반적으로, 5실링짜리 상품을 사기 위해 들르는 첫 번째 가게에서 그것을 헐지 않을 수 없다. 그 결과 그 은행권은 소비자가 그 40분의 1을 써버리기 전에 상인의 손에 돌아오는 경우가 많다. 스코틀랜드처럼 20실링의 소액 은행권이 발행되고 있는 곳에서는, 지폐는 상인과 소비자 사이의 유통의 상당한 부분까지 확대된다. 의회법이 10실링권과 5실링권의 유통을 정지시킬 때까지는, 지폐는 이 유통의 가장 큰 부분을 채우고 있었다. 북아메리카의 통화에 있어서는, 지폐는 1실링과 같은 소액에 대해 발행되는 것이 보통이었고, 그 유통의 거의 대부분을 채우고 있었다. 요크셔의 어떤 지폐의 경우에는 6펜스의 소액까지 발행되었다.

그런 소액은행권 발행이 허용되고 일반적으로 실행되고 있는 곳에서는 자산이 없는 많은 사람들도 은행가가 될 수 있고 또 되고 싶은 마음이 들게 한다. 5파운드의 약속어음, 또는 20실링의 약속어음마저 모든 사람에게 거부당하는 사람도, 6펜스 같은 소액을 발행하면 주저하지 않고 받아 줄 것이다. 그러나 그런 가난한 은행가들이 때때로 당하지 않을 수 없는 파산은 그들의 은행권으로 지불받은 많은 가난한 사람들에게 매우 큰 불편을 일으키거나, 때로는 엄청난 재난을 안겨 주기도 할 것이다.

이 왕국의 어느 지방에서도 5파운드 이하의 소액은행권은 발행되지 않는 것이 아마 더 나았을 것이다. 그러면 지폐는 10파운드 이하의 은행권이 발행되지 않는 런던에서 현재 그런 것처럼, 왕국의 어느 지방에서도 다양한 업자들 사이의 유통에만 한정될 것이다. 5파운드라는 것은 이 왕국의 대부분의 지방에서 지폐의 낭비가 범람하는 런던에서의 10파운드에 비하면 구매하는 재화의 양은 아마 절반을 조금밖에 넘지 않겠지만, 매우 중요시되는 것은 똑같으며, 한 번에 모두 낭비해 버리는 일이 좀처럼 없다는 점에서도 마찬가지일 것이다.

런던처럼 지폐가 상인과 상인 사이의 유통에 상당히 잘 제한되어 있는 곳에서는, 언제나 금은화가 풍부하다는 것은 주목할 만한 사실이다. 스코틀랜드처럼, 또 북아메리카에서는 더욱 그런 것처럼, 지폐가 상인과 소비자 사이의 유통에서 상당한 부분까지 확대되어 있는 곳에서는, 국내 상업의 거의 모든 거래가 지폐에 의해서 이루어지므로 그것은 금은화를 거의 전면적으로 국내에서 추방해버린다. 10실링과 5실링짜리 은행권의 금지는, 스코틀랜드에서의 금은화의 부족을 어느 정도 완화시켰다. 그리고 20실링권이 금지되면 그 부족을 아마 더욱더 완화할 것이다. 아메리카에서는 그런 금속은, 지폐 속의 어떤 것이 금지된 이후, 더욱 윤택해졌고, 마찬가지로 그런 통화가 도입되기 전에는 그런 금속은 더욱 윤택했다고 한다.

지폐가 상인들 사이의 유통에만 상당히 한정된다 하더라도, 은행과 은행가는 그 나라의 산업과 상업의 모든 유통이 거의 지폐로 채워져 있을 때, 그들이 제공한 원조와 거의 같은 원조를 나라의 상공업에 줄 수 있었을 것이다. 상인이 그때그때의 청구에 응하기 위해 수중에 보유해 두지 않을 수 없는 현금은, 그 자신과 그가 재화를 사는 다른 상인들 사이의 유통에 모두 충당하게 되어 있다. 그는 자기와 소비자들 사이의 유통을 위해서는 현금을 조금도 직접 보유할 필요가 없으며, 소비자들은 그의 고객이고, 그의 현금을 조금이라도 빼앗기는커녕 그것을 그에게 가져다 주는 존재이다. 그러므로 지폐의 발행이 상인들 사이의 유통에만 상당히 한정되는 금액밖에 허용되지 않았더라도, 은행 및 은행가는 일부는 진성환어음을 할인함으로써, 다른 일부는 현금계정을 토대로 대출을 함으로써, 그런 상인들의 대부분을 그때그때의 청구에 응하기 위해 자신들의 자산의 상당한 부분을 쓰지 않고 현금으로 수중에 보유해야 하는 필요에서 벗어날 수 있게 해 줄 것이다. 은행과 은행가는 모든 종류의 업자들에게 줄 수 있는 타당하고 가장 큰 원조를 여전히 줄 수 있을 것이다.

이렇게 말하는 사람이 있을지도 모른다. 즉, 개인들이 은행가의 약속어음을 기꺼이 수령하고자 하는데도, 금액의 많고 적음을 묻지 않고 그것을 억제하거나, 은행가의 모든 이웃들이 그런 어음을 기꺼이 인수하고자 하는데도, 은행가가 그런 어음 발행을 억제하는 것은, 자연적인 자유의 명백한 유린이며, 법률의 본디의 업무는 그것을 침해하는 것이 아니라 지지하는 일이라는 것이다. 그런 규제는 의심할 여지없이 어떤 점에서 자연적인 자유의 유린으로 여길 수 있다. 그러나 사회 전체의 안전을 위협할 가능성이 있는 소수 사람들의 자연스러운 자유의 행사는 가장 자유로운 정부나 가장 전제적인 정부나 마찬가지로 모든 정부의 법률에 의해 억제되고 있고 또 그렇게 되어야 한다. 불이 번지는 것을 막기 위해 장벽을 쌓는 의무를 부여하는 것은, 여기서 제안된 은행업무의 규제와 똑같은 종류의 자연적 자유의 유린이다.

지폐가 은행권이고, 신용이 확실한 사람들에 의해 발행되고, 무조건적인 요구지불이며, 또 사실 언제나 제시되는 즉시 그 자리에서 지불될 때, 그것은 어떤 점에서나 금은화와 같은 가치를 가진다. 왜냐하면, 언제든지 그것과 금은화를 바꿀 수 있기 때문이다. 그런 지폐와 교환하여 사고파는 것은 무엇이든, 반드시 금은화와 교환으로 매매된 경우와 마찬가지로 싸게 매매될 것이 틀림없다.

지폐의 증가는 통화 전체의 양을 증가시키고, 따라서 그 가치를 감소시킴으로써 필연적으로 상품의 화폐가격을 증대시킨다고 한다. 그러나 통화에서 제외되는 금은화의 양은 통화에 추가되는 지폐의 양과 언제나 같으므로, 지폐는 반드시 통화 전체의 양을 증가시키지는 않는다. 전세기 초부터 현재까지, 스코틀랜드에서는 1759년만큼 식료품값이 싼 적이 없었다. 10실링과 5실링의 은행권이 유통하고 있었기 때문에, 그 나라에는 오늘날보다 많은 지폐가 있었다. 스코틀랜드와 잉글랜드의 식료품값의 비율은 지금도 스코틀랜드의 은행이 크게 증가하기 전과 같다. 잉글랜드에는 많은 양의 지폐가 있고 프랑스에는 거의 없음에도 불구하고, 곡물은 대부분의 경우 잉글랜드에서도 프랑스와 똑같이 값이 싸다. 1751년과 흄이 정치논집*17을 출판한 1752년, 즉 스코틀랜드에서 지폐가 매우 증가한 지 얼마 안 되어 식료품값이 매우 뚜렷하게 상승했는데, 아마 이것은 날씨가 고르지 않았기 때문이지 지폐의 증가 때문은 아니었을 것이다.

분명히 지폐가 약속어음인 경우에는 사정이 다를 것이다. 약속어음의 즉시지불이 어떤 점에서 그것을 발행한 사람들의 선의에 의존하거나, 그 소지인이 반드시 채울 수 있다고는 할 수 없는 조건에 의존할 경우, 또는 그 지불이 일정한 햇수가 지나지 않으면 지불을 청구할 수 없고, 또 그 동안 이자가 붙지

---

*17 David Hume, Political discourses, Edinburgh, 1752.

않는 경우가 그것이다. 그런 지폐는 의심할 여지없이 많든 적든 금은화의 가치 이하로 하락할 것이고, 그 정도는 즉시 지불을 받는 것에 대해 예상할 수 있는 어려움이나 불확실성의 크기, 또는 지불을 청구할 수 있을 때까지의 기간의 길고 짧음에 달려 있다.

몇 해 전에 스코틀랜드의 여러 은행이, 은행권에 선택조항이라는 것을 삽입하기로 했다. 이 조항으로 그들은, 은행권이 제시되는 즉시 지불하거나, 아니면 임원들의 선택에 의해 제시 후 6개월이 지난 뒤에 그 6개월에 대한 법정이자를 붙여서 지불할 것을 은행권 지참인에게 약속했다. 그런 은행 가운데 어떤 은행의 임원들은 이 선택조항을 이용하는 일도 있었고, 상당한 수의 은행권과 금은화의 교환을 청구하는 사람들에 대해 청구액의 일부만으로 만족하지 않으면 선택조항을 이용하겠다고 위협하는 일도 있었다. 그 당시 이런 은행의 약속어음은 스코틀랜드 통화의 압도적인 큰 부분이었기 때문에, 이런 지불의 불확실성이 그것을 필연적으로 금은화의 가치보다 끌어내렸던 것이다. 이 폐해가 계속되는 동안(그것은 주로 1762·1763·1764년에 널리 성행했다) 런던과 칼라일*18 사이의 환시세는 평가(平價)였는데도 런던과 덤프리스 사이의 환시세는 이따금 덤프리스에 4퍼센트나 불리했다. 이 도시는 칼라일에서 30마일도 떨어져 있지 않지만, 칼라일에서는 어음이 금은화로 지불되었는데 덤프리스에서는 스코틀랜드 은행권으로 지불되었으며, 이 은행권을 금은화와 교환하는 것의 불확실성이 은행권을 이렇게 금은화보다 4퍼센트 하락시킨 것이다. 10실링과 5실링의 은행권을 금지한 것과 똑같은 의회법은 이 선택조항도 금지하고, 그렇게 함으로써 다시 잉글랜드와 스코틀랜드 사이의 환시세를 그 자연율에, 즉 거래와 송금의 추이에 따라 정해지는 비율로 복귀시킨 것이다.

요크셔의 지폐에서는, 6펜스 같은 소액지불에는 그 은행권의 소지인이 발행자에게 1기니에 대한 거스름돈을 가지고 와야 한다는 조건이 붙은 적도 있었다. 이 조건은 그런 은행권의 소지인으로서는 때때로 매우 이행하기 어려운 것이었고, 이 통화를 금은화의 가치 이하로 하락시켰을 것이 틀림없다. 따라서 의회법은 그와 같은 조항을 모두 위법이라고 선언하고, 스코틀랜드의 경우와 같은 방법으로, 20실링 가치 이하의 지참인 지불의 약속어음을 모두 금지했다.

---

*18 칼라일(Carlisle)은 잉글랜드 서안에서 스코틀랜드에 들어가기 직전의 도시로, 그곳에서 스코틀랜드에 들어간 첫 번째 도시가 덤프리스이다.

북아메리카의 지폐는 지참인의 청구에 의해 지불되는 은행권이 아니라, 발행 뒤 몇 년까지 지불을 청구할 수 없는 정부 지폐였다. 그리고 식민지의 여러 정부는 이 지폐의 소지인에게 이자를 지불하지 않았는데도, 그것을 그 발행 액면가대로 지불하는 법화(法貨)라고 선언하고, 또 사실상 그런 것으로 다루었다. 그러나 식민지의 채무보증이 완전히 양호하다 하더라도, 이를테면 15년 뒤에 지불되어야 하는 100파운드는 이자가 6퍼센트인 나라에서는 40파운드의 현금과 거의 같은 가치밖에 없다. 따라서 실제로 현금으로 대출된 100파운드의 부채에 대한 완전한 결제로서 이 지폐를 받으라고 채권자에게 강제하는 것은, 자유를 자칭하는 다른 어떤 나라의 정부도 시도한 적이 없는 난폭한 부정행위이다. 정직하고 솔직한 더글러스 박사가 우리에게 확언한 바로는,*[19] 거기에는 본디 사기적인 채무자가 채권자를 속이려는 술책이었다는 뚜렷한 증거가 있다. 펜실베이니아 정부는 실제로 1722년에 처음으로 지폐를 발행할 때, 그 지폐를 금은화와 같은 가치로 한다고 내세우고, 그것을 위해, 자신의 재화를 식민지 지폐를 받고 팔 때와 금은화를 받고 팔 때 조금이라도 차이를 두는 모든 사람에 대해 벌칙을 만들었다. 이것은 그것이 지지하려고 한 규제와 마찬가지로 강압적이기는 하지만, 그보다도 훨씬 비효과적이었다.

실정법에서는 1실링을 1기니에 상당하는 법화로 할*[20] 수도 있을 것이다. 왜냐하면 법률은 재판소에 명령하여 그런 변제(辨濟)를 한 채무자의 채무를 면제할 수 있기 때문이다. 그러나 어떤 실정법도 재화를 파는 사람, 그리고 팔든지 안 팔든지 자기 마음대로 할 수 있는 사람에게, 재화의 값으로서 1실링을 1기니와 같은 가치로서 수령하도록 강요할 수는 없다. 이런 종류의 어떤 규제에도 불구하고 그레이트브리튼에 대한 환시세를 통해 알 수 있는 바로는, 영국 정화 100파운드가 어떤 식민지에서는 130파운드와 같다고 여겨지고, 다른 식민지에서는 1100파운드나 되는 고액과 같다고 여겨지는 일도 있었다. 이런 가치의 차이는 여러 식민지에서 발행된 지폐의 양의 차이와, 그것이 최종적으

---

*19 '우리의 모든 지폐발행 의회는 채무자의 입법부이고, 또 부주의와 게으름과 낭비 때문에 토지를 저당잡히지 않을 수 없게 된 사람들의 대의체(代議體)이다' 더글러스의 앞의 책 제1 권 300페이지.

*20 기니는 화폐액의 명칭, 즉 명목에 지나지 않으므로, 그 실질은 법률로 정할 수 있다는 의미 이지만, 바로 뒤에 나오는 것처럼 시장에서는 그 명목이 일정한 실질(이를테면 21실링)을 가지는 것으로서 통용되고 있다.

로 결제되고 상환되는 기한과 확실성의 차이에서 오는 것이다.

따라서 앞으로 식민지에서 발행되는 지폐는 지불상의 법화가 아니라고 선언한 의회법은, 여러 식민지에서 참으로 부당하게 비난거리가 되었으나, 이보다 공평한 법률은 없을 것이다.

펜실베이니아는 지폐발행이라는 점에서는 우리의 식민지 가운데 다른 어느 곳보다도 언제나 조심스러웠다. 그래서 그곳의 지폐는 그것이 처음 발행되기 전에 그 식민지에서 유통되고 있던 금은화의 가치 이하로는 내려간 적이 없었다고 한다. 그 지폐발행 전에, 식민지는 주화의 명목을 끌어올리고, 식민지 의회법으로 영국 정화 5실링은 이 식민지에서는 6실링 3펜스로 통용되어야 한다고 명령하고, 나중에는 6실링 8펜스로 정했다. 따라서 식민지 통화의 1파운드는 그 통화가 금은이었을 때도 영국 정화 1파운드의 가치보다 30퍼센트 이상 낮았고, 통화가 지폐로 바뀌었을 때도 그 가치보다 30퍼센트 이상 크게 내려가는 일은 좀처럼 없었다. 주화의 명목을 인상하려는 주장의 근거는, 같은 양의 금은화를 식민지에서 모국보다 고액으로 통용시킴으로써 그것의 수출을 방지한다는 것이었다. 그러나 모국에서 오는 모든 재화의 값은, 그들이 주화의 명목을 인상한 것과 정확하게 같은 비율로 상승하고, 따라서 금은은 전과 마찬가지로 급속하게 수출된다는 것이 판명되었다.

각 식민지의 지폐는 지방세를 지불할 때 발행된 액면가대로 수령되었으므로, 이런 용도에서 필연적으로 지폐가 최종적으로 변제되고 상환될 때까지의 실제의, 또는 가정상의 거리에서 생기는 가치를 넘어서, 약간의 추가적인 가치가 발생했다. 이 추가적 가치의 크기는 발행된 지폐의 양이 그것을 발행한 개별 식민지의 세금 납부에 사용될 수 있는 양보다 얼마나 많고 적은지에 따라 달랐다. 모든 식민지에서 그 발행량은 이와 같이 사용될 수 있는 양을 훨씬 넘어섰다.

어떤 군주가 그의 조세의 일정 부분을 일정한 종류의 지폐로 납부해야 한다고 법률로 정한다면, 설령 그 지폐가 최종적으로 변제되고 상환되는 기한이 완전히 그 군주의 뜻대로 정해진다 해도, 그는 그것을 통해 이 지폐에 일정한 가치를 줄 수 있을 것이다. 만일 이 지폐를 발행한 은행이 항상 그 양을 이와 같은 방법으로 쉽게 사용될 수 있는 것보다 조금 적게 하도록 주의한다면, 그 지폐에 대한 수요는 거기에 프리미엄이 붙을 정도의 것이 될지도 모른다. 즉 그 대신 지폐가 발행된 금은화의 양보다 조금 비싸게 팔리게 될 수도 있을 것이다. 어떤 사람들은 이와 같이, 암스테르담 은행의 이른바 아지오,*21 즉 통화에 대한 은행화폐의 우위를 설명하지만, 다만 이 은행화폐는 그들이 주장하는 것처럼 소유자가 마음대로 은행에서 꺼낼 수는 없다.

외국환어음의 대부분은 은행화폐, 즉 그 은행의 장부상의 대체(對替 : 어떤 계정의 금액을 다른 계정에 옮겨 적는 일)로 지불되지 않으면 안 되고, 또 은행의 임원들은 은행화폐의 전량을 항상 이 용도가 일으키는 수요량보다 적도록 배려한다고 그들은 주장한다. 이런 까닭으로 은행화폐는 프리미엄이 붙어서 팔리고, 이 나라의 같은 명목금액의 금은통화에 비해 4 내지 5퍼센트의 아지오가 붙는다고 그들은 말하는 것이다. 그러나 암스테르담 은행에 대한 이런 설명은, 나중에 밝혀지는 것처럼, 상당한 부분이 망상이다.*22

지폐가 금은주화의 가치 이하로 떨어진다고 해서, 그것 때문에 그런 금속의 가치를 하락시키는 것은 아니고, 같은 양의 그런 금속과 교환되는 다른 어떤 종류의 재화의 양이 적어지는 것도 아니다. 금은의 가치와 다른 어떤 재화가치의 비율은, 모든 경우에 어떤 특정한 나라에서 유통하고 있는 특정한 지폐의 성질 또는 양에 의존하는 것이 아니라, 때마침 어떤 특정한 시기에 상업 세계라는 거대한 시장에 금속을 공급하고 있는 광산이 풍부한가 빈약한가에 의존한다. 그것은 일정량의 금은을 시장에 내가는 데 필요한 노동의 양과, 일정량의 뭔가 다른 종류의 재화를 시장에 내가는 데 필요한 노동량의 비율에 의존하는 것이다.

만일 은행가들이 일정 금액 이하의 유통은행권, 즉 지참인 지급어음의 발행을 억제당한다면, 또 만일 그들이 그런 은행권이 제시되는 즉시 무조건 지불할 의무를 지게 된다면, 그들의 업무는 다른 모든 점에서 완전히 자유롭게 하더라도 공공의 안전에 지장을 초래하지 않는다. 연합왕국의 두 지방*23에서 최근에 은행이 증가한 것은 많은 사람들에게 커다란 불안을 주는 사건이었지만, 그것은 공공의 안전보장을 감소시키기는커녕 더욱 증대시키고 있다. 그것

---

*21 아지오(agio)는 17세기 중엽 이탈리아어의 aggio 에서 전화한 말로, 프리미엄을 말한다.
*22 초판에서는 '나중에' 이하가 '나는 그것이 완전한 망상이라고 믿을 만한 이유를 가지고 있다'.
*23 연합왕국의 두 지방은 잉글랜드와 스코틀랜드.

은 그들 모두를 더욱 신중하게 행동하게 하고, 그들의 통화가 그들의 현금에 대한 적절한 비율을 넘어서지 않도록 함으로써, 그렇게 많은 경쟁자와의 적대 관계에서 언제라도 그들에게 일어나기 쉬운 악의적인 인출 소동을 당하지 않도록 스스로 방위하지 않을 수 없게 만든다. 그것은 그렇지 않은 경우보다 각 개별 회사의 은행권의 유통을 좁은 범위 안으로 한정하고, 그 유통은행권을 적게 한다. 전 유통을 더욱 많은 부분으로 분할함으로써, 어느 한 회사의 파탄이라는, 일의 진행상 이따금 일어나지 않을 수 없는 사고가 공공에 미치는 영향은 감소한다. 이 자유경쟁은 또, 모든 은행업자를, 경쟁 상대에게 고객을 빼앗기지 않으려고 고객과의 거래에서 더 너그러워지지 않을 수 없게 만든다. 일반적으로 말하면, 만일 사업의 어느 부문, 또는 노동의 어느 부분*24이 공공에 있어서 유익한 것이라면, 경쟁이 자유롭고 전반적일수록 그것은 언제나 더욱 더 유리해질 것이다.

---

*24 '노동의 어느 부분'은 any division of labour의 번역인데, 스미스가 '분업'을 '직업의 분화'라는 의미에서 사용한 예로서 이렇게 번역했다.

제3장
자본 축적에 대하여 또는 생산적 노동과 비생산적 노동에 대하여

노동에 가운데 어떤 종류는 그것이 투하된 대상의 가치를 증가시키지만, 또 다른 종류의 노동은 그런 효과를 낳지 않는다. 전자는 가치를 생산하기 때문에 생산적이라고 하고, 후자는 비생산적*¹이라고 할 수 있을 것이다. 이와 같이 제조공의 노동은 일반적으로 그가 가공하는 재료의 가치에, 그 자신의 생활비의 가치와 그의 고용주의 이윤가치를 덧붙인다. 이와 반대로 가사를 돕는 하인의 노동은 어떤 것의 가치도 덧붙이지 않는다. 제조공은 임금을 그의 고용주한테서 선불로 받는다 하더라도, 실제로 그의 고용주로 봐서는 아무런 비용도 들지 않는다. 그 임금가치는 일반적으로 그의 노동이 투하된 대상의 증대된 가치 속에 이윤과 함께 회수되기 때문이다. 그러나 하인의 생활비는 결코 회수되지 않는다.

사람은 많은 제조공을 고용함으로써 부유해지고, 많은 하인을 부양함으로써 가난해진다. 다만 후자의 노동도 가치를 가지고 있고, 전자의 노동과 마찬가지로 보수를 받을 가치가 있다. 그러나 제조공의 노동은 어떤 특정한 대상 또는 판매할 수 있는 상품에 고정되어 실현되는 것이며, 이 상품은 그 노동이 끝난 뒤에도 적어도 한동안은 존속한다. 그것은 말하자면 일정량의 노동이 언젠가 다른 경우에 필요에 따라 쓰이기 위헤 저장되고 비축되고 있는 것이다. 그 대상 또는 그 대상의 가치는, 나중에 처음 그것을 생산한 것과 같은 양의 노동을 필요에 따라 활동시킬 수 있다. 반대로 가정의 하인의 노동은 어떤 특정한 대상 또는 판매할 수 있는 상품에도 고정되어 실현되는 일이 없다. 그의 노동은 일반적으로 그것이 수행된 바로 그 순간 소멸되고, 나중에 그것과 교

---

*1 커다란 학식과 독창성을 가진 어떤 프랑스 저자들(농업노동만이 생산적이라고 한 중농학자들)은, 이런 말을 다른 의미에서 사용해 왔다. 이 책 제4편의 마지막 장에서 나는 그들이 사용하고 있는 의미가 부적당하다는 것을 설명할 것이다.

환하여 같은 양의 노동을 획득할 수 있는 흔적이나 가치를 남기는 일이 거의 없다.

사회에서 가장 존경할 만한 계층 가운데서 어떤 사람들의 노동은, 하인의 노동처럼 아무런 가치도 생산하지 않고, 또 노동이 끝난 뒤까지 지속되어 나중에 같은 양의 노동과 교환할 수 있는 어떤 영속적인 대상, 또는 판매할 수 있는 상품에 고정 또는 실현되는 일이 없다. 이를테면 주권자는 그 밑에서 봉사하는 모든 사법 및 군사 관료, 전 육해군과 함께 비생산적 노동자이다. 그들은 공공의 하인이며, 다른 사람들의 근로의 연간 생산물의 일부로 부양되고 있다. 그들의 일이 아무리 명예롭고 아무리 유익하고, 나아가서는 아무리 필요한 것이라 하더라도, 나중에 그것으로 같은 양의 일과 교환할 수 있는 것은 아무것도 생산하지 않는다. 그들의 그 해의 노동 성과인 공동사회의 보호·안전·방위는, 그 다음 해의 보호·안전·방위를 구매하지 않는다.

같은 부류에 넣어야 할 것으로는 가장 엄숙하고 가장 중요한 전문직 가운데 몇 가지와 가장 하찮은 전문직 가운데 몇 가지가 있는데, 성직자·법률가·의사, 모든 종류의 문필가와 배우·어릿광대·음악가·오페라 가수·오페라 무용수 등이 그것이다. 이들 가운데 가장 비천한 자의 노동조차 어떤 일정한 가치를 가지며, 그 가치는 다른 모든 종류의 노동가치를 규제하는 것과 똑같은 원리에 의해서 규제된다. 또 그런 것 가운데 가장 고상하고 가장 유용한 자의 노동도 나중에 같은 양의 노동을 구매 또는 입수할 수 있는 것을 아무것도 생산하지 않는다. 배우의 대사와 연설가의 열변과 음악가의 연주처럼, 그들의 모든 일은 그것이 생산된 바로 그 순간 사라져 버리는 것이다.

생산적 노동자도 비생산적 노동자도, 또 전혀 노동을 하지 않는 사람들도, 모두 똑같이 그 나라의 토지와 노동의 연간 생산물에 의해 부양된다. 이 생산물은 아무리 많다 해도 결코 무한정일 수는 없고 반드시 일정한 한계를 가진다. 따라서 생산물 가운데, 어떤 해에 비생산적인 일손을 부양하는 데 사용되는 비율의 크기에 따라, 생산적인 일손을 위해 남겨지는 것은 크기도 하고 작기도 할 것이고, 그에 따라서 이듬해의 생산물도 크기도 하고 작기도 할 것이다. 해마다의 모든 생산물은 대지의 자연적인 생산물을 제외하면 생산적 노동의 성과이기 때문이다. 각국의 토지와 노동의 전체 연간 생산물은 의심할 여지없이 궁극적으로는 그 나라 주민의 소비에 충당하기 위한 것이고 또 그들에게 수입을 가져다 주기 위한 것이기는 하지만, 그것이 먼저 토지에서 오는가 생산적 노동자의 손에서 오는가에 따라 자연히 두 부분으로 나눠진다. 그 중 하나로서 때때로 가장 큰 부분은, 첫째로는 자본의 회수, 즉 자본에서 거두어 들인 식료품·재료·완성품을 보충하기 위한 것이고, 다른 한 부분은 이 자본소유자에게는 자산의 이윤으로서, 또는 누군가 다른 사람에게는 토지지대로서의 수입을 형성하는 데 충당된다. 그러므로 토지 생산물 가운데 어떤 부분은 농업 경영자의 자본을 회수하고, 다른 부분은 그의 이윤과 지주의 지대를 지불하며, 따라서 이 자본소유자에게는 자산이윤으로서, 다른 사람에게는 토지지대로서의 수입을 형성한다. 마찬가지로, 큰 제조업의 생산물 가운데 어떤 부분, 즉 언제나 가장 큰 부분은 그 기업가의 자본을 회수하고, 다른 부분은 그의 이윤을 지불하여 자본소유자에게 수입을 형성해 주는 것이다.

어떤 나라의 토지와 노동의 연간 생산물 가운데 자본을 회수하는 부분이, 생산적인 일손 이외의 사람을 부양하는 데 직접 사용되는 일은 결코 없다. 그것은 생산적 노동의 임금만 지불한다. 이윤으로서나 지대로서나 수입을 형성하는 데 직접 충당되는 부분은, 생산적이든 비생산적이든 상관없이 일손을 부양할 수 있을 것이다.

자신의 자산 가운데 어느 부분을 자본으로 사용하든 그는 그것이 항상 이윤과 함께 자기에게 회수되기를 기대한다. 따라서 그는 그것을 생산적인 일손만 부양하는 데 사용하는 것이며, 그것은 그를 위해 자본으로서의 기능을 다한 뒤에 그 일손의 수입을 형성한다. 그가 그 가운데 어느 부분이라도 어떤 종류의 비생산적인 일손의 부양에 쓴다면, 그 순간부터 그 부분은 그의 자본에서 빠져 나가 직접적인 소비를 위해 유보된 자산에 편입된다.

비생산적 노동자와 전혀 노동을 하지 않는 사람들은 모두 수입에 의해 부양된다. 즉 첫째로는 연간 생산물 가운데 토지지대 또는 자산이윤으로서 먼저 어떤 특정한 사람들의 수입에 충당되고 있는 부분에 의해, 둘째로는 본디는 자본을 회수하여 생산적 노동자만을 부양하는 데 충당되고 있었지만, 생산적 노동자의 손에 들어오면, 그들의 필요한 생활 자료를 넘는 한, 생산적이든 비생산적이든 상관없이 일손을 부양하는 데 사용될 수 있는 부분에 의해서이다. 이렇게 하여, 대지주나 부유한 상인들뿐만 아니라, 일반노동자들이라도 그의 임금이 상당한 금액이라면 하인 한 사람쯤은 부양할 수 있고, 때로는 연극이나 인형극을 보러 갈 수도 있으며, 그렇게 함으로써 한 무리의 비생산적 노동자의 부양에 그 나름대로 공헌할 수도 있을 것이다. 아니면 약간의 세금을 내고, 그렇게 함으로써 분명히 더 훌륭하고 유용하기는 하지만 비생산적인 다른 한 무리의 사람들을 부양하는 데 도움을 줄 수도 있다.

그러나 연간 생산물 가운데 본디 자본의 회수에 충당되고 있었던 부분은, 그것이 필요로 하는 모든 생산적 노동을 활동시켜 버리기 전, 즉 그것이 쓰이고 있었던 방법으로 활동하게 할 수 있는 모든 것을 활동시켜 버리기 전에는, 비생산적인 일손의 부양에 충당되지 않는다. 방금 말한 노동자는 자신의 임금의 어느 부분이든 이런 방법으로 사용할 수 있기 위해서는, 자신이 완수한 일을 통해 임금을 취득해 두지 않으면 안 된다. 더욱이 그 부분은 일반적으로 작은 것에 지나지 않는다. 그것은 그의 여분의 수입일 뿐이며, 생산적 노동자가 그것을 많이 갖는 일은 좀처럼 드물다. 그러나 그들은 일반적으로 그것을 조금씩은 가지고 있으며, 조세의 납부에 있어서는 그들의 수가 많은 것이 어느 정도 납세액이 적은 것을 보상할 것이다.

따라서 토지지대와 자산이윤은, 어디서든, 비생산적인 일손이 생계를 이끌어 내는 주요한 원천이다. 이 두 종류의 수입은 그 소유자가 일반적으로, 대부분을 그것 없이 해결할 수 있는 것이다. 그것은 생산적인가 비생산적인가와 상관없이 일손을 부양할 수 있을 것이다. 그러나 그것은 후자 쪽을 약간 편애하고 있는 것처럼 여겨진다. 대영주(大領主)의 지출은, 일반적으로 부지런한 사람보다 하는 일이 없는 사람들을 많이 부양한다. 부유한 상인은 그의 자본으로는 부지런한 사람들밖에 부양하지 않지만, 그의 지출, 즉 그의 수입을 사용함으로써 그 대영주와 같은 종류의 사람들을 먹여 살리는 것이 통례이다.

따라서 생산적인 노동자와 비생산적인 노동자의 비율은 어느 나라에서나 연간 생산물 가운데 땅 속 또는 생산적 노동자의 손에서 나오자마자 자본의 회수에 충당되는 부분과, 지대 또는 이윤으로서 수입을 형성하는 데 충당되는 부분과의 비율에 의존하는 바가 매우 크다. 이 비율은 부유한 나라와 가난한 나라에서 매우 다르다.

이리하여 현재 유럽의 부유한 나라들에서는 그 토지 생산물 가운데 매우 큰 부분, 흔히 가장 큰 부분이 부유하고 독립된 농업 경영자의 자본을 회수하는 데 충당되고, 다른 부분이 그의 이윤과 지주의 지대를 지불하는 데 충당되고 있다. 그런데 옛날에 봉건정치가 널리 퍼져 있던 시대에는, 경작에 사용된 자본을 회수하는 데 생산물의 매우 작은 부분으로 충분했다. 그 자본은 몇 마리의 초라한 가축으로 되어 있는 것이 보통이었고, 그것은 경작되지 않는 토지의 자생적인 생산물만으로 유지되었으며, 따라서 그 자생적 생산물의 한 부분으로 여겨졌을지도 모른다. 이 자본은 또한 일반적으로 영주의 것이고 영주에 의해 토지점유자들에게 대여되고 있었다. 다른 모든 생산물도 또한 그의 토지에 대한 지대 또는 이 빈약한 자본의 이윤으로서, 당연히 영주의 것이었다. 토지점유자들은 일반적으로 농노(農奴)*²이고, 그들의 신체와 소지품도 모두 영주의 재산이었다. 농노가 아닌 사람들은 임의해약차지인(任意解約借地人)*³으로, 그들이 지불하는 지대는 명목상으로는 부역면제지대(賦役免除地代)*⁴를 거의 넘지 않았지만, 실질적으로는 토지의 전체 생산물에 이르렀다.

그들의 영주는 언제라도 그들에게 평시에는 노동을, 전시에는 병역을 명령할 수 있었다. 그들은 영주의 집에서 멀리 떨어진 곳에 살고 있지만, 그 안에 살고 있는 그의 하인들과 마찬가지로 영주에게 종속되어 있다. 그러나 토지의 모든 생산물은 의심할 여지없이 영주의 것이고, 그는 그것이 부양하는 모든 사람들의 노동과 역무를 마음대로 처분할 수 있다. 유럽의 현재 상태에서는 영주의 몫이 토지 전체 생산물의 3분의 1이 넘는 경우는 드물며 4분의 1이 안 될 때도 가끔 있다. 그러나 이 나라의 개량된 모든 지방에서의 토지지대는 그런 옛 시대의 3배, 4배나 되어 있고, 게다가 연간 생산물의 이 3분의 1 내지 4분의 1은, 옛날의 전체 생산물보다 3배, 4배나 커진 것으로 생각된다. 개량의 진전과 함께 지대는 면적에 따라 증가하지만, 토지 생산물과의 비율에서는 감소하는 것이다.

유럽의 부유한 나라에서는, 현재 큰 자본이 상업이나 제조업에 쓰이고 있다. 옛날에 활동하고 있던 얼마 안 되는 상업과 소수의 조잡한 가내수공업은 매우 적은 자본밖에 필요로 하지 않았다. 그러나 그런 자본은 매우 큰 이윤을 낳았을 것이 틀림없다. 이자율은 어디서나 10퍼센트 이하로 내려가지 않았고,

---

*2 농노라고 번역한 것은 bondman으로, 토지에 속박되어 있는 농경노예를 말한다.
*3 임의해약차지인(tenant at will)이라는 것은 영주가 마음대로 쫓아 낼 수 있다는 의미로, 차지인의 임의가 아니다.
*4 부역면제지대(quit-rent)는 바로 뒤에 나오는 부역을 면제받는 대가로 지불한 지대.

또 그 이윤은 이 높은 이자를 제공하는 데 충분했을 것이다. 현재 유럽의 개량된 지방에서는 이자율이 6퍼센트보다 높은 곳은 없으며, 가장 개량된 어떤 지방에서는 4·3·2퍼센트 정도로 낮은 곳도 있다. 주민의 수입 가운데 자산이윤에서 얻는 부분은 언제나 가난한 나라보다 부유한 나라가 훨씬 큰데, 그것은 그 자산이 훨씬 크기 때문이며, 자산에 대한 비율로 보면 이윤은 일반적으로 훨씬 작다.

따라서, 연간 생산물 가운데 땅 속 또는 생산적 노동자의 수중에서 나오자마자 바로 자본 회수에 충당되는 부분은 가난한 나라보다 부유한 나라가 훨씬 클 뿐만 아니라, 지대나 이윤으로서 수입을 형성하는 데 직접 충당되는 부분에 대해서도 훨씬 큰 비율을 가지고 있다. 생산적 노동의 유지에 충당되는 기금은 전자보다 후자가 훨씬 클 뿐 아니라, 생산적 또는 비생산적 일손의 어느 쪽이든 부양하는 데 사용될 수 있지만, 일반적으로는 후자를 애호하는 기금에 대한 비율 또한 훨씬 크다.

이런 다양한 기금 사이의 비율은, 어떤 나라에서도 부지런함이나 게으름에 대한 주민들의 일반적인 성격을 필연적으로 결정한다. 우리는 우리의 조상들보다 부지런한데, 그것은 현대에는 2, 3세기 전과 비교해, 근로의 유지에 충당되는 기금이 게으름의 유지에 쓰이기 쉬운 기금에 비해 훨씬 크기 때문이다. 우리의 조상들은 근로에 대한 동기유발이 충분하지 않았기 때문에 게을렀다. 어차피 헛일이라면 일하기보다 노는 편이 낫다는 속담이 있다. 하층민들이 주로 자본의 사용에 의해 부양되고 있는 상공업 도시에서는, 잉글랜드와 네덜란드의 대부분의 도시에서 볼 수 있듯이, 그들은 일반적으로 부지런하고, 성실하며, 부유하다. 궁정의 영구적 또는 임시적인 소재지라는 지위에 의해 주로 유지되고, 하급민들이 주로 상층민의 수입의 소비에 의해 먹고 사는 도시에서는 로마와 베르사유·콩피에뉴·퐁텐블로에서 그런 것처럼, 그들은 일반적으로 게으르고 방종하고 가난하다.

루앙과 보르도*⁵를 제외하면, 프랑스의 모든 고등법원*⁶ 소재지에는 상업도

---

*5 루앙(Rouen)과 보르도(Bordeaux)에 대해서는 바로 뒤에도 설명이 있지만, 전자는 센 강 하류의 상공업 도시로 르아브르 항을 통해 특히 영국과 교류하고 있었고, 후자는 그 자체가 가론 강 하구의 항구 도시이다. 스미스는 대륙여행 중에 이 두 곳을 방문한 것으로 생각된다. 특히 루앙에는 망명 재커바이트인 존 호르커의 직물공장이 있고, 스미스는 1764년에 출판

공업도 거의 없다. 하층민들은 주로 법원 직원과 소송을 하기 위해 찾아오는 사람들의 경비로 부양되고 있으므로, 일반적으로 게으르고 가난하다. 루앙과 보르도의 상업이 번영하고 있는 것은 완전히 그 위치 덕분인 것으로 생각된다. 루앙은 필연적으로, 파리라는 대도시의 소비를 겨냥하여 외국 또는 프랑스의 여러 연해주에서 반입되는 거의 모든 재화의 집산지가 되어 있다. 보르도 또한 가론 강과 그곳으로 흘러들어오는 여러 하천 연변에서 생산되는 포도주의 집산지로, 그 연변은 세계에서 가장 부유한*[7] 포도주 생산지의 하나이며, 또한 수출에 가장 적당한 포도주, 즉 외국인의 기호에 가장 맞는 포도주를 생산하는 것으로 알려진 지방이다. 이와 같이 유리한 위치는 필연적으로 대자본에 커다란 용도를 제공함으로써 그것을 유인한다. 이 자본의 용도가 그 두 도시의 근로의 원인이다. 그밖에 프랑스의 고등법원 소재지에서는 도시 자체의 소비를 충족시키는 데 필요한 것 이상, 즉 그곳에서 사용될 수 있는 최소한의 자본 이상의 것은 거의 사용되지 않고 있는 것 같다.

이 같은 사정은 파리·마드리드·빈에서도 마찬가지이다. 이 세 도시 가운데 파리는 매우 부지런하지만, 파리 자체가 파리에 설립되어 있는 모든 제조업의 중요한 시장이며, 파리 자체의 소비가 그것이 영위하는 모든 상업의 주요 목표이다. 런던·리스본·코펜하겐은 아마 궁정의 영구적인 소재지인 동시에 상업 도시로 여길 수 있다. 즉 그 자체의 소비를 위해서뿐만 아니라 다른 도시와 나라의 소비를 위해서도 상업을 하는 도시로 여길 수 있는 단 세 도시이다. 이 세 도시는 모두 매우 유리한 위치에 있어서, 그것이 자연히 그 도시들을 원격지에서의 소비에 충당되는 재화 가운데 큰 부분의 집산지로 적합한 곳으로 만들고 있다. 큰 수입*[8]이 소비되는 도시에서, 자본을 그 도시의 소비를 채우는 것 이외의 목적에 유리하게 쓰는 것은, 하층민들이 그런 자본의 사용이 없으

된 그의 저서를 가지고 있었다.

*6 고등법원(parliament)은 혁명 전 프랑스의 주요도시에 설치된 각 지구의 최고재판소인데, 법령심사권과 언론통제권을 가지고 있었다. 재판관의 지위는 매관제도의 대상이 되었기 때문에 부르주아 출신자가 많았다.

*7 '가장 부유한(richest)'이라는 말을 스미스는, 향기로운 보르도와인의 성질에도 적용시켰을지도 모른다.

*8 수입(revenue)이라는 말은 이를테면 '서문 및 이 책의 구상'에서는 '대다수 사람들의 수입'으로서 사용되었지만, 여기서는 본디의 경영활동 이외에 의한 수입에 한정된다.

면 생활비를 끌어 낼 수 없는 도시의 경우보다 아마 훨씬 어려울 것이다. 수입의 소비에 의해 부양되는 대부분의 사람들의 게으름이, 자본의 사용에 의해 부양되어야 하는 사람들의 부지런함을 부패시키는 일이 일어날 수 있고, 또 그 게으름은 그곳에서 자본을 쓰는 것을 다른 곳보다 불리하게 만든다.

합병 이전의 에든버러에는 상업도 공업도 거의 없었다. 스코틀랜드 의회가 더 이상 그곳에서 열리지 않게 되고, 그곳이 스코틀랜드의 중요한 귀족과 상류층에게 필요한 거주지가 아니게 되었을 때, 그곳은 약간의 상공업을 가진 도시가 되었다. 그러나 그곳은 지금도 스코틀랜드의 주요 법원과 관세청 및 국세청 등의 소재지이다. 따라서 상당한 수입이 지금도 계속해서 그곳에서 소비된다. 에든버러는 상공업에서는 주민이 주로 자본의 사용에 의해 생활하고 있는 글래스고보다 훨씬 뒤진다. 큰 마을의 주민이, 제조업에서 상당한 진보를 이룩한 뒤 그 인근에 대귀족이 저택을 가지게 된 결과, 게으르고 가난해진 예는 이따금 볼 수 있는 일이다.

따라서 자본과 수입의 비율은, 어디서나 근로*⁹와 게으름의 비율을 규제하는 것처럼 보인다. 자본이 우세한 곳에서는 근로가 만연하고, 수입이 우세한 곳에서는 어디서나 게으름이 만연한다. 그러므로 자본의 증감은 당연히 근로의 실제량, 즉 생산적인 일손의 수도, 따라서 그 나라의 토지와 노동의 연간 생산물의 교환가치, 즉 그 나라의 모든 주민의 실질적인 부와 수입도 증감시킨다.

자본은 철저한 절약으로 증가되고, 소비나 미숙한 경영으로 감소된다.

사람이 자신의 수입에서 저축하는 것은 모두 그의 자본에 추가되는 것이며, 그는 그것을 직접 생산적인 일손의 추가분을 유지하는 데 사용하거나, 다른 사람에게 빌려 주어 그 사람이 그렇게 할 수 있도록 함으로써, 대신 이자, 즉 이윤의 몫을 얻는다. 개인의 자본이 그의 연간수입 또는 연간이득에서 저축하는 것에 의해서만 증가될 수 있는 것처럼, 사회를 구성하는 모든 개인의 자본과 같은 것인 사회의 자본도 같은 방법으로만 증가될 수 있다. 근로가 아니라 철저한 절약이 자본 증가의 직접적인 원인이다. 근로는 확실히 절약이 축적하는 대상을 마련해 준다. 그러나 근로가 무엇을 획득하든, 절약이 그것을 저축

---

*9 근면과 근로, 둘 다 industry의 번역으로, 전자는 노동하는 태도를, 후자는 그런 노동을 의미한다. 또 이 말은 산업이라고도 번역된다.

하고 축적하지 않는다면, 자본은 결코 커지지 않을 것이다.

철저한 절약은 생산적인 일손의 부양에 충당되는 기금을 증가시킴으로써, 노동을 투하하여 대상의 가치를 증가시키는 일손의 수를 증가시킨다. 그러므로 그것은 그 나라의 토지와 노동의 연간 생산물의 교환가치를 증가시키게 된다. 그것은 연간 생산물에 추가적 가치를 주는 근로의 추가량을 활동시킨다.

해마다 저축되는 것은 해마다 지출되는 것과 마찬가지로 규칙적이며, 더욱이 거의 동시에 소비되지만, 그것은 다른 종류의 사람들에 의해 소비된다. 부유한 사람의 수입 가운데 그가 해마다 지출하는 부분은, 대부분의 경우에, 자신들이 소비하는 것 대신 아무것도 남기지 않는, 하는 일 없는 손님이나 하인에 의해 소비된다. 그가 해마다 저축하는 부분은, 이윤을 목적으로 즉시 자본으로서 쓰여지므로, 같은 방법으로, 게다가 거의 동시에 소비되기는 하지만, 다른 종류의 사람들, 즉 자신들의 연간 소비의 가치를 이윤과 더불어 재생산하는 노동자, 제조공 및 수공업자에 의해 소비된다. 부유한 사람의 수입이 그에게 화폐로 지불된다고 가정할 때, 만일 그가 그 전액을 써 버렸다면, 그 전액으로 구매할 수 있었던 의식주는 전자와 같은 종류의 사람들 사이에 분배되었을 것이다. 만일 그 일부를 저축한다면 그 부분은 이윤을 목적으로 즉시 그 자신이나 다른 사람이 자본으로 쓰기 때문에, 그것으로 구매할 수 있는 의식주는 필연적으로 후자와 같은 종류의 사람들을 위해 유보된다. 소비되는 것은 마찬가지이지만 소비자는 다른 것이다.

검약하는 사람은 그가 해마다 저축하는 것을 가지고 그해 또는 다음 해를 위해 추가된 생산적인 일손의 생활비를 제공할 뿐 아니라, 공공노역장(公共勞役場)*[10]의 설립자처럼 앞으로도 줄곧 같은 인원수를 유지하기 위한 영구기금을 설정하는 것과 같다. 이 기금의 영구적인 배분과 용도는, 언제나 실정법이나 신탁권 또는 영구기부 행위에 의해 보호되는 것이 아닌 것은 확실하다. 그러나 그것은 매우 강력한 원리,*[11] 즉 그 무언가의 몫을 얻게 될 각 개인의 이해관계에 의해서 언제나 보호되고 있다. 이 기금의 어느 부분도 나중에 가서 생산적인 일손 이외의 것을 유지하기 위해 사용되는 일은 결코 없으며, 그와 같이 본디의 용도에서 벗어나게 한다면, 그렇게 하는 사람은 명백한 손실을 입

---

*10 공공노역장(publick workhouse)는 교구의 구빈시설인 동시에, 부랑자의 강제노역장이기도 했다.
*11 원리(principle)는 인간의 행동원리를 말하며, 본능이라 해도 무방한 경우가 있다.

지 않을 수 없는 것이다.

　낭비자는 기금을 다음과 같은 방법으로 오용한다. 그는 자신의 지출을 수입의 범위 안에 한정하지 않음으로써 자신의 자본을 잠식한다. 어떤 신앙 재단의 수입을 신성모독적인 목적에 악용하는 사람과 마찬가지로, 그는 자기 조상들이 검약하여 근로 유지를 위해 이른바 성화(聖化)해 둔 기금으로 게으른 사람들의 임금을 지불하는 것이다. 생산적 노동을 고용하는 데 충당된 기금을 감소시킴으로써 그는 필연적으로 그에게 관련된 범위 안에서, 투하되는 대상에 가치를 부가하는 노동의 양을 감소시키고, 따라서 나라 전체의 토지와 노동의 연간 생산물의 가치, 즉 그 국민의 실질적인 부와 수입을 감소시킨다. 어떤 사람들의 낭비가 다른 사람들의 검약으로 보상되지 않는다면, 모든 낭비자의 행동은 부지런한 사람들의 빵으로 게으른 자를 부양함으로써 자기 자신을 거지로 만들 뿐 아니라 자신의 나라를 가난에 빠뜨린다.

　낭비가의 지출이 오로지 국산품만 대상으로 하고, 외제품에 대해서는 전혀 지출되지 않는다 하더라도, 사회의 생산적 기금에 대한 효과는 또한 같을 것이다. 또한 해마다 생산적인 일손을 부양해야 할 일정량의 식량과 옷이, 비생산적인 일손의 부양에 사용될 것이다. 그러므로 해마다, 그렇지 않을 경우에 그 나라의 토지와 노동의 연간 생산물의 가치가 되었을 것이, 약간 감소하게 될 것이다.

　이 지출은 외국의 재화에 대한 것이 아니고, 금은의 수출을 조금도 일으키지 않으므로, 지금까지와 같은 양의 화폐가 국내에 남을 거라고 말하는 사람이 분명히 있을 것이다. 그러나 이와 같이 비생산적인 일손에 의해서 소비된 식량과 의복이, 생산적인 일손들 사이에 분배되었더라면, 그들은 자신들이 소비한 것의 모든 가치를 이윤과 함께 재생산했을 것이다. 이 경우에도 같은 양의 화폐는 또한 국내에 남아 있을 것이고, 더욱이 같은 가치의 소비재가 재생산되었을 것이다. 거기에는 하나의 가치가 아니라 두 개의 가치가 있었을 것이다.

　뿐만 아니라, 연간 생산물의 가치가 감소하는 나라에 같은 양의 화폐가 오래 머무는 일은 결코 있을 수 없다. 화폐의 유일한 용도는 소비재를 유통시키는 일이다. 화폐를 통해 식료품·재료·완성품이 매매되어 그 본디의 소비자에게 분배된다. 그러므로 어떤 나라에서 해마다 사용될 수 있는 화폐의 양은,

그 국내에서 해마다 유통되는 소비재의 가치에 의해 결정되지 않을 수 없다. 그런 소비재는 반드시, 그 나라 자체의 토지와 노동의 직접적인 생산물이거나, 아니면 그 생산물의 어떤 부분으로 구입된 것이 틀림없다. 따라서 그런 재화의 가치는 그 생산물의 가치가 감소함에 따라 감소하지 않을 수 없고, 그와 동시에 그것을 유통시키는 데 쓰이는 화폐의 양도 감소시킬 것이다. 그렇다고 생산물이 이와 같이 해마다 감소함으로써 국내 유통에서 해마다 버려지는 화폐는, 아무것도 하지 않고 있어도 되는 것은 아닐 것이다.

누구든 그것을 소유하는 사람의 이해관계는 그것이 쓰이기를 바란다. 그러나 국내에서는 어디에도 쓰이지 않으므로 그것은 모든 법률과 금지에도 불구하고 국외로 나가게 될 것이고, 그리하여 국내에서 약간 소용이 될지도 모르는 소비재를 구입하는 데 쓰인다. 그 연간 수출은 이렇게 하여 한참 동안 계속해서 그 나라의 연간 소비에 그 나라 자체의 연간 생산물의 가치를 넘어서 어떤 것을 부가할 것이다. 그 나라의 번영기에 연간 생산물에서 비축되어 금은을 구매하는 데 사용된 것이, 역경일 때 그 나라의 소비를 지탱하는 데 일시적으로는 도움이 될 것이다. 금은의 수출은 이 경우, 그 나라의 쇠퇴의 원인이 아니라 결과이며, 일시적으로는 그런 쇠퇴에 의한 불행을 완화해 주기도 한다.

반대로 화폐의 양은, 어느 나라에서나 연간 생산물의 가치가 증가함에 따라 자연히 증가한다. 그 사회 안에서 해마다 유통되는 소비재의 가치가 커지므로, 그것을 유통시키는 데 필요한 화폐의 양도 많아질 것이다. 따라서 증가한 생산물의 일부는 당연히 나머지 것을 유통시키는 데 필요한 금은의 추가량을, 입수할 수 있는 곳이라면 어디서든 구매하는 데 쓰일 것이다. 이 경우, 이런 금속의 증가는 사회 전체의 번영의 결과이지 원인은 아니다. 금은은 어디서든 마찬가지 방법으로 구입된다. 잉글랜드에서도 페루에서도, 금은을 광산에서 시장에 내가는 데 자신들의 노동 또는 자산을 쓰는 모든 사람들의 의식주, 즉 수입과 생활비가, 금은에 대해 지불되는 값인 것이다. 이 값을 지불할 수 있는 나라가, 자신이 필요로 하는 양의 이런 금속을 오랫동안 보유하지 않는 일은 결코 없을 것이고, 또 어느 나라든 자신이 필요로 하지 않는 양을 오랫동안 보유하는 일은 결코 없을 것이다.

그러므로, 우리가 한 나라의 실질적인 부와 수입을 어떤 것으로 상상하더라도, 즉 명백한 이치가 가리키고 있다고 생각되는 대로, 그 나라의 토지와 노동의 연간 생산물의 가치에 대해서든, 아니면 통속적인 편견이 상정하는 것처럼, 국내에 유통되는 귀금속의 양이든, 이 문제에 대한 어느 쪽의 견해에 있어서도, 모든 낭비가는 '공공의 적'이고 모든 검약가는 '공공의 은인'이라는 것을 알 수 있다.

미숙한 행동의 결과는 때때로 낭비의 결과와 같다. 농업·광업·어업·상업, 또는 제조업에서의 무분별하고 성공할 수 없는 사업계획은 모두, 낭비와 마찬가지로 생산적 노동의 유지에 충당되는 기금을 감소시키게 된다. 그런 모든 기획에서는 자본이 생산적인 일손에 의해서만 소비되지만, 그 일손의 사용방법이 무분별하기 때문에, 그들은 자신들의 소비의 전 가치를 재생산하지 않으므로, 그렇지 않을 경우 사회의 생산적인 기금이 되었을 것을 항상 얼마간 감소시킬 것이 틀림없다.

물론 큰 나라들의 상태가 개개인의 낭비나 미숙한 행동으로 커다란 영향을 받는 일은 거의 일어나지 않는다. 어떤 사람들의 낭비나 무분별은, 언제나 다른 사람들의 검약과 성실한 생활에 의해 충분히 상쇄되고도 남기 때문이다.

낭비에 대해서 말한다면, 지출에 빠져드는 원리는 눈앞의 향락을 구하는 정념(情念)이다. 이 정념은 때로는 과격해서 억제하기 어려울 때도 있지만, 일반적으로는 순간적이고, 게다가 자주 일어나지는 않는다. 그런데 저축에 이끌리는 원리는 우리의 상태를 개선하고자 하는 욕구이다. 이 욕구는 일반적으로는 평정하고 격정과는 거리가 멀지만, 태내(胎內)에서부터 우리와 함께 태어나서 우리가 무덤에 들어갈 때까지 결코 떠나는 일이 없는 욕구이다. 누구든 삶과 죽음의 이 두 순간 사이에 놓인 전 기간을 통해, 어떤 종류의 변경이나 개량도 원하지 않을 만큼 자신의 처지에 완벽하게 만족하는 것은, 아마 단 하나의 예*[12]도 없을 것이다. 재산을 늘리는 것은, 대부분의 사람들이 그것으로 자신들의 생활 상태를 더욱 개선하려고 기도하고 희망하는 수단이다. 그것은 세상에서 가장 널리 알려져 있고 또 가장 명백한 수단이며, 그들의 재산을 늘릴 가능성이 가장 큰 방법은, 규칙적으로 해마다 또는 이례적인 기회에 그들이 획득하는 것 가운데 어떤 부분을 절약하여 축적하는 것이다. 따라서 지출원리가 어떤 경우에는 거의 모든 사람을 지배하고, 사람에 따라서는 거의 모든 경우

---

*12 하나의 예(a single instance)는 제4판까지 한 순간(a single instant)으로 되어 있었다. 글래스고판(版)은 제3판에 따르고 있다.

에 그것에 지배받기는 하지만, 대부분의 사람들에게는 그들의 전 생애의 평균으로 보면, 절약원리가 우위를 차지할 것이며, 그것도 뚜렷하게 큰 우위를 차지할 것으로 생각된다.

미숙한 경영에 대해서 말한다면, 사려 깊고 성공하는 기업의 수는 어디서나 무분별하고 실패로 끝나는 기업의 수보다 훨씬 많다. 우리는 파산이 빈발한다고 걱정하지만, 그런 불운에 빠지는 불행한 사람들은 상업이나 다른 모든 종류의 사업에 종사하는 사람들 가운데 매우 작은 부분에 지나지 않아서, 아마도 천분의 1을 별로 넘지 않을 것이다. 파산은 아무 죄도 짓지 않은 사람에게 덮칠 수 있는 재난으로서는 아마 가장 크고 가장 굴욕적인 것이다. 그러므로 대부분의 사람들은 그것을 피하려고 충분한 주의를 기울이고 있다. 물론 그것을 피하려 하지 않는 사람도 있지만, 교수대를 피하려 하지 않는 사람이 있는 것과 마찬가지이다.

큰 나라들은 개인적인 낭비나 미숙한 행동으로 인해 가난해지는 일은 결코 없지만, 다만 공적인 낭비나 미숙한 경영에 의해, 그렇게 되는 일은 더러 있다. 공공수입의 전부 또는 거의 전부가, 대부분의 나라에서 비생산적인 일손의 부양에 쓰인다. 많은 사람들이 있는 훌륭한 궁정, 커다란 교회 시설, 평시에는 아무것도 생산하지 않고, 전시에는 전쟁이 계속될 때조차 자신들을 부양하는 비용을 보상할 수 있는 것은 아무것도 획득하지 않는 대함대나 대부대를 구성하는 사람들이 그것이다. 그런 사람들은 그들 자신은 아무것도 생산하지 않고 모두 다른 사람들의 노동 생산물에 의해 부양된다. 그러므로 그들이 불필요한 수에 이르면 어떤 특정한 해에 이런 생산물 가운데 매우 큰 부분을 소비해 버리고, 다음해에 그것을 재생산해야 할 생산적인 근로자를 부양하는 데 충분한 만큼 남기지 않게 될지도 모른다. 그래서 다음 해의 생산물은 전해의 그것보다 적어질 것이고, 만일 이 같은 질서의 혼란이 계속된다면 3년째의 그것은 2년째보다 더 적어질 것이다. 사람들의 여분의 수입 가운데 일부만으로 부양되어야 하는 비생산적인 일손이, 사람들의 전체수입 가운데 매우 큰 부분을 소비하게 될 것이고, 그렇게 됨으로써 매우 많은 사람들은, 자신들의 자본, 즉 생산적 노동의 유지에 충당되어야 하는 기금을 까먹지 않을 수 없게 되므로, 개개인의 모든 절약과 절도에도 불구하고, 이렇게 격렬하고 강요된 잠식에 의해 일어나는 생산물의 낭비와 감소를 보상할 수 없을지도 모르는 것이다.

그러나 이런 검약과 성실한 생활은 대부분의 경우 개개인의 사적인 낭비와 미숙한 행동뿐 아니라, 정부의 공적인 낭비까지 보상하기에 충분하다는 것은 경험을 통해 알고 있는 사항이다. 자신의 상황을 더 개선하고자 하는 개개인의 한결같이 변함없고 끊임없는 노력, 즉 사적인 부분뿐만 아니라 공공과 국민을 위한 부의 본원적인 원천이 되는 원리는, 정부의 낭비와 행정상의 가장 큰 과오에도 불구하고 개량을 향하는 사물의 자연스러운 진전을 유지하는 데 충분할 만큼 강력한 경우가 많다. 동물의 생명에 관한 미지의 원리처럼, 그것은 질병뿐만 아니라 의사의 어처구니없는 처방에도 불구하고 신체의 건강과 활기를 되찾는 수가 흔히 있는 것이다.

어떤 나라에서도, 그 나라의 토지와 노동에서 나오는 연간 생산물 가치를 증가시키려면, 그 나라의 생산적 노동자의 수를 늘리거나, 이미 사용되고 있었던 노동자의 생산력을 늘리는 것 외에는 아무런 방법이 없다. 그 생산적 노동자의 수는 분명히 자본의 증가, 즉 그들을 부양하는 데 충당된 기금이 증가된 결과로서가 아니면 결코 크게 증가시킬 수 없다. 같은 수의 노동자의 생산력은, 노동을 쉽게 해 주고 단축해 주는 기계와 용구를 약간 추가하고 개량하거나, 작업을 더욱 적절하게 분할하고 분해하지 않으면 증가할 수 없다. 그 어느 경우에도 거의 언제나 추가적 자본을 필요로 한다. 어떤 사업의 기업가도, 추가적 자본에 의해서만 자신의 노동자들에게 더 좋은 기계를 제공하고, 그들 사이에 더욱더 적절하게 작업을 분배할 수 있다. 해야 할 일이 여러 부분으로 구성되어 있을 경우, 각자를 항상 같은 방법으로 사용하는 것이, 각자를 그때그때 그 일의 여러 가지 부분 모두에 사용하는 것보다 훨씬 큰 자본을 필요로 한다. 그러므로 우리가 각각 다른 두 시기에 한 국민의 상태를 비교하여, 그 나라의 토지와 노동의 연간 생산물이 분명히 앞의 시기보다 뒤의 시기 쪽이 더 크다는 것, 그 나라의 토지는 더욱 잘 경작되고 제조업은 더욱 수가 늘고 번창하며, 상업은 더욱 광범하게 확대된 것을 안다면, 우리는 그 나라의 자본이 그 두 시기 동안 증가한 것이 틀림없다는 것, 또 어떤 사람들의 성실한 행동에 의해 그 나라의 자본에 추가된 것이, 다른 사람들의 사적인 미숙한 행동이나 정부의 공적인 낭비에 의해 잃은 것보다 큰 것이 틀림없다는 것을 확신해도 좋을 것이다.

그러나 우리는 이것이 거의 모든 국민들 사이에, 상당히 평온무사한 시대에는 언제나, 가장 신중하고 검약한 정부를 가지지 않더라도 사실이었음을 알게 될 것이다. 그에 관해 올바른 판단을 내리기 위해서는, 확실히 우리는 그 나라의 상태를 서로 상당히 떨어진 시기에 대해 비교해 보지 않으면 안 된다. 진보는 흔히 매우 느려서, 가까운 시기를 대상으로 살펴보면 개량이 거의 눈에 띄지 않을 뿐 아니라, 산업의 어떤 부문이나 나라의 어느 지방의 쇠퇴—나라 전반은 크게 번영하고 있는데도 이따금 발생하는 사항이지만—에서, 그 나라 전체의 부와 산업이 쇠퇴하고 있는 것이 아닌가 하는 의문이 때때로 일어난다.

이를테면, 잉글랜드의 토지와 노동의 연간 생산물은, 1세기 조금 전, 즉 찰스 2세의 왕정복고 때*13보다 확실히 훨씬 크다. 내가 생각하기에는 현재 이것을 의심하는 사람은 거의 없지만, 그런데도 이 기간 동안 다음과 같은 책이나 소책자가 언론계에서 상당한 권위를 획득할 정도의 재능에 의해 집필되고 출판되지 않은 채 5년이 넘은 적은 거의 없었다. 그런 것은 국민의 부가 급속히 쇠퇴하고 있고, 나라의 인구는 감소하고 있으며, 농업은 소홀히 방치되고, 제조업은 쇠퇴하고, 무역은 내팽개쳐져 있다는 것을 입증한다고 주장했다. 이런 출판물이 모두 허위와 금력의 타락한 산물인 당파적 출판물*14이었던 것은 아니었다. 그 대부분은 매우 공평하고 매우 분별력 있는 사람들이 쓴 것으로, 그들은 자기가 믿는 것밖에 쓰지 않았고, 자신이 믿고 있다는 이유만으로 썼던 것이다.

그리고 잉글랜드의 토지와 노동의 연간 생산물은 왕정복고 때는 그보다 약 100년 전, 즉 엘리자베스 여왕이 즉위할 때*15 그러했다고 상정할 수 있는 것보다 훨씬 컸다. 그 시기에도 이 나라가 그 약 1세기 전 요크 집안과 랭커스터 집안의 싸움*16이 끝나가던 무렵보다 훨씬 개량이 진전되었다고 믿을 만한 충분한 이유가 있다. 아마 그 무렵에도 노르만 정복 때*17보다 좋은 상태에 있었을 것이고, 노르만 정복 때는 색슨 7왕국의 혼란기보다 좋은 상태였다. 이런 옛 시

---

*13 혁명 뒤에 스튜어트 왕조가 부활한 것은 1660년이다.
*14 돈을 받고 찬성이든 반대든 원하는 대로 논진을 펴는, 고용된 문인의 작품이 당시에 횡행하고 있었다.
*15 엘리자베스 1세가 즉위한 것은 1558년.
*16 왕위계승을 둘러싼 두 집안의 싸움은 장미전쟁(The wars of the roses, 1455~1485)으로 불린다. 랭커스터의 문장이 붉은 장미, 요크의 문장이 흰 장미였기 때문이다.
*17 노르만의 영국 정복은 1066년.

대에도 잉글랜드는 율리우스 카이사르의 침입 때*¹⁸보다 개량된 나라였고, 그 때의 잉글랜드의 주민은 북아메리카의 미개인과 거의 같은 상태에 있었다.

그러나 그 가운데 어느 시기에도 공사(公私)의 낭비가 심하고, 비용이 드는 불필요한 전쟁이 많았으며, 연간 생산물을 생산적인 일손의 부양에서 비생산 적인 일손의 부양으로 벗어나게 하는 일이 많았지만, 거기서 그치지 않고, 때 로는 국내의 불화라는 혼란 속에서 상상할 수 있는 한의 자산의 절대적인 낭 비와 파괴가 부의 자연스러운 축적을 확실히 지연시켰을 뿐만 아니라, 이 시기 의 끝에 가서는 이 나라를 이 시기의 처음보다 가난한 나라로 만들어 버렸던 것이다. 그리하여 그 모든 시기 가운데 가장 행복하고 운이 좋은 시기였던 왕 정복고 이래 지금까지 경과한 시기에도, 만일 예견할 수 있다면 나라의 빈곤 화뿐만 아니라 전면적인 파멸까지 예기하지 않을 수 없는 혼란과 불행이 얼마 나 많이 발생했던가!

런던의 대화재와 페스트,*¹⁹ 두 차례에 걸친 네덜란드와의 전쟁,*²⁰ 혁명*²¹ 의 혼란, 아일랜드에서의 전쟁,*²² 1688·1701·1742·1756년의 네 번에 걸친 프랑 스와의 값비싼 전쟁, 나아가서는 1715년과 1745년 두 번이나 일어난 반란*²³도 포함된다. 네 차례에 걸친 프랑스와의 전쟁 과정에서 국민은 전쟁이 불러일으 키는 다른 모든 연간 임시비 외에, 1억 4500만 파운드 이상의 부채를 지게 되 었으니, 총액은 아무리 계산해도 2억 파운드 이하로 내려가지 않을 것이다. 혁 명 이래, 다양한 경우에, 이 나라의 토지와 노동의 연간 생산물 가운데 이토록 큰 부분이 터무니없는 수의 비생산적 일손을 부양하는 데 사용되어 온 것이 다. 그러나 만일 그런 전쟁이 그토록 큰 자본이 이런 특정한 방향으로 흘러가 게 하지 않았더라면, 그 대부분은 자연히 생산적인 일손의 부양에 사용되었을 것이고, 그들의 노동은 소비의 전 가치를 이윤과 함께 회수했을 것이다. 이 나

＊18 율리우스 카이사르의 영국 침략은 기원전 55~54년.
＊19 페스트는 흑사병이라고 하는 전염병으로, 중세부터 근대 초기까지, 때로는 도시를 파멸시 키는 피해를 냈다. 런던에서도 1665~1666년에 발생한 페스트 때문에 인구의 6분의 1이 사 망했다. 그 유행이 진정된 뒤, 곧 대화재가 일어나 1만 2300호가 소실되었다.
＊20 1651~1654년과 1664~1667년에 해외 시장에서의 패권을 둘러싸고 일어난 전쟁.
＊21 1688~1689년의 명예혁명. 1640~1660년의 혁명은 내란이라 불리는 것이 일반적이었다.
＊22 명예혁명을 둘러싼 스튜어트 파와 오렌지 파의 전쟁을 가리키는 것으로 생각된다.
＊23 스튜어트 왕조의 복고를 노리는 재커바이트의 반란으로, 스코틀랜드에서 시작되었다.

라의 토지와 노동의 연간 생산물의 가치는 그렇게 함으로써 해마다 상당히 증가했을 것이고, 그해의 증가는 다음 해의 생산물의 가치를 더욱 크게 높였을 것이다. 더 많은 집이 건축되고, 더 많은 토지가 개량되고, 이미 개량된 토지는 더욱 잘 경작되었을 것이다. 더 많은 제조업이 설립되고, 이미 설립된 제조업은 더욱 확장되었을 것이다. 그리고 오늘날까지 이 나라의 실질적인 부와 수입이 얼마만한 높이로 올라갔을지는, 아마 상상하는 것조차 그리 쉽지 않을 것이다.

그러나 의심할 여지없이 정부의 낭비가 잉글랜드의 부와 개량으로 향하는 자연적 진보를 지연시킨 것은 틀림없지만, 그것을 완전히 멈추게 할 수는 없었다. 잉글랜드의 토지와 노동의 연간 생산물은 확실히 왕정복고 때보다, 그리고 혁명 때보다 현재가 훨씬 크다. 따라서 이 토지의 경작과 노동의 유지에 해마다 쓰이는 자본도 마찬가지로 훨씬 클 것이 틀림없다. 정부의 모든 혹독한 수탈 속에서 이 자본은, 개개인의 사적인 검약과 성실한 생활에 의해, 즉 그들 자신의 상태를 더욱 개선하고자 하는 전반적이고 끊임없는 노력에 의해 암묵 속에서 서서히 축적되어 왔다.

과거의 거의 모든 시대에 부와 개량을 향한 잉글랜드의 진보를 지탱해 온 것은, 그리고 앞으로도 언제까지나 그럴 것이라고 기대할 수 있는 것은, 가장 유리한 방법으로 발휘되도록 법률로 보호받고, 자유에 의해 인정받고 있는 이 노력인 것이다. 그러나 잉글랜드가 매우 검약을 중시하는 정부를 갖는 복을 누린 적이 한 번도 없었듯이 검약은 어느 시기에도 그 주민들의 특징적인 미덕은 아니었다. 그러므로 국왕이나 대신들이 사치금지법이나 외국산 사치품의 수입금지 등으로 개인의 경제를 감시하고 그 지출을 억제하겠다고 나서는 것은 가장 큰 무례요 주제넘은 짓이다. 그들 자신이야말로 언제 어느 때나 예외 없이 그 사회의 가장 큰 낭비자들인 것이다. 그들은 자신들의 지출이나 잘 감시하기 바란다. 그러면, 개인의 지출은 안심하고 개인에게 맡겨 둘 수 있다. 그들 자신의 낭비가 나라를 파멸시키지 않는데, 그들의 신민이 그것을 파멸시키는 일은 결코 없다.

절약이 사회의 자본을 증가시키고, 낭비가 그것을 감소시키듯이, 지출이 수입과 똑같은 사람들의 행위는 공공의 자본을 축적하지도 않고 잠식하지도 않으므로, 그것을 증가시키지도 감소시키지도 않는다. 그러나 어떤 지출 방법은 다른 방법보다 공공의 부의 증대에 이바지하는 정도가 큰 것 같다.

개인의 수익은 즉시 소비되어, 어느 날의 지출이 다른 날의 지출을 경감시키지도 않고 보조하지도 않는 것에 사용되거나, 아니면 더욱 내구성이 있고, 따라서 축적할 수 있는 것, 그가 원하면 매일의 지출이 다음 날의 지출을 경감 또는 보조하여 그 효과를 높이는 것에 쓰이거나, 둘 중 하나일 것이다. 이를테면, 재산가는 자신의 수입을 풍요롭고 사치스러운 식탁이나, 많은 하인과 개와 말의 유지에 쓰거나, 자신은 검소한 식탁과 소수의 하인으로 만족하고 수입의 대부분을 자신의 집이나 시골 별장의 장식, 실용적이거나 장식적인 건물과 가구·서적·조각·그림의 수집, 또는 더욱 하찮은 것, 즉 보석·싸구려 장식품, 잘 만들어진 여러 가지 종류의 장신구에 소비하거나, 아니면 그 중에서도 가장 부질없는 것, 즉 몇 해 전에 죽은 어느 대군주가 총애했던 대신*24처럼 거대한 옷장을 훌륭한 옷으로 가득 채우는 데 소비할 수도 있을 것이다. 같은 재산을 가진 두 사람이 한 사람은 주로 후자의 방법으로, 한 사람은 주로 전자의 방법으로 수입을 쓴다면, 주로 내구재에 지출한 사람의 호화로움은, 나날의 지출이 다음 날의 지출의 효과를 보조하고 높이는 데 어느 정도 이바지하기 때문에 끊임없이 증대할 것이다.

반대로 또 한 사람의 호화로움은 그 시기의 마지막에 가서 보아도, 처음에 비해 조금도 커져 있지 않을 것이다. 전자는 또 그 시기의 마지막에는 후자보다 더 부자가 되어 있을 것이다. 그는 어떤 종류이든 재화의 축적을 가지고 있을 것이고, 그것은 소비된 만큼의 가치는 없을지 모르지만 언제나 어느 정도의 가치는 가질 것이다. 후자의 지출은 아무런 흔적도 남지 않을 것이고 10년 내지 20년의 낭비의 효과는 그것이 전혀 존재하지 않았던 것처럼 완전히 무로 돌아가 버릴 것이다.

한쪽의 지출 방식은 다른 지출 방식보다 개인의 부에 있어서 유리한데, 한 국민의 부에 있어서도 마찬가지로 유리하다. 부유한 사람의 가옥·가구·옷은 곧 하급 및 중류 계층 사람들에게도 유용하다. 그들은 상류층 사람들이 그런 것에 싫증이 났을 때 그것을 살 수 있고, 이런 지출 방식이 재산가들 사이에서 일반적인 것이 되면, 국민 전체의 일반적인 주거 설비도 이렇게 하여 차츰 개선된다. 오래 전부터 부유했던 나라에서는 하층민이 완전무결한 가옥과

---

*24 폴란드의 브륄 백작(Heinrich, count von Brühl, 1700~1764)의 의상 컬렉션이 유명했다.

가구를 소유하고 있는 것을 때때로 볼 수 있는데, 그런 가옥은 처음부터 그들이 살도록 지어진 것이 아니고, 가구 또한 그들을 위해 만들어진 것일 리가 없다. 지난날의 시모어 집안*25의 저택은 지금은 바스 가도에 면한 한 채의 여관이 되었다. 그레이트브리튼의 제임스 1세의 결혼 침대는, 주권자로부터 주권자에게 주는 걸맞은 선물로, 그의 왕비가 덴마크에서 가지고 왔던 것이나, 몇 해전에는 던펌린*26에 있는 한 술집의 장식품이 되었다.

오랫동안 정체적이었거나 약간 쇠퇴해 온 어떤 옛 도시에서는, 어느 집을 보아도 현재의 거주자를 위해서 지어진 집으로는 도저히 생각할 수 없는 것이 이따금 있을 것이다. 또 그런 집에 들어가 보면 낡기는 했지만 많은 훌륭한 가구가 아직도 충분히 쓸 만한 상태이고, 더욱이 그런 것들 또한 그들을 위해서 만들어진 것이 아님을 흔히 볼 수 있다. 장려한 궁전과 호화로운 별장·서적·조각·그림, 그 밖에 골동품 종류의 훌륭한 컬렉션은, 그 이웃 지방뿐만 아니라 그것이 속하는 나라 전체에 있어서도 장식이자 명예이기도 한 경우가 많다. 베르사유는 프랑스에 있어서 장식이자 명예이고, 스토와 윌턴*27은 잉글랜드에 있어서 그러하다. 이탈리아는 이런 종류의 기념물을 낳은 부는 쇠퇴하고, 그런 것을 설계한 천재는 이제 그 같은 일거리가 없기 때문에 사라진 것처럼 보이지만, 소유하고 있는 이런 종류의 기념물의 수에 의해 지금도 일종의 존경의 대상이 되고 있다.

또 내구재에 투자되는 경비는 축적뿐만 아니라 절약에도 아주 편리하다. 만일 어떤 사람이 그것에 대해 지나친 데가 있더라도 그는 공공의 비난에 직면하기 전에 쉽게 그것을 시정할 수 있다. 하인의 수를 아주 줄이거나 식탁을 호화로운 것에서 매우 검소한 것으로 바꾸고, 한때 갖추고 있었던 신변용품을 폐기하는 것은 이웃 사람들의 시선을 피할 수 없는 변화이고, 또 그때까지의 나쁜 행동을 약간 인정한 것을 의미하는 것으로 여겨지는 변화이다.

---

*25 시모어(Seymour) 집안은 서머싯 후작 집안을 가리키는 것으로 생각된다. 6대째 서머싯 후작 찰스 시모어는 명예혁명 때는 오렌지 공을 위해 싸웠고, 스코틀랜드와의 합병위원이었다.

*26 던펌린(Dunfermline)은 스미스의 고향 커콜디의 서쪽 약 20킬로미터에 있는 도시. 스미스는 고향에서 《국부론》의 집필에 몰두하고 있었던 시절, 어느 날 새벽, 실내복을 입은 채 밖으로 걸어나가 던펌린까지 가서 종소리를 듣고 정신을 차렸다고 한다.

*27 스토(Stowe)와 윌턴(Wilton)은 모두 잉글랜드에 있는 귀족의 저택으로, 특히 전자는 정원이 유명했다.

그러므로 불행하게도 그런 종류의 지출에 깊이 빠져든 적이 있는 사람들 가운데, 나중에 파멸과 파산에 의해 어쩔 수 없이 시정하지 않을 수 없게 되기 전에 시정하는 용기를 가진 자는 많지 않다. 그러나 어떤 사람이 건물·가구·책·그림에 너무 많은 지출을 했더라도 자기의 행동을 바꾸면 무분별했다는 평가를 받는 일이 없다. 이런 일에서는 지금까지의 지출에 의해 그 이상의 지출이 필요없게 되는 일이 흔히 있고, 어떤 사람이 갑자기 그것을 그만두어도, 그것은 그가 재산을 너무 써 버렸기 때문이 아니라 이제 자신의 취미를 만족시켰기 때문인 것처럼 보이는 것이다.

더욱이 내구재에 지출되는 경비는, 더 낭비적인 접대에 사용되는 지출보다 많은 사람들에게 생활비를 준다. 큰 연회에서 나오는 무게 200에서 300파운드의 식료품 가운데, 아마 절반은 쓰레기통에 들어가고, 언제나 많은 양이 낭비되고 오용되는 일이 많다. 그러나 만일 이 접대비용이 석공·석수·목수·실내장식가·수공업 노동자*²⁸ 등*²⁹에게 일을 시키는 데 쓰인다면, 같은 가치의 식료품의 양은 더 많은 사람들 사이에 분배될 것이다. 그들은 그 식료품을 페니의 가치, 파운드의 무게로 샀을 것이고, 그 가운데 단 1온스도 잃어버리거나 내버리지 않았을 것이다. 뿐만 아니라 이런 경비는 전자의 방법에서는 비생산적인 일손을 부양하고, 후자의 방법에서는 생산적인 일손을 부양한다. 따라서 전자의 방법에서는 그 나라의 토지와 노동의 연간 생산물이 지닌 교환가치가 증가하지 않지만, 후자의 방법에서는 증가하는 것이다.

그러나 이런 모든 것을, 내가 후자의 지출이 전자의 지출보다 언제나 너그럽거나 또는 도량이 있는 정신을 나타낸다고 말하고자 한다고는 생각하지 말아주기 바란다. 어떤 재산가가 그 수입을 주로 접대용으로 지출할 경우, 그는 수입의 대부분을 친구나 동료들과 나누는 셈이 되지만, 그가 그것을 앞에서 말한 것처럼 내구재의 구입에 사용할 경우, 그는 때때로 그 모두를 자기 자신만을 위해 소비하고, 같은 가치를 가진 것과 교환하지 않고는 누구에게도 나누어 주지 않는다. 그러므로 이 후자와 같은 지출이 특히 의복이나 가구 같은

---

*28 수공업 노동자라고 번역한 것은 mechanicks 이다. 지금까지 기계공이라고 번역되어 있었지만, 산업혁명 이전에 그런 노동자가 광범하게 존재했다고는 생각하기 어렵다. 다만, 스미스는 기계공과 같은 의미에서 이 말을 사용한 적이 있다(이 편 제2장).
*29 '등'은 제2판의 추가.

자질구레한 장식품·보석·싸구려 장신구 같은 하찮은 대상에 돌아갈 경우에는, 하잘것 없을 뿐만 아니라 비천하고 이기적인 성향마저 보여 주는 일이 때때로 있다. 내가 말하고 싶은 것은 다만, 한 종류의 지출은 언제나 가치 있는 상품을 어느 정도 축적하게 되고, 사적인 절약에 있어서 유리할 뿐만 아니라 공공자본의 증대에도 유리하며, 또 비생산적인 일손보다 생산적인 일손을 부양하기 때문에, 다른 종류의 지출보다 공공의 부의 증대에 도움이 된다는 것이다.

제4장
이자가 붙어서 대출되는 자산에 대하여

이자가 붙어서 대출되는 자산은 언제나 대주(貸主 : 돈이나 물건을 빌려 준 사람)로부터는 자본으로 여겨진다. 그는 그것이 만기가 되면 자기에게 회수될 것이고, 그때까지는 차주(借主 : 돈이나 물건을 빌려 쓴 사람)가 그 사용료로서 해마다 일정한 임차료를 지불하기를 기대한다. 차주는 그것을 자본으로 이용해도 되고, 직접 소비를 위한 자산으로 이용해도 무방하다. 만일 그것을 자본으로 이용한다면, 그는 그것을 생산적 노동자의 부양에 쓰고, 생산적 노동자는 이윤을 붙여서 그 가치를 재생산한다. 이 경우 그는 다른 어떤 수입원도 내놓거나 잠식하지 않고 자본을 회수하는 동시에 이자를 지불할 수 있다. 만일 그가 그것을 직접 소비를 위한 자산으로 이용한다면 그는 탕자*¹의 역할을 하는 것이고, 부지런한 사람들을 부양할 예정이었던 것을 게으른 사람들의 부양에 낭비하는 셈이 된다. 이 경우에 그는 토지소유권 또는 지대 같은 다른 수입원을 내놓거나 잠식하지 않고는 자본을 회수할 수도 이자를 지불할 수도 없다.

이자가 붙어서 대출되는 자산은 물론 이 두 가지 방법으로 사용되는 일이 있지만, 후자보다 전자의 방법으로 사용되는 경우가 훨씬 많다. 소비하기 위해 빌리는 사람은 머지않아 파멸할 것이고, 그에게 돈을 빌려 주는 사람은 대개 자신의 어리석음을 후회하지 않을 수 없게 된다. 따라서 그런 목적으로 빌리거나 빌려 주는 것은, 너무 이자가 비싼 돈을 예외로 한다면, 모든 경우에 양쪽의 이익에 어긋나는 것이다. 그리고 사람들이 이따금 그 양쪽 모두 하는 것

---

*1 신약성서의 〈루가의 복음서〉 제15장의 돌아온 탕자의 우화를 가리킨다. 아버지한테서 재산을 물려받은 형제 가운데, 동생은 집을 떠나 방탕한 생활에 모든 것을 탕진하고 돌아왔다. 회개한 동생을 환영하는 아버지에게 부지런히 일한 형이 항의하자 아버지가 그를 달래는데, 스미스는 여기서 낭비하는 동생과 부지런한 형의 대비를 사회 속에서의 낭비가와 생산적 노동자의 대비로 생각했다.

은 분명하지만, 사람은 누구나 자신의 이익에 관심을 갖고 있으므로 그런 사태는 우리가 흔히 상상하는 것만큼 그리 자주 일어나지는 않는다고 믿어도 좋을 것이다. 일반적인 분별심을 가진 부자에게, 빌린 돈을 이윤을 얻을 수 있도록 사용할 것으로 생각되는 사람과, 헛되이 소비할 것으로 생각되는 사람 가운데 어느 쪽에 자신의 자산을 많이 빌려 주고 있는지 물어 보라. 그러면 그 사람은 그런 질문을 하는 당신을 비웃을 것이다. 그러므로 절약가로 세상에 널리 알려진 사람들이 아닌 차주들조차, 절약하고 부지런한 사람들이 낭비적이고 게으른 사람들보다 훨씬 많은 것이다.

자산을 뭔가 매우 유리한 일에 이용할 거라는 기대를 주지 않고도 늘 대출을 받는 유일한 사람들은 담보대출을 하는 농촌의 상류층이다. 그들도 그저 소비하기 위해 빌리는 일은 좀처럼 없다. 그들이 빌리는 것은, 보통은 빌리기 전에 이미 소비되었다고 할 수 있을지 모른다. 그들은 일반적으로, 상점 주인이나 소매상인한테서 신용으로 가불한 매우 많은 재화를 소비해 버렸기 때문에, 그 채무를 지불하기 위해 이자를 주고 빌리지 않을 수 없게 되는 것이다. 빌린 자본은 농촌의 상류층이 자신들의 소유지의 지대로 회수하지 못한 상점 주인이나 소매상인의 자본을 회수하는 것이다. 그것은 정확하게 말하면 소비하기 위해서 빌리는 것이 아니라, 이미 소비되어 버린 자본을 회수하기 위해서 빌리는 것이다.

이자가 붙는 대출은 거의 모두, 지폐나 금은화로 이루어진다. 그러나 차주가 실제로 구하고 대주가 실제로 그에게 공급하는 것은 화폐가 아니라 화폐의 가치, 즉 그 화폐가 구매할 수 있는 재화이다. 만일 그가 그것을 직접적인 소비를 위한 자산으로서 구한다면, 그가 그런 자산 속에 넣을 수 있는 것은 그 재화뿐이다. 그가 만일 그것을 근로를 사용히기 위한 자본으로 구한다면, 일을 계속하는 데 필요한 도구와 재료, 생활 자료를 부지런한 사람들에게 지급하는 것은 그런 재화에서뿐이다. 대출은 함으로써 대주는, 그 나라의 토지와 노동의 연간 생산물 가운데 일정한 부분에 대한 자신의 권리를 차주에게 말하자면 양도하여, 차주 마음대로 사용하게 하는 것이다.

따라서 어떤 나라에서 이자를 붙여 대출될 수 있는 자산의 양, 즉 통상적인 표현에 의하면 이자를 붙여 대출될 수 있는 화폐의 양은, 지폐이든 주화이든, 그 나라에서 이루어지는 여러 가지 대출 수단으로서 소용되는 화폐가치에 의해 규제되는 것이 아니고, 연간 생산물 가운데 토지 또는 생산적 노동자의 손에서 나오기가 무섭게, 자본회수라고 할 뿐만 아니라, 소유자가 직접 사용하는 수고를 하지 않고 자본회수에 충당되는 부분의 가치에 의해 규제되는 것이다. 그와 같은 자본은 보통 화폐로 대출되고 화폐로 상환되므로 그것은 이른바 금전적 이해관계(금융계)라는 것을 구성한다. 그것은 토지 이해관계와 다를 뿐 아니라, 상공업 이해관계와도 다르다. 왜냐하면 이 마지막 계급에 있어서는 소유자들이 그 자본을 스스로 사용하기 때문이다. 그러나 금전적 이해관계에서도 화폐는 말하자면 양도증서이며, 그것은 소유자들이 스스로 수고스럽게 사용하고 싶어하지 않는 여러 자본을 어떤 사람의 손에서 다른 사람의 손으로 운반하는 것이다. 그런 자본은 그것을 운반하는 용구로서 이바지하는 화폐의 금액과는 비교도 안 될 정도로 클지 모른다. 같은 화폐가 계속해서 많은 다른 구매에도, 많은 다른 대출에도 잇따라 소용이 되기 때문이다.

이를테면, A가 W에게 천 파운드를 빌려 주었는데, W는 즉시 그것으로 B한테서 천 파운드의 가치가 있는 재화를 산다고 하면, B는 자신에게는 그 화폐가 필요하지 않으므로 같은 화폐를 X에게 빌려 주고, X는 그것으로 즉각 C에게서 다시 천 파운드의 가치가 있는 재화를 산다. C 또한 같은 이유로 그것을 Y에게 빌려 주고 Y는 또한 그것으로 D한테서 재화를 산다. 이렇게 하여 주화이든 지폐이든 똑같은 화폐가 며칠이 지나는 동안 세 번의 다른 대출과 세 번의 다른 구매의 도구로 소용이 되며, 그 하나하나의 가치는 그 화폐의 전액과 같다. 세 사람의 화폐소유자 A·B·C가 세 사람의 차주 W·X·Y에게 양도하는 것은 그런 구매력이다. 이 힘 속에 그 대출의 가치와 효용이 존재한다. 세 사람의 화폐소유자가 대부한 자산은 그것으로 구매할 수 있는 재화가치와 같으며, 그런 구매에 사용되는 화폐가치의 3배의 크기이다. 그러나 그런 대출은 모두 완전하게 보증받을 수 있다. 왜냐하면 각 채무자(차주)가 구매한 재화는 이윽고 같은 가치의 주화 또는 지폐를 이윤과 함께 회수하도록 쓰였기 때문이다. 그리고 똑같은 화폐가 이와 같이 그 가치의 3배, 또는 같은 이유로 30배나 되는 대출의 도구로 소용이 될 수 있으므로, 그것은 마찬가지로 하여 잇따라 상환의 도구로 계속 소용이 될 수 있다.

이자가 붙어서 대출되는 자본은, 이와 같이 하여 대주가 연간 생산물 가운데 상당한 부분을 다음과 같은 조건으로 차주에게 양도하는 것이라고 생각해도 무방하다. 그 조건은 차주가 그것과 교환으로 대출이 계속되는 동안, 생산물 가운데서 이자라고 불리는 그보다 작은 부분을 해마다 대주에게 양도하고, 대부 기간이 끝날 때 처음에 그에게 양도된 것과 같은 부분을, 상환으로서 대주에게 양도하는 것이다. 주화이든 지폐이든, 화폐는 그 작은 부분과 상당히 큰 부분 양쪽에 대해 일반적으로 양도증서로서의 구실을 하지만, 화폐 자체는 그것에 의해 양도되는 것과는 완전히 별개의 것이다.

어느 나라에서나 연간 생산물 가운데 토지 또는 생산적 노동자의 수중에서 나오자마자 자본의 회수에 충당되어야 하는 부분이 증가함에 따라, 이른바 금전적 이해관계도 당연히 증가한다. 소유자들이 그것을 직접 사용하는 수고를 하지 않고 거기서 수입을 얻고자 하는 개개의 자본의 증대는, 당연히 자본 전체의 증가에 뒤따르는 것이다. 다시 말하면, 자산이 증가함에 따라 이자를 받고 대출할 수 있는 자산의 양도 차츰 증가하는 것이다.

이자를 받고 대출할 수 있는 자산의 양이 증가함에 따라 이자, 즉 그 자산의 이용에 대해 지불되어야 하는 값은 필연적으로 감소하는데, 그것은 물건의 시장값을 보통 그 양의 증가에 따라 감소시키는 일반적인 원인에만 의한 것이 아니라, 이런 특정한 경우에 특유한 다른 여러 원인에도 기인하는 것이다. 어느 나라에서나 자본이 증가하면 자본의 사용에서 얻을 수 있는 이윤은 필연적으로 감소한다. 그 나라 안에서 새로운 자본을 유리하게 사용하는 방법을 찾기가 갈수록 어려워진다. 그 결과 여러 자본 사이에 경쟁이 일어나 어떤 자본소유자는 다른 소유자가 점유하고 있는 일을 차지하려고 애쓴다. 그러나 대부분의 경우, 더욱 불리한 조건으로 거래하지 않고는, 그 다른 사람을 그 일에서 밀어 낼 방법이 없다. 그는 자기가 다루는 것을 얼마간 싸게 팔지 않을 수 없을 뿐 아니라, 자기가 팔 재화를 손에 넣기 위해서는, 때로는 그것을 더 비싼 값에 사들여야 하는 경우도 있게 마련이다.

생산적 노동에 대한 수요는 그 유지에 충당되는 기금의 증가에 의해 나날이 증대한다. 노동자들은 쉽게 일자리를 찾지만, 자본소유자들은 고용할 노동자를 얻는 데 어려움을 느낀다. 그들의 경쟁은 노동임금을 높이고 자산의 이윤을 끌어내린다. 그러나 자본의 사용으로 얻어지는 이윤이 이렇게 하여 이른바 양쪽에서 축소될 경우에는, 그 사용에 대해 지불될 수 있는 값, 즉 이자율은 필연적으로 이윤과 함께 감소되지 않을 수 없다.

로크·로·몽테스키외는 다른 많은 저술가들과 함께, 에스파냐령 서인도 제도가 발견된 결과 금은의 양이 증대한 것이, 유럽의 대부분에 걸쳐 이자율이 떨어진 것의 진정한 원인이었다고 생각했던 것 같다. 그들의 말에 의하면, 그런 금속은 그 자체의 가치가 감소했기 때문에, 그 각각의 양의 사용가치도 필연적으로 감소하고, 따라서 그것에 대해 지불될 수 있는 값도 줄어든 것이다. 이 견해는 얼핏 듣기에 매우 그럴 듯한 것 같지만, 흄에 의해 충분히 해명되었으므로*2 거기에 대해서는 아마 더 이상 아무 말도 할 필요가 없을 것이다. 그러나 다음과 같은 매우 짧고 명백한 논의는, 그런 신사들을 오류에 빠뜨린 것으로 생각되는 허위를 더욱 확실하게 설명하는 데 도움이 될 것이다.

에스파냐령 서인도 제도를 발견하기 전에는, 유럽의 대부분에 걸쳐 10퍼센트가 일반적인 이자율이었던 것 같다. 그때부터 그것은 여러 나라에서 6·5·4·3퍼센트로 내려갔다. 개개의 어느 나라에서도 은 가치가 이자율과 정확하게 같은 비율로 내려갔다고 가정하면, 그리고 이를테면 이자가 10퍼센트에서 5퍼센트로 내려간 나라에서는, 지금은 같은 양의 은이 전에 그것이 구입할 수 있었던 재화의 양의 꼭 절반만 구입할 수 있다고 가정하면, 이 가정이 사실과 일치하는 곳은 어디에도 없다고 나는 생각하지만, 우리가 지금부터 검토하려고 하는 견해에 있어서는 가장 편리하고, 더욱이 이 가정에 입각해서도 은의 가치 저하가 이자율을 저하시키는 경향을 가지는 일은 결코 있을 수 없다. 만일 그런 나라에서 현재의 100파운드가 그때의 50파운드의 가치밖에 없다고 한다면, 현재의 10파운드는 그 전의 5파운드의 가치밖에 없을 것이다. 자본가치를 저하시킨 원인이 무엇이든, 그것은 필연적으로 이자가치를, 게다가 정확하게 같은 비율로 저하시켰을 것이 틀림없다.

자본가치와 이자가치의 비율은, 이자율에 결코 아무것도 변화가 없었다는 가정하에서이기는 하지만, 똑같은 채로 있었을 것이다. 이에 반해서, 이자율이 변하면 그 두 가치의 비율은 필연적으로 변화한다. 만일 현재의 100파운드가 그 전의 50파운드의 가치밖에 없다고 한다면, 현재의 5파운드는 그 전의 2파운드 10실링의 가치밖에 없을 것이다. 따라서 이자율을 10퍼센트에서 5퍼센트로 끌어내림으로써, 그 전의 자본가치의 절반과 같다고 상정되는 자본의 사용

---

*2 D. Hume, Of interest, in *Political discourses*, Edinburgh, 1752.

료로서, 우리는 그 전의 이자가치의 불과 4분의 1과 같은 이자를 주게 되는 셈이다.

은에 의해 유통되는 상품의 양이 똑같은 채로 있다면, 은의 양의 증가는, 그것이 어느 정도이든 그 금속의 가치를 감소시키는 것 외에는 아무런 효과도 가질 수 없다. 모든 종류의 재화의 명목가치는 커지겠지만, 그것의 실질가치는 정확하게 전과 같을 것이다. 그것은 전보다 많은 은화와 교환되겠지만, 그것이 지배할 수 있는 노동의 양, 그것이 부양하고 사용할 수 있는 사람들의 수는 정확하게 같을 것이다. 같은 양의 자본 부분을 어떤 사람의 손에서 다른 사람의 손으로 옮기는 데 필요한 은화의 수는 늘어나도, 그 나라의 자본은 전과 똑같을 것이다. 양도증서는, 말 많은 변호사의 양도증서처럼 전보다 꽤 까다로워지겠지만, 양도되는 것은 정확하게 전과 같으며, 같은 효과밖에 가져오지 못할 것이다. 생산적 노동을 유지하기 위한 기금이 전과 같으므로 그것에 대한 수요도 같을 것이다. 따라서 그 값, 즉 임금은 명목적으로는 전보다 커질지라도 실질적으로는 같을 것이다. 임금은 전보다 많은 수의 은화로 지불되겠지만, 같은 양의 재화밖에 구매하지 못할 것이다. 자산의 이윤은 명목적으로나 실질적으로나 전과 같을 것이다.

노동임금은 보통 노동자에게 지불되는 은의 양으로 계산된다. 그러므로 그 양이 증가하면, 그의 임금은 전보다 크지 않을 수도 있는데도 마치 증대한 것처럼 보인다. 그러나 자산의 이윤은 그것이 지불될 때의 은화의 수로 계정되지 않고, 사용된 자본 전체에 대한 그 은화의 비율로 계산된다. 그리하여 어떤 나라에서는 노동의 통상적인 임금이 1주일에 5실링이고, 자산의 통상적인 이윤은 10퍼센트라고 한다. 그러나 그 나라의 전체 자본이 전과 같으므로 그것이 분할된 개개인들의 다양한 자본끼리의 경쟁도 마찬가지로 전과 같을 것이다. 그들은 모두 전과 같은 유리함과 불리함 속에서 사업을 영위할 것이다. 따라서 자본과 이윤의 통상적인 이자도 같을 것이다. 화폐의 사용에 대해 통상적으로 줄 수 있는 것은 그 사용에 의해 통상적으로 획득할 수 있는 것에 의해 필연적으로 규제되기 때문이다.

이에 반해, 상품을 유통시키는 화폐의 양은 똑같은 채인데, 국내에서 해마다 유통되는 상품의 양이 조금이라도 증가하면, 그것은 화폐가치를 끌어올리는 것 외에도 많은 중요한 결과를 낳을 것이다. 그 나라의 자본은 명목적으로는 같을지 모르지만 실질적으로는 증가할 것이다. 자본은 계속해서 같은 양의 화폐로 표현될지 모르나, 전보다 많은 양의 노동을 지배할 것이다. 그것이 유지하고 사용할 수 있는 생산적 노동의 양은 증가하고, 그 결과 그 노동에 대한 수요도 증가할 것이다. 그 임금은 수요와 함께 자연히 올라가지만, 그래도 겉으로는 내려가는 것처럼 보일지도 모른다. 그것은 전보다 적은 양의 화폐로 지불될지도 모르지만 그 적은 양의 화폐는 전에 그보다 많은 양의 화폐가 구매한 것보다 많은 양의 재화를 구매할지도 모른다. 자산의 이윤은 실질적으로나 외관상으로나 감소할 것이다. 그 나라의 전체 자본이 증가하므로, 그것을 구성하는 여러 자본 사이의 경쟁도 그것에 따라 당연히 증가할 것이다. 그런 개개의 자본소유자들은 각자의 자본이 사용한 노동의 생산물 가운데 전보다 작은 비율로 만족하지 않을 수 없게 된다. 화폐의 가치, 즉 어느 것이나 정해진 금액의 화폐가 구매할 수 있는 재화의 양은 크게 증가한다 해도, 이와 같이, 화폐의 이자는 자산이윤과 항상 보조를 맞춰서 크게 감소할 것이다.

어떤 나라들에서는 화폐의 이자가 법률로 금지되고 있다. 그러나 어디서나 화폐의 사용에 의해 무언가가 이루어질 수 있으므로, 어디서나 화폐의 사용에 대해 대가가 얼마간 지불되어야 한다. 이 규제는 비싼 이자의 해악을 방지하기는커녕 증대시킨다는 것이 경험을 통해 밝혀졌다. 채무자는 화폐의 사용에 대해서 뿐만 아니라 채권자가 그 사용에 대한 대가를 받음으로써 겪는 위험에 대해서도 지불하지 않으면 안 되기 때문이다. 채무자는 자신의 채권자에게, 비싼 이자의 처벌에 대해 이른바 보험을 들어주지 않으면 안 되는 것이다.

이자가 허용되어 있는 나라에서는, 법률은 비싼 이자의 수탈을 저지하기 위해, 처벌을 받지 않고 징수할 수 있는 최고율을 정하는 것이 일반적이다. 그 비율은 언제나 최저시장값, 즉 가장 확실한 담보를 제공할 수 있는 사람들이 화폐의 사용에 대해 보통 지불하는 값보다 조금 높아야 한다. 만일 이 법정률이 최저시장률보다 낮게 정해지면, 이 고정 효과는 이자를 전면 금지하는 효과와 거의 같을 것이 분명하다. 채권자는 자기 화폐를 그 이용가치 이하로는 빌려 주지 않을 것이고, 채무자는 그 이용가치의 전액을 받음으로써 겪는 위험에 대해 채권자에게 지불하지 않으면 안 된다. 만일 그것이 정확하게 최저시장값과 같게 정해진다면, 가장 좋은 담보를 제공할 수 없는 모든 사람들은, 자기 나라의 법률을 존중하는 정직한 사람들에게 신용을 얻지 못하게 되어, 터무니없이 이자가 비싼 돈에 의존하지 않을 수 없게 된다. 그레이트브리튼처럼, 화폐가 정부에 대해서는 3퍼센트로 대출되고, 개인에게는 확실한 담보를 근거로 4 내지 4.5퍼센트로 대출되는 나라에서는, 현재의 법정이자율 5퍼센트는 아마 가장 적절한 것이라 하겠다.

주의해야 할 것은 법정률이 최저시장률보다 조금 높아야 하지만, 너무 높아서는 안 된다는 점이다. 이를테면, 그레이트브리튼의 법정이자율이 만일 8 내지 10퍼센트로 높게 정해진다면, 대출되는 화폐의 대부분은 낭비가나 투기꾼에게 대출될 것이다. 그들만이 이 높은 이자를 기꺼이 지불할 것이기 때문이다. 부지런한 사람들은 화폐의 사용료로서, 그 사용으로 획득할 수 있을 것으로 예상되는 것의 일부분 이상은 지불하려 하지 않을 것이므로, 그들은 감히 이 경쟁에 끼어들지 않을 것이다. 그 나라의 자본 가운데 큰 부분은, 그것을 이윤이 나도록 유리하고 유용하게 이용할 가능성이 가장 높은 사람들의 손이 미치지 않는 곳에 놓여지고, 그것을 낭비하고 파괴할 가능성이 가장 높은 사람들의 수중에 들어갈 것이다. 이와 반대로 법정이자율이 최저시장률을 아주 조금밖에 넘지 않도록 정해져 있는 곳에서는, 낭비가나 투기꾼보다 성실한 사람들이 차주로서 예외 없이 환영받는다. 화폐를 빌려 주는 사람은 군이 후자한테서 취득하려고 하는 것과 거의 같은 금액의 이자를 전자로부터 취득할 것이고, 게다가 그의 화폐는 한쪽 부류의 사람들 수중에 있는 것이 다른 부류의 사람들 수중에 있는 것보다 훨씬 안전하다. 이렇게 하여 그 나라의 자본의 대부분은 그것을 유리하게 사용할 가능성이 가장 높은 사람들의 수중에 들어가게 된다.

어떤 법률도 일반적인 이자율을, 그 법률이 제정될 때의 최저 통상시장률 이하로 끌어내릴 수는 없다. 프랑스 국왕이 이자율을 5퍼센트에서 4퍼센트로 내리려고 했던 1766년의 칙령에도 불구하고, 이 법률이 온갖 방법으로 회피되었기 때문에 화폐는 프랑스에서 계속 5퍼센트로 대출되었다.

주의해야 할 것은, 토지의 통상적인 시장값은 어디서나 통상적인 시장이자율에 의존한다는 사실이다. 자본을 가지고 있는 사람이 직접 그것을 사용하는 수고를 하지 않고 거기서 수입을 얻고자 한다면, 그것으로 토지를 구입할 것인지, 아니면 이자를 받고 빌려 줄 것인지를 궁리한다. 토지의 뛰어난 안전성과 그런 종류의 재산에 거의 따르게 마련인 다른 몇 가지의 이점은, 대개 그를 자신의 화폐를 이자를 받고 빌려 줌으로써 얻을 수 있는 것보다 적은, 토지에서의 수입으로 만족하려는 기분이 들도록 만들 것이다. 그런 이점은 수입의 어느 정도의 차액을 보상하는 데 충분하지만, 그것이 보상해 줄 수 있는 것은 어느 정도의 차액뿐이며, 만일 토지지대가 화폐이자를 크게 밑돈다면, 아무도 토지를 사지 않을 것이므로, 토지의 통상적인 값은 이내 내려갈 것이다. 반대로, 만일 이런 이점이 그 차액을 보상하고도 남는다면 누구나 토지를 사려 할 것이고, 토지의 통상적인 값은 곧 다시 올라갈 것이다. 이자가 10퍼센트였을 때, 토지는 10년 내지 12년의 지대에 상당하는 값으로 팔렸다. 이자가 6·5·4퍼센트로 내려감에 따라 토지값은 20·25·30년의 지대에 상당하는 금액으로 올라갔다. 시장 이자율은 프랑스가 잉글랜드보다 높으며, 토지의 통상적인 값은 프랑스가 싸다. 잉글랜드에서는 토지가 보통 30년의 지대 상당액으로 팔리는데 프랑스에서는 20년의 지대 상당액으로 팔린다.

제5장
자본의 여러 가지 사용에 대하여

모든 자본은 생산적 노동의 유지에만 충당된다고는 하나, 같은 양의 자본이 활동시킬 수 있는 노동의 양은 그 자본 사용의 다양성에 따라서 극도로 변하는 것이며, 그것은 그 사용이 그 나라의 토지와 노동의 연간 생산물에 부가하는 가치가 매우 다른 것과 마찬가지이다.

자본은 네 가지의 다른 방법으로 쓰일 수 있다. 첫째는 그 사회의 이용과 소비를 위해 해마다 필요한 원생산물을 입수하는 데 쓰이거나, 둘째로는 그 원생산물을 직접적인 이용과 소비를 위해 제조하고 가공하는 데 쓰이거나, 셋째는 원생산물 또는 제조품을 그것이 풍부한 곳에서 부족한 곳으로 수송하는 데 쓰이거나, 마지막으로 그런 것들의 특정한 분량을, 그것을 필요로 하는 사람들의 그때그때의 수요에 맞춘 작은 부분으로 분할하는 데 쓰인다. 첫째 방법으로 쓰이는 것은 토지·광산·어장의 개량 또는 개발에 종사하는 모든 사람들의 자본, 둘째 방법으로 쓰이는 것은 모든 제조업자의 자본, 셋째 방법으로 쓰이는 것은 모든 도매상인의 자본, 넷째 방법으로 쓰이는 것은 모든 소매상인의 자본이다. 이 넷 가운데 어느 하나로 분류할 수 없는 방법으로 쓰이는 자본은 도저히 생각하기 어렵다.

자본을 쓰는 이 네 가지 방법은 각각, 다른 세 가지 방법의 존재 또는 확대를 위해서나, 그 사회의 전반적인 편의를 위해서나 본질적으로 필요한 것이다. 자본이 원생산물을 일정한 정도로 풍부하게 공급하는 데 쓰이지 않는다면 어떤 종류의 제조업도, 상업도 존재할 수 없을 것이다. 자본이 원생산물 가운데 이용과 소비에 적합해질 때까지 상당한 조정을 필요로 하는 부분을 가공하는 데 쓰이지 않는다면, 그런 부분에 대해서는 수요가 있을 수 없기 때문에 그것은 결코 생산되지 않을 것이고, 만일 자생적으로 생산되는 것이라면 아무런 교환가치도 가지지 않을 것이며, 그 사회의 부에 아무것도 부가할 수 없을 것이다.

자본이 원생산물이나 제조품을 풍부한 곳에서 부족한 곳으로 수송하는 데 쓰이지 않는다면, 그 어느 것도 인근 지방의 소비에 필요한 것 이상으로는 생산될 수 없을 것이다. 상인의 자본은 어떤 곳의 잉여 생산물을 다른 곳의 그것과 교환하며, 그렇게 함으로써 두 지방의 근로를 촉진하고 그 혜택을 더욱 누릴 수 있게 한다.

자본이 원생산물이나 제조품의 일정한 부분을 필요한 사람들의 그때그때의 수요에 맞는 작은 부분으로 분해하고 분할하는 데 쓰이지 않는다면, 각자는 자기가 필요로 하는 재화를 당장 필요한 것보다 많이 구입하지 않을 수 없을 것이다. 이를테면, 만일 푸줏간 같은 직업이 없다면, 각자는 한꺼번에 한 마리의 암소 또는 양을 통째로 구입하지 않을 수 없을 것이다. 이러한 것은 일반적으로 부자에게도 불편하고, 가난한 사람들에게는 훨씬 더 불편할 것이다. 만일 가난한 노동자가 한 달 또는 6개월분의 식량을 한꺼번에 구입하지 않을 수 없다면, 그가 직업의 용구나 가게의 설비에 자본으로 사용하면 그에게 수입을 가져다 줄 그의 자산 가운데 큰 부분을, 그의 자산 가운데 당분간의 소비를 위해 유보되어 그에게 아무런 수입도 가져다 주지 않는 부분에 넣지 않을 수 없을 것이다. 그런 사람에게 있어서, 자신의 생활 자료를 매일, 심지어는 시간시간마다 필요한 대로 구입할 수 있는 것만큼 편리한 것은 없다. 그것으로 그는 자기 자산의 거의 모두를 자본으로 사용할 수 있다. 그리하여 그는 더욱 큰 가치를 지닌 제품을 완성할 수 있고, 그렇게 하여 그가 얻는 이윤은, 소매상의 이윤이 그 재화의 값에 덧붙이는 추가분을 보상하고도 훨씬 남게 된다.

상점 주인이나 소매상인에 대한 일종의 정치평론가들의 편견은 전혀 근거가 없다. 그들에게 세금을 부과하거나 그들의 수를 제한하는 것은 도무지 필요 없는 일이다. 그들의 수가 증가하여 서로 상처를 주게 되는 수는 있어도, 공공사회를 해칠 정도가 되는 일은 있을 수 없기 때문이다. 이를테면, 어떤 특정한 도시에서 판매할 수 있는 식료잡화의 양은, 그 도시와 인근의 수요에 의해 제한된다. 따라서 식료잡화업에 쓰일 수 있는 자본은, 그 양을 구입하는 데 충분한 금액을 넘을 수는 없다. 만일 이 자본이 두 사람의 각각 다른 식료잡화상에게 분할된다면, 양쪽 모두 경쟁에 의해 자본이 한 사람의 수중에 있는 경우보다 싸게 팔게 될 것이다. 그리고 만일 그것이 20명에게 분할된다면, 그들의 경쟁은 꼭 그만큼 더 치열해질 것이고, 값을 올리기 위해 담합할 기회는 꼭 그만큼 적어질 것이다. 그들의 경쟁은 아마 그들 가운데 몇 사람을 파멸시킬지도 모른다. 그러나 그것을 배려하는 것은 당사자들이 할 일이고, 아마 그들의 분별에 맡겨도 무방할 것이다. 이 경쟁은 소비자와 생산자 어느 쪽에도 상처를 입힐 수 없을 뿐만 아니라, 경쟁에 의해 소매상들은 이 상업 전체가 한두 사람에 독점되는 경우에 비해 더 싸게 팔고 더 비싸게 사들이게 될 것이 틀림없다. 아마도 그들 가운데 누군가가 때로는 약한 고객을 속여서 필요도 없는 것을 사게 할지도 모른다. 그러나 이런 해악은 공공사회가 주의를 기울일 만한 중요성은 거의 없고, 그들의 수를 제한한다고 반드시 방지되는 것도 아니다. 가장 의심스러운 예를 든다면, 일반 민중들 사이에 술에 만취하는 기풍이 널리 일어나는 것은 술집의 수가 많아서가 아니며, 다른 원인에서 일어난 그 기풍이 필연적으로 많은 술집에 일거리를 제공하고 있는 것이다.

그 네 가지 방법 가운데 어느 하나에 자신의 자본을 쓰고 있는 사람들은, 그들 자신이 생산적 노동자들이다. 그들의 노동은 적절한 방향으로 사용되면, 그것이 보통 투하되는 대상, 즉 판매할 수 있는 상품에 고정되고 실현되며, 일반적으로 적어도 그들 자신의 생활과 소비의 가치를 그 가격에 덧붙인다. 농업 경영자·제조업자·도매상인 및 소매상인의 이윤은 모두 앞의 둘이 생산하고 뒤의 둘이 매매하는 재화의 값에서 나온다. 그러나 같은 금액의 자본도 각각 그 네 가지 방법 가운데 어느 것에 사용되는가에 따라, 직접적으로*¹ 활동시키는 생산적 노동의 양이 매우 다를 것이고, 그것이 속하는 사회의 토지와 노동의 연간 생산물이 지닌 가치를 증가시키는 비율도 매우 다를 것이다.

소매상인의 자본은 그가 재화를 구입하는 도매상인의 자본을 그 이윤과 함께 회수하게 하고, 그렇게 함으로써 도매상인이 그 사업을 계속할 수 있게 한다. 그것이 쓰는 유일한 생산적 노동자는 소매상인 자신이다. 그의 이윤 속에 그 자본의 사용이 사회의 토지와 노동의 연간 생산물에 부가하는 전체 가치가 있다.

도매상인의 자본은 그가 다루는 원생산물과 제조품의 구입자인 농업 경영자와 제조업자의 자본을 그들의 이윤과 함께 회수하게 하고, 그렇게 함으로써

---

*1 '직접적으로'는 제2판의 추가.

그들이 각각 영업을 계속할 수 있게 한다. 그는 주로 그것을 통해, 사회의 생산적 노동을 유지하고 연간 생산물의 가치를 증가시키는 데 간접적으로 이바지하고 있다. 그의 자본은 또한 그의 재화를 한 곳에서 다른 곳으로 수송하는 선원이나 운송업자를 고용하며, 그런 재화의 값을 그의 이윤뿐만 아니라 그들의 임금을 보탠 가치만큼 증대시킨다. 이것이 그 자본이 직접적으로 활동시키는 생산적 노동의 모두이고, 또 그 자본이 연간 생산물에 보태는 가치의 모두이다. 이 두 가지 점에서 도매상인의 자본의 작용은 소매상인의 자본의 작용보다 훨씬 크게 마련이다.

제조업자의 자본의 일부는 고정자본으로서 그의 영업 도구로 쓰이고, 그가 그런 도구를 구입하는 누군가 다른 기능공의 자본을 그 이윤과 함께 회수하게 한다. 그의 유동자본의 일부는 재료 구입에 쓰여, 그가 재료를 구입하는 농업 경영자나 광업 경영자의 자본을 그들의 이윤과 함께 회수하게 한다. 그러나 그 유동자본 가운데 큰 부분은 언제나, 해마다 또는 그보다 훨씬 단기간에, 그가 고용하는 다양한 노동자들 사이에 분배된다. 그것은 그런 재료의 가치를 그들의 임금만큼, 그리고 그 사업에 사용된 임금·재료·사업 용구 같은 자산 전체에 대한 제조업자의 이윤만큼 증가시킨다. 따라서 그것은 어느 도매상인의 수중에 있는 같은 금액의 자본보다도 훨씬 많은 양의 생산적 노동을 직접적으로[*2] 활동하게 하여, 그 사회의 토지와 노동의 연간 생산물에 훨씬 큰 가치를 덧붙이는 것이다.

같은 금액의 자본으로 농업 경영자의 자본만큼 많은 양의 생산적 노동을 활동시키는 것은 없다. 그가 일을 시키는 하인뿐만 아니라 그가 부리는 가축도 생산적 노동자이다. 농업에서도 자연이 인간과 함께 노동한다. 그리고 자연의 노동은 비용이 들지 않지만, 그 생산물은 가장 비용이 드는 노동자의 생산물과 마찬가지로 가치를 가지고 있다. 농업의 가장 중요한 작용은 실제로 자연의 비옥도를 증대시키기는 하지만, 오히려 그보다도 그 비옥도를 인간에게 가장 이익이 되는 식물의 생산으로 돌리려고 의도하는 것 같다. 찔레와 가시덤불이 무성한 들판도, 가장 잘 경작된 포도밭이나 곡물밭과 같은 정도로 많은 양의 채소를 생산할 수 있는 일이 흔히 있다. 재배나 경작은 때때로 자연의 능

---

*2 '직접적으로'는 제2판의 추가.

동적인 비옥도를 촉진하기보다 오히려 규제하지만, 재배와 경작의 노동이 모두 끝난 뒤에도 그런 일의 큰 부분이 여전히 자연에 의해 이루어지는 것으로서 남게 마련이다. 따라서 농업에 쓰이는 노동자와 가축은 제조업에서의 노동자처럼 그들 자신의 소비와 같은 가치, 즉 그들을 고용하는 자본과 같은 가치의, 그 소유자의 이윤이 따른 재생산을 불러일으킬 뿐만 아니라, 훨씬 큰 가치의 재생산도 불러일으킨다.

농업 경영자의 자본과 그 모든 이윤 외에 그들은 규칙적으로 지주의 지대도 재생산한다. 그 지대는 지주가 농업 경영자에게 사용권을 빌려 주고 있는 자연의 모든 힘의 생산물로 생각된다. 지대는 그런 힘이 상정된 정도에 따라, 바꾸어 말하면, 그 토지의 자연적인, 또는 개량된 비옥도라고 상정되는 것에 따라 커지기도 하고 작아지기도 한다. 그것은 인간의 행위로 여길 수 있는 모든 것을 공제 또는 보상한 뒤에 남는 자연의 행위이다. 그것은 모든 생산물의 4분의 1보다 적은 일은 거의 없고 3분의 1보다 많을 때가 흔히 있다. 제조업에 사용되는 이것과 같은 양의 생산적 노동이, 이토록 큰 재생산을 불러일으키는 일은 결코 없다.

제조업에서는 자연은 아무것도 하지 않고 인간이 모든 것을 한다. 또 재생산은 언제나 그것을 불러일으키는 여러 요소의 강도와 비례하지 않을 수 없다. 따라서 농업에 사용되는 자본은 제조업에 사용되는 같은 금액의 어떤 자본보다도 많은 양의 생산적 노동을 활동시킬 뿐 아니라, 그것이 고용하는 생산적 노동량의 비율에 있어서도 그 나라의 토지와 노동의 연간 생산물에, 즉 그 주민의 실질적인 부와 수입에 훨씬 큰 가치를 부가한다. 그것은, 자본을 쓰는 모든 가능한 방법 가운데, 그 사회에 있어서 가장 유리한 것이다.

어느 사회에서나, 농업과 소매업에 쓰이는 자본은 언제나 그 사회 안에 머물러 있지 않을 수 없다. 그 사용은 농업이나 소매상의 가게 같은 일정한 곳에 거의 한정되어 있다. 여기에 약간의 예외는 있을지라도, 그것은 또한 일반적으로 그 사회에 거주하는 구성원에 속해 있는 것이 분명하다.

이에 비해, 도매상인의 자본은 어디에도 고정된, 또는 필연적인 거주 장소를 가지지 않는 것으로 보이며, 싸게 살 수 있는가, 또는 비싸게 팔 수 있는가에 따라 장소를 바꾸며 돌아다닐 수가 있다.

제조업자의 자본은 의심할 여지없이 제조업이 영위되는 곳에 머물지만, 그것이 어디여야 한다는 것은 반드시 항상 정해진 것은 아니다. 그것은 흔히 원료의 생산지에서나 완성된 제조품의 소비지에서 멀리 떨어져 있는 경우가 있다. 리옹은 그 제조업의 원료 제공지나 제품 소비지에서 매우 멀다.[3] 시칠리아 섬의 사교계 사람들은 그들 자신의 나라에서 생산되는 원료로 다른 나라에서 만든 비단옷을 입는다.[4] 에스파냐의 양털 일부는 그레이트브리튼에서 가공되어, 그 모직물의 일부는 나중에 에스파냐로 되돌아간다.

어떤 사회의 잉여 생산물을 자기 자본으로 수출하고 있는 상인이 그 나라에서 태어난 사람인가 외국인인가 하는 것은 거의 중요하지 않다. 만일 그가 외국인이라면 그 나라 사람일 경우보다 생산적 노동자의 수는 필연적으로 한 사람 적어지고, 연간 생산물의 가치는 그 한 사람의 이윤만큼 적어진다. 그가 쓰는 선원이나 운송인도, 그가 그 나라 사람인가 아닌가 하는 문제와 마찬가지로, 그의 나라 사람이든, 그들의 나라 사람이든, 어떤 제3국의 사람이든 아무런 관계가 없다. 외국인의 자본도 그 나라 사람의 자본과 마찬가지로, 국내에서 수요가 있는 물건과 교환함으로써 그들의 잉여 생산물에 가치를 준다. 그것은 그 잉여를 생산하는 사람의 자본을 마찬가지로 유효하게 회수하게 하고, 또 마찬가지로 유효하게, 그 사람이 자신의 사업을 계속할 수 있도록 한다. 도매상인의 자본이 생산적 노동을 유지하고, 그 사회의 연간 생산물의 가치를 증가시키는 데 주로 이바지하는 것은 이 구실에 의해서이다.

제조업자의 자본이 국내에 머문다는 것은 그보다도 더 중대한 일이다. 그 자본은 훨씬 더 많은 양의 생산적 노동을 활동시키고, 그 사회의 토지와 노동의 연간 생산물에 더 큰 가치를 부가한다. 그러나 제조업자의 자본은 국내에 머물러 있지 않아도, 그 나라로 봐서는 매우 유용할 수가 있다. 발트 해 연안에서 해마다 수입되는 아마와 대마를 가공하는 그레이트브리튼의 제조업자들의 자본은, 그런 것을 생산하는 나라들에 있어서는 매우 유용한 것이 확실하다. 그런 재료는 그 나라들의 잉여 생산물의 일부이며, 무엇이든 국내에서 수요가 있는 어떤 것과 해마다 교환되지 않으면 아무런 가치가 없고 곧 생산이

---

[3] 리옹은 당시, 프랑스 최대의 상업 도시로 견직물업의 중심지였지만, 원료는 주로 이탈리아산이고 제품은 주로 파리에서 소비되었다.

[4] 그리스에서 시칠리아에 누에 사육이 전해진 것이 이탈리아의 생사 생산의 시작이지만, 그 정제와 가공은 피에몬테와 리옹에서 이루어졌다.

중단되어 버릴 것이다. 그것을 수출하는 상인들은 그것을 생산하는 사람들의 자본을 회수하게 하고, 그렇게 함으로써 그 생산을 평생 계속할 수 있도록 격려하게 된다. 그리고 그레이트브리튼의 제조업자는 그런 상인들의 자본을 회수하는 것이다.

어떤 특정한 나라가 어떤 특정한 사람과 마찬가지로, 충분한 자본이 없기 때문에, 자신의 모든 토지를 개량하고 경작하며, 또 그 토지의 모든 원생산물을 직접적인 사용과 소비를 위해 제조하고 가공하며, 또 원생산물이든 제조품이든 그 잉여 부분을 국내에서 수요가 있는 것과 교환할 수 있는 원격지의 시장으로 수송할 수 없는 경우가 때때로 있다. 그레이트브리튼의 여러 지방의 주민들은 자신들의 모든 토지를 개량하고 경작하는 데 충분한 자본을 가지고 있지 않다. 스코틀랜드 남부 여러 주의 양털은 현지에서 가공할 자본이 부족하기 때문에, 그 대부분이 매우 열악한 도로를 통한 긴 육상 수송 끝에 요크셔에서 가공된다. 그레이트브리튼에는, 그 주민이 자신들의 근로 생산물을 그것이 수요되고 소비되는 먼 시장으로 수송할 수 있는 정도의 자본조차 가지고 있지 않은 작은 제조업 도시가 많이 있다. 그들 가운데 어떤 상인들이 있다고 해도, 그들은 사실 더 큰 상업 도시의 어딘가에 사는 더 부유한 상인들의 대리인에 지나지 않는 것이다.

어떤 나라의 자본이 이와 같은 세 가지 목적의 모두에 충분하지 않다면, 그 가운데서 농업에 쓰이는 부분이 큰 것에 비례하여, 그것이 국내에서 활동시키는 생산적 노동량도 클 것이고, 그것은 이 자본의 사용이 그 나라의 토지와 노동의 연간 생산물에 부가하는 가치가 큰 것과 마찬가지이다. 농업 다음으로는 제조업에 쓰이는 자본이 최대량의 생산적 노동을 활동시켜서, 연간 생산물에 최대의 기치를 부가한다. 수출무역에 쓰이는 자본은 이 세 가지 가운데 어느 것보다도 효과가 적다.

이 세 가지 목적의 모두에 충분한 자본을 가지지 않은 나라는, 실은 그 나라가 당연히 예정되어 있다고 생각되는 부유한 정도에 아직 이르러 있지 않은 것이다. 그러나 세 가지 모두를, 조급하게, 게다가 불충분한 자본으로 실행하려고 시도하는 것은, 개인에 있어서와 마찬가지로, 사회에 있어서도 충분한 자본을 획득하는 가장 빠른 길은 아니다. 한 나라의 모든 개인의 자본은 한 개인의 그것과 마찬가지로 한계가 있어서, 일정한 목적만 이룰 수밖에 없다. 한 나라의 모든 개인의 자본은, 단일한 개인의 자본과 마찬가지로 자신들의 수입 중에서 절약한 것을 끊임없이 축적하여 자본에 추가하는 방법으로 증가된다. 따라서 자본이, 그 나라 주민 전체에 최대의 수입을 가져다 주는 방법으로 쓰이는 경우에는, 그들은 이와 같이 하여 최대로 절약할 수 있을 테니까, 그것은 가장 급속하게 증가할 가능성이 있다. 그러나 그 나라의 모든 주민의 수입은 필연적으로 그들의 토지와 노동의 연간 생산물의 가치에 비례한다.

우리의 아메리카 식민지가 부와 위대함을 향해 급속히 진보한 주요 원인은, 그들의 거의 모든 자본이 여태까지 농업에 쓰이고 있었던 것에 있다. 거기에는 농업의 진보에 필연적으로 따르는, 각 가정의 여성과 어린이들의 일인 비교적 조악한 가내공업을 제외하고는 다른 제조업이 없다. 아메리카의 수출무역이나 연안무역도 대부분 그레이트브리튼에 거주하는 상인의 자본으로 영위되고 있다. 상품을 소매로 파는 크고 작은 점포조차, 몇몇 주, 특히 버지니아와 메릴랜드에서는 대부분 모국에 거주하는 상인에 속하는 것이며, 한 사회의 소매업이 그 사회에 거주하는 구성원이 아닌 사람들의 자본으로 영위되고 있는 적은 예의 하나이다. 만일 아메리카인들이 단결하거나 뭔가 다른 종류의 폭력으로 유럽 제조품의 수입을 저지하고, 그리하여 자기 나라 사람들 가운데 같은 종류의 재화를 제조할 수 있는 사람들에게 독점권을 줌으로써, 그들의 자본의 상당한 부분을 이 사업으로 돌린다면, 그들은 자신들의 연간 생산물의 가치를 더욱더 증대하도록 촉진하기는커녕 저지할 것이고, 그 나라가 실질적인 부와 위대함을 향해 진보하는 것을 촉진하기는커녕 저해하게 될 것이다. 이것은, 만일 그들이 마찬가지로 하여 그들의 수출무역 전체를 자기들만 독점하려고 기도한다면, 더욱더 확실하게 적용될 것이다.

어떤 큰 나라가 위와 같은 세 가지 목적의 모두에 있어서 충분한 자본을 획득할 수 있을 정도로, 인간의 번영이 오래 계속된 적은, 사실 좀처럼 없었던 것으로 생각된다. 우리가 중국이나 고대 이집트의 부와 경작에 대해, 또 고대 인도스탄의 상태에 대한 놀라운 설명을 믿지 않는 한, 아마 그럴 것이다. 모든 설명에 의하면, 일찍이 세계에 존재한 가장 부유한 나라인 이 세 나라조차, 농업과 제조업의 우월에 의해 주로 알려져 있는 것이다. 그 나라들이 외국 상업에서 뛰어났던 것으로는 보이지 않는다. 고대 이집트인은 바다에 대해 미신적인 반감을 갖고 있었고, 인도인들에게도 거의 같은 종류의 미신이 퍼져 있었다.

또 중국인이 외국 상업에서 뛰어난 적은 한 번도 없었다. 이 세 나라의 잉여 생산물은 대부분 언제나 외국인에 의해서 수출되었던 것 같고, 외국인은 그것과 교환하여 그곳에서 수요가 있는 뭔가 다른 것을 주었는데, 그것은 흔히 금과 은이었다.

어느 나라에서나 이렇게 하여 같은 자본이 농업과 제조업과 도매업에 다양한 비율로 쓰이는 것에 따라, 그 자본이 활동시키는 생산적 노동의 양은 커지기도 하고 작아지기도 하며, 토지와 노동의 연간 생산물에 부가하는 가치도 커지기도 하고 작아지기도 할 것이다. 그 차이는 또, 그 자본 가운데 어떤 부분이 쓰이는 여러 가지 도매업의 종류에 따라서도 매우 크다.

모든 도매업, 즉 도매로 재판매하기 위한 모든 구매는 세 가지의 다른 종류로 귀착할 것이다. 국내 상업, 소비재의 외국무역, 중계무역이 그것이다. 국내 상업은 그 나라의 근로 생산물을 같은 나라의 어떤 지방에서 사서 다른 지방에서 파는 데 쓰인다. 그것은 내륙 거래와 연안 거래 양쪽을 포함한다. 소비재의 외국무역은 국내 소비를 위해 외국의 재화를 사는 일에 쓰인다. 중계무역은 여러 외국 간의 상업, 즉 어떤 나라의 잉여 생산물을 다른 나라로 수송하는 일에 쓰인다.

한 나라의 근로 생산물을 그 나라의 어떤 지방에서 사서 다른 지방에서 팔기 위해 쓰이는 자본은, 일반적으로 그런 거래를 할 때마다 그 나라의 농업 또는 제조업에 쓰이고 있던 두 가지의 별개의 자본을 회수하게 하고, 그렇게 함으로써 그런 자본이 그 용도를 계속할 수 있도록 한다. 그 자본이 상인의 거주지에서 일정한 가치의 상품을 내보낼 경우에, 그것은 일반적으로 적어도 같은 가치의 다른 상품을 대신 가지고 되돌아온다. 양쪽 상품 모두 국내산업의 생산물일 때는, 그것은 모두 생산적 노동의 유지에 쓰이고 있었던 두 가지의 별개의 자본을, 그런 조작을 할 때마다 필연적으로 회수하게 하고, 그렇게 함으로써 그 유지를 계속할 수 있게 한다. 스코틀랜드의 제조품을 런던에 보내고 잉글랜드의 곡물과 제조품을 에든버러에 가지고 돌아오는 자본은, 그런 조작을 할 때마다 모두 그레이트브리튼의 농업 또는 제조업에 쓰이고 있던 두 가지의 브리튼의 자본을 필연적으로 회수하게 하는 것이다.

국내 소비를 위해 외국 재화의 구매에 쓰이는 자본은, 이 구매가 국내 산업의 생산물로 이루어질 경우에는, 또한 그와 같은 조작 때마다 두 가지의 별개의 자본을 회수하게 하는데, 국내 산업의 유지에 쓰이는 것은 그 가운데 하나뿐이다. 브리튼의 재화를 포르투갈에 보내고 포르투갈의 재화를 그레이트브리튼에 가지고 돌아오는 자본은, 그런 조작을 할 때마다 브리튼의 자본을 하나밖에 회수하게 하지 않는다. 또 하나는 포르투갈의 자본이다. 따라서 소비재에 대한 외국무역의 자본 회전이 국내 상업의 그것과 마찬가지로 급속하더라도, 거기에 쓰이는 자본은 그 나라의 근로, 즉 생산적 노동에 절반의 장려밖에 주지 않을 것이다.

그러나 소비재에 대한 외국무역의 수익은 국내 상업의 그것과 같은 정도로 급속할 수는 좀처럼 없다. 국내 상업의 수익은 일반적으로 그해가 다 가기 전에 들어오고, 때로는 1년에 서너 번씩 들어온다. 소비재에 대한 외국무역의 수익이 그해 안에 들어오는 경우는 거의 없고, 때로는 2년 내지 3년이 지나야 들어온다. 따라서 국내 상업에 쓰이는 자본은 소비재의 외국무역에 쓰이는 자본이 한번 조작을 끝내기 전에, 때로는 열두 번이나 조작할 수 있다. 즉 열두 번 나갔다가 다시 돌아오는 것이다. 그러므로 같은 금액의 자본이면 전자는 그 나라에 대해 후자의 24배나 되는 장려와 지원을 주게 된다.

국내 소비를 위한 외국 재화는, 국내 산업의 생산물이 아니라 뭔가 다른 외국 재화로 구매될 수 있다. 그러나 이 후자는 국내 산업의 생산물로 직접 구매되었거나, 또는 그 생산물로 구매된 뭔가가 다른 것으로 구매된 것이 틀림없다. 왜냐하면, 전쟁과 정복의 경우를 제외하면, 외국의 재화는 국내에서 생산된 것과 직접적으로, 또는 두 번 내지 그 이상의 다양한 교환을 거치지 않으면 결코 획득할 수 없기 때문이다.

따라서 그와 같은 우회적인 소비재의 외국무역에 쓰이는 자본의 효과는, 모든 점에서 똑같은 종류의 가장 직접적인 상업에 쓰이는 자본의 효과와 모든 점에서 같으며, 다만 최종적인 자금 회전이 두 가지 또는 세 가지의 다른 외국무역의 자금 회전에 의존하지 않으면 안 되므로 더욱 늦어지기 쉽다는 것이 다를 뿐이다. 리가*5의 아마와 대마가 브리튼의 제조품으로 구매된 버지니아의 담배로 구매된다면, 그 상인이 같은 자본으로 같은 양의 그레이트브리튼의 제조품을 재구입하는 데는, 두 가지의 다른 외국무역의 자금 회전

---

*5 리가(Riga)는 현재 라트비아의 수도. 당시에는 쾨니히스베르크와 함께 발트 해 무역의 중심지였다.

을 기다리지 않으면 안 된다. 만일 버지니아의 담배가 그레이트브리튼의 제조품으로 구매된 자마이카의 설탕과 럼주로 구매되었다면, 그는 세 가지의 회전을 기다리지 않으면 안 된다. 만일 그 둘 또는 세 가지의 다른 외국무역이 마침 두 사람 또는 세 사람의 다른 상인에 의해 이루어지고, 그 가운에 두 번째 상인은 첫 번째 상인에 의해 수입된 재화를 재수출을 위해 산다고 하면, 이 경우 각각의 상인은 틀림없이 자신의 자본을 더욱 급속하게 회전시키겠지만, 이 무역에 쓰인 전체 자본의 최종적이 회전은 꼭 전과 마찬가지로 더딜 것이다. 그런 우회무역에 쓰이는 전체 자본이 한 사람의 상인의 것인가, 세 상인의 것인가는 개개의 상인에게는 차이가 있을지 모르지만, 그 나라로 봐서는 차이가 있을 수 없다. 일정한 가치의 그레이트브리튼의 제조품을 일정한 양의 아마 및 대마와 교환하기 위해, 그 제품과 아마 및 대마가 서로 직접 교환되는 경우에 필요할 자본에 비해 세 배나 큰 자본이 어느 경우에나 쓰이지 않으면 안 된다. 따라서 이와 같은 소비재의 우회 외국무역에 쓰이는 전체 자본은, 일반적으로 같은 종류의 가장 직접적인 상업에 쓰이는 같은 금액의 자본에 비해, 그 나라의 생산적 노동에 대해 일반적으로 더 적은 장려와 지원밖에 주지 않을 것이다.

국내 소비용의 외국 재화의 구매에 할당되는 외국 상품이 어떤 것이든, 그것은 무역의 성질에 대해서나 그 무역이 영위되고 있는 나라의 생산적 노동에 줄 수 있는 장려와 지원에 대해, 본질적인 차이를 불러일으킬 수 없다. 만일 외국 상품이 이를테면 브라질의 금 또는 페루의 은으로 구입된다면, 이 금은은 버지니아의 담배와 마찬가지로, 그 나라의 산업 생산물, 또는 일찍이 뭔가 다른 국산품으로 구입된 것에 의해 구매된 것이 틀림없다. 그러므로 그 나라의 생산적 노동에 관한 한, 금은에 의해 영위되는 소비재 외국무역은, 똑같이 우회적인 다른 소비재 외국무역이 갖고 있는 모든 이점과 모든 불편을 가지고 있으며, 그 생산적 노동의 유지에 직접 쓰이는 자본을 똑같이 빠르게 또는 똑같이 천천히 회수할 것이다. 그것은 똑같이 우회적인 다른 어떤 외국무역보다 나은 이점을 한 가지 가지고 있는 것처럼 여겨지기도 한다. 그와 같은 금속을 한 곳에서 다른 곳으로 수송하는 데, 그 부피가 작고 가치가 크기 때문에 같은 가치의 다른 외국 재화를 수송하는 것보다 비용이 적게 든다. 그런 금속은 운임이 훨씬 적고 보험료도 다른 것보다 많지 않다. 게다가 수송에 의해 입

을 수 있는 손상이 이보다 적은 재화도 없다.*6

　따라서 금은을 매개로 함으로써, 다른 어떤 외국의 재화를 매개로 하는 것보다도, 국내산업의 비교적 적은 양의 생산물로 같은 양의 외국 재화를 구매할 수 있는 일이 때때로 있다. 이렇게 하면 그 나라의 수요는 다른 어떤 방법보다 완전히, 게다가 적은 비용으로 채워질 수 있는 일이 흔히 있다. 이런 종류의 무역이 그런 금속을 계속 수출함으로써, 그것이 영위되는 나라를 뭔가 다른 방법으로 빈곤하게 만들 우려가 있는지 없는지에 대해, 나는 나중에 상세하게 검토할 기회를 가질 생각이다.

　어떤 나라의 자본 가운데 중계무역에 쓰이는 부분은, 그 특정한 나라의 생산적 노동의 유지에서 전면적으로 빠져 나가 어딘가 외국의 생산적 노동을 유지하는 데 돌려진다. 그 부분은 조작 때마다 두 가지의 다른 자본을 회수하겠지만, 그 어느 쪽도 그 특정한 나라의 것이 아니다. 폴란드의 곡물을 포르투갈에 운반하고, 포르투갈의 과일과 포도주를 폴란드로 다시 갖고 돌아오는 네덜란드 상인의 자본은, 그런 조작 때마다 두 가지의 자본을 회수하지만, 그 어느쪽도 네덜란드의 생산적 노동의 유지에 쓰이고 있던 것이 아니고, 하나는 폴란드의 그것을, 나머지 하나는 포르투갈의 그것을 유지하는 데 쓰이고 있던 것이다. 이윤만 규칙적으로 네덜란드로 돌아오고, 그것이 이 무역이 그 나라의 토지와 노동의 연간 생산물에 필연적으로 주는 전체 추가분을 형성한다.

　어떤 특정국의 중계무역이 그 나라의 선박과 선원으로 영위될 때는, 확실히, 거기에 쓰이는 자본 가운데 운임을 지불하는 부분은 그 나라의 일정한 수의 생산적 노동자들에게 분배되어 그들을 활동시키게 된다. 중계무역의 상당한 부분을 분담해 온 거의 모든 국민은, 실제로 이와 같은 방법으로 그 무역을 영위해 왔다. 그런 나라들의 민중은 다른 나라들에 있어서는 운송인이므로, 그 무역 자체의 명칭을 아마 거기서 따온 듯하다. 그러나 중계무역이 그렇게 하여 영위되고 있는 것은, 이 무역의 성질로 보아 본질적인 것으로는 생각되지 않는다. 이를테면 어떤 네덜란드 상인이 자신의 자본을 써서 폴란드와 포르투갈 사이에서 한쪽의 잉여 생산물의 일부를 다른 쪽으로 운반하는 상거래를 할 때, 네덜란드의 배가 아니라 그레이트브리튼의 배로 수송하는 일도 있을 것이

---

*6 '게다가……재화도 없다'는 제2판의 추가.

다. 어떤 특정한 경우에는 그가 실제로 그렇게 하고 있다고 추정할 수 있을 것이다.

그러나 방위와 안전 보장이 선원과 선박의 수에 의존하는 그레이트브리튼 같은 나라에 있어서, 중계무역이 특별히 유리한 것으로 생각되어 온 것은 이런 이유에서이다. 그러나 소비재의 외국무역에서도, 또는 연안용 선박으로 영위된다면 국내 상업에 있어서도, 중계무역에서 쓰이는 것과 같은 수의 선원과 선박을 쓸 수 있을 것이다. 어느 것이나 개별 자본을 쓸 수 있는 선원과 선박의 수는 무역의 성질에 의존하는 것이 아니라, 일부는 그 재화의 가치와 부피의 비율에, 일부는 재화가 수송되는 항구와 항구 사이의 거리에 의존하는 것이며, 그 두 가지 사정 가운데 주로 전자에 의존한다. 이를테면, 뉴캐슬에서 런던으로 운반하는 석탄 거래는, 항구 사이의 거리는 길지 않지만 잉글랜드의 모든 중계무역보다 많은 선박을 쓴다. 따라서 어떤 나라의 자본 가운데 자연히 중계무역을 향하는 것보다 큰 비율을, 특별한 장려책을 통해 강제로 그쪽으로 돌리려 해도, 반드시 항상 그 나라의 선박 수를 증가시키게 되지는 않을 것이다.

그러므로 어떤 나라의 국내 상업에 쓰이는 자본은, 그 나라의 생산적 노동에, 일반적으로 소비재의 외국무역에 쓰이는 같은 금액의 자본보다 많은 장려와 지원을 제공하고, 또 연간 생산물의 가치를 증가시킬 것이다. 그리고 이 후자의 상업에 쓰이는 자본은, 어느 점에 있어서나 중계무역에 쓰이는 같은 금액의 자본보다 큰 이점을 가진다. 모든 나라의 부와, 그 부에 의존하는 한에서의 국력은, 그 나라의 연간 생산물의 가치, 즉 모든 세금이 궁극적으로 나오는 기금에 항상 비례할 것이 틀림없다. 그러나 각국의 경제 정책의 커다란 목적은 그 나라의 부와 힘을 증대시키는 데 있다. 따라서 그것은 소비재 외국무역을 국내 상업보다 우선시키거나 더 장려해서는 안 되며, 또 중계무역을 두 가지 중의 어느 쪽보다 우선시키거나 장려해서도 안 된다. 또 그 두 수로 가운데 어느 쪽에도, 그 나라의 자본 중에서 자발적으로 자연히 그리로 흘러들어가는 것보다 큰 부분을 강제적으로 유입시켜도 안 되고, 유입하도록 유인해서도 안 된다.

그렇지만 그런 다양한 상업 부문의 어느 것이든, 강제와 폭력 없이 자연적인 흐름에 따라 저절로 그것을 도입한다면, 유익할 뿐만 아니라 필요불가결한 것이기도 하다.

어떤 한 가지 산업 부문의 생산물이 그 나라의 수요를 넘을 경우, 그 잉여는 국외로 보내져서 뭔가 국내에서 수요가 있는 것과 교환되지 않으면 안 된다. 그런 수출이 없으면 그 나라의 생산적 노동의 일부는 정지하고, 연간 생산물의 가치는 감소하지 않을 수 없다. 그레이트브리튼의 토지와 노동은 일반적으로 국내 시장의 수요가 요구하는 것보다 많은 곡물과 모직물, 쇠붙이를 생산한다. 그러므로 그 가운데 잉여 부분은 국외로 보내져서 국내에서 수요가 있는 것과 교환되어야 한다. 이 잉여가 그것을 생산하는 노동과 비용을 보상하는 데 충분한 가치를 획득할 수 있는 것은 오직 그런 수출에 의해서 일뿐이다. 해안의 부근이나 항행 가능한 모든 하천 연안이 근로에 유리한 곳인 것은, 그런 위치가 그런 잉여를 수출하고 그 지방에서 그보다 수요가 높은 다른 것과 교환하는 것을 쉽게 하기 때문이다.

이렇게 하여 국내 산업의 생산물로 구매되는 외국의 재화가 국내 시장의 수요를 넘으면 그 잉여 부분은 다시 국외로 보내져 국내에서 더욱 수요가 있는 것과 교환되어야 한다. 약 9만 6천 통의 담배가 해마다 버지니아와 메릴랜드에서 그레이트브리튼의 산업의 잉여 생산물의 일부로 구매된다. 그러나 그레이트브리튼의 수요는 아마 1만 4천 통이 넘지 않을 것이다. 따라서 만일 나머지 8만 2천 통이 국외로 보내져서 국내에서 더욱 수요가 있는 어떤 것과 교환될 수 없다면, 그 수입은 즉각 중단되지 않을 수 없고, 그와 더불어 해마다 그 8만 2천 통을 구매하기 위한 재화를 조정하는 데 현재 쓰이고 있는 그레이트브리튼의 주민 모두의 생산적 노동도 정지되지 않을 수 없다. 그레이트브리튼의 토지와 노동의 생산물 일부인 그런 재화는 국내에는 시장이 없고 국외에 갖고 있었던 시장은 빼앗겼으므로 더 이상 생산되지 않게 될 것이다. 그러므로 소비재의 가장 우회적인 외국무역도 경우에 따라서는 그 나라의 생산적 노동과 연간 생산물의 가치를 유지하기 위해 가장 직접적인 외국무역과 마찬가지로 필요할 수도 있는 것이다.

어떤 나라에서든, 그 나라의 자본이 크게 증가하여, 그 특정한 나라의 소비를 충족하는 생산적 노동을 유지하는 데 다 쓸 수 없는 정도가 되면, 그 잉여 부분은 자연히 중계무역에 투입되어, 다른 나라들에 대해 이것과 같은 구실을 하는 데 쓰인다. 중계무역은 커다란 국민적 부의 자연적인 결과이자 조짐이지만, 자연적 원인이라고는 생각할 수 없다. 특별한 장려로 중계무역을 우대하려고 생각한 정치가들은, 결과나 조짐을 원인으로 오해했던 것 같다.

네덜란드는 그 토지면적과 주민 수에 비해 유럽에서 뛰어나게 부유한 나라이고, 따라서 유럽의 중계무역에서 가장 큰 비율을 차지하고 있다. 아마 유럽에서 두 번째로 부유한 나라인 잉글랜드도, 마찬가지로 중계무역의 상당한 비율을 차지하고 있는 것으로 생각된다. 그러나 보통 잉글랜드의 중계무역으로 알려져 있는 것도, 알고 보면 소비재의 우회무역에 지나지 않는다는 것이 밝혀지는 경우가 많다. 동서 인도와 아메리카의 재화를 유럽의 여러 시장에 운반하는 무역은 대부분이 그러하다. 그런 재화는 대개 그레이트브리튼의 산업 생산물로 직접 구매되거나, 그렇지 않으면 그 생산물로 구매된 다른 어떤 것으로 구입되며, 그런 무역에서 최종적으로 입수된 것은 일반적으로 그레이트브리튼에서 사용 또는 소비된다. 브리튼의 선박으로 지중해의 여러 항구 사이에서 이루어지는 무역과, 그레이트브리튼의 상인에 의해 인도의 여러 항구 사이에서 영위되는 같은 종류의 몇몇 무역은, 아마 그레이트브리튼의 중계무역이라고 부를 수 있는 것의 중요한 부문을 이루고 있다.

국내 상업과 거기에 쓰일 수 있는 자본의 크기는, 국내에서 서로 멀리 떨어져 있어서 각각의 생산물을 교환할 필요가 있는 모든 지방의 잉여 생산물의 가치에 의해 필연적으로 제한된다. 소비재 외국무역의 크기는 나라 전체의 잉여 생산물과 그것으로 구매할 수 있는 것의 가치에 의해 필연적으로 제한된다. 중계무역의 크기는 세계 여러 나라의 잉여 생산물의 가치에 의해 필연적으로 제한된다. 따라서 그 가능한 크기는 다른 두 가지의 그것에 비해, 어떤 의미에서는 무한하며, 최대의 자본을 흡수할 수 있다.

자기 자신의 사적인 이윤에 대한 배려야말로, 어떤 자본의 소유자가 그 자본을 농업에 쓸 것인가 제조업에 쓸 것인가, 아니면 도매업 또는 소매업의 어느 특정한 부문에 쓸 것인가를 결정하는 유일한 동기이다. 자본이 그런 여러 방법 가운데 어느 것에 쓰이는가에 따라 자본이 활동시킬 수 있는 생산적 노동의 양은 달라지고, 그 사회의 토지와 노동의 연간 생산물에 부가할 수 있는 가치도 다르지만, 그것은 결코 그의 고려에 들어가지 않는다. 따라서 농업이 모든 사업 가운데 가장 유리하고, 농업과 토지개량이 훌륭한 재산에 대한 가장 가까운 길인 나라에서는, 개인의 자본은 자연히 사회 전체에 있어서 가장 유리한 방법으로 쓰일 것이다. 그러나 농업의 이윤은 유럽의 어느 지방에서나 다른 사업의 이윤보다 나은 것으로는 보이지 않는다. 확실히 지난 몇 해 전부터 기업가들은 모든 곳에서 토지의 경작과 개량으로 얻을 수 있는 이윤에 대해 매우 근사한 설명으로 사람들을 즐겁게 해 주었다. 그들의 계산에 대해 복잡한 논의를 시작할 것도 없이 매우 단순한 연구만 해도 그들의 계산 결과가 잘못되어 있다는 것을 납득할 수 있다.

불과 한 세대 안에, 흔히 매우 작은 자본에서, 때로는 자본이 없는 상태에서 상업과 제조업을 통해 대단한 재산을 획득하는 것을 우리는 매일같이 보고 있다. 같은 기간에 그와 같은 자본에서 그런 재산이 농업에서 획득된 예는, 아마 현세기 동안 유럽에서는 한 번도 일어나지 않았을 것이다. 그러나 유럽의 모든 큰 나라에서는, 많은 양호한 토지가 여전히 미경작 상태로 남아 있고, 경작된 토지의 대부분도 완전하게 개량되었다고는 도저히 말할 수 없다. 그러므로 농업은 거의 어디서나 그곳에서 지금까지 쓰여 온 자본보다 훨씬 큰 자본을 흡수할 여지가 있다. 유럽의 정책에서의 어떤 사정들이, 도시 안에서 영위되는 사업에 농촌에서 영위되는 사업보다 매우 큰 이점을 주었고, 그 결과, 개인들에게 자신의 자본을 아시아나 아메리카의 가장 멀리 떨어진 중계무역에 쓰는 편이, 그들 자신과 가까운 가장 기름진 경지의 개량과 경작에 쓰는 것보다 이익이 될 거라고 생각하게 만들었는지에 대해, 나는 다음의 두 편에서 상세하게 설명하고자 한다.

제3편

여러 국민들에 있어서
부유의 진보 차이에 대하여

제1장

부유의 자연적 진보에 대하여

모든 문명사회의 대규모 상업은 도시의 주민과 농촌의 주민 사이에서 영위되는 상업이다. 그것은 원생산물과 제조품의 직접 교환이거나 화폐 또는 화폐를 대표하는 일종의 지폐를 매개로 하는 교환이다. 농촌은 도시에 생활 자료와 제조품의 원료를 공급한다. 도시는 제조품의 일부를 농촌 주민에게 되돌려 보냄으로써 이 공급에 보답한다. 도시에는 물질의 재생산은 없고, 또 있을 수도 없으므로, 도시는 그 부와 생활 자료를 농촌에서 얻는다고 말하는 것이 매우 적절할 것이다. 그러나 우리는 그것 때문에 도시의 이득은 농촌의 손실이라고 생각해서는 안 된다. 양자의 이득은 상호적인 동시에 호혜적(互惠的)이며, 분업은 다른 모든 경우와 마찬가지로 이 경우에도 노동이 세분화되어 생긴 온갖 생업에 종사하는 모든 사람들에게 유리한 것이다. 농촌의 주민은 만일 스스로 제조품을 만들려고 한다면 사용했을 것이 틀림없는 노동량보다 훨씬 적은 양의 자신의 노동 생산물로 더 많은 양의 제조품을 도시에서 구매한다.

도시는 농촌의 잉여 생산물, 즉 경작자의 생활 자료를 넘어서 남는 것을 위해 시장을 제공하며, 그곳에서 농촌 주민들은 잉여 생산물을 자기들이 필요로 하는 다른 것과 교환한다. 도시 주민의 수와 수입이 많으면 많을수록 도시가 농촌 주민에게 제공하는 시장은 크며, 시장이 넓으면 넓을수록 대다수 사람에게 언제나 유리하다. 그곳에서는 도시에서 1마일 이내에 산출되는 곡물이 1마일 거리에서 오는 것과 같은 값에 팔린다. 그러나 후자의 값은 일반적으로 그것을 재배하여 시장에 운반하는 비용을 지불할 뿐 아니라, 농업 경영자에게 통상의 농업이윤까지 제공할 수 있어야 한다. 그렇기 때문에 도시 근교에 있는 농촌의 토지소유자 및 경작자는, 그들이 파는 것의 값에서 통상적인 농업이윤 외에 먼 지방에서 운반되어 오는 같은 생산물의 수송비의 전 가치를 취득할 뿐만 아니라, 그들이 구입하는 것의 값에서도, 이 수송비의 전 가치를 절약한다. 어디든 매우 큰 도시의 근교에 있는 토지의 경작을, 거기서 어느 정도 떨어진 곳에 있는 토지의 경작과 비교해 보라. 그러면 여러분은 농촌이 도시의 상업에서 얼마나 큰 혜택을 보고 있는지 쉽게 납득하게 될 것이다. 교역 차액에 대해 이치에 맞지 않는 모든 공론이 유포되어 왔지만, 그 중에서도 농촌이 도시와의 상업으로 손해를 본다든가, 도시가 도시를 부양하는 농촌과의 상업으로 손해를 본다는 주장이 나온 적은 없었다.

생활 자료는 사물의 성질상 편의품이나 사치품에 우선하는 것이므로, 전자를 손에 넣는 산업은 후자에 도움이 되는 산업에 대해 필연적으로 우선할 것이 틀림없다. 그렇기 때문에 생활 자료를 제공하는 농촌의 경작과 개량은, 필연적으로 편의와 사치 수단만 공급하는 도시의 확대에 우선할 것이 틀림없다. 도시의 생활 자료를 구성하는 것은 농촌의 잉여 생산물, 즉 경작자의 생계유지를 넘는 것뿐이므로, 도시는 이 잉여 생산물의 증대와 함께가 아니면 증대할 수 없다. 사실 도시는 모든 생활 자료를 반드시 인근의 농촌에서만, 나아가서는 그것이 속한 영토에서만 취득하는 것은 아니며, 매우 먼 나라에서 가져올 수 있다. 그리고 이것은 일반원칙에서의 예외가 되는 것은 아니지만, 부의 진보에, 시대와 국민에 의한 큰 차이를 낳게 한 것이다.

어느 나라에서나 다 그렇다고는 할 수 없지만, 필연성이 명령하는 사물의 순서는, 어떤 개개의 나라에서도 인간의 자연적인 성향에 의해 촉진된다. 만일 인간의 여러 제도가 그 자연적 성향을 결코 방해하지 않았더라면, 도시는 어디서나 그것이 소속된 영토의 개량과 경작을 유지할 수 있는 것 이상으로는 증대될 수 없었을 것이다. 적어도 그 영토가 모두 완전히 경작되고 개량될 때까지는 그러하다. 이윤이 같거나 거의 같으면 대부분의 사람들은 자본을 제조업이나 외국무역보다 토지개량과 경작에 쓰는 쪽을 선택할 것이다. 자신의 자본을 토지에 쓰는 사람은, 무역상인에 비해 자본을 직접 감시하고 좌우할 수 있고, 그의 재산은 우발적인 사고를 당하는 일이 훨씬 적지만, 무역 상인은 재산을 바람과 파도에 맡기지 않을 수 없을 뿐 아니라, 먼 나라에서 그가 성격이나 처지를 완전히 알기 힘든 사람들을 크게 신용함으로써, 인간의 어리석은 행위와 부정이라는 더욱 불확실한 요소에도 내맡기지 않을 수 없다. 그와 반대로 자기 토지개량에 고정되어 있는 지주의 자본은, 인간적인 사상(事象)의 성질상 허용되는 한도의 안전을 보장받고 있는 것처럼 생각된다. 게다가 농촌의 아름다움, 농촌 생활의 즐거움, 그것이 약속하는 마음의 평화, 그리고 인간의 모든 법률의 부정이 방해하지 않는 한, 전원 생활이 실제로 제공하는 마음의 평온, 이런 것들은 많든 적든 모든 사람들을 끌어당기는 매력을 지니고 있다. 그리고 토지를 경작하는 것은 인간의 본디의 운명이었으므로, 인간 존재의 모든 단계에서 그는 이 원초적 일에 대한 편애를 계속 가지고 있는 것으로 생각된다.

사실 몇몇 기능공의 도움이 없으면, 토지를 경작할 수는 있어도 매우 큰 불편과 끊임없는 중단이 따른다. 대장장이·목수·수레바퀴 제조공·쟁기 제조공·석수·벽돌공·피혁공·제화공·재단사는 농업 경영자가 흔히 그 봉사를 필요로 하는 사람들이다. 이런 기능공들은 또 이따금 서로의 도움을 필요로 한다. 그들의 집은 농업 경영자의 집처럼 반드시 일정한 지점에 묶이지 않으므로, 자연히 그들은 서로의 이웃에 정착하여 조그만 도시 또는 마을을 형성한다. 이윽고 푸줏간이나 술집, 빵가게가 이따금 그들의 요구를 채우는 데 필요하거나 유용한 다른 많은 수공업자 및 소매상인들과 함께 그들에게 가담하게 되며, 그들은 이 도시를 확대하는 데 더욱 이바지하게 된다.

도시의 주민과 농촌의 주민은 서로서로에게 봉사한다. 도시는 농촌 주민이 원생산물을 제조품과 교환하기 위해 나가는 상설 정기시(定期市), 또는 장과 같은 것이다. 도시 주민에게 일의 원료와 생활 자료를 공급하는 것은 이 상업이다. 그들이 농촌의 주민에게 파는 완성품의 양은 그들이 사는 원료와 식료품의 양을 필연적으로 규제한다. 그러기 때문에 그들의 일과 생활 자료는 완성품에 대한 농촌의 수요의 증대에 비례해서만 증대할 수 있다. 또 그 수요는 개량과 경작의 확대에 비례해서만 증대할 수 있다. 그러기에 인간의 여러 제도가 사물의 자연적인 흐름을 교란시키지 않았다면, 어느 정치사회에서도 도시의 부유화와 증가가, 영토 또는 국토의 개량과 경작의 결과로서, 그것에 비례하여 이루어졌을 것이다.

아직도 미경작지를 가벼운 조건으로 입수할 수 있는 우리의 북아메리카 식민지에서는, 원격지 판매를 위한 제조업은 어느 도시에도 설립되어 있지 않다. 수공업자가 인근의 농촌에 공급하기 위해 자기 사업을 영위하는 데 필요한 것보다 조금 더 많은 자재를 손에 넣었을 때는, 북아메리카에서는 그것으로 원격지 판매를 위한 제조업을 설립하려 하지는 않고, 그것을 미경작지의 구매와 경작에 쓴다. 그는 수공업자에서 식민 농장주가 되며, 그 나라가 수공업자에게 제공하는 높은 임금과 안락한 생활도, 그를 유혹하여 자기를 위해서라기보다 다른 사람들을 위해 일할 마음이 들게 할 수는 없는 것이다. 그가 느끼는 바로는, 수공업자는 고객의 하인이고, 고객한테서 생활 자료를 얻고 있지만, 자신의 토지를 경작하여 필요한 생활 자료를 자기 가족의 노동에서 얻는 식민 농장주는 실제 주인이며, 이 세상의 모든 것에서 독립해 있는 것이다.

이와 반대로 미경작지가 없는 나라, 또는 쉬운 조건으로 입수할 수 있는 미경작지가 없는 나라에서는, 인근에서 이따금 있는 일거리에 쓸 수 있는 것보다 많은 자금을 손에 넣은 수공업자는 모두, 더 원격지를 대상으로 한 일거리를 마련하려고 애쓴다. 대장장이는 어떤 종류의 철공장을, 직조공은 어떤 종류의 마직물 또는 모직물 공장을 건설한다. 그런 여러 제조업은 시간이 지날수록 차츰 세분화되어 매우 다양한 방법으로 개량되고 세련되어 가는데, 이것은 쉽게 알 수 있는 일이므로 더 이상 설명할 필요도 없다.

자본의 용도를 찾을 때, 이윤이 같거나 거의 같으면 농업이 자연히 제조업보다 환영을 받는 것과 같은 이유에서, 제조업은 자연히 외국무역보다 환영받는다. 지주 또는 농업 경영자의 자본이 제조업자의 자본보다 안전하듯이, 제조업자의 자본은 외국무역 상인의 자본에 비해 언제나 그의 눈과 명령이 미치는 곳에 있으므로 훨씬 안전하다. 사실 어떤 사회, 어떤 시기에나, 원생산물과 제조품 양쪽의 잉여 부분, 즉 국내에 수요가 없는 부분은 국내에서 얼마간 수요가 있는 것과 교환하기 위해 외국에 보내져야 한다. 그러나 이 잉여 생산물을 외국으로 수송하는 자본이 외국의 것이냐 국내의 것이냐 하는 것은 그리 중요하지 않다. 만일 사회가 그 토지를 모두 경작하고 그 원생산물 모두를 가장 완전한 방법으로 제조하는 데 충분한 자본을 아직 획득하지 않았다면, 사회의 전 자산을 더욱 유용한 목적에 쓸 수 있게 하기 위해 그 원생산물을 외국 자본으로 수출하는 것은 매우 이로운 일이기도 하다. 고대 이집트의 부와 중국 및 인도스탄의 부는 수출무역의 대부분이 외국인에 의해 영위되더라도 그 국민은 매우 고도의 부에 이를 수 있다는 것을 충분히 보여 주고 있다. 우리의 북아메리카 및 서인도 식민지의 발전은, 그들의 잉여 생산물 수출에 그들 자신의 것 이외의 자본이 쓰이지 않았더라면 훨씬 늦어졌을 것이다.

그렇기 때문에 사물의 자연적인 추이에 의하면, 성장하고 있는 모든 사회의 자본의 대부분은 가장 먼저 농업에, 이어서 제조업에, 그리고 모든 것 중에서 마지막으로 외국무역에 돌려진다. 이런 순서는 매우 자연스러운 것이어서, 나는 영토를 조금이나마 가진 사회라면 어디서나 항상 어느 정도는 볼 수 있었던 일이라고 믿는다. 아무튼 매우 큰 도시가 건설되려면, 그 전에 그 사회의 토지 가운데 일부는 경작되고 있었을 것이 틀림없고, 또 그런 도시들이 외국무역에 종사하는 것을 생각하게 되려면, 그 전에 제조업에 속하는 어떤 종류의 불량한 산업이 그런 도시에서 영위되고 있었을 것이 틀림없다.

그런데 사물의 이런 자연적인 순서는, 그런 사회 모두에서 어느 정도는 일어난 것이 틀림없으나, 유럽의 모든 근대국가*¹에서는 많은 점에서 완전히 거꾸로 되어 왔다. 그런 나라들의 도시 가운데 어떤 곳의 외국무역은, 모든 고급품 제조업, 즉 원격지 판매에 적합한 제조업을 도입하여, 제조업과 외국 무역이 하나가 되어 농업의 중요한 개량을 이끌었다. 그런 나라들의 통치 최초의 성질에 의해 도입되어, 그 통치가 대변혁을 겪은 뒤에도 남아 있던 풍습과 관행이, 필연적으로 이 부자연스럽고 역행적인 순서 속에 그런 나라들을 가두어 버렸던 것이다.

---

*1 근대국가라 해도 1776년 이전의 일이므로, 이탈리아·네덜란드·스위스 같은 도시국가와 독일의 연방국가 등을 포함하는 것으로 생각된다. 따라서 그 뒤의 '그런 나라들'도 마찬가지이다.

제2장
로마제국이 몰락한 뒤 유럽 고대 상태에서 농업의 저해에 대하여

게르만 민족과 스키타이 민족이 로마제국 서부의 여러 속주를 침략했을 때, 그 대변혁의 혼란은 그 뒤 몇 세기 동안이나 계속되었다. 야만족이 예로부터의 주민에게 자행한 약탈과 만행은 도시와 농촌 사이의 상업을 뿌리째 뽑아버렸다. 도시는 사람 그림자가 사라지고, 농촌은 경작되지 않은 채 방치되었으며, 로마제국 아래 상당한 부를 누리고 있었던 유럽 서부의 여러 속주는 가난과 야만의 밑바닥까지 떨어졌다. 이런 혼란이 계속되는 동안 그 민족들의 수장이나 주요 지도자들은 국토의 토지 대부분을 수중에 획득하거나 그렇지 않으면 탈취했다. 그런 토지의 큰 부분은 경작되고 있지 않았지만, 경작이 되든 안 되든 소유자 없이 남겨진 땅은 한 뼘도 없었다. 토지는 모두 점거되고. 더욱이 그 대부분은 소수의 대지주에 의해 독점되었다.

미경작지의 이런 최초의 점거는 커다란 해악이었지만, 과도적인 해악이었을지도 모른다. 그것은 곧 상속 또는 양도에 의해 분할되고 작은 구획으로 쪼개졌는지도 모를 일이다. 장자상속법(長子相續法 : ^{장자가 단독 상속}_{을 하는 상속 형태})이 상속에 의해 그것이 분할되는 것을 막고, 한정상속제(限定相續制 : ^{상속인이 피상속인의 채무에 관하여 상속}_{받은 한도로 변제할 책임을 지는 상속 형태})가 양도에 의해 그것이 작게 쪼개지는 것을 저지했다.

토지가 동산처럼 생존과 향락의 수단으로만 생각되고 있었을 때는, 자연적인 상속법은 토지를 동산과 마찬가지로 그 가족의 모든 자식들에게 분할하는 것이고, 그들 전원의 생계와 향락은 그 아버지로 보아서는 똑같이 중요하다고 생각될 수 있는 것이다. 따라서 로마인들 사이에서는 이 자연적인 상속법이 시행되고 있었던 것이고, 그들은 토지상속에 관해서 우리가 동산의 분배에 대해 장유(長幼)와 남녀를 구별하지 않는 것과 마찬가지로, 토지상속에 대해 구별을 두지 않았다. 그러나 토지가 생계의 수단일 뿐 아니라 권력과 보호의 수단으로도 여겨졌을 때, 토지를 분할하지 않고 한 사람에게 전해지는 편이 좋다고 생각되었다. 그런 무질서의 시대에는 모든 대지주가 일종의 소(小)군주였고, 그의 차지인(借地人 : 남의 땅을 빌려 쓰는 사람)들은 그의 신하였다. 그는 그들의 재판관이었고, 어떤 점에서는 평시에는 그들의 입법자였고 전시에는 그들의 지도자였다. 그는 자신의 판단에 따라 때때로 이웃과, 또 때로는 자신의 군주[*1]와도 전쟁을 했다. 따라서 영지의 안전, 즉 그 소유자가 그 안에 사는 사람들에게 제공할 수 있는 보호는 그 크기에 달려 있었다. 그것을 분할하는 것은 곧 그것을 멸망시키는 일이었고, 그 모든 부분을 이웃의 침입에 의한 억압과 병합에 내맡기는 거나 같았다.

그래서 장자상속법이 여러 왕국의 상속 때 꼭 그 설립 당초부터는 아니지만 일반적으로 시행되기 시작했고, 같은 이유로 영지의 상속에서도 물론 당장 그렇게 된 것은 아니었지만 시간이 지남에 따라 시행되었던 것이다. 왕국의 세력, 따라서 그 안전이 분할에 의해 약화되지 않도록 하기 위해서는 그 전체가 자식 가운데 한 사람에게 상속되지 않으면 안 된다. 그런 중요한 우선권이 어느 자식에게 주어지느냐 하는 것은, 개인적인 장점이라는 미심쩍은 구별에 입각한 것이 아니라, 이론의 여지가 없이 명백하고 확실한 구별에 입각한 어떤 일반적인 원칙에 의해 결정되어야 한다. 한 가족의 자식들 사이에는 성과 나이의 구별 외에는 이론의 여지가 없는 구별은 있을 수 없다. 남성은 일반적으로 여성에 우선하고, 또 다른 모든 사정이 같을 때는 연장자가 어디서나 연소자에게 우선하는 것으로 되어 있다. 바로 여기에 장자상속권과 직계상속권의 기원이 있는 것이다.

법률이라는 것은 처음에 그것을 성립시킨 사정, 또 그것만이 그 법률을 합리적인 것으로 할 수 있었던 사정이 더 이상 존재하지 않게 된 뒤에도 오랫동안 효력을 가지는 경우가 때때로 있다. 유럽의 현 상태에서는 단 1에이커의 토지소유자도 10만 에이커의 소유자와 마찬가지로 자신의 소유에 대해 완전히 평등하게 안전하다. 그런데도 장자상속권은 여전히 계속 존중되고 있고, 모든 제도 가운데 가문의 명예를 유지하는 데 가장 적합하기 때문에 아직도 몇 세기나 지속될 것 같다. 그 밖의 모든 점에서는, 한 자식을 부유하게 만들기 위해 다른 자식들은 모두 가난하게 만드는 권리만큼, 많은 가족의 참된 이익에

[*1] sovereign은 주권자라고 번역되는 일이 많지만, 이 시대에 '주권'이라는 관념이 있었던 것은 아니므로 군주로 했다.

어긋나는 것은 없을 것이다. 한정상속은 장자상속법의 자연적인 귀결이다. 그 것은 장자상속법이 처음에 그 관념을 낳은 일정한 직계상속을 지속하기 위해, 그리고 영지의 어떤 부분도 증여나 유증(遺贈 : 유언으로 재산을 무상으로 물려줌) 또는 양도에 의해, 아니면 그것을 번갈아 소유하는 사람들의 어리석은 행동이나 불행에 의해, 예 정된 가계 이외에로 옮겨지는 것을 방지하기 위해 도입된 것이다. 이 제도는 로 마인들에게는 전혀 알려져 있지 않았다. 어떤 프랑스의 법률가들은 이 근대의 제도를 옛날 로마의 예비상속이나 신탁유증(信託遺贈)이라는 이름과 옷*²으 로 장식하는 것을 적당하다고 생각했지만, 그 어느 것도 한정상속과는 조금도 닮은 데가 없었다.

커다란 영지가 공국(公國)*³의 일종이었던 시대에는 한정상속제가 불합리한 것이 아니었을지도 모른다. 어떤 왕국의 기본법과 마찬가지로, 그것은 한 사람 의 일시적인 기분이나 낭비에 의해 수천 명의 안전이 위협받는 것을 이따금 막았을지도 모른다. 그러나 작은 토지도 큰 토지와 마찬가지로 그 나라의 법 률에 의해 안전이 보장되고 있는 유럽의 현 상황에서는, 이보다 더 완전한 배 리(背理 : 도리에 어긋남)는 없을 것이다. 그것은 모든 가정(假定) 가운데 가장 큰 배리를 바탕으로 하고 있다. 즉, 사람들의 모든 후계 세대는, 대지와 대지가 가지고 있 는 모든 것에 대해 평등한 권리를 가지는 것이 아니며, 현세대의 재산은 아마 500년 전에 죽어버린 사람들의 일시적인 기분에 따라 억제되고 규제되어야 한 다는 가정이다.

그러나 한정상속제는 아직도 유럽의 대부분에서, 특히 귀족 출신이라는 것 이 문무의 명예를 누리는 데 필요한 자격인 나라들에서 존중되고 있다. 한정 상속제는 그 나라의 중직이나 명예에 대한 귀족의 이 배타적인 특권을 유지 하는 데 필요한 것으로 여겨지고 있고, 그런 계급의 사람들은 그들 이외의 동 포시민에 대한 부당한 우위를 차지한 것이기 때문에, 그들의 빈곤이 그런 우 위를 웃음거리로 만들지 않도록 또 하나의 우위를 가지는 것이 당연하다고 여겨지고 있는 것이다. 하기야 잉글랜드의 보통법*⁴은 영대소유권(永代所有

---

*2 옷(garb)은 초판에서는 형식(form)으로 되어 있었다.

*3 영지(landed estate)도 공국(principality)도 여기서는 대귀족(봉건영주)의 영지를 가리킨다.

*4 보통법(common law)은 관습법으로 번역되기도 했지만, 단순한 관습이 아니라 판례의 축적이 라고 하는 편이 이해하기 쉬울지 모른다. 성문법에 대한 불문법이라는 설명도 있다.

權)*⁵을 기피한다고 하며, 따라서 잉글랜드에서는 영대소유권이 유럽의 다른 어느 왕국보다 엄격하게 제한되어 있지만, 그런 잉글랜드에서도 전혀 없는 것은 아니다. 스코틀랜드에서는 전 국토의 5분의 1 이상, 어쩌면 3분의 1 이상이 현재 엄격한 한정상속제 아래에 있는 것으로 생각된다.*⁶

이렇게 하여 드넓은 면적의 미경작지가 특정한 가족에게 독점되었을 뿐 아니라, 그것이 다시 분할될 가능성은 거의 영원히 배제되고 만 것이다. 그런데 대지주가 대토지개량가인 경우는 거의 없다. 그런 야만적인 제도를 낳은 혼란기에는, 대지주들은 자신들의 영토를 방위하거나 이웃의 영토로 자신의 지배와 권력을 확대하는 것도 벅찬 상태였다. 그는 토지의 경작과 개량에 대해 배려할 여유가 없었다. 법과 질서의 확립이 그에게 여유를 주었을 때는 그는 때때로 그럴 마음이 없었고, 거의 언제나 거기에 필요한 능력이 결여되어 있었다. 만일 그의 집과 일신에 드는 비용이 그의 수입과 같거나, 아니면 매우 흔히 볼 수 있는 것처럼 그의 수입을 넘을 때는, 그에게는 경작이나 개량에 쓸 자산이 없었다. 만일 그가 경제가라면, 그는 해마다의 절약분을 지금까지의 영지를 개량하는 것보다 새로 구입하는 데 쓰는 편이 이롭다는 것을 아는 것이 보통이었다.

토지를 개량하여 이윤을 올리는 일은, 다른 모든 상업적 기획과 마찬가지로 작은 절약과 작은 이득에 대해 엄밀한 주의를 필요로 하며, 큰 재산이 있는 집에 태어난 사람들은 설령 타고 난 절약가라 해도 좀처럼 그렇게 하지 못한다. 그와 같은 사람의 처지는, 자연히 거의 필요하지 않은 이윤보다는 그의 취향을 만족시켜 주는 장식에 마음이 가도록 만든다. 그의 옷·신변 용구·집 및 가구를 우아하게 가꾸는 것이, 그가 어릴 때부터 늘 마음을 쓰도록 습관이 되어 온 사항이다. 이 습관이 자연히 형성하는 마음의 경향은, 그가 토지개량을 생각하게 되었을 때도 그를 따라다닌다. 그는 자기 집 주변의 400 내지 500에이커의 토지를, 개량이 모두 끝난 뒤의 그 토지가치의 10배나 되는 비용을 들여 미화하고, 또 그런 방법으로 그의 영지 전체를 개량하고자 한다면, 그리고 그밖에는 바라는 것이 아무것도 없지만, 그 10분의 1도 채 끝나기 전에 파산하리라는 것을 깨닫게 될 것이다. 연합왕국의 두 부분의 어느 쪽에도 봉건적 무

＊5 영대소유권(perpetuity)이란 소유권 양도가 영구히 또는 일정 기간 금지되어 있는 것이다.
＊6 '으로 생각된다'는 제3판의 추가.

정부 시대 이래 중단되는 일 없이, 똑같은 가족이 계속 소유해 온 몇몇 대영지들이 지금도 남아 있다. 그런 영지의 현상황을 그 이웃에 있는 작은 토지소유자의 소유지와 비교해 본다면, 그와 같이 드넓은 재산이 얼마나 개량에 불편한지 여러분에게 확신시키는 데 다른 어떤 논증도 필요로 하지 않을 것이다.

그런 대지주에게는 거의 개량을 기대할 수 없다면, 그들 아래서 토지를 점유하고 있는 사람들에게 더욱 기대할 것이 없을 것이다. 유럽의 고대 국가에서는 토지점유자는 모두 임의해약(任意解約) 차지인이었다. 그들은 모두, 또는 거의 모두 농노였지만, 그 노예 상태는 고대 그리스인이나 로마인 사이에서 알려져 있던 것보다, 나아가서는 우리의 서인도 식민지에서 알려져 있는 것에 비해서도 온화한 편이었다. 그들은 그들의 주인에 대해서보다 직접적으로 토지에 속하는 것으로 여겨졌다. 그러기에 그들은 토지와 함께 팔릴 수는 있었으나, 토지와 따로 팔릴 수는 없었다. 그들은 주인의 동의가 있으면 결혼할 수 있었고, 주인은 나중에 부부를 각기 다른 사람에게 팖으로써 그 결혼을 해소시킬 수는 없었다. 만일 주인이 그들 가운데 한 사람을 해치거나 살해하면, 그는 일반적으로 가벼운 형벌에 지나지 않았지만, 일정한 형벌을 받지 않으면 안 되었다. 그러나 그들은 재산을 취득할 수 없었다. 그들이 취득한 것은 모두 주인을 위해 취득한 것이 되며, 주인은 그것을 마음대로 빼앗을 수 있었다. 그런 농노에 의해 어떤 경작이나 개량이 이루어졌다 하더라도, 그것은 사실은 그들의 주인이 한 것이었다. 그것은 그의 비용으로 이루어진 것이다. 씨앗·가축·농경용구도 모두 주인의 것이었다. 그것은 그의 이익을 위한 것이었다. 그런 농노들은 그들의 나날의 생활 자료 외에는 아무것도 취득할 수 없었다. 그러므로 이런 경우 토지소유자 자신이 자기 토지를 점유하여 그것을 자기의 농노의 손으로 경작한 것이라고 말하는 것이 적절할 것이다. 이런 종류의 노예제도는 아직도 러시아·폴란드·헝가리·보헤미아·모라비아 및 독일의 다른 지방*[7]에 존재하고 있다. 그것이 차츰 폐지되어 간 곳은 유럽의 서부 및 서남부*[8]의 여러 속주뿐이다.

---

*[7] 스미스는 러시아와 폴란드의 일부를 제외하고, 여기서 말한 지방을 모두 독일로 생각하고 있었던 것 같다.

*[8] 서남부는 이베리아 반도, 즉 에스파냐와 포르투갈을 가리킨다. 두 나라에서는 당시 노예제가 제도적으로 폐지되어 있었다.

그러나 대지주들에게는 큰 개량을 거의 기대할 수 없다면, 그들이 노예를 노동자로 고용할 경우에는 더더욱 기대할 수 없다. 모든 시대, 모든 국민의 경험은 노예에 의해 이루어지는 일은 얼핏 그들의 생활 자료밖에 비용이 들지 않는 것처럼 여겨지지만, 결국은 가장 비싸다는 것을 보여 주고 있다고 나는 생각한다. 재산을 취득할 수 없는 사람은 되도록 많이 먹고 되도록 적게 노동하는 것 외에는 아무런 관심이 없다. 그들 자신의 생활 자료를 구매하는 데 충분한 것 이상의 일은 폭력에 의해서 그에게서 짜낼 수밖에 없으며, 그 자신의 어떤 관심에서 나온 것은 아니다. 고대 이탈리아에서 곡물 경작이 노예의 관리에 맡겨지게 되었을 때, 그 경작이 얼마나 쇠퇴했고 주인에게 얼마나 큰 불이익이 되었는가 하는 것을 플리니우스와 콜루멜라가 설명하고 있다. 아리스토텔레스의 시대, 고대 그리스의 곡물 경작도 그것보다 그리 나을 것이 없었다. 플라톤의 법률편*9 속에 쓰여 있는 이상국가에 대해 논하면서, 아리스토텔레스는 아무 일도 하지 않는 5천 명(이상국가의 방위에 필요하다고 생각되었던 전사의 수)을 그 여성과 하인과 함께 부양하려면, 바빌로니아의 평야*10 같은 끝없이 넓고 기름진 영토가 필요할 것이라고 말했다.*11

인간은 자존심이 있기 때문에 권세부리기를 좋아한다. 따라서 아랫사람을 설득하기 위해 허리를 굽히지 않을 수 없는 것만큼 사람에게 굴욕감을 주는 것은 없다. 그렇기 때문에 법이 허용하고 또 일의 성질상 가능하기만 하다면, 사람은 일반적으로 자유인보다는 노예를 사용하는 것을 좋아한다. 설탕과 담배 재배는 노예에 의해 경작비용을 충당할 수 있다. 곡물 생산은 현대에서는 그렇게 할 수 없는 것으로 생각된다. 곡물이 주생산물인 잉글랜드령 식민지에서는 일의 거의 대부분을 자유인이 하고 있다. 펜실베이니아의 퀘이커 교도들이 최근에 모든 흑인 노예를 해방하기로 결의한 것은 흑인 노예의 수가 별로 많을 수 없다는 것을 우리에게 납득시켜 준다. 만일 흑인 노예가 그들의 재산의 상당한 부분이라면 그런 결의는 결코 찬성을 얻지 못했을 것이다. 반대로 우리의 설탕식민지에서는 모든 일을 노예들이 하고 있고, 우리의 담배식민지

---

*9 스미스는 '플라톤의 법률'이라고 소문자로 썼지만, 플라톤의 대화편 속의 '법률'(Nomoi)를 가리킨다.

*10 이라크 유프라테스 강 유역의 평야.

*11 아리스토텔레스 《정치학》 1265a. 단 '기름진'은 스미스의 추가이다.

에서도 거의 노예들이 일하고 있다. 우리의 서인도 식민지의 모든 설탕농장의 이윤은, 일반적으로 유럽이나 아메리카에서 알려져 있는 다른 어떤 경작보다 훨씬 크다. 그리고 담배농장의 이윤은 설탕의 이윤에는 미치지 못하지만 이미 보아 왔듯이 곡물의 이윤보다는 높다. 양자는 함께 노예 경작의 비용을 충당할 수 있으며, 설탕은 담배보다 훨씬 더 충당할 수 있다. 따라서 우리나라의 담배식민지보다 설탕식민지 쪽이, 백인에 비해 흑인의 수가 훨씬 많다.

고대의 노예 경작자 뒤에 차츰 등장한 것은, 현재 프랑스에서 분익소작농(分益小作農)*12이라는 이름으로 알려진 일종의 농업 경영자였다. 그들은 라틴어로 '콜로니 파르티아리'라고 한다. 잉글랜드에서는 이것은 오래 전에 폐지되었기 때문에 나는 그 영어 이름을 모른다. 토지소유자는 그들에게 씨앗과 가축 및 농경 용구, 즉 농장을 경작하는 데 필요한 모든 자산을 공급했다. 생산물은 자산을 유지하는 데 필요하다고 판단되는 것을 제외하고, 토지소유자와 농업 경영자가 똑같이 분배했으며, 그 자산은 농업 경영자가 농장을 떠날 때, 또는 쫓겨날 때 토지소유자에게 반환되었다.

그런 차지인이 점유하고 있는 토지는, 사실은, 노예가 점유하고 있었던 토지와 마찬가지로 토지소유자의 비용으로 경작되는 것이다. 그러나 양자 사이에는 매우 본질적인 차이가 한 가지 있다. 그런 차지인은 자유인이므로 재산을 취득할 수 있고, 토지 생산물의 일정한 부분을 차지할 수 있기 때문에, 그들 자신이 될 수 있는 대로 큰 몫을 차지하기 위해서는 생산물 모두가 될 수 있는 대로 크지 않으면 안 된다는 명백한 이해관계를 가지고 있다. 반대로 생활 자료 외에는 아무것도 취득할 수 없는 노예는 토지가 그 생활 자료 이상으로 생산하는 것을 되도록 피함으로써 자신의 안락을 도모하려고 한다.

유럽의 대부분에 걸쳐 농노적 토지 보유가 차츰 사라진 것은, 아마도 일부는 위와 같은 이점이 있었기 때문이고, 또 일부는 항상 대영주들을 시기하고 있던 군주가 농노들이 대지주의 권위를 침식하는 것을 차츰 조장하여, 그 침식이 마침내 이런 종류의 예속제를 완전히 불편한 것으로 만들어 버렸다고 생각될 정도였기 때문이다. 그러나 그토록 중요한 혁명이 언제 어떻게 일어났느냐 하는 것은 근대사의 가장 불명확한 점의 하나이다. 로마 교회는 거기에 대

---

*12 분익소작농(métayer)은 moitié(절반)에서 전화한 명칭으로, 지주와 소작인이 수확을 일정비율로 나누어 가지는 농사.

해 큰 구실을 했다고 주장하고 있고, 또 일찍이 12세기에 알렉산데르 3세[13]가 노예의 전반적인 해방을 위해 교서를 공포한 것도 사실이다. 그러나 이 교서는 신도의 엄격한 복종을 요구하는 법률이라기보다는 경건한 경고였던 것으로 생각된다.

노예제도는 그 뒤에도 몇 세기 동안 거의 모든 곳에서 존재했다. 그러나 마침내 위에서 말한 두 가지 이해관계, 즉 한편으로는 토지소유자의 이해관계와 한편으로는 군주의 이해관심이 아울러 작용함으로써 차츰 폐지되어 갔다. 해방되는 동시에 토지를 계속 점유하는 것이 허용된 농노는 자신의 자산이 없기 때문에, 지주가 미리 빌려 주는 것으로 토지를 경작할 수밖에 없고, 따라서 프랑스인의 이른바 분익소작농이라는 것이 되지 않을 수 없었다.

그러나 토지를 더욱 개량하기 위해, 생산물 가운데 자신의 몫에서 저축할 수 있었던 약간의 자산을 조금이라도 투입하는 것은, 이 마지막 종류의 경작자에게도 결코 이익이 될 수 없었다. 왜냐하면 아무것도 투입하지 않는 지주가 토지 생산물의 절반을 차지하게 되어 있었기 때문이다. 10분의 1세[14]는 생산물의 10분의 1에 지나지 않지만, 개량에 있어서 매우 큰 걸림돌인 것이 밝혀져 있다. 그러므로 절반이나 되는 세금은 개량에 매우 효과적인 걸림돌이였을 것임은 틀림없다. 토지소유자가 제공하는 자산으로 토지에서 얻을 수 있는 최대한을 생산하게 하는 것은 분익소작농의 이익일지도 모르지만, 그 자본에 얼마가 되든 자신의 자산을 혼입하는 것은 결코 그의 이익이 될 수가 없을 것이다. 왕국 전체의 6분의 5가 지금도 여전히 이런 종류의 경작자에게 점유되고 있는 프랑스에서는, 토지소유자는 그들의 분익소작농들이 기회만 있으면 주인의 가축을 경작보다 오히려 수송에만 쓰고 있다고 불평하고 있다. 그것은 가축을 수송에 쓰면 그들은 모든 이윤을 차지할 수 있지만, 경작에 쓰면 이윤을 지주와 나누어 가져야 하기 때문이다. 이런 종류의 소작농이 스코틀랜드의 몇

---

*13 교황 알렉산데르 3세(재위 1159~1181), 본명 롤란도 반디넬리. 볼로냐 대학 교회법 교수에서 교황이 되어, 황제 프리드리히 바르바로사와 영국 왕 헨리 2세와 맞서서 교황권력의 확대에 노력했다. 노예해방교서는 그런 정책의 일부였다.

*14 10분의 1세(tithe)는 수확의 10분의 1을 교회에 납부하는 것으로 십일조라고도 하며, 토지가 주어지지 않은 레위족이 하느님에게 봉사하는 대가로 받을 권리를 가지는 것으로 되어 있다(《민수기》 제18장 제21~22절). 홉스는 정치적 주권과의 관계에서 이 제도를 비판하고, 스미스는 농업 생산을 저해하는 것으로서 비판한다.

몇 지방에 아직도 존재하고 있다. 그들은 스틸보우 차지인(steel—bow tenants)*15이라고 불리고 있다. 옛날 잉글랜드의 소작인으로, 재무재판소장 길버트*16와 블랙스톤 박사*17가 본디의 농업 경영자라기보다는 오히려 지주의 토지관리인이었다고 말한 것은, 아마 이와 같은 종류였을 것이다.

이런 종류의 차지인 뒤를, 지주에게 확정지대를 지불하고 자신들의 자산으로 토지를 경작하는, 본디 농업 경영자로 불리는 것이 정당한 사람들이, 매우 느리기는 하지만 계승하고 있었다. 이런 농업 경영자들이 일정한 햇수의 차지권을 가지는 경우에는, 농장을 더욱더 개량하기 위해 자신들의 자본의 일부를 투자하면 자신들에게 이익이 된다는 것을 이따금 이해했을지도 모른다. 왜냐하면, 그들은 차지권이 끝나기 전에 흔히 큰 이윤과 함께 그것을 회수하는 것을 가끔 기대할 수 있었기 때문이다. 그러나 이런 농업 경영자들의 점유도 오랫동안 매우 불안정했고, 또 유럽의 많은 지방에서는 지금도 여전히 그러하다. 그들은 계약 기간이 끝나기 전에도 그 토지구매자에 의해 합법적으로 차지권을 빼앗길 수 있었고, 잉글랜드에서는 부동산 회복 소송이라는 허구의 소송에 의해서도 그렇게 될 수 있었다. 농업 경영자가 주인의 폭력에 의해 불법으로 쫓겨나는 경우에도, 그들이 구제받기 위한 소송은 매우 불완전한 것이었다. 그것도 반드시 언제나 그들에게 토지점유권을 회복시켜 주는 것이 아니라, 주어지는 손해배상도 실제의 손해에는 결코 미치지 못했다.

아마 유럽에서 자작농*18이 항상 가장 존경받아 온 나라인 잉글랜드에서도 부동산 점유회복 소송이 고안되어, 그것을 통해 차지인이 손해는 물론이고 점유도 회복할 수 있게 되고, 또 그의 청구가 단 한 번뿐인 순회재판의 불확실한

---

*15 스틸보우 차지인은 지주가 제공하는 자산을 써서 경작하는 차지인으로, 계약이 끝나면 자산을 반납하는 것이 특별히 엄격하게 의무회되어 있었다.

*16 길버트(Geoffrey Gilbert, 1674~1726)는 법제 관료로, 그의 《토지보유론(*Treatise of tenure*, London, 1754)》은 사후의 출판.

*17 블랙스톤(William Blackstone, 1723~1780)은 옥스퍼드의 법학교수로, 그의 《잉글랜드법 해설 (*Commentaries on the laws of England*, 4 vols., Oxford, 1765~1769)》은 여러 판을 거듭했다.(ASL 166)

*18 자작농(yeoman)은 젊은이(youngman)에서 전화한 말이라고도 하는데, 옛날에는 귀족 시종의 우두머리(하사관 우두머리), 근대 초기의 영국 농촌에서는 시골 지주 아래의 독립 자영 농민을 의미했다. 그들의 지위 안정과 부유화가 영국의 경제적 군사적 국력의 기초라는 것은 베이컨도 지적한 바 있다.

판결로 반드시 종결되어 버리지 않게 된 것은, 이윽고 헨리 7세 14년(1491) 무렵이 되어서였다. 이 소송은 매우 유효한 구제책이라는 사실이 밝혀졌으므로, 근대의 관습에서는 지주가 토지의 점유를 요구하는 소송을 일으킬 필요가 생긴 경우에도, 그는 지주로서 당연히 그의 것인 소송권, 즉 권리 영장 또는 부동산 점유회수 요구 영장을 이용하는 일은 좀처럼 없고, 그의 차지인의 이름으로 부동산 점유회복 영장에 의해 소송하고 있다. 그렇기 때문에 잉글랜드에서는 차지인의 안전은 토지소유자의 안전과 같다. 더욱이 잉글랜드에서는 1년에 40실링의 가치가 있는 종신차지권은 자유 토지보유권이고, 보유자에게 국회의원 선거권을 주며, 자작농의 상당한 부분이 이런 종류의 자유 토지보유권을 갖고 있으므로, 이 권리가 이 계층 모두에 주는 정치적 중요성 때문에 그들은 지주에게 있어서 존경할 만한 존재가 되고 있다. 차지인이 차지권을 가지지 않은 토지에 건물을 짓고, 지주가 이렇게 중요한 개량에 개입하는 일은 그의 명예를 봐서라도 할 리가 없다고 믿는 사례는, 잉글랜드를 제외하고는 유럽 어디에도 없을 거라고 나는 믿는다. 자작농에게 이렇게 유리한 법률과 관습은, 아마도 잉글랜드가 자랑하는 상업상의 모든 규제를 합친 것보다도 더욱, 잉글랜드의 현재의 영광에 이바지하고 있다.

모든 종류의 상속자에 대해 가장 장기간의 차지권을 보증하는 법률은, 내가 아는 한 그레이트브리튼 특유의 것이다. 그것은 일찍이 1449년에 제임스 2세의 법률에 의해 스코틀랜드에 도입되었다. 그러나 그 유익한 영향은 한정상속제에 의해서 크게 저해되었다. 왜냐하면 한정상속권의 상속인은 일반적으로 몇 해에 걸치는 장기간의 토지임대, 때로는 1년 이상의 토지임대에서도 제한을 받고 있었기 때문이다. 이 점에 대해 최근의 의회법은 제한을 조금 완화해 주었으나, 그래도 여전히 너무 엄격하다. 게다가 스코틀랜드에서는 차지권을 가지고 있어도 국회의원 선거권은 주지 않기 때문에, 자작농은 이런 이유에서 잉글랜드보다 지주로부터 존중받는 일이 적다.

유럽의 다른 여러 지방에서는 토지상속인과 구매자 양쪽에 대해 차지인의 권리를 보장해 주는 것이 편리하다는 것을 안 뒤에도, 여전히 그들이 보장받는 기간은 매우 단기간에, 이를테면 프랑스에서는 차지계약이 시작된 지 9년으로 제한되고 있었다. 이 나라에서는 최근에 그것이 27년으로 연장되었지만, 이 기간도 또한 차지인에게 가장 중요한 개량을 하겠다는 생각을 가지게 하기에는 너무 짧다. 토지소유자는 옛날에는 유럽의 어디서나 입법자였다. 그러므로 토지에 관한 법률은 모두 토지소유자가 자신에게 이익이 될 거라고 생각하는 것을 목표로 입안되었다. 그들이 생각한 것은, 조상의 누군가가 준 어떤 차지권도, 그들이 오랜 기간에 걸쳐 자기 토지의 모든 가치를 누리는 것을 방해하지 못하게 하는 것이 그들의 이익이었다. 탐욕과 부정은 언제나 근시안적인 것으로, 이 규제가 개량을 얼마나 방해하고, 그것이 장기적으로는 지주의 실질적인 이익을 얼마나 손상시키게 되는지를 예상하지 못한 것이다.

농업 경영자 또한 지대의 지불 외에, 옛날에는 지주에게 많은 노역을 제공할 의무가 있는 것으로 여겨지고 있었는데, 그 의무가 차지계약에 명기되거나 확실한 규칙에 의해 규제된 적은 거의 없고, 장원(莊園)*¹⁹이나 귀족령의 관행에 의해 결정되어 있었던 것에 지나지 않는다. 그러므로 그런 노역은 거의 완전히 자의적(恣意的)인 것으로, 차지인에게 많은 고통을 안겨 주었다. 스코틀랜드에서 차지계약에 정확하게 규정되어 있지 않은 모든 노역이 폐지되자, 그 나라의 자작농의 상태는 몇 해 안에 크게 개선되었다.

자작농에게 부과된 공적인 노역도 사적인 노역 못지않게 자의적인 것이었다. 공도(公道)를 건설하고 유지하는 것은, 나라에 따라 억압의 정도는 달라도, 지금도 모든 나라에 잔존하고 있는 부역이라고 나는 믿지만, 부역은 그뿐만이 아니었다. 왕의 군대, 그의 가족 또는 각종 관리가 나라의 어느 지방을 통과할 때 자작농은 말·수레 및 식량을 징발관이 정한 값으로 그들에게 제공할 의무가 있었다. 그레이트브리튼은 유럽에서 징발관이라는 억압이 완전히 폐지된 유일한 왕국이라고 나는 믿는다. 그것은 아직까지도 프랑스 및 독일에 잔존해 있다.

그들에게 부과된 공공조세도 노역과 마찬가지로 불규칙적이고 억압적이었다. 옛날의 영주들은, 그들 자신은 군주에게 상납금을 바치는 것을 매우 싫어하면서도, 군주가 자신들의 차지인에게 이른바 소작세(小作稅)*²⁰를 부과하는 것은 간단하게 인정했고, 그것이 결국 그들 자신의 수입에 얼마나 영향을 끼

---

*19 장원(manor)이라는 것은 영주(주로 시골 지주 및 하급 귀족)가 거주하던 영지.
*20 소작세(tallage)에 대해서는 제5편 제2장에 설명이 있지만, 자작농의 지위가 확립되기 전의 세금으로, 따라서 바로 뒤에 타이유에 대해 쓰여 있는 것처럼 그것이 부과되는 것은 불명예였다.

칠지 예견할 만한 지식을 갖고 있지 않았다. 지금도 프랑스에 잔존하고 있는 타이유는 그와 같은 옛 소작세의 한 예가 될 것이다. 그것은 농업 경영자의 추정 이윤에 대한 세금이며, 그가 농장에 투입한 자산으로 영주가 평가하는, 추정 이윤에 대한 세금이다. 따라서 농업 경영자에게 있어서는 가능한 한 조금밖에 갖고 있지 않은 것처럼 보이는 것, 또 따라서 자산을 경작에는 되도록 조금밖에 쓰지 않고 개량에는 전혀 사용하지 않는 것처럼 보이는 것이 이익이다.

프랑스의 농업 경영자의 수중에 약간이라도 자산이 축적되는 일이 있으면, 타이유는 그것이 가령 토지에 쓰이는 것을 금지하는 거나 거의 같다. 더욱이 이 세금은 그것이 부과되는 모든 사람의 명예를 손상시키고, 그를 시골의 상층 계급은 물론, 시민의 신분보다 아래에 두는 것으로 생각되었으며, 게다가 남의 토지를 임차하는 사람은 누구나 그 세금을 물게 되었다. 시골의 상층 계급은 물론이고 자산을 가질 정도의 시민도 이 치욕을 감수하려 하지 않을 것이다. 그러기에 이 조세는 토지에 축적되는 자산이 그 개량에 쓰이는 것을 저지할 뿐 아니라, 다른 모든 자산을 토지에서 몰아 내고 만다. 전에 잉글랜드에서 매우 일반적이었던 낡은 10분의 1세*²¹와 15분의 1세는, 토지에 영향을 미친 한에 있어서는 타이유와 같은 성질의 세금이었던 것으로 생각된다.

이런 모든 저해적인 사정 아래에서는 토지점유자에게 개량을 기대하는 것은 거의 불가능한 일이었다. 그 계층 사람들은 법이 줄 수 있는 모든 자유와 보장에도 불구하고 언제나 매우 불리한 조건 속에서 개량하지 않으면 안 된다. 토지소유자와 비교할 때 농업 경영자는, 마치 자기 화폐로 거래하는 상인에 대해 빌린 화폐로 거래하는 상인과 같다. 양자의 자산은 증대하겠지만, 후자의 자산은 전자와 똑같이 운영을 잘하는 것만으로는, 이윤 가운데 큰 부분이 차입금의 이자로 지불되기 때문에 전자의 자산보다 증대의 속도가 언제나 늦지 않을 수 없다. 농업 경영자에 의해 경작되는 토지는 마찬가지로 잘 경영하는 것만으로는 토지소유자에 의해 경작되는 토지보다 개량이 늦어지지 않을 수 없다. 그것은 생산물 가운데 큰 부분이 지대(地代)로 지불되기 때문이며, 농업 경영자가 만약 토지소유자였다면, 그는 그것을 토지를 더욱 개량하는 데 쓸 수 있었을 것이다. 게다가 농업 경영자의 지위는 일의 성질상 토지소유자의

---

*21 이 10분의 1세(tenth)는 교회에 대한 10분의 1세(tithe)와는 별개의 것이다.

지위보다 못하다.

　유럽의 대부분에서 자작농은 비교적 상층의 소매상인이나 기계공만도 못한 계층으로 여겨지고, 또 유럽의 모든 지방에서는 대상인이나 공장주보다 계층이 낮은 사람들로 인식되고 있다. 그러므로 상당한 자산을 가진 사람이, 낮은 지위에 몸을 두기 위해 높은 지위를 떠난다는 것은 거의 있을 수 없는 일이다. 따라서 유럽의 현 상황에서도 자산이 뭔가 다른 직업에서 차지농업에서의 토지개량으로 흘러들어가는 일은 거의 없을 것 같다. 그레이트브리튼에서는 아마 다른 어느 나라보다도 그런 일이 일어날 수 있지만, 그 그레이트브리튼에서도 어떤 지방에서는, 차지농업에 사용되고 있는 큰 자산은 일반적으로, 다른 모든 사업 중에서도 자산 획득이 가장 느린 사업인 차지농업에 의해 획득된 것이다. 그러나 작은 토지소유자 다음으로는 부유한 대(大)농업 경영자가 어느 나라에서나 주요한 개량자들이다. 아마도 유럽의 어느 왕국보다도 잉글랜드에 그런 사람들이 많을 것이다. 네덜란드 공화국과 스위스의 베른 공화국에서도 농업 경영자는 잉글랜드의 농업 경영자에 못지않다고 한다.*22

　이런 모든 것과 아울러 유럽의 옛 정책은, 토지소유자에 의한 것이든 농업 경영자에 의한 것이든, 토지의 개량과 경작에 있어서는 불리한 것이었다. 첫째는, 이것은 매우 광범한 규제였던 것 같지만, 특별한 인가가 없는 한, 곡물 수출의 전반적인 금지에 의해, 그리고 둘째로는 곡물뿐만 아니라 거의 모든 종류의 농장 생산물의 국내 상업에 가해진 제한, 즉 독점인이나 투기자 및 매점매석인에 대한 비합리적인 여러 가지 법률과 정기 시장 및 상설 시장의 특권에 의해서이다. 곡물 수출의 금지가 외국 곡물의 수입에 주어진 약간의 장려와 더불어 자연적으로는 유럽에서 가장 기름진 나라이며, 또 당시 세계 최대의 제국의 본거지였던 고대 이탈리아의 경작을 어떻게 저해했는지는 이미 설명한 것과 같다. 이 상품의 국내 상업에 대한 그런 제한이 수출의 전반적인 금지와 맞물려, 이탈리아처럼 기름지지도 않고 사정도 불리한 나라들의 경작을 얼마나 저해했을지 상상하는 것은 그리 쉬운 일이 아닐 것이다.

---

*22 네덜란드와 베른의 농업에 대해서는, 스미스는 다음의 저서에 의거한 것으로 생각된다.
　Walter Harte, *Essays on husbandry*, 2nd edition, London, 1770. (ASL 752)

제3장
로마제국이 몰락한 뒤 도시 발생과 발달에 대하여

　로마제국이 몰락한 뒤, 대도시와 소도시의 주민들이 농촌 주민들보다 나은 생활을 영위한 것은 아니었다. 그들은 확실히 그리스 및 이탈리아의 고대 공화국 초기의 주민들과는 매우 다른 계층 사람들로 이루어져 있었다. 후자는 주로 토지소유자로 구성되어 있었고 국토는 본디 그들 사이에 분할되었으며, 그들은 공동 방위를 위해 서로 이웃하여 집을 짓고 벽으로 에워싸는 것이 편리하다는 것을 알았다. 이와 반대로 로마제국이 몰락한 뒤 토지소유자들은 일반적으로 자기 소유지에서 요새화한 성 안에 소작인과 종자들에게 둘러싸여 살고 있었던 것 같다. 도시에는 주로 상인이나 수공업의 노동자들이 살았는데 그들은 당시 예속 상태, 또는 그것과 매우 가까운 상태에 있었던 것으로 생각된다. 유럽의 주요 도시 가운데 몇몇 주민들에게 옛날의 특허장으로 여러 가지 특권이 주어진 것을 우리는 알고 있는데, 그런 특권은 그것이 인가되기 전에 그들의 상태가 어떠했는가를 우리에게 충분히 보여 주고 있다.

　영주의 동의 없이 딸을 출가시킬 수 있는 것, 그들이 죽었을 때는 영주가 아니라 자식이 재산을 상속하는 것, 또 유언에 의해 자신들의 동산을 처분할 수 있는 것을 특권으로서 인정받은 사람들은, 그런 특권이 수여되기 전에는 농촌의 토지점유자와 똑같거나 거의 같은 농노적 상태에 있었음이 분명하다.

　확실히 그들은 매우 가난하고 천한 부류의 사람들이었던 것 같으며, 오늘날의 행상인처럼 잡화를 들고 이곳에서 저곳으로, 한 정기시에서 다른 정기시로 떠돌아다니는 것이 상례였다. 당시의 유럽의 모든 나라에서는 현재 아시아의 타타르의 통치 아래 몇몇 지방에서 하고 있듯이 여행자들이 어떤 장원을 통과할 때, 어떤 다리를 건널 때, 정기시가 열리는 곳에서 다른 곳으로 잡화를 가지고 다닐 때, 잡화를 팔기 위해 매점이나 노점을 정기시에 설치할 때, 그들의 몸과 잡화에 세금이 부과되는 것이 보통이었다. 이런 여러 가지 세금은, 잉글랜드에서는 통행세·교량세·적하세(積荷稅 : 화물을 수레나 배에 싣는 데에 대한 세금) 및 노점세라는 이름으로 알려져 있었다. 때로는 국왕이, 때로는 그런 권한을 가진 것으로 여겨지는 대영주가, 특정한 상인들, 특히 자기 영내에 사는 상인들에게 이와 같은 세금을 전반적으로 면제해 주는 경우도 있었다. 그런 상인들은 다른 면에서의 예속적인 또는 거의 그것에 가까운 상태에 있었지만, 이런 이유에서 자유 상인이라고 일컬어졌다. 그러나 그 대신 그들은 보통 자신들의 보호자에게 일종의 인두세(人頭稅 : 각 개인에게 일률적으로 부과하는 조세)를 해마다 지불했다. 당시 비싼 대가 없이 보호를 받는 일은 거의 없었으므로 이 세금은 아마도 그들의 보호자가 다른 세금을 면제해 줌으로써 잃는 손실의 보상이라고 생각했을 것이다.

처음에 그런 인두세도, 면세도 모두 완전히 개인적인 것이었던 같으며, 특정한 개개인에게만 그 생존 중에, 아니면 보호자의 마음이 내키는 동안만 효과를 가지고 있었던 것 같다. 토지대장에 입각하여 발표된 잉글랜드의 몇몇 도시에 대한 매우 불완전한 기록을 보면, 어떤 때는 특정 시민들이 개별적으로 이런 보호에 대한 대가로서 국왕 또는 대영주에게 지불한 세금에 대해, 또 때로는 그런 모든 세금의 총액에 대해서만 때때로 쓰여 있다.*1

그러나 도시 주민의 상태가 본디 아무리 예속적이었다고 하더라도, 그들이 농촌의 토지점유자들보다 훨씬 빨리 자유와 독립에 이르렀다는 것은 명백하게 알 수 있다. 국왕의 수입 중에서 어떤 특정한 도시와 그런 인두세에서 생기는 부분은 보통 특정 수수료를 주어 일정 기간 동안 때로는 지방 장관에게, 때로는 그 밖의 사람들에게 도급을 주는 것이 보통이었다. 시민들 자신도, 연대해서든 개별적으로든, 상납금 전액에 대해 책임을 지게 되면, 자신들의 도시에서 생기는 이런 종류의 수입의 징수를 도급 맡을 만한 신용을 얻는 일이 때때로 있었다.*2 이렇게 하여 징세를 도급 주는 제도는, 유럽 모든 나라에서 주권자들의 일상 경제에 있어서 매우 편리했을 거라고 나는 믿는다. 그들은 흔히 장원 전체를 그 장원의 모든 토지사용인에게 빌려 주는 것이 보통이었고, 차

─────────────

＊1 Brady's historical treatise of Cities and Burroughs, p. 3. &c. 를 참조할 것(이 주는 제2판의 추가).
Robert Brady, *An Historical Treatise of Cities, and Burghs, or Boroughs,* London, 1690, pp. 3 and 16. (ASL 213)

＊2 Thomas Madox, *Firma Burgi*, p. 18 및 *History of the Exchequer,* chap. 10. Sect v. p. 223 을 참조할 것(이 주는 제2판의 추가).

지인들은 전 지대에 연대적 및 개별적으로 책임을 지게 되었다. 그 대신 그들은 그들 자신의 방법으로 임대료를 징수하고 그들 자신의 관리인이 직접 왕실 재정에 납부할 수 있는 허가를 받았으며, 그리하여 국왕의 관리들의 횡포에서 완전히 해방되었다. 이런 사정은 그 무렵 가장 중요하게 여겨진 사항이었다.

처음에는, 도시의 징세도급권은, 다른 도급인에 대해서와 마찬가지로 일정한 연한 동안만 시민들에게 주어지고 있었다. 그러나 시간이 지남에 따라, 정액상납금을 앞으로 절대로 증액하지 않는다는 약속하에, 그것을 세습 권리로서, 즉 영구히 그들에게 허락하는 것이 일반적 관행이 된 것 같다. 그리하여 지불이 영구적인 것이 되었으므로, 그 대신 실시된 여러 면세도 당연히 영구적인 것이 되었다. 따라서 그런 면세는 더 이상 대인적(對人的)인 것이 아니었고, 그 뒤부터는 개인으로서의 모든 개인에게 속하는 것이 아니라, 어떤 특정한 도시*³의 시민으로서의 모든 개인에게 속하는 것으로 여겨졌다. 이런 사정에서 그 특정한 도시는, 그들이 자유시민 또는 자유상인으로 불리고 있었던 것과 같은 이유로 자유도시로 불렸다.

이 특권 허용과 더불어, 그 특권이 주어진 도시의 시민 전체에게, 자신들의 딸을 시집보내고, 자식들에게 상속하고, 유언에 의해 자신들의 재산을 처분할 수 있다고 한, 위에 말한 중요한 특권들이 주어졌다. 그 전에도 이와 같은 여러 가지 특권이 상업의 자유와 함께 개인으로서의 특정 시민들에게 일반적으로 허용되었는지는 잘 알려져 있지 않다. 나는 그 직접적인 증거를 아무것도 제공할 수 없지만, 그것은 반드시 있을 수 없는 일인 것만은 아닌 것 같다. 그러나 아무튼 그렇게 하여 농노 상태와 노예 상태의 중요한 속성이 그들에게서 제거되었으므로, 마침내 그들은 적어도 우리가 현재 알고 있는 자유라는 말의 의미에서, 진정으로 자유로워진 것이다.

또 그뿐만이 아니었다. 동시에 그들은 일반적으로 다음과 같은 특권을 가진 공동체 또는 단체가 되었다. 즉 그들 자신의 행정관과 시의회를 가지고, 자신의 통치를 위한 조례를 정하며, 자위를 위해 장벽을 구축하고, 모든 주민에게 밤낮 없는 경계를 의무화함으로써, 그들을 일종의 군사규율 아래 두는 모

---

*3 여기서 도시(burgh)라고 한 것은 잉글랜드의 borough에 해당하는 스코틀랜드어로, 둘 다 town과 다르지 않다. 그러나 의회에 대표를 보내는 단위로서 생각할 경우에는 town이 아니라 burgh라고 한다.

든 특권이다. 밤낮 없는 경계란, 옛날 그것이 이해되고 있던 것에 의하면, 그 성벽을 공격과 기습에 대해 밤낮을 가리지 않고 경비하고 방위하는 일이다. 잉글랜드에서는 그들은 일반적으로 마을·주의 재판소에 고소당하는 일 없이, 그들 사이에 일어나는 소송은, 형사소송을 제외하고 모두 그들 자신의 행정관에게 맡겨져 있었다. 다른 나라에서는 흔히 훨씬 크고 광범한 사법권이 그들에게 허용되었다.*4

자신들이 납부해야 하는 공공수입의 징수를 도급 맡는 것을 인가받은 도시에 대해서는, 시민에게 지불의 의무를 지우기 위해, 아마 일종의 강제적인 사법권을 부여할 필요가 있었을 것이다. 그와 같이 혼란된 시대에는 그런 도시가 이런 종류의 재판을 다른 법정의 결정에 맡겨 두는 것은 매우 불편했을 것이다. 그러나 유럽 여러 나라의 모든 군주들이 장차 결코 증액되지 않도록 되어 있는 확정상납금과, 다른 모든 수입 가운데 아마 사물의 자연적인 흐름에 의해 자신들의 비용이나 배려 없이 개량될 전망이 가장 큰 수입 부문을 교환하고, 뿐만 아니라 이렇게 하여 그들의 영토 한복판에 일종의 독립 공화국을 자발적으로 건설했다는 것은 너무나 터무니없는 일처럼 여겨질 것이 틀림없다.

이것을 이해하기 위해서는, 당시 유럽의 아마 어느 나라의 군주도, 자신의 영토 전역에 걸쳐 신하 가운데 비교적 힘이 약한 자들을 대영주의 억압으로부터 보호하지 못했다는 것을 상기하지 않으면 안 된다. 법이 보호하지 못하고, 또 자신을 방위할 만큼 충분히 강하지도 않은 사람들은, 어떤 대영주의 보호를 얻기 위해 그의 노예 또는 가신(家臣)*5이 되거나, 아니면 서로 공동으로 보호하기 위해 상호 방위의 동맹을 맺지 않을 수 없었다. 크고 작은 도시의 주민들은 각각의 개인으로서는 자신을 방위할 힘을 갖고 있지 않았지만, 이웃 사람들과 상호 방위동맹을 맺음으로써 무시할 수 없는 저항을 할 수 있었던 것이다.

---

*4 Thomas Madox, *Firma Burgi*를 참조할 것. 그리고 또 프리드리히 2세와 슈바벤 공가의 그의 후계자들 아래에서의 주목할 만한 여러 사건에 대한 페펠을 참조할 것. 이 주는 제2판의 추가로 페펠이란 다음의 문헌을 가리킨다. Christian Pfeffel von Kriegelstein, *Nouvel abrégé chronologique de l'histoire et du droit public de l'Allemagne*, Paris, 1776. (ASL 1293)

*5 가신(vassal)은 봉건영주의 신하로, 토지가 주어지고 군역 의무를 진다.

영주는 시민들을 다른 계층의 인간으로 여겼을 뿐 아니라, 자기들과는 거의 다른 종류의 해방된 노예로 생각하고 경멸했다. 시민의 부는 언제나 그들의 선망과 분노를 불러일으키지 않을 수 없었고, 그래서 온갖 기회에 인정사정없이 시민들을 약탈했다. 시민은 마땅히 영주를 미워하고 무서워했다.

국왕도 영주들을 미워하고 두려워했으나, 시민들은 아마 경멸했는지는 몰라도 미워하거나 두려워할 까닭은 없었다. 따라서 서로의 이해가 시민들에게는 국왕을 지지하는 기분을 갖게 하고 국왕에게는 귀족에 반대하여 그들을 지지하는 기분을 갖게 했다. 그들은 국왕의 적의 적이었으며, 그들이 그런 적에게서 되도록 안전하게 독립하는 것이 국왕의 이익이었다.

시민에게 그들 자신의 행정관을 갖도록 허가하고, 그들 자신의 통치를 위해 조례를 제정하는 특권, 그들 자신의 방위를 위해 성벽을 축조하고, 모든 시민을 일종의 군사적 규율 아래 두는 특권을 인정함으로써, 국왕의 권한으로 줄 수 있는, 귀족으로부터의 안전과 독립의 모든 수단을 시민에게 주었던 것이다. 이런 종류의 어떤 정규적인 통치를 설립하지 않는 한, 즉 일정한 계획 또는 조직에 따라 행동하도록 주민에게 강제하는 어떤 권위가 없는 한, 상호 방위의 자발적 동맹도 그들에게 항구적인 보장을 아무것도 줄 수 없었을 것이고, 국왕에 대해 상당한 정도의 지지를 보낼 수도 없었을 것이다. 국왕은 주민들에게 그들의 도시의 징세도급권을 영구히 줌으로써, 자신의 친구, 만일 이렇게 말해도 된다면 동맹자로 삼고 싶어한 사람들로부터, 자신들의 도시의 도급상납금을 인상하거나 다른 도급인에게 그 권리를 인정함으로써 언젠가 나중에 자신들을 억압할지도 모른다는 경계심과 의심의 뿌리를 모두 제거한 것이다.

따라서, 귀족들과 가장 사이가 좋지 않았던 군주가, 이런 종류의 특권을 도시에 허용하는 데 가장 너그러웠던 것으로 생각된다. 이를테면, 잉글랜드의 존 국왕(재위 1199~1216)은 도시에 대해서 가장 후하게 은혜를 베푼 것으로 여겨진다.[6] 프랑스의 필립 1세는 귀족들에 대한 권위를 완전히 잃어버렸다. 그의 시대 말기에 가서 나중에 비만왕(肥滿王) 루이로 알려진 아들은, 다니엘 신부에 의하면,[7] 대영주들의 횡포를 억제하는 가장 적절한 방법에 대해 국왕의 직

---

[6] T. Madox, *Firma burgi*, p. 35를 참조할 것(이 주는 제2판의 추가). '존 왕은 그의 노르망디의 여러 도시, 즉 팔레즈·단프롱·캉에 자치체 자격을 부여했다.'

[7] Gabriel Daniel, *Histoire de France*, 1755, vol. iii, 512~513.

할령 안에 있는 주교들과 의논했다. 그들의 충고는 두 가지의 다른 제안으로 되어 있었다. 하나는, 국왕의 직할령 안에 있는 상당히 큰 도시 모두에 행정관과 시의회를 설치함으로써 새로운 사법권을 만드는 것이었다. 나머지 하나는 그런 도시의 주민을 그들 자신의 행정관 지휘 아래에서, 적당한 기회에 국왕을 지원하기 위해 출진시킴으로써 새로운 민병을 조직하는 것이었다. 프랑스의 역사 연구가들에 의하면, 프랑스에서 도시 행정관과 시의회의 설치에 대해 연대를 정한다고 하면 이 시기일 것이다. 독일의 자유도시의 대부분이 처음으로 특권을 얻은 것은, 또 유명한 한자동맹*8이 처음으로 강대해진 것은 슈바벤 가문 군주들의 지배가 부진했던 시대의 일이었다.*9

그 무렵 도시 민병은 농촌 민병보다 못하지 않았던 것 같으며, 어떤 갑작스러운 경우에도 농촌 민병보다 쉽게 집합할 수 있었으므로, 그들은 때때로 이웃 영주들과의 싸움에 동원되었다. 이탈리아와 스위스 같은 나라에서는, 도시가 통치의 중심지로부터의 거리, 농촌 자체의 자연적인 힘, 또는 다른 어떤 이유 때문에 모든 군주는 권위를 잃게 되고, 도시는 차츰 독립공화국이 되어 이웃의 귀족계급을 모조리 정복했으며, 귀족들은 농촌에 있는 성을 파괴하고 다른 평화로운 주민들과 마찬가지로 도시에 가서 살지 않으면 안 되게 되었다. 이것이 베른 공화국과 스위스의 다른 몇몇 도시의 간단한 역사이다. 약간 다른 역사를 가진 베네치아를 제외하면, 그것은 이탈리아의 모든 주요 공화국의 역사이며, 그 가운데 매우 많은 도시가 12세기 말부터 16세기 초 사이에 발생하고 멸망했다.

프랑스와 잉글랜드처럼 군주의 권위가 흔히 매우 낮아지기는 했지만 완전히 멸망하지는 않았던 나라에서는 도시 또한 완전히 독립할 기회가 없었다. 그러나 그 도시들은 매우 강대해졌으므로, 군주는 그들의 동의 없이 도시의 정액 징세도급료*10 외에는 과세할 수 없을 정도였다. 따라서 도시들은 여러 신분으로 구성된 총회*11에 대표를 파견하라는 요청을 받고, 그 총회에서 그들

---

*8 한자동맹(Hanseatic league)은 북독일의 상업 도시 동맹으로, 함부르크·뤼베크·브레멘·쾰른 등이 참가했다. 정식 성립은 1358년으로 전해진다.

*9 페펠을 참조할 것(이 주는 제2판의 추가). '슈바벤과 프랑크의 제후들이 사망한 1268년에는 제국 도시의 수는 두 배 또는 세 배가 되어 있었다.' Pfeffel, op. cit., vol. 1, p. 329.

*10 징수도급도, 의회에 대한 대표도, city 가 아니라 burgh 단위로 이루어졌던 것으로 추정된다.

*11 총회(general assembly)는 스미스가 문단 끝부분에서 신분제의회(states general)라고 부르고 있

은 성직자나 제후들과 함께 긴급할 때 국왕에게 임시상납금을 바치는 것을 승낙했을 것이다. 도시의 대표자들은 일반적으로 국왕의 권력에 대해 호의적이었으므로 때로는 그런 총회에서 대영주들의 권위에 대한 균형세력으로서 왕이 이용한 것 같다. 바로 여기에 유럽에 있는 모든 대왕국의 신분제의회에 있어서 도시 대표가 등장하는 기원이 있는 것이다.

농촌에서는 토지점유자가 모든 종류의 폭력에 직면해 있었던 그 무렵, 도시에서는 질서와 선정(善政)이, 또 그것과 더불어 개인의 자유와 안전이 이렇게 해서 확립되고 있었다. 그러나 이런 무방비 상태에 놓여 있었던 농촌 사람들은 자연히 필요한 생활 자료로 만족하고 있었다. 그 이상의 것을 얻으려 하는 것은 억압자의 부정을 유발할 뿐일지도 모르기 때문이다. 반대로 그들이 근로의 성과를 누릴 수 있도록 보장되어 있으면, 그들은 당연히 생활 상태를 개선하고 생활필수품뿐만 아니라 편의품 및 기호품도 획득하기 위해 근로에 힘쓰게 된다. 그러므로 필수 생활 자료 이상의 무언가를 목표로 하는 산업은 농촌의 토지소유자들이 널리 영위하기 훨씬 전에 도시에서 확립되고 있었던 것이다. 만일 농노라는 예속 상태의 억압 아래 있는 가난한 경작자의 손에 얼마 안되는 자산이 축적되는 일이 있다 하더라도, 그들은 당연히 그것을 주인에게 숨기려고 비상한 주의를 기울였을 것이다. 그렇게 하지 않으면 그것은 주인의 것이 되었을 것이기 때문이며, 그들은 되도록 빠른 기회를 포착하여 도시로 달아났을 것이다.

당시의 법률은 도시 주민들에게 매우 관대했고, 농촌 주민들에 대한 영주의 권위를 감소시키는 데 매우 열을 올리고 있었기 때문에, 만일 그가 1년만 그곳에서 영주의 추적으로부터 몸을 숨길 수가 있다면, 그는 영원히 자유로운 몸이 될 수 있었다. 따라서 농촌 주민들 가운데 근면한 사람의 손에 축적된 자산은 모두, 당연히 그것을 획득한 사람에게 그 안전이 보장되는 유일한 성역(聖域)인 도시로 피난한 것이다.

확실히 도시 주민들은 그들의 생활 자료와 근로의 재료 및 수단 전부를, 궁극적으로는 언제나 농촌에서 얻지 않을 수 없다. 그러나 해안이나 항행 가능한 하천변 가까이에 있는 도시의 주민들은 반드시 그것을 이웃 농촌에서 얻어

는 것처럼, 삼부회(Etats Généraux ; 프랑스 혁명 전의 3신분(성직자·귀족·시민)의 대표자 회의)를 번역한 것이다.

야만 하는 것은 아니다. 그들은 훨씬 광대한 활동 범위를 가지고 있으며, 그것을 세계의 가장 먼 구석구석에서 자신들의 산업에 의한 제품과 교환하거나, 멀리 떨어진 국가 사이의 중계자 역할을 하여, 한 나라의 생산물을 다른 나라의 생산물과 교환함으로써 얻을 수 있다. 이와 같이 하여 도시는 인근의 농촌뿐만 아니라 거대한 모든 나라들이 빈곤과 불행 속에 있는데도 거대한 부와 사치를 달성할 수 있었을 것이다. 그런 나라들은 각각 개별적으로 보면 아마 도시에 대해 그 생활 자료와 업무의 아주 작은 부분밖에 제공할 수 없었겠지만, 그 전체를 합치면 대량의 생활 자료와 업무를 제공할 수 있었던 것이다. 그런데 당시의 좁은 교역 범위 안에서도 부유하고 근면한 나라들이 일부 있었다. 그리스 제국은 그 존속 기간 내내 그러했고, 아바스 왕조*12 치하의 사라센 제국도 그러했다. 터키인에게 정복될 때까지 이집트, 바르바리 해안*13의 일부 및 무어인*14의 통치하에 있었던 에스파냐의 모든 지방도 마찬가지였다.

이탈리아의 여러 도시는 유럽에서 처음으로 상업에 의해 상당한 부에 도달한 것으로 생각된다. 이탈리아는 그 당시 세계에서 문명화한 지역의 중심이었다. 십자군도 또한 그것이 불러일으킨 자산의 막대한 낭비와 주민의 멸망 때문에 필연적으로 유럽 대부분의 진보를 지연시켰지만, 그래도 이탈리아 몇몇 도시의 진보에 있어서는 매우 편리했다. 성지 정복을 위해 모든 지방에서 진군해 온 대군(大軍)은 때로 그들을 성지에 수송함으로써, 또 언제나 그들에게 식량을 공급함으로써 베네치아, 제노바 및 피사의 해운업을 적지 않이 촉진시켰다. 그런 도시는, 이렇게 말해도 된다면 그 군대의 병참부였으며, 그리하여 일찍이 유럽 국민을 엄습한 것 가운데 가장 파괴적인 광란이 그런 공화국으로 봐서는 부의 원천이 되었다. 상업 도시의 주민들은 그보다 부유한 여러 나라의 개량된 제조품이나 값비싼 사치품을 수입함으로써, 대지주들의 허영심을 얼마간 만족시켜 주었고, 그들은 대량의 토지 원생산물을 가지고 열심히 그것을 구입했다. 따라서 당시 유럽 대부분의 상업은 주로 그들 자신의 원생산물과 더욱 문명화

---

*12 아바스(566~653)는 메카의 부유한 상인으로, 마호메트의 숙부. 아바스 왕조는 그로부터 시작된다.
*13 바르바리는 아프리카 북부의 지중해 연안 지방.
*14 무어인은 아프리카 북부의 이슬람 교도로, 8세기에 에스파냐를 점령하고 아랍 문명을 개화시켰다.

한 여러 국민들의 제조품을 교환하는 것이었다. 이렇게 하여 잉글랜드의 양모는 프랑스의 포도주나 플랑드르의 고급 모직물과 교환되는 것이 보통이었다. 그것은 마치 현재 폴란드의 곡물이 프랑스의 포도주와 브랜디*15 또는 프랑스와 이탈리아의 견직물 및 비로드와 교환되는 것과 같은 방식이었다.

이리하여 훨씬 정교하고 개량된 제품을 찾는 취미가, 외국무역을 통해 그런 제품이 제조되지 않는 나라에 도입되었다. 그러다가 이 취미가 상당한 수요를 불러일으킬 만큼 일반화되자, 상인들은 자연히 수송비를 절약하기 위해 그들 자신의 나라에서 같은 종류의 제조업을 건설하려고 노력했다. 로마제국이 몰락한 뒤, 유럽 서부의 여러 속주에 건설된 것으로 추정되는 원격지 판매를 위한 최초의 제조업의 기원이 여기 있는 것이다.

주의해야 할 것은, 어떠한 큰 나라도 국내에서 어떤 종류의 제조업이 영위되지 않고는 존재한 적도, 존재할 수도 없었다는 것이다. 그런 나라에 제조업이 없다고 말할 경우, 그것은 언제나 정교하고 개량된 제조업이나 원격지 판매에 적당한 제조업을 가리키는 말로 이해해야 한다. 어느 큰 나라에서나 국민들 대부분의 의복과 가정용품은 모두 그들 자신의 산업 생산물이다. 이것은 국내에 다수의 제조업을 가진 부유한 나라보다도 제조업이 없다는 말을 흔히 듣는 가난한 나라에 더욱 예외 없이 적용된다. 부유한 나라는 가난한 나라에 비해 최하층 계급 사람들의 의복과 가정용품 가운데 외국 제품이 차지하는 부분이 훨씬 많은 것을 흔히 볼 수 있을 것이다.

원격지 판매에 적합한 제조업은, 두 가지 방법으로 여러 나라에 도입된 것 같다.

그런 제조업은 때로는, 앞에서 말한 것과 같은 방법으로, 같은 종류의 몇몇 외국 제조업을 모방하여 그것을 설립한 특정한 상인과 기업가의 자산의, 이른바 폭력적인 운용에 의해 도입되었다. 따라서 그런 제조업은 외국 상업의 자손이며, 13세기 루카에서 번영했던*16 옛날의 견직물과 비로드, 면직물의 제조업이 그와 같은 것들이라고 생각된다. 그것은 마키아벨리의 용장 가운데 한 사

---

*15 포도주에서 증류한 술을 영국에서는 브랜디('불에 태운 포도주'를 뜻하는 네덜란드 어인 '브란데베인(brandewijn)'에서 온 말)라고 총칭하지만, 그 중에서 코냐크 및 아르마냐크 지방에서 만들어진 것만이 코냑, 아르마냑이라고 불린다.

*16 '13세기 루카에서 번영했던'은 초판에서는 '13세기 초두에 베네치아에 도입되었던'.

제3장 로마제국이 몰락한 뒤 도시 발생과 발달에 대하여 417

람인 카스트루치오 카스트라카니*[17]의 폭정에 의해 그곳에서 구축되고 말았다. 1310년에는 900세대가 루카에서 추방되었는데, 그 가운데 31세대는 베네치아로 가서, 그곳에 견직물 제조업을 도입하고 싶다고 신청했다.*[18] 그들의 신청이 받아들여져서 많은 특권이 주어졌다. 그들은 300명의 직공으로 그 제조업을 시작했다.*[19] 옛날 플랑드르에서 번영하고, 엘리자베스 시대에 처음으로 잉글랜드에 도입된 고급 직물의 제조업도 그와 같은 것들로 생각되며, 또 현재의 리옹 및 스피탈필즈*[20]의 견직물 제조업도 그런 것이다. 이와 같이 도입된 제조업은 일반적으로 외국 제조업을 모방한 것이었으므로, 외국산 원료를 사용했다.

베네치아의 제조업이 차음으로 설립되었을 때는 원료는 모두 시칠리아와 레반트*[21]에서 수입되었다. 그리고 옛날 루카의 제조업도 마찬가지로 외국산 원료로 영위되었다. 뽕나무 재배와 양잠은, 16세기 이전에는 이탈리아 북부에서는 일반적이지 않았던 것 같다. 그런 기술은 샤를 9세 시대까지 프랑스에 도입되지 않았다.*[22] 플랑드르의 제조업은 주로 에스파냐과 잉글랜드의 양모로 영위되었다. 에스파냐의 양모는 잉글랜드 최초의 모직물 제조업의 원료는 아니었지만, 원격지 판매에 적합한 최초의 모직물 제조업의 원료였다. 리옹의 제조업은 그 원료의 절반 이상이 오늘날에도 외국산 생사인데, 그것이 처음에 창설

---

*17 N. Machiavelli, *La vita Castruccio Castracani*, 1520. (ASL 1058, Opere) 카스트루치오 카스트라카니(1281?~1328)는 루카 출신의 무장이지만, 마키아벨리의 작품은 픽션이 많아서 전기(傳記)라고는 할 수 없다. 또 거기에는 루카에서 100세대 이상이 추방되었다는 기술이 있을 뿐이므로, 스미스는 이 기회에 마키아벨리를 언급한 것에 불과하다.

*18 Sandi, Istoria civile de Venezia, Part 2, vol. 1, page 247, and 256을 참조할 것. (Vettor Sandi, *Principi di storia civile della Repubblica di Venezia*, 6 vols., 1755~1756, part 2, vol. 1, p. 258.) (ASL 1485) 스미스가 언급한 페이지에는 카스트루치오 카스트라카니에 대한 언급은 없다.

*19 '그들은……시작했다'는 제2판의 추가.

*20 스피탈필즈는 런던 동부(리버풀 스트리트 역 동쪽)의 지명으로, 프랑스에서 망명 위그노가 정착하여 견직물 제조업을 이식했다.

*21 레반트(Levant)는 지중해 동부 연안 지방의 총칭.

*22 '베네치아의 제조업……도입되지 않았다'는 초판에서는 '베네치아의 제조업이 번영하고 있었을 때는, 롬바르디아 전역에 한 그루의 뽕나무도, 따라서 한 마리의 누에도 없었다. 그들은 원료를 시칠리아에서, 또 레반트에서 가져 왔고, 그 제조업 자체가 그리스 제국에서 영위되고 있었던 것의 모방이었다. 뽕나무는 16세기 초에 밀라노 공 루도비코 스포르차의 장려에 의해 처음으로 롬바르디아에 심어졌다.'

되었을 때는 원료의 전부 또는 거의 전부가 외국산이었다. 스피탈필즈의 제조업에 쓰이는 원료가 일부분이라도 잉글랜드의 생산물인 경우는 없는 것 같다. 그런 제조업은 일반적으로 몇몇 개인의 입안과 계획에 의해 시작되는 것이므로, 그 입지는 그들의 이해와 판단, 또는 그때의 기분에 따라, 임해 도시에 창설되기도 하고 내륙 도시에 창설되기도 한다.

다른 때는, 원격지 판매를 위한 제조업은, 가장 가난하고 미개한 지방에서도 반드시 영위되고 있는, 가내공업적이고 비교적 질이 나쁜 제조업이 점차 세련됨에 따라 자연히, 말하자면 자력으로 성장한다. 그런 제조업은 일반적으로 그 나라가 생산하는 원료를 사용하며, 그것은 해안에서 아주 먼 거리는 아니라도 상당히 떨어진, 때로는 모든 수운(水運)의 편리함으로부터도 상당히 떨어진 내륙 지방에서, 처음에는 세련되고 개량되는 일이 종종 있었던 것 같다. 자연적으로 비옥하고 경작이 쉬운 내륙 지방은 경작자들의 생활에 필요한 양을 넘어 대량의 잉여 식량을 산출하지만, 육상 수송에 비용이 들고 하천 항행이 불편하기 때문에 이 잉여 식량을 국외에 보내기가 곤란할 수도 있다. 따라서 풍부하다는 사실이 식량의 가격을 내리고, 다수의 노동자를 그 인근에 정주하도록 부추긴다. 그들은 그곳에서는 자신들의 근로가 다른 곳에서보다 더 많은 생활필수품과 편의품을 구매할 수 있다는 것을 아는 것이다.

그들은 그 토지가 생산하는 제조품의 원료를 가공하고, 완성품을, 또는 같은 말이지만 그 가격을 더 많은 원료와 식량과 교환한다. 그들은 원생산물의 잉여 부분을 강가 또는 먼 시장에 수송하는 비용을 절약함으로써 거기에 새로운 가치를 부가하고, 또 그것과 교환으로 경작자들에게 유용하고 쾌적한 그 무엇을 그들이 전에 획득할 수 있었던 것보다 쉬운 조건으로 공급한다. 경작자들은 그들의 잉여 생산물에 대해 전보다 나은 값을 받고, 그리하여 그들이 필요로 하는 다른 편의품을 전보다 싸게 살 수 있게 된다. 그리하여 그들은 토지를 지금까지보다 더욱 개량하고 경작함으로써 이 잉여 생산물을 증대시키도록 장려받고 또 증산이 가능해지고 한다.

그리고 토지의 비옥도가 제조업을 낳은 것과 마찬가지로, 제조업의 진보는 토지에 반작용하여 그 비옥도를 더욱 증가시킨다. 제조업자는 우선 그 인근에 공급하고, 나중에 그들의 일이 개량되고 세련됨에 따라 더 먼 시장에 공급하게 된다. 왜냐하면 원생산물도 나아가서는 질이 좋지 않은 제품까지, 장거리

육상 수송의 비용을 부담하려면 매우 큰 어려움이 따르지 않을 수 없지만, 세련되고 개량된 제품은 쉽게 그것이 가능하기 때문이다. 세련되고 개량된 제품은 부피는 작아도, 다량의 원생산물의 가격을 포함하는 일이 종종 있다. 이를테면, 무게가 불과 80파운드밖에 안 되는 고급 직물 한 필은 그 안에 무게 80파운드의 양모가격뿐만 아니라 때로는 수많은 노동자들과 그 직접적인 고용주들의 생활 자료인 수천 파운드의 곡물가격도 포함하고 있다. 곡물은 그 형태 그대로 외국에 수송하기는 곤란하지만, 이렇게 하면 사실상 완성품의 형태로 수출되어 세상 끝까지라도 쉽게 보낼 수 있다.

리즈·핼리팩스·셰필드·버밍엄 및 울버햄프턴*23의 제품은, 이렇게 하여 자연히, 그리고 말하자면 자력으로 성장해 왔다. 그런 제조업은 농업의 자손이다. 유럽의 근대사에서 그런 제조업의 확대와 개량은 일반적으로 외국무역의 자손인 제조업보다 뒤쳐져 있었다. 잉글랜드가 에스파냐의 양모로 만들어지는 고급 직물의 제조로 유명했던 것은, 위의 여러 곳에서 현재 번창하고 있는 제조업 가운데 어느 것인가가 외국 판매에 적합한 것이 되기 1세기 이상이나 전의 일이었다. 이런 제조업의 확대와 개량은 외국무역과 그것에 의해 직접 도입된 제조업의 최후이자, 최대의 성과인 농업의 확대와 개량의 결과로서 외에는 일어날 수 없었던 것이다. 나는 이제부터 그것에 대한 설명으로 그 옮겨 갈까 한다.

*23 리즈에서 울버햄프턴까지 모두 잉글랜드 중부의 공업 도시.

제4장
도시의 상업은 농촌개량에 어떻게 이바지했나

상업 및 제조업 도시의 증가와 부는 그것이 속한 농촌개량과 경작에 다음과 같은 세 가지 방법으로 이바지했다.

첫째로, 농촌의 원생산물을 언제든지 팔 수 있는 큰 시장을 제공함으로써, 그런 도시는 농촌의 경작과 더 나은 개량을 장려했다. 이 이익은 그 도시가 위치한 농촌에만 한정되지 않고, 그 도시가 어떤 거래를 가진 모든 농촌에 많든 적든 퍼져 나갔다. 그 도시는 그런 모든 농촌에 원생산물 또는 제품의 시장을 제공하고, 따라서 모든 농촌의 근로와 개량에 어느 정도의 자극을 주게 되었다. 그러나 도시를 에워싸는 농촌은 도시에 가깝기 때문에, 필연적으로 그 시장에서 최대의 혜택을 입었다. 그 원생산물은 더 먼 농촌 지방의 그것보다 수송비와 부담이 적으므로, 상인들은 그것에 대해 후자보다 비싼 값을 그 재배자에게 지불할 수 있었고, 또 소비자에게는 후자와 마찬가지로 싸게 제공할 수 있었다.

둘째로, 도시 주민이 획득한 부는 팔려고 나와 있는 토지구입에 흔히 쓰였는데 그 대부분은 미경작지인 경우가 많았다. 상인들은 보통 농촌의 상류층이 되겠다는 열망을 가지고 있었고, 그렇게 되면 그들은 일반적으로 모든 개량가 중에서도 가장 뛰어난 개량가가 된다. 상인은 자신의 화폐를 주로 이익이 있는 기획에 쓰는 데 익숙하다. 반면에 단순한 농촌의 상류층은 그것을 주로 소비에 쓰는 데 익숙하다. 전자는 화폐가 자기한테서 나가 다시 이익과 함께 돌아오는 것을 흔히 경험한다. 후자는 한 번 화폐를 내놓으면 그 화폐를 다시 만나는 것은 거의 기대하지 않는다. 이와 같이 다른 습관은 당연히 모든 종류의 사업에서 그들의 기질이나 성향에 영향을 준다. 상인은 대담한 기업가이고 농촌의 상류층은 소심한 기업가인 것이 보통이다. 전자는 토지의 가치가 비용에 비해 상승할 가능성이 있을 때는, 자신의 토지의 개량에 한꺼번에 거액의 자본을 투입하는 것을 두려워하지 않는다. 후자는 언제나 자본을 가지고 있는 건 아니지만, 혹시 있다 해도 그것을 구태여 이런 방법으로 쓰는 일은 거의 없다. 그가 만일 개량을 한다 하더라도, 보통 그것은 자본을 가지고 하는 것이 아니라, 자신의 연수입에서 절약할 수 있는 것으로 한다. 개량되어 있지 않은 지방의 상업적인 도시에 운 좋게 살았던 적이 있는 사람은 누구라도, 이 일에 대해 상인의 활동이 단순한 시골의 상류층에 비해 얼마나 활발한지를 자주 보았을 것이다. 게다가 상업 활동이 자연히 상인을 형성해 가는 질서와 절약 및 주의력 같은 습관은, 상인을 어떤 개량 계획이든 이익 및 성공과 아울러 수행하는 데 훨씬 알맞도록 이끌어 준다.

셋째이자 마지막으로, 상업과 제조업은 농촌 주민들에게 차츰 질서와 훌륭한 통치, 또 그것과 더불어 개인의 자유와 안전을 가져다 주었는데, 그때까지 그들은 이웃과 거의 끊임없는 전투 상태에 있었고, 영주에 대해서는 노예적 종속 상태에 있었던 것이다. 그것은 여태까지 거의 주목을 받지 못했지만, 상업과 제조업의 모든 효과 가운데 가장 두드러지게 중요한 것이었다. 내가 아는 한 흄은 지금까지 그 점에 주목한 유일한 저술가이다.

외국 상업도 없고 정교한 제조업도 없는 나라에서는, 대지주들은 자신의 토지 생산물 가운데, 경작자들의 생활 유지에 필요한 것을 넘는 대부분과 교환할 수 있는 것이 아무것도 없으므로, 그 모두를 가정에서의 시골식 접대에 소비한다. 만일 이 잉여 생산물이 백 명 또는 천 명을 먹여 살리는 데 충분한 것이라면, 그는 백 명 또는 천 명을 부양하는 것 외에는 그것을 이용할 수가 없다. 따라서 그는 언제나 많은 종자와 하인들에게 둘러싸여 있으며, 그들은 생활을 보장받는 대신 줄 수 있는 등가물(等價物 : 가치가 같은 물건)이 없이, 오로지 지주의 은혜에 의해서 부양되기 때문에, 병사가 급료를 지불해 주는 군주에게 복종하지 않으면 안 되는 것과 같은 이유로 그에게 복종하지 않으면 안 된다.

유럽에서 상업과 제조업이 확대되기 전에는, 위로는 군주에서 아래로는 가장 낮은 귀족에 이르기까지, 부자와 권력자의 대접은 오늘날의 우리가 상상할 수 있는 것을 훨씬 넘어서는 것이었다. 웨스트민스터 홀은 붉은 머리 윌리엄 왕*¹의 식당이었는데 아마도 그의 손님을 들이는 데 그리 넓지 않은 경우도 때때로 있었을지 모른다. 토머스 베켓*²이 좌석을 얻지 못한 기사와 종사(從士)*³들이 저녁식사를 하기 위해 바닥에 앉을 때, 그 아름다운 옷을 더럽히지 않도록, 계절에 따라 깨끗한 건초나 골풀을 홀 바닥에 가득 깐 것은, 그의 세도를 말해 주는 한 장면으로 여겨졌다. 워윅 대백작*⁴은 자신의 여러 영지에서 날마다 3만 명을 대접했다고 한다. 이 숫자는 과장이었을지 모르지만 이 같은 과장이 허용될 만큼 굉장히 많았던 것은 틀림없을 것이다. 스코틀랜드 하이랜드 지방의 많은 곳에서는 최근까지 이와 비슷한 종류의 대접이 열리고 있었다. 그것은, 상업과 제조업이 거의 알려져 있지 않은 모든 국민들에게는 늘상 있는 일이었던 것 같다. 포코크 박사*⁵는, 아라비아 한 족장이 자신의 가축을 팔러 온 도시의 거리에서 식사를 하면서, 지나가는 모든 사람, 심지어 거지까지 불러서 자신과 함께 식사를 하도록 권하는 것을 본 적이 있다고 말했다.

토지점유자들은 모든 점에서 대지주에게 그의 종자와 마찬가지로 의존하고 있었다. 그들 가운데 농노 상태가 아닌 사람들까지 임의해약의 토지소작인들이었고, 토지가 그들에 준 생활 자료와는 아무리 보아도 동등하지 않은 지대를 지불했다. 1크라운, 반 크라운, 양 한 마리, 새끼양 한 마리가, 몇 해 전 스코틀랜드의 하이랜드 지방에서 한 가족을 부양하는 토지에 대한 일반적인 지대였다. 어떤 곳에서는 오늘날에도 그런데, 그렇다고 현재 그곳에서 화폐가 다른 지방보다 많은 상품을 살 수 있는 것은 아니다. 대영지의 잉여 생산물이 그 영지 안에서 소비되지 않으면 안 되는 지방에서는, 대지주에게는 그것을 소비하는 사람들이 그의 종자나 하인과 마찬가지로 그에게 의존하고 있다면, 잉여 생산물의 일부가 그의 저택에서 떨어진 곳에서 소비되는 편이 그에게는 훨씬

---

*1 붉은 머리 윌리엄 왕(William Rufus, 1056?~1100)은 잉글랜드 왕.

*2 토머스 베켓(Thomas à Becket, 1118?~1170)은 캔터베리 대주교. 헨리 2세에게 살해당했다.

*3 종사(squire)는 봉건 시대 군제에서 기사 아래의 신분.

*4 워윅 백작 리처드 네빌(Richard Neville, 1428~1471)은 장미전쟁에서 활약했고, '킹메이커'로 불렸다.

*5 포코크 박사(Richard Pococke, 1704~1765)는 여행가로 알피니스트. 《근동 지방 여행기》(R. Pococke, *A description of the East and some other countries*, London, 1743)에서는 '아랍의 군주는 때때로 자신의 궁전 문 앞 노상에서 식사를 하고……'라고 되어 있다.

더 편리할 때가 흔히 있다. 그렇게 함으로써 그는 동료나 가족이 너무 많아서 곤란해하지 않아도 된다.

부역면제지대(賦役免除地代)와 거의 비슷한 지대를 주고 가족을 부양할 만한 토지를 점유하고 있는 임의해약 차지인도, 어떤 하인이나 종자와 똑같이 토지소유자에게 의존하고 있으며, 그들과 마찬가지로 거의 무조건 그에게 복종하지 않으면 안 된다. 그런 토지소유자는 하인이나 종자를 자기 집에서 부양하는 것과 마찬가지로, 차지인을 자신들의 집에서 먹여 주고 있는 것이다. 어느 쪽의 생계이든 모두 토지소유자의 너그러움에서 나오며, 그 존속도 그의 기분에 달려 있다.

옛날의 귀족들의 권력은, 대지주가 이런 상태에서 차지인이나 종자에게 필연적으로 가지고 있었던 권위에 기초를 두고 있었다. 그들은 필연적으로 자기네 영지에 사는 모든 사람들에 대해 평시에는 재판관, 전시에는 지휘자가 되었다. 그들이 각각의 직할령 안에서 질서를 유지하고 법을 집행할 수 있었던 것은, 그들이 모두 누구의 부정에 대해서도 모든 주민의 총력을 돌릴 수가 있었기 때문이다. 그 밖에는 어느 누구도 그럴 만한 권위를 가지고 있지 않았고, 특히 국왕도 마찬가지였다. 그런 옛날에는, 왕은 자기 영토 안에서 최대의 지주 이상의 존재가 거의 아니었으며, 다른 대지주들은 공동의 적에 대한 공동방위를 위해서 그에게 일정한 존경을 바쳤을 뿐이다. 모든 주민이 무장하여 서로 원조해 주는 것이 관례였던 대지주의 토지에서, 소액의 부채 지불을 국왕이 자신의 권위로 강요했다고 하면, 거의 내란을 진압하는 것과 같은 노력을 하지 않으면 안 되었을 것이다. 그러므로 국왕은 나라의 대부분에 걸친 사법의 집행을 포기하고, 그것을 운영할 수 있는 사람들에게 맡기지 않을 수 없었고, 그것과 같은 이유로 지방 민병의 지휘권을 민병이 복종할 사람들에게 맡기지 않을 수 없었던 것이다.

그런 지역적 사법권의 기원이 봉건법에 있다고 생각하는 것은 잘못이다. 민사 및 형사의 최고재판권뿐만 아니라, 군대모집권·화폐주조권, 나아가서는 자신의 민중을 통치하기 위한 조례를 제정할 권리까지 모두, 봉건법이 유럽에서 그 이름만이라도 알려지게 되기 몇 세기 전부터, 대지주가 자유보유권으로서[*6]

[*6] 자유보유권(allodially)으로서 보유한다는 것은, 노역도 상위자의 승인 없이 보유하는 것. allodium은 완전소유를 의미한다.

보유하고 있었던 권리였다. 잉글랜드에서의 색슨 영주들의 권위와 사법권은 노르만 정복 전에도 정복 후의 노르만 영주들의 권위와 사법권 못지않게 강대했던 것 같다. 그러나 봉건법은 노르만 정복 전까지는 잉글랜드의 보통법이 되지 않았던 것으로 생각되고 있다. 프랑스에 봉건법이 도입되기 훨씬 전에, 가장 광범한 권위와 재판권을 프랑스의 대영주들이 자유보유권으로서 가지고 있었다는 것은 의심할 여지없는 사실이다. 그 권위와 사법권도 모두 앞에서 설명한 재산과 풍습의 상태에서 필연적으로 발생한 것이었다.

프랑스나 잉글랜드의 군주정치의 먼 옛날로 거슬러 올라갈 것도 없이, 훨씬 후대에, 그런 결과는 항상 그런 원인에서 일어나지 않을 수 없다는 많은 증거를 우리는 발견할 수 있을 것이다. 스코틀랜드 로카바의 상류층인 로칠의 카메론*[7]이, 아무런 법적 권한도 없이, 즉 당시의 이른바 칙임 지방행정관도 아니고, 칙허 차지인*[8]도 아니며, 아가일 공의 한 가신에 불과하면서, 또 치안판사도 아니면서, 자기 아래 있는 민중에 대해 최고의 형사사법권을 행사한 지 채 30년도 지나지 않았다. 그는 재판상의 정규 절차를 하나도 밟지 않았지만, 매우 공평하게 재판을 처리했다고 한다. 당시 그 나라 그 지방의 상태가 공공 치안을 유지하기 위해, 그가 이런 권위를 지닐 필요가 있었다는 것도 결코 있을 수 없는 일은 아니다. 이 상류층 인사는 지대가 1년에 5백 파운드도 되지 않았는데도 1745년*[9]에는 휘하에 800명이나 되는 많은 민중을 이끌고 반란에 참여했던 것이다.

봉건법의 도입은 대지주 영주의 권위를 확대하기는커녕, 그것을 완화하기 위한 시도로 여겨도 좋을 것이다. 그것은 국왕에서부터 최소의 토지소유자에 이르는, 긴 계열의 봉사와 의무가 따르는 정규적인 복종 관계를 확립했다. 토지소유자가 미성년일 때는, 지대는 그 토지의 관리권과 함께 그의 직접적인 상위자의 수중에 귀속되고, 따라서 모든 대지주의 지대와 그 토지관리권은 국왕의 수중에 귀속되었다. 국왕은 피후견인의 부양과 교육의 의무를 지고, 또 후견

---

*7 로칠의 아치볼드 카메론(Archibald Cameron of Lochiel, 1707~1753)을 가리키는 것으로 생각된다. 스코틀랜드 로카바의 개업의였으나 1745년 재커바이트 반란에 참가하여 나중에 체포, 처형되었다.

*8 칙임(勅任) 지방행정관(lord of regality)도 칙허 차지인(tenant in chief)도 국왕으로부터 직접 위임 또는 허가받은 지위.

*9 제2차 재커바이트 반란.

인으로서의 권위로서 피후견인의 결혼을, 그 신분에 걸맞지 않은 방법이 아닌 한 결정할 권리를 가지는 것으로 생각되었다. 그러나 이 제도는 필연적으로 국왕의 권리를 강화하고 대지주의 권리를 약화시키기는 했지만, 그렇다고 그 나라의 주민들 사이에 질서와 훌륭한 통치를 확립하는 데 충분한 정도는 아니었다. 이 제도는 무질서가 발생하는 근원인 재산과 풍습의 상태를 충분히 바꿀 수 없었기 때문이다.

통치의 권위는 전과 마찬가지로 상부에 있어서는 너무 약소하고 하위 구성원에 있어서는 너무 강대했으며, 하위 구성원의 강대함이 상부의 약소함의 원인이었다. 봉건적 종속 관계가 수립된 뒤에도, 국왕은 전과 마찬가지로 대영주들의 폭력을 억제할 능력이 없었다. 그들을 여전히 그들 자신의 판단대로 서로에 대해서는 거의 끊임없이, 국왕에 대해서도 매우 자주 전쟁을 일으켰다. 그리고 왕래가 자유로운 농촌 지방은 여전히 폭력과 약탈, 무질서의 무대였다.

그러나 봉건제도의 모든 폭력이 실현하지 못한 일을, 대외 상업과 제조업의 조용한 작용이 눈치채지 못하는 사이에 차츰 실현해 가고 있었다. 대외 상업과 제조업은 차츰 대지주들에게 그들의 토지의 모든 잉여 생산물과 교환할 수 있는 것, 게다가 차지인이나 종자와 서로 나누지 않고 자신들만으로 소비할 수 있는 것을 제공하기 시작했다. 모든 것은 자신들을 위한 것이고 남을 위해서는 아무것도 하지 않는다는 것이, 세계의 모든 시대에 인류의 지배자들의 비열한 격언이었던 것 같다. 그들은 자신들의 지대의 모든 가치를 자신들끼리 소비하는 방법을 발견하자마자, 그것을 어떤 타인과도 나눌 생각이 없었다. 그들은 한 쌍의 다이아몬드가 박힌 버클이나 그것과 비슷한 하찮은 무용지물을, 1년 동안 천 명이 먹고 살 수 있는 생활 자료, 또는 그 생활 자료의 값과 교환하고, 그것과 함께 그 생활 자료가 그들에게 줄 수 있는 모든 세력과 권위를 내놓았다. 그러나 버클은 모두 그들 자신의 것이어야 하고, 다른 어떤 사람도 그것을 나누어 가질 수 없지만, 이에 반해 더 옛날의 지출 방법으로는, 그들은 적어도 천 명의 사람들과 나누어 가졌을 것이 틀림없다. 그 어느 쪽을 선택할 것인지 결정해야 하는 판단자에게는 이 차이는 완전히 결정적인 것이었다. 그리하여 그들은 모든 허영심 가운데 가장 유치하고 가장 천박하고 가장 비열한 것을 만족시켜 주는 대가로, 차츰 자신들의 모든 힘과 권위를 내놓았던 것이다.

대외 상업도 없고 정교한 제조업도 없는 나라에서는, 1년에 1만 파운드의 수입이 있는 사람은, 아마 1천 세대를 먹여 살리는 것 외에는 그의 수입을 쓸 방법이 없을 것이다. 그 천 세대 전원은 필연적으로 그의 지배하에 놓이게 된다. 유럽의 현 상황에서는 1년에 1만 파운드의 수입이 있는 사람은, 모든 수입을 소비해 버릴 수 있고, 또 일반적으로 그렇게 하고 있지만, 그렇게 함으로써 직접적으로 20명을 부양하는 것도 아니고, 또는 지배할 만한 가치가 없는 하인 열 명 이상을 지배할 수도 없다. 아마 그는 간접적으로 옛날의 지출 방법으로 부양할 수 있었던 것과 같은 수의 사람들을, 또는 그보다 더 많은 사람들까지 부양하고 있는 건지도 모른다. 왜냐하면 그가 전체 수입과 교환하는 값비싼 생산물의 양은 매우 적어도 그것을 수집하고 제조하는 데 쓰이는 노동자의 수는 필연적으로 매우 많았을 것이기 때문이다. 그 비싼 값은 일반적으로 그들의 노동임금 및 그들을 직접 고용하는 모든 고용주의 이윤에서 나온다. 그 값을 지불함으로써 그는 임금 및 이윤의 모두를 간접적으로 지불하고, 그리하여 모든 노동자와 그 고용주의 부양에 간접적으로 이바지하는 것이다. 그러나 그가 노동자와 고용주의 부양을 위해 이바지하는 비율은 매우 작아서, 그들의 연간 생활유지비 전체의 10분의 1이 되는 일은 아마 극소수일 것이고, 대부분의 사람들에게는 100분의 1, 어떤 사람들에게는 1천분의 1, 아니 1만분의 1도 되지 않을 것이다. 그러므로 그는 그들 모두의 부양에 이바지는 하지만, 그들은 모두 많든 적든 그로부터 독립되어 있다. 왜냐하면 일반적으로 그들은 그가 없이도 살아갈 수 있기 때문이다.

대지주들이 지대를 자신들의 차지인이나 종자들의 부양에 쓸 때, 그들은 각각 그 자신의 모든 차지인들과 모든 종자들을 전면적으로 부양한다. 그러나 그들이 지대를 상인이나 수공업자의 부양에 쓸 때는, 그들은 전체적으로 보면 아마도 전과 같거나, 아니면 농촌식의 환대에 따르는 낭비를 고려하면 전보다 더 많은 사람들을 부양할 것이다. 그러나 지주 한 사람 한 사람으로 따지면, 그 많은 사람들 중의 어느 한 개인의 부양에 대해서도 매우 작은 부분밖에 이바지하지 않는 경우가 많다. 각각의 상인이나 수공업자는 자신의 생계를, 한 사람이 아니라 1백 명 또는 1천 명의 다양한 고객의 일거리에서 얻고 있다. 따라서 그는 어느 정도는 모든 고객의 덕을 입고 있지만, 그들 가운데 어느 한 사람에게 절대적으로 의존하는 일은 없다.

대지주의 개인적 지출이 이와 같이 차츰 증대하자 그들의 종자의 수는 차츰 감소하지 않을 수 없게 되어, 마침내 전원이 해고되었다. 똑같은 원인에서 그들은 차지인 가운데 불필요한 부분을 차츰 해고하기 시작했다. 농장은 확대되고, 토지점유자는 일손 부족의 고충에도 불구하고 당시의 경작과 개량의 불완전한 상태에 따라 그 경작에 필요한 수로 축소되었다. 필요 없는 부양 인원을 제거함으로써, 또 농업 경영자에게서 농지의 모든 가치를 착취함으로써 전보다 많은 잉여, 또는 전보다 많은 잉여의 값이 토지소유자의 손에 들어왔고, 그것에 대해 곧 상인과 제조업자가 그에게 그때까지 잉여 부분을 소비해 온 것과 같은 방법으로 이 증가 부분을 혼자서 소비하는 방법을 제공했다. 이와 같은 원인이 계속 작용했으므로, 그는 지대를, 자기 토지가 현재의 개량 상태에서 제공할 수 있는 한계를 넘어 끌어올리고 싶어했다. 그의 차지인들은 그 토지를 더욱 개량하기 위해 얼마를 투입하든, 그것이 이윤과 함께 회수될 수 있는 기간 동안 토지의 보유를 보장받는 조건만 채워지면, 거기에 동의할 수 있었다. 지주는 그 값비싼 허영심에서 이 조건을 기꺼이 받아들였다. 여기에 장기 차지계약의 기원이 있다.

임의해약 차지인조차, 토지의 전 가치를 지불하고 있으면 지주에게 완전히 의존하고 있는 것은 아니다. 그들이 서로 상대편한테서 받는 금전적 이익은 상호적이고 평등하며, 이런 차지인은 토지소유자에게 봉사하기 위해 자신의 생명이나 재산을 위험에 처하게 하지는 않는다. 그가 장기간의 차지권을 가지고 있다면 그는 완전히 독립해 있는 것이고, 그의 지주는 차지계약 조항에 명시되어 있거나, 그 나라의 널리 알려진 보통법에 의해 그에게 부과되어 있는 것 이상은, 아무리 사소한 봉사라도 그에게 기대해서는 안 된다.

차지인이 이렇게 하여 독립하고, 종자가 해고되어 버리자, 대지주는 이제 사법권의 정규집행을 방해하거나 나라의 평화를 어지럽힐 수가 없었다. 에서*10가 굶주림과 궁핍 때문에 죽 한 그릇에 상속권을 팔아넘긴 것과는 달리, 대지주인 그들은 풍요 속에서의 변덕으로, 성숙한 인간의 진지한 추구보다는 어린아이의 장난감이라고 하는 편이 더 어울릴 장신구나 금붙이를 위해 생득권을

---

*10 에사오(《창세기》 제25장 25~34절)는 굶주림 때문에 콩죽 대신 장자상속권을 동생 야곱에게 넘겨 버렸다. 이것은 한때의 이익을 위해 영원한 권리를 파는 예로서, 관용구가 되어 있다.

팔아버렸기 때문에, 도시의 부유한 시민과 소매상인이나 다름없는 보통사람이 되고 말았다. 농촌에서도 도시 못지않게 행정의 작용을 교란시킬 만한 권력을 가진 자가 없어졌기 때문에, 도시와 마찬가지로 정규 행정이 확립되었다.

현재의 주제와는 아마 관계가 없겠지만 내가 말하지 않을 수 없는 것은, 아버지로부터 아들에게 계속해서 몇 세대에 걸쳐 매우 큰 영지를 소유해 온 아주 오래된 집안은, 상업 국가에는 매우 드물다는 사실이다. 반대로 웨일스나 스코틀랜드의 하이랜드처럼 거의 상업이 없는 나라에서는 그런 오래된 가문을 흔히 볼 수 있다. 아라비아의 역사서는 모두 족보로 가득차 있고, 타타르의 칸*¹¹이 쓴 어떤 역사서가 몇 개의 유럽어로 번역되어 있는데, 거기에는 족보에 대한 것 외에는 거의 아무것도 들어있지 않다. 그것은 그 국민 사이에 오래된 가문이 매우 많다는 것을 보여 주는 증거이다. 부자들이 수입이 허락하는 한 많은 사람들을 부양하는 것 외에 수입을 쓸 방법이 없는 나라에서는 부자가 가난해질 우려는 없고, 또 그의 자비심이 자신이 할 수 있는 이상의 사람들을 부양하려 할 만큼 강렬한 일은 좀처럼 없는 것 같다. 그러나 자기 자신의 일신을 위해서라면 아무리 많은 수입이라도 쓸 수 있는 경우에는, 그의 지출에는 한도가 없는 일이 흔히 있다. 왜냐하면, 그의 허영심 또는 자기 한몸에 대한 애착에는 보통 한도가 없기 때문이다. 그러므로 상업국에서는 부의 분산을 막으려는 가장 엄격한 규제에도 불구하고, 부가 똑같은 가족에 오래 머무는 일이 매우 드물다. 이에 반해, 소박한 국민에게 있어서는 반대로 법적인 규제가 전혀 없어도 부는 때때로 똑같은 가족에게 머물러 있다. 왜냐하면 타타르인이나 아랍인 같은 목축 민족에서는, 그들의 재산이 소모되기 쉬운 성질이라는 점이, 그런 규제를 모두 필연적으로 불가능하게 만들기 때문이다.

공공의 행복에 있어서 가장 중요한 변혁이, 이와 같이 공공에 봉사하고자 하는 최소한의 의향도 없는 두 계층의 사람들에 의해 실현된 셈이다. 가장 유치한 허영심을 만족시키는 것이 대지주들의 유일한 동기였다. 상인이나 수공업자는 그보다는 훨씬 덜 우스꽝스러웠지만, 자신들의 이익만 생각하여, 1페니라도 획득할 수 있는 곳이라면 1페니라도 회전시키고자 하는 그들 자신의 행상인 원리에 따라 행동한 것에 지나지 않는다. 그들은 모두, 한쪽의 어리석은

*11 칸(khan)은 칭기즈칸이라기보다는 타타르 군주의 칭호로, 우리나라에서는 한(汗)이라고 한다.

행위와 또 한쪽의 부지런함이 서서히 실현해 가고 있던 대변혁에 대해서는, 아무런 지식과 예견도 가지고 있지 않았다. 유럽의 대부분에서 도시의 상업과 제조업은 농촌개량과 경작의 결과가 아니라 그 원인이고 계기였다.

그러나 이 순서는 사물의 자연적인 흐름과는 반대이기 때문에 필연적으로 느린 동시에 불확실하다. 부가 상업과 제조업에 매우 크게 의존하고 있는 유럽 각국의 완만한 진보를, 부가 완전히 농업에 기초를 두고 있는 북아메리카의 식민지의 급속한 발전과 비교해 보면 알 수 있다. 유럽의 대부분을 통해 주민 수가 500년 이내에 두 배가 되는 것은 불가능한 것 같다. 북아메리카 몇몇 식민지에서는 인구가 아마도 20년 내지 25년이면 두 배가 될 것으로 밝혀져 있다. 유럽에서는 장자상속법과 온갖 종류의 영대소유권이 대영지의 분할을 막고, 그것으로 소지주의 증가를 방해하고 있다. 그러나 소지주는 자신의 작은 소유지를 구석구석까지 다 알고 있고,*¹² 재산, 특히 작은 재산이 자연적으로 북돋우는 애정으로 그 모든 것을 응시한다. 또 그런 이유에서 소유지를 경작할 뿐만 아니라 미화하는 데도 즐거움을 느끼는 것이다. 그런 그들은 일반적으로 모든 개량가 중에서도 가장 부지런하고 가장 총명하며 가장 성공하기 쉬운 사람들이다. 게다가 앞에서 말한 여러 규제는 매우 많은 토지를 시장에서 떼어 놓기 때문에, 팔리는 토지보다 사는 자본 쪽이 언제나 많고, 그 결과 팔리는 토지는 언제나 독점가격으로 팔린다. 지대는 토지구입대금의 이자를 지불할 수 없고, 게다가 화폐의 이자와는 별도로, 토지보수비와 그 밖의 임시경비를 부담해야 한다.

토지를 구입하는 것은 유럽 어디서나 소규모 자본의 가장 불리한 사용법이다. 확실히 그저 그런 처지에 있는 사람이 사업에서 은퇴할 때, 뛰어난 안전성 때문에, 자신의 조촐한 자본을 토지에 투자하는 길을 선택하는 경우도 있을 것이다. 또 수입을 다른 원천에서 얻을 수 있는 전문직업인도, 흔히 그와 같은 방법으로 저축의 안전을 확보하고 싶어한다. 그러나 어떤 청년이 상업 또는 전문직에 투신하는 대신, 2천 내지 3천 파운드의 자본을 조그만 토지구입과 경작에 쓴다면, 그는 물론 매우 행복하고 매우 독립적인 삶을 기대할 수 있지만, 그의 자산을 다른 방법으로 사용한다면 다른 사람들과 마찬가지로 획

---

*12 제5, 6판에서는 여기의 관계대명사가 생략되어서 문장이 파괴되어 있다.

득할 기회가 있을지도 모르는, 큰 재산과 큰 명성에 대한 기대에는 모두 영원히 작별을 고하지 않으면 안 된다. 그런 사람은 또, 지주가 되는 것을 열망할 수 없는 것은 하는 수 없다 하더라도, 농업 경영자가 되는 것을 부끄럽게 여기는 일이 많을 것이다. 그래서 시장에 나오는 토지의 양이 적고 값은 비싼 것이, 그렇지 않으면 토지경작과 개량에 쓰였을 많은 자본이 그렇게 쓰이는 것을 방해한 것이다.

그와 반대로 북아메리카에서는, 50 내지 60파운드만 있어도 식민농원을 시작하는 데 충분한 것을 흔히 볼 수 있다. 미경작의 구입과 개량이, 그곳에서는 최대의 자본이든 최소의 자본이든 똑같이 가장 유리한 용도이며, 그 나라에서 획득할 수 있는 모든 재산과 명성에 이르는 가장 지름길이다. 실제로 북아메리카에서는 그런 토지를 거의 무상으로, 또는 자연 생산물의 가치보다 훨씬 낮은 값으로 손에 넣을 수 있는데, 이것은 유럽에서는 불가능한 일로, 그렇지 않아도 모든 토지가 오래 전부터 사유재산인 나라라면 어디서나 명백하게 불가능한 일이다. 그러나 지주가 많은 가족을 남기고 죽었을 때, 그의 영지가 모든 자식들에게 균등하게 분할된다면, 그 영지는 팔리는 것이 보통일 것이다. 많은 토지가 시장에 나오기 때문에, 그것은 독점가격으로는 팔리지 않게 될 것이다. 토지의 자유로운 지대가 구입대금의 이자를 지불할 수 있는 정도에 접근하여, 소자본을 토지구입에 쓰더라도, 다른 방법으로 쓰는 것과 같은 정도로 이익을 올리게 될 것이다.

잉글랜드는 토양이 자연적으로 기름지다는 것, 나라 전체의 면적에 비해 해안의 넓이가 크다는 것, 또 전국을 꿰뚫으며 가장 깊은 내륙 지방에 이르기까지 수상 수송의 편의를 제공하고 있는 항행 가능한 하천이 있다는 것 등으로 해서, 대외 상업과 원격지 판매용 제조업, 또는 이런 것이 일으킬 수 있는 모든 개량의 근거지로서, 아마 유럽의 어느 큰 나라 못지않게 자연적으로 알맞도록 되어 있다. 엘리자베스 시대 초기부터 잉글랜드의 입법부는 상업과 제조업의 이익에 특별히 유의해 왔고, 실제로 법률이 전체적으로 잉글랜드만큼, 이런 종류의 산업에 유리하게 되어 있는 나라는, 네덜란드를 포함하여 유럽에는 한 나라도 없다. 따라서 상업과 제조업은 이 기간 중 계속 진보해 왔다. 농촌경작과 개량도 의심할 여지없이 진보를 계속하고 있다. 그러나 그것은 상업과 제조업의 더욱 급속한 진보 뒤에서 천천히 거리를 두고 따라온 것처럼 보인다.

농촌의 대부분은 아마도 엘리자베스 시대 이전부터 경작되고 있었던 것이 틀림없지만, 그 매우 큰 부분이 지금도 여전히 경작되지 않은 채 남아 있고, 무엇보다 대부분의 경작이 기대치보다 훨씬 못한 상태에 있다. 그러나 잉글랜드의 법률은 상업을 보호함으로써 간접적으로 농업을 조성하고 있을 뿐 아니라, 몇 가지의 직접적인 장려책에 의해서도 그렇게 하고 있다. 흉작 때를 제외하고는 곡물 수출은 자유로울 뿐 아니라 조성금을 주어 장려하고 있다. 어지간한 풍작일 때는 외국 곡물의 수입에는 금지나 다름없는 관세가 부과된다. 살아 있는 가축의 수입은 아일랜드에서 오는 것을 제외하고는 언제나 금지되고 있으며, 아일랜드에서의 수입이 허가된 것도 최근의 일이다.

따라서 토지를 경작하는 사람들은 토지 생산물 가운데 가장 크고 가장 중요한 두 가지 곡물인 빵과 식육에 관해 같은 나라 국민에게 독점권을 가지고 있다. 이런 장려책은 내가 이 뒤에 설명하고자 하듯이, 근본적으로는 완전히 환상적이지만 적어도 농업을 우선하고자 하는 입법부의 좋은 의도는 충분히 입증하고 있다. 그러나 그 모든 것보다 훨씬 더 중요한 것은 잉글랜드의 자작농층이 법률에 의해 될 수 있는 대로 안전하고 독립적이며 존경받는 존재가 되었다는 사실이다. 따라서 장자상속권이 실시되고, 10분의 1세가 지불되며, 또 법의 정신에 어긋난다고는 하나 영대소유권이 경우에 따라 인정되고 있는 나라에서 잉글랜드 이상으로 농업을 장려할 수 있는 나라는 없다. 그럼에도 불구하고 그 경작 상태는 위에서 설명한 그런 상태인 것이다. 상업의 진보에서 간접적으로 생기는 것 외에 법률이 농업을 직접적으로 장려하지 않았더라면, 또 자작농층을 유럽의 다른 대부분의 나라와 같은 상태로 방치해 두었더라면, 그것은 어떻게 되었을까? 지금은 엘리자베스 시대가 시작된 지 200년이 넘었지만, 이 기간은 인간의 번영이 통상적으로 지속되는 기간으로서는 충분히 긴 세월이다.

프랑스는 잉글랜드가 상업국으로서 두각을 드러내기 약 1세기 전에, 대외 상업에서 매우 큰 몫을 차지하고 있었던 것 같다. 당시의 견해에 따르면, 샤를 8세가 나폴리에 원정*13하기 전의 프랑스 해상 세력은 상당한 것이었다. 그러나 프랑스의 경작과 개량은 전체적으로 잉글랜드의 그것보다 뒤떨어져 있다.

---

*13 프랑스 왕 샤를 8세는 1494년부터 이탈리아 침략을 시작했다. 나폴리 점령은 이듬해.

이 나라의 법률은 농업에 대해 잉글랜드처럼 직접적으로 장려한 적이 한 번도 없다.

에스파냐와 포르투갈의 유럽 다른 나라에 대한 대외 상업은, 주로 외국 선박에 의해 영위되고 있기는 하지만 상당한 것이다. 양국의 식민지에 대한 대외 상업은 자국의 선박으로 영위되고, 그런 식민지의 부와 면적 때문에 전자보다 훨씬 규모가 크다. 그러나 그 대외 상업은 원격지 판매를 위한 상당한 제조업을 두 나라의 어느 쪽에도 도입한 적이 없고, 또 두 나라의 대부분은 아직도 미경작 상태에 머물러 있다. 포르투갈의 대외 상업은 이탈리아를 제외하면 유럽의 어느 대국보다 오랜 역사를 가지고 있다.

이탈리아는 유럽에서, 대외 상업과 원격지 판매용 제조업에 의해 모든 지방이 경작되고 개량된 것으로 생각되는 유일한 대국이다. 샤를 8세가 침입하기 전의 이탈리아는, 귀치아르디니[14]에 의하면, 가장 산이 많고 척박한 지방도 가장 평탄하고 기름진 지방 못지않게 경작되고 있었다. 이 나라의 혜택 받은 위치와, 당시에 그 속에 많은 독립국이 존재하고 있었던 것이, 아마도 전면적인 경작에 적지 않게 이바지했을 것이다. 근대의 역사가 중에서 가장 총명하고 신중한 사람의 이런 일반적인 표현에도 불구하고, 당시의 이탈리아가 현재의 잉글랜드만큼 잘 경작되고 있지는 않았다 해도 틀린 말은 아니다. 그러나 상업과 제조업에 의해 한 나라에 취득된 자본은, 그 어떤 부분이 그 나라 토지개량과 경작에 의해 확보되고 현실화될 때까지는 모두 불안정하고 불확실한 소유물이다. 상인은 반드시 어느 특정한 나라의 시민이 아니라는 말은 매우 적절한 표현이다. 어디서 사업을 영위하느냐 하는 것은 그에게 있어서는 거의 아무래도 상관없는 일이며, 조금이라도 불쾌한 일이 있으면, 그는 자신의 자본과 그것이 유지하는 모든 산업을 한 나라에서 다른 나라로 옮겨 버릴 것이다.

자본의 어떤 부분도 건물 또는 토지의 영속적 개량의 형태로, 그 나라의 표면에 살포되기 전에는 어느 특정한 나라에 속한다고 할 수 없다. 한자의 대부분의 도시[15]가 소유하고 있었다는 커다란 부는 13·14세기의 애매모호한 역사

---

*14 귀치아르디니(Francesco Guicciardini, 1483~1504)는 피렌체 출신의 역사가·정치가로 《이탈리아사》(Storia d'Italia, Firenze, 1651)(ASL 728, 1738 ed.)의 저자.

*15 도이츠 한자 도시라는 명칭이 처음 보인 것은 1358년이라고 하지만, 단순히 동맹을 의미하는 다양한 한자가 오늘날 독일 경계를 넘어선 유럽 북부에서 활동하고 있었다.

속에 남아 있는 것을 제외하면, 지금은 흔적조차 없다. 그런 도시 중의 일부가 어디에 위치하고 있었고, 그런 도시 중의 몇몇이 가졌던 라틴 이름이 지금 유럽의 어느 도시에 해당하느냐 하는 것조차 확실하지 않다. 그러나 15세기 말과 16세기 초의 이탈리아의 불행*16은 롬바르디아 및 토스카나*17 여러 도시의 상업과 제조업을 매우 감소시켰는데, 그런 나라들은 아직도 여전히 유럽에서 가장 인구가 많고 가장 잘 경작된 나라에 속한다. 플랑드르 지방의 내란과 그 뒤를 이은 에스파냐의 통치*18는 앤트워프·겐트·브뤼주*19의 대규모 상업을 몰아 내고 말았다. 그러나 플랑드르는 아직도 여전히 유럽에서 가장 부유하고 가장 인구가 많으며 또 가장 잘 경작된 지방의 하나이다.

전쟁과 통치에 의한 통상적인 변혁은 상업에서만 나오는 부의 원천을 쉽게 고갈시켜 버린다. 농업의 더욱 견실한 개량에서 나오는 부는 그보다 훨씬 내구력이 있어서, 로마제국이 몰락하기 전후 얼마 동안 유럽 서부의 여러 속주에서 일어난 것과 같은, 계속해서 1세기 또는 2세기 동안 서로 적대해 온 야만족들의 약탈에 의해 일어난 훨씬 더 폭력적인 격변에 의하지 않는 한, 파괴될 수 없는 것이다.

---

*16 '이탈리아의 불행'이란 1494년의 프랑스 왕 샤를 8세의 침략에서 1527년 황제군의 '로마 약탈'까지를 가리키는 것으로 생각된다. 샤를 8세의 침략뿐만 아니라, 이탈리아 각 도시 사이의 대립, 각 도시 내부의 정변, 교황 권력을 둘러싼 분쟁 등이 끊이지 않았다. 이것은 귀치아르디니와 마키아벨리 시대이다.

*17 롬바르디아와 토스카나는 각각 밀라노와 피렌체를 중심으로 하는 지방.

*18 플랑드르는 현재의 벨기에 북부로, 플라망어를 쓰는 지방인데, 여기서 말하는 내란이란 에스파냐에 대한 네덜란드 독립전쟁에 플랑드르의 도시들이 참가한 것을 가리키고, 에스파냐의 통치는 그것에 대한 알바 공의 탄압(1567~1572)을 가리키는 것으로 생각된다.

*19 셋은 플랑드르의 대표적 도시로, 여기서는 플라망어의 발음에 가깝게 표기한다. 프랑스어로는 앙베르·강·브뤼주가 된다.

제4편

정치경제학 여러 체계에 대하여

서론

정치가 또는 입법자의 학문의 한 부문으로서의 정치경제학*¹은 두 가지 목표를 지향하고 있다.

첫째, 민중에게 풍부한 수입 또는 생활 자료를 제공하는 것, 더욱 적절하게는 그들이 스스로 그런 수입 또는 생활 자료를 조달할 수 있게 하는 것.

둘째, 국가 또는 공동사회에 공무를 수행하는 데 충분한 수입을 공급하는 것이다. 그것은 국민과 주권자를 함께 부유하게 만드는 것을 지향한다.

시대가 다르고 국민이 다름에 따라 부의 진행 방법도 다른 것에서, 민중을 부유하게 만드는 것에 대해 정치경제학의 두 가지 체계가 태어났다. 그 하나는 상업 체계,*² 나머지 하나는 농업 체계라고 부를 수 있다. 나는 그 두 가지를 되도록 상세하고 명료하게 설명하도록 노력하되, 먼저 상업 체계부터 시작할 것이다. 그것은 근대의 학설이며, 우리 자신의 나라와 우리 자신의 시대에 가장 잘 이해되고 있는 것이다.

---

*1 정치경제학(political oeconomy)에는 경제학 또는 경제정책이라는 번역어도 있다. 이 번역에서는 경제정책으로 한 경우가 있으므로, 이론을 주로 한 economics와 구별하기 위해 원칙적으로 정치경제학이라 한다.

*2 상업(상인) 체계(mercantile(or merchantile) system)는 스미스가 처음으로 사용한 명칭으로, 중상주의라고 번역하고 있다. 앞으로도 물론 그에 따르겠지만, mercantile이 옛날에는 merchantile이라고 표기된 적도 있어서, 스미스가 이 명칭을 생각해 냈을 때는 상업(상인)의 체계라는 의미였던 셈이므로, 여기서만은 상업(상인) 체계라고 했다.

제1장

상업적 또는 상업 체계 원리에 대하여

부가화폐, 즉 금은이라는 것은 상업 용구로서의 기능과 가치척도로서의 기능이라는, 화폐의 이중 기능에서 자연히 생기는 통념이다. 화폐가 상업 용구라는 것의 결과, 화폐를 가지고 있으면, 우리는 다른 어떤 상품을 수단으로 하는 것보다 쉽게, 그 밖에 필요로 하는 것을 무엇이든 손에 넣을 수 있다. 우리가 늘 깨닫듯이, 중요한 것은 화폐를 획득하는 것이다. 화폐가 손에 들어오면 그 뒤에 무엇을 구매하든 어려운 일이 없다. 화폐가 가치척도인 결과, 우리는 다른 모든 상품가치를 그것과 교환되는 화폐의 양으로 평가한다. 우리는 부유한 사람에 대해, 그는 많은 화폐가치를 가진 사람이라고 말하고, 가난한 사람에 대해서는 화폐가치를 매우 조금밖에 가지지 않는다고 말한다. 검약가 또는 부자가 되기를 열망하는 사람은, 돈을 사랑한다는 말을 듣고, 상관하지 않는 사람, 인심이 좋은 사람, 또는 낭비가는 돈에 무관심한 사람이라고 일컫는다. 부유해진다는 것은 곧 화폐를 획득하는 일이며, 부와 화폐는 요컨대 일상어에서는 모든 점에서 같은 뜻으로 여겨지고 있다.

부자의 경우와 마찬가지로, 부국이란 화폐가 풍부하게 있는 나라로 생각되고 있고, 금은을 어떤 나라에 축적하는 것은 그 나라를 부유하게 하는 가장 손쉬운 방법이다. 아메리카 발견 후 얼마 동안, 에스파냐 사람들이 미지의 해안에 이르렀을 때 하는 첫 질문은, 근처에서 금은을 얼마나 나오겠느냐 하는 것이었다. 그들은 이 정보에 의해 그곳에 식민지를 만들 가치가 있는지, 또는 그 나라를 정복할 만한 가치가 있는지를 판단했다. 프랑스 왕이 유명한 칭기즈칸의 한 아들에게 대사로 파견한 수도사 플라노 카르피노[*1]는, 타타르인들

[*1] 캐넌은 스미스가 베르주롱의 여행기(N. Bergeron, *Voyages faits principalement en Asie dans les xii., xiii., xiv., et xv. siécles*, La Haye, 1735) 속의 플라노 카르피노와 루이 9세의 대사 기욤 드 뤼브뤼키를 혼동한 것으로 추정하고 있다.

은 흔히 자기에게 프랑스 왕국에 양과 황소가 많이 있느냐고 물어 보았다고 했다. 그들의 질문은 에스파냐 사람들의 그것과 같은 목적을 가지고 있었다. 그들은 그 나라가 정복할 만한 가치가 있을 만큼 부유한지 어떤지를 알고 싶었던 것이다. 타타르인들에게는 화폐의 사용에 대해 일반적으로 무지한 모든 목축 국민들과 마찬가지로, 가축이 상업 용구이자 가치척도였던 것이다. 따라서 그들에 의하면 부는 가축에 있었고, 그것은 에스파냐 사람들에게 있어서 부가 금은에 있는 것과 마찬가지였다. 둘 가운데 타타르인의 견해가 아마도 진리에 가장 가까웠을 것이다.

로크는 화폐와 다른 동산의 차이를 설명하고 있다.*2 그는 다음과 같이 말했다. 다른 모든 동산은 매우 소모되기 쉬운 성질이므로, 그것으로 이루어지는 부는 그리 신용할 수 없으며, 어떤 해에 그런 동산이 풍부한 국민도, 아무 것도 수출하지 않는데도 자신들의 낭비와 사치만으로 다음 해에는 그런 동산이 크게 부족한 경우가 있을 수 있다. 반대로 화폐는 든든한 친구이며, 그것은 손에서 손으로 건너가기는 하지만 국외로 나가지만 않도록 해 놓으면 쉽게 낭비되거나 소비되지 않는다. 따라서, 금·은은 한 국민의 동적(動的)인 부 가운데 가장 견실하고 실질적인 부분이며, 그런 까닭으로 그런 금속을 증가시키는 것은 그 국민의 경제정책*3의 큰 목적이 되어야 한다고 그는 생각했다.

다른 사람들은, 만일 어떤 국민이 세계의 다른 나라들로부터 격리될 수 있다면, 그 안에서 유통되는 화폐가 얼마나 많고 적은지는 중요하지 않을 것이라고 인정하고 있다. 이 화폐에 의해 유통되는 소비재와 교환되는 화폐가 많은가 적은가 하는 문제일 뿐, 그 나라의 실질적인 빈부는 오로지 그런 소비재가 풍부한가 적은가에 의존한다는 것을 그들은 인정한다. 그러나 여러 주권국가와 관계를 가지고, 대외 전쟁을 치르지 않을 수 없으며, 먼 나라에 함대와 군대를 상주시키지 않을 수 없는 나라의 경우에는 그렇지 않다고 그들은 생각한다. 그것은 그것을 위해 지불할 화폐를 국외로 보내지 않고는 수행할 수 없는 일이고, 또한 국민은 많은 양의 화폐를 국내에 가지고 있지 않으면 그것을 국외에 많이 보낼 수가 없다고 그들은 말한다. 따라서 그와 같은 국민은 모두 평소에 금은을 축적하도록 노력하여, 필요할 때 대외 전쟁을 수행할 수 있는

---

*2 글래스고 판은 로크의 저작에는 해당 문장이 없다고 주기하고 있다.

*3 여기는 예외적으로 political oeconomy를 경제정책으로 한다.

수단을 가지고 있어야 한다.

이런 통념의 결과로서, 유럽의 국민들은 모두 자기나라에 금은을 축적하기 위한 모든 수단을, 거의 소용은 없지만 연구해 왔다. 유럽에 그런 금속을 공급하는 주요 광산의 소유자인 에스파냐와 포르투갈은, 가장 엄격한 벌로서 그런 금속의 수출을 금지하거나, 수출에 상당한 세금을 부과해 왔다. 이 금지 조치는 옛날의 다른 대부분의 유럽 국가에서도 정책의 일부였던 것 같다. 그것은 가장 있을 수 없다고 생각되는 곳에서조차 발견되고 있으며, 스코틀랜드의 오래된 의회법 중에는 금 또는 은을 '왕국 밖으로' 반출하는 것을 중벌로 금지한 것이 있다. 이 같은 정책은 옛날에는 프랑스와 잉글랜드에서도 실시되었다.

그런 나라들이 상업국이 되었을 때, 상인들은 이 금지가 많은 경우에 매우 불편하다는 것을 알았다. 그들은 자기 나라에 수입하고 싶거나 다른 나라에 수송하고 싶은 외국의 재화를 금은으로 사는 편이 다른 상품으로 사는 것보다 유리한 경우가 흔히 있었다. 그래서 그들은 이 금지를 무역에 해롭다고 항의하기도 했다.

그들은 첫째로 외국의 재화를 사기 위해 금은을 수출하는 것은, 반드시 왕국 안에 있는 그런 금속의 양을 감소시키는 것은 아니라고 설명했다. 반대로 그것은 때때로 그 양을 증가시킬 수 있으며, 왜냐하면 만일 그것으로 외국 재화의 소비가 국내에서 증가하지만 않는다면 그런 재화는 외국에 재수출될 수 있는 것이며, 그리하여 그곳에서 큰 이윤을 보고 팔 수 있으므로 처음에 그것을 구매하기 위해서 나간 것보다 훨씬 많은 재화를 가지고 돌아올 수 있다는 것이다. 먼*⁴은, 외국무역의 이런 작용을 농업의 파종기와 수확기에 비유하고 있다. '만일 우리가 많은 양질의 곡물을 땅 속에 묻어 버리는 파종기의 농부의 행위만 주시한다면 우리는 그를 농부가 아니라 미친 사람으로 생각할 것이다. 그러나 그의 노력의 목적인 수확기에 하는 그의 노동을 생각한다면, 그의 행위가 지닌 가치와 풍부한 증수를 발견할 것이다'라고 말했다.

그들은 둘째로, 다음과 같이 주장했다. 금은은 그 가치에 비해 부피가 작아서 쉽게 밀수출할 수 있으므로, 이런 금지 조치는 금은의 수출을 막을 수 없

---

*4 토머스 먼(Thomas Mun, 1571~1641)은 상인, 영국 동인도 회사 이사. 무역균형론의 제창자. 본문 속의 예는 《외국무역에 의한 잉글랜드의 재화》(England's treasure by foreign trade, London, 1664)에 있다. (ASL 1194, 1775 ed.)

다. 이 수출의 저지는 그들의 이른바 무역차액에 적절한 주의를 기울임으로써만 가능할 뿐이다. 그 나라가 수입하는 것보다 큰 가치를 수출할 경우에, 그 차액은 당연히 외국에서 그 나라에 지불되어야 하며, 그것은 또 당연히 금은으로 지불됨으로써 왕국 내의 그런 금속의 양을 증대시킨다. 그러나 그 나라가 수출보다 큰 가치를 수입할 경우에는, 반대의 차액을 외국에 지불하지 않을 수 없고, 그것도 같은 방법으로 지불해야 하므로 그 나라의 귀금속의 양을 감소시킨다. 이때 그런 금속의 수출을 금지한다고 해서 수출을 저지하지는 못하며, 다만 그것을 더욱 위험하게 함으로써 그 비용을 훨씬 증대시킬 뿐이다. 그것으로 환율은 무역차액을 지불해야 하는 나라에 있어서 그렇지 않은 경우보다 훨씬 불리해지며, 외국에 보내는 환어음을 구매하는 상인은, 그것을 파는 은행가에게 그곳에 송금할 때의 당연한 위험과 수고와 경비뿐만 아니라, 그 금지에서 생기는 특별한 위험에 대해서도 대가를 지불하지 않으면 안 되기 때문이다.

그러나 환율이 어떤 나라에 불리하면 할수록 무역차액도 필연적으로 그 나라에 불리해지며, 그 나라의 화폐는 차액이 지불되어야 하는 나라의 화폐에 비해 당연히 가치가 그만큼 줄어들기 때문이다. 이를테면, 잉글랜드와 네덜란드 사이의 환율이 5퍼센트만큼 잉글랜드에 불리하다면, 네덜란드에서의 100온스의 은에 해당하는 환어음을 구매하려면 잉글랜드에서는 은 105온스가 필요할 것이다. 따라서, 잉글랜드에서의 은 105온스는, 네덜란드에서는 은 100온스의 가치밖에 없을 것이고, 네덜란드의 재화*5도 그에 비례한 양밖에 구매하지 못할 것이다. 그러나 이와 반대로 네덜란드에서의 100온스의 은은 잉글랜드에서 105온스의 가치가 될 것이고, 잉글랜드의 재화도 그에 상당하는 양을 구매할 수 있을 것이다. 환율의 차이에 의해 네덜란드에 팔리는 잉글랜드의 재화는 그만큼 싸게 팔릴 것이고, 잉글랜드에 팔리는 네덜란드의 재화는 그만큼 비싸게 팔릴 것이다. 전자는 이 환율의 차액만큼 적은 네덜란드 화폐를 잉글랜드로 끌어올 것이고, 후자는 그만큼 많은 잉글랜드 화폐를 네덜란드로 끌어올 것이다. 따라서 무역차액은 필연적으로 그만큼 잉글랜드에 불리해질 것이고, 네덜란드에 수출되어야 하는 금은의 차액도 그만큼 많은 금액을 필요로 하게

─────────────

*5 여기서 언급되어 있는 지방과 화폐는 저지연합제주 가운데 네덜란드에 한정되지만, 재화는 반드시 거기에 한정되지 않는다.

될 것이라는 것 등이다.

이와 같은 논의는 일부는 사실이지만, 일부는 궤변적이었다. 무역에서의 금은의 수출은 때때로 그 나라에 유리할 수 있다고 주장하는 한에서는, 그것은 사실이었다. 개인들이 금은을 수출하는 데서 무언가의 이익을 보는 한, 어떤 금지도 그 수출을 저지할 수 없다고 주장한 점에서도, 그것은 사실이었다. 그러나 그들은 그런 금속의 양의 유지 또는 증가를 위해서는, 다른 유용한 상품의 양의 유지 또는 증가에 대한 것보다 많은 정부의 배려가 필요하다고 상정한 점에서는 궤변적이며, 그런 상품은 굳이 그와 같은 배려를 하지 않더라도 무역의 자유가 그 적당한 양을 잘못 공급하는 일은 결코 없는 것이다. 그 논의는 또한, 환율이 높은 것은 필연적으로 그들의 이른바 무역차액의 역조(逆調)를 증대시킨다, 즉 금은의 수출량을 증대시킨다고 주장하는 점에서도 거의 궤변적이었다.

환율이 높은 것이 외국에서 화폐를 지불해야 하는 상인들에게는 매우 불리한 것은 사실이다. 그들은 그들의 은행가들이 외국 앞으로 발행해 주는 어음에 대해 그만큼 비싸게 지불했다. 그러나 수출금지에서 발생하는 위험은 은행가들에게 얼마간 특별한 비용을 물게 할지도 모르지만, 그것이 반드시 더 많은 화폐가 국외로 반출하게 하지는 않을 것이다. 이 비용은 일반적으로 화폐를 그 나라에서 밀수출하기 위해 국내에서 모두 지출되고, 발행된 금액을 넘어서, 불과 6펜스짜리 한 개의 수출도 좀처럼 일으킬 수 없을 것이다.

환율이 높다는 것은 또, 이 높은 환율로 지불하는 금액을 가능한 한 소액으로 그치도록 하기 위해, 자연히 상인들의 마음에 수출액을 수입액과 거의 균형을 맞추도록 노력할 마음을 불러일으킬 것이다. 더욱이 환율이 높은 것은 외국 재화의 값을 인상시키고, 그로 인해 그 소비를 감소시킴으로써 필연적으로 하나의 세금으로서 작용한 것이 틀림없다. 따라서 그것은*⁶ 그들의 이른바 불리한 무역차액을, 따라서 또한 금은의 수출을, 증대시키는 것이 아니라 감소시키는 경향을 가졌을 것이다.

그들의 논의는 이와 같은 것이었는데, 그러나 그 논의는 그것이 겨냥한 사람들을 납득시켰다. 상인들은 이런 논의를 의회에서, 왕족회의*⁷에서, 귀족에

---

*6 '더욱이……그것은'은 초판에서는 '따라서'.

*7 왕족회의(the councils of princes)는 전에는 추밀원(樞密院)이라는 말이 적용되었으나 현재는 이

게, 그리고 지방의 상류층에게 설명했다. 즉 무역을 이해하고 있다고 생각되었던 사람들부터, 그런 문제에 대해서는 아무것도 모른다고 의식하고 있는 사람들에게 설명한 것이다. 외국무역이 나라를 부유하게 만든 것은, 경험에 의해 상인들은 말할 것도 없고 귀족과 지방의 상류층에게도 분명한 사실이었다. 그러나 어떻게 하여, 즉 어떤 방법으로 그렇게 되었는지에 대해서는 그들 가운데 아무도 잘 알지 못했다.

상인들은 외국무역이 어떻게 해서 자신들을 부유하게 만들었나 하는 것은 완전히 알고 있었다. 그것을 아는 것이 그들의 사업이었다. 그러나 그것이 어떤 방법으로 나라를 부유하게 만드는지를 아는 것은, 그들의 사업 속에는 조금도 들어 있지 않았다. 외국무역에 관한 법률에 대해 무슨 변경을 국가에 요구할 필요가 생겼을 때 외에는, 이 문제는 결코 그들의 머릿속에 들어오지 않았다. 그렇게 되었을 때는 외국무역의 유익한 여러 가지 효과와, 그 효과가 현재의 법률에 의해 어떻게 방해받고 있는지에 대해 무슨 말을 할 필요가 생긴 것이다. 이 문제에 대해 결정을 내려야 하는 재판관들에게는, 외국무역은 나라에 화폐를 가져다 주지만, 문제의 법률이 그 유입을 방해하고 있다는 말을 들으면, 그것이 문제에 대한 매우 만족스러운 설명인 것처럼 들렸다. 따라서 그런 논의는 바라던 바와 같은 결과를 낳았다. 금은의 수출금지는 프랑스와 잉글랜드에서는 그 나라의 주화에 한정되었다. 외국 주화와 지금(地金)의 수출은 자유에 맡겨졌다. 네덜란드와 다른 몇몇 나라에서는 이 자유가 그 나라의 주화에까지 확대되었다. 정부의 주의는, 금은의 수출에 대한 경계에서, 그런 금속의 증감을 불러일으킬 수 있는 유일한 원인인 무역차액의 감시로 옮겨갔다. 정부의 주의가 하나의 무익한 배려에서, 훨씬 더 복잡하고 훨씬 더 번거로운, 그리고 똑같이 무익한 배려로 방향을 바꾼 것이다.

먼의 저서 제목인 《외국무역에서의[*8] 잉글랜드의 재화》는 잉글랜드뿐만 아니라 모든 상업국의 정치경제학에서 기본 명제가 되었다. 내륙 또는 국내 상업은 모든 상업 가운데 가장 중요한 상업, 즉 같은 금액의 자본이 최대의 수입을 가져오고 그 나라 국민에게 최대의 고용을 만들어 내는 상업은, 외국무역에 대해 단순히 보조적인 것에 지나지 않는다고 생각되었다. 그것은 그 나라

해하기 어려워 직역 그대로 했다.
[*8] '에서의'가 아니라 '에 의한'이 맞다.

에 화폐를 들여오지도 않고, 조금도 가지고 나가지도 않는다는 것이었다. 따라서 국내 상업의 성쇠가 외국무역의 상태에 간접적으로 영향을 미칠지도 모른다는 것을 제외하면, 나라가 국내 상업에 의해 부유해지거나 가난해지는 일은 결코 있을 수 없다는 것이다.

포도밭이 없는 나라는 포도주를 외국에서 들여오지 않으면 안 되는 것과 마찬가지로, 광산이 없는 나라는, 금은을 외국에서 들여오지 않으면 안 된다. 그러나 정부가 전자의 대상보다 후자의 대상에 더 많이 주의할 필요는 없다고 생각한다. 포도주를 살 수 있는 수단을 가진 나라는 언제라도 필요한 포도주를 구할 수 있을 것이고, 금은을 살 수 있는 수단을 가진 나라는 금은이 부족한 일은 결코 없을 것이다. 그것은 다른 모든 상품과 마찬가지로 일정한 값으로 살 수 있고, 그것이 다른 모든 상품의 값인 것처럼, 다른 모든 상품이 그런 금속의 값인 것이다. 우리는 무역의 자유가 정부의 주의가 전혀 없어도, 우리가 필요로 하는 포도주를 언제든지 우리에게 공급해 줄 것으로 믿어도 전혀 잘못이 없는데, 우리는 똑같은 확실함으로, 그것이 우리가 구매하거나 쓸 수 있는 모든 금은을 우리에게 공급해 줄 거라고 믿어도 된다.

인간의 근로가 구매 또는 생산할 수 있는 모든 상품의 양은, 모든 나라에서 유효수요(有效需要 : 실제로 구매력)에, 즉 그 상품을 만들어 시장으로 가지고 가는 데 지불되어야 하는 지대·노동·이윤 모두를 지불하려는 사람들의 수요에 저절로 대응하고 있다. 그러나 금은보다 쉽게, 또는 정확하게, 이 유효수요에 대응하는 상품은 없다. 왜냐하면, 그런 금속은 부피가 작고 가치가 크며, 이보다 쉽게 어떤 곳에서 다른 곳으로 운반할 수 있는 상품은 없기 때문이다. 이를테면, 만일 잉글랜드에서 추가량의 금에 대한 유효수요가 있다고 한다면, 한 척의 정기선(定期船)이 리스본에서, 또는 그것을 손에 넣을 수 있는 다른 어떤 곳에서든, 500만 개 이상의 기니화로 주조할 수 있는 50톤의 금을 운반해 올수 있을 것이다. 그러나 만일 이것과 같은 가치의 곡물에 대한 유효수요가 있다고 한다면, 그것을 수입하려면, 톤당 5기니로 하면, 100만 톤의 선박, 즉 적재량 1000톤의 배 1000척이 필요하다. 여기에는 잉글랜드 해군을 통틀어도 부족할 것이다.

어떤 나라에 수입되는 금은의 양이 그 유효수요를 넘을 경우에는, 정부의 어떤 규제로도 그 수출을 막을 수 없다. 에스파냐와 포르투갈의 온갖 가혹한 법률을 가지고도 그들의 금은을 국내에 보유할 수는 없다. 페루와 브라질*⁹로부터의 끊임없는 수입이 그런 나라의 유효수요를 초과하여, 국내의 그런 금속의 값을 이웃 나라의 값 이하로 끌어내린다. 만일 반대로, 어떤 특정한 나라에서 그런 금속의 양이 유효수요에 모자라서 그 값을 이웃 나라의 값보다 끌어올릴 정도가 되면, 정부는 그것을 수입하기 위해 조금도 고생할 필요가 없을 것이다. 만일 정부가 그 수입을 저지하려고 애쓴다 해도 효과를 거둘 수 없을 것이다. 그런 금속은 스파르타인이 그것을 구매할 자금을 손에 넣었을 때 라케다이몬*¹⁰에 금은이 들어가는 것을 반대한 리쿠르구스*¹¹의 법률의 모든 장벽을 돌파했다. 세관의 잔인한 관세법으로도 네덜란드와 예테보리*¹² 동인도 회사의 차(茶) 수입을 저지할 수는 없다. 그런 회사의 차는 브리튼 동인도 회사의 차보다 약간 쌌기 때문이다. 그러나 1파운드의 차의 부피는 그 최고값의 하나인 16실링에 대해 통상 지불되는 은 부피의 약 100배, 그것과 같은 값의 금 부피의 2천 배 이상이며, 따라서 꼭 그만큼 밀수의 어려움도 커진다.

금은값이 다른 대부분의 상품값처럼 끊임없이 변동하지 않는 이유의 하나는, 대부분의 상품은 시장이 재고과잉이거나 부족한 경우에도, 부피 때문에 장소를 바꾸는 것이 쉽지 않은 데 비해, 그런 금속은 풍부한 곳에서 부족한 곳으로 쉽게 수송할 수 있기 때문이다. 그런 금속값은 전혀 변동하지 않는 것은 아니지만, 그것이 겪기 쉬운 변화는 일반적으로 완만하고 점차적이며 일정하다. 이를테면 유럽에서는 전세기와 현세기 동안, 금은의 가치는, 에스파냐령 서인도 제도로부터의 끊임없는 수입 때문에 끊임없이, 그러나 서서히 하락해 온 것 같다고, 별다른 근거도 없이 상정되고 있다. 그러나 다른 모든 상품의 화폐가격을, 눈에 띌 만큼 뚜렷하게 즉시 올리거나 내릴 정도로 금은값에 갑작스러운 변화가 일어나기 위해서는 아메리카 대륙의 발견으로 일어난 것과 같은 상업상의 혁명이 필요하다.

이 모든 것에도 불구하고, 만일 금은을 구매하는 수단을 가진 나라에서 금

---

*9 당시 페루는 에스파냐령, 브라질은 포르투갈령이었다.

*10 라케다이몬은 고대 스파르타의 별명.

*11 리쿠르구스(Lycurgus)는 기원전 8세기 무렵 스파르타 개혁자. 사치금지 등의 엄격한 법률로 유명하다.

*12 예테보리(Göteborg)를 스미스는 Gottenburgh라고 썼는데, 스웨덴 남부의 항구로, 스웨덴 동인도 회사의 소재지.

은이 부족이 발생하는 경우, 금은을 대체하는 편법은 다른 대부분의 상품의 경우보다 많다. 만일 제조업의 원료가 부족하면 산업는 정지하지 않을 수 없다. 만일 식료품이 부족하면 국민은 굶주리지 않을 수 없다. 그러나 화폐가 부족하면, 상당한 불편은 따르겠지만 물물교환이 그것을 대신할 것이다. 신용에 입각한 매매와 여러 상인들이 한 달에 한 번 또는 1년에 한 번 서로의 신용을 결제하면 더 적은 불편으로 부족을 채울 것이다. 잘 규제된 지폐는 아무런 불편도 없을 뿐만 아니라, 경우에 따라서는 다소의*13 이익과 함께 그 부족을 채울 것이다. 따라서 어떤 점에서 보아도, 정부의 주의가 어떤 나라의 화폐량의 유지나 증가의 감시로 기울어졌을 때만큼 그것이 불필요하게 쓰인 적은 없었다.

그러나 화폐의 부족에 대한 불평만큼 흔한 불평은 없다. 화폐는 포도주와 마찬가지로, 그것을 사기 위한 수단도, 그것을 빌리기 위한 신용도 없는 사람들에게는 언제나 부족할 것이 틀림없다. 그 어느 쪽인가를 가진 사람들은, 자신들이 필요로 하는 화폐 또는 포도주가 부족한 일은 좀처럼 없을 것이다. 그러나 이 불평은 반드시 항상 앞날을 생각하지 않는 낭비가들만 하는 것은 아니다. 그것은 때로는 하나의 상업 도시 전체와 그 인근 농촌의 전반에 걸친 일반적인 불평이다. 과잉거래가 그 보편적인 원인이다. 성실한 사람들이라도 자기네 자본과 사업 계획이 균형이 맞지 않으면, 지출이 수입과 균형이 맞지 않는 낭비가와 마찬가지로, 화폐를 살 수단도 빌릴 신용도 잃게 되기 쉽다. 그들의 계획이 결실을 맺기 전에 자산은 바닥나고, 그와 더불어 신용도 사라진다. 그들은 화폐를 빌리기 위해서 여기저기 뛰어다니지만, 사람들은 저마다 빌려 줄 돈이 없다고 말한다. 화폐의 부족에 대한 이와 같은 일반적인 불평조차도, 반드시 언제나 통상적인 수량의 금은회기 국내에 유통하고 있지 않는 것을 증명하는 것은 아니며, 그것이 증명하는 것은 금은화와 교환으로 내놓을 만한 것을 아무것도 가지지 않은 대부분의 사람들이 그런 화폐를 원하고 있다는 사실이다.

상업의 이윤이 어쩌다가 통상보다 클 때는, 크고 작은 거래업자들 사이에서도 과잉거래가 일반적인 과실이 된다. 그들은 반드시 언제나 평소보다 많은 화

---

*13 '경우에 따라서는 다소의'는 초판에서는 '매우 큰'.

폐를 국외로 내보내는 것은 아니며, 국내에서나 국외에서나 통상적인 양 이상의 재화를 신용으로 사고, 지불 청구가 오기 전에 대금이 회수될 것을 기대하면서 그 재화를 어딘가 먼 곳의 시장으로 보낸다. 대금이 회수되기 전에 청구가 오지만, 그에게는 화폐를 구매하거나 빌리기 위한 확실한 담보를 제공할 수 있는 것이 아무것도 없다. 화폐의 부족에 대한 일반적인 불평을 불러일으키는 것은 금은의 부족이 아니라, 그런 사람들이 차입하거나, 그들의 채권자가 상환받을 때 직면하는 어려움이다.

부는 화폐나 금은이 아니라, 화폐가 구매하는 것이며, 화폐는 오직 그 구매력 때문에 가치를 가진다는 것을 증명하려고 열심히 애쓰는 것은 너무나 우스꽝스러운 일이다. 화폐는 의심할 것도 없이 언제나 국민 자본의 일부분을 이루지만, 일반적으로 아주 작은 부분을, 그리고 언제나 가장 이익이 적은 부분을 이룰 뿐이라는 것은 이미 밝힌 바이다.

상인이 재화로 화폐를 사는 것보다 화폐로 재화를 사는 편이 일반적으로 쉽다고 생각하는 것은, 부가 본질적으로 재화보다 화폐에 있기 때문이 아니라, 화폐가 널리 알려지고 확실한 지위를 가진 상업 용구이며, 그것과 교환으로라면 뭐든지 손쉽게 주어지지만, 그것은 반드시 똑같이 손쉽게 모든 것과 교환으로 얻을 수 있는 것은 아니기 때문이다. 게다가, 재화의 대부분은 화폐보다 부패하기 쉽고, 상인은 그것을 보유함으로써 화폐를 보유하는 것보다 훨씬 큰 손실을 입는 일이 때때로 있다. 또 그가 재화의 대금을 금고에 넣어둘 때보다 재화가 팔리지 않고 남아 있을 때, 도저히 응할 수 없는 화폐의 청구를 받기 쉽다. 이런 모든 것과 아울러 그의 이윤은 구매에서보다도 직접적으로, 판매에서 발생하는 것이며, 이 모든 이유로 인해 일반적으로 그는 화폐를 재화와 교환하기보다 재화를 화폐와 교환하는 데 훨씬 열심인 것이다. 그러나 자신의 창고에 많은 양의 재화를 쌓아두고 있는 개개의 상인이, 때맞춰 그것을 팔지 못하여 파멸하는 경우는 가끔 있을 수 있지만, 한 국민 또는 한 나라가 그 같은 재난을 겪는 일은 없다. 한 상인의 전체 자본이, 화폐를 구매하기 위한 소멸하기 쉬운 재화인 경우는 흔히 있다. 그러나 한 나라의 토지와 노동의 연간 생산물 중에서 그들의 이웃으로부터 금은을 구매하는 데 충당되는 것은 매우 작은 부분에 지나지 않는다. 훨씬 큰 부분이 그 국민들 사이에서 유통되고 소비된다.

그리고 국외로 보내지는 잉여도 대부분은 일반적으로 다른 외국 재화의 구입에 충당된다. 그러므로 금은의 구입에 충당된 재화와 교환으로 금은이 손에 들어오지 않더라도 그 국민이 파멸하는 일은 없을 것이다. 확실히 그 국민은 다소의 손해와 불편을 겪고, 화폐를 대신하는 데 필요한 어떤 편법을 쓰지 않을 수 없게 될지도 모른다. 그러나 그 나라의 토지와 노동의 연간 생산물은 평소와 같거나 거의 같을 것이다. 왜냐하면, 평소와 같거나 거의 같은, 소비 가능한 자본이 이 생산물을 유지하는 데 쓰일 것이기 때문이다. 그리고 재화는, 반드시 화폐가 재화를 끌어당기듯이 금방 화폐를 끌어당기는 것은 아니지만, 장기적으로는 화폐가 재화를 끌어당기는 것보다 훨씬 필연적으로 화폐를 끌어당기는 법이다.

재화는 화폐를 구매하는 것 외에도 많은 목적에 도움이 될 수 있으나, 화폐는 재화를 구매하는 것 외에는 어떤 목적에도 도움이 되지 않는다. 따라서 화폐는 필연적으로 재화의 뒤를 쫓아가지만 재화는 언제나 또는 반드시 재화의 뒤를 쫓아가는 것은 아니다. 재화를 사는 사람은 반드시 그것을 다시 내다 팔 것을 의도하고 있는 것은 아니며, 때때로 그것을 사용 또는 소비하기 위해 구매하기도 한다. 그런데 재화를 파는 사람은 언제나 재화를 다시 살 것을 의도하고 있다. 전자는 흔히 일을 다한 셈이 되는 수가 있지만, 후자는 일을 절반 이상 한 셈이 되는 일은 결코 없다. 사람이 화폐를 가지고 싶어하는 것은, 화폐 그 자체 때문이 아니라 그것으로 구매할 수 있는 것 때문이다.

소비재는 곧 소실되지만, 이에 반해 금은은 그보다 내구성이 높으며, 지속적으로 수출하지 않는다면 여러 시대에 걸쳐 계속 축적되어 나라의 실질적인 부는 믿을 수 없을 만큼 증대할 것이라고 한다. 그러므로 어느 나라나 그런 지속적인 상품을 소멸하기 쉬운 상품과 교환하는 무역만큼 불리한 것은 없다고들 주장하고 있다. 그러나 우리는 잉글랜드의 철물과 프랑스의 포도주를 교환하는 무역을 불리하다고는 보지 않는다. 그렇지만 철물은 매우 내구적인 상품이어서, 만일 이 계속적인 수출이 없다면 몇 세대에 걸쳐서 줄곧 축적되어 이 나라의 취사도구는 믿을 수 없을 만큼 증대할 것이다. 하지만 이내 알 수 있는 것처럼, 그런 기구의 수는 어느 나라에서나 그곳에서 그것들이 사용되는 용도에 의해 필연적으로 한정되어 있어, 일반적으로 그곳에서 소비되는 식품을 요리하는 데 필요한 것보다 많은 취사도구를 가지고 있는 것은 어리석은 일이라는 것, 그리고 만일 식품의 양이 증가하면 증가량의 일부는 그것들의 구입에 쓰이거나, 아니면 그런 것의 제조를 직업으로 하는 추가 수의 노동자의 유지에 쓰이므로, 식품의 증가에 따라 취사도구류도 금방 증가할 것이다. 또 이것과 마찬가지로 이내 생각나는 것은, 어느 나라에서나 금은의 양은 그곳에서 그런 금속이 쓰이는 용도에 따라 한정되어 있고, 그 용도는 주화로서 상품을 유통시키고 금은 그릇으로서 일종의 가정 용구를 제공하는 것이라는 사실이다.

어느 나라에서나 주화의 양은 그것으로 유통되는 상품가치에 의해 규제되며, 그 상품가치가 증가하면 주화의 일부는 즉각 가치가 증가한 상품을 유통시키는 데 필요한 추가량의 주화를 얻을 수 있는 곳이라면 어디든 그것을 구입하기 위해 국외로 보내진다는 것이다. 금은 그릇의 수량은 그런 종류의 사치를 즐기려는 사적인 가정의 수와 부에 의해 규제되고, 그런 가정의 수와 부가 증가하면 이 증가한 부의 일부는 아마 틀림없이 추가량의 금은 그릇을, 그것이 있는 곳이 어디든, 구입하는 데 쓰일 것이다. 한 나라의 부를 불필요한 양의 금은을 국내에 들여오거나 국내에 보유함으로써 증가시키고자 하는 것은, 사적인 가정에 불필요한 수의 취사도구를 보유할 수 있게 함으로써 좋은 음식을 증가시키려고 하는 것과 마찬가지로 어리석은 일이라는 것이다. 그와 같이 불필요한 도구류를 구매하는 비용은 그 가정의 식품의 양, 또는 질을 증대시키기는커녕 감소시킬 것이고, 마찬가지로 불필요한 양의 금은을 구매하는 비용은 어느 나라에서나 똑같이 필연적으로, 국민에게 의식주를 제공하고 그들을 부양하고 고용하는 부를 감소시킬 것이 틀림없다. 주화의 형태이든 그릇의 형태이든 금은은 기구이며, 부엌용구가 그런 것과 다름이 없다는 것을 상기하지 않으면 안 된다.

금은의 사용을 증가시켜라, 금은에 의해 유통되고 관리되고 제조되어야 하는 소비재를 증가시켜라, 그렇게 하면 틀림없이 금은의 양을 증가시킬 것이다. 그러나 만일 당신이 비정상적인 수단으로 금은의 양의 증가시키려 한다면, 이 또한 틀림없이 금은의 사용을, 심지어는 그 양마저 감소시키게 될 것이다. 그런 금속의 경우, 그 양은 사용을 위해 필요한 것 이상으로는 결코 커질 수가 없다. 만일 금은이 그 양 이상으로 축적된다면, 그 수송이 매우 쉽고 또 쓰지 않고 묵혀두는 데 따르는 손실이 매우 크므로, 어떤 법률로도 금은이 당장 국외로 반출되는 것을 막을 수 없을 것이다.

어떤 나라가 대외 전쟁을 수행하고 육해군을 부양하기 위해서는 반드시 금은을 축적해야 하는 것은 아니다. 육해군은 금은이 아니라 소비재에 의해 유지된다. 그 국민이 국내 산업의 연간 생산물로부터, 즉 자국의 토지와 노동, 소비할 수 있는 자산에서 생기는 연간 수입으로부터, 먼 나라에서 그런 소비재를 구매하는 수단을 얻을 수 있다면, 거기서 전쟁을 계속할 수 있는 것이다.

한 국민이 먼 나라에서 군대에 급여를 지불하고 식량을 구입하는 데는 다음과 같은 세 가지 방법이 있다. 첫째로는 그 나라에 축적된 금은의 일부를 국외로 보내는 것이고, 둘째로는 그 나라 제조업의 연간 생산물의 일부를 국외에 보내는 것이며, 마지막으로는 그 나라의 연간 원생산물 가운데 일부를 국외로 보내는 것이다.

어떤 나라에 축적되어, 즉 비축되어 있다고 생각해도 되는 금은은 다음의 세 가지 부분으로 구별할 수 있다. 첫째는 유통하고 있는 화폐, 둘째는 개인의 가정에 있는 금은 그릇, 그리고 마지막으로는 오랜 절약으로 축적되어 국고에 저장되어 온 화폐이다.

그 나라의 유통화폐 중에서 많은 화폐를 절약하는 것은 좀처럼 불가능한 일이다. 유통화폐 가운데 많은 여분이 있는 일은 거의 없기 때문이다. 한 나라에서 해마다 매매되는 재화의 가치는, 그 재화를 유통시키고 본디의 소비자에게 분배하기 위해 일정량의 화폐를 필요로 하지만, 그 이상의 화폐를 사용할 수는 없다. 유통의 수로(水路)는 그것을 채우는 데 족한 금액의 화폐를 필연적으로 끌어당기기는 하지만, 그 이상은 결코 받아들이지 않는다.

그러나 대외 전쟁의 경우에는, 일반적으로 이 수로에서 일부가 빠져 나간다. 국외에서 부양되는 사람들이 많아지므로 국내에서 부양되는 사람들은 그만큼 줄어든다. 국내에서 유통되는 재화도 줄어들므로, 그것을 유통시키는 데 필요한 화폐도 줄어든다. 그런 경우에는 일반적으로, 잉글랜드의 재무성증권(財務省證券)·해군어음·은행어음 같은 여러 종류의 비정상적인 양의 지폐가 발행되는데, 그런 지폐가 유통되는 금은을 대신함으로써 더 많은 금은을 국외에 보낼 수 있게 한다. 그러나 이런 모든 것에는 많은 비용이 들어, 몇 년씩 계속되는 대외 전쟁을 수행하는 데는 아주 적은 재원밖에 제공할 수 없다.

각 가정의 금은 그릇을 녹이더라도, 그것이 그보다 더욱 하찮은 재원이라는 것은 모든 경우에 이미 밝혀져 있다. 최근에 전쟁이 일어났을 때, 프랑스인이 이 방법을 씀으로써 얻은 이익은 생활양식의 상실을 보상해 주지 못했다.

축적된 군주의 재보는 전에는 이것에 비해 훨씬 크고 지속적인 재원을 제공했다. 현대에는 프로이센 국왕*14을 제외하면, 재보를 축적하는 것은 유럽 군주들의 정책이 전혀 아닌 것처럼 보인다.

아마 유사 이래 가장 비용이 많이 든 현세기의 대외 전쟁*15을 지탱한 기금은, 유통화폐, 각 가정의 금은 그릇의 수출, 군주의 재보의 수출에는 거의 의존하지 않았던 것 같다. 최근의 대 프랑스 전쟁에서 그레이트브리튼은 신규로 모집한 채권 7천 5백만 파운드뿐만 아니라 토지세 1파운드당 2실링의 부가세와 감채기금(減債基金 : 국채·회사채를 갚기 위해 마련해 놓은 기금)에서 해마다 나오는 차입금을 포함하여 9천만 파운드 이상의 비용을 썼다. 이 비용의 3분의 2 이상은 먼 나라에서, 즉 독일·포르투갈·아메리카, 지중해 여러 항구, 동서인도 등에서 지출되었다. 잉글랜드의 국왕들은 축적된 재보를 가지고 있지 않았다. 우리는 이례적인 양의 금은 그릇이 용해되었다는 말도 듣지 못했다. 이 나라의 유통되고 있는 금은화가 1천 8백만 파운드가 넘는 것으로 추정된 적도 없었다. 그러나 최근의 금화 개주(金貨改鑄) 이래 그것은 상당히 과소평가된 것으로 믿어지고 있다. 그러므로 내가 지금까지 보고 들은 기억 속에서도, 가장 과장된*16 계산에 따라, 금은화를 합쳐서 3천만 파운드에 이르렀다고 가정하면, 만일 전쟁이 우리나라의 화폐로 치러졌다면, 이 계산에 따르더라도 우리나라의 화폐 모두가 6년이나 7년 동안 적어도 두 번 나갔다가 되돌아왔을 것이 틀림없다.

만일 이렇게 가정해도 된다면, 그것은 화폐의 국내 보유를 감시하는 것이 정부로 봐서 얼마나 불필요한 일인가를 증명하는 가장 결정적인 논거를 제공할 것이다. 왜냐하면 이 가정에 의하면, 이 나라의 모든 화폐는 이 일에 대해 누구도, 아무것도, 모르는 사이에, 그토록 짧은 기간에 두 번이나 이 나라에서 나갔다가 되돌아온 것이 틀림없기 때문이다. 그런데도 유통의 수로는 이 기간

---

*14 그 시대의 프로이센 왕은 프리드리히 2세(Friedrich Ⅱ, 1712~1786), 즉 프리드리히 대왕(재위 1740~1786)

*15 영국이 참가한 전쟁으로서는 에스파냐 계승전쟁(1701~1713), 7년전쟁(1756~1763) 외에 인도와 아메리카에서의 대프랑스 식민지전쟁이 이어졌다.

*16 '내가 지금까지……가장 과장된'은 초판에서는 '호슬리의 과장된'.

중의 어느 시기에도 평소보다 많이 비어 있는 것처럼 보인 적은 결코 없었다. 화폐에 대해 지불수단을 가지고 있었던 사람들 가운데 화폐가 부족한 자는 거의 없었다.

외국무역의 이윤이 전쟁의 전 기간에 걸쳐서 평소보다 컸던 것은 확실하며, 전쟁 말기에는 특히 더 그랬다. 이 사실은 언제나 그런 것처럼 그레이트브리튼의 모든 항구에서 전반적인 과잉거래를 불러일으켰고, 이것이 또한, 과잉거래에 늘 따르게 마련인 화폐 부족에 대한 평소의 불평을 불러일으켰다. 화폐를 살 수단도, 화폐를 빌릴 신용도 없는 많은 사람들에게는 화폐가 부족했다. 그리고 채무자들은 빌리는 것이 어려웠고 따라서 채권자들은 돌려받는 것이 어려웠다. 그러나 일반적으로, 금은과 바꿀 수 있는 가치를 가지고 있는 사람들은 금은을 그 가치로 입수할 수 있었던 것이다.

따라서 최근의 전쟁에 소요된 막대한 비용은 금은의 수출에 의해서가 아니라 이런저런 종류의 브리튼의 상품 수출에 의해 주로 충당되었음이 틀림없다. 정부 또는 그 밑에서 일하는 사람들이 어떤 상인과 어떤 외국으로 보낼 송금을 계약한 경우, 그 상인은 당연히 자기가 어음을 발행한 외국의 거래처에 대해 금은보다는 상품으로 지불하려고 노력할 것이다. 그 나라에서 그레이트브리튼의 상품에 대한 수요가 없다면, 그는 그 상품을 그 나라 앞으로 된 어음을 구매할 수 있는 어떤 다른 나라로 보내려고 노력할 것이다. 상품 수송은 만일 그 시장에 아주 적합한 것일 때는 언제나 상당한 이윤이 따르는 반면, 금은의 수송은 조금이라도 이윤이 따르는 일이 거의 없다. 그런 금속이 외국 상품을 구매하기 위해 국외에 보내질 경우, 상인의 이윤은 그 구매에서 생기는 것이 아니라 교환으로 얻은 상품의 판매에서 생긴다. 그러나 그것이 다만 채무의 지불을 위해 국외에 보내질 경우에는, 그는 아무것도 손에 넣을 수 없고 따라서 아무런 이윤도 얻지 못한다. 그러므로 그는 당연히 금은 수출보다는 상품 수출을 통해 대외채무를 지불할 방법을 찾게 마련이다. 최근의 전쟁 과정에서 교환으로 아무것도 얻지 못하고 많은 양의 브리튼 상품이 수출된 것에 대해 《국민의 현상(現狀)》의 저자*17가 설명한 것도 그 때문이다.

위에서 말한 세 종류의 금은 외에 모든 대(大)상업 국가에서는, 많은 양의

---

*17 [W. Knox], *The present state of the nation : particularly with respect to its trade, finances*, &c., London, 1768.(ASL 923) 익명의 저자에 대해서는 조지 그렌빌 또는 토머스 베일리로 보는 설도 있다.

지금(地金 : 화폐의 재료가 되는 금속)이 외국무역을 위해 수입되거나 수출된다. 이 지금은 각국의 주화가 개개의 나라 안에서 유통되고 있는 것과 마찬가지로 모든 상업 국가 사이에서 유통되므로, 대상업 공화국의 화폐라고 생각해도 무방할 것이다. 각국의 주화는 각 개별 국가의 국토 안에서 유통되는 여러 상품에 의해 그 운동과 방향이 주어지고, 상업 공화국의 화폐는 여러 나라 사이에 유통되는 온갖 상품에 의해 그 운동과 방향이 주어진다. 양쪽 모두 교환을 쉽게 하기 위해 쓰이는데, 전자는 같은 나라의 여러 개인들 사이에서, 후자는 여러 나라의 여러 개인들 사이에서 교환을 쉽게 하는 데 쓰인다. 대상업 공화국의 이 화폐의 일부는 최근의 전쟁 수행에 쓰일 수 있었을 것이고, 아마 실제로 쓰였을 것이다. 전면적인 전쟁의 경우에는 안정적인 평시에 일반적으로 화폐가 움직이는 것과는 다른 운동과 방향이 그것에 주어지는데, 전장 주변에서 더 많이 유통되고, 또 전장이나 이웃나라에서 여러 군대의 급여와 식량 구입에 더 많이 쓰인다고 상정하는 것이 자연스럽다.

그러나 상업 공화국의 이 화폐 가운데 그레이트브리튼이 얼마만한 부분을 해마다 이런 방법으로 쓸 수 있었든지간에, 그것은 그레이트브리튼의 상품 또는 그레이트브리튼의 상품으로 구입된 뭔가 다른 것으로, 해마다 구매되었을 것이 틀림없다. 그것은 또한 우리를, 전쟁 수행을 가능하게 한 궁극적인 재원으로서, 여러 상품, 즉 그 나라의 토지와 노동의 연간 생산물을 상정하게 만든다. 그토록 많은 연간 경비는 많은 양의 연간 생산물로 충당된 것이 틀림없다고 상정하는 것은 참으로 당연한 일이다. 이를테면 1761년의 경비는 1900만 파운드 이상에 이르렀다. 축적된 것이 아무리 많아도 이토록 거액의 연간 낭비를 감당할 수는 없을 것이다. 금은조차도 해마다의 생산으로 그것을 감당할 수는 없을 것이다. 에스파냐와 포르투갈 양국에서 해마다 수입되는 금은의 총량은, 가장 좋은 기록에서도 영국 정화로 600만 파운드를 그다지 넘지 않는데, 그것으로는 최근의 전쟁에서 4개월분의 비용을 충당하는 것도 힘들었을 것이다.

먼 나라에서 군대의 급여와 식량의 구입을 위해, 또는 거기에 쓸 상업 공화국의 화폐의 일부를 구입하기 위해, 그런 나라로 보내는 데 가장 알맞은 상품은, 적은 양으로도 큰 가치를 지니며, 따라서 적은 비용으로 매우 먼 곳까지 보낼 수 있는 비교적 정교하고 개량된 제품일 것이다. 자국의 산업이 해마다 그런 제품의 잉여를 많은 양으로 생산하여, 그것을 통상적으로 여러 나라로 수출하고 있다면, 그 나라는 굳이 상당한 양의 금은을 수출하지 않더라도, 또는 수출할 만한 양의 금은을 가지고 있지 않더라도, 많은 비용이 드는 대외 전쟁을 몇 년에 걸쳐 수행할 수가 있다. 확실히 이 경우, 그 제조품의 연간 잉여 가운데 상당한 부분은, 수출되어 상인에게는 대가를 가져다 주어도 나라에는 아무런 대가도 가져다 주지 않는다. 왜냐하면 정부는 외국에서 군대의 급여를 지급하고 식량을 구입하기 위해 상인으로부터 여러 외국으로 보내는 어음을 사들이기 때문이다.*18 그러나 이 잉여 가운데 어떤 부분은 또한 계속해서 대가를 가져다 줄 것이다.

전쟁 중에는 제조업자들에게 이중의 수요가 있는데, 첫째로는 군대의 급여와 식량에 대해 여러 외국 앞으로 발행되는 어음을 지불하기 위해 외국으로 보내야 할 재화를 만드는 것이 요구되고, 둘째로는 평소에 국내에서 소비되고 있던 통상적인 수입품을 구입하는 데 필요한 재화를 만드는 것이 요구된다. 그러므로 가장 파괴적인 대외 전쟁 때 제조업자의 대부분이 흔히 크게 번창하는가 하면, 반대로 평화가 돌아오면 그들이 쇠퇴하는 수가 있다. 그들은 자국의 파멸 속에서 번영하고 자국의 번영이 돌아오는 동시에 쇠퇴의 길을 걷게 되는 수가 있는 것이다. 그레이트브리튼의 제조업의 수많은 부문이 최근의 전쟁 동안과 강화를 맺은 뒤 얼마 동안 드러낸 다양한 상태를 보면, 방금 말한 것을 이해하는 데 도움이 될 것이다.

많은 경비와 기간을 필요로 하는 대외 전쟁은, 토지 원생산물의 수출로 쉽게 수행될 수 있는 것이 아니다. 군대의 급여와 식량을 구입할 수 있는 양의 원생산물을 외국에 보내는 비용은 너무나 클 것이다. 또 원생산물을 자국 주민의 생활 자료로 충분한 양보다 훨씬 많이 생산하는 나라는 별로 많지 않다. 그러므로 그것을 많은 양으로 국외에 내보내는 것은, 국민이 필요한 생활 자료의 일부를 국외에 내보내는 것이 된다. 상품 수출은 사정이 다르다. 그 일에 종사하는 사람들의 생활유지비는 국내에 남겨지고, 그들이 한 일의 잉여 부분만 수출된다.

흄은, 옛날의 잉글랜드 왕들은 장기에 걸친 대외 전쟁을 도중에 한 번이라

---

*18 '상인에게는……사들이기 때문이다'는 초판과 제2판에서는 '아무런 대가도 가져다 주지 않는다.'

도 중단하지 않고는 수행할 수 없었던 것에 대해 자주 지적했다. 그 무렵의 잉글랜드 사람들은, 국내 소비에서 그리 많이 할애할 수 없는 토지 원생산물이나, 원생산물과 마찬가지로 수송비가 너무 많이 드는, 매우 조잡한 약간의 제조품 외에는, 외국에 있는 자국 군대의 급여와 식량의 구입 수단을 전혀 가지고 있지 않았다. 이렇게 장기전을 수행할 수 없었던 것은, 화폐의 부족 때문이 아니라 정교하고 개량된 제품이 없었기 때문이다.

당시 잉글랜드에서는 지금과 마찬가지로 매매는 화폐를 통해 이루어지고 있었다. 유통화폐의 양은, 당시 일반적으로 거래되고 있었던 매매의 양와 가치에 대해, 현재와 같은 비율을 유지하고 있었을 것이 틀림없다. 어쩌면 오히려 현재보다 큰 비율을 가지고 있었을 것인데, 왜냐하면 현재 금은이 하는 일의 큰 부분을 대행하고 있는 지폐가 그때는 없었기 때문이다. 상업이나 제조업이 이루어지고 있지 않은 나라에서는, 나중에 설명할 이유로 인해, 비상시에 군주가 시민들로부터 많든 적든 체계적으로 상납금을 이끌어 내는 것은 좀처럼 불가능하다. 따라서 그런 나라의 군주는 일반적으로 그와 같은 비상사태에 대한 유일한 재원으로서 재보를 축적하려고 애쓴다.

그런 필요와는 별도로, 그는 그런 상황에서 자연히 축적을 위해 필요한 만큼 절약해야겠다는 마음이 들게 된다. 그런 소박한 상태에서는 군주의 비용조차, 궁정에서의 화려함을 좋아하는 허영심에 좌우되지 않고, 차지인에 대한 하사금이나 종자에 대한 대접에 쓰인다. 그러나 허영심은 거의 항상 낭비로 이끄는 데 비해, 하사금이나 대접이 낭비로 이어지는 일은 좀처럼 없다. 따라서 타타르인의 족장은 모두 재보를 가지고 있다. 우크라이나의 카자크인 족장으로, 카를 12세[19]의 유명한 동맹자였던 마제파의 재보는 엄청났다고 한다. 메로빙거 왕조[20]의 프랑스 국왕들은 모두 재보를 가지고 있었다. 그들이 왕국을 여러 자손에게 분할하면서 그 재보도 함께 분할했다. 색슨의 군주들[21]도 노르만을 정복한 뒤의 초기 왕들도 마찬가지로 재보를 축적했던 것 같다. 모든 새

---

*19 카를 12세(1682~1718)는 스웨덴 왕으로, 러시아에 침입하여 처음에는 이겼지만, 카자크의 지원이 늦어지는 바람에 포르타바에서 패했다. 스미스는 여기서 볼테르의 《샤를 12세》를 이용한 건지도 모른다.

*20 메로빙거 왕조는 481~751년, 프랑크 왕국을 지배했다.

*21 색슨의 군주들은 노르만 정복(1066)까지의 앵글로색슨 왕조를 가리킨다.

로운 치세의 첫 사업은, 계승을 확보하기 위한 가장 본질적인 수단으로서 전왕의 재보를 장악하는 것이 통례였다.

개량된 상업적인 국가의 군주들은 재보를 축적한다는 똑같은 필요에 쫓기지는 않았다. 왜냐하면, 그들은 비상사태 때 일반적으로 시민들로부터 임시상납금을 끌어 낼 수 있기 때문이다. 그들은 또, 재보를 축적하려는 마음도 별로 없다. 그들은 자연히 또는 아마도 필연적으로 시대의 유행에 따르며, 시대의 흐름에 따라 그들의 경비는, 그들의 영토 안에 있는 모든 대토지소유자들의 경비를 좌우하는 것과 같은 비정상적인 허영심에 의해 좌우된다. 그들의 궁정의 무의미한 장식은 나날이 화려해져서 그 비용이 축적을 방해할 뿐만 아니라, 더욱 필요한 경비에 충당되고 있었던 재원을 침범하는 일도 때때로 있다. 데르실리다스*²²는 페르시아 궁정에서 굉장한 호화로움은 보았으나 늠름함은 거의 보지 못했고, 많은 하인들은 보았으나 병사는 거의 보지 못했다고 말했는데, 이 말은 유럽의 몇몇 군주의 궁정에도 해당되는 말일 것이다.

금은 수입은, 국민이 외국무역에서 얻는 중요한 이익이 아니며, 하물며 유일한 이익도 아니다, 외국무역이 어떤 장소와 장소 사이에서 영위되든, 그런 지방은 모두 두 가지의 다른 이익을 거기서 이끌어 낸다. 그것은 그들의 토지와 노동 생산물 가운데 그들 사이에서 수요가 없는 잉여 부분을 반출하여, 그곳에 수요가 있는 무언가 다른 것으로 교환해 가지고 돌아온다. 그것은 자신들의 여분의 것을, 자신들의 욕구를 충족시키고 향락을 증가시킬 수 있는 것과 교환함으로써, 그것에 가치를 부여한다. 그럼으로써 좁은 국내 시장이, 기술 또는 제조업의 어떤 특정한 부문에서도 분업이 최고의 완성에 이르는 것을 방해하지 않게 된다. 그것은 자신들의 노동 생산물 가운데 국내 소비를 초과하는 어떤 부분에 대해서도 더 광범한 시장을 열어 줌으로써, 각각이 생산력을 개량하여 연간 생산물을 최대한으로 증대시키고, 그럼으로써 그 사회의 실질적인 수입과 부를 증가시키는 것을 돕는다. 외국무역은 이렇게 중대한 임무를, 외국무역이 영위되는 모든 나라에 대해 끊임없이 수행하고 있다. 그 나라들은 모두 외국무역에서 큰 이익을 얻고 있는데, 특히 상인이 거주하는 나라가 가장 큰 이익을 얻고 있다. 왜냐하면 상인은 일반적으로 다른 특정한 나라보다

＊22 데르실리다스(Dercyllidas)는 기원전 400년 무렵의 스파르타 군인으로 페르시아와 접촉이 있었다. 그러나 글래스고 판은 스미스의 착각이며, 안티오코스일 거라고 했다.

자기 나라의 부족을 채우고 남는 잉여물을 반출하는 데 종사하기 때문이다. 광산이 없는 나라에서 필요하게 될지도 모르는 금은을 수입하는 것은 의심할 여지없이 외국무역이 하는 일의 일부이다. 그러나 그것은 매우 하찮은 일부분이다. 이 이유만으로 외국무역을 영위한 나라는, 1세기에 한 척의 배도 고용할 필요가 없었을 것이다.

아메리카의 발견이 유럽을 부유하게 만든 것은 금은의 수입에 의해서가 아니다. 아메리카의 풍부한 광산에 의해 그런 금속은 전보다 값이 내려가고 말았다. 금은 그릇 한 벌은 지금, 15세기에 그것을 사는 데 필요했던 곡물의 약 3분의 1, 노동의 3분의 1이면 살 수 있다. 이전과 똑같은 노동과 상품의 연간 지출이면, 유럽은 그 당시에 살 수 있었던 금은 그릇의 약 3배를 해마다 살 수 있는 것이다. 그러나 어떤 상품이 옛날의 통상적인 값의 3분의 1에 팔리게 되면, 전에 그것을 구매한 사람들이 그전 양의 3배를 구매할 수 있을 뿐 아니라, 그것은 전보다 훨씬 많은 구매자, 아마도 10배 이상, 어쩌면 20배 이상으로 구매자가 늘어나는 수준까지 내려간다. 아마 아메리카에서 광산이 발견되지 않았다고 가정할 경우의 진보 상태에서 존재했을 금은 그릇의 3배 이상은 말할 것도 없고 20배 내지 30배가 넘는 양의 금은 그릇이 현재 유럽에 존재할 것이다. 유럽은 의심할 것도 없이 분명히 매우 적은 것이기는 하지만, 이 정도의 실질적인 편익을 획득한 것이다. 금은의 값이 싸지면, 전보다 화폐로서의 목적에 대한 적격성이 오히려 줄어든다.

같은 구매를 하기 위해 우리는 전보다 많은 금은을 지참하지 않으면 안 되며, 전에는 1그로트*23로 충분했는데 이제는 1실링을 호주머니에 넣고 다니지 않으면 안 된다. 이 불편함과, 그 반대인 편리함 중에서 어느 쪽이 가장 하찮은 것인지 말하는 것은 어려운 일이다. 전자도 후자도 유럽의 상태에 무언가 매우 본질적인 변화를 일으킬 수는 없었을 것이다. 그러나 아메리카의 발견은 확실히 매우 본질적인 변화를 이루어 놓았다. 유럽의 모든 상품에 대해 무진장한 새로운 시장을 열어 줌으로써 새로운 분업과 기술 개량을 가져 왔는데, 그것은 옛날 상업의 좁은 범위 안에서는 생산물의 대부분을 흡수하는 시장이 없었기 때문에 결코 일어날 수가 없었다. 노동 생산력은 개량되고, 노동 생산

---

*23 그로트(groat)는 옛날의 4펜스화(1351~1662)이므로, 실링의 3분의 1에 해당한다.

물은 유럽의 모든 나라에서 증대했으며, 그와 더불어 주민들의 실질적인 수입과 부도 증대했다. 유럽의 상품은 아메리카에 있어서는 거의 모두가 새로운 것이었고, 아메리카의 상품 대부분은 유럽에 있어서 새로운 것이었다. 따라서 처음에는 생각지도 못했던 새로운 구성의 교환이 시작되었고, 그것은 구대륙에 있어서 확실하게 이롭다는 것을 판명된 것처럼, 신대륙에 있어서도 마찬가지로 이롭다는 것이 당연히 증명되었을 것이다. 유럽인의 야만적인 부정(不正)이, 모든 나라에 의당 유익했을 사건을 그런 불행한 나라들에 있어서는 파멸적이고 파괴적인 것으로 만들고 만 것이다.*24

이것과 거의 동시에 일어난, 희망봉을 경유하여 동인도에 이르는 항로의 발견은, 거리가 훨씬 멀었음에도 불구하고 아메리카의 발견보다 더 넓은 전망을 대외 상업에 열어 주었다. 아메리카에는 어떤 점에서는 미개인보다 나은 민족은 둘 밖에 없었고,*25 그런 민족은 거의 발견과 동시에 절멸당하고 말았다. 그 외에는 단순한 야만인이었다. 그런데 중국·인도스탄·일본 같은 제국은, 동인도에 있는 다른 몇몇 나라와 마찬가지로 멕시코와 페루보다 풍부한 금은 광산은 없었지만, 다른 모든 점에서 훨씬 부유하고 잘 경작되고 있었으며, 모든 기술과 제조업에서 앞서 있었다. 이 두 제국의 옛날의 상태에 관한 에스파냐 저술가들의 과장된 이야기는 믿을 가치가 없는 것이 명백하지만, 설사 그것을 믿는다 하더라도, 여전히 그것은 마찬가지이다.

그런데 부유하고 문명화된 국민들은 미개인이나 야만인과 교환하는 것보다도 언제나 훨씬 큰 가치를 서로 교환할 수 있다. 그러나 유럽은 지금까지는, 동인도와의 상업에서 아메리카와의 상업에서보다 훨씬 적은 이익밖에 얻지 못했다. 포르투갈인이 약 1세기에 걸쳐 동인도 무역을 독점했고, 유럽의 다른 국민들이 그 나라에 어떤 재회를 보내거나 그 나라에서 받을 수 있었던 것은 간접적으로 그들을 통해서만 가능했다. 전 세기 초에 네덜란드인이 포르투갈인을 잠식하기 시작했을 때, 그들은 동인도 무역 전체를 하나의 배타적인 회사에 맡겨 버렸다. 잉글랜드인·프랑스인·스웨덴인·덴마크인들은 모두 네덜란드인의 선례를 따랐으므로, 유럽의 큰 나라 가운데 동인도와의 자유무역을 통해 이익을 얻은 적이 있는 나라는 하나도 없었다. 동인도 무역이 아메리카 무역만

---

*24 여기서 언급되어 있는 아메리카는 라틴아메리카이다.
*25 페루의 잉카와 중앙아메리카의 마야를 가리킨다.

큼 유리했던 적이 결코 없었던 것에 대해, 그 밖의 이유를 들먹일 필요는 없다. 아메리카 무역에서는, 유럽의 거의 모든 나라와 그 나라의 식민지 사이의 무역은, 각 나라의 시민들 전체의 자유에 맡겨져 있다. 그런 동인도 회사의 배타적인 특권과 막대한 부, 또 그 부를 통해 그런 사회가 자국 정부로부터 얻은 큰 특전과 보호는, 그런 회사에 대한 강렬한 질투심을 불러일으켰다. 이 질투심은 흔히 동인도 무역을, 해마다 그것을 영위하는 나라에서 많은 양의 은을 수출한다는 이유에서 완전히 해로운 것으로 표현했다.

이에 대해서 당사자들은 다음과 같이 대답했다. 그들의 무역은 확실히, 계속적인 은의 수출로 유럽 전체를 가난하게 만드는 경향이 있을지 모르지만, 그 무역을 영위하는 특정한 나라를 가난하게 만드는 것은 아니며, 그 이유는 동인도에서 가져오는 은의 일부를 다른 유럽 각국으로 수출함으로써, 동인도 무역은 반출한 은보다 훨씬 많은 양의 은을 해마다 자국으로 가져오기 때문이라는 것이다.

이 반대론과 회답은 모두 내가 바로 지금까지 검토해 온 통속적인 생각을 바탕으로 하고 있다. 따라서, 그 어느 쪽에 대해서도 더 이상 말할 필요가 없다. 동인도 지방에 대한 은의 연간 수출로, 은그릇은 유럽에서는 은의 수출이 없는 경우보다 아마도 조금 비쌀 것이고, 은화는 아마 노동과 상품을 더 많이 구매할 것이다. 이 두 가지 효과 가운데, 전자는 매우 조그만 손실이고, 후자는 매우 조그마한 이익이며, 둘 다 공공의 주의를 끌기에는 너무나 사소한 일이다. 동인도 지방과의 무역은 유럽의 여러 상품에 시장을 열어 줌으로써, 또는 그런 상품으로 구매할 수 있는 금은에 시장을 열어 줌으로써, 필연적으로 유럽의 상품의 연간 생산을 증가시키고, 따라서 유럽의 실질적인 부와 수입도 증가시키게 될 것이다. 이제까지 동인도 무역이 그런 것을 그토록 조금밖에 증가시키지 못한 것은, 아마도 도처에서 그것을 괴롭히고 있는 여러 가지 제한 때문일 것으로 본다.

나는 부는 화폐, 즉 금은에 있다고 하는 통념을 지루해질 우려를 무릅쓰고라도 충분히 검토할 필요가 있다고 생각했다. 내가 이미 설명한 바와 같이, 화폐는 일상용어에서는 흔히 부를 의미한다. 그리고 이 표현상의 애매함이 이 통념을 우리에게 매우 친밀한 것으로 만들었고, 그것 때문에 이 통념의 어리석음을 확신하고 있는 사람들까지 그들 자신의 원리를 잊어버리고, 자신들의 추론 과정에서 그것을 확실하고 부정할 수 없는 진리라고 믿어버리기가 쉽다. 상업에 대한 가장 뛰어난 잉글랜드의 저자들 가운데 어떤 사람들은, 한 나라의 부는 그 나라의 금은뿐만 아니라, 토지와 가옥, 그리고 모든 종류의 소비재에 있다고 주장하는 데서 출발한다. 그런데 그들의 추론 과정에서 토지·집·소비재는 모두 그들의 기억에서 빠져 나가 버리고, 그들의 논조는 흔히 모든 부는 금은에 있고, 그런 금속을 증가시키는 것이 국민의 산업과 상업의 큰 목적이라고 상정하게 되었다.

그러나 부는 금은에 있다고 하는 원리와, 그런 금속은 무역차액에 의해, 즉 수입하는 것보다 큰 가치를 수출하지 않고는 광산이 없는 나라에 반입될 수 없다고 하는 원리, 이 두 가지 원리가 확립되었기 때문에 국내 소비를 위한 외국 재화의 수입을 되도록 줄이고, 국내 산업의 생산물 수출을 되도록 늘리는 것이 필연적으로 경제경제학의 큰 목적이 되었다. 따라서 나라를 부강하게 만들기 위한 2대 수단은 수입의 제한과 수출의 장려였다.

수입의 제한에는 두 종류가 있었다. 첫째는 어느 나라에서 수입되든지, 국내에서 생산할 수 있는 국내 소비용 재화의 수입을 제한하는 것이다. 둘째는 무역차액이 불리하다고 생각되는 특정 국가들로부터 거의 모든 종류의 재화의 수입을 제한하는 것이다.

위와 같은 여러 가지 제한책에는 높은 관세도 있고 절대적 금지도 있었다.

수출은 때로는 세금환급에 의해, 때로는 장려금에 의해, 때로는 여러 외국과의 유리한 통상조약에 의해, 때로는 먼 나라에 식민지를 건설함으로써 각각 장려되었다. 세금환급은 두 가지의 다른 경우에 주어졌다. 국내 제품에 관세 또는 소비세가 부과되었을 경우에, 그것이 수출되면 그 전액 또는 일부가 흔히 환급되었다. 그리고 관세가 부과되는 외국 재화가 재수출하기 위해서 수입되는 경우에는, 그것이 수출될 때 이 관세의 전액 또는 일부가 환급되기도 했다.

장려금은, 처음 시작한 제조업이나, 다른 종류의 특별히 지원할 만하다고 생각되는 산업을 장려하기 위해 주어졌다.

유리한 통상조약에 의해, 어떤 외국에는 그 나라의 재화와 상인에 대해, 다른 나라의 재화와 상인에 대한 것 이상의 일정한 특권이 주어졌다.

먼 나라에 식민지를 건설함으로써, 그것을 건설한 나라의 재화와 상인에게는, 일정한 특권뿐만 아니라, 독점권이 주어지는 일이 때때로 있었다.

수입에 대한 위의 두 가지 제한은 수출에 대한 이런 네 가지 장려와 함께 통상제도가, 무역차액을 유리하게 함으로써 한 나라의 금은의 양을 증가시키고자 하는 여섯 가지 주요한 수단을 구성한다. 나는 그 하나하나에 각각의 장을 할애하여 연구할 것이다. 그리고 그 나라에 그런 수단이 화폐를 가져오는 경향이 있다는 주장에 대해서는 더 이상 주의를 기울이지 않고, 나는 그런 수단이 각각 그 나라 산업의 연간 생산물에 미치는 효과가 어떤 것이 될지 검토할 생각이다. 이 연간 생산물의 가치를 증가시키는 경향이 있는가, 감소시키는 경향이 있는가에 따라서, 그런 수단은 분명히 그 나라의 실질적인 부와 수입을 증가 또는 감소시키는 경향을 가질 것이 틀림없다.

제2장

국내에서 생산할 수 있는 재화 수입제한에 대하여

높은 관세 또는 절대적 금지에 의해 국내에서 생산할 수 있는 재화를 외국에서 수입하는 것을 제한하면, 그런 재화의 생산에 종사하는 국내 산업에 대하여, 국내 시장의 독점이 많든 적든 확보된다. 그렇게 살아 있는 가축이나 소금 절인 식료품을 외국에서 수입하는 것을 금지하면, 그레이트브리튼의 목축업자는 식육에 대한 국내 시장의 독점을 확보한다. 곡물 수입에 대한 높은 관세는, 곡물이 상당히 풍작일 때는 수입금지와 같은 것이 되어, 그 상품의 재배자에게 똑같은 이익을 준다. 외국의 모직물 수입금지는 모직물 제조업자에게 똑같이 유리하다. 견직물 제조업은 외국의 원료만 쓰는데 최근에 이것과 같은 이익을 취득했다. 마직물 제조업자는 아직 그것을 취득하지는 않았지만, 그 방향으로 크게 전진하고 있다. 다른 종류의 많은 제조업자들은 그레이트브리튼에서는 마찬가지로, 자국인들에 대해 완전하게 또는 거의 완전하게 독점을 취득했다. 그레이트브리튼에 수입이 완전하게 또는 일정한 사정하에서 금지되어 있는 재화가 얼마나 다양한지, 관세법을 잘 모르는 사람들은 아마 쉽게 상상할 수 없을 것이다.

국내 시장의 이 독점이, 그 혜택을 누리는 특정한 산업에 때때로 커다란 장려가 되어, 흔히 그 사회의 노동과 자산 가운데, 독점이 없는 경우보다 훨씬 큰 부분을 그 일로 돌릴 것은 의문의 여지가 없다. 그러나 그것이 그 사회의 근로 전체를 증가시키게 될지 어떨지, 또는 그 사회의 근로에 가장 유리한 방향을 제시하게 될지 어떨지는, 반드시 그렇게 완전하게 명백한*1 것은 아니다.

그 사회의 근로 전체는, 그 사회의 자본이 고용할 수 있는 양을 초과할 수 없다. 어떤 특정한 사람이 고용해 둘 수 있는 노동자 수는, 그의 자본에 대해

---

*1 '명백한'은 초판에서는 '확실한'.

일정한 비율을 가질 것이 틀림없는데, 마찬가지로 큰 사회의 모든 구성원이 계속적으로 고용할 수 있는 노동자 수는, 그 사회의 전 자본에 대해서 일정한 비율을 가질 것이 틀림없으며, 결코 그 비율을 넘을 수는 없다. 상업에 대한 어떤 규제도, 사회의 근로의 양을 그 사회의 자본이 유지할 수 있는 것을 넘어서 증가시킬 수는 없다. 그런 규제는 근로의 일부를, 규제가 없었으면 향하지 않았을지도 모르는 방향으로 돌릴 수 있을 뿐이다. 그리고 그 인위적인 방향이, 근로가 자연히 나아갔을 방향보다 더 유리할지 어떨지는 결코 확실하지 않다.

어떤 개인이든, 자기가 마음대로 할 수 있는 자본이 얼마가 되든, 그것을 위한 가장 유리한 일을 찾아 내려고 끊임없이 노력하고 있다. 그가 관심을 두고 있는 것은 그 자신의 이익이지 사회의 이익은 아니다. 그러나 그 자신의 이익에 대한 추구가 자연히, 아니 어쩌면 필연적으로 그 사회에 가장 이로운 일을 선택하게 만드는 것이다.

첫째로, 어떤 개인이든, 자신의 자본을 되도록 자기와 가까운 곳에서, 따라서 되도록 많은 국내의 근로를 유지할 수 있도록 쓰려고 애쓴다. 다만 그것은 언제나, 그가 그렇게 함으로써 자산에 대한 통상적인 이윤, 또는 그것보다 그리 적지 않은 이윤을 획득할 수 있을 경우에 한하기는 하지만.

이렇게 하여 이윤이 같거나 거의 같으면, 모든 도매상인은 당연히 소비를 위한 외국무역보다는 국내 거래를 좋아하고, 중계무역보다는 소비를 위한 외국무역을 좋아한다. 국내 산업에서는 그의 자본이, 소비를 위한 외국무역에서 흔히 그렇듯이 오랫동안 그의 시야 밖에 있는 일은 결코 없다. 그는 자기가 신임하는 사람들의 성격과 입장을 더욱 잘 알 수 있고, 또 만일 속는 일이 있더라도 그는 구제를 요청해야 할 그 나라의 법률을 더 잘 알고 있다. 중계무역에서는, 상인의 자본은, 말하자면 두 외국 사이에 분할되어 있고, 그 어느 쪽도 필연적으로 국내에 돌아오는 일은 결코 없으며, 그 자신의 직접적인 감시와 지배 아래 있는 것도 아니다.

곡물을 쾨니히스베르크[*2]에서 리스본으로 보내고, 과일과 포도주를 리스본에서 쾨니히스베르크로 보내는 데, 암스테르담의 상인이 쓰는 자본은, 일반

---

*2 쾨니히스베르크는 그 무렵 프로이센령의 대표적인 무역항. 현재는 러시아령으로 칼리닌그라드라 불린다.

적으로 그 절반은 쾨니히스베르크에 있고, 나머지 절반은 리스본에 있을 것이 틀림없다. 그 어느 부분도 암스테르담에 올 필요가 전혀 없다. 그런 상인의 주소는 쾨니히스베르크나 리스본에 있는 것이 당연하며, 그가 만일 암스테르담에 사는 것을 선택한다면, 그것은 매우 특수한 사정이 그렇게 하도록 만드는 경우뿐이다. 그러나 자신의 자본으로부터 그렇게 멀리 떨어져 있다는 것에서 느끼는 불안 때문에, 그는 일반적으로, 자신이 리스본의 시장으로 보낼 쾨니히스베르크의 재화와 쾨니히스베르크의 시장으로 보낼 리스본의 재화 모두, 그 일부를 암스테르담에 들여오기로 결심한다. 그리고 그것을 위해 그는 약간의 물품세나 관세의 지불 외에, 배에 짐을 싣고 부리는 이중의 비용을 부담하지 않으면 안 되는데, 그래도 그는 자기 자본의 어떤 부분을 언제나 자신의 감시와 지배 아래 두기 위해 기꺼이 그 특별 비용을 부담하려 한다.

이렇게 하여 상당한 양의 중계무역을 하고 있는 나라가, 언제나 무역을 하고 있는 모든 나라의 재화의 집산지 또는 일반 시장이 되는 것이다. 이 상인은 두 번째 선적과 하역(荷役)을 생략하기 위해, 언제나 그런 여러 나라의 재화를 되도록 국내 시장에서 팔려고 애쓰며, 그렇게 하여 될 수 있는 대로 자기의 중계무역을 소비를 위한 외국무역으로 전환하려고 노력한다.

이와 마찬가지로 소비를 위한 외국무역에 종사하는 상인은, 외국 시장을 위한 재화를 모을 때, 이윤이 같거나 거의 같으면 언제나 기꺼이 그 재화의 되도록 많은 부분을 국내에서 팔 것이다. 그가 이렇게 가능한 한 소비용 외국무역을 국내 거래로 전환한다면, 그는 수출의 위험과 수고를 덜게 된다. 이렇게 하여 본국은, 만일 이렇게 말해도 된다면, 모든 나라의 국민들의 자본이 항상 그 주위를 순환하고 있는 중심이며, 개별적인 여러 원인에 의해 때로는 더 먼 곳으로 쫓겨 가는 수가 있어도, 그런 것들이 항상 모여드는 중심인 것이다.

그러나 국내 거래에 쓰이는 자본은, 이미 말한 것처럼, 필연적으로 소비를 위한 외국무역에 쓰이는 같은 금액의 자본보다 많은 양의 국내 근로를 활동시키고, 그 나라의 더 많은 주민들에게 수입과 일을 주며, 또 소비를 위한 외국무역에 쓰이는 자본은, 중계무역에 쓰이는 것과 같은 금액의 자본에 비해 똑같은 이점을 가진다. 따라서 이윤이 똑같거나 거의 같으면, 어떤 개인이라도 국내의 근로에 최대의 지원을 보내며, 자기나라의 최대 다수의 사람들에게 수입과 일거리를 줄 수 있는 방법으로 자기 자본을 쓰고자 하는 마음이 저절로

드는 것이다.

둘째로, 자기 자본을 국내 근로의 유지에 사용하는 모든 개인은, 반드시 이 노동을 그 생산물이 될 수 있는 대로 큰 가치를 가질 수 있는 방향을 향하도록 노력한다.

근로의 생산물이란, 그것이 쓰이는 대상, 즉 재료에 대해 그 근로가 부가하는 것이다. 이 생산물이 큰가 작은가에 따라 고용주의 이윤도 마찬가지로 커지기도 하고 작아지기도 할 것이다. 그러나 사람이 근로를 유지하는 데 자본을 쓰는 것은 오직 이윤을 위해서이다. 따라서 그는 생산물이 최대의 가치를 가질 수 있는 노동, 즉 가장 많은 화폐 또는 다른 재화와 교환될 수 있는 근로를 유지하는 데 그 자본을 쓰려고 항상 노력할 것이다.

그러나 어떤 사회이든, 그 연간 수입은 언제나 그 사회의 근로에서 나오는 연간 생산물 전체의 교환가치와 정확하게 같다. 아니 오히려 그 교환가치와 정확하게 똑같은 것이다. 그러므로 어떤 개인도 되도록, 자기 자본을 국내의 근로를 유지하는 데 사용하는 동시에, 그렇게 함으로써 그 생산물이 최대의 가치를 가지도록 이 근로를 이끌어 가는 데도 노력하므로, 어떤 개인이든 필연적으로 그 사회의 연간 수입을 될 수 있는 대로 증가시키려고 애쓰는 셈이 되는 것이다. 사실 그는 일반적으로 공공의 이익을 추진하고자 의도하고 있는 것도 아니고, 그가 얼마만큼 그것을 촉진하고 있는지도 알지 못한다.

국외의 근로보다는 국내의 근로를 유지하는 것을 선택함으로써, 그는 그저 자신의 안전만을 의도하고 있는 것이고, 또 그 근로를 그 생산물이 최대의 가치를 가지는 방법으로 방향을 부여함으로써, 그는 다만 그 자신의 이득만을 의도하고 있는 것이다. 이 경우 그는 다른 많은 경우와 마찬가지로 보이지 않는 손에 이끌려 그의 의도 속에는 전혀 없었던 목적을 추진하게 되는 셈이다.

또 그것이 그의 의도 속에 전혀 없었다는 것은, 사회에 반드시 언제나 그렇게 나쁘기만 한 것은 아니다. 자신의 이익을 추구함으로써, 그는 때때로, 실제로 사회의 이익을 추진하려고 할 때보다 효과적으로 그것을 추진한다. 공공의 이익을 위해 일한다고 뽐내는 사람들에 의해 그리 큰 이익이 실현된 예를 나는 아직 보지 못했다. 확실히 그런 거드름은 상인들 사이에 그리 흔히 볼 수 있는 태도는 아니며, 그들을 설득하여 그것을 그만두게 하는 데는 그저 한두 마디의 말이면 충분하다.

그의 자본을 쓸 수 있는 것은 어떤 종류의 국내 산업인지, 또 어떤 종류의 국내 산업의 생산물이 최대의 가치를 가질 수 있는지를, 어떤 개인이라도 자기 주변의 상황 속에서 어떤 정치가나 입법자가 자기 대신 판단해 주는 것보다 훨씬 잘 판단할 수 있다는 것은 명백하다. 정치가가 개인들에게 그들의 자본을 어떻게 써야 하는지에 대해 지도하려고 한다면, 그는 매우 불필요한 배려를 자기 스스로 부담할 뿐만 아니라, 한 개인은 물론이고 어떤 추밀원*³ 또는 원로원에도 안전하게 맡길 수 없는 권위를 참칭하는 것이 된다. 그리고 그 권위가, 바로 자기야말로 그것을 행사할 자격이 있다고 생각할 만큼 어리석고 우쭐거리는 인물의 수중에 있는 것보다 위험한 일은 없을 것이다.

어떤 특정한 종류의 기술 또는 제조업에서도 국내 산업의 생산물에 국내 시장의 독점권을 주는 것은, 개인들에게 그들의 자본을 어떤 방법으로 써야 하는가를 어느 정도 지시하는 것이며, 거의 모든 경우에 필요하지 않거나, 아니면 해로운 규제인 것이 틀림없다. 만일 국내 근로의 생산물이 외국의 그것과 마찬가지로 싸게 나올 수 있다면, 그런 규제는 명백하게 필요 없는 것이다. 만일 그것이 불가능하다 해도, 규제는 일반적으로 해로운 것이 틀림없다. 사는 것보다 만드는 편이 비싸게 드는 것은 구태여 집에서 만들지 않는 것이 모든 분별 있는*⁴ 가장의 원칙이다. 재단사는 자기가 신을 구두를 직접 만들지 않고 제화공에게서 구입한다. 제화공은 자신이 입을 옷을 직접 만들지 않고 재단사에게 부탁한다.

농업 경영자는 그 어느 것도 만들지 않고, 각각 다른 수공업자를 이용한다. 그들은 모두 자신들의 근로를 이웃보다 얼마간 뛰어난 방법으로 쓰고, 그 생산물의 일부로, 또는 그 일부의 가격으로, 그들이 필요로 하는 다른 것을 사는 편이 그들에게 이익이 된다는 것을 알고 있다.

모든 개인의 가정의 운영에서 분별 있는 행위가, 대 왕국의 운영에서 어리석

---

*3 추밀원이라고 번역한 것은 council 이지만, council or senate 로 이어지므로 privy council 의 약자로 해석했다. 영국에서는 이 회의가 내각의 전신으로 기능한 시절이 있었다. 본 편 제1장 〈주〉 9 참조.

*4 분별 있는(prudent), 분별(prudence)이라는 말을 스미스는 자신의 이해를 판단하는 능력에 대해 쓰고 있다.

은 행위가 되는 일은 거의 없다. 만일 어떤 외국이 우리에게, 어떤 상품을 우리가 직접 만드는 것보다 싸게 공급할 수 있다면, 우리 쪽이 조금 나은 방법으로 쓰인 우리의 근로 생산물의 일부로 외국에서 그것을 사는 편이 낫다. 나라의 근로 전체는, 그 근로를 쓰는 자본에 항상 비례하므로, 위에서 말한 수공업자들의 근로와 마찬가지로 그것에 의해 감소하는 일은 없을 것이므로, 가장 유리하게 쓰일 수 있는 방법을 찾아 내도록 내버려 두면 될 것이다. 자국에서 만드는 것보다 외국에서 사는 편이 싸게 드는 대상에 그것이 투입되는 경우에는, 확실히 가장 유리하게 쓰이는 것은 아니다. 근로가 투입되고 있는 상품의 생산보다도, 명백하게 가치가 큰 상품의 생산에서 이렇게 멀어져 있는 경우에는, 근로의 연간 생산물의 가치가 많든 적든 감소하는 것은 분명하다. 이런 상정에 의하면 그 상품은, 국내에서 만들 수 있는 것보다 싸게 외국에서 살 수 있다. 따라서 이 상품은, 그 자연적인 흐름에 맡겨진 경우에는, 같은 금액의 자본으로 쓰인 근로가 국내에서 생산할 수 있었을 상품의 일부만으로, 또는 그 상품의 가치의 일부만으로 구매할 수 있었을 것이다. 그러므로 그 나라의 근로는 그리하여 더욱 유리한 용도에서 멀어져서 더욱 불리한 용도에 투입되며, 그 연간 생산물의 교환가치는 입법자가 의도한 대로 증가하기는커녕, 그런 규제를 받을 때마다 필연적으로 감소할 것이 틀림없다.

확실히 그와 같은 규제에 의해, 특정한 제품을 그렇지 않은 경우보다 빨리 입수할 수 있을지도 모르고, 일정한 기간이 지난 뒤에는 국내에서, 외국과 같거나 어쩌면 그 이상으로 싸게 제조될지도 모른다. 그러나 이렇게 하여 그 사회의 근로가, 그렇지 않은 경우보다 신속하게 특정한 물길에 유리하게 흘러들어간다 하더라도, 그렇다고 그런 규제에 의해 그 사회의 근로 또는 수입의 총계가 조금이라도 증가되는 일은 결코 없을 것이다. 사회의 근로는, 그 사회의 자본이 증가하는 데 비례해서만 증가할 수 있고, 또 그 자본은 그 수입에서 차츰 절약할 수 있는 것에 비례해서만 증가할 수 있다. 그러나 그런 모든 규제의 직접적인 효과는 그 사회의 수입을 감소시키는 것이며, 사회의 수입을 감소시키는 것이, 자본과 근로가 그 자연스러운 용도를 찾아 내도록 방임된 경우에 자본이 자연히 증가하는 것보다 빠른 속도로, 그것을 증가시키는 일은 거의 없을 것이 틀림없다.

그와 같은 규제가 없기 때문에 그 사회가 희망하는 제품을 전혀 입수할 수 없다 하더라도, 그것으로 인해 그 사회가, 그 존속 기간 중의 어느 시기에 그만큼 가난해지는 일은 결코 없을 것이다. 그 존속 기간 중의 어느 시기에 있어서도 그 사회의 모든 자본과 근로는, 대상은 달라도 그 시기에 가장 유리한 방법으로 쓰였을지도 모른다. 어느 시기에 있어서도, 그 사회의 수입은 자본이 제공할 수 있는 최대의 것이었을지 모르고, 자본도 수입도 될 수 있는 대로 최대의 속도로 증가했을지도 모른다.

한 나라가 특정한 상품을 생산할 때, 다른 나라에 대해 가지는 자연적인 이점이 매우 커서, 그 때문에 이것과 다투어도 무익하다고 전세계가 인정하는 것이 있다. 스코틀랜드에서도 온실·온상·온벽(溫壁)을 이용하여 매우 질이 높은 포도를 재배할 수 있고, 또 그곳에서 품질이 매우 높은 포도주도, 적어도 같은 등급의 외국산 와인을 수입하는 비용의 약 30배만 들이면 빚을 수 있다. 스코틀랜드에서의 클라레*5나 버건디*6의 제조를 장려하려는 목적만으로 모든 외국산 포도주의 수입을 금지하는 것은 합리적인 법률일까? 그러나 자국에서 필요한 상품의 같은 양을 여러 외국에서 구입하는 데 필요한 자본과 근로의 30배나 되는 자본과 근로를, 방금 말한 일로 돌리는 것이 명백하게 어리석다고 한다면, 그다지 눈에 띄는 일은 전혀 아니지만, 정확하게 같은 종류의 자본과 근로의 30분의 1, 또는 300분의 1이라도 많게, 그런 종류의 일에 돌리는 것도 어리석은 일임이 틀림없다.

한 나라가 다른 나라에 대해 가지는 이점이 자연적인 것인가 인위적인 것인가 하는 것은 여기서는 중요하지 않다. 한 나라가 그런 이점을 가지고 있는 데 다른 나라에는 그것이 없다면, 후자로 봐서는 언제나 전자에게서 사는 편이 직접 만드는 것보다 유리할 것이다. 어떤 노동자가 다른 상업을 하는 이웃에 대해 가지고 있는 장점은 후천적인 장점에 지나지 않지만, 그래도 그들은 모두 서로 자신의 본업이 아닌 것을 스스로 만드는 것보다는 서로 상대한테서 사는 편이 유리하다는 것을 아는 것이다.

상인과 제조업자는 국내 시장의 이 독점에서 가장 큰 이익을 얻는 사람들이다. 외국의 가축 및 소금에 절인 식료품의 수입금지가, 적당한 풍작일 때는 수

---

*5 클라레는 보르도에서 영국으로 수입된 적포도주의 일종.
*6 버건디(Burgundy)는 프랑스의 지명 부르고뉴의 영국이름으로, 부르고뉴산 포도주(주로 적포도주)를 영국에서는 버건디라고 불렀다.

입금지나 다름없는 외국산 곡물에 대한 높은 관세와 더불어, 같은 종류의 다른 규제들이 그레이트브리튼의 상인이나 제조업자에게 이로운 것처럼, 그 나라의 목축업자나 농업 경영자에게 이롭지는 않다. 제조품, 특히 비교적 정교한 종류의 제조품은 곡물이나 가축보다 쉽게 한 나라에서 다른 나라로 수송할 수 있다. 그러므로, 외국무역이 주로 종사하는 것은 제조품의 집하와 수송[*7]이다. 제조업의 경우에는, 매우 적은 이점만 있어도 외국인이 국내 시장에서도 우리의 노동자들보다 싸게 팔 수 있을 것이다. 토지의 원생산물에 대해 외국인이 그렇게 할 수 있으려면 매우 큰 이점이 있어야 할 것이다. 만일 외국 제조품의 자유로운 수입이 허용된다면 국내 제조업 가운데 일부는 아마 피해를 입고, 그 중의 어떤 것은 완전히 파멸하여, 제조업에 현재 쓰이고 있는 자산과 근로의 상당 부분은, 뭔가 다른 일거리를 찾아야 하지 않을 수 없을 것이다. 그러나, 토지 원생산물이 아무리 자유롭게 수입된다 해도 그 나라의 농업에 그런 영향을 미칠 수는 없을 것이다.

이를테면 만일 외국산 가축의 수입이 매우 자유로워졌다 하더라도 매우 조금밖에 수입되지 않을 것이므로, 그레이트브리튼의 목축업은 거의 영향을 받지 않을 것이다. 살아 있는 가축은 해상 수송이 육상 수송보다 비용이 더 드는 유일한 상품일 것이다. 육로라면 그들은 자기 발로 시장에 갈 수 있다. 해로에서는 가축뿐만 아니라 가축의 사료와 식수에도 적지 않은 비용과 수고를 들여 운반하지 않으면 안 된다. 확실히 아일랜드와 그레이트브리튼 사이의 해로는 짧기 때문에 아일랜드 가축을 비교적 쉽게 수입할 수 있다. 그러나 최근에 일정 기간 동안만 허용된 아일랜드산 가축의 자유수입이 설령 영구화된다 하더라도, 그레이트브리튼의 목축업자들의 이해에 큰 영향을 미치는 일은 없을 것이다.

아일랜드 해에 접해 있는 그레이트브리튼의 여러 지방은 모두 목축 지대이다. 아일랜드산 가축이 그 지방에서 쓰이기 위해 수입되는 일은 결코 없을 것이고, 가축이 본디의 시장에 이르게 될 때까지는 적지 않은 비용과 불편을 무릅쓰고 그 드넓은 지방을 몰고 가지 않으면 안 된다. 살찐 가축을 그토록 먼 곳까지 몰고 가는 것은 불가능하다. 따라서 여윈 가축만 수입할 수 있을 것인

[*7] 집하와 수송은 fetching and carrying 의 역어. fetch and carry 에는 허드렛일을 한다는 의미가 있지만, 여기서 스미스는 그 의미와 함께 수송을 강조한 것으로 생각된다.

데, 그런 수입이 가축을 사육 또는 비육(肥育)하는 지방의 이익을 방해하는 것은 있을 수 없는 일이다. 그런 지방에서는 여윈 가축의 값을 내림으로써 오히려 유리해져서, 오직 종축 지방(種畜地方)*8의 이익만 방해하게 될 것이다.

아일랜드산 가축의 수입이 허가된 이래 수입된 수가 적은 것은, 여윈 가축이 여전히 좋은 값으로 팔리고 있다는 사실과 함께, 그레이트브리튼의 종축 지방에서도 아일랜드산 가축의 자유로운 수입으로 큰 영향을 받을 가능성이 전혀 없다는 것을 증명하는 것으로 생각된다. 아일랜드의 일반 국민들이 그들의 가축 수출에 대해 때로는 폭력으로 반대한 것은 사실이다. 그러나 수출업자가 이 무역을 계속하는 데서 뭔가 큰 이익을 찾아 냈다면, 법률이 그들을 지원하는 한, 이 대중들의 반대를 쉽게 극복할 수 있었을 것이다.

뿐만 아니라, 사육하고 비육하는 지방은, 종축 지방이 일반적으로 미경작지인 데 비해, 언제나 고도로 개량되어 있을 것이 틀림없다. 여윈 가축의 높은 값은 미경작지의 가치를 높임으로써 개량을 방해하는 장려금과 비슷한 것이다. 전체가 고도로 개량된 나라에서는 가축을 번식시키는 것보다 수입하는 편이 유리할 것이다. 따라서 네덜란드는 현재 이 원칙에 따르고 있다고 한다. 스코틀랜드·웨일스·노섬벌랜드*9의 산지(山地)는 확실히 별로 개량할 수 없는 지방이어서, 자연에 의해 그레이트브리튼의 종축 지방이 되도록 정해져 있는 것으로 생각된다. 외국산 가축을 아무리 자유롭게 수입한다 해도, 그런 종축 지방이 왕국의 다른 여러 지방의 인구 증가와 개량을 이용하여, 가축값을 터무니없이 비싸게 끌어올려, 이 나라의 더욱 개량되고 경작된 모든 지방에 대해 실질적인 세금을 부과하게 되는 것을 저지하는 것 외에는, 아무런 영향도 미칠 수 없을 것이다.

마찬가지로 소금 절인 식품을 아무리 자유롭게 수입한다 해도, 살아 있는 가축의 경우와 마찬가지로 그레이트브리튼의 목축업자의 이익에는 거의 영향을 미치지 못할 것이다. 소금 절인 식품은 매우 부피가 큰 상품일 뿐 아니라, 생고기에 비하면 품질이 떨어지고, 값도 노동과 비용이 더 많이 들기 때문에 비싼 상품이다. 그러므로 소금 절인 식품은 이 나라의 소금 절인 식품과 경쟁

---

*8 종축 지방(breeding country)이란 주로 가축을 번식시키는 일을 하는 지방으로, 사육과 비육은 번식의 결과물을 키우고 살찌우는 것을 의미한다.
*9 노섬벌랜드는 영국의 가장 북쪽에 있는 주였다.

할지도 모르지만 생고기와 경쟁하는 일은 결코 없을 것이다. 그것은 원양 항해용 선박의 식품 공급에 쓰이거나, 그밖에 같은 용도로 쓰일 수는 있어도, 이 국민의 식품 가운데 큰 부분을 차지하는 일은 없을 것이다. 소금 절인 식품의 수입이 자유화되고부터 그것이 아일랜드에서 수입된 양이 적다는 것은, 우리나라의 목축업자가 그것을 조금도 두려워할 필요가 없다는 것에 대한, 실험을 통한 증거이다. 식육값이 그것에 의해 조금이라도 눈에 띄는 영향을 받은 일은 한 번도 없는 것 같다.

외국 곡물의 자유로운 수입조차도 그레이트브리튼의 농업 경영자의 이익에는 매우 적은 영향밖에 미칠 수 없을 것이다. 곡물은 식육보다 훨씬 부피가 큰 상품이다. 1파운드에 1페니의 밀은 1파운드에 4펜스의 식육과 같은 정도로 값이 비싸다. 극도의 흉작일 때도 외국산 곡물의 수입이 적었던 것은, 가장 자유로운 곡물 수입조차도 두려워할 필요가 없다고 우리나라의 농업 경영자를 안심시켜 줄 것이다. 그런 사정에 매우 정통한, 곡물 무역에 관한 논문의 저자*[10]에 의하면, 연간 평균 수입량은 모든 종류의 곡물을 합쳐서 2만 3728쿼터밖에 되지 않고, 연간 소비량의 571분의 1을 넘지 않는다. 그러나 곡물에 대한 장려금은, 그것이 없이 경작의 실제 상태에서*[11] 무역이 이루어지는 경우에 비해, 풍년에는 더 많은 양의 수출을 일으키므로, 그 결과 흉년에는 더 많은 수입을 일으키게 된다.

장려금이 있기 때문에 어떤 해의 풍부한 곡물이 다른 해의 부족분을 보충하지 못하고, 평균 수출량이 장려금에 의해 필연적으로 증가하는 것처럼, 경작의 실제 상태에서는 평균 수입량도 마찬가지로 증가하지 않을 수 없다. 만일 장려금이 없다면, 곡물 수출이 감소하는 것처럼, 연간 평균을 내면 수입도 현재보다 감소하게 될 것이다. 곡물상인, 즉 그레이트브리튼과 여러 외국 사이에 곡물을 수송하는 업자의 일거리가 훨씬 줄어들어 상당한 손해를 입을지도 모른다. 그러나 시골의 상류층*[12]이나 농업 경영자는 매우 적은 손해밖에 입지

---

*10 찰스 스미스(Charles Smith, 1713~1777)를 가리킨다. '곡물 무역에 관한 논문'이라는 것은, 그의 저서 제목에서 따온 것이다([Charles Smith], *Three tracts on the corn-trade and corn-laws*, London, 1766)(ASL 1560). 애덤 스미스는 때때로 찰스 스미스를 이 말로 칭찬했고, DNB(영국인명사전)도 그 점을 찰스의 특징으로 하고 있다.

*11 '경작의 실제 상태에서'는 제2판의 추가.

*12 시골의 상류층(country gentleman)이라는 말은 제1편 제6장의 역주의 정의에서 보면 '시골양

않을 것이다. 따라서 장려금의 갱신과 지속을 가장 원하고 있는 것은, 내가 본 바로는, 시골의 상류층이나 농업 경영자보다는 오히려 곡물상인이다.

농촌의 상류층과 농업 경영자는 그들에게는 매우 명예로운 일이지만, 모든 사람들 중에서 독점이라는 비열한 정신에 지배되는 일이 가장 적은 사람들이다. 대규모 제조공장의 경영자는, 만일 같은 종류의 공장이 그의 공장에서 20마일 이내에 또 하나 설립된다면 깜짝 놀라게 마련이다. 아브빌*¹³에서 모직물 제조업을 경영하는 네덜란드인 기업가는 그 도시에서 30리그 이내에 같은 종류의 공장이 설립되어서는 안 된다는 것을 계약 조건으로 정했다. 반대로 농업 경영자와 농촌 상류층은 일반적으로 그들의 이웃 농장과 소유지의 경작 및 개량을 방해하기보다 오히려 촉진하고 싶어한다. 그들은 제조업자의 대부분처럼 비밀을 가지고 있지 않으며, 일반적으로 오히려 자기들이 유리하다고 생각한 새로운 방법은 무엇이나 이웃에게 알려 주고 되도록 보급시키기를 좋아한다. 대(大) 카토는 다음과 같이 말했다.

'정당한 이익은 가장 확실하며, 질시의 대상이 되는 일도 가장 적다. 같은 직업에 종사하는 자는 서로 악의를 품는 일이 가장 적다.'*¹⁴

지방의 상류층과 농업 경영자는 농촌의 여러 지방에 흩어져 있으므로, 상인이나 제조업자처럼 쉽게 단결한 수가 없다. 후자는 도시에 모여 있고, 그들에게서 볼 수 있는 배타적인 동업조합의 정신에 젖어 있어서, 자연히 자신들의 각각의 도시 주민들에 대해 일반적으로 가지고 있는 것과 같은 배타적 특권을, 모든 동포에 대해 획득하려고 애쓴다. 따라서 그들이 국내 시장의 독점을 보장해 주는, 외국 재화의 수입 억제를 최초로 발명한 것으로 추정된다. 그레이트브리튼의 농촌 상류층과 농업 경영자가 자신들의 지위로 보아 자연스

반'만으로 충분하지만, 이 경우에 스미스는 농업에서 멀어진 상류층의 존재를 의식하고 있었던 건지도 모른다.

* 13 아브빌(Abbeville)은 프랑스 북부, 피카르디의 아미앵에 가까운 항구 도시. 프랑스 왕이 1669년에, 네덜란드인 신교도, 요제프 판 로바이스에게 특권을 주어 정주와 영업을 허가했다고 찰스 킹이 말했다(Charles King, *The British merchant*, London, 1721, vol. 2, p. 93). 다만, 여기에 언급되어 있는 계약 조건은 킹이 요약한 특허장 안에는 없다. 리그(league)는 거리 단위로 약 3마일, 즉 5킬로미터 남짓이다.

* 14 Cato, De re rustica, 2~3. 이 문장은 '농업 경영자 중에서 가장 용감한 사람들과 가장 강한 병사들이 나오는 것이며, 그들의 직업은 가장 존경받고'라고 시작되어 인용문으로 이어진다.

러운 너그러움을 잊어버리고, 자신들의 동포에게 곡물과 식육을 공급하는 배타적 특권을 요구하게 된 것은, 아마도 그들을 흉내내어, 자기들을 억압하려는 것으로 생각되는 그 사람들과 대등해지고 싶었기 때문일 것이다. 그들은 아마도, 자기들이 흉내낸 사람들의 이익에 비해 자기들의 이익이, 무역 자유에 의해 영향을 받는 일이 얼마나 적은지에 대해 시간을 들여 고려하지 않았던 것이다.

외국의 곡물과 가축의 수입을 영구적인 법률로 금지하는 것은, 실제로는 그 나라의 인구와 근로가 어떤 때에도 자기나라의 토지 원생산물이 부양할 수 있는 정도를 넘어서는 안 된다고 정하는 것과 다름없다.

그러나 국내 산업을 장려하기 위해 외국 산업에 약간의 부담을 부과하는 것이 일반적으로 유리한 경우가 두 가지 있다고 생각된다.

첫째는, 어떤 특정한 종류의 산업이 그 나라의 방위에 필요할 경우이다. 이를테면, 그레이트브리튼의 방위는 그 선원과 선박 수에 매우 크게 의존한다. 따라서 항해조례*15가 외국 선박에 대해, 어떤 경우에는 절대적 금지를, 또 어떤 경우에는 무거운 부담을 가함으로써 그레이트브리튼의 선원과 선박에 자기나라의 무역을 독점하게 하려고 노력하는 것은 매우 적절한 것이다. 이 조례의 주요한 규제는 다음과 같다.

i) 선주와 선장 및 4분의 3의 선원이 그레이트브리튼의 국민이 아닌 모든 선박은, 그레이트브리튼의 식민지와 교역하거나, 그레이트브리튼의 연안무역에 종사할 수 없으며, 이를 위반하면 선박과 재화는 몰수된다.

ii) 가장 부피가 나가는 여러 가지 수입품을 그레이트브리튼에 반입할 수 있는 것은, 위에서 말한 것과 같은 선박이나, 그런 재화가 생산된 나라의 선박 가운데 선주·선장, 4분의 3의 선원이 그 나라 사람인 선박에 한하는 것으로 하고, 또한 이 후자와 같은 종류의 선박으로 수입되는 경우라도 그 재화는 이중의 외국인 거래세를 물어야 한다. 그 이외의 나라의 선박으로 수입되면, 선

---

*15 항해조례(act of navigation)는 1651년에 크롬웰이 발표한 것이 가장 유명하며, 바로 뒤에 설명한 것처럼, 네덜란드의 해운업에 대항하기 위한 것이었지만, 이윽고 북아메리카 식민지에 대한 본국의 독점을 유지하기 위해 쓰인다. 후자에 대해서도 스미스는 제7장에서 논의하고 있다.

박과 재화*16는 몰수된다.

이 조례가 제정되었을 때, 네덜란드인은 지금도 그렇듯이 유럽의 커다란 운송업자였다. 그리고 이 규제에 의해 그들은 완전히 그레이트브리튼에 대한 운송업자의 지위에서, 즉 다른 모든 유럽 국가에서 재화를 우리나라에 수입하는 일에서 배제되었다.

iii) 가장 부피가 나가는 여러 가지 수입품을 그 원산국 이외의 나라로부터 수입하는 것은 그레이트브리튼의 선박으로도 금지되며, 이를 위반하면 선박과 재화는 몰수된다. 이 규제도 아마 네덜란드인을 겨냥한 것이었을 것이다. 당시 네덜란드는 지금과 마찬가지로 유럽의 모든 재화의 대집산지였으며, 이 규제에 의해서 그레이트브리튼의 선박은, 네덜란드에서는 유럽 어느 나라의 재화도 실을 수 없게 되었다.

iv) 브리튼의 배가 포획하여 선상에서 가공하지 않은 모든 종류의 소금 절인 생선·고래지느러미·고래뼈·고래기름·고래지방(脂肪) 등은, 그레이트브리튼에 수입되면 이중의 외국인 거래세를 물어야 한다.

네덜란드인은 지금도 유럽의 중요한 어업자이지만, 그 당시에도 모든 외국에 생선을 공급하려고 한 유일한 어업자였다. 이 규제에 의해서 그들은 그레이트브리튼에 공급하는 데 매우 무거운 부담을 지게 되었다.

항해조례가 제정되었을 때 잉글랜드와 네덜란드는 실제로 전쟁을 하고 있었던 것은 아니지만, 양 국민들 사이에 매우 강렬한 적대 감정이 감돌고 있었다. 그것은 항해조례를 창시한 장기의회*17 치하에 시작되어, 그 뒤 곧 호국경*18과 찰스 2세*19 시대에 네덜란드 전쟁이 되어 폭발했다. 그러므로 이 유명한 조례의 여러 규제 가운데 일부가 국민적 적의에서 나왔다는 것은 충분히 있을 수 있는 일이다. 그러나 그런 규제들은 모두 가장 사려 깊은 지혜에서 나온 것처럼 현명한 것이었다. 그 특정한 시기의 국민적 적의는 가장 사려 깊은 지혜가 권장했을 것과 그야말로 똑같은 목적, 즉 잉글랜드의 안전을 위태롭게 할 가

---

*16 제2판까지는 '화물'.

*17 장기의회(Long Parliament)는 1640~1660년의 영국 혁명의회.

*18 호국경(Protector)은 올리버 크롬웰(Oliver Cromwell, 1599~1658)의 직명. 장기의회에 의해 추대되었다(1653~1658).

*19 찰스 2세(1630~1685)는 혁명 뒤의 후기 스튜어트 왕조의 왕.

능성이 있는 유일한 해군력인 네덜란드의, 해군력의 삭감을 지향한 것이었다.

항해조례는 대외 상업으로 보나, 대외 상업에서 일어날 수 있는 부의 증대로 보나 유리한 것은 아니다. 한 국민의 재외 국민에 대한 상업적 관계에서의 관심은, 다양한 거래 상대에 관한 한 상인의 관심과 마찬가지로 최대한 싸게 사서 최대한 비싸게 파는 일이다. 그런데 한 국민이 가장 완전한 무역 자유에 의해 모든 국민을 장려하여 자신이 구입하고자 하는 재화를 가져 오게 하면 싸게 쌀 수 있는 가능성은 최대가 될 것이고, 또 같은 이유로, 그 나라의 시장이 이렇게 하여 최대 다수의 구매자로 가득하다면, 비싸게 팔 수 있는 가능성은 최대가 될 것이다. 항해조례가 브리튼의 산업 생산물을 수출하기 위해서 오는 외국 선박에 대해서는 아무런 부담도 가하지 않은 것은 사실이다. 모든 수입품과 마찬가지로 수출품에도 부과하는 것이 보통이었던 옛날의 외국인 거래세조차, 그 뒤 몇 가지 법률에 의해 대부분의 수출 품목에서 제거되었다. 그러나 만일 외국인이 금지 또는 높은 세금으로 인해 팔러 오는 것을 저지당한다면, 그들이 재화를 사러 오는 것도 또한 억제될 것이다.

왜냐하면, 화물을 싣지 않고 옴으로써 그들은 자기나라에서 그레이트브리튼에 오는 운임을 손해 보지 않을 수 없기 때문이다. 따라서 판매자의 수를 줄임으로써 우리는 필연적으로 구매자의 수도 줄이게 되며, 이렇게 하여 우리는 더 완전한 무역의 자유가 있는 경우보다 외국의 재화를 비싸게 사게 될 뿐만 아니라 우리 자신의 재화를 싸게 팔게 되는 것이다. 그러나 국방은 부보다 훨씬 중요한 것이므로, 항해조례는 아마도 잉글랜드의 모든 상업상의 규제 가운데 가장 현명한 것이라 하겠다.

둘째는, 국내 산업의 생산물에 어떤 세금이 국내에서 부과될 때이다. 이 경우에는 외국산의 비슷한 생산물에 같은 금액의 세금을 부과하는 것이 타당한 것으로 생각된다. 그것은 국내 산업에 국내 시장의 독점권을 주는 것이 되지는 않을 것이고, 또 나라의 자산과 노동을, 자연히 그렇게 될 것보다 더 많이, 특정한 용도로 돌리는 것이 되지도 않을 것이다. 그것은 다만, 자연히 그쪽으로 갈 것이 얼마가 되든, 세금 때문에 더욱 자연스럽지 않은 방향으로 가게 되는 것을 저지하고, 외국 산업과 국내 산업의 경쟁을, 과세한 뒤에도 되도록 과세 전과 같은 조건으로 해 두게 될 것이다. 그레이트브리튼에서는 국내 산업의 생산물에 그런 세금이 부과될 때는, 외국 재화가 국내에서 싸게 팔릴 것이라는 우리나라 상인과 제조업자의 시끄러운 불평을 막기 위해, 동시에 같은 종류의 모든 외국산 재화의 수입에 대해 훨씬 무거운 세금을 부과하는 것이 보통이다.

무역 자유에 대한 이 두 번째 제한은, 어떤 사람들에 의하면, 경우에 따라서는 국내에서 과세되어 온 상품과 경쟁할 수 있는 외국 상품뿐만 아니라, 그보다 훨씬 확장되어야 한다. 어느 나라에서나 생활필수품에 세금이 부과되고 있을 때는, 외국에서 수입되는 비슷한 생활필수품뿐만 아니라 국내 산업의 모든 생산물과 경쟁할 수 있는 모든 종류의 외국산 재화에도 과세하는 것이 타당하다고 그들은 주장한다. 그런 세금의 결과, 생활 자료는 필연적으로 더 비싸질 것이고 노동의 값은 노동자의 생활 자료의 값과 함께 언제나 상승하지 않을 수 없다고 그들은 말한다. 따라서 국내 산업의 생산물인 어떤 상품도, 직접적인 과세 대상이 아니라 하더라도, 그런 세금의 결과, 그것을 생산하는 노동이 비싸지기 때문에 값이 훨씬 올라간다. 그래서 그런 세금은 실질적으로는, 그들의 말로는, 국내에서 생산되는 모든 상품에 대한 세금과 같다. 따라서 국내 산업을 외국 산업과 동등한 입장에 두기 위해서는, 국내 상품과 경쟁할 수 있는 모든 외국 상품에도 국내 상품의 값이 상승하는 것과 같은 약간의 세금을 부과할 필요가 있다고 그들은 생각한다.

비누[20]·소금·무두질한 가죽·양초 등에 그레이트브리튼에서 부과되어 있는, 생활필수품에 대한 세금이, 필연적으로 노동값을, 따라서 다른 모든 상품값을 끌어올리는지 어떤지에 대해서는 나중에 세금을 다룰 때 연구하기로 한다.

그러나 여기서는 그런 세금이 이와 같은 영향을 미친다고, 그것도 의심할 여지없이 미친다고 가정하더라도, 노동값의 상승에 의한 모든 상품값의 이 전반적인 상승은, 어떤 특정한 상품에 직접 부과된 특정한 세금 때문에 인상되는 상품값의 상승과는 다음과 같은 두 가지 점에서 다르다.

i) 그와 같은 상품값이 그런 세금에 의해 얼마나 올라가는지는, 언제나 매우 정확하게 알 수 있을지 모르지만, 노동값의 일반적 상승이 노동이 쓰인 다

---

*20 초판에서는 이 앞에 '맥아와 맥주'가 있었다.

양한 상품값에 얼마나 영향을 미칠지에 대해 일정한 정도 이상으로 정확하게 알 수는 없을 것이다. 그러므로 각각의 외국산 상품에 대한 세금을, 각각의 자국산 상품값의 이런 상승과, 매우 정확하게 균형을 잡는 것은 불가능할 것이다.

ii) 생활필수품에 대한 세금은 사람들의 생활에, 빈약한 토양과 나쁜 기후와 거의 같은 영향을 끼친다. 식품은 그것으로 인해, 그 생산에 특별한 노동과 비용이 들거나 했던 것처럼 비싸진다. 토양과 기후에서 생기는 자연적인 식량 부족의 경우에, 사람들에게 그들의 자본과 근로를 어떤 방법으로 써야 하는지를 지시하는 것은 어이없는 짓이지만, 그런 세금에서 생기는 인위적인 식량 부족의 경우에도 그것은 마찬가지이다. 어느 경우에도, 명백하게 그들에게 가장 유리한 것은, 자신들의 근로를 자신들의 상황에 최대한 적응시켜서, 불리한 사정에도 불구하고 국내 또는 국외의 시장에서 어느 정도의 이익을 얻을 수 있는 일거리를 찾도록 맡겨두는 일일 것이다. 그들은 이미 무거운 세금이 부과되어 있다는 이유로, 그들에게 새로운 세금을 부과하거나, 그들은 생활필수품에 대해 이미 지나친 지불을 하고 있다는 이유로, 대부분의 다른 상품에 대해 마찬가지로 지나친 지불을 하게 하는 것은, 확실히 가장 어리석은 보정(補整) 방법이다.

그런 세금은, 일정한 높이에 이르면 토지의 불모나 기후의 불량과 같은 저주의 대상이 되는데, 그래도 그런 세금이 가장 일반적으로 부과되어 온 것은 가장 부유하고 가장 산업적인 나라에서이다. 다른 나라에서는 그토록 큰 무질서는 감당할 수 없을 것이다. 가장 건강한 몸만이 불건강한 생활양식 아래 살아갈 수 있고 건강을 누릴 수 있는 것처럼, 모든 종류의 산업에서 최대의 자연적인 내지 인위적인 이점을 가진 국민만이 그런 세금 아래서도 존속하고 번영할 수 있다. 네덜란드가 유럽에서 그런 세금이 가장 많은 나라이고, 또 특수한 사정 속에서도 계속 번영하고 있는 것은 가장 어처구니없는 상정처럼 그런 세금 때문이 아니라, '그런 세금에도 불구하고' 번영하고 있다는 것이다.

국내 산업을 장려하기 위해 외국 산업에 어떤 부담을 주는 것이 일반적으로 유리한 경우가 두 가지 있는 것처럼, 때로는 신중한 배려를 필요로 할지도 모르는 경우도 두 가지가 있다. 그 하나는 일정한 외국산 재화의 자유로운 수입을 어디까지 계속하는 것이 적당한가 하는 것이고, 또 하나는 그 자유로운 수입을 잠시 중단한 뒤에 어디까지, 또는 어떻게 부활시키는 것이 적당한가 하는 것이다.

일정한 외국산 재화의 자유로운 수입을 어디까지 계속하는 것이 적당한가 하는 것이 때로는 신중한 배려를 필요로 할지도 모르는 경우란, 어떤 외국이 높은 관세 또는 금지에 의해, 그 나라에 대한 우리 제품의 수입을 억제하는 경우이다. 이 경우에는 복수심이 당연히 보복을 명령하여, 우리는 그들의 제품 가운데 일부 또는 전부의 수입에 대해, 같은 관세 또는 금지를 부과해야 한다고 생각하게 된다. 따라서 이런 방법으로 보복하지 않고 그냥 있을 국민은 거의 없다. 특히 프랑스인은 자기나라의 제품과 경쟁할 만한 외국산 재화의 수입을 제한함으로써 자기나라의 제품을 적극적으로 우대했다. 콜베르*²¹의 대부분의 정책은 이 점에 있었다. 그는 그 뛰어난 재능에도 불구하고, 이 경우에는 언제나 동포에 대한 독점을 끊임없이 요구하는 상인과 제조업자들의 궤변에 속은 것처럼 생각된다. 그의 이런 종류의 조치가 그의 나라에 유익하지 않았다는 것이, 현재로는 프랑스에서 가장 지적인 사람들의 의견이다. 이 장관은 1667년의 관세율에 의해 다수의 외국산 제품에 대해 매우 높은 관세를 부과했다. 그가 네덜란드에 대해 높은 관세 완화를 거부하자, 네덜란드는 1671년에 프랑스의 포도주·브랜디 제조품 수입을 금지했다.

1672년의 전쟁은, 부분적으로는 이 상업상의 분쟁 때문에 일어난 것으로 생각된다. 네이메헌 화약은 네덜란드에 대해 그런 관세의 일부를 완화하고, 그 결과 네덜란드는 수입금지를 해제함으로써 분쟁을 종결시켰다. 프랑스와 잉글랜드가 같은 관세와 금지에 의해, 서로 상대의 산업을 압박하기 시작한 것은, 이것과 같은 무렵이었다. 다만 선수를 친 것은 프랑스 쪽이었던 것 같다. 그때부터 줄곧 두 국민 사이에 존속한 적대 감정은, 어느 쪽에서나 지금까지 관세와 금지가 완화되는 것을 방해해 왔다. 1697년에 잉글랜드는 플랑드르의 제품인 본레이스*²²의 수입을 금지했다. 그 무렵 에스파냐의 지배를 받고 있었던 그 나라 정부는, 그 보복으로 잉글랜드산 모직물의 수입을 금지했다. 1700년에

---

* 21 콜베르(Jean Baptiste Colbert, 1619~1683)는 프랑스의 정치가로 중상주의(重商主義)를 콜베르티즘이라고 부를 만큼 중상주의자였다.

* 22 본레이스(bonelace)는 뼈로 된 실패를 사용하여 만들기 때문에 이렇게 불렸다. 재료는 주로 아마.

는, 플랑드르에 대한 잉글랜드산 모직물 수입을 종전대로 한다는 조건으로, 잉글랜드에 대한 본레이스의 수입금지가 해제되었다.

이런 종류의 보복 조치는 불만의 대상인 높은 관세 또는 금지가 폐지될 가능성이 있을 때는 좋은 정책일지도 모른다. 커다란 외국 시장의 회복은, 일반적으로 몇몇 재화에 대해 일시적으로 더 비싸게 지불하는 과도적인 불편을 보상하고 남을 것이다. 그런 보복 조치가 이와 같은 효과를 낳을 것인지 어떤지를 판단하는 것은, 아마 늘 변하지 않는 일반 원리에 지배되는 사고 방식을 가진 입법자의 학문에 속하기보다는, 오히려 사물의 일시적인 변동에 따라 타협이 좌우되는, 흔히 정치가나 정치꾼으로 불리는 그 음험하고 교활한 생물의 수완에 속한다. 높은 관세와 수입금지를 폐기하게 만들 전망이 없는 경우에는, 우리의 민중 가운데 어떤 계층이 입은 손해를 보상하는 방법으로서 그런 계층뿐만 아니라,*23 다른 거의 모든 계층에까지, 우리 자신이 또 하나의 손해를 입히는 것은 나쁜 방법이라고 생각된다. 우리 이웃 사람들이 우리의 어떤 제품을 금지할 때는, 우리는 일반적으로 같은 종류의 제품만으로는 그들에게 큰 영향을 주는 일이 좀처럼 없기 때문에, 그것뿐만 아니라 뭔가 다른 제품도 금지한다.

이것은 의심할 여지없이 우리 가운데 어떤 특정한 계층의 노동자들을 장려하게 될 것이고, 또 그들의 경쟁자 가운데 어떤 자들을 배제함으로써 국내 시장에서 그들이 값을 올리는 것을 가능하게 할 것이다. 그러나 우리의 이웃들의 금지책에 의해 손해를 입은 노동자들은 우리의 금지책으로 이익을 얻는 것은 아니다. 반대로 그들도, 우리 시민 가운데 거의 모든 계층도, 그것으로 어떤 종류의 재화를 전보다 더욱 비싸게 사지 않을 수 없게 된다. 따라서 그와 같은 법률은 모두 우리 이웃의 금지책으로 손해를 입은 특정한 종류의 노동자를 위해서가 아니라, 다른 종류의 노동자를 위해 나라 전체에 실질적인 세금을 부과하는 것이 된다.

외국산 재화의 자유로운 수입이 잠시 중단된 뒤, 어느 정도까지, 또는 어떤 방법으로 부활시키는 것이 적당한가 하는 것이 이따금 숙고해야 할 문제가 되는 것은, 특정한 제조업이 그것과 경합할 수 있는 모든 외국산 재화에 대한 높

---

*23 초판에서는 '뿐만 아니라'가 '과 함께'.

은 관세 또는 금지에 의해 많은 일손을 고용할 정도로 확대된 경우이다. 이 경우에, 무역 자유는 서서히 단계를 밟으면서, 또 상당한 유보와 경계심을 가지고 재개되는 것이 인도적으로 필요하게 될 것이다.

만일 그런 높은 관세와 금지가 한꺼번에 철회된다면, 값이 싼, 같은 종류의 외국산 재화가 국내 시장에 급속하게 난입하여, 하루아침에 수천 명의 우리 동포들에게서 통상적인 고용과 생활수단을 빼앗아 가게 될지도 모른다. 이것이 불러일으킬 혼란은 틀림없이 매우 중대한 것일 수 있다. 그러나 그것은 모든 가능성을 생각해도, 다음의 두 가지 이유로, 보통 상상할 수 있는 것보다 훨씬 작을 것이다.

첫째로, 유럽의 다른 여러 나라에 장려금 없이 무언가의 부분이 수출되고 있는 것이 보통인 제조품은, 모두 외국산 재화의 가장 자유로운 수입에 의해서도 매우 작은 영향밖에 받지 않을 것이다.

그런 제품은 국외에서 같은 질, 같은 종류의 어떤 외국산 재화와 마찬가지로 싸게 팔리고 있을 것이고, 따라서 국내에서는 더욱 싸게 팔리고 있을 것이 틀림없다. 그러므로 그것은 여전히 국내 시장을 보유할 것이고, 변덕스러운 상류층 인사가 외국 상품을, 단순히 외국 것이라는 이유만으로, 더 싸고 질이 좋은 같은 종류의 국산품보다 좋아할지는 모르지만, 그 어리석은 행위는 일의 성격상 매우 적은 사람들 사이에만 퍼질 것이므로, 사람들의 고용 전체에는 두드러진 영향을 미칠 수 없을 것이다. 그러나 우리의 모직물 제품·무두질한 가죽·철물 같은 다양한 분야 가운데 큰 부분은, 아무런 장려금 없이, 다른 유럽 나라들에 해마다 수출되고 있는데, 그런 것은 가장 많은 일손을 고용하고 있는 제품이다. 견직물은 아마도 이 무역의 자유에 의해 가장 큰 피해를 입는 제품이고, 그 다음으로는 피해는 전자보다 훨씬 작지만, 마직물일 것이다.

둘째로, 이런 무역 자유를 회복함으로써 많은 사람들이 통상적인 고용과 보통의 생활 방식에서 당장 방출되더라도, 그렇다고 그들이 그것으로 인해 고용이나 생계를 빼앗기는 일은 결코 없을 것이다.

최근의 전쟁이 끝났을 때, 육해군 병력의 삭감으로 인해, 가장 큰 제조업에서 일하고 있는 사람의 수와 같은 10만 명이 넘는 육해군 병사가 통상의 고용에서 즉시 쫓겨나고 말았다. 그러나 그들은 의심할 여지없이 조금의 불편을 겪기는 했지만, 그것으로 모든 고용과 생계 수단을 빼앗긴 것은 아니다. 선원의 대부분은 기회를 발견하는 대로 서서히 상선으로 옮겨간 듯하고, 그러는 동안 그들도 병사들도 모두 국민의 대집단 속에 흡수되어 다양한 직업에서 고용되어 갔다.

10만 명이 넘는 사람들, 게다가 모두 무기 사용에 익숙하고, 또 대부분 수탈과 약탈에 젖어 있었던 사람들의 상황이 이렇게 크게 달라졌지만, 거기서 커다란 혼란은커녕 뭔가 눈에 띌 만한 무질서조차 일어나지 않았다. 그것에 의해 부랑자의 수가 눈에 띌 만큼 불어난 곳은 거의 아무데도 없었고, 노동자의 임금도 내가 아는 한, 상선 선원의 경우를 제외하고는 어느 직업에서도 내려가지 않았다. 그러나 병사의 일상적인 습관과 어떤 종류이든 제조공의 일상 습관을 비교해 보면 후자의 습관 쪽이 전자의 습관보다 새로운 일자리에 고용되는 데 걸림돌이 되는 경향이 적다는 것을 알 수 있다. 제조공은 항상 생계를 자신의 노동에서만 구하는 데 익숙하고, 병사는 생계를 급여에서 기대하는 데 익숙하다. 전자는 부지런함과 근로가 생활화되어 있고, 후자는 아무 것도 하지 않고 노는 데 젖어 있다.

그러나 근로의 방향을 어떤 종류의 노동에서 다른 종류의 노동으로 바꾸는 것이, 아무것도 하지 않고 노는 것을 무언가의 노동으로 돌리는 것보다 훨씬 쉬운 것은 확실하다. 뿐만 아니라, 대부분의 제조업에는, 이미 설명했듯이 매우 비슷한 성질을 가진 제조업이 많이 있기 때문에, 노동자는 자신의 근로를 한 제조업에서 다른 제조업으로 쉽게 바꿀 수 있다. 그런 노동자들의 대부분은 때로는 농촌의 노동에도 동원된다.

전에 특정한 제조업에서 그들을 고용했던 자산은 여전히 국내에 머물면서, 같은 수의 사람들을 뭔가 다른 방법으로 고용할 것이다. 그 나라의 자본은 종전과 같으므로, 노동에 대한 수요도 또한 같거나 거의 같을 것이다. 다만 그것은 다른 곳에서 다른 직업에 종사할지도 모른다. 물론 병사와 선원은 군무에서 해제되면, 그레이트브리튼 또는 아일랜드의 어떤 도시 어떤 땅에서 어떤 직업을 가지든 그들의 자유이다.

병사와 선원과 마찬가지로, 폐하의 모든 국민에 대해 그들이 좋아하는 어떤 종류의 직업이라도 마음대로 선택할 수 있는 자연적 자유를 회복시켜야 한다.

즉 동업조합의 배타적 특권을 타파하고, 도제조례를 폐지해야 한다. 어느 쪽도 자연적 자유에 대한 진정한 침해이다. 그리고 이와 아울러 정주법도 폐지하여, 가난한 노동자가 어떤 직업 또는 어떤 곳에서 일자리를 잃었을 때, 고발이나 추방당할 걱정 없이, 그것을 대신할 다른 직업 또는 다른 곳에서 일자리를 구할 수 있게 해야 한다. 그러면 공공이나 개인이나, 어떤 특정한 종류의 제조업자의 우연한 해체에서 받는 피해는, 병사들이 거기서 받는 피해보다 그리 크지 않을 것이다. 우리의 제조업자는 말할 것도 없이 나라에 있어서 큰 가치가 있지만, 자신의 생명으로 나라를 지키는 사람들보다 가치가 있는 것은 아니며, 그들보다 더욱 정중하게 대접받는 것이 당연한 것도 아니다.

그레이트브리튼에 무역의 자유가 완전히 회복될 것을 기대하는 것은, 그레이트브리튼에 오세아나나 유토피아*²⁴가 반드시 건설될 거라고 기대하는 것만큼이나 어리석은 일이다. 공공의 편견뿐만 아니라 그보다 훨씬 극복하기 어려운, 수많은 개인의 사적인 이해관계가, 저항할 여지도 없이 그것에 반대한다. 육군 장교들이 병력의 삭감에 반대하는 것과 같은 열성과 단결로, 제조업자들은 국내 시장에서 자신들의 경쟁 상대의 수를 늘릴 수 있는 법률은 모조리 반대할 것이다. 장교들이 자신들의 병사를 선동하는 것은, 제조업자들이 자신들의 노동자를 선동하여 폭력과 분노로 그런 규제를 제안한 자들을 공격하게 하는 것과 같다.

우리의 제조업자들이 우리에 대해 획득한 독점권을 조금이라도 축소하려고 시도하는 것은, 이제는, 군대를 감축하려고 기도하는 것과 마찬가지로 위험한 일일 것이다. 이 독점이 그들 가운데 어떤 특정한 계층을 급증시키자, 그들은 정부에 있어서 지나치게 비대해진 상비군처럼 감당하기 힘든 존재가 되어, 많은 경우에 입법부를 위협하고 있다. 이 독점 강화를 추구하는 모든 제안을 지지하는 국회의원은 실업을 제대로 이해하고 있다는 명성을 얻을 뿐만 아니라, 그 수와 부에 의해 매우 중요한 존재가 된 계층의 사람들 사이에서 큰 명성과

---

*24 오세아나는 제임스 해링턴(James Harrington, 1611~1677)의, 유토피아는 토머스 모어(Thomas More, 1478~1535)의 저서에 그려진 이상사회. 유토피아는 현재는 공상적인 이상사회를 의미하는 보통명사가 되어 있다. James Harrington, *The commonwealth of Oceana*, n.p., 1656. Thomas More, *Libellus vere aureus nec minus salutaris quam festivus de optimo rei publicae statu deque nova insula Utopia*, Louvain, 1516.

영향력을 획득할 것이 확실하다.

이에 반해 만일 그가 그들에게 반대한다면, 그리고 만일 그가 그들을 꺾을 만한 권력을 가졌다면, 가장 널리 알려진 그 성실성으로도, 가장 높은 지위로도, 공공을 위한 가장 큰 공훈으로도, 그는 가장 명예스럽지 못한 욕설과 비난, 인신 공격, 때로는 격분하고 실망한 독점주의자들의 거친 폭발에서 생기는 진정한 위험으로부터 자신을 보호할 수 없을 것이다.

대제조업의 기업가는, 국내 시장에 별안간 외국인과의 경쟁이 도입되어 장사를 포기하지 않을 수 없게 되면, 의심할 여지없이 큰 피해를 입게 된다. 그의 자본 가운데 보통은 재료를 구입하고 노동자들에게 지불하는 데 쓰이던 부분은, 아마 큰 어려움 없이 다른 용도를 찾아 낼지도 모른다. 그러나 자본 가운데 작업장이나 작업 용구에 고정되어 있던 부분을 큰 손실 없이 처분하는 것은 매우 어려운 일일 것이다. 따라서 그의 이해관계을 공평하게 배려한다면, 이런 종류의 변화는 갑자기 도입하는 것이 아니라 서서히, 조금씩, 매우 오랫동안 경고한 뒤에 도입할 필요가 있다.

입법부의 배려가 당파적인 이해관심의 강경한 목소리에 좌우되지 않고, 언제나 일반적인 이익에 대한 광범한 견지에서 움직일 수 있다면, 입법부는 바로 그 이유 때문에, 이런 종류의 새로운 독점을 확립하거나, 이미 확립되어 있는 독점을 더욱 확대하는 일이 없도록 각별히 유의해야 할 것이다. 그와 같은 규제는 모두 국가의 조직에 어느 정도의 실질적인 혼란을 초래하는 것으로, 나중에 그 혼란을 시정할 때는 또 다른 혼란을 불러일으키기 쉽다.

외국산 재화의 수입을 방지하기 위해서가 아니라, 정부의 수입을 늘리기 위해서, 외국산 재화의 수입에 세금을 부과하는 것이, 어느 정도 적절한가 하는 것에 대해서 나중에 세금에 대해 다루게 될 때 고찰하도록 하겠다. 수입을 방지하기 위해 부과되는 세금은 말할 것도 없고, 수입을 줄이기 위해 부과되는 세금조차도, 무역 자유에 있어서와 마찬가지로 관세 수입에 있어서도 명백하게 파멸적인 것이다.

제3장
무역차액이 불리한 나라에서 수입되는 재화의 특별 제한에 대하여

제1절 상업주의 원리상 수입제한 불합리에 대하여[*1]

무역차액이 불리한 것으로 상정되는 특정한 나라들에서 오는 거의 모든 종류의 수입에 대해 특별한 제한을 가하는 것은, 상업주의가 금은의 양을 증대시키고자 하는 두 번째 방책이다.

이렇게 하여 그레이트브리튼에서는 실레지아산 한랭사(寒冷紗, 론)[*2]는 일정한 관세를 지불하면 국내 소비용으로 수입하는 것이 허용된다. 그런데 프랑스산 고급 마직물(케임브릭)[*3]과 한랭사는 수출용으로 런던항의 창고에 보관해 두는 경우 외에는 수입이 금지되어 있다. 프랑스의 포도주에는 포르투갈의, 그리고 다른 어느 나라의 포도주보다 높은 관세가 부과되고 있다. 1692년 수입세법이라고 하는 것에 의해, 모든 프랑스산 재화에 대해 평가액, 즉 가치의 25퍼센트의 관세가 부과되었지만, 다른 각국의 재화에 대해서는 대부분 5퍼센트를 넘는 일이 거의 없는, 훨씬 가벼운 관세가 부과되는 데 그쳤다.

프랑스산 포도주·브랜디·소금·식초는 분명히 제외되어 있었는데, 그것은 그런 상품에는 다른 법률에 의해, 또는 같은 법률의 개별 조항에 의해 다른 중세가 부과되고 있었기 때문이다. 1696년에는 1692년의 최초의 관세로는 수입을 충분히 억제할 수 없을 것으로 생각되었기 때문에, 다시 25퍼센트의 새로

---

*1 제3판부터 이 장을 절로 분리했다.
*2 실레지아는 현재 폴란드령의 농업 지대. 한랭사라고 번역한 것은 매우 얇고 성긴 마직물(lawn)이며, 북프랑스 원산지명 Laon에서 제품명이 된 것이라고도 한다. 뒤에 나오는 케임브릭과 구별하기가 어렵다.
*3 고급 마직물(cambric)도 플랑드르의 산지명(Cambrai)에서 따 온 명칭.

운 관세가 브랜디를 제외한 모든 프랑스산 재화에 부과되고, 그와 함께 프랑스산 포도주에는 톤당 25파운드, 프랑스산 식초에는 톤당 15파운드의 새로운 세금이 부과되었다. 관세율표에 열거되어 있는 모든 재화 또는 그 대부분에 부과되고 있는 상납금, 즉 5퍼센트 관세의 어느 것을 보아도, 프랑스산 재화는 제외된 적이 없었다. 3분의 1상납금과 3분의 2상납금이 하나의 완전한 상납금을 이루는 것으로 생각하면, 일반적인 상납금은 다섯이 있었던 것이 되며, 그 결과, 현재의 전쟁[*4]이 시작되기 전에는 프랑스에서 재배되거나 생산되고 제조된 재화의 대부분에 부과되었던 관세는 최저 75퍼센트라고 생각할 수 있다.

그러나 대부분의 재화에 있어서는, 그런 관세는 금지나 다름없다. 프랑스인은 프랑스인대로, 우리의 재화와 제품을 마찬가지로 엄격하게 다루어 왔다고 나는 생각한다. 다만 나는 그들이 그것에 부과한 개개의 엄격함에 대해서는 그리 잘 알지 못한다. 그런 상호적인 억제가 두 나라 사이의 거의 모든 성실한 무역을 거의 중단시켜 버리고, 지금은 그레이트브리튼의 재화를 프랑스에 수입하든지, 프랑스의 재화를 그레이트브리튼에 수입하든지, 밀수업자가 주요 수입업자이다.[*5] 앞장에서[*6] 내가 검토해 온 여러 원리는, 사적인 이해관심과 독점 정신에 유래하는 것이었으나, 이 장에서[*7] 내가 검토하고자 하는 여러 원리는, 국민적인 편견과 증오에 유래하는 것이다.

따라서 그것은 충분히 예상할 수 있듯이, 앞 장에서 다룬 것보다 더 불합리하다. 그것은 상업주의의 여러 원리에서 보아도 그렇다.

첫째로, 이를테면 프랑스와 잉글랜드의 자유무역의 경우에는, 무역차액은 프랑스에 유리할 것이 분명하지만, 그런 무역이 잉글랜드에 불리하다든가 잉글랜드 무역 전체의 총 차액이 그것으로 훨씬 불리해지는 일은 결코 일어나지

[*4] 이것은 제3판(1784)의 추가이므로, 현재의 전쟁이란 미국 독립전쟁, 또는 프랑스와의 식민지 쟁탈 전쟁(특히 캐나다와 인도)을 가리키는 것으로 생각된다.

[*5] '이렇게 하여 그레이트브리튼에서는'부터 여기까지는 초판과 제2판에서는 '이렇게 하여 그레이트브리튼에서는 프랑스의 포도주에 대해 포르투갈의 포도주보다 높은 관세가 부과되고 있다. 독일의 마직물은 일정한 관세를 내면 수입할 수 있지만, 프랑스의 마직물은 완전히 금지되어 있다'.

[*6] '앞 장에서'는 제2판의 추가.

[*7] '이 장에서'는 제2판의 추가.

않을 것이다. 만일 프랑스의 포도주가 포르투갈의 포도주보다 좋고 싸다면, 또 프랑스의 마직물이 독일의 마직물보다 좋고 싸다면, 그레이트브리튼으로 봐서는 필요한 포도주와 외국의 마직물을 모두 포르투갈이나 독일에서 사는 것보다 프랑스에서 사는 것이 유리할 것이다. 그렇게 함으로써 프랑스로부터의 연간 수입품의 가치는 크게 증가하겠지만, 연간 총수입품의 가치는 프랑스 재화가 다른 두 나라의 질이 같은 재화보다 값이 싼 데 비례해서 감소하게 될 것이다. 수입되는 프랑스의 재화가 모두 그레이트브리튼에서 소비된다고 상정하더라도, 그렇게 될 것이다.

그러나 둘째로, 수입된 재화의 큰 부분은 다른 나라에 재수출될 수 있고, 그곳에서는 이윤과 함께 판매되므로 아마도 수입된 모든 프랑스 재화의 매입원가와 같은 가치의 상품을 가지고 돌아오게 될 것이다. 동인도 무역에 대해 때때로 얘기되어 온 것, 즉 동인도 재화의 대부분이 금은으로 구입된다 해도, 그 일부는 다른 나라에 재수출되어, 그 총 매입원가보다 많은 금은을 그 무역을 행한 나라에 가지고 돌아온다는 것은, 아마 프랑스 무역에 대해서도 적용할 수 있을 것이다. 현재 네덜란드인이 영위하는 무역의 가장 중요한 부문의 하나는, 프랑스의 재화를 다른 유럽 각국에 수송하는 것이다. 그레이트브리튼에서 마시는 프랑스산 포도주의 어떤 부분[*8]도 네덜란드와 질랜드[*9]에서 은밀하게 수입된 것이다. 만일 프랑스와 잉글랜드 사이에 자유무역이 이루어지고 있거나, 아니면 프랑스의 재화를 다른 유럽 국민의 재화와 같은 금액의 관세를 지불하기만 하면 수입할 수 있고, 또 그것이 수출될 때 환불된다면, 잉글랜드는 네덜란드에 있어서 그토록 유리하다는 무역에 어느 정도 참여할 수 있을 것이다.

셋째이자 마지막으로, 어떤 두 나라 사이의 어느 쪽에 이른바 무역차액이 있는가, 즉 어느 쪽이 최대 가치를 수출하고 있는가를 결정할 수 있는 확실한 기준은 없다. 상인들 각자의 개인적인 이해관심에 따라 언제나 들끓는 국민적 편견과 적의는, 일반적으로 그것에 관한 모든 문제에 대한 우리의 판단을 이

---

*8 '어떤 부분'은 초판에서는 '어떤 큰 부분'.
*9 질랜드(Zeeland)는 네덜란드의 한 주로, 벨기에에 인접하여 북해를 향하고 있다.

끌어 주는 원리이다. 그러나 그런 경우에 흔히 의지해 온 두 가지 기준이 있는데, 그것은 세관 장부와 환시세이다. 세관의 장부는 내 생각에는, 대부분의 재화에 대한 그곳에서의 평가가 부정확하기 때문에, 매우 부정확한 기준이라는 것이 지금은 널리 인정되고 있다. 환시세도*10 아마 거의 이것과 마찬가지일 것이다.

런던과 파리 같은 두 곳 사이의 환시세가 평가(平價)인 경우, 그것은 런던에서 파리에 지불되어야 하는 채무가 파리에서 런던에 지불되어야 하는 채무에 의해 상쇄되고 있다는 표시라고 한다. 반대로, 런던에서 파리 앞으로 발행된 환어음에 대해 프리미엄이 지불될 때는, 런던에서 파리에 지불되어야 하는 채무가 파리에서 런던에 지불되어야 하는 채무에 의해 상쇄되지 않고, 차액이 화폐로 런던에서 송금되어야 한다는 표시라고 한다. 그것을 수출하는 위험, 수고 및 비용에 대해 프리미엄이 요구되고 또 지불되고 있는 것이다. 그러나 그 두 도시 사이의 채무와 채권의 통상적인 상태는, 상호간의 거래가 가지는 통상적인 흐름에 의해 필연적으로 규제될 것이 틀림없다고 한다.

두 도시의 어느 쪽이나 상대편에 수출하는 것 이상으로 상대편으로부터 수입하지 않으면 각각의 채무와 채권은 서로 상쇄될 것이다. 그러나 그들 가운데 한쪽이 상대편에 수출하는 것 이상의 가치를 상대편으로부터 수입할 경우에는, 전자는 필연적으로 후자에 대해, 후자가 전자에 지는 채무보다 많은 채무를 지게 된다. 각각의 채무와 채권은 서로 상쇄되지 않고, 채무가 채권을 넘는 곳에서 화폐가 나가지 않으면 안 된다. 따라서 일반적인 환시세는 두 장소 사이의 채무와 채권의 통상적인 상태에 대한 지표이므로, 마찬가지로 두 장소의 수출과 수입의 통상적인 추이에 대한 지표일 것이다. 수출입은 필연적으로 채권과 채무의 통상적인 상태를 규제하기 때문이다.*11

그러나 통상적인 환시세가 어느 두 곳 사이의 채무와 채권의 통상적인 상태에 대한 충분한 지표라는 것이 인정된다 하더라도, 그 사실에서, 채무와 채권

---

*10 초판에서는 이 뒤에, '적어도 지금까지 추정된 한으로는'이 들어간다.

*11 여기서부터 다음 문단 끝까지, 초판에서는 다음과 같이 되어 있다. '이 학설은, 어떤 부분은 적지 않게 의심스러운 것으로, 그토록 확실한 것으로 상정되었지만, 지금까지 환시세의 평가(平價)를 계산해 온 방법은, 지금까지 거기서 도출된 모든 결론을 불확실한 것으로 만들고 있다.' 또한 초판에서는 이 문단과 거의 같은 것이 제2절 처음에 나온다.

의 통상적인 상태가 유리한 곳은 무역차액도 유리하다고 할 수는 없을 것이다. 두 곳 사이의 채무와 채권의 통상적인 상태는, 반드시 언제나 상호간 거래의 통상적인 경과에 의해 전면적으로 규제된다고는 할 수 없으며, 어느 한 쪽과 다른 많은 곳 사이의 거래의 통상적인 경과에 의해 영향을 받는 일이 때때로 있다.

이를테면, 잉글랜드의 상인들이 함부르크·단치히·리가 등에서 구매하는 재화에 대해 네덜란드 앞으로 발행된 환어음으로 지불하는 것이 통례라면, 잉글랜드와 네덜란드 사이의 채무와 채권의 통상적인 상태는, 그런 양국 사이의 거래의 통상적인 경과에 의해 전면적으로 규제된다고는 할 수 없으며, 잉글랜드와 그런 다른 곳 사이의 거래의 통상적인 경과에 의해 영향을 받을 것이다. 잉글랜드에서 네덜란드로 해마다 수출되는 가치가, 네덜란드에서 잉글랜드로 해마다 수입되는 가치를 훨씬 넘더라도, 또 이른바 무역차액이 잉글랜드에 매우 유리하더라도, 잉글랜드는 네덜란드로 해마다 화폐를 보내지 않으면 안 될지도 모른다.

뿐만 아니라 지금까지의 환시세 평가의 계산 방법에서는, 통상적인 환시세는, 그것이 유리하다고 생각되는 나라, 또는 유리하다고 상정되는 나라에서는, 채무와 채권의 통상적인 상태도 유리하다는 것을 나타내는 충분한 지표를 제공할 수가 없다. 바꿔 말하면, 실제의 환시세는 계산상의 환시세와 매우 다른 경우가 있을 수 있고, 사실 때때로 매우 다르다. 그러므로 계산상의 환시세에서 실제 시세에 대한 확실한 결론을 이끌어 낼 수 없는 경우가 많다.

잉글랜드 조폐국의 표준에 따라 결정된 몇 온스의 순은이 들어 있는 화폐의 일정한 금액을 잉글랜드에서 지불하고, 그것에 대해, 프랑스에서 지불되어야 하는 금액의 환어음을 받고, 그 프랑스 화폐가 프랑스 조폐국의 표준에 따라, 지불한 잉글랜드 화폐와 같은 온스의 순은이 들어 있는 경우에는, 잉글랜드와 프랑스 사이에서 환시세는 평가가 된다. 그 이상을 지불하는 경우에는 프리미엄을 주는 것으로 상정되며, 환시세는 잉글랜드에 불리하고 프랑스에 유리한 것이 된다. 지불하는 것이 그 이하인 경우에는 프리미엄을 얻는 것으로 상정되며, 환시세는 프랑스에 불리하고 잉글랜드에 유리하다

그러나 첫째로, 우리는 반드시 언제나, 여러 나라의 유통화폐의 가치를 각

나라의 조폐국의 표준에 따라 판단할 수 있는 것은 아니다. 그것은 나라에 따라 정도의 차이는 있지만, 마손되고 또는 다른 방법으로 표준보다 가치가 떨어져 있다. 그러나 어느 나라의 유통주화의 가치도, 다른 나라의 그것과 비교하면, 그 주화에 들어 있어야 하는 순은의 양이 아니라 실제로 들어 있는 순은의 양에 비례한다. 윌리엄 왕 시대에 은화가 개주되기 전까지는, 잉글랜드와 네덜란드 사이의 환시세는 각 나라의 조폐국 표준에 따른 통상적인 방법으로 계산하면, 잉글랜드 쪽에 25퍼센트 불리했다. 그러나 잉글랜드의 유통주화의 가치는 라운즈에 따르면, 그때 표준가치를 오히려 25퍼센트 이상 밑돌고 있었다. 그러므로 실제의 환시세는, 계산상의 환시세가 잉글랜드에 그만큼 불리했음에도 불구하고 그때도 잉글랜드에 유리했던 것 같다.

잉글랜드에서 실제로 지불되는, 적은 온스의 순은이, 네덜란드에서 지불되어야 하는, 그보다 많은 온스의 순은에 대한 어음을 구매할 수 있고, 프리미엄을 줄 것으로 상정된 사람이 실제로는 프리미엄을 얻고 있었던 것 같다. 잉글랜드의 금화가 최근에 개주되기 전의 프랑스 주화는 잉글랜드의 그것보다 훨씬 마멸이 적어, 아마도 그 표준에 2, 3퍼센트 더 가까웠을 것이다. 따라서 만일 프랑스에 대한 계산상의 환시세가 2, 3퍼센트밖에 잉글랜드에 불리하지 않았다면, 실제의 외환시세는 잉글랜드에 유리했을지도 모른다. 금화 개주 이래 외환시세는 끊임없이 잉글랜드에 유리했고, 프랑스에는 반대로 불리했다.

둘째로, 화폐주조비는, 어떤 나라에서는 정부가 부담하고, 어떤 나라에서는 지금(地金)을 조폐국에 가지고 가는 개인들이 부담하며, 정부는 화폐주조에서 수입을 보기까지 한다. 잉글랜드에서는 정부가 그것을 부담하는데, 만일 당신이 1파운드 무게의 표준은을 조폐국에 가지고 가면, 같은 표준은 1파운드가 들어 있는 은화 62실링을 돌려받는다. 프랑스에서는 화폐주조에 대해 8퍼센트의 세금이 공제되는데, 그것은 주조 비용을 충당할 뿐 아니라 정부에 약간의 수입까지 제공하고 있다. 잉글랜드에서는 화폐주조에 아무런 비용도 들지 않으므로, 유통주화는 그것이 실제로 포함한 지금의 양보다 훨씬 많은 가치를 가지는 일은 결코 없다. 프랑스에서는 그 가치에, 주조 공정에 대해 지불한 수수료가, 제작된 금은 그릇에 대해서와 마찬가지로 추가된다. 그러므로 일정한 무게의 순은이 들어 있는 어떤 금액의 프랑스 화폐는, 같은 무게의 순은이 들어 있는 어떤 금액의 잉글랜드 화폐보다 가치가 크며, 그것을 구매하는 데 필요한 지금 또는 다른 상품도 많을 것이 틀림없다.

그러므로 두 나라의 유통화폐가 각각의 조폐국 표준에 똑같이 가깝다 하더라도, 어떤 금액의 잉글랜드 화폐는 같은 온스의 순은이 들어 있는 프랑스 화폐의 어떤 금액을 도저히 구매할 수 없을 것이고, 그 결과 프랑스 앞으로 발행된 그런 금액의 환어음도 구매할 수 없을 것이다. 만일 그런 어음에 대해서 프랑스의 화폐주조비를 보상하고도 남는 화폐가 지불되지 않는다면, 산정 환시세는 프랑스에 매우 유리하다 해도 실제의 환시세는 두 나라 사이에서 평가일 것이고, 두 나라의 채무와 채권은 서로 상쇄될 것이다. 만일 지불이 그 이하라면, 산정 환시세는 프랑스에 유리해도, 실제 시세는 잉글랜드에 유리할 것이다.

셋째로, 즉 마지막으로는 어떤 곳, 이를테면 암스테르담·함부르크·베네치아 등에서는 외국환은 이른바 은행화폐로 지불되지만, 다른 곳, 이를테면 런던·리스본·안트베르펜·리보르노*12 같은 곳에서는 그 나라의 보통 화폐로 지불된다. 이른바 은행화폐는 언제나 같은 명목금액의 보통 통화보다 가치가 크다. 이를테면, 암스테르담 은행의 1000휠던*13은 암스테르담 통화의 1000휠던보다 가치가 크다. 그 차액은 은행의 프리미엄이라 불리며, 암스테르담에서는 일반적으로 약 5퍼센트이다. 두 나라의 유통화폐가 각 조폐국의 표준에 똑같이 가깝다고 가정하고, 한쪽은 외국환을 보통 통화로 지불하는 데 한쪽은 그것을 은행화폐로 지불한다고 가정한다면, 실제의 환시세는 통화로 지불하는 나라에 유리해도, 산정 환시세는 질 좋은 화폐로 지불하는 나라에 유리할 수도 있다는 것은 분명하며, 그것은, 실제의 환시세는 악화로 지불하는 나라에 유리해도, 산정 환시세는 양화로, 즉 자국의 표준에 더 가까운 화폐로 지불하는 나라에 유리할 수 있는 것과 같은 이유에서이다.

최근에 금화가 개주되기 전까지는, 산정 환시세는 암스테르담·함부르크·베네치아 및 내가 믿는 바로는 모든 은행화폐로 지불하는 모든 곳에 대해 일반

---

*12 안트베르펜은 벨기에 북부의 항구 도시로, 영국명은 앤트워프. 리보르노는 중부 이탈리아 지중해 연안의 항구로, 영국에서는 레그혼이라 부른다.

*13 휠던(gulden)은 플로린이라고도 하며, 16세기 무렵부터의 네덜란드의 통화 단위로, 영국에서는 길더라고 한다.

적으로 런던에 불리했다. 그러나 그렇다고 해서, 실제의 환시세도 런던에 불리했던 것은 결코 아니다. 금화개주 이래 산정 환시세는 그런 곳에 대해서조차 런던에 유리했다. 산정 환시세는 리스본·안트베르펜·리보르노 및 내가 믿는 바로는, 프랑스를 제외하고 보통 통화로 지불하는 유럽의 다른 대부분의 지방에 대해 일반적으로 런던에 유리했고, 또 실제 환시세도 그러했다 해도 전혀 틀린 말은 아닐 것이다.

예금은행, 특히 암스테르담의 예금은행에 대한 이야기

프랑스나 잉글랜드 같은 큰 나라의 통화는 일반적으로 거의 그 나라의 주화로만 되어 있다. 그러므로 이 통화가 언젠가 마손되거나 또는 다른 방법으로 그 표준가치 이하로 감가하게 되면, 나라는 주화의 개주에 의해 그 통화를 효과적으로 재건할 수가 있다. 그러나 제노바나 함부르크 같은 조그만 나라의 통화는 완전히 자기나라의 주화로만 이루어지는 일은 좀처럼 없으며, 그곳 주민들이 줄곧 친교를 가진 모든 이웃 나라의 주화가 큰 부분을 차지하고 있을 것이 틀림없다. 그러므로 그와 같은 나라는, 자기나라의 주화를 개주해도 반드시 언제나 통화를 개정할 수 있는 것은 아니다. 만일 외국환이 이 통화로 지불된다면, 그 자체의 성질상 이렇게 불확실한 것은 그 어떤 금액의 가치도 불확실하므로, 환시세는 항상 그런 나라에 매우 불리하지 않을 수 없다. 그 나라의 통화는 모든 외국에서 아무래도 실제가치 이하로까지 평가되기 때문이다.

이 불리한 환시세가 자기나라의 상인들에게 주었을 불편을 개선하기 위해, 그런 작은 나라들은, 무역의 이해에 주목하기 시작했을 때, 일정한 가치의 외국환에 대해 보통 통화로 지불하지 않고, 나라의 신용을 토대로 나라의 보호 아래 설립된 일정한 은행 앞으로 보내는 지불지시서를 통해, 또는 그 은행의 장부상의 대체를 통해 지불해야 한다는 것을 때때로 법률로 정했고, 이 은행은 나라의 표준에 정확하게 따른 양질의 진정한 화폐로 지불하는 것이 항상 의무로 부여되어 있었다. 베네치아·제노바·암스테르담·함부르크·뉘른베르크*14의 여러 은행은 모두 본디 이런 목적으로 설립된 것 같다. 단 그 중에 어떤 것은 나중에 다른 목적에도 이바지했는지는 모를 일이다. 그런 은행

---

*14 뉘른베르크는 남독일의 제국 자유도시로, 상공업에 의해 중세 말부터 근대 초기에 걸쳐 유럽 내륙부의 경제적 중심지들 가운데 하나였다.

화폐는 그 나라의 보통 통화보다 질이 좋기 때문에 필연적으로 프리미엄이 붙었다. 이 프리미엄은 통화가 나라의 표준을 어느 정도 밑돌고 있다고 상정되는 가에 따라서 크기도 하고 작기도 했다. 이를테면, 함부르크 은행의 프리미엄은 일반적으로 약 14퍼센트라고 하는데, 그것은 나라가 정한 양질의 표준화폐와, 모든 이웃 나라에서 흘러들어온, 마손되어 감가한 화폐 사이에 상정된 차액이다.

1609년 이전에는 암스테르담의 광범한 무역이 유럽의 모든 지방에서 가져온 마손된 많은 양의 외국 주화는, 암스테르담의 통화가치를 조폐국에서 갓 나온 양화의 가치보다 약 9퍼센트 밑돌게 만들었다. 그런 사정 아래에서는 항상 일어나는 일이지만, 그런 양화는 출현하자마자 용해되거나 어디론가 사라졌다. 상인들은 많은 통화를 가지고 있어도 자신들의 환어음을 지불하는 데 충분한 양화를 언제나 입수할 수 있는 것은 아니어서, 그런 어음의 가치는 몇 가지 방지규정이 마련되었지만 매우 불안정한 것이 되었다.

그런 불편을 시정하기 위해, 1609년에 시의 보증을 토대로 하나의 은행이 설립되었다. 이 은행은 외국의 주화와 가볍게 마모된 자기나라의 주화 모두를, 국가표준 양화의 실질적인 내재가치로 받아들이고, 주조비와 그 밖에 필요한 관리비에 충당하는 데 필요한 것을 공제하기로 했다. 이 소액을 공제한 뒤에 남은 가치에 대해 은행은 그 장부상으로 신용을 부여했다. 이 신용은 은행화폐라고 불리며, 조폐국의 표준에 엄밀하게 따른 화폐를 대표한 것이므로, 언제나 같은 실질가치를 가지고 유통화폐보다 큰 내재가치를 가지고 있었다.

가 은행의 설립과 동시에 암스테르담 앞으로 발행되거나 암스테르담에서 배서(背書)한 600휠던 이상의 가치를 가진 환어음은 모두 은행화폐로 지불되어야 한다는 것이 법률로 징해졌고, 이 조치가 즉각 그런 어음의 가치의 불확실성을 모두 제거했다. 이 규제의 결과, 각 상인은 자신의 외국환어음을 지불하기 위해 그 은행에 계좌를 갖지 않으면 안 되었고, 그것은 필연적으로 은행화폐에 대한 일정한 수요를 낳게 되었다.

은행화폐는 통화에 대한 본디의 우월성과 이 수요가 필연적으로 주는 추가가치 외에도 몇 가지 다른 이점을 가지고 있다. 그것은 화재와 도난, 그 밖의 사고에 대해 안전하고, 암스테르담 시가 그것에 대해 책임을 갖고 있으며, 계산하는 수고도 한 곳에서 다른 곳으로 수송하는 위험도 없이, 단순한 대체로 지불할 수 있다. 이런 여러 가지 이점의 결과, 그것은 처음부터 프리미엄이 붙었던 것으로 생각되며, 일반적으로 사람들이 믿고 있는 것은, 시장에서 프리미엄을 붙여서 팔 수 있는 채권의 지불을 청구하려는 사람이 아무도 없기 때문에, 처음부터 이 은행에 맡겨진 화폐는 모두 그대로 그곳에 머무르고 있다는 것이다.

이 은행에 지불을 청구하면, 은행 신용의 소유자는 이 프리미엄을 잃게 된다. 조폐국에서 갓나온 1실링화가 우리의 마멸된 보통의 1실링화보다 많은 재화를 시장에서 구매할 수 있는 것은 아닌 것과 마찬가지로, 양질의 진정한 화폐도 은행금고에서 한 개인금고로 옮기면, 나라의 통상적인 통화와 섞여서 혼동되기 때문에, 쉽게 구별할 수 없게 되어 버린 그런 통화보다 많은 가치를 가지지는 않게 될 것이다. 그것이 은행금고에 남아 있는 한, 그 우월성은 널리 알려지고 확인도 되었다. 그것이 개인금고에 들어가면, 그 우월성은 아마 그 차액의 가치보다 더 많은 수고를 하지 않으면 도저히 확인할 수 없을 것이다. 뿐만 아니라, 은행금고에서 인출됨으로써, 그것은 은행화폐의 다른 모든 이점, 즉 그 확실성, 간편하고도 안전한 이동성, 외국환의 지불에 쓸 수 있는 이점 등을 잃게 되었다. 이 모든 것과 아울러, 그것은 곧 밝혀지듯이, 보관료를 미리 지불해 두지 않으면 은행화폐를 은행금고에서 인출할 수가 없었다.

그런 주화 예금, 즉 그 은행이 주화로 지불할 의무가 있는 예금이, 그 은행의 처음의 자본, 즉 이른바 은행화폐로서 표현되는 것의 모든 가치를 구성하고 있었다. 현재로는, 그 예금은 자본의 매우 적은 부분을 차지할 뿐인 것으로 상정되고 있다. 지금(地金)으로의 거래를 편리하게 하기 위해서, 이 은행은 지난 여러 해에 걸쳐서 금은 지금의 예금에 대해 장부상으로 신용을 주는 것을 실행해 왔다. 이 신용은 일반적으로 그런 지금의 조폐국가격보다 약 5퍼센트 낮다. 동시에 은행은 이른바 보관증 또는 수령증을 교부하여, 예금자 또는 증서 지참인에게 6개월 이내라면 언제라도 지금을 인출해 가는 자격을 인정한다. 단 그것은 예금되었을 때 장부상으로 주어진 신용과 같은 금액의 은행화폐를 은행에 지불하고, 예금이 은지금인 경우에는 4분의 1퍼센트, 금지금인 경우에는 2분의 1퍼센트를 보관료로 지불하는 동시에, 그런 지불을 이행하지 않고 기한이 지난 경우에는, 이 예금은 그것이 예치되었을 때의 값, 즉 대체장부에 기록된 신용가격으로 은행 소유가 된다는 것을 명시하는 조건에서이다. 이렇게 예금의 보관에 대해 지불되는 것은 일종의 창고료로 생각할 수 있다. 그리고 왜 이 창고료가 은보다 금 쪽이 그렇게 비싼가 하는 것에 대해서는 몇 가지 다른 이유가 제시되고 있다. 금의 순도(純度)는 은의 순도보다 확인하기 어려운 것으로 알려져 왔다. 비싼 금속이 눈을 속이기가 쉬운 반면 손실도 크다. 게다가 은은 본위화폐용 금속이므로, 나라는 금의 예금보다 은을 예금하도록 장려하고 싶어한다는 얘기들도 있다.

지금의 예금이 가장 널리 이루어지는 것은 그 값이 통상보다 조금 낮을 때이며, 상승하면 그것은 다시 인출된다. 네덜란드에서는 지금의 시장가격이 일반적으로 조폐국가격보다 높다. 그 이유는 잉글랜드에서 최근의 금화개주 전에 그러했던 것과 같다. 그 차액은, 1마르크*[15], 즉 순은 11대 혼합물 1로 구성된 은 8온스에 대해, 보통 6 내지 16스타이버*[16]라고 한다. 은행가격, 즉 같은 은행이 그런 은의 예금(멕시코 달러처럼 품질이 잘 알려지고 확인도 되어 있는 외국주화로 예금되는 경우)에 대해 주는 신용은, 1마르크에 대해 22휠던이다. 조폐국가격은 약 23휠던으로, 시장가격은 23휠던 6스타이버 내지 23휠던 19스타이버, 즉 조폐국가격보다 2 내지 3퍼센트 비싼 것이다. 금지금의 은행가격, 조폐국가격, 시장가격 사이의 비율은 거의 이것과 같다.

일반적으로 누구라도 자신이 가지고 있는 수령증을 지금(地金)의 조폐국가격과 시장가격의 차액으로 팔 수 있다. 지금의 수령증은 거의 언제나 약간의 가치를 가지고 있으며, 따라서 누구든지 6개월의 기한까지 지금을 인출하지 않고 두거나, 다음 6개월에 대한 새로운 수령증을 받기 위해 4분의 1 또는 2분의 1퍼센트의 보관료를 지불하지 않고 둠으로써, 수령증이 실효되는 것을 방치해 둔다는 것, 즉 지금이 전에 은행에 맡겨졌을 때의 값으로 은행의 소유가 되도록 내버려 두는 일은 좀처럼 없다. 그러나 여간해서 없다고는 하지만 이따금씩은 일어나는 일이며, 은보다 금에 대해 더 자주 일어난다고 한다. 그것은 값비싼 금속이 그 보관에 대해 지불되는 창고료가 비싸기 때문이다.

암스테르담 은행이 현재(1775년 9월) 여러 가지 종류의 지금과 주화를 받아들이는 가격은 다음과 같다.

＊15 마크, 마르, 마르크는 유럽 대륙의 옛날 중량 단위.
＊16 스타이버(Stuiver)는 네덜란드의 화폐 단위로, 휠던의 100분의 1. 스미스는 stiver 라고 쓰고 있다.

은	1마르크 (8온스)당
멕시코 달러 프랑스 크라운 잉글랜드 은화	22휠던 0스타이버
멕시코 달러 신주화	21휠던 10스타이버
두카트	3휠던 0스타이버
릭스 달러	2휠던 8스타이버

순은 12분의 11이 들어 있는 봉은(棒銀)은 1마르크당 21휠던이며, 이 비율로 순은 4분의 1이 들어 있는 봉은까지 내려가는데, 후자는 5휠던이다. 순은 8온스는 23휠던이다.

금	1마르크당
포르투갈 주화 기니화 루이 신주화	310휠던 0스타이버
루이 구주화	300휠던 0스타이버
두카트 신주화(1두카트당)	4휠던 19스타이버8

봉금(棒金) 또는 금괴는 위의 외국 금화와 비교하여, 그 순도에 비례하여 받아진다. 순봉금에 대해서는 은행은 1마르크당 340휠던을 지불한다. 그러나 일반적으로 순도가 알려져 있는 주화에 대해서는, 용해와 시금(試金)의 절차 없이는 순도를 확인할 수 없는 금은봉에 대해서보다 약간 많이 지불된다.

　지금을 예금하여 은행신용과 수령증 양쪽을 받는 사람은, 그의 환어음이 만기가 되면 자기의 은행신용으로 지불하고, 수령증은 지금가격이 상승할 것인지, 하락할 것인지에 대한 자신의 판단에 따라 팔기도 하고 보관하기도 한다. 수령증과 은행신용이 오랫동안 함께 보관되는 일은 매우 드물며, 또 그럴

＊17 두카트(Ducato), Ducatoon 은 베네치아 총독 dòge 의 초상이 들어간 화폐로, 베네치아가 오스트리아령이었기 때문에 유럽 대륙에서 널리 유통되었다.
＊18 영국에서 rix dollar 라고 한 것은 네덜란드어로 rijksdaalder , 독일어로 reichsthaler 라고 하며, 독일·네덜란드·스칸디나비아에서 유통한 화폐.

필요도 없다. 수령증을 가지고 있으면서 지금을 인출하고 싶은 사람은, 은행신용 또는 은행화폐를 언제라도 얼마든지 통상가격으로 살 수 있다는 것을 알고, 또 은행화폐를 가지고 있으면서 지금을 인출하고 싶은 사람은, 수령증을 마찬가지로 언제라도 얼마든지 입수할 수 있다는 것을 알고 있다.

은행신용의 소유자와 수령증 소지자는 은행에 대한 다른 두 종류의 채권자가 된다. 수령증 소지자는 그 지금이 수령된 값과 같은 금액의 은행화폐를 은행에 상환하지 않고는 수령증이 교부된 지금을 인출할 수 없다. 만일 그가 자신의 은행화폐를 가지고 있지 않으면, 그것을 가지고 있는 사람한테서 사지 않으면 안 된다. 은행화폐의 소유자는 자신이 원하는 양에 대한 수령증을 은행에 제시하지 않으면 지금을 인출할 수 없다. 만일 그가 자신의 수령증을 소지하고 있지 않으면, 또한 그것을 가지고 있는 사람들한테서 사지 않으면 안 된다. 수령증 소지자는 은행화폐를 구매할 때, 조폐국가격이 은행가격보다 5퍼센트 높은 일정한 양의 지금을 인출할 수 있는 힘을 사게 된다.

따라서 그가 은행화폐에 대해 보통 지불하는 5퍼센트의 프리미엄은, 상상상의 가치에 대해서가 아니라 실질가치에 대해 지불되는 것이다. 은행화폐의 소유자는 수령증을 구매할 때, 시장가격이 조폐국가격보다 통상 2내지 3퍼센트 높은 일정량의 지금을 인출할 수 있는 힘을 구매하게 된다. 따라서 그가 수령증에 대해 지불하는 값도 마찬가지로 실질가치에 대해 지불되는 것이다. 수령증의 값과 은행화폐의 값을 합하면 양쪽이 지금의 전 가치 또는 전 가격이 되는 것이다.

국내에서 유통되는 주화의 예금에 대해서도, 그 은행은 마찬가지로 은행 신용과 함께 수령증도 주는데, 그 수령증은 때때로 가치가 없으며, 따라서 시장에서는 아무런 값이 매겨지지 않을 것이다. 이를테면 통화로서는 각각 3휠던 3스타이버로 통용되는 두카트화에 대해, 은행은 3휠던, 즉 유통가치보다 5퍼센트 낮은 신용밖에 주지 않는다. 마찬가지로, 은행은 보관료로서 4분의 1퍼센트를 지불하면, 6개월 이내라면 언제라도 예금한 수만큼의 두카트화를 인출할 수 있는 권리를 지참인에게 인정하는 수령증을 준다. 이 수령증은 시장에서 아무런 값이 나가지 않는 일이 때때로 있다. 3휠던의 은행화폐는 일반적으로 시장에서는 3휠던 3스타이버이며, 즉 만일 이 두카트가 은행에서 인출되었으면 가지고 있는 전 가치로 팔리는 것이고, 또한 그것을 인출하려면 보관료로서 4분의 1퍼센트를 지불되지 않으면 안 되는데, 그것은 수령증 소지자로 봐서는 완전한 손실이 될 것이다. 그러나 그 은행의 프리미엄이 3퍼센트로 내리면 언제든지, 그런 수령증도 시장에서 약간의 값이 붙어, 1퍼센트 4분의 3에 팔릴지도 모른다. 그러나 은행의 프리미엄은 현재 일반적으로 약 5퍼센트이므로, 그런 수령증은 흔히 실효가 되도록 내버려 두거나 그들의 표현에 의하면, 은행의 손에 떨어지도록 방치해 둔다. 두카트 금화의 예금에 대해 주어지는 수령증은 더욱 빈번하게 은행의 손에 떨어져 버린다. 그것을 인출하려면 더 비싼 창고료, 즉 2분의 1퍼센트를 그 보관료로 지불하지 않으면 안 되기 때문이다. 주화든 지금이든, 예금이 은행의 손에 떨어지도록 방치되는 경우에 은행이 취득하는 5퍼센트는 그런 예금의 영속적인 보관을 위한 창고료로 여겨도 무방할 것이다.

수령증이 만기가 된 은행화폐의 금액은 매우 클 것이 틀림없다. 그것은 은행 최초의 자본 전액을 포함한 것이 분명하다. 그 최초의 자본은 이미 말한 여러 가지 이유에서 손해를 보지 않고는 수령증을 갱신할 수도 예금을 인출할 수도 없기 때문에, 아무도 그렇게 하려고는 생각하지 않을 것이므로, 처음 맡겼을 때부터 줄곧 은행에 남아 있는 것이라고 일반적으로 상정되고 있다. 그러나 그 금액이 얼마가 되든 은행화폐 총액에 대한 그 비율은 매우 적을 것으로 추정된다. 암스테르담 은행은, 지난 여러 해 동안 유럽에서 최대의 지금창고였으며, 지금에 대한 수령증이 만기가 되도록 내버려 두거나, 그들의 표현에 의하면 은행의 손에 떨어지도록 방치하는 일은 매우 드물다. 은행화폐의 훨씬 큰 부분, 즉 그 은행의 장부상 신용의 훨씬 큰 부분은, 지금상(地金商)이 끊임없이 넣었다 뺐다 하는 예금에 의해, 지난 몇 년 사이에 형성된 것으로 상정된다.

보관증 또는 수령증이 없으면 그 은행에 지불을 청구할 수 없다. 수령증이 만기가 되어 버린 비교적 적은 양의 은행화폐는, 수령증이 아직 유효한 훨씬 많은 양의 은행화폐와 혼합되어 버렸기 때문에, 그 안에 상당한 금액의 수령증이 없는 은행화폐가 있다 하더라도, 은행화폐 가운데 언제라도 누군가가 수령증에 의해 지불을 청구할 가능성이 없다고 특정할 수 있는 금액 또는 부분은 없다. 은행이 똑같은 물건에 대해 두 사람에게 채무를 지는 일은 있을 수가 없고, 수령증을 가지지 않은 은행화폐의 소유자는 수령증을 구입할 때까지는 은행의 지불을 청구할 수 없다. 통상의 평온한 시기에는, 그는 시장가격으로 수령증을 입수하는 데 아무런 어려움을 느끼지 않을 것이고, 그 시장가격은, 수령증이 그에게 은행에서 인출할 권리를 주고 있는 주화 또는 지금을 그가 팔 수 있는 값과 일반적으로 일치한다.

공공 재해의 시기, 이를테면 1672년 프랑스인의 침입*¹⁹ 같은 시기에는 그렇게 되지 않는다. 그때는 은행화폐의 소유자들이 그것을 모두 스스로 보관하기 위해 은행에서 인출하려고 기를 쓰므로 수령증에 대한 그 수요가 값을 엄청난 높이로 끌어올릴 것이다. 수령증의 소지자는 터무니없는 기대를 품고, 그 대신, 각각의 수령증이 주어진 예금을 바탕으로 한 신용인 은행화폐의 2 내지 3퍼센트가 아니라 절반을 요구할지도 모른다. 적(敵)은 그런 은행의 구조를 알고 재보의 반출을 저지하기 위해서 수령증을 매점까지 할지도 모른다. 그와 같은 비상시에는, 은행은 수령증 소지자에게만 지불하는 통상적인 규칙을 깰 것으로 상정된다.

수령증 소지자로 은행화폐를 가지지 않은 사람은, 각각의 수령증이 주어진 근거인 예금가치의 2 내지 3퍼센트 이내를 받았을 것이 틀림없다. 따라서 이 경우, 은행은 수령증을 입수하지 못한 은행화폐의 소유자에 대해, 장부상 주어져 있는 신용의 전 가치를, 화폐 또는 지금으로 지불하는 것을 조금도 주저하지 않을 것이라고 한다. 그와 동시에 은행화폐를 가지지 않은 수령증 소지자에 대해서는, 그 은행은 2 내지 3퍼센트밖에 지불하지 않고, 이것이 이런 사정하에서 그들에게 지불해야 하는 것이라고 정당하게 상정될 수 있기 때문이라는 것이다.

통상의 평온한 시기에도 수령증 소지자에게는, 은행화폐를(따라서 또 자신들이 가지고 있는 수령증으로 은행에서 인출할 수 있는 지금을) 그만큼 싸게 사기 위해, 또는 자신들의 수령증을, 은행화폐로 지금을 인출하려고 생각하고 있는 사람에게 그만큼 비싸게 팔기 위해, 프리미엄을 내리는 것이 유리하다. 수령증의 값은 일반적으로 은행화폐의 시장가격과, 그 수령증이 교부된 주화 또는 지금의 시장가격 사이의 차액과 같기 때문이다. 이에 반해, 은행화폐의 소유자에게는, 자신들의 은행화폐를 그만큼 비싸게 팔더라도, 또는 수령증을

---

*19 프랑스 왕 루이 14세의 침략. 프랑스군이 암스테르담 근처 마이덴까지 육박하자, 네덜란드는 대혼란에 빠졌다.

그만큼 싸게 팔더라도, 그것을 위해서는 프리미엄을 인상하는 것이 유리하다.

이렇게 상반되는 이해가 이따금 불러일으킬지도 모르는 증권투기 술책을 방지하기 위해, 최근에 그 은행은 언제든지 5퍼센트의 프리미엄으로 통화와 교환하여 은행화폐를 팔고, 또 4퍼센트의 프리미엄으로 되사는 것을 결정하기에 이르렀다. 이 결정의 결과, 프리미엄은 5퍼센트를 넘는 일도 4퍼센트 아래로 내려가는 일도 결코 일어날 수 없으며, 은행화폐의 시장가격과 유통화폐의 시장가격의 비율은 언제나 양자의 내재 가치 사이의 비율에 매우 가까운 수준으로 유지되고 있다. 이 결정이 이루어지기 전에는, 은행화폐의 시장가격은 상반하는 이해의 어느 한쪽이 우연히 시장에 영향을 주는 데 따라서, 때로는 9퍼센트의 프리미엄이 붙을 만큼 올라가고, 또 때로는 평가(平價)가 될 정도로 하락하는 일이 흔히 있었다.

암스테르담 은행은 그곳에 예금되어 있는 것에서 일절 대출하지 않고, 장부상으로 신용을 주고 있는 1휠던마다, 화폐 또는 지금으로 그 가치를 창고에 보관하고 있다고 공언하고 있다. 그 은행이 교환으로 발행한 수령증이 유효하고, 언제라도 지불 청구에 응할 의무가 있는 모든 화폐 또는 지금과, 실제로 끊임없이 은행에서 나오고 들어가는 모든 화폐 또는 지금을 그 창고에 보관하고 있다는 것은 의심할 여지가 없다. 그러나 그 은행의 자본 가운데, 그 수령증이 훨씬 전에 기간이 만료되었고, 또 통상의 평온한 시기에는 지불청구가 있을 수 없으며, 그리하여 실제로는 영구히, 즉 연합제주의회(聯合諸州議會)*20가 존속하는 한 그 은행에 남아 있을 가능성이 매우 큰 부분에 대해서도 그런지 어떤지는 아마도 그다지 확실하지는 않다고 생각될 것이다.

그렇지만 암스테르담에서는, 은행화폐로서 유통되고 있는 각 휠던에 대해, 그것에 대응하는 금 또는 은의 휠던이 은행금고에 보관되어 있다는 것은, 더 이상 확실할 수 없는 사실로 믿어지고 있다. 그 도시가 반드시 그렇다는 것의 보증인이다. 그 은행은 해마다 경질되는 네 사람의 현직 시장*21의 감독 아래 있고, 신임 시장들은 금고를 방문하여 그것을 장부와 대조하고, 선서한 뒤에

---

*20 연합제주의회(the States of the United Provinces)라는 것은, 네덜란드 북부 7주연합으로 이루어진 네덜란드 공화국의 국가 최고기관인 전국회의(staaten generaal)를 가리킨다.

*21 시장이라고 번역한 것은 burgomaster 인데, 외국 자치체에 대해 쓰이는 경우에는, 엄밀한 의미의 시장이라기보다는 행정 위원회 회장(위원장)의 지위라고 할 수 있다.

그것을 수령하며, 또 이것과 똑같은 엄숙한 의식으로 후임자에게 인계한다. 그 근엄하고 종교적인 나라에서는, 서약은 아직도 무시되지 않고 있는 것이다. 이런 종류의 교체만으로도 공언할 수 없는 행위에 대한 충분한 보증이 되는 것으로 여겨진다. 암스테르담의 통치에 있어서는, 당파가 불러일으킨 모든 혁명에도 불구하고 우위에 선 당파가 전임자를 그 은행의 부실한 관리에 대해 비난한 적은 한 번도 없었다. 어떤 비난이고 당의 명성과 운명에 그 이상 깊은 영향을 주는 것은 없을 것이고, 만일 그런 비난에 근거가 있었다면, 당연히 비난이 있었을 것이라고 믿어도 무방하다. 1762년에 프랑스 국왕이 유트레흐트에 왔을 때, 암스테르담 은행은 즉시 지불을 했기 때문에, 이 은행이 약속을 성실하게 지키고 있는 데 대해서 의심할 여지가 없었다. 그때 보관 금고에서 꺼내 온 화폐 가운데 어떤 것은, 그 은행이 설립된 지 얼마 안 되어 시청 안에서 일어난 화재로 그을어 있었던 것 같다. 따라서 그런 화폐는 그 당시부터 그곳에 보관되어 있었던 것이 틀림없다.*22

이 은행에 있는 재보가 얼마나 되는가 하는 것은, 호기심 많은 사람들에게 오랫동안 관심의 대상이 되어 온 문제이다. 그것에 대해서는 추측 외에는 아무 것도 말할 수 없다. 이 은행에 계좌를 가지고 있는 사람은 약 2천 명인 것으로 알려져 있고, 그들이 각자의 계좌에 영국 정화로 평균 1500파운드의 가치를 가지고 있다고 하면(매우 크게 잡은 것이지만), 은행화폐의 총량, 따라서 이 은행에 있는 재보의 총량은 영국 정화로 약 300만 파운드, 즉 영국 정화 1파운드를 11휠던으로 환산하면 3300만 휠던이 될 것이다. 이것은 거액이고, 매우 광범한 유통을 영위하는 데 충분한 금액이지만, 어떤 사람들이 이 재보에 대해서 가지고 있는 터무니없는 생각보다는 훨씬 모자란다.

암스테르담 시는 이 은행에서 적지 않은 수입을 올리고 있다. 앞에서 말한 창고료라고 해도 좋은 것 외에, 각자는 은행에 처음 계좌를 설정할 때 10휠던의 수수료를 지불한다. 그리고 새로운 거래마다 3휠던 3스타이버, 대체가 있을 때마다 2스타이버를 지불한다. 그리고 대체가 300휠던 이하인 경우는 소액 거래가 다수가 되는 것을 억제하기 위해 6스타이버를 지불한다. 1년에 두 번 하는 자기 계좌의 결산을 태만히 하는 사람은 25휠던의 벌금을 물어야 한다. 자

---

*22 프랑스군이 침입했을 때, 은행의 대응에 대해 볼테르가 《루이 14세의 세기》 제10장에서 칭찬한 적이 있다. 스미스는 여기서 볼테르를 인용한 것으로 생각된다.

기 계좌의 잔액보다 많은 대체를 지시하는 사람은 초과액의 3퍼센트를 지불해야 할 뿐만 아니라, 그의 대체지시는 무효가 된다. 은행은 또, 이따금 수령증이 만기가 되어 은행에 귀속된 뒤 유리하게 매각할 수 있을 때까지 언제나 보관되고 있는 외국의 주화 또는 지금을 매각함으로써 상당한 이윤을 보는 것으로 상정된다. 마찬가지로 이 은행은 은행화폐를 5퍼센트의 프리미엄으로 매각하고, 4퍼센트의 프리미엄으로 매입하여 이윤을 올리고 있다.

이런 여러 가지 이득은, 직원의 급료를 지불하고, 운영비를 충당하는 데 필요한 것보다 매우 많은 액수에 이른다. 수령증에 의한 지금의 보관에 대해 지불되는 것만으로도, 연간 순수입이 15만에서 20만 휠던에 이를 것이다. 그러나 이 기관의 본디의 목적은 공익에 이바지하는 것이었지 수입이 아니었다. 그 목적은 상인을 불리한 환시세에 의한 불편에서 구제하는 일이었다. 거기서 생긴 수입은 예상하지 않았으며, 우연한 것으로 생각해도 무방한 것이다.

그러나 이제 이 긴 이야기에서 본론으로 되돌아가야 할 때가 왔다. 이른바 은행화폐로 지불하는 나라와 보통 화폐로 지불하는 나라 사이의 환시세가, 어째서 일반적으로 전자에게 유리하고 후자에게 불리해 보이는지, 그 이유를 설명하려고 노력하는 사이에 나도 모르게 이 장황한 이야기로 들어와 버렸다. 전자는, 내재가치가 항상 같고 각국의 조폐국 표준에 엄밀하게 일치하는 종류의 화폐로 지불하고 있고, 후자는 내재가치가 계속 변동하고 있고, 거의 언제나 조금이나마 그 표준 이하에 있는 종류의 화폐로 지불하고 있다.[23]

제2절 다른 원리에서 특별 수입제한 불합리에 대하여[24]

앞의 절에서, 나는 무역차액이 불리하다고 생각되고 있는 나라들에서의 재화의 수입에 특별한 제한을 가하는 것은, 상업주의의 여러 원리에 입각하더라도, 얼마나 불편한지를 설명하고자 했다.[25]

---

[23] 초판에서는 이 뒤에 '그러나 산정 환시세는 항상 전자에게 유리하더라도, 실질 환시세는 흔히 후자에게 유리할 수 있다'고 이어진다.

[24] 이 절의 제목 대신 초판에서는 '예금은행에 관한 이야기의 종결'이라고 되어 있다.

[25] 초판에서는 이 문단 뒤에 다음의 문장이 들어간다(위의 〈주〉 11 참조). '어딘가 두 곳 사이의 산정 환시세가 모든 점에서 실질 환시세와 같더라도, 그렇다고 반드시 언제나 통상적인 환시세가 유리했던 곳에서 이른바 무역차액이 유리한 것은 아니다. 이 경우에는 분명히,

그러나 이런 제한뿐만 아니라, 다른 거의 모든 상업상의 규제의 기초가 되어 있기도 한 무역차액에 대한 이 모든 학설보다 더 어리석은 것은 없을 것이다. 두 곳이 서로 무역을 할 경우, 차액이 평형(平衡)을 이루면, 어느 쪽도 손해나 이득을 보는 일이 없지만, 만일 저울이 조금이라도 한 쪽으로 기운다면, 정확한 균형에서 기울어지는 정도에 따라 한 쪽은 손해를 보고 다른 한 쪽은 이득을 본다고 이 학설은 상정한다. 그러나 이 두 상정은 모두 엉터리이다. 장려금이나 독점에 의해 무리하게 영위되는 무역은, 내가 뒤에 다시 설명하겠지만, 그것을 자기나라에 유리한 것으로 하려고 그런 수단을 확립한 나라에 오히려 불리할 수 있고, 또 불리한 것이 보통이다. 그러나 강제 또는 구속이 없이 어디서나 두 곳 사이에 자연히, 그리고 규칙적으로 영위되는 무역은, 양쪽에 언제나 똑같이 유리하지는 않더라도 언제나 유리하다.

이익 또는 이득이란 내가 알기로, 금은의 양의 증가가 아니라, 그 나라의 토지와 노동에서 나오는 연간 생산물의 교환가치의 증가, 즉 그 주민들의 연간 수입의 증가를 의미한다.

만일 차액이 평형을 이루고, 두 곳 사이의 무역이 오로지 각각의 국산상품의 교환이라면, 대부분의 경우, 양쪽 모두 득을 얻을 뿐만 아니라, 똑같거나 거의 같은 이득을 얻을 것이다. 이 경우에 각자는 상대편의 잉여 생산물의 일부에 대해 시장을 제공하고, 또 각각은 상대편의 잉여 생산물의 이 부분을 시장용으로 생산하고 조제*26 하는 데 쓰이고, 일정 수의 주민들에게 분배되어 그

통상적인 환시세는 두 곳 사이의 채권채무의 통상적인 상태에 대한 기본적인 지표일 수가 있고, 두 나라 가운데 보통 어느 쪽이 다른 쪽에 화폐를 보낼 필요가 있는지 보여 줄 수 있다. 그러나 어딘가 두 곳 사이의 채권채무의 통상적인 상태는 반드시 언제나 상호 거래의 통상적인 경과에 의해 완전히 규제되는 것은 아니고, 그 두 곳과 다른 많은 나라 사이의 거래의 경과에 따라 영향을 받는다. 이를테면 만일 잉글랜드의 상인에게 있어서 함부르크·단치히·리가 등에서 그들이 구매하는 재화에 대해 네덜란드의 어음으로 지불하는 것이 보통이라면, 잉글랜드와 네덜란드 사이의 채권채무의 통상적인 상태는, 이런 두 나라 사이의 거래의 통상적인 상태에 의해 완전히 규제되는 것은 아니고, 잉글랜드와 그런 다른 곳 사이의 거래에 영향을 받을 것이다. 이 경우 잉글랜드는, 네덜란드에 대한 연간 수출이 그곳에서의 연간 수입의 가치를 넘어섰음에도 불구하고, 또 이른바 무역차액이 잉글랜드에 매우 유리함에도 불구하고, 해마다 우리의 화폐를 네덜란드로 보내지 않을 수 없을 것이다.'

*26 '시장용으로 생산하고 조제'가 초판에서는 단순히 '생산'으로 되어 있었다.

들에게 수입과 생계를 제공해 온 자본을 회수시킬 것이다. 따라서 양쪽 주민 가운데 일부는 자신들의 수입과 생계를 간접적으로 상대편으로부터 얻을 것이다. 교환되는 상품도 또한 같은 가치로 상정되고 있으므로, 이 무역에 쓰이는 두 가지 자본도 대부분의 경우 같은 금액이거나 거의 같은 금액일 것이다. 그리고 두 자본 모두, 두 나라의 국산품 생산에 쓰이므로, 그 자본의 분배가 양쪽 주민에게 제공할 수입과 생계 또한 같거나 거의 같을 것이다. 이렇게 하여 서로 제공하는 수입과 생계는 그들의 거래 규모에 비례해서 커지거나 작아지거나 할 것이다. 만일 이 거래가 이를테면 양쪽에서 해마다 10만 파운드 또는 100만 파운드에 이른다면, 두 나라는 각각 상대편 주민에게, 전자의 경우에는 10만 파운드, 후자의 경우에는 100만 파운드의 연수입을 제공하게 될 것이다.[*27]

만일 두 나라 사이의 무역이, 한쪽은 다른 쪽에 국산품밖에 수출하지 않는데도 다른 쪽으로부터 돌아오는 물품은 외국 재화뿐인 성질의 것이라고 한다면, 이 경우에도 또한 상품은 상품으로 지불되므로 무역수지는 평형이라고 상정될 것이다. 이 경우에도 두 나라는 모두 이득을 보겠지만 평등하지는 않고, 국산품만 수출하는 나라의 주민이 그 무역에서 최대의 수입을 얻을 것이다. 이를테면 만일 잉글랜드가 프랑스에서 그 나라의 국산품만 수입하고, 그곳에서 수요가 있는 자국 상품이 없기 때문에 많은 양의 외국산 재화, 이를테면 담배와 동인도의 재화를 보냄으로써 해마다 지불을 한다고 가정하면, 이 무역은 양쪽의 주민에게 어떤 수입을 주기는 하지만, 잉글랜드의 주민보다 프랑스의 주민에게 더 많은 수입을 줄 것이다. 이 무역에 해마다 쓰이는 프랑스의 전 자본은 프랑스 국민들 사이에 해마다 분배될 것이다. 그러나 잉글랜드의 자본 가운데 그런 외국 재화를 구입하기 위한 잉글랜드 상품의 생산에 쓰인 부분만이, 해마다 잉글랜드 국민들 사이에 분배될 것이다. 잉글랜드 자본의 대부분은, 버지니아·인도스탄 및 중국에서 쓰여, 그런 먼 나라의 주민들에게 수입과 생계를 제공해 온 자본을 회수할 것이다.

따라서 만일 자본이 같거나 거의 같다면, 잉글랜드 자본의 이런 사용법이 잉글랜드 주민의 수입을 증가시키는 것보다, 프랑스 자본의 이런 사용법 쪽이

---

*27 초판에서는 여기서 줄이 바뀌지 않았다.

프랑스 주민의 수입을 훨씬 많이 증가시킬 것이다. 이런 경우 프랑스는 잉글랜드와 소비용의 직접 외국무역을 영위하지만, 잉글랜드는 프랑스와, 같은 종류의 우회무역을 영위하는 셈이다. 소비재의 직접 외국무역에 쓰이는 자본과 우회 외국무역에 쓰이는 자본의 효과 차이에 대해서는 이미 충분히 설명했다.

어느 두 나라 사이에서도, 양쪽의 국산품의 교환만으로 이루어지는 무역이나, 한쪽은 국산 상품이고 다른 쪽은 외국 재화인 무역은 아마 존재하지 않을 것이다. 거의 모든 나라가 서로 일부는 국산품을 일부는 외국 재화를 교환한다. 그러나 국산품이 화물의 가장 큰 비율을 차지하고, 외국품이 가장 작은 비율을 차지하는 나라가 언제나 주요한 이득자가 될 것이다.

만일 잉글랜드가 프랑스로부터의 연간 수입품에 대해, 담배나 동인도의 재화가 아니라 금은으로 지불하는 것으로 한다면, 상품의 지불이 상품으로 이루어지지 않고 금은으로 이루어지므로, 차액은 평형이 아니라고 상정될 것이다. 그러나 이 무역은 이 경우에도 앞의 경우와 마찬가지로 양국 국민에게 어떤 수입을 줄 것이지만, 특히 프랑스 주민에게는 잉글랜드 주민보다 더 많은 수입을 줄 것이다. 그것은 잉글랜드의 주민에게 약간의 수입을 줄 것이다. 이 금은을 구입한 잉글랜드 재화의 생산에 쓰이고 있었던 자본, 즉 잉글랜드의 일정한 주민들 사이에 분배되어, 그들에게 수입을 주고 있었던 자본은 이렇게 하여 회수되고, 그것에 계속 쓰일 수 있게 될 것이다.

잉글랜드의 총자본은, 이 금은의 수출에 의해, 같은 가치의 다른 재화의 수출에 의해 감소하지 않는 것과 마찬가지로, 감소하지는 않을 것이다. 오히려 대부분의 경우, 그것은 증가할 것이다. 국내보다 국외에서 수요가 더 많은 것으로 상정되고, 따라서 그 대가로 돌아오는 상품이 수출된 상품보다 국내에서 큰 가치를 가질 거라고 기대되는 재화가 아니면, 국외로 보내지지 않는다. 잉글랜드에서 10만 파운드의 가치밖에 되지 않는 담배가 프랑스로 보내지면, 잉글랜드에서 11만 파운드의 가치가 있는 포도주를 구매한다면, 이 교환은 잉글랜드의 자본을 1만 파운드 증가시킬 것이다. 마찬가지로 잉글랜드의 금 10만 파운드가 잉글랜드에서 11만 파운드의 가치가 있는 프랑스의 포도주를 구매한다면, 이 교환도 똑같이 잉글랜드의 자본을 1만 파운드 증가시킬 것이다. 자기 창고에 11만 파운드의 가치가 있는 포도주를 가진 상인이, 자기 창고에 10만 파운드 가치의 담배를 가진 상인보다 부자이듯이, 그는 자기 금고에 10만 파운드 가치의 금을 가진 사람보다 부자이다.

그는 다른 두 사람의 어느 쪽보다도 많은 양의 근로를 활동하게 할 수 있고, 많은 수의 사람들에게 수입과 생계와 근로의 장소를 제공할 수 있다. 그러나 나라의 자본은 그 나라의 다양한 주민 전원의 자본과 같고, 국내에서 해마다 유지될 수 있는 근로의 양은 그런 모든 자본이 유지할 수 있는 노동의 양과 같다. 따라서 그 나라의 자본과 그것으로 해마다 유지될 수 있는 근로의 양은 이 교환에 의해서 전체적으로 증가할 것이 틀림없다.

잉글랜드로서는 버지니아의 담배나 브라질과 페루의 금은으로 프랑스의 포도주를 구매하는 것보다, 자국산 철물이나 고급 모직물로 구입하는 것이 유리할 것이다. 소비재의 직접 무역은 우회무역보다 언제나 유리하다. 그러나 금은으로 영위되는 소비재의 우회무역이 똑같이 우회적인 그 밖의 어떤 무역보다 이익이 적다고는 생각되지 않는다. 광산이 없는 나라가 금은을 이렇게 해마다 수출해도 금은이 고갈되어 버리는 일이 없는 것은, 담배를 재배하지 않는 나라가 마찬가지로 해마다 담배를 수출해도 담배가 없어지지 않는 것과 같다. 담배를 살 수단을 가지고 있는 나라가 오랜 동안 담배가 없어서 어려움을 겪는 일은 결코 없는 것처럼, 금은을 구매할 수단을 가진 나라가 오랜 동안 금은이 없어서 어려움을 겪는 일 또한 없을 것이다.

노동자가 술집*28과 계속하는 거래는 한 마디로 손해 보는 장사이며, 제조업 국가가 포도주 생산국과 자연히 영위하는 무역도 이것과 같은 성질의 거래라고 생각될지도 모른다. 술집과의 거래는 반드시 손해 보는 장사만은 아니라고 나는 대답한다. 이 거래는 아마 다른 거래보다는 조금 남용될 가능성이 많기는 하지만, 그 자체의 성질상 다른 어떤 거래와도 똑같이 유리한 것이다. 양조업자의 일이나 주류 소매업자의 일도 다른 어떤 일과 마찬가지로 필요한 분업이다. 노동자로서는 자신에게 필요한 양을 양조업자한테서 사는 편이, 자기가 직접 양조하는*29 것보다 일반적으로 유리할 것이고, 만일 그가 가난한 노동자라면 소매업자한테서 조금씩 사는 편이 양조업자한테서 많은 양으로 사는 것보다 일반적으로 유리할 것이다. 그가 그 어느 쪽한테서도 과도하게 사는

＊28 술집(ale-house)은 맥주 소매상.

＊29 양조하다(brew)는 맥주를 빚는 것. 포도주도 양조주이기는 하지만, 노동자와는 인연이 멀다. 초판에서는 '만드는'.

것은, 물론 이웃의 누군가 다른 업자한테서, 즉 대식가라면 푸줏간에서, 동료들 중에서 멋을 부리고 뻐기는 편이라면 포목상에서 너무 많이 사버릴 수 있는 것과 마찬가지로, 있을 수 있는 일이다.

그럼에도 불구하고, 이런 직업이 모두 자유롭다는 것은, 설령 이 자유가 어느 직업에서나 남용되고, 또 어쩌면 일부 직업에서는 다른 직업보다 훨씬 남용될 가능성이 크다고 해도, 노동자들 전체로 보아서 유리하다. 뿐만 아니라, 개개인은 때로는 지나친 술 소비로 인해 재산을 탕진하는 일이 있다 하더라도, 한 나라의 국민 모두가 그렇게 될 위험은 없다고 생각된다. 어느 나라에서나 자기가 지불할 수 있는 능력보다 술값을 많이 쓰는 사람이 많다고는 하지만, 지불할 수 있는 능력보다 적게 쓰는 사람이 언제나 훨씬 더 많다. 그리고 주목할 만한 것은, 우리의 경험에 비추어 본다면 포도주가 싼 것은 과음의 원인이 아니라 절주의 원인이라는 것이다.

포도주 생산국의 주민들은 일반적으로 유럽에서도 가장 술을 삼가는 사람들이다. 에스파냐인, 이탈리아인 및 프랑스 남부 여러 주의 주민들을 보면 명백하게 알 수 있다. 그들은 늘 먹는 음식물을 지나치게 많이 섭취하는 과오를 저지르는 일이 거의 없다. 약한 맥주처럼 값싼 술을 아낌없이 마심으로써 자신이 대범하고 사교성이 좋다는 것을 자랑하는 사람은 아무도 없다. 반대로 지나치게 덥거나 추워서 포도가 생산되지 않고, 따라서 포도주가 비싸고 귀한 나라에서는, 북방의 여러 나라들이나, 이를테면 기니 연안의 흑인들처럼 열대 지방에 사는 모든 사람들 사이에서 그렇듯이, 과음은 일반적인 악덕이다.

프랑스군 연대가 포도주값이 약간 비싼 프랑스 북부에서 포도주가 매우 싼 남부로 이동해 오면, 처음에는 병사들이 고급 포도주가 싸고 진귀한 데에 정신을 못 차리고 과음하게 되지만, 몇 달이 지나고 나면 대부분 다른 사람들과 마찬가지로 술을 삼가게 된다는 말을 나는 여러 번 들은 적이 있다. 만일 외국산 포도주의 관세나 맥아·맥주·에일의 소비세가 갑자기 철폐된다면, 위의 경우와 마찬가지로 그레이트브리튼에서 중류 및 하층민들 사이에서 매우 널리 일시적인 과음을 일으킬 수 있지만, 아마 그것은 곧 영속적이고 거의 보편적인 절주로 대체될 것이다. 현재 과음은 상류층 사람들, 즉 가장 비싼 술을 쉽게 살 수 있는 사람들의 악덕은 결코 아니다.

에일 맥주를 마시고 취해 있는 신사는 우리들 사이에서는 거의 찾아볼 수 없다. 뿐만 아니라, 그레이트브리튼에서의 포도주 무역에 대한 제한은, 만일 이렇게 말해도 된다면, 사람들이 술집에 가는 것을 저지하는 것보다 가장 질이 좋고 가장 값싼 술을 살 수 있는 곳에 가는 것을 저지하는 데 목적이 있는 것처럼 보인다. 이 제한은는 포르투갈의 포도주 무역을 우대하고, 프랑스의 포도주 무역을 방해하고 있다. 포르투갈인은 우리의 제조업에 있어서 프랑스인보다 좋은 고객이고, 따라서 프랑스인보다 우대받아야 한다고 하는 말은 사실이다. 그들이 우리를 애용해 주니까 우리도 그들을 애용해 주어야 한다고 주장하는 사람들이 있다.*30

저급한 소상인(小商人)들의 비열한 술책이, 이렇게 하여 대제국의 행동에 대한 정치상의 원리로 격상되는 것인데, 그것은 주로 자신의 고객에게 도움이 되는 것만 생각하는 것을 원칙으로 하는 것은 가장 하등한 소상인들뿐이기 때문이다. 대상인은 이런 종류의 사소한 이해는 고려하지 않고, 그들의 재화를 가장 값이 싸고 가장 질이 좋은 곳에서 구입한다.

그러나 이런 원리에 의해서 여러 국민들은, 자신들의 이익은 모든 이웃 나라를 궁핍하게 만드는 데 있다고 배워 왔다. 각 국민은 자기나라와 무역하는 모든 국민의 번영을 분노의 눈으로 바라보고, 그들의 이득을 자기나라의 손실로 생각해 왔다. 상업은 개인 사이에서와 마찬가지로 여러 국가 사이에서도 자연스러운 연합과 우정의 유대여야 하는데, 그것이 불화와 적의가 가장 풍부한 원천이 되었다. 금세기와 전세기 사이에 국왕과 대신들의 독선적인 야심도, 상인과 제조업자들의 주제넘은 질투만큼 유럽의 평화에 치명적인 위협이 되지는 않았다. 인류의 지배자들의 폭력과 부정은 예로부터의 악덕이며, 유감스럽지만 그것은 인간사의 본질로 보아 거의 교정의 여지가 없다. 그러나 인류의 지배자도 아니고 그렇게 될 수도 없는 상인과 제조업자들의 비천한 욕심과 독점 근성은, 설령 고칠 수는 없다 하더라도 그것이 그들 자신 이외에 누구의 평온도 어지럽히지 못하게 하는 일은 매우 쉬울 것이다.

이 학설을 고안하고 보급시킨 것도 본디는 독점 정신이었다는 것은 의심할 여지가 없다. 또 그것을 맨 처음 가르친 사람들은 결코 그것을 믿은 사람들처럼 어리석지는 않았다. 어느 나라에서나 국민의 대다수의 이익은 언제나 무

---

*30 포르투갈과의 무역에 대해서는 제6장 첫머리에 상세히 설명되어 있다.

엇이든 그들이 필요한 것을 가장 싸게 파는 사람들로부터 사는 것이고, 또 그렇지 않을 수가 없다. 이 명제는 너무나 명백해서 그것을 증명하려고 어떤 노력을 한다는 것이 어리석게 보일 정도다. 상인과 제조업자들의 사리(私利)에 찬 궤변이 인류의 상식을 혼란시키지만 않았더라도 이것은 문제가 될 수도 없었을 것이다. 그들의 이해는 이 점에서 국민 대다수의 이해와 정면으로 대립된다.

동업조합의 조합원으로서 다른 국민들이 그들 이외의 노동자는 아무도 고용하지 못하게 방해하는 것이 이익이듯이, 어느 나라의 상인과 제조업자들에게도 국내 시장에서의 독점권을 자기들 손에 확보하는 것이 이익이다. 그래서 그레이트브리튼 및 다른 대부분의 유럽 국가에서는, 외국 상인에 의해 수입되는 거의 모든 재화에 이례적인 관세가 부과된다. 그리하여 우리들 자신의 제품과 경쟁할 수 있는 모든 외국 제품에 높은 관세와 금지가 부과된다. 또한 무역차액이 우리에게 불리하다고 생각되는 나라, 즉 어쩌다가 국민적 적의가 가장 격렬하게 타오르게 된 나라로부터 거의 모든 종류의 재화의 수입을 이례적으로 제한하는 것도 이 때문이다.

그러나 이웃 나라의 부는 비록 전쟁과 정치에 있어서는 위험하더라도, 무역에 있어서는 틀림없이 유리하다. 그것은 적대 상태에서는 우리의 적으로 하여금 우리보다 뛰어난 함대와 군대를 보유하는 것을 가능하게 할지도 모르지만, 평화와 상업의 상태에서는, 그들은 우리와 더욱더 큰 가치를 교환하고, 우리나라 산업의 직접적인 생산물과, 그것으로 구입할 수 있는 모든 것에 더 나은 시장을 제공하는 것도 마찬가지로 가능하게 할 것이 틀림없다. 부유한 사람이 가난한 사람보다 인근의 부지런한 사람들에게 좋은 고객인 것처럼, 부유한 국민도 또한 그러하다.

자기 자신이 제조업자인 부자는 확실히 같은 장사를 하는 모든 사람들에게는 매우 위험한 이웃이다. 그러나 압도적인 최대 다수인 그 이외의 모든 이웃들은, 그의 지출이 제공해 주는 좋은 시장을 통해 이익을 얻는다. 그들은 부자가 같은 업계의 더 가난한 노동자들에 비해서 싸게 파는 덕택에 이익을 얻기도 한다. 마찬가지로 부유한 나라의 제조업자들도 이웃 나라의 제조업자들에게는 의심할 여지없이 매우 위험한 경쟁자일 수 있다. 그러나 바로 이 경쟁이 국민 대다수에게는 이익이 되는 것이며, 그들은 또 그런 부유한 국민의 커다란 지출이 다른 모든 방법으로 제공해 주는 좋은 시장에 의해서도 많은 이익을 얻는다. 재산을 모으고 싶은 개인들은 농촌의 한적하고 가난한 지방으로 은퇴할 생각은 절대로 하지 않고, 수도나 큰 상업 도시에 모여든다. 적은 부밖에 유통되고 있지 않는 곳에서는 조금밖에 얻을 수 없지만, 많은 양의 부가 움직이고 있는 곳에서는 그 가운데 약간의 몫이 자기들 손에 떨어질지 모른다는 것을 그들은 알고 있다.

이렇게 하여 한 사람, 열 사람 또는 스무 사람의 개인의 상식을 이끄는 것과 똑같은 여러 원리가 백만, 천만 또는 2천만의 판단을 좌우할 것이고, 전국민이 그 이웃 나라의 부를 자기나라가 부를 획득할 수 있는 원인이자 기회로 여기게 할 것이다. 외국무역을 통해 부유해지고 싶어하는 국민은, 그 이웃 사람들이 모두 부유하고 부지런하며 상업적인 국민일 때, 그 목적을 이룩할 가능성이 확실하게 가장 크다. 주위가 모두 유랑의 미개인과 가난한 야만인에 둘러싸여 있는 큰 나라는 말할 것도 없이 자국의 토지 경작과 국내 상업을 통해 부를 획득할 수 있을지 모르지만, 외국무역으로는 그렇게 하지 못한다.

고대 이집트인과 근대 중국인이 그들의 커다란 부를 획득한 것은 이런 방법에 의한 것으로 생각된다. 고대 이집트인은 대외 상업을 무시했다고 하며, 근대 중국인은 그것을 극도로 멸시하여 법률상의 마땅한 보호를 거의 제공하려 하지 않았던 것으로 알려져 있다. 외국 상업에 대한 근대의 원리는 우리의 모든 이웃을 가난하게 만드는 것을 목적으로 하고 있기 때문에, 의도하는 결과를 실현할 수 있는 한, 대외 상업 자체를 무의미하고 경멸스러운 것으로 만들어 버리는 경향이 있다.

프랑스와 잉글랜드 사이의 상업이 두 나라에서 매우 많은 방해와 제한을 받아 온 것은 이런 원리의 결과이다. 그러나 만일 그 두 나라가, 상인으로서의 질투와 국민적인 적의가 없이, 자신들의 실질적인 이익을 고려한다면, 대(對) 프랑스 상업은 그레이트브리튼에 있어서 다른 어떤 나라와의 상업보다 유리할 것이고, 같은 이유에서, 대 그레이트브리튼 상업은 프랑스에 있어서 가장 유리할 것이다. 프랑스는 그레이트브리튼에게는 가장 가까운 이웃 나라이다. 잉글랜드 남부 해안과 프랑스 북부 해안 및 북서부 해안 사이의 상업에서는, 내륙 거래의 경우와 마찬가지로 1년에 네 번, 다섯 번 내지 여섯 번의 자금회수를 기대할 수 있다. 따라서 이 무역에 쓰이는 자본은, 그것과 같은 금액의 자본이 양국의 각각에서 외국무역의 다른 여러 부문에서 이룰 수 있는 것보다 네 배, 다섯 배 내지 여섯 배나 되는 양의 근로를 계속 활동하게 하고, 네 배, 다섯 배 내지 여섯 배나 되는 수의 사람들에게 일자리와 생계를 제공할 수 있을 것이다.

프랑스와 그레이트브리튼의 여러 지방과 서로 가장 멀리 떨어져 있는 지방 사이에서도, 적어도 1년에 한 번의 자금회수는 기대할 수 있을 것이고, 또 이 거래에서도 현재까지는 우리의 대 유럽 무역의 다른 여러 부문과 적어도 같은 정도로 유리했을 터이다. 이 무역은 우리의 북아메리카 식민지와의 자랑스러운 무역보다 적어도 세 배는 유리할 것이다. 거기서는 3년 안에 자금이 회수되는 일이 거의 없고, 4, 5년 안에 회수되지 않는 경우도 드물지 않다. 뿐만 아니라, 프랑스에는 2400만 명의 주민이 있는 것으로 상정되고 있다. 우리의 북아메리카 식민지에는 300만 이상의 주민이 있는 것으로 상정된 적이 한 번도 없다. 게다가 프랑스는 북아메리카보다 훨씬 부유한 나라이다. 다만 전자의 나라에서는 후자보다 부의 분배가 불평등하기 때문에, 후자보다 가난한 사람과 거지가 훨씬 많다. 따라서 프랑스는 우리의 북아메리카 식민지가 일찍이 어느 때 제공한 것보다, 적어도 8배는 넓은 시장을, 그리고 자금회수 면에서도 훨씬 낮기 때문에 24배나 유리한 시장을 제공할 수 있을 것이다.

그레이트브리튼과의 무역은, 프랑스에 있어서 바로 이것과 마찬가지로 유리할 것이고, 또 두 나라의 각각의 부와 인구, 근접도에 비례하여 프랑스가 자국의 식민지와 영위하는 무역보다 나은 것은, 잉글랜드에 있어서 대 프랑스 무역이 대 북아메리카 식민지 무역보다 나은 것과 마찬가지이다. 두 국민의 뛰어난 지혜로 억제하는 것이 적절하다고 판단한 무역과, 가장 우대해 온 무역 사이의 차이는, 이토록 큰 것이다.*31

그러나 두 나라 사이의 공개적이고 자유로운 상업을 양쪽에 그만큼 유리하게 만든 사정 자체가, 그 상업의 중요한 걸림돌을 낳았다. 양국은 서로 이웃해 있기 때문에 필연적으로 적(敵)일 수밖에 없고, 그로 인해 각 나라의 부와 힘은 상대에게 훨씬 두려운 존재가 된다. 국가적인 우호의 이점을 키워야 하는 자들은 국가적인 적의를 격렬하게 부추기기만 할 뿐이다. 그들은 모두 부유하

---

*31 이 문단과 다음 문단은 '초판과 제2판에 대한 추가와 정정'과 제3판에서 추가되었다.

고 부지런한 국민으로, 두 나라의 상인과 제조업자는 상대국의 상인과 제조업자의 기량과 활력에 의한 경쟁을 두려워하고 있다. 상업적 질서가 불타올라, 서로 격렬한 국민적 적의에 의해 상대를 격앙시키고 스스로도 격앙한다. 두 나라의 무역업자는 이해관심에 의한 허위를 열광적으로 믿으면서, 상대국과의 제약 없는 통상의 불가피한 결과라고 그들이 주장하는 불리한 무역차액의 결과, 각자가 파멸할 것은 확실하다고 선언했다.

유럽의 상업국 가운데, 무역차액의 역조(逆調 : 일의 진척이 나쁜 방 향으로 향하는 상태) 때문에 파멸이 다가오고 있다고, 이 체계의 자칭 박사들이 자주 예언하지 않은 나라는 하나도 없다. 그러나 그들이 부추겨 놓은 불안에도 불구하고, 거의 모든 무역국이 그 차액을 자국에는 유리하고 이웃 나라에는 불리하도록 만들려고 헛되이 노력했음에도 불구하고, 유럽에 그런 원인으로 어떤 면에서든 가난해진 나라가 한 나라라도 있다고는 생각되지 않는다. 이와 반대로, 어느 도시와 나라도 자신들의 항구를 모든 나라에 개방한 정도에 따라, 상업주의의 여러 원리가 우리에게 예상시키려고 한 것처럼 파멸하기는커녕, 그것에 의해 오히려 부유해진 것이다. 확실히 유럽에는 어떤 점에서 자유항이라고 부를 만한 도시는 몇몇 있지만, 그 이름에 걸맞은 나라는 하나도 없다. 네덜란드는 거기서 아직 매우 멀기는 하지만, 이런 성격에 아마 가장 가까울 것이다. 그리고 네덜란드가 그 모든 부뿐만 아니라 필요한 생활 자료의 큰 부분을 외국무역에서 얻고 있는 것은 널리 알려져 있는 사실이다.

이미 설명한 것처럼, 확실히 무역차액과는 매우 다른 또 하나의 차액이 있는데, 이 차액은 그것이 때마침 유리한가 불리한가에 따라 각각의 국민의 번영 또는 쇠퇴를 불러일으키지 않을 수 없다. 해마다의 생산과 소비의 차액이 그것이다. 연간 생산물의 교환가치가, 이미 말했듯이, 연간 소비의 그것을 초과한다면, 그 사회의 자본은 이 초과에 비례하여 해마다 증가할 것이 틀림없다. 이 경우, 그 사회는 수입의 범위 안에서 생활하고 있는 것이며, 그 수입 중에서 해마다 절약되는 것은 당연히 그 자본에 추가되어 연간 생산물을 더욱 증가시키는 데 쓰인다. 만일 반대로 연간 생산물의 교환가치가 연간 소비의 교환가치에 미치지 못하면, 그 사회의 자본은 이 부족에 비례하여 해마다 감소하지 않을 수 없다. 이 경우에는 그 사회의 지출이 수입을 초과하여 필연적으로 자본을 침식한다. 따라서 그 자본은 필연적으로 감소할 것이고, 그와 더불어 그 근로의 연간 생산물의 교환가치도 감소하지 않을 수 없는 것이다.

이 생산과 소비의 차액은 이른바 무역차액이라고 하는 것과는 전혀 다르다. 그것은 외국무역을 하지 않고, 전세계에서 완전히 격리되어 있는 나라에서도 일어날 수 있다. 그것은 부·인구·개량이 차츰 증가하든 차츰 감소하든, 지구상 어디서나 일어날 수 있는 일이다.

이른바 무역차액이 어떤 국민에게는 전체적으로 불리하더라도, 생산과 소비의 차액은 그 국민에게 있어서 언제나 유리할 수 있다. 어떤 국민은 아마 반세기에 걸쳐서 줄곧 수출하는 것보다 많은 가치를 수입할 수도 있고, 그 전 기간에 걸쳐서 그 나라에 유입하는 금은은 모두 거기서 즉각 반출될 수도 있으며, 그 나라의 유통주화는 여러 종류의 지폐로 대체되어 차츰 감소할지도 모르고, 또 그 나라가 거래하는 주요국과 계약을 맺는 채무까지 차츰 증가하고 있을지도 모른다. 그러나 그럼에도 불구하고, 그 나라의 실질적인 부, 그 토지와 노동의 연간 생산물의 교환가치는 같은 기간에 훨씬 큰 비율로 계속 증가해 왔을지도 모르는 것이다. 현재의*32 내란*33이 시작되기 전의 우리 북아메리카 식민지의 상태와, 그런 식민지가 그레이트브리튼과 영위하고 있었던 무역의 상태는, 방금 한 말이 결코 불가능한 상정이 아니라는 한 증거가 될 수 있을 것이다.

＊32 현재의(present)는 초판에서는 요즘의(late)로 되어 있으므로, 스미스는 1775년에는 아메리카의 내란을 과거의 것으로 생각했던 건지도 모른다. 그러나 제2판이 나온 1778년에는 내란은 진행 중이었고 스미스 자신도 아메리카 문제에 대한 '메모'를 쓴 적이 있다. 따라서 초판의 '요즘의'를 '현재의'로 고치면 '1775년에 썼다'고 주기할 필요도 없을 것이다.

＊33 이 문단은 1775년에 쓰여졌다(이 스미스의 주는 제3판의 추가).

제4장
세금환급에 대하여

상인과 제조업자는 국내 시장의 독점만으로는 만족하지 못하고, 자신들의 재화에 대해 마찬가지로 가장 넓은 외국의 판로를 원하고 있다. 그런 나라는, 여러 외국에서는 사법권을 가지고 있지 않기 때문에, 그들에게 그곳에서 독점을 확보하게 해 주는 일은 좀처럼 불가능하다. 따라서 그들은 일반적으로 수출에 대해 모종의 장려책을 청원하는 데 만족할 수밖에 없다.

이런 장려책 가운데서 세금환급(稅金還給 : ^{낸 세금을 도로 돌려줌})이라고 하는 것이 가장 합리적인 것으로 생각된다. 국내 산업에 부과되어 있는 어떤 국내소비세 또는 국내물품세도, 그 전액 또는 일부를 수출할 때 상인에게 환급한다 해도, 처음부터 아무런 세금도 부과되지 않는 경우보다 많은 수출을 불러일으키는 일은 결코 없다. 그런 장려책, 그 나라의 자본을 그것이 자연히 향하게 되는 양 이상으로 어떤 특정한 사업으로 돌리는 경향이 없고, 그 세금이 자본의 그 부분을 다른 사업으로 몰아넣는 것을 방지하는 경향이 있을 뿐이다. 그런 것들은 그 사회의 다양한 직업 가운데 자연적으로 확립되는 균형을 무너뜨리는 것이 아니라, 그 세금에 의해 그 균형이 무너지는 것을 저지하는 경향이 있다. 그런 것들은 그 사회에서의 노동의 자연적인 분할과 분배를 파괴하는 것이 아니라 유지하는 경향이 있으며, 대부분의 경우, 그것을 유지하는 것이 유리하다.

수입된 외국 재화의 재수출에 대한 관세환급에 대해서도 그것은 마찬가지라고 할 수 있으며, 그레이트브리튼에서는 일반적으로 수입관세 중에서 가장 큰 부분이 환급으로 되어 있다. 오늘날*¹의 구 상납금(舊上納金)을 부과한 의

---

*1 여기서부터 '초판과 제2판에 대한 추가와 정정' 및 제3판에서의 추가이며, 초판과 제2판에서는 다음과 같이 되어 있었다. '이른바 구 상납금에 의해 부과된 관세의 반은, 브리튼의 식민지에 수출되는 재화를 제외하고는 예외 없이 환급된다. 신 상납금과 수입세에 의해 부과된 것은 때때로 전액이, 또 거의 항상 일부분이 환급된다.'

회법 부칙 2호에 의해, 잉글랜드인이든 외국인이든 모든 상인은, 수입할 때 납부한 관세의 반을 수출할 때 환급받도록 되어 있다. 다만 잉글랜드 상인이라면 수출이 12개월 안에, 외국인이라면 9개월 안에 이루어지지 않으면 안 되었다. 포도주·레반트 건포도*2·고급 견직물만이 이 규칙의 적용에서 제외되었는데, 그것은 더욱 유리한 다른 특전을 가지고 있었기 때문이다. 이 의회법에 의해 부과된 관세는, 당시 외국산 재화의 수입에 대한 유일한 관세였다. 이 세금환급 및 다른 모든 세금환급을 청구할 수 있는 기한은 나중에(조지 1세 7년 법률 21호 10절에 의해) 3년으로 연장되었다.

구 상납금 이후에 부과된 관세는 대부분 수출할 때 전액 환급되고 있다. 그러나 이 일반원칙에는 다수의 예외가 마련되어, 세금환급에 대한 학설은 그것을 제정한 초기보다 훨씬 복잡해졌다.

수입이 국내 소비에 필요한 양보다 크게 초과할 것으로 예상되는 몇 가지 외국 재화는, 그것을 수출할 때 구 상납금의 반액조차 유보되지 않고 관세 전액이 환급된다. 우리의 북아메리카 식민지에서 반란이 일어나기 전까지 우리는 메릴랜드와 버지니아의 담배를 독점하고 있었다. 우리는 약 9만 6천 통(hogshead)을 수입했지만, 국내 소비는 1만 4천 통이 넘지 않을 것으로 상정되었다. 그 나머지를 처분하는 데 필요한 대규모 수출을 촉진하기 위해 3년 이내에 수출되면 관세 전액이 환급된 것이다.

우리는 지금도 우리의 서인도 제도의 설탕독점권을, 전면적은 아니라도 거의 전면적인 것이나 다름없이 가지고 있다. 따라서 만일 설탕이 1년 이내에 수출되면 수입할 때 부과된 모든 관세가 환급되고, 또 3년 이내에 수출되면, 대부분의 재화의 수출에 대해 여전히 유지되고 있는 구 상납금의 반을 제외하고 모든 관세가 환급되었다. 설탕의 수입은 국내 소비에 필요한 양을 상당히 초과하고 있지만, 지난날의 담배의 경우에 비하면 대단한 양은 아니다.

우리 자신의 제조업자가 특별히 질투하는 대상인 몇몇 재화는 국내 소비를 위한 수입이 금지되어 있다. 그러나 일정한 관세를 물면, 그것을 수입하여 수출용으로 창고에 보관해 둘 수는 있다. 다만, 그런 수출에서는 관세가 전혀 환급되지 않는다. 우리의 제조업자는 이 제한된 수입조차 장려하는 것을 원하지

---

*2 레반트 건포도라고 번역한 것은 currants로, 레반트산 씨 없는 건포도.

않는데, 이런 재화의 일부가 창고에서 몰래 반출되어 그들 자신의 재화와 경쟁하게 되는 것을 두려워하고 있는 것 같다. 우리는 이런 규제하에서만 고급 견직물, 프랑스산 한랭사(론)와 고급 마직물(케임브릭),[3] 손으로 섬유나 실에 무늬를 넣어 염색한 캘리코[4] 등을 수입할 수 있는 것이다.

우리는 프랑스산 재화의 중계무역업자가 되는 것도 좋아하지 않고, 우리가 적으로 생각하는 자에게 우리를 수단으로 하여 조금이라도 돈을 벌게 할 바에는 차라리 우리 자신이 돈벌이를 포기하는 쪽을 선택했다. 모든 프랑스산 재화의 수출에서는 구 상납금의 반액뿐만 아니라 25퍼센트나 더 유보되는 것이다.

구 상납금의 부칙 4호에 의해 모든 포도주의 수출에 대해 인정받은 관세환급은, 당시에 그 수입 때 지불된 세금의 2분의 1이 훨씬 넘는 금액에 이르러 있었다. 그리고 당시, 포도주 중계무역에 대해, 어느 정도 통상적인 장려 이상을 주는 것이 입법부의 목적이었던 것으로 생각된다. 구 상납금과 동시에, 또는 그것에 이어서 부과된 다른 여러 세금 가운데 몇 가지, 즉 이른바 추가관세·13특별세·23특별세·1692년 수입세·포도주에 대한 조폐세[5] 또한 재수술시 전액 환급이 인정되었다. 그러나 추가관세와 1692년 수입세를 제외한 그런 모든 관세는 수입할 때 현금으로 지불하므로 그만큼의 이자 지출이 필요해지고, 그로 인해 이 재화로 유리한 중계무역을 기대하는 것은 무리였다. 따라서 포도주 수입세 일부만이 재수출될 때 환급이 인정되고, 프랑스 포도주에 톤당 25파운드의 관세나, 1745·1763·1778년에 부과된 관세[6]는, 재수출할 때 전혀 환급이 인정되지 않았다.

종전의 모든 관세에 추가하여 1779년과 1781년에 부과된 두 가지의 5퍼센트 수입세는, 다른 모든 재화를 수출할 때 전액 환급되는 것이 인정되었기 때문에, 포도주 수출에 대해서도 마찬가지로 환급이 인정되었다. 포도주에 대해 특

---

[3] 론과 케임브릭에 대해서는 제3장의 〈주〉 2, 3 참조.

[4] 캘리코(calico)는 본디 인도 캘리컷 항구에서 영국으로 수입된 면직물로, 영국에는 목면이 생산되지 않았기 때문에, 산업혁명 전에는 사치품이었다.

[5] 포도주 조폐세(coinage on wine)는 조폐국에서의 주조를 무료로 하기 위해 포도주·사이다·식초·맥주·브랜디·강화 포도주에 부과한 세금으로, 조폐수수료에 대해서는 제6장 후반에 설명이 있다.

[6] 1745·1763·1778년 및 다음의 1779·1781년의 세금은 모두 포도주 수입세이다.

별히 부과된 1780년의 마지막 관세는 전액 환급이 인정되었다. 이토록 많은 중세(重稅)가 유지되고 있는 이상, 이 혜택으로는 1톤의 포도주 수출도 불러일으킬 수 없을 것은 거의 확실하다. 이런 규칙은 아메리카의 브리튼 식민지를 제외하고, 합법적인 수출이 실시되고 있는 모든 곳에 적용되고 있다.

무역장려법이라고 불리는 찰스 2세 15년의 법률 7호는 그레이트브리튼에 유럽에서 산출 또는 제조된 모든 상품을 식민지에 공급하는 독점권을 주었고, 따라서 포도주에 대해서도 독점권을 주었다. 그러나 우리의 북아메리카 및 서인도 식민지처럼 해안선이 매우 길고 우리의 권위가 늘 그렇게 박약하여, 주민이 자신들의 배로 처음에는 유럽의 모든 지방, 나중에는 피니스테레 곶*7 이남의 유럽 각지로 그들의 비열거상품*8을 운반하는 것이 허용되어 있었던 나라에서는, 이 독점권은 그다지 크게 존중되었던 적이 없었던 것 같다. 또 주민들은 아마도 화물을 보내는 것이 허용된 나라들에서, 항상 어떤 화물이든지 가지고 돌아오는 방법을 발견해 냈을 것이다. 그러나 그들이 유럽산 포도주를 그 산지에서 수입하는 것은 쉽지 않았던 것 같고, 그레이트브리튼에서 그것을 수입하는 것은 도저히 불가능했다. 그레이트브리튼에서는 포도주에 많은 중과세가 부과되어 있었고, 그 관세의 대부분은 수출할 때 환급되지 않았기 때문이다. 마데이라*9 포도주는 유럽산 상품이 아니기 때문에 아메리카와 서인도에 직접 수입할 수 있었다. 이 두 곳은 모든 비열거상품에 대해 마데이라 섬과 자유무역을 하고 있었기 때문이다. 이런 사정에서 아마 마데이라 포도주에 대한 일반적인 취향이 도입되었을 것이다.

우리의 군인들은 1755년에 전쟁*10이 시작되었을 때, 우리의 모든 식민지에 그런 일반적인 취향이 확립되어 있는 것을 알고, 그때까지 포도주가 그리 유행하지 않았던 모국에 그 취향을 가지고 돌아온 것이다. 전쟁이 끝나자, 1763년에(조지 3세 4년 법률 15호 12조에 의해) 모든 포도주의 식민지 수출에 대해 3파운드 10실링을 제외한 모든 관세의 환급이 인정되었지만, 프랑스 포도주는

*7 피니스테레 곶은 이베리아 반도 서북단에 있는 곳으로, 현재는 에스파냐령.
*8 비열거상품(non-enumerated commodities)이라는 것은, 아메리카 식민지에서 본국 이외의 나라로 수출하는 것이 금지되어 있지 않은 상품.
*9 마데이라는 대서양에 있는 군도로, 현재는 포르투갈령. 마데이라 포도주라는 것은 현재로는 포트와 마찬가지로 강화 포도주인데, 그 제조법이 시작된 것은 1753년이라고 한다.
*10 영국과 프랑스의 북아메리카 식민지 쟁탈 전쟁에서 7년 전쟁으로 이어진다.

예외였는데, 포도주의 무역과 소비에 대해서는 국민적 편견이 어떤 종류의 장려도 허용하려 하지 않았던 것이다. 이 특전의 허용과 우리의 북아메리카 식민지 반란 사이의 기간은, 그런 나라들의 관습의 커다란 변화*[11]를 받아들이기에는 너무 짧았던 것이다.

세금환급은 본디 중계무역을 장려하기 위해 고안된 것이었다. 중계무역은 선박의 운임을 흔히 외국인이 화폐로 지불하기 때문에, 국내에 금은을 가져오는 데 더할 수 없이 적합하다고 생각되었다. 그러나 중계무역은 확실히 특별하게 장려할 필요가 없고, 또 그 제도의 동기는 매우 어리석은 것이었지만, 제도 자체는 충분히 합리적인 것으로 생각된다. 그런 세금환급은, 나라의 자본 가운데 수입세가 없다면 자연히 중계무역으로 갈 것으로 생각되는 것보다 더 많은 부분을 거기에 억지로 밀어넣을 수는 없다. 세금환급은 그런 관세 때문에 자본이 완전히 중계무역에서 배제되는 것을 방지할 뿐이다. 중계무역은 우대를 받을 만한 것은 아니라고 해도, 배제되어서는 안 되며, 다른 모든 사업과 마찬가지로 자유롭게 방임해 두어야 한다. 그것은 그 나라의 농업과 제조업, 또는 국내 상업과 소비용 재화의 외국무역에도, 용도를 찾지 못하는 자본에 필요한 구제책이다.

그와 같은 세금환급 때문에 관세수입은 손해를 보기는커녕, 관세 중 유보되는 부분만큼 이익을 얻게 된다. 만일 관세 전액이 유보되었다면, 이미 관세를 납부한 외국의 재화는 시장이 없어서 좀처럼 재수출되지 않았을 것이고, 따라서 수입도 할 수 없었을 것이다. 그러므로 일부가 유보되는 수입관세도 결코 납부할 사람이 없을 것이다.

국내 산업의 생산물이든 외국의 재화이든, 그것에 부과된 세금 전액이 수출할 때 언제나 환급된다 하더라도, 위와 같은 이유는 세금환급을 정당화하는 데 충분하다고 생각된다. 이 경우, 국내소비세의 수입은 확실히 조금 감소할 것이고, 관세수입은 그보다 훨씬 많이 감소할 것이다. 그러나 그런 세금에 의해 언제나 많든 적든 교란되는 산업의 자연적 균형, 자연적 분업과 노동의 분배는 그런 조정에 의해 재건을 향해 나아갈 것이다.

그러나 이런 이유는 완전히 독립해 있는 외국으로 재화를 수출하는 데 대

---

*11 마데이라 포도주가 단맛인 것을 가리키는 것으로 생각된다.

한 세금환급만을 정당화할 뿐, 우리의 상인과 제조업자가 독점을 누리고 있는 나라로 수출하는 것에 대한 세금환급을 정당화하지는 않을 것이다. 이를테면 우리의 아메리카 식민지로 유럽의 재화를 수출하는 데 대한 세금환급은, 그것이 없는 경우보다 반드시 많은 수출을 일으킨다고 볼 수는 없다. 설령 세금의 전액이 유보된다 해도, 우리의 상인과 제조업자가 거기서 누리고 있는 독점권으로 인해, 그곳에 보내지는 재화의 양은 변함이 없는 경우가 많을 것이다. 따라서 세금환급은 무역의 상태를 바꾸거나 어떤 면에서도 확대하는 일 없이, 국내소비세와 관세수입에 대한 큰 손실이 될 수도 있다. 우리의 식민지 산업에 대한 적절한 장려로서 그런 세금환급이 어디까지 정당화될 수 있을지, 또 식민지가 다른 모든 동포와 국민들이 지불하고 있는 세금을 면제받는 것이 모국에 있어서 얼마나 유리할 것인지에 대해서는 나중에 식민지 문제를 다룰 때 밝혀질 것이다.

그러나 세금환급이 유용한 것은, 다만 수출을 위해 세금환급이 주어지는 재화가 실제로 어느 외국으로 수출되는 경우에만 유용하며, 그것이 은밀하게 자기나라에 재수입되는 경우에는 유용하지 않다는 것을 항상 이해하지 않으면 안 된다. 어떤 세금환급은, 특히 담배의 경우, 때때로 이런 방법으로 악용되어 많은 사기를 야기하여 정부의 세입과 공정 거래를 하는 상인 모두에게 손해를 끼쳐 왔다는 것은 널리 알려진 사실이다.

제5장
장려금에 대하여

수출장려금은 그레이트브리튼에서는 국내 산업의 개별적인 부문의 생산물에 대해 때때로 신청되고 이따금 지급되고 있다. 그런 수단에 의해 우리의 상인과 제조업자는, 외국 시장에서 경쟁 상대와 마찬가지로 싸게, 어쩌면 그들보다 더 싸게, 자신들의 재화를 팔 수 있게 된다고 주장되어 왔다. 그리하여 더 많은 양의 재화가 수출되고, 그 결과 무역차액은 자기나라에 훨씬 유리해질 것이라고들 한다. 우리는 외국 시장에서, 우리의 노동자들에게 국내 시장에서 주어 온 것처럼 독점권을 줄 수는 없다. 우리가 동포에게 그들의 재화를 살 것을 강요해 온 것처럼, 외국인에게 우리의 재화를 사라고 강요할 수는 없다. 따라서 차선책은 그들이 사주는 것에 대해 지불하는 것이라고 생각해 왔다. 중상주의는 이렇게 하여 무역차액에 의해 나라 전체를 부유하게 만들고, 우리 모두의 호주머니에 화폐를 가득히 넣자고 제창하고 있다.

장려금은 장려금이 없이는 해 나갈 수 없는 무역 부문에만 주어야 한다는 점은 인정되고 있다. 그러나 상인이 자신의 재화를, 그것을 준비하여 시장에 보내는 데 쓴 모든 자본을 자산의 통상적인 이윤과 함께 회수하는 값으로 팔 수 있는 무역 부문은, 모두 장려금 없이 해 나갈 수가 있다. 그런 부문은 모두 장려금 없이 운영되고 있는 다른 모든 무역 부문과 명백하게 동일한 수준에 있는 것이고, 따라서 그런 부문과 마찬가지로 장려금을 필요로 할 이유가 없다. 상인이 자본을 통상적인 이윤과 함께 회수할 수 없는 값으로 자신의 재화를 팔지 않을 수 없는 무역, 또는 그것을 시장에 내가는 데 실제로 든 비용보다 낮은 값으로 팔지 않을 수 없는 무역만이 장려금을 필요로 한다.

장려금은 이 손실을 메워 주고, 비용 쪽이 매상보다 큰 것으로 상정되는 무역, 거래할 때마다 거기에 쓰인 자본의 일부를 잠식해 버리는 무역, 그리고 다른 모든 무역이 이것과 비슷하게 되어 버리면 결국 국내에는 자본이 하나도 남지 않게 되어 버리는 성질의 무역을, 계속하거나 시작할 수 있도록, 상인을 장려하기 위해 주어지는 것이다.

장려금이 주어지는 무역은 두 나라 사이에서 상당한 기간에 걸쳐 영위되며, 또한 어느 한쪽이 언제나 규칙적으로 손해를 보고 있는 무역, 즉 자국의 재화를 시장으로 내보내는 데 실제로 드는 것보다 싼 값에 파는 방법으로 영위될 수 있는 무역에 한정된다는 것에 주의할 필요가 있다. 그러나 만일 장려금이, 그것이 없으면 그 재화의 값으로 입는 손실을 보상해 주지 않는다면, 상인은 곧 자신의 이해타산에 끌려 어쩔 수 없이 자기 자산을 다른 방법으로 사용하기 위해, 그 재화의 값이, 그것을 시장으로 내보는 데 쓰이는 자본을 통상이윤과 함께 회수할 수 있는 무역을 찾게 될 것이다. 장려금의 효과는 중상주의의 다른 모든 방책의 효과와 마찬가지로, 한 나라의 무역을 그것이 자연히 향하는 방향보다 훨씬 이익이 적은 방향으로 억지로 돌리는 것밖에 되지 않는다.

곡물무역에 대한 논문의 독창적이고 전문적인 저자*¹는 곡물의 수출장려금이 창설된 이래, 수출 곡물값은 아무리 적게 잡아도, 매우 높게 평가된 수입 곡물값을 초과하고 있고, 그 초과액은 같은 기간에 지불된 장려금의 전액보다 훨씬 크다는 것을 매우 확실하게 보여 주었다. 이것은 수출가치가 수입가치를 넘어서서, 그 초과액이 곡물 수출을 위해 공공이 부담한 특별한 비용의 전액보다 훨씬 크기 때문에, 이 강제적인 곡물무역이 국민에게 유익하다는 명백한 증거라고, 그는 중상주의의 참된 원리에 입각하여 생각했다. 이 특별한 비용, 즉 장려금이, 곡물 수출이 사회에 실제로 부담시키는 비용의 최소한이라는 것을 그는 고려하지 않고 있다. 그것을 생산하기 위해 농업 경영자가 쓴 자본도, 마찬가지로 계산에 넣지 않으면 안 된다. 그 곡물이 외국 시장에서 팔릴 때의 값이, 장려금뿐만 아니라 이 자본도 자산의 통상적인 이윤과 함께 회수하지 않는 한, 사회는 그 차액만큼 손실을 보게 된다. 즉, 국민의 자산은 그만큼 줄어드는 것이다. 그런데 장려금을 줄 필요가 있다고 생각된 이유 자체가, 이 값이 그렇게 하기에는 부족하다고 상정된다는 것이었다.

곡물의 평균가격은, 장려금이 설치된 이래 상당히 내려갔다고 한다. 곡물의 평균가격이 전세기의 끝 무렵에 조금 하락하기 시작하여, 현세기에 들어선 뒤

---

*1 [Charles Smith], *Three tracts on the corn-trade and corn-laws*, London, 1766, pp. 133~137. (ASL 1560)

64년 동안 그렇게 계속된 것은, 내가 이미 밝히려고 애쓴 바 있다. 그러나 이 일은, 내가 믿고 있는 대로 사실이라고 한다면 장려금에도 불구하고 일어난 것이 틀림없으며, 장려금의 결과로 일어난 일은 결코 아니다. 그것은 잉글랜드와 함께 프랑스에서도 일어났다. 하기는, 프랑스에서는 장려금이 없었을 뿐만 아니라, 1764년까지는 곡물 수출이 전반적으로 금지되어 있었다. 따라서 곡물의 평균가격이 이렇게 차츰 내려간 것은, 궁극적으로는 어느 쪽의 규제에 의한 것도 아니고, 은의 실질가치가 깨닫지 못하는 사이에 서서히 상승한 것에 의한 것이다. 나는 이 책의 제1편에서 이 현상이 현세기를 통해 유럽의 시장 전체에서 일어났다는 것을 보여 주려고 애썼다. 장려금이 곡물값의 하락에 이바지할 수 있다는 것은 전혀 불가능한 것으로 생각된다.*2

이미 말한 것처럼, 풍작인 해에는 장려금이 이례적인 수출을 불러일으킴으로써, 국내 시장의 곡물값을 자연히 하락할 값보다 반드시 끌어올리게 된다. 그렇게 하는 것이 이 제도의 공공연한 목적이었다. 흉작인 해에는 장려금이 때때로 중지된다고는 하나, 풍년에 그것이 불러일으키는 많은 양의 수출은, 어떤 해의 풍요로움이 다른 해의 부족을 완화하는 것을 때때로 방해할 것이 틀림없다. 따라서 풍작인 해에도 흉작인 해에도 장려금은 필연적으로 곡물의 화폐가격을 국내 시장에서 장려금이 없는 경우보다 약간 끌어올리는 경향이 있다.

경작의 실제 상태에서, 장려금이 필연적으로 이런 경향을 가질 것이 분명하다는 사실에는, 이치를 아는 사람이면 아무도 반론하는 일이 없을 것으로 나는 생각한다. 그러나 많은 사람들은, 장려금은 경작을 다음의 두 가지 방법으로 장려하는 경향이 있다고 생각해 왔다. 즉 첫째로는 농업 경영자에의 곡물에 대해 더 넓은 외국 시장을 개방함으로써, 그 상품에 대한 수요를 증가시키고, 따라서 그 상품의 생산을 증가시키는 경향이 있다고 그들은 생각한다. 그리고 두 번째로는 그렇지 않으면 그것은, 경작의 현 상태에서 기대할 수 있는 것보다 좋은 값을 농업 경영자에게 보장함으로써 경작을 장려하는 경향이 있다고 그들은 상정한다. 이 이중의 장려는, 몇 년이라는 오랜 기간 동안은 곡물 생산을 크게 증가시켜, 그 시기의 마지막에 경작이 그렇게 될 수 있는 실제 상태에서 장려금이 곡물값을 끌어올릴 수 있는 것보다, 국내 시장에서의 그 값

---

*2 '그것은 잉글랜드와 함께'부터 여기까지는 제2판 보충에서의 추가.

을 훨씬 하락시킬 것이 틀림없다고 그들은 생각하는 것이다.*³

거기에 대해 나는 이렇게 대답하겠다. 장려금에 의해 외국 시장이 아무리 확대되더라도, 그것은 각각의 개별적인 해에, 완전히 국내 시장의 희생하에서 이루어지는 것이라고. 왜냐하면, 장려금에 의해 수출되고 장려금이 없으면 수출되지 않는 곡물은, 모두 국내 시장에 남아 소비를 증가시키고 그 상품값을 하락시켰을 것이기 때문이다. 곡물 수출장려금은 다른 어떤 수출장려금과 마찬가지로, 사람들에게 두 종류의 세금을 부과하는 것이라는 점을 간과해서는 안 된다.

첫째는 장려금을 지불하기 위해 국민이 납부하지 않으면 안 되는 세금이고, 두 번째는 국내 시장에서 이 상품값이 상승함으로써 발생하는 세금으로, 더욱이 이 세금은, 국민 전체가 곡물 구매자이므로 이 특정한 상품에 있어서는 국민 전체에 의해 지불되지 않으면 안 되는 것이다.

따라서 이 특정한 상품에서는 이 두 번째 세금이 첫 번째 세금보다 훨씬 더 무겁다. 해마다 평균하여, 밀 1쿼터의 수출에 대한 5실링의 장려금이, 국내 시장에서의 그 상품값을 장려금이 없는 경우에 수확의 실제 상태에서 그렇게 될 값보다, 1부셸당 겨우 6펜스, 즉 1쿼터당 4실링만 인상시킨다고 가정하면, 이렇게 매우 낮게 잡은 상정하에서, 국민 가운데 많은 사람들이 수출되는 밀 1쿼터마다 5실링의 장려금을 지불하기 위한 세금을 부담하는 외에, 그들 자신이 소비하는 밀 1쿼터마다 4실링의 세금을 더 지불하지 않으면 안 된다.

그런데 곡물무역에 대한 여러 논문을 쓴 매우 사정에 밝은 저자에 의하면,*⁴ 국내에서 소비되는 곡물에 대한 수출되는 곡물의 평균비율은 31대 1이 넘지 않는다. 따라서 그들은, 첫 번째 세금을 지불하기 위해 5실링을 부담할 때마다, 두 번째 세금을 지불하기 위해 6파운드 4실링을 부담하지 않으면 안 되는 것이다. 가장 중요한 생활필수품에 대한 이런 중과세는, 노동빈민의 생계를 위축시키거나, 아니면 생계의 화폐가격의 상승에 비례하여 그들의 화폐임

---

*3 '그러나 많은 사람들은'부터 문단 끝까지, 제2판까지는 다음과 같이 되어 있다. '그것은 농업 경영자에 대해 그렇지 않으면 경작의 현 상태에서 그가 기대할 수 있는 것보다 좋은 가격을 보장함으로써 경작을 장려하는 경향이 있고, 그 결과로서 나타나는 곡물 증가는, 몇 년이라는 오랜 동안은 그 가격을, 그 기간 마지막에, 경작이 도달할 수 있는 현실의 상태에서 장려금이 끌어올릴 수 있는 것보다 많은 것을 내릴 것으로 생각되어 왔다.'

*4 [Charles Smith], op. cit., p. 144.

금을 조금 상승시키게 된다. 그것이 전자의 방법으로 작용한다면, 노동빈민이 자녀를 교육하고 양육할 수 있는 능력을 감소시키고, 또 그만큼 그 나라의 인구를 억제하는 경향을 가지지 않을 수 없다. 후자의 방법으로 작용한다면, 가난한 고용자가 그렇지 않은 경우에 고용할 수 있는 수를 고용할 능력을 감소시키고, 또 그만큼 그 나라의 산업을 억제하는 경향을 가지지 않을 수 없다. 따라서 장려금에 의해 발생하는 이례적인 곡물 수출은, 수출이 일어나는 해마다 외국의 시장과 소비를 확대하는 것과 비례하여 국내 시장과 소비를 위축시킬 뿐만 아니라, 그 나라의 인구와 산업을 억제함으로써, 그 궁극적인 경향으로서 국내 시장의 점차적인 확대를 방해하고 억제하며, 그로 인해 장기적으로는 곡물 시장과 소비의 전체를 확대하기보다는 오히려 축소시키게 된다.*5

그러나 곡물의 화폐가격의 이런 상승은, 그 상품을 농업 경영자에게 그만큼 유리한 것으로 만듦으로써, 필연적으로 그 생산을 장려할 것이 틀림없다고 생각되어 왔다.

여기에 대해 나는 이렇게 대답하겠다. 만일 장려금이 곡물의 실질가격을 인상시키는 효과를 가진다면, 즉, 농업 경영자가 종래와 같은 양의 곡물로 지금까지보다 많은 노동자를, 인근의 다른 노동자가 일반적으로 부양되고 있는 것과 같은 방법으로 여유롭게, 또는 그럭저럭, 아니면 부족하게라도 부양할 수 있다면, 그럴 수 있을지도 모른다. 그러나 장려금은 물론이고, 그 밖의 어떤 인위적 제도도, 그런 효과를 올릴 수 없다는 것은 명백하다. 장려금에 의해 조금이라도 영향을 받을 수 있는 것은 곡물이 실질가격이 아니라 명목가격이다.*6 그리고 이 제도가 국민 전체에 부과하는 세금은, 그것을 지불하는 자에게는 큰 부담이지만 그것을 받는 자에게는 매우 작은 이익에 지나지 않는다.*7

장려금의 실질적인 효과는 곡물의 실질가치를 끌어올리는 것보다는 오히려 은(銀)의 실질가치를 내리는 것이다. 즉 같은 양의 은이 곡물뿐만 아니라 다른 모든 국산*8 재화에 대해서도, 전보다 적은 양밖에 교환할 수 없게 만들어

---

*5 이 문단과 다음 문단은 제2판 보충에서의 추가.
*6 '조금이라도……명목가격이다'는 제2판까지는 '어쨌든 영향을 받을 수 있는 것은 곡물의 실질가격이 아니라 명목가격뿐이다'.
*7 '그리고……지나지 않는다'는 제2판 보충에서의 추가.
*8 '국산'은 다음 문장의 것도 포함하여 제3판의 추가.

버린다. 곡물의 화폐가격은 다른 모든 국산 재화의 화폐가격을 규제하기 때문이다.

그것은 노동의 화폐가격을 규제한다. 그 화폐가격은 항상, 노동자가 자신과 자기 가족을 부양하는 데 충분한 곡물을 구입할 수 있는 정도가 아니면 안 되며, 그것이 여유로운가, 적당한가, 부족한가는 사회의 상태가 발전적인가, 정체적인가, 쇠퇴적인가에 따라 고용주가 그를 그렇게 부양할 수밖에 없는 결과이다.

그것은 토지의 다른 모든 원생산물의 화폐가격을 규제한다. 그런 것의 화폐가격은 개량의 어느 시기에나 곡물의 화폐가격과 반드시 일정한 비율을 유지하는데, 그 비율은 시기에 따라 다르다. 이를테면 그것은 목초와 건초, 식육, 말과 말의 유지비, 따라서 육상 수송, 즉 그 나라의 내륙사업의 대부분의 화폐가격을 규제한다.

그것은 토지의 다른 모든 원생산물의 화폐가격을 규제함으로써, 거의*⁹ 모든 제조업의 재료의 화폐가격도 규제한다. 그것은 노동의 화폐가격을 규제함으로써, 제조업의 기술과 근로의 화폐가격을 규제한다. 그리고 양쪽을 규제함으로써 완성품의 화폐가격을 규제한다. 노동의 화폐가격 및 토지 또는 노동의 생산물인 모든 것의 화폐가격은, 곡물의 화폐가격에 비례하여 필연적으로 상승하거나 하락할 것이 틀림없다.

따라서 장려금의 결과, 농업 경영자는 그의 곡물을 1부셸 당 3실링 6펜스가 아니라 4실링으로 팔 수 있게 되어, 지주에게 그 생산물의 화폐가격의 이런 상승에 비례하는 화폐지대를 지불할 수 있게 된다 하더라도, 만일 곡물가격의 이런 상승의 결과, 그 4실링으로 그 이외의 국산*¹⁰ 재화를, 전에 3실링 6펜스로 살 수 있었던 것밖에 살 수 없다면, 농업 경영자의 처지나 지주의 처지나 이 변화에 의해 크게*¹¹ 개선되는 일은 없을 것이다. 농업 경영자의 경작은 크게*¹² 나아지지 않을 것이고, 지주의 생활도 크게 개선되지 않을 것이다. 곡물값의 이런 상승은 외국 상품을 구입하는 데 있어서는 그들에게 조금의 이익

---

*9 '거의'는 제3판의 추가.
*10 '국산'은 제3판의 추가.
*11 제2판까지는 '크게'는 '최소한으로도'.
*12 '크게'는 둘 다 제3판의 추가.

을 줄지도 모른다. 그러나 국산 상품을 구입하는 데는 아무런 이익도 줄 수 없다. 그리고 농업 경영자의 지출은 말할 것도 없고 지주의 지출조차*13 대부분이 국산 상품에 대한 것이다.*14

광산의 풍부한 생산력의 결과인 은 가치의 하락은, 상업 세계의 대부분에 걸쳐 평등하게 또는 거의 평등하게 작용하므로, 어느 개별 국가에 있어서도 아주 미미한 중요성밖에 가지지 못한다. 그 결과로서 발생하는 모든 화폐가격의 상승은 그것을 받는 사람들을 전보다 실질적으로 부유하게 만드는 것도 아니고, 그들을 실질적으로 더 가난하게 만드는 것도 아니다. 한 벌의 은식기는 실질적으로 값이 싸지지만, 다른 모든 것은 정확하게 전과 동일한 실질가치를 지닌다.

그러나 어느 특정한 나라의 특수한 사정 도는 정치제도의 결과, 그 나라에만 일어나는 은 가치의 하락은 매우 중요한 문제로서, 그것은 누군가를 실질적으로 전보다 부유하게 만들기는커녕 모든 사람을 전보다 실질적으로 가난하게 만드는 경향이 있다. 이 경우에 그 나라만의 특유한 모든 상품의 화폐가격의 상승은, 그 국내에서 영위되는 모든 종류의 산업을 많든 적든 저해하여, 여러 외국 국민이, 이 나라 자신의 노동자가 재화를 제공할 수 있는 은의 양보다 적은 양을 받고 거의 모든 종류의 재화를 공급함으로써, 국외 시장뿐만 아니라 국내 시장에서조차 이 나라의 노동자를 싸게 파는 것을 가능하게 하는 경향이 있다.

에스파냐와 포르투갈이 유럽의 다른 모든 나라에 대한 금은의 분배자인 것은 광산소유자로서의 두 나라의 특유한 지위이다. 따라서 그런 금속은 당연히 에스파냐나 포르투갈에서는 유럽의 어느 곳보다 약간은 싸야 할 것이다. 그러나 그 차이는 운임과 보험료 정도를 넘지는 않을 것이고, 또 그런 금속의 큰 가치와 작은 부피 때문에 그런 운임은 대단한 것이 아니며, 보험료도 같은 가치의 다른 모든 재화와 똑같다. 그러므로 에스파냐와 포르투갈은 그 특수한 지위에서 오는 불이익을 그들의 정치제도에 의해 가중시키지 않았더라면, 그들의 특수한 지위 때문에 손해를 입는 일은 거의 없었을 것이다.

에스파냐는 금은 수출에 세금을 부과함으로써, 포르투갈은 수출을 금지함

---

*13 '지출조차'는 제2판까지는 '지출의'.
*14 '외국 상품'부터 여기까지는 제2판 보충의 추가.

으로써, 그 수출에 밀수 비용을 부담시키게 되어, 다른 나라에서의 그런 금속의 가치를, 이 비용의 전액만큼, 자국에서의 가치보다 높이고 있다. 댐으로 물줄기를 막아도 댐에 물이 가득 차면 당장, 댐이 전혀 없는 것과 같은 양의 물이 댐을 넘쳐흐르지 않을 수 없다. 수출금지는 에스파냐와 포르투갈 국내에 두 나라가 쓸 수 있는 것보다 많은, 즉 그들의 토지와 노동의 연간 생산물이 주화와 식기, 도금이나 다른 장식품으로서 금은의 사용을 허용하는 것보다 많은 양을, 국내에 남겨 두지는 못한다. 두 나라가 이 양을 손에 넣으면, 댐은 가득 차게 되어, 그 뒤에 흘러들어오는 물은 전부 흘러넘치지 않을 수 없다.

따라서 에스파냐나 포르투갈에서의 금은의 연간 수출액은, 아무리 생각해도 이런 억제에도 불구하고 연간 수입의 총액과 거의 같다. 그렇지만 댐 바깥쪽보다 안쪽이 물이 항상 더 깊은 것처럼, 이런 억제가 에스파냐와 포르투갈 국내에 붙잡아 두는 금은의 양은, 그들의 토지와 노동의 연간 생산물에 대한 비율에서는, 다른 나라에서 볼 수 있는 것보다 클 것이 분명하다. 댐이 높고 튼튼할수록 그 안팎의 수심의 차이도 클 것이 틀림없다. 세금이 높으면 높을수록, 수출금지를 유지하기 위한 벌금이 많으면 많을수록, 법 집행에 책임을 지닌 경찰의 감시와 관리가 엄격하면 할수록, 에스파냐와 포르투갈의 토지와 노동의 연간 생산량에 대한 금은의 비율과 다른 여러 나라에서의 그 비율의 차이는 더욱더 커질 것이 분명하다. 그러므로 그 차이는 실제로 매우 크다고 하며, 두 나라에서는 집 안에서 많은 금은 그릇을 가지고 있으면서도 다른 나라에 있는 이런 종류의 호화스러움에 어울리거나 비슷하다고 생각되는 것이 그 밖에 아무것도 없는 일이 때때로 있다고 한다.

귀금속이 이렇게 풍부한 것의 필연적인 결과로서 금은값이 싸고, 또는 같은 일이지만, 모든 상품값이 비싼 것은, 에스파냐와 포르투갈의 농업과 제조업을 함께 저해하여, 다른 나라 국민이 두 나라에 많은 종류의 원생산물과 거의 모든 종류의 제품을, 두 나라 국민 자신이 국내에서 그런 것들을 재배하거나 제조하여 교환할 수 있는 것보다 적은 양의 금은을 받고 공급할 수 있도록 한다.

수출에 대한 세금과 금지는 두 가지 방법으로 작용한다. 그것은 에스파냐와 포르투갈에서의 귀금속의 가치를 크게 하락시킬 뿐만 아니라, 그렇지 않으면 다른 여러 나라로 흘러나갈 귀금속의 일정량을 국내에 묶어 둠으로써, 다른 나라의 귀금속 가치를 그렇지 않은 경우에 예상되는 수준보다 조금 상승하게 하여, 그에 따라 그런 나라에 대해 에스파냐와 포르투갈과의 상업에서 이중(二重)의 이익을 주게 된다.

수문을 열면, 곧 댐 상류는 물이 줄고, 하류는 물이 불어나서 댐 안팎의 수면은 똑같은 수준이 될 것이다. 세금과 금지를 폐지하면 금은의 양은 에스파냐와 포르투갈에서 매우 감소할 것이므로 다른 나라들에서는 조금 증가할 것이고, 또 그런 금속의 가치, 즉 토지와 노동의 연간 생산물에 대한 그 비율은 얼마 안가서 모든 나라에서 같거나 거의 같게 될 것이다. 에스파냐와 포르투갈이 자기나라의 금은의 이런 수출에 의해 입을 수 있는 손실은 전혀 명목적이고 상상 속의 것일 것이다. 두 나라의 재화나 토지와 노동의 연간 생산물의 명목가치는 하락하고, 전보다 적은 양의 은으로 표현 또는 대표될 것이다.

그러나 그 실질가치는 전과 다름없을 것이며, 같은 양의 노동을 유지하고 지배하고, 고용하기에 충분할 것이다. 두 나라의 재화의 명목가치가 하락함에 따라 그들의 금은 가운데 국내에 남아 있는 것의 실질가치는 상승할 것이고, 전보다 적은 양의 금은이 전에는 그보다 더 많은 양의 금은을 쓰고 있었던 상업과 유통에서 완전히 똑같은 목적에 부응할 것이다.

국외로 나가는 금은은 그냥 나가는 것이 아니라, 이런 저런 종류의 같은 가치의 재화를 가지고 돌아올 것이다. 그런 재화 또한, 소비만 하고 아무것도 생산하지 않는 사람들에 의해 소비되는, 단순한 사치와 낭비의 대상에만 한정되는 것은 아닐 것이다. 금은의 이 이례적인 수출에 의해, 아무 일도 하지 않는 사람들의 실질적인 부와 수입이 증가하지 않는 것처럼, 그들의 소비도 그것에 의해 크게 증가하는 일은 없을 것이다.

그런 재화는, 그 대부분은 아마, 또 어떤 부분은 확실하게, 자신들이 소비한 것의 모든 가치를 이윤과 함께 재생산하는 부지런한 사람들을 고용하고 유지하기 위한 재료이고, 도구이며, 식료품일 것이다. 사회 속에서 사장되어 있는 자산의 일부는, 이렇게 하여 활동하는 자산으로 바뀌어, 전에 쓰였던 것보다 더 많은 근로를 활동시킬 것이다. 그들의 토지와 노동의 연간 생산물은 즉시 조금 증가하고, 몇 년 뒤에는 아마 크게 증가할 것이다. 그것은 이렇게 하여, 그들의 근로가 현재 지고 있는 가장 억압적인 부담의 하나로부터 해방되기 때문이다.

곡물 수출에 대한 장려금은 필연적으로 에스파냐와 포르투갈의 이 어리석은 정책과 완전히 같은 방법으로 작용한다. 경작의 실제 상태가 어떠하든지 그것은 우리의 곡물값에, 그 상태에서 그것이 없을 경우보다 국내 시장에서는 조금 비싸게, 외국 시장에서는 조금 싸게 작용한다. 곡물의 평균 화폐가격은 많든 적든 다른 모든 상품값을 다소간 규제하므로, 그것은 은의 가치를 상당히 하락시키고, 외국 시장에서는 조금 상승시키는 경향이 있다. 그것은 외국인, 특히 네덜란드인이 우리의 곡물을 장려금이 없는 경우보다 싸게 먹을 수 있게 할 뿐 아니라, 때로는 같은 경우에 우리 국민이 먹을 수 있는 것보다 싸게 먹을 수도 있게 한다. 이것은 뛰어난 권위, 즉 매슈 데커 경*[15]의 전거(典據 : 근거가 되는 문헌상의 출처)가 우리에게 보증하고 있는 것과 같다. 그것은 우리의 노동자들이 장려금이 없는 경우에 가능했을지도 모르는 적은 양의 은을 받고 그들의 재화를 공급하는 것을 방해하고, 네덜란드 노동자들이 그들의 재화를 더 적은 양의 은을 받고 공급할 수 있게 한다. 그로 인해 우리의 제품은 어떤 시장에서도 장려금이 없는 경우보다 조금 비싸지고, 그들의 제품은 조금 싸지는 경향이 있으며, 그 결과, 그들의 산업은 우리 자신의 산업보다 이중으로 유리해진다.

장려금은 국내 시장에서, 국산 곡물의 실질가격이라기보다는 명목가격*[16]을 인상시키므로, 즉 일정량의 곡물이 부양하고 고용할 수 있는 노동의 양을 증가시키는 것이 아니라, 그것과 교환할 수 있는 은의 양을 증가시킬 뿐이므로, 우리의 농업 경영자나 농촌의 상류층에 대해서도 전혀 이렇다 할*[17] 도움을 주지 않고, 우리의 제조업을 저해하고 있다. 분명히 그것은 양쪽의 호주머니에 전보다 조금 많은 화폐를 넣어 줄 것이고, 이것이 그들에게 매우 크게*[18] 도움이 되는 것은 아니라는 것을 그들 대부분에게 이해시키는 것은 아마 조금 어려울 것이다. 그러나 만일 이 화폐가, 그 양이 늘어남에 따라 그 가치를 줄인

---

*15 [Mathew Decker], *An essay on the causes of the decline of the foreign trade, consequently of the value of the lands of Britain, and on the means to restore both*, London, 1740, p. 40 ; Edinburgh, 1756, p. 65. (ASL 486)

  매슈 데커 경(1679~1749)은 암스테르담에서 플랑드르 상인의 집안에서 태어나, 알바 공의 신교도 탄압을 피해 런던으로 이주했다. 동인도 회사의 이사 및 총재(1713~1743).

*16 '이라기보다는 명목가격을'은 제3판에서는 '이 아니라 명목가격만을'.

*17 '전혀 이렇다 할'은 제2판까지는 '실질적으로는 최소한으로조차'.

*18 '크게'는 제2판까지는 '실질적으로'.

다면, 즉, 그 화폐로 구매할 수 있는 노동과 식량과 모든 종류의 국산[19] 상품의 양이 감소한다면, 도움이 된다는 것은 명목에 불과할 뿐이고, 상상의 영역에서 거의 벗어나지 못할 것이다.

장려금이 정말로[20] 도움이 된 것은, 또는 도움이 될 수 있었던 것은, 이 공동사회 전체에서 아마 단 한 종류의 사람들에 대해서뿐일 것이다. 바로 곡물상인, 다시 말해 곡물 수출업자와 수입업자였다. 장려금은, 풍년에는 그것이 없는 경우보다 필연적으로 많은 수출을 불러일으켜, 어떤 해의 풍작이 다른 해의 흉작을 상쇄시켜 주는 것을 방해함으로써, 흉년에는 장려금이 없는 경우에 필요한 것보다 많은 수입을 불러일으켰다.

장려금은 어느 쪽의 경우에도 곡물상인의 사업을 증대시켜, 흉년에는 더 많은 곡물을 수입할 수 있게 했을 뿐만 아니라 더 비싸게 팔 수도 있게 했다. 따라서, 장려금이 없고, 어떤 해의 풍작이 다른 해의 흉작을 상쇄시켜 주는 것을 조금이라도 방해받지 않은 경우보다도, 큰 이윤을 올리며 곡물을 팔 수 있었다. 그러므로 내가 본 바로는, 장려금의 계속 또는 갱신에 가장 열심인 사람들은 바로 이런 종류의 사람들이다.

우리의 농촌 상류층이 외국산 곡물의 수입에 대해, 풍작일 때는 금지나 다름없는 높은 세금을 부과하거나, 또 장려금을 설정했을 때는 우리의 제조업자의 행동을 모방한 것으로 생각된다. 그들은 전자의 제도에 의해 국내 시장의 독점을 확보하고, 또 후자의 제도에 의해 국내 시장이 자신들의 상품으로 과잉이 되는 것을 방지하려고 노력했다. 두 제도에 의해 그들은 우리의 제조업자가 같은 제도로 많은 다른 종류의 제품의 실질가치를 높인 것과 같은 방법으로, 곡물의 실질가치를 인상하려고 노력한 것이다. 아마도 그들은 곡물과 거의 모든 다른 종류의 재화 사이에, 자연이 만들어 놓은 커다란 본질적 차이를 깨닫지 못한 것 같다. 국내 시장의 독점에 의해서건, 수출장려금에 의해서건, 우리의 모직물이나 마직물의 제조업자가 그렇지 않은 경우보다 약간 높은 가격으로 그들의 재화를 팔 수 있게 한다면, 그런 재화의 명목가격뿐 아니라 실질가격마저 인상하는 셈이 된다. 이런 재화는 더 많은 양의 노동 및 생활 자료와 가치가 같게 되고, 그런 제조업자의 이윤·부·수입은 명목뿐만 아니라 실질

---

*19 '국산'은 제3판의 추가.
*20 '정말로'는 제2판까지는 '실질적으로'.

적으로도 증가하여, 그들 자신이 더 나은 생활을 하거나, 그런 특정한 제조업에서 더 많은 양의 노동을 고용할 수 있게 된다.

즉, 그런 제조업을 실제로 장려하여, 이 나라의 근로를 자연히 그렇게 되는 경우보다 더 많이 그런 제조업으로 모여들게 하는 것이다. 그러나 같은 제도에 의해 곡물의 명목가격, 즉 화폐가격을 인상해도 그 실질가치를 인상하는 것은 아니다. 우리의 농업 경영자와 농촌 상류층, 어느 쪽도 실질적인 부, 실질적인 수입을 증가시키는 것은 아니다. 곡물을 재배하는 데 그들이 더 많은 노동자를 부양하고 고용할 수 있도록 하는 것은 아니므로 재배를 장려하는 것은 아니다. 사물의 본성에서 말하면, 곡물에는 단순히 그 명목가격을 변경하는 것만으로는 변경할 수 없는*21 실질가치가 각인되어 있다. 수출장려금도, 국내 시장의 독점도, 그 가치를 인상할 수 없고, 가장 자유로운 경쟁도 그것을 인하할 수 없다.

전세계에 걸쳐, 그 가치는 곡물이 부양할 수 있는 노동의 양과 같고, 또 어떤 특정한 곳에서도 그 가치는, 노동이 그 곳에서 풍부하든, 적당하든, 부족하든, 보통 부양되고 있는 방법에 따라 그 곡물이 부양할 수 있는 노동의 양과 같다. 모직물과 마직물은 다른 모든 상품의 실질가치를 최종적으로 측정하고 결정하는 규제적인 상품은 아니다. 곡물이 그런 것이다. 다른 모든 상품의 실질가치는 그 상품의 평균 화폐가격이 곡물의 평균 화폐가격에 대해서 가지는 비율에 따라 최종적으로 결정된다. 곡물의 실질가치는, 그것의 평균 화폐가격이 한 세기에서 다음 세기에 걸쳐 일어날 수 있는 변동과 함께 변동하는 것이 아니다. 그 변동과 함께 변동하는 것은 은의 실질가치이다.

어떤 것이든, 국산 상품의 수출에 대한 장려금은, 첫째로는 중상주의의 모든 다양한 정책에 돌아올 수 있는 일반적인 반대와 직면하지 않으면 안 되는데, 그것은 나라의 산업의 어떤 부분을, 그것이 자연히 흘러가는 것보다 이익이 적은 수로를 향해 억지로 돌린다는 반대이다. 두 번째로 산업을 이익이 적은 수로로 밀어 넣을 뿐만 아니라, 실제로 불리한 수로로 밀어 넣는다는 개별적인 반대가 있다. 왜냐하면, 장려금에 의하지 않으면 영위될 수 없는 무역은 반드시 손해를 보는 무역이기 때문이다. 곡물 수출에 대한 장려금은, 또 다음

＊21 '단순히……변경할 수 없는'은 초판에서는 '어떠한 인간의 제도도 변경할 수 없는'.

과 같은 반대를 면하기 어렵다. 즉 그것을 통해 생산을 장려하려 한 특정 상품의 생산을 전혀 촉진할 수 없다는 반대이다. 따라서 우리의 농촌 상류층이 장려금의 설정을 요구했을 때, 그들은 우리의 상인과 제조업자를 흉내내어 행동한 것이기는 하지만, 다른 두 계층 사람들의 행위를 평소에 이끌고 있는 자기 자신의 이해(利害)에 대해 완전히 이해(理解)하지 못한 채 행동한 것이었다. 그들은 공공수입에 많은 비용을 부담시켰다. 그들은 국민 전체에 엄청난 주세를 부과한 것이다.[22] 그러나 그들은 그들 자신의 상품의 실질가치를 전혀 눈에 띄는 정도로는[23] 증가시키지 못했고, 은의 실질가치를 약간 저하시킴으로써 나라의 산업 전체를 어느 정도 저해하여, 그들 자신의 토지개량을 촉진하기는커녕 오히려 많든 적든 지연시켰다. 그것은 필연적으로 그 나라의 산업 전체에 의존하는 것이다.

어떤 상품이든, 생산을 촉진하려면 수출에 대한 장려금보다 생산에 대한 장려금이 더욱 직접적인 효과가 있을 거라고 생각할 것이다. 그리고 그것은 국민에게 단 하나의 세금을, 즉 장려금을 지불하기 위해 그들이 내야 하는 세금을 부과할 뿐이다. 그것은 국내 시장에서의 그 상품값을 상승시키는 것이 아니라 저하시키는 경향을 가질 것이고, 그렇게 함으로써, 국민에게 제2의 세금을 부과하는 것이 아니라, 최초의 세금으로서 납부한 것을 적어도 부분적으로는 돌려 줄 수 있을 것이다. 그런데 생산에 대한 장려금이 주어진 것은 매우 드물었다.[24] 중상주의에 의해 확립된 편견은 우리에게, 국가의 부는 생산에서보다 수출에서 직접적으로 생기는 것으로 믿도록 가르쳤다. 따라서 그것은 직접적으로 화폐를 나라에 가져오는 수단이라 하여 더욱 우대를 받아 왔다. 또 생산에 대한 장려금은 수출에 대한 장려금보다 사기에 걸려들기 쉽다는 것이 경험에 의해 밝혀졌다고 사람들은 말했다. 이것이 어디까지 사실인지 나는 모른다. 수출장려금이 사기적인 목적에 많이 악용되었던 것은 잘 알려져 있다.

그러나 생산에 대한 장려금이 이따금 불러일으킬지도 모르는 사태, 즉 국내 시장이 자신들의 재화로 공급과잉이 되는 것은, 이런 모든 정책의 위대한 발명자인 상인과 제조업자에게 이익이 되지 않는다. 수출장려금은, 그들이 잉여 부

---

* 22 '그들은……부과한 것이다'는 제2판 보충의 추가.
* 23 '전혀 눈에 띄는 정도로는'은 제2판까지는 '어떤 점에서도'.
* 24 '그리고 그것은……매우 드물었다'는 제2판까지는 '그것은 매우 드물었다'.

분을 국외로 보내 국내 시장에 남는 것의 값을 유지할 수 있도록 함으로써 그 것을 효과적으로 방지한다. 그러므로 그것은 중상주의의 모든 정책 중에서 그 것은 그들이 가장 좋아하는 것 중의 하나이다. 몇몇의 개별적인 사업의 각각 의 경영자들이 자기네들끼리 협정을 맺어, 자신들이 다루는 재화의 일정 비율 의 수출에 대해 자기들이 장려금을 내주고 있음을 나는 알고 있다. 이 정책은 큰 성공을 거두어, 그것으로 인해, 생산의 대폭적인 증가에도 불구하고 국내 시장에서 그들의 재화의 값을 두 배 이상으로 올려놓았다. 곡물에 대한 장려 금이 그 상품의 화폐가격을 하락시켰다면, 그것의 곡물에 대한 작용은 경이적 으로 달라졌을 분명하다.

그러나 몇몇 특수한 경우에는 생산에 대한 장려금 같은 것이 주어져 왔다. 소금 절인 청어나 포경업에 주어지는 톤수장려금*²⁵은, 아마 어느 정도 이런 성질을 가지는 것으로 생각해도 무방할 것이다. 그런 장려는 그것이 없는 경우 보다*²⁶ 국내 시장에서 그 재화의 값을 낮추는 직접적인 경향이 있는 것으로 상정될지도 모른다.*²⁷ 그 밖의 점에서는 이 장려의 효과는 수출장려금의 효과 와 같다고 인정되지 않으면 안 된다.*²⁸ 그것에 의해 나라의 자본의 일부는, 값 이 자산의 통상적인 이윤과 함께 보상하지 않는 재화를 시장에 가져오게 하 는 데 쓰인다.*²⁹

그러나 그런 어업에 대한 톤수장려금*³⁰은 국민의 부에는 이바지하지 않을 지라도, 선원과 선박의 수를 증가시킴으로써, 아마 국가 방위에 이바지하는 것 으로 생각될 것이다.*³¹ 그런 장려금에 의하면, 상비육군과 같은 식으로 상비 해군이라는 표현을 써도 된다면, 대(大) 상비해군을 유지하는 것보다 훨씬 적 은 경비로,*³² 그것이 때로는 가능하다고 주장하는 사람도 있을지 모른다.*³³

---

*25 '톤수장려금'은 제2판까지는 '장려'.
*26 제2판까지는 이 뒤에 '실제의 생산 상태에서'가 있었다.
*27 '것으로 상정될지도 모른다'는 제2판 보충의 추가.
*28 '고 인정되지 않으면 안 된다'는 제2판 보충의 추가.
*29 제2판까지는 여기서 줄을 바꾸지 않았다.
*30 '톤수'는 제2판 보충의 추가.
*31 '이바지하는 것으로 생각될 것이다'는 제2판까지는 '이바지하는 것으로 비호받을 것이다'.
*32 제3판까지는 여기에 '평시에 있어서'가 있었다.
*33 '때로는 가능하다고 주장하는 사람도 있을지 모른다'는 제2판까지는 '때때로 가능하다'.

그러나*³⁴ 이런 유리한 주장에도 불구하고, 다음과 같은 여러 가지 면을 생각하면, 적어도 그런 장려금의 하나를 줄 때 입법부는 말할 수 없이 속임수를 당했다고 나는 믿고 싶다.

첫째로, 청어잡이 범선 장려금은 너무 많다고 생각된다.

1771년 겨울철 어업의 시작부터 1781년 겨울철 어업의 끝까지 청어잡이 범선*³⁵에 대한 톤수장려금은 톤당*³⁶ 30실링이었다. 이 11년 동안 스코틀랜드의 청어잡이 범선이 잡은 양은 모두 37만 8347배럴이었다. 해상에서 잡아 소금 절인 청어는 봉어(棒魚)*³⁷라고 불린다. 이것을 판매용 청어로 가공하기 위해서는 소금을 추가하여 다시 절일 필요가 있다. 이 경우 보통, 봉어 3배럴이 2배럴의 판매용 청어가 되는 것으로 계산되고 있다. 따라서 이 11년 동안 잡은 판매용 청어의 양은 이 계산에 의하면 불과 25만 2231배럴 3분의 1밖에 되지 않는다. 그 동안 지급된 톤수장려금은 15만 5463파운드 1실링, 즉 봉어 1배럴당 8실링 2펜스 4분의 1, 판매용 청어 1배럴 당 12실링 3펜스 4분의 3이었다.

이런 청어를 소금에 절이는 데 쓰는 소금은 때로는 스코틀랜드산, 때로는 외국산인데, 두 경우 다 청어를 가공하는 업자에게는 국내소비세를 모두 면제해 준다. 스코틀랜드산 소금에 대한 국내소비세는 현재 1부셸당 1실링 6펜스이고, 외국산 소금에 대한 그것은 10실링이다. 1배럴의 청어는 외국산 소금 1부셸 4분의 1이 필요하다고 한다. 스코틀랜드산 소금의 경우는 평균 2부셸로 계

---

*34 여기부터 '뭔가가 있는 것이 틀림없다'까지는 제2판까지는 다음과 같이 되어 있었다. '다른 몇 가지 장려금은, 아마도 같은 원리에 입각하여 변호할 수 있을 것이다. 왕국이 그 방위에 필요한 제조업에 대해 그 이웃 사람들에게 의존하는 것을 될 수 있는 대로 줄이는 것은 중요한 일이며, 만일 이런 제조업이 다른 방법으로 국내에서 유지될 수 없다면, 그것을 원조하기 위해 다른 모든 부문의 산업에 세금이 부과되는 것은 당연한 일이다. 아메리카로부터의 선박용 도료의 수입, 브리튼제 범포(帆布), 브리튼제 화약에 대한 장려금은, 아마 세 가지 모두 이 원리에 입각하여 변호할 수 있다. 첫째 것은 그레이트브리튼에서 쓰이기 위해, 아메리카에서 생산되는 것에 주는 장려금이고, 다른 두 가지는 수출장려금이다.'

*35 청어잡이 범선(herring buss)은 원양어업용 범선으로, 단순히 buss라고도 한다. 본디는 네덜란드어의 haring-buis.

*36 '톤당'이라는 것은 범선의 톤수를 말하며, 어획한 청어의 톤수는 아니다.

*37 봉어라고 번역한 것은 sea stick으로, 제2판 보충에서는 seasteek으로 되어 있었다. '해물(海物)' 정도일지도 모른다.

산되고 있다. 만일 청어가 수출용으로 등록되면, 이 세금은 전혀 지불되지 않는다. 국내소비용으로 등록되면, 청어를 외국산 소금으로 절이든, 스코틀랜드산 소금으로 절이든, 1배럴당 1실링만 내면 된다. 그것은 1부셸의 소금, 즉 적게 잡아서, 1배럴의 청어를 소금에 절이는 데 필요한 것으로 계산된 양에 대한, 지금까지의 스코틀랜드의 소비세였다. 스코틀랜드에서는 외국산 소금을 생선 절이는 용도 외에는 아주 조금밖에 쓰지 않는다. 그러나 1771년 4월 5일부터 1782년 4월 5일까지 수입된 외국산 소금의 양은 1부셸당 84파운드로, 93만 6974부셸에 이르렀다. 제염소에서 청어 가공업자에게 넘어간 스코틀랜드산 소금의 양은 1부셸당 56파운드로, 16만 8226부셸을 넘지 않았다.

따라서 어업에서 쓰이는 것은 주로 외국산 소금인 것으로 추정된다. 그리고 수출되는 청어 1배럴당 2실링 8펜스의 장려금이 지급되는데, 고기잡이 범선이 포획한 청어의 3분의 2 이상이 수출된다. 이 모든 것을 합치면, 지난 11년 동안 고기잡이 범선에 잡힌 청어는, 수출할 때 스코틀랜드산 소금으로 절일 경우, 정부로서는 17실링 11펜스 4분의 3이 들고, 국내소비용으로 등록되는 경우는 14실링 3펜스 4분의 3이 들며, 외국산 소금으로 절여서 수출되는 경우, 정부로서는 1파운드 7실링 5펜스 4분의 3이 들고, 국내소비용으로 등록되는 경우는, 1파운드 3실링 9펜스 4분의 3이 들었다는 것을 알 수 있다. 양질의 판매용 청어 1배럴의 값은 17, 8실링에서 24, 5실링으로, 평균 약 1기니이다.*38

둘째로, 소금 절인 청어에 대한 장려금은 톤수장려금이고, 배의 적재량에 비례하며, 어획에 대한 근면도나 성공도에 비례하는 것은 아니다. 그래서 생선을 잡기 위해서가 아니라 장려금을 받는 것을 유일한 목적으로 배를 가지는 것이 너무나 흔한 일이 되어 버린 것이 아닌가 하는 생각이 든다. 장려금이 톤당 50실링이었던 1759년에, 스코틀랜드의 모든 고기잡이 범선이 어획한 것은 불과 4배럴의 봉어였다. 그해, 봉어 각 1배럴은 정부로 하여금 장려금만으로 113파운드 15실링을 지출하게 하고, 판매용 청어 각 1배럴은 159파운드 7실링 6펜스를 지출하게 했다.

---

*38 5장 끝의 계산표를 참조할 것.

셋째로, 소금 절인 청어에 대해 이 톤수장려금이 주어진 어획법(적재량 20 내지 80톤의 고기잡이 범선 또는 갑판이 있는 배)은 네덜란드의 방식을 흉내낸 것인 듯하지만, 위치상 스코틀랜드는 네덜란드보다 적합하지 않은 것으로 생각된다. 네덜란드는 청어가 주로 모여드는 것으로 알려진 해역에서 멀리 떨어져 있고, 따라서 원양 항해에 충분한 물과 식량을 운반할 수 있는 갑판 있는 배가 아니면 청어잡이를 할 수가 없다. 그런데 헤브리디스, 즉 서부제도, 셰틀랜드 제도 및 스코틀랜드의 북해안과 북서 해안, 즉 그 인근에서 청어잡이가 주로 이루어지고 있는 여러 지방은, 곳곳이 후미에 의해 구획되어 있다. 그런 후미는 육지로 상당히 깊이 파고들고 있는데, 그 지방 언어로 바다호수*³⁹라 불리고 있다. 청어가 이 일대의 바다로 찾아오는 계절 동안 주로 모이는 곳은 이런 바다호수이다.

그것은 청어나, 또 듣기로는 틀림없이 많은 종류의 다른 물고기도, 규칙적이고 항구적으로 찾아오는 것은 아니라는 얘기이다. 따라서 보트를 이용한 어획이 스코틀랜드의 특수한 상황에 가장 적합한 어획법인 것으로 생각된다. 어부는 청어를 잡으면 곧 해안으로 운반하여, 소금에 절이거나, 아니면 그대로 소비한다. 그런데 톤당 30실링의 장려금이 범선 어업에 주는 커다란 장려는, 필연적으로 보트 어획법을 저해하게 된다. 보트 어획법은 그런 장려금이 나오지 않으므로, 범선 어업과 같은 조건으로 소금 절인 청어를 시장에 가지고 갈 수 없기 때문이다. 따라서 범선 장려금이 제정되기 전에는 매우 번성하여, 현재 범선 어업이 고용하고 있는 선원수에 못지않게 다수의 선원을 고용하고 있었다고 하는 보트 어업은, 지금은 거의 완전히 쇠퇴해 버렸다. 그러나 이제 쇠퇴하여 버림받은 이 어획법이 일찍이 어느 정도의 규모였는지에 대해서는, 나는 그다지 정확하게 말할 수 없다는 것을 인정하지 않을 수 없다. 보트 어업의 장비에 대해서는 장려금이 지급되지 않았기 때문에, 관세와 소금세를 관장하는 관리가 그것에 대해 아무것도 기록해 두지 않았던 것이다.

넷째로, 스코틀랜드의 거의 모든 지방에서는, 1년의 어떤 계절에는 청어가 서민의 식량에서 무시할 수 없는 부분을 차지하고 있다. 국내 시장에서 그 값

---

*39 바다호수는 sea-loch의 번역으로, loch는 게일어로 호수를 의미한다.

을 인하하는 경향이 있는 장려금은, 결코 풍족하다고는 할 수 없는 처지에 있는 다수의 우리 동포들의 생활을 안락하게 해 주는 데 매우 도움이 되었을 것이다. 그러나 청어잡이 범선에 대한 장려금은 그런 훌륭한 목적에 도움이 되지 않는다. 그것은 국내 시장에 대한 공급에 비교를 초월하여 가장 적합했던 보트 어업을 파멸시켜 버렸고, 수출에 대한 1배럴당 2실링 8펜스의 추가 장려금은 범선 어획의 대부분, 즉 3분의 2 이상을 국외로 가지고 가 버렸다. 30년부터 40년까지 범선 장려금이 제정되기 전에는, 1배럴 16실링이 소금 절인 청어의 통상가격이었다고 단언하는 말을 나는 들었다. 10년부터 15년까지 보트 어업이 전멸하기 전에는, 그 값은 1배럴 17실링에서 20실링 정도였다고 한다. 이 5년 동안, 그것은 1배럴 평균 25실링이었다. 그러나 이 높은 값은 스코틀랜드 연안에서 청어가 실제로 적어졌기 때문일지도 모른다.

또, 보통 청어와 함께 팔리고, 또 그 값이 앞에서 말한 모든 값에 포함되어 있는 나무통은, 아메리카 전쟁이 시작된 이래, 종전 값의 약 두 배, 즉 약 3실링에서 약 6실링으로 오른 것도 짚고 넘어가야 한다. 마찬가지로 이전의 값에 대해 내가 구한 기록류는, 결코 일관되게 모순이 없는 것은 아니라는 것도 말해 두어야겠다. 또 기억이 정확하고 경험이 풍부한 한 노인이 나에게 확언한 바로는, 50년 이상 전에는 질 좋은 판매용 청어 1배럴의 통상가격은 1기니였다고 하며, 내 생각에는 그것은 지금도 평균적인 값으로 보아도 무방할 것이다. 그러나 국내 시장에서의 청어값이, 어업 범선 장려금의 결과로 인해 내려가는 일이 없었다는 점에서는, 어느 기록도 일치하고 있다고 나는 생각한다.

이렇게 푸짐한 장려금이 주어지게 되어서도, 어업자들이 지금까지 일반적으로 그래 왔던 것과 같은 값으로, 또는 그 이상의 값으로 계속해서 그들의 상품을 판다면, 그들의 이윤은 매우 클 것이라고 생각될지도 모르고, 몇 명의 개인의 이윤이 그랬던 것도 전혀 불가능한 것은 아니다. 그러나 일반적으로는 전혀 그렇지 않았다고 믿어야 하는 모든 이유가 나에게는 있다. 그런 장려금의 통상적인 효과는, 경솔한 기업가를 격려하여 그들을 잘 알지 못하는 사업에 굳이 나서게 하는 일이며, 그들 자신의 태만과 무지 때문에 잃는 것은, 정부의 둘도 없는 후한 인심 덕분에 얻을 수 있는 모든 이익으로도 다 보상할 수 없다.

1750년, 소금 절인 청어의 진흥을 위해 1톤당 30실링의 장려금을 처음으로 지급한 것과 같은 법률(조지 2세 23년의 법률 24호)에 의해, 자본금 50만 파운드로 하나의 주식회사*⁴⁰가 설립되었다. 그 회사에 대한 출자 응모자에게는(적어도 앞에서 설명한 톤수장려금, 1배럴당 2실링 8펜스의 수출장려금, 브리튼 및 외국산 소금의 면세 등 다른 모든 장려 외에), 14년 동안 그들이 그 회사에 신청하여 주식으로 불입한 100파운드마다 1년에 3파운드를, 관세징수 장관으로부터 반년마다 분할하여 지급받을 권리가 주어졌다. 사장 및 임원의 주소는 런던에 두어야 하도록 되어 있었던 이 대(大)회사는, 그밖에 왕국 안의 어떤 외항*⁴¹이든 개별 어업조합을 설립해도 무방한 것으로 선언되었다. 단, 각 조합의 불입자본은 1만 파운드 이하여서는 안 된다는 것, 각 조합은 자기 책임으로, 또한 자기 채산으로 운영하는 것으로 되었다. 그 대회사의 영업에 주어지는 것과 같은 연금, 같은 각종 장려가 그런 소조합의 사업에도 주어졌다. 대회사의 출자 신청은 곧 목표액에 이르러, 다시 몇몇 어업조합이 왕국의 다양한 외항에 설립되었다. 이런 모든 장려에도 불구하고, 그렇게 다양한 회사는 거의 모두 대소(大小)를 불문하고, 자본의 전액 또는 대부분을 잃어버리고 말았다. 지금은 그 어느 것도 거의 흔적이 남아있지 않고, 소금 절인 청어 어업은 현재는 완전하게, 또는 거의 완전하게 개인투자가에 의해 영위되고 있다.

확실히, 만일 뭔가 특정한 제조업이 그 사회의 방위상 필요하다면, 그 공급을 이웃 나라에 의존하는 것은 반드시 항상 신중한 사려에 의한 것이라고는 할 수 없다. 그리고 만일 그런 제조업이 다른 방법으로는 국내에서 유지할 수 없는 것이라면, 그것을 유지하기 위해 다른 모든 산업 부문에 과세한다 해도 불합리한 것은 아닐 터이다. 그레이트브리튼제 범포(帆布 : 돛의 천)와 화약의 수출에 대한 장려금은 아마 이 원리에 의해 옹호할 수 있을 것이다.

그러나 어떤 특정한 종류의 제조업자의 활동을 지원하기 위해 국민 전체의 산업에 과세하는 것은 좀처럼 합리적인 것은 아니지만, 공공이 어떻게 처리해야 할, 잘 모를 정도로 많은 공공 수입을 마음껏 쓰면서 번영에 취해 있을 때는, 인기가 있는 제조업에 그런 장려금을 주는 것은 어쩌면 뭔가 다른 무익한 지출을 하는 것보다 부자연스럽지는 않을 것이다. 개인의 지출의 경우와 마찬가지로, 공공의 지출에서도, 큰 부는 큰 어리석은 행위에 대한 변호로서 허용

---

*40 이 주식회사는 The Society of the Free British Fishery.

*41 외항 out-port는 런던 이외의 항구.

되는 경우가 아마 때때로 있을 것이다. 그러나 전반적으로 어렵고 궁핍할 때, 그런 소비를 계속하는 것에는 분명히 통상적인 어리석음을 넘어선 뭔가가 있는 것이 틀림없다.

장려금이라고 불리고 있는 것이 세금환급에 지나지 않고, 따라서 본디의 장려금과 같은 반대를 받아서는 안 되는 경우가 있다. 이를테면 수출 정제당(精製糖)에 대한 장려금은 그 원료인 황설탕과 흑설탕에 대한 세금환급으로 여겨도 무방하다. 수출 견직물에 대한 장려금은 수입된 생사와 견사에 대한 세금환급으로 여겨도 무방하다. 수출 화약에 대한 장려금은 수입된 유황과 초석에 대한 세금환급으로 여겨도 무방하다. 관세 용어에서는 수입된 것과 똑같은 형태로 수출되는 재화에 대해 주어지는 교부금만이 세금환급으로 불린다. 그 형태가 어떤 제조 공정을 통해 변화하여, 그것 때문에 새로운 명칭으로 불리게 되면,[*42] 교부금은 장려금이라 불리는 것이다.

각각의 직업에 뛰어난 기술자와 제조업자에게 공공이 주는 보상금은, 장려금과 똑같은 반대를 받아야 하는 것은 아니다. 그것은, 특출한 솜씨와 창의력을 장려함으로써 관련된 직업에 실제로 종사하고 있는 노동자들의 경쟁심을 유지하는 데 도움이 되는 것이지, 나라의 자본 가운데 자연히 그쪽으로 향하는 것보다 큰 부분을 그런 직업 가운데 어떤 것으로 돌릴만큼 큰 액수는 아니다. 거기에는 직업 간의 자연적인 균형을 깨뜨리는 경향이 있는 것은 아니고, 각각의 직업에서 이루어지는 일을 될 수 있는 대로 완전무결하게 하는 경향이 있다. 뿐만 아니라, 보상금의 비용은 매우 사소한 것이고, 장려금의 비용은 매우 크다. 곡물장려금만으로도 때로는 1년에 30만 파운드 이상의 비용을 공공에 부담시키는 경우가 있다.

세금환급이 장려금으로 불리는 경우가 있는 것처럼, 장려금이 보상금으로 불리는 경우가 있다. 그러나 우리는 모든 경우에 언어에 사로잡히지 말고 사물의 본질에 주의를 돌려야 한다.

곡물무역과 곡물법에 관한 이야기[*43]
장려금에 관한 장(章)을 끝내기 전에, 나는 곡물 수출에 대한 장려금을 제

---

*42 '변화하여……되면'은 제2판까지는 '변화하면'.
*43 이 제목은 제2판의 추가.

정하고 있는 법률과 그것과 관련된 일련의 규제에 대한 칭찬이 참으로 당치도 않다는 말을 하지 않을 수 없다. 곡물무역의 성질과 이에 관한 그레이트브리튼의 주요한 법률에 대해 상세히 검토해 보면, 이 주장이 정당하다는 것은 충분히 증명될 것이다. 이 주제가 매우 중요하기 때문에 이 이야기가 길어지는 것은 당연한 일이 아닐 수 없다.

곡물상인의 업무는 4개의 부문으로 이루어져 있고, 그 모든 것을 한 사람이 영위하는 일도 있지만, 그것 자체의 성질에서 보면 4개의 별개의 업무로 분리되어 있다. 그것은 첫째로 국내 거래상의 업무이고, 둘째로 국내 소비를 위한 수입상의 업무, 셋째로 외국 소비를 위한 국내 생산물 수출상의 업무, 그리고 넷째로는 중계무역상의 업무, 즉 재수출을 위한 곡물 수입상의 업무이다.

(1) 국내 거래상의 이해관계와 국민 전체의 이해관계는 얼른 보기에 아무리 상반되는 것처럼 보여도, 최대의 흉년에 있어서도 완전히 똑같다. 자신이 가지고 있는 곡물값을 계절*44의 실제의 부족이 필요로 하는 높이까지 끌어올리는 것은 국내 거래상의 이익이지만, 그보다 더 높이 끌어올리는 것은 결코 그의 이익이 될 수 없다. 값을 올림으로써 그는 소비를 저지하여 많든 적든 모든 사람들, 특히 하층민을 특별히 절약하면서 살림을 잘 꾸려 나가게 만든다. 그것을 너무 과도하게 높임으로써 그는 소비를 억제하고, 그 때문에 그 계절의 공급이 소비를 초과할 정도가 되어 다음의 새로운 수확이 들어오기 시작해도 한동안 계속될 것 같으면, 그는 그 곡물의 상당한 부분을 자연적인 여러 원인에 의해 잃게 될 위험뿐만 아니라, 그의 수중에 남아 있는 것을 몇 개월 전에 팔 수 있었던 값보다 훨씬 싸게 팔지 않을 수 없는 위험도 감수하게 된다. 만일 그가 값을 많이 올리지 않고 소비를 거의 억제하지 않음으로써, 그 계절의 공급이 그 계절의 소비에 모자라게 된다면, 그는 그렇지 않았으면 손에 넣었을지도 모르는 이윤의 일부를 잃을 뿐만 아니라, 계절이 채 끝나기도 전에 사람들을 비싼 값에 허덕이게 하지 않는 대신 기근의 두려움에 처하게 만드는 것이다. 매일·매주·매월의 소비가 그 계절의 공급과 될 수 있는 대로 정확하게 균형을 이루는 것은 국민들의 이익이다. 국내 곡물거래상의 이익도 이것과

*44 계절(season)이라는, 말은 수확 자체(기후를 포함하여)와 수확기를 의미하는 경우와, 수확에서 다음 수확까지의 과정을 의미하는 경우가 있다.

똑같다. 그의 판단이 미치는 한, 이 비율에 가깝게 그들에게 공급한다면, 그로 인해 그는 자신의 모든 곡물을 최고값으로 팔아 최대의 이익을 올릴 것이다.

그리고 그는 수확 상태와 매일·매주·매월의 매출 상태에 대한 자신의 지식을 통해, 국민이 실제로 어느 정도에서 이런 방법으로 공급받고 있는가를 조금이나마 정확하게 판단할 수 있다. 국민의 이익을 고려하지 않아도 자기 자신의 이익을 생각한다면, 그는 필연적으로 흉년인 해에도, 신중한 선장이 이따금 자신의 선원을 대우하지 않으면 안 되는 것과 거의 같은 방법으로, 국민을 대우하게 된다. 식량이 부족할 것으로 예상되면, 선장은 그들에 대한 할당을 줄인다. 때로는 조심이 지나쳐 실제로 필요가 없는 데도 그렇게 하는 경우도 있는데, 그것에 의해 그의 선원이 겪는 모든 불편은, 그리 신중하지 않은 지휘에 의해 때로는 처하게 될지도 모르는 위험과 비참과 파멸에 비하면, 하찮은 것이다.

마찬가지로 국내 곡물상이 지나친 욕심 때문에 곡물값을 계절의 수확이 부족한 경우에 필요한 것보다 조금 높게 올리는 일도 있지만, 그 행동 때문에 국민이 겪는 모든 불편은 계절의 마지막에 올 기근에서 그들을 효과적으로 보호하는 것이고, 그 불편은 계절의 시작에 더욱 후한 방법으로 그가 거래한 경우에 그들이 겪었을지도 모르는 불편에 비하면 사소한 것이다. 이 과도한 탐욕으로 인해 가장 손해를 입는 것은 곡물상 자신이고, 그것이 일반적으로 부르게 될 자신에 대한 분노에 의해서 뿐만 아니라, 그 분노의 결과를 면한다 하더라도, 계절의 마지막에 필연적으로 그에게 남게 되는 곡물의 양에 의해서도 손해를 보게 된다. 그리고 그는 그 곡물을, 다음 계절이 우연히 풍작이면, 그렇지 않았으면 팔 수 있었을지도 모르는 값보다 훨씬 싼 값으로 팔지 않을 수 없는 것이 보통이다.

분명히 상인들의 하나의 큰 회사가 드넓은 한 나라의 수확 전체를 자신들의 소유로 하는 것이 가능하다면, 네덜란드인이 몰루카 제도*45의 향료에 대해 그 상당한 부분을 처분하거나 버림으로써 나머지 부분의 값을 조정한 것으로 알려진 것처럼, 그것을 다루는 것이 어쩌면 그들에게 이익이 될지도 모른

＊45 몰루카(Molluccas) 제도는 현재 인도네시아령으로 말루크(Maluck)로 불린다. 술라웨시 섬과 뉴기니 섬 사이에 있으며 향료제도(Spice Islands)라고 불렸다. 제1편 제11장에서 '몰루카 제도의 향료'로 언급되어 있다.

다. 그러나 곡물에 대해 그런 광범위한 독점을 확립하는 것은, 법의 폭력으로도 거의 불가능한 일이다. 그리고 법률에 의해 거래가 자유롭게 방치되고 있는 곳에서는 어디서나, 모든 상품 가운데 곡물만큼, 그 대부분을 매수하는 소수의 대자본의 힘에 의해 매점되거나 독점될 우려가 적은 것은 없다. 곡물가치가 몇몇 개인의 자본으로 구입할 수 있는 가치를 훨씬 넘어설 뿐만 아니라, 설령 구입할 수 있다 하더라도, 곡물이 생산되는 방식이 이 구입을 전혀 실행 불가능하게 만들어 버린다.

어느 문명국에서도, 그것은 연간 소비가 가장 많은 상품이므로, 그 생산에는 다른 어떤 상품보다 많은 근로가 해마다 쓰이고 있다. 또 곡물이 처음 수확될 때도, 그것은 필연적으로 다른 어느 상품보다도 다수의 소유자 사이에 분할된다. 그리고 이런 소유자는 다수의 독립된 제조업자처럼 한 곳에 모여 있는 것이 아니라 필연적으로 나라의 곳곳에 분산되어 있다. 이 최초의 소유자들은 직접적으로 자신들의 인근에 있는 소비자에게 공급하거나, 그런 소비자에게 공급하는 다른 국내 거래업자에게 공급한다. 따라서 농업 경영자와 빵가게 양쪽을 포함하여, 곡물의 국내 거래업자는 필연적으로 다른 상품의 거래업자보다 다수이고, 게다가 그들이 흩어져 있는 상황은 전반적으로 어떤 단결을 도모하는 것을 완전히 불가능하게 한다.

따라서 흉작인 해에 그들 가운데 누군가가 계절의 마지막까지 시가로 처분할 수 있을 것으로 기대할 수 있는 것보다 상당히 많은 양의 곡물을 보유하고 있는 것을 깨닫는다 해도, 자신은 손해를 보고 사업상의 라이벌이나 경쟁 상대만 득을 보도록 이 값을 유지하려고 할 리는 결코 없고, 새로운 곡물이 들어오기 전에 자신의 곡물을 처분하기 위해 즉시 값을 내릴 것이다. 그리하여 누군가 한 사람의 거래업자의 행동을 규제하는 것과 같은 동기, 같은 이해관계가, 다른 모든 거래업자의 행동을 규제하여, 그들 전원에게 그들의 최선의 판단에 따라 그 계절의 작황에 가장 적합한 값으로 자신들의 곡물을 팔게 할 것이다.

현세기 또는 지난 2세기 동안, 유럽의 어느 지방을 괴롭힌 몇 번의 곡물 부족과 기근에 대해서는 상당히 정확한 기록이 있어서, 그 역사를 주의 깊게 검토하면 누구라도 곡물 부족이 국내 곡물거래업자의 뭔가의 결속에서 일어난 것은 결코 아니며, 아마 시간과 장소에 따라서는 전쟁의 황폐가, 그러나 압도적인 대부분의 경우에는 흉작이 불러일으킨 진정한 부족 이외의 원인에서 생긴 것은 결코 아니라는 것, 그리고 또 기근은 부적절한 방법으로 곡물부족의 불편을 해소하고자 하는 정부의 무리수 이외의 어떤 원인에서 일어난 일이 결코 아니라는 것을 알 수 있을 것이다.

국내의 모든 지방 사이에 자유로운 상업과 교통이 이루어지고 있는 드넓은 곡물생산국에서는, 순조롭지 못한 기후로 인해 식량이 아무리 부족해도 결코 기근을 일으킬 정도는 되지 않으며, 수확이 가장 부족한 해에도 합리적으로 꾸려 가면, 한 해 동안, 평년작일 때 더욱 배불리 먹을 수 있는 사람들과 같은 수의 국민을 부양할 수 있을 것이다. 수확에 있어서 가장 순조롭지 못한 기후는 과도한 가뭄이나 과도한 비이다. 그러나 곡물은 고지에서도, 저지에서도, 비가 너무 많이 오는 경향이 있는 토지에서도, 너무 메마른 경향이 있는 토지에서도, 똑같이 성장하는 것이므로, 나라의 어떤 지방에는 해로운 비와 가뭄도 다른 지방에는 이로울 수 있다. 그리고 비가 많은 계절이나 메마른 계절에는 날씨가 더 좋은 계절보다 수확이 상당히 적기는 하지만, 어느 경우에도 나라의 일부에서 잃은 것은 다른 지방에서 얻을 수 있음으로 해서 어느 정도는 보상된다.

쌀생산국에서는 작물이 매우 습기가 많은 토양을 필요로 할 뿐 아니라 그 성장의 일정 기간에는 물에 잠겨 있어야 하므로, 가뭄의 영향은 훨씬 암담한 것이다. 그러나 그런 나라에서도 만일 정부가 자유무역을 허용한다면, 가뭄이 반드시 기근을 일으킬 만큼 전반적인 경우는 아마 거의 없을 것이다. 몇 년 전 벵골*46의 가뭄은 대부분 매우 심한 식량 부족 현상을 불러일으켰다. 동인도 회사의 사원들이 미곡무역에 부과한 부적절한 규제와 무분별한 제한이 식량 부족이 기근으로 확대되는 데 아마도 이바지했을 것이다.

정부가 식량 부족의 여러 불편을 구제하기 위해 모든 거래상에 대해 그들의 곡물을 정부가 타당하다고 생각하는 값으로 팔도록 명령하는 경우, 그것은 그들이 곡물을 시장에 가지고 오는 것을 방해하여, 때로는 수확기가 시작될 때부터 기근을 가져올 수도 있고, 아니면, 만일 그들이 곡물을 시장에 내오면, 국민들이 곡물을 급속하게 소비할 수 있게 하고 그것을 장려함으로써 수확기가

---

*46 벵골(Bengal)은 영국령 인도의 북동부에 있는 주로, 지금은 방글라데시와 인도의 비하르 주로 분리되었다.

채 끝나기도 전에 필연적으로 기근을 불러일으킬 것이 분명하다. 곡물 거래의 제한과 구속이 없는 무제한의 자유는, 비참한 기근에 대한 유일하고도 효과적인 예방책인 것과 마찬가지로 식량 부족의 불편에 대한 가장 좋은 완화책이기도 하다. 왜냐하면 실제적인 결핍에 대한 불편은 구제할 수 있는 것이 아니며, 완화할 수 있을 뿐이기 때문이다. 이것만큼 법의 충분한 보호를 받아야 하는 상업은 없으며, 또 이것만큼 그것을 필요로 하는 상업도 없다. 이것만큼 민중의 증오에 직면하기 쉬운 상업은 없기 때문이다.

흉작인 해에는 하층민들은 자신들의 가난함을 곡물상인의 탐욕 탓으로 돌리고, 곡물상인은 그들의 증오와 분노의 대상이 된다. 따라서 그런 경우에는 그는 이윤을 올리기는커녕 완전히 파멸당하여, 그들의 폭력에 의해 창고를 약탈당하고 파괴당하는 위협에 때때로 직면한다. 그러나 곡물상인이 주요한 이윤을 기대하는 것은, 값이 비싼 흉작인 해이다. 그는 일반적으로 몇 명의 농업 경영자와 계약을 맺어, 일정한 연수 동안 일정량의 곡물을 일정한 값으로 공급받는다. 이 계약가격은 약간 싸고 타당한 값, 즉 통상적인, 또는 평균적인 값으로 상정되는 것에 따라 결정되며, 그것은 최근의 흉작 이전에는 밀 1쿼터당 약 28실링으로, 다른 곡류 1쿼터의 값도 이에 준하고 있었다.

따라서 흉작인 해에는 곡물상인은 그의 곡물 가운데 대부분을 통상적인 값으로 사서 훨씬 비싼 값으로 판다. 그러나 이 특별한 이윤은 그의 영업을 다른 영업과 대등한 수준에 두는 데 충분한 것이며, 이 상품 자체의 부패하기 쉬운 성질과, 그 값의 번번하고도 예견할 수 없는 변동 때문에, 다른 때에 입는 많은 손실을 보상하기에 충분한 정도 이상은 아니라는 것은, 다른 상업과 마찬가지로 이 상업에서도 거부를 쌓는 일이 좀처럼 없다는 사정만 보아도 충분히 명백하다고 생각된다. 그것이 큰 돈을 벌 수 있는 가능성이 있는 것은 흉작인 해뿐이지만, 그 흉작인 해에 따르기 마련인 민중의 증오 때문에, 명성과 재산을 가진 사람들은 그것에 종사하는 것을 꺼리게 된다. 그것은 거래업자 중에서도 하층 계급에 맡겨지는데, 제분업자·제빵업자·정미업자, 곡물 도매상, 거기에다 다수의 가련한 행상인이 국내 시장에서 생산자와 소비자 사이에 있는 거의 유일한 중개자이다.

유럽의 옛 정책은 공공에 있어 이렇게 유익한 상업에 대한 민중의 증오를 완화시키는 것이 아니라, 반대로 그것을 정당화하고 장려했던 것으로 생각된다.

에드워드 6세*47 5, 6년의 법률 제14호는 이렇게 규정하고 있다. 즉 곡류*48를 전매할 목적으로 사는 자는 누구를 막론하고 불법 매점자로 여겨지며, 초범인 경우에는 2개월의 투옥 및 곡물가치에 해당하는 벌금, 재범일 경우에는 6개월의 투옥 및 그 가치의 2배의 벌금, 3범인 경우에는 공개적으로 창피를 주는 형벌과 함께 국왕이 정하는 기간의 투옥 및 전 재산*49 몰수에 처해진다. 유럽의 다른 지방의 옛 정책도 잉글랜드의 그것보다 나은 것은 아니었다.

우리 조상은 곡물은 곡물상인로부터 사는 것보다는 농업 경영자로부터 사는 편이 쌀 것으로 생각했던 것 같다. 곡물상인은 농업 경영자에게 지불한 값에다 엄청난 이윤을 요구할 것이라고 그들은 우려했다. 그래서 그들은 곡물상인의 영업을 완전히 없애 버리려고 노력했다. 그들은 어떤 종류이든 중개업자가 생산자와 소비자 사이에 어떠한 종류의 중개인도 끼어들지 않도록 할 수 있는 모든 노력을 기울였다. 그들의 이른바 곡물행상인이나 곡물운송업자의 영업에 많은 제한을 둔 것은 그 때문이며, 이 영업은 성실하고 공정한 거래를 하는 사람으로서의 자격을 인정하는 면허장이 없으면 누구에게도 허락하지 않았다. 에드워드 6세의 법률에서는 그 면허장을 주는 데 3명의 치안판사의 허가가 필요했다. 그러나 나중에는 이 제한으로도 충분하지 않다고 하여 엘리자베스의 법률에 의해 그것을 발급하는 특권은 사계재판소(四季裁判所)*50에 한정되었다.

유럽의 옛 정책은 이렇게 하여, 그것이 도시의 큰 직업인 제조업에 관해 확립된 원리와는 완전히 다른 원리에 의해 농촌의 큰 직업인 농업을 규제하려고 애썼다. 농업 경영자에게는 소비자나 그 직접적인 대리인인 곡물행상인과 중계운송인 이외의 고객을 두지 않도록 함으로써, 이 정책은 농업 경영자에게 농업 경영자로서의 직업뿐만 아니라 곡물상인이나 곡물 소매인의 일까지 하도록 강제하려고 노력한 것이다. 이와 반대로 이 정책은 대부분의 경우에, 제조

---

*47 에드워드 6세(1537~1553)는 튜더 왕조 헨리 8세의 아들로, 재위 1547~1553년.

*48 곡류(corn or grain)는 보리와 그 밖의 곡물을 말한다.

*49 전 사유재산 all this goods and chattels은 관용구.

*50 사계재판소(quarter-sessions)는 계절별로 주의 치안판사에 의해 열리는 민사·형사의 하급재판소로, 잉글랜드와 스코틀랜드에서는 성격이 조금 다르다.

업자가 상점주인의 일을 하는 것, 즉 자기 자신의 재화를 소매로 판매하는 것을 금지했다. 한쪽의 법률은 나라의 일반적인 이익을 추진하는 방법, 즉, 곡물 가격을 싸게 하는 방법을 잘 알지 못한 채 의도한 것이었던 것 같다. 다른 한쪽의 법률은 어떤 특정한 계급의 사람들, 즉 상점주인의 이익을 추진하려고 의도한 것으로, 제조업자에게 소매가 허용된다면 그들은 상점주인보다 매우 싸게 팔 것이므로 상점주인의 영업은 파멸할 것이라고 생각했던 것이다.

그러나 제조업자는 점포를 가지고 자신의 재화를 소매로 파는 것이 허용된다 하더라도 일반 상점주인보다 싸게 팔 수는 없었을 것이다. 그가 자신의 자본 가운데 그 가게에 얼마나 투자했는지는 모르지만, 그는 그것을 자신의 제조업에서 얻었을 것이 틀림없다. 자신의 사업을 다른 사람들의 사업과 대등하게 영위해 가기 위해서는, 그는 한편으로 제조업자로서의 이윤을 올리지 않으면 안 되는 것과 마찬가지로, 또 한편으로는 상점주인으로서의 이윤을 올리지 않으면 안 될 것이 분명하다. 이를테면 그가 살고 있는 그 도시에서, 제조업이든 소매업이든 10퍼센트가 자산의 통상적인 이윤이라고 가정하면, 이 경우 그는, 자신의 점포에서 파는 자신의 재화 하나하나에 대해 20퍼센트의 이윤을 붙일 것이다. 그것을 그의 작업장에서 점포로 운반할 때, 그는 그것을 취급업자나 상점주인에게 팔 수 있는 값으로 평가할 것이 틀림없으며, 그들은 그것을 도매가격으로 살 것이다. 만일 그 이하로 평가한다면 그는 자기의 제조업 자본이윤의 일부를 잃은 것이 된다.

또한 그 재화를 자신의 점포에서 팔 때, 상점주인이 파는 것과 같은 값으로 팔지 않으면, 그는 소매업 자본이윤의 일부를 잃는 것이 된다. 따라서 같은 재화로 이중의 이윤을 얻는 것처럼 보일지 모르지만, 이런 재화는, 잇따라 별개의 두 자본의 일부분이 되기 때문에, 이런 재화에 쓰인 자본 총액에 대해서는 그는 단 하나의 이윤을 올릴 뿐이며, 만일 이 이윤보다 적은 이윤밖에 올리지 않는다면 그는 손해를 보는 셈이 된다. 즉 그는 자신의 전 자본을 대부분의 이웃 사람처럼 이롭게 쓰지 못하는 것이다.

제조업자가 금지당한 것을 농업 경영자가 하도록 어느 정도 강제되었다. 즉 그의 자본을 두 개의 다른 용도로 나누어, 일부는 시장의 그때그때의 수요에 공급하기 위해 그의 곡물 창고와 건초 창고에 쓰고, 다른 일부는 그의 토지를 경작하는 데 쓰도록 강제당한 것이다. 그러나 그에게는 후자를 농업에 투하되는 자산의 통상적인 이윤 이하로 쓸 여유가 없었던 것과 마찬가지로, 전자를 상업에 투하되는 자산의 통상적인 이윤 이하로 쓸 여유가 없었다. 실제로 곡물상인의 사업을 영위하는 자산이, 농업 경영자로 불리는 사람의 것이든, 곡물상인으로 불리는 사람의 것이든, 그것을 이와 같이 쓰는 것에 대해 그 소유자에게 보상하기 위해서는, 다시 말해, 그의 사업을 다른 영업과 같은 수준에 두기 위해서는, 또 그가 될 수 있는 대로 빨리 그것을 다른 직업으로 바꾸고 싶어하지 않도록 하기 위해서는, 양쪽의 경우에 대해 똑같은 이윤이 필요했다. 따라서 이와 같이 하여 어쩔 수 없이 곡물상인의 일을 하지 않을 수 없게 된 농업 경영자는 자신의 곡물을, 자유경쟁의 경우에 다른 곡물상인이 팔지 않을 수 없는 값보다 싸게 팔 여유는 없었을 것이다.

자신의 모든 자산을 단 하나의 사업 부문에서 쓸 수 있는 업자는, 자신의 모든 노동을 단 한 가지의 작업에 쓸 수 있는 노동자와 같은 종류의 유리함을 가진다. 후자가 같은 두 개의 손으로 전보다 훨씬 많은 양의 일을 수행할 수 있는 기량을 습득하듯이, 전자는 그의 사업을 수행하기 위해, 즉 그의 재화를 사거나 처분하기 위한 쉽고도 신속한 방법을 터득하여, 같은 자본으로 훨씬 많은 양의 업무를 수행할 수 있게 된다. 한쪽이 보통 그의 일을 전보다 훨씬 싸게 제공할 수 있는 것처럼, 다른 쪽은 보통 그의 재화를, 그의 자산과 주의력이 더욱 다양한 대상에 쓰는 경우보다 조금 싸게 제공할 수 있다. 대부분의 제조업자는, 자신의 재화를 도매로 사서 다시 소매로 파는 일만 하는 주의 깊고 활발한 상점주인만큼 싼 값으로 소매를 할 수는 없을 것이다. 더욱이 대부분의 농업 경영자는, 곡물을 도매로 구입하여 거대한 창고에 넣어 두었다가 그것을 다시 소매로 파는 일만 하는 주의 깊고 활발한 곡물상인만큼 싸게 자신의 곡물을 소매로 파는 것, 즉 대부분의 그들에게서 아마 4 내지 5마일은 떨어져 있는 도시의 주민에게 공급하는 것은 불가능할 것이다.

제조업자가 상점주인의 영업을 하는 것을 금지한 법률은, 자산 사용상의 이 분업을 그렇지 않은 경우보다 급속하게 진행시키려고 노력했다. 농업 경영자에게 곡물상인의 영업을 억지로 수행하게 한 법률은, 이 분업이 그처럼 급속하게 진행하는 것을 저지하려고 노력했다. 어느 쪽의 법률도 자연적인 자유의 명백한 침해이며, 따라서 부정(不正)한 것이었다. 그리고 양쪽은 모두 부정인 동시에 잘못된 정책이다. 이런 종류의 일은 결코 강제도 방해도 하지 않는 것이 어느 사회에서나 이롭다. 자신의 노동 또는 자산을 자신의 입장에서 필요한 것 이상으로 다양하게 쓰는 사람은, 이웃 사람보다 싸게 팔아서 그에게 손해를 입히는 일은 결코 할 수 없다. 그는 자신에게 손해를 입힐지도 모르고, 사실, 일반적으로 그렇게 하고 있다. 속담에 만물상이 부자가 되는 일은 절대로 없다고 했다. 그러나 법률은 항상, 사람들에게 그들 자신의 이해에 대한 배려를 맡겨 둬야 한다. 그들은 자신의 개별적인 입장에 대해서는 일반적으로 입법자보다 잘 판단할 수 있을 것이 틀림없기 때문이다. 그러나 농업 경영자가 곡물상인의 영업을 하지 않을 수 없게 한 법률은 두 개의 법률 가운데 더욱더 해로웠다.

그것은 어느 사회에 있어서나 매우 이로운, 자산 사용에서의 분업을 방해했을 뿐 아니라, 마찬가지로 또 토지개량과 경작도 방해했다. 농업 경영자에게 하나의 영업이 아니라 두 가지 영업을 하게 함으로써, 그것은 그의 자본을 둘로 나눠 그 가운데 한쪽밖에 경작에 쓸 수 없도록 했다. 그러나 만일 그가 탈곡하자마자 곧바로 곡물상인에게 모든 수확물을 자유롭게 팔 수 있었다면, 그의 전 자산은 즉시 토지로 돌아와서, 토지를 더욱 좋게 개량하고 경작하기 위해 가축을 사서 늘리거나, 고용인을 늘리는 데 쓰였을 것이다. 그런데 그는 자신의 곡물을 소매로 팔지 않을 수 없었기 때문에, 그의 자본 중 상당한 부분을 1년 내내 곡물 창고와 건초 창고에 묻어 두지 않을 수 없었고, 따라서 또 그런 법률이 없었으면 같은 금액의 자본으로 가능했을 만큼 잘 경작할 수 없었던 것이다. 그러므로 이 법률은 필연적으로 토지개량을 방해하여, 곡물값을 내리기는커녕 그것이 없는 경우보다 부족하게 만들었고, 따라서 값을 올리는 경향이 있었을 것이 분명하다.

농업 경영자의 업무에 이어, 만일 적절하게 보호받고 장려를 받는다면, 곡물상인의 그것이 실제로는 곡물 생산에 가장 이바지하는 사업일 것이다. 그것은 도매상인의 영업이 제조업자의 그것을 돕는 것과 마찬가지로 농업 경영자의 사업 또한 도울 것이다.

도매업자*51는 제조업자에 대해, 즉시 대응할 수 있는 시장을 제공함으로써, 또 제조업자가 재화를 만들어 내는 대로 그에게서 인수함으로써, 때로는 제

---

*51 도매업자(wholesale dealer)와 도매상인(wholesale merchant)을 같은 문단 안에서 구별하여 쓰고 있는 것은, 규모 또는 계층의 차이를 나타낸다.

조업자가 그것을 만드는 동안 대가를 미리 지불까지 함으로써, 제조업자가 그의 전 자본을, 때로는 전 자본 이상의 것을 끊임없이 제조에 쓸 수 있도록 하며, 그 결과, 스스로 직접적인 소비자에게 팔아야 하는 경우보다, 심지어 소매상에 팔아야 하는 경우와 비교해도, 훨씬 많은 양의 재화를 제조할 수 있게 한다. 도매상인의 자본 또한, 일반적으로 많은 제조업자의 자본을 회수하게 하는 데 충분할 만큼 크기 때문에, 그와 그들 사이의 거래 관계는 대자본 소유자로 하여금 다수의 소자본 소유자들을 지원하는 일에 관심을 가지게 하고, 그렇지 않으면 그들을 파멸시키게 될지도 모르는 손실과 불운에 대하여 그들을 원조하는 일에 관심을 가지게 한다.

농업 경영자와 곡물상인 사이에 이와 같은 종류의 거래 관계가 예외 없이 확립되면, 농업 경영자에게 있어서도 똑같이 결과를 가져 올 것이다. 농업 경영자는 자신의 전 자본을, 또는 그 이상의 자본마저 끊임 없이 경작에 사용할 수 있게 될 것이다. 다른 어떤 영업보다도 농업 경영자가 입기 쉬운 재해가 뭔가 일어났을 때, 그들은 자신들의 고정 고객, 즉 부유한 곡물상이 자신들을 지원하는 관심과 능력을 모두 갖추고 있는 인물이라는 것을 알게 될 것이고, 현재와 같이 지주의 관용과 그 집사의 자비심에만 전적으로 의존하는 일은 없어질 것이다.

이런 거래 관계가 예외 없이, 또 단숨에 이루어지는 것은 아마 가능하지 않겠지만, 만일 그것이 가능하다고 하면, 또 왕국의 농업에 투하되고 있는 모든 자산 가운데, 얼마나 되는 부분이든 현재 다른 용도로 전용되고 있는 것을 거두어, 그 모든 것을 토지의 경작이라는 본디의 용도로 당장 돌리는 것이 가능하다면, 또 이 커다란 자산의 활동을 필요에 따라 지원하기 위해, 거의 같은 양의 다른 자산을 그 자리에서 공급하는 것*52이 가능하다면, 사정의 이런 변화만으로 국토의 전 지표에 가져오게 될 개량이 얼마나 크고, 얼마나 광범하고, 얼마나 급격한가를 상상하는 것은 아마 그리 쉬운 일은 아닐 것이다.

따라서 애드워드 6세의 법률은 재배자와 소비자 사이에 어떤 중개자라도 들어가는 것을 가능한 한 금지함으로써, 자유롭게 활동하도록 하면 결핍의 불편에 대한 최선의 완화제가 될 뿐 아니라, 그 재앙의 최선의 예방제도 되는 하

---

*52 자산이 어디서 공급되는지는 명시되어 있지 않다.

나의 영업을 없애려고 애썼던 것이다. 농업 경영자의 영업에 이어서, 곡물상인의 영업만큼 곡물의 생산에 이바지하는 것은 없다.

이 법률의 엄격함은 나중에 몇 가지의 법률에 의해 완화되어, 밀값이 1쿼터에 20·24·32·40실링을 넘지 않는 한, 곡물의 매점을 허용했다. 그러다가 마침내 찰스 2세*53 15년(1663)의 법률 제7호에 의해 밀값이 1쿼터에 48실링을 넘지 않고, 다른 곡류의 값도 그에 준하는 한, 전매하기 위해 곡물을 매점 또는 매입하는 것은, 매점인이 아닌 한, 즉 3개월 이내에 같은 시장에서 전매하지 않는 한, 모든 사람에게 합법적이라고 선언되었다.

곡물의 국내 거래업자의 영업이 지금까지 누려온 자유는 모두 이 법률에 의한 것이었다. 현재의 국왕(조지 3세) 12년(1772)의 법률은 매점인이나 선매인을 금하는 다른 모든 옛 법률을 폐지했지만, 이 특정한 법률의 여러 제한은 폐지하지 않았기 때문에, 그것은 지금도 계속 유효하다.

그러나 이 법률은 두 가지의 매우 부조리한 일반적 편견을 어느 정도 시인하고 있다.

첫째로, 이 법률은 밀값이 1쿼터당 48실링까지 올라가고, 다른 곡류값도 이에 준하여 올라갔을 때는, 곡물은 국민에게 해를 미칠 정도로 매점당할 것이라고 상정하고 있다. 그러나 이미 말한 바와 같이, 곡물은 값이 얼마가 되든 국민에게 해를 줄 정도로 국내 거래업자에 의해 매점당하는 일은 있을 수 없다는 것은 충분히 증명되었다고 생각된다. 그리고 1쿼터당 48실링이라는 것은 매우 비싼 값으로 생각될지도 모르지만, 흉작인 해에는 추수한 직후에 때때로 발생하는 값이다. 이 시기에는 햇곡은 아직 거의 판매되기 전이어서, 그 일부라도 국민에게 해를 줄 정도로 매점될 수 있다는 것은, 아무리 사정에 어둡다 해도 생각할 수 없는 시기이다.

둘째로, 그것은 곡물이 같은 시장에서 그 뒤에 곧 전매할 목적으로 매점되어 국민에게 손해를 주는, 어떤 일정한 값이 있다고 상정하고 있다. 그러나 어떤 상인이 특정한 시장으로 가는 도중이든, 아니면 특정한 시장에 있어서든, 그 뒤에 곧 같은 시장에서 전매하기 위해 곡물을 매점한다면, 그것은 그가 그 시장이 계절의 전체에 걸쳐, 그 특정한 시기만큼 풍부하게 곡물을 공급받을

*53 찰스 2세(1630~1685)는 스튜어트 왕조의 국왕으로, 재위 1660~1685년. 단, 통치기간은 찰스 1세가 사형당한 때(1649)부터 계산되어 있다.

수 없고, 따라서 값이 곧 오르지 않을 수 없다고 판단했기 때문임이 틀림없다.

만일 이 점에서의 그의 판단이 잘못된 것이라면, 즉, 만일 값이 오르지 않는다면, 그는 이렇게 쓰는 자산의 모든 이윤을 잃을 뿐 아니라, 곡물의 저장과 유지에 반드시 따르는 비용과 소모 때문에 자산 자체의 일부도 잃는 것이다. 따라서 그는 그로 인해 그 특정한 장날에 곡물을 구입하지 못한 특정한 사람들에게 끼치는 손해보다 훨씬 큰 실질적 손해를, 자신에게 입히는 셈이 된다. 왜냐하면 그들은 나중에 언제든지 다른 장날에 꼭 그만큼 싸게 구입할 수 있을 것이기 때문이다.

만일 그의 판단이 옳다면, 국민 전체에 해를 끼치기는커녕, 매우 중요한 봉사를 하는 것이 된다. 그는 그들에게, 그렇지 않은 경우보다 조금 빨리 곡물 부족의 불편을 느끼게 함으로써, 그들이 싼 값에 이끌려 실제의 곡물 부족에 대응하는 것보다 빨리 소비해 버린 뒤 뒤늦게 그것을 통감하게 되는 것을 미리 방지하는 것이다.

식량 부족이 현실로 나타나면 국민을 위해 할 수 있는 최선의 일은, 그로 인한 불편을 그해의 모든 달·주·일에 가능한 한 균등하게 나누는 것이다. 곡물 상인의 이해관심은, 그에게 될 수 있는 대로 정확하게 그 일을 하도록 노력하게 만든다. 그리고 그와 같이 정확하게 그렇게 하기 위해, 그와 같은 이해관심과 지식과 능력을 가진 사람은 없을 것이므로, 상업상 가장 중요한 이 조작은 모두 그에게 맡겨져야 한다. 다시 말하면, 적어도 국내 시장의 공급에 관한 한, 곡물 거래는 완전히 자유롭게 방임되어야 한다.

매점과 매석에 대한 일반적인 걱정은, 마법(魔法)[*54]에 대한 일반적인 두려움과 의혹에 비교할 수 있다. 이 후자의 죄를 비난받은 불운한 사람들이, 그들 탓으로 돌려진 불행에 대해 죄가 없었던 것과 마찬가지로, 전자의 죄에 대해 비난받은 사람들도 죄가 없었다. 마법에 대한 모든 고발을 폐지한 법률, 즉 그 상상 속의 죄로 이웃을 고발함으로써 자신의 악의를 만족시키는 힘을 모든 사람들한테서 빼앗아 버린 법률은, 고발을 장려하고 지원한 커다란 원인

---

*54 마법(witchcraft)은 그리스도교 지배 체제 속의 이단과 통하는 것으로서, 박해의 대상이 되었다. 특히 종교개혁은 그것을 격화시켜 17, 8세기는 마녀사냥(witch-hunt)의 절정기였다. 영국에서는 법적으로는 마녀사냥이 1736년에 폐지되었지만, 사형(私刑)으로서는 여전히 존속하고 있었다. 스미스는 여기서 근거 없이 공포감을 주는 관념으로 이 말을 쓴 것이다.

을 제거함으로써 그런 두려움과 의혹을 효과적으로 끝낸 것으로 생각된다. 곡물의 국내 상업에 전면적인 자유를 회복시키는 법률이 생기면, 그 법률은 매점과 선매에 대한 일반적인 두려움을 아마 마찬가지로 효과적으로 끝낼 것이다.

그러나 찰스 2세 15년(1663)의 법률 제7호는 미비한 점이 많았다고는 하나, 국내 시장에 대한 충분한 공급과 경작의 증가, 어느 쪽에 대해서도, 아마 법률 전서 속의 다른 어떤 법률보다도 이바지했을 것이다. 국내 곡물상업은 그때까지 누려왔던 모든 자유와 보호를 이 법률에서 얻었고, 국내 시장의 공급과 경작의 이익도 수출과 수입 무역보다 국내 상업에 의해서 훨씬 효과적으로 촉진되고 있다.

그레이트브리튼에 수입되는 모든 종류의 평균량의, 소비되는 모든 종류의 곡류에 대한 비율은, 곡물무역에 관한 여러 논문*55의 저자가 계산한 바에 의하면 1대 570을 넘지 않는다. 따라서 국내 시장에 대한 공급이라는 점에서는, 국내 상업의 중요성은 수입 무역에 대해 570대 1인 셈이다.

그레이트브리튼에서 수출되는 모든 종류의 곡류의 평균량은, 같은 저자에 의하면 연생산(年生産)의 31분의 1을 넘지 않는다. 따라서 국내 생산물에 시장을 제공하여 경작을 장려한다는 점에서는, 국내 상업의 중요성은 수출 무역에 대해 30대 1일 것이다.

나는 정치산술(政治算術)을 그다지 신뢰하지 않는다. 그래서 나는 이런 계산의 어느 것에 대해서도 정확성을 보증할 생각은 없다. 내가 이런 계산을 든 것은, 매우 사려 깊고 경험이 풍부한 사람들의 의견으로는 곡물의 외국무역이 국내 상업에 비해 얼마나 하찮은 것인가를 보여 주기 위함일 뿐이다. 장려금이 제정되기 전의 몇 년 동안 곡물이 엄청나게 쌌던 것은, 아마 그 약 25년 전에 제정되어 그 효과를 발휘할 시간이 충분했던 찰스 2세의 이 법률의 작용에 어느 정도 기인하는 것으로 생각해도 무방할 것이다.

곡물 상업의 다른 세 부분에 대해 내가 말할 것은 몇 마디의 설명으로 충분할 것이다.

---

*55 찰스 스미스의 앞의 책.

(2) 국내소비용 외국산 곡물 수입상인의 영업은, 국내 시장에 대한 직접적인 공급에 명백하게 이바지하고 있고, 그런 점에서는 국민 전체에 있어서 직접적으로 이로운 것이 틀림없다. 분명히 그것은 곡물의 평균 화폐가격을 어느 징도 낮추기는 하지만, 그것의 실질가치, 즉 그것이 유지할 수 있는 노동의 양을 감소시키지는 않는다. 만일 수입이 언제든지 자유롭다면, 우리의 농업 경영자와 지주들이 그들의 곡물과 교환하여 얻는 화폐는, 아마 매년 평균한다면, 수입이 대부분의 시기에 사실상 금지되어 있는 현재보다 적을 것이다. 그러나 그가 얻은 화폐는 가치가 더욱 클 것이고, 다른 모든 종류의 재화를 더욱 많이 살 수 있을 것이며, 또 많은 노동자를 고용할 수 있을 것이다. 따라서 그들의 실질적인 부, 그들의 실질적인 수입은 현재보다 적은 양의 은으로 표시된다 해도 현재와 똑같은 것이고, 그들이 현재 생산하고 있는 것과 같은 양의 곡물을 생산할 수 없게 되는 것도 아니며, 그럴 의욕이 꺾이는 것도 아닐 것이다.

반대로 곡물의 화폐가격이 내려가는 결과로 은의 실질가치가 상승하는 것은, 다른 모든 상품의 화폐가격을 어느 정도 낮추므로, 그런 일이 일어난 나라의 산업을 모든 외국 시장에서 조금 유리하게 하여, 그로 인해 그 산업을 장려하고 증대시키는 경향이 있다. 그러나 곡물에 대한 국내 시장의 크기는, 그것이 재배되는 나라의 산업 전반에, 즉 곡물과 교환할 뭔가 다른 것을 생산하는 사람들의 수, 따라서 뭔가 다른 것을 가지고 있는 사람들의 수, 또는 뭔가 다른 것의 값을 가지고 있는 사람들의 수에 비례할 것이다. 그러나 어느 나라에서나 국내 시장은, 곡물에 있어서 가장 가깝고 가장 편리한 시장인 것과 마찬가지로, 가장 크고 가장 중요한 시장이기도 하다. 그러므로 곡물의 평균 화폐가격이 하락한 결과인 은의 실질가치의 상승은 곡물에 있어서 가장 크고 가장 중요한 시장을 확대하여, 그로 인해 곡물 재배를 저해하기는커녕 촉진하는 경향이 있다.

찰스 2세 22년(1670)의 법률 제13호에 의해 밀의 수입은 국내 시장의 값이 1쿼터당 53실링 4펜스를 넘지 않을 때는 언제나 1쿼터당 16실링의 세금이 부과되고, 그 값이 4파운드*56를 넘지 않을 때는 언제나 8실링의 세금이 부과되었

---

*56 20실링이 1파운드.

다. 이들 두 가지 가격 중의 전자는 과거 1세기 이상에 걸쳐 대기근일 때에만 발생했지만, 후자는 내가 아는 한, 전혀 발생하지 않았다. 그런데도 이 후자의 값 이상으로 상승하기까지는, 밀은 이 법률에 의해 매우 높은 세금이 부과되었고, 전자의 값 이상으로 상승할 때까지는 수입금지나 다름없는 세금이 부과되었다. 다른 종류의 곡류도, 다양하게 그 곡류의 가치에 비례하여 밀의 경우와 거의 같은 높은 세금으로 수입이 제한되었다.*57 그 뒤의 법률은 그런 세금을 더욱 증가시켰다.*58

그런 법률*59을 엄격하게 집행하면 흉작인 해에 국민에게 가져다 주었을지도 모르는 고통은, 아마 매우 큰 것이었을 것이다. 그러나 그런 경우에는 보통

---

*57 현 국왕 13년(1772) 이전에는, 다양한 종류의 곡류를 수입할 때 지불해야 하는 관세는 다음과 같았다.

곡류 (쿼터당)	값	관세	값	관세	값	관세
콩	28실링까지	19실링 10펜스	40실링까지	16실링 8펜스	40실링 초과	12펜스
보리	28실링까지	19실링 10펜스	32실링까지	16실링	32실링 초과	12펜스
귀리	16실링까지	5실링 10펜스			16실링 초과	$9\frac{1}{2}$펜스
완두콩	40실링까지	16실링			40실링 초과	$9\frac{3}{4}$펜스
호밀	36실링까지	19실링 10펜스	40실링까지	16실링 8펜스	40실링 초과	12펜스
밀	44실링까지	21실링 9펜스	53실링 4펜스까지	17실링	80실링까지	8실링
					80실링 초과	1실링 4펜스
메밀	32실링까지	16실링				

(맥아는 매년의 맥아세법에 의해 금지된다)

그러한 다양한 관세는 일부는 구 상납금으로 바뀐 찰스 2세 22년의 법률에 의해, 일부는 신 상납금, 3분의 1 및 3분의 2 상납금, 1747년 상납금에 의해 부과되었다. (이 주는 제2판의 추가)

'다른 종류의 곡류도⋯⋯제한되었다'는 초판에서는 '다른 종류의 곡류도 그것에 비례한 세금에 의해 수입이 제한되었다'.

위의 표는 찰스 스미스의 앞의 책에 의해, 그것은 다시 Henry Saxby, *The British customs : containing an historical and practical account of each branch of that revenue* ⋯, London, 1757(ASL 1492)에 의거하고 있다.

*58 '그 뒤의⋯⋯증가시켰다'는 제3판의 추가.

*59 '그런 법률(those laws)'은 제2판까지는 '이 법률(this statutes)'. 이와 같이 복수형으로 바꿨음에도 불구하고 '집행'은 its execution으로 단수형 그대로이다.

외국 곡물의 수입을 한정된 기간만 허가한 임시법률에 의해 그 집행이 정지되는 것이 보통이었다. 이런 임시법률이 필요했다는 사실이 이 일반법률의 부적절하다는 것을 충분히 증명한다.

이런 수입제한은 장려금이 제정되기 전부터 있었지만, 나중에 그 규제를 제정한 것과 같은 정신·같은 원리에서 나온 것이었다. 이런 제한, 또는 뭔가 다른 수입제한은 그 자체가 아무리 해롭다 하더라도, 그 규제의 결과 필요하게 된 것이다. 밀이 1쿼터당 48실링 이하이거나 그보다 그다지 비싸지 않을 때는 외국산 곡물을 무세(無稅)로, 또는 적은 세금만 내고 수입할 수 있다면, 그것은 장려금의 혜택으로 공공 수입에 커다란 손실을 주고 재수출되어, 외국 상품의 시장이 아니라 국산품 시장의 확대를 목적으로 한 이 제도의 완전한 역작용(逆作用)이 되었을 것이다.

(3) 외국에서의 소비를 위한 곡물 수출상인의 영업은 국내 시장에 대한 풍부한 공급에 직접 이바지하는 것은 아니다. 그러나 그것은 간접적으로 이바지한다. 이 공급이 보통 어떤 원천에서 오는 것이든, 즉 국산이든 외국에서 수입한 것이든 국내에서 일반적으로 소비되는 것보다 많은 곡물이 통상적으로 재배되거나, 아니면 통상적으로 수입되지 않으면, 국내 시장에 대한 공급은 결코 크게 풍부해질 수 없다.

그러나 잉여가 통상의 경우에는 언제든지 수출할 수 있지 않으면, 재배자는 국내 시장 소비가 최소한으로 필요로 하는 것 이상은 결코 생산하지 않도록 주의하고, 수입업자는 결코 그 이상 수입하지 않도록 할 것이다. 그 시장이 재고 과잉이 되는 일은 매우 드물 것이고, 재고가 부족해지는 것이 보통일 것이다. 그것을 공급하는 것을 직업으로 하는 사람들은, 일반적으로 자기 수중에 그들의 재화가 남지 않도록 고심하기 때문이다. 수출금지는 그 나라의 개량과 경작을 자국의 주민에 대한 공급이 필요로 하는 정도로 제한해 버린다. 수출 자유는 그 경작을 여러 외국 국민에 대한 공급을 위해 확대하는 것을 가능케 한다.

찰스 2세 12년(1660)의 법률 제4호에 의해, 밀값이 1쿼터당 40실링을 넘지 않고 다른 곡류값도 이에 준하는 경우에는 언제나 수출이 허가되었다. 같은 왕의 15년의 법률에 의해 이 자유는 밀값이 1쿼터당 48실링을 넘을 때까지 확대되었고, 22년의 법률에 의해 아무리 값이 비싸도 허가가 확대되었다. 분명히 그런 수출에 관해서는 국왕에게 파운드 세*60를 지불해야 했다. 그러나 모든 곡류는 관세표(關稅表)에서 매우 낮게 평가되고 있었으므로, 이 파운드 세는 1 쿼터당, 밀은 1실링, 귀리는 4펜스, 다른 모든 곡물은 6펜스밖에 되지 않았다. 윌리엄과 메리*61 1년(1688)의 법률, 즉 장려금을 제정한 법률에 의해 이 소액의 세금도, 밀값이 1쿼터당 48실링을 넘지 않을 때는 언제나 사실상 면제되고, 윌리엄 3세 11·12년의 법률 제20호에 의해 그 이상의 모든 높은 값에 대해서도 명문(明文)으로 면제되었다.

수출상인의 영업은 이렇게 하여 장려금에 의해 촉진되었을 뿐만 아니라, 국내 취급업자의 거래보다 훨씬 자유로워졌다. 이런 법률 가운데 마지막 것에 의하면, 곡물은 수출을 위해서는 어떤 값으로 매점해도 무방하지만, 국내 판매를 위해서는 값이 1쿼터당 48실링을 넘지 않는 경우가 아니면 매점할 수가 없었다. 그러나 이미 제시한 대로, 국내 취급업자의 이해(利害)는 결코 국민 전체의 이해와 상반될 수 없다.

수출상인의 이해는 국민 전체의 이해와 상반될 수 있고, 실제로 때때로 상반되고 있다. 그 자신의 나라가 식량 부족으로 고생하고 있을 때, 이웃 나라가 기근에 허덕이고 있다면, 식량 부족의 재앙을 크게 증대시킬 수 있는 양의 곡물을 후자에게 가져가는 것이 그에게는 이익이 될지도 모른다. 그런 법률의 직접적인 목적은 국내 시장에 곡물을 풍부하게 공급하는 것이 아니라, 농업을 장려한다는 구실 아래 곡물값을 될 수 있는 대로 상승시켜서, 그로 인해 국내 시장에 일상적인 결핍을 초래하는 것이었다. 수입이 억제되었기 때문에 그 시장에 대한 공급은 대흉작일 때조차 국내산에 한정되었다. 수출이 장려되었으므로, 값이 1쿼터당 48실링이나 되는 고가일 때도, 그 시장은 식량이 상당히 부족할 때조차 국산 곡물 전체를 이용하는 것이 허용되지 않았다.

곡물 수출을 일정 기간 금지하고, 또 일정 기간 그 수입에 대한 세금을 면제하는 임시법률, 즉 그레이트브리튼이 그토록 자주 의지하지 않을 수 없었

---

*60 파운드 세(poundage duty)는 직접적으로 국왕의 수입이 되는 수출입세.
*61 윌리엄과 메리는 명예혁명에 의해 왕위에 오른 윌리엄 3세(1650~1702)와 왕비 메리(1662~ 1694).

던 편법은, 이 나라의 일반적인 체계가 부적절한 것임을 충분히 증명하고 있다. 만일 이 제도가 좋은 것이었다면, 이 나라가 그렇게 자주 그 제도에서 멀어질 필요에 쫓기는 일은 없었을 것이다.

모든 나라의 국민들이 수출입 자유라는 자유로운 제도를 채택한다면, 하나의 커다란 대륙이 분할되어 생긴 다양한 나라는, 그 점에서 하나의 대제국의 여러 주와 비슷한 것이 될 것이다. 그런 대제국의 여러 주 사이에서는, 국내 상업의 자유는 이치로 보나 경험으로 보나 결핍에 대한 가장 좋은 완화책일 뿐 아니라, 기근에 대한 가장 좋은 예방책이기도 한데, 대제국을 분할하고 있는 여러 나라 사이의 수출입 무역의 자유도 마찬가지일 것이다. 대륙이 크면 클수록, 그 모든 지방 사이의 수륙 교통이 편리하면 할수록, 그 대륙의 특정한 지방이 그런 재앙 중의 하나에 행여라도 직면하는 일은 그만큼 적을 것이다. 어느 한 나라의 결핍은 다른 어느 나라의 풍요에 의해 구제될 가능성이 그만큼 크기 때문이다. 그러나 이 자유로운 제도를 전면적으로 채용한 나라는 극소수에 불과하다.

곡물 상업의 자유는 거의 어디서나 많든 적든 규제되고 있으며, 대부분의 나라에서는 결핍이라고 하는 피할 수 없는 불행을 기근이라고 하는 무서운 재앙으로까지 때때로 확대시키는 어리석은 규제에 의해 제한되고 있다. 그런 나라들의 곡물 수요는 매우 크고 매우 절박할 수 있으므로, 마침 같은 시기에 어느 정도 식량 부족으로 고심하고 있는 작은 이웃 국가가 그런 나라에 대담하게 곡물을 공급하려 한다면, 그 나라마저 똑같이 무서운 재앙에 처하지 않을 수 없게 될 것이다.

이렇게 한 나라의 매우 나쁜 정책은, 그렇지 않으면 가장 좋은 것이 될 정책을 다른 나라가 채용하는 것을 어느 정도 위험하고 무모한 것으로 만들 수 있다.

그러나 곡물 생산 규모가 훨씬 커서, 수출될 수 있는 양에 의해 공급이 좀처럼 큰 영향을 받지 않는 큰 나라에서는, 수출의 무제한 자유는 훨씬 위험이 적을 것이다. 스위스의 한 주나 이탈리아의 여러 작은 나라[62] 가운데 어떤 곳에서는 곡물 수출을 억제하는 일이 때로는 필요할 수도 있을 것이다. 프랑스

---

[62] 스위스와 이탈리아에서는 주와 도시의 독립성이 강하여, 국가 통일은 19세기로 미루어졌다.

나 잉글랜드 같은 큰 나라에서는 그것이 필요한 일이 거의 없다. 게다가 농업 경영자가 자신의 재화를 언제든지 가장 좋은 시장에 보내는 것을 방해하는 것은 명백하게, 공공의 효용이라는 관념 때문에, 즉 일종의 국가 이성(理性)*⁶³ 때문에 통상적인 정의의 법을 희생시키는 것이며, 그것은 가장 긴급한 필요가 있을 때만 행사되어야 하고 허용될 수 있는, 입법 권력의 행위이다. 곡물 수출이 금지되어야 하는 것이라면, 그 금지가 이루어질 때의 값은 언제나 매우 비싼 값이어야 한다.

곡물에 관한 법률은 어디서나 종교에 관한 법률에 비교할 수 있다. 사람들은 현세에서의 자신의 생계나 내세에서의 자신의 행복에 매우 큰 이해관심을 가지고 있으므로, 정부는 그들의 선입견에 양보하여, 공공의 평온을 유지하기 위해 그들이 시인하는 제도를 만들지 않을 수 없다. 이 두 가지 주요 문제의 어느 것에 대해서나 합리적인 체계가 확립되어 있는 것을 보기가 이토록 힘든 것은 아마 그 때문일 것이다.

⑷ 중계상인, 즉 재수출을 하기 위해 외국산 곡물을 수입하는 업자의 영업은, 국내 시장에 대해 풍부하게 공급하는 데 이바지하고 있다. 거기서 자신의 곡물을 파는 것은 확실히 그의 영업의 직접적인 목적은 아니다. 그러나 그는 일반적으로 기꺼이 그렇게 할 것이고, 외국 시장에서 기대할 수 있을지도 모르는 것보다 매우 적은 화폐와 교환하더라도 그렇게 할 것이다. 그렇게 함으로써 하역·운임·보험의 비용을 절약할 수 있기 때문이다.

중계무역에 의해 외국에 공급하기 위한 창고와 저장소가 되는 나라의 주민들이 곡물이 부족한 일은 매우 드물다. 그리하여 중계무역은 국내 시장의 곡물의 평균 화폐가격을 내리는 데 이바지할지도 모르지만,*⁶⁴ 그것으로 인해 곡물의 실질가치가 저하하지는 않을 것이다. 그것은 다만 은의 실질가치를 조금 인상시킬 뿐이다.

---

*63 국가 이성(reasons of state)은 근대 국가의 형성기에 주장된 관념으로, 국가의 존속과 발전을 위해 필요로 하는 가치판단 능력이며, 종교와 도덕에 구속되지 않는다. 각 개인의 가치판단을 초월하는 것이지만, 누가 그것을 대표하고 있는가 하는 점에서는 근거가 분명하지 않다. 민주주의의 전제인 개인주의와는 양립할 수 없다.
*64 '지도 모르지만'은 제6판에서는 '것이 틀림없지만'.

중계무역은 그레이트브리튼에서는 외국산 곡물의 수입에 대한 관세가 높고, 게다가 그 대부분에는 세금환급이 없기 때문에,*65 모든 통상의 경우에 사실상 금지되어 있었고, 또 곡물 부족 때문에 임시입법에 의해 그런 세금의 일시 정지가 필요해지는 특별한 경우에는 수출이 언제나 금지되었다. 따라서 이 법체계에 의해 중계무역은 사실상 모든 경우에 금지되어 있었다.

그러므로 장려금의 제정과 관련된 그런 법체계는, 지금까지 그것에 주어진 칭찬을 들을 만한 가치가 전혀 없는 것으로 생각된다. 이와 같이 때때로 그런 법률의 공으로 돌려졌던 그레이트브리튼의 개량과 번영은 다른 여러 원인에 의해 매우 쉽게 설명할 수 있다.

각자가 자신의 노동의 결실을 누리는 것에 대해 그레이트브리튼의 법률이 주고 있는 보장은, 그것만 있으면 그런 규제 및 그 밖의 20여 가지의 어리석은 상업상의 규제에도 불구하고 어떤 나라든지 번영시키기에 충분한 것으로, 그 보장은 그 장려금이 제정된 것과 거의 같은 시기의 혁명*66에 의해 완전한 것이 되었다. 자기의 상태를 개선하고자 하는 각 개인의 자연적인 노력이 자유와 안전을 보장받고 그 실행을 허락받는다면 매우 강력한 원리이며, 그것만으로 아무런 도움 없이 그 사회를 부와 번영으로 이끌 수 있을 뿐만 아니라, 그 작용을 너무나 자주 방해하는 어리석은 인정법(人定法)의, 많든 적든 그 자유를 침해하거나 안전을 감소시키는 다수의 부적절한 걸림돌을 극복할 수도 있다. 그레이트브리튼에서는 산업은 완전히 안전하며, 그것은 완전한 자유와는 거리가 멀지만, 유럽의 다른 어느 지방과도 마찬가지로, 또는 그 이상으로 자유롭다.

그레이트브리튼의 최대의 번영과 개량의 시기는 장려금과 결부된 법체계보다 나중의 일이기는 하지만, 그렇다고 해서 우리는 그것을 그런 법률 탓으로 돌려서는 안 된다. 그것은 마찬가지로 국채(國債)*67보다 뒤의 일이기도 했다. 그러나 국채가 그 원인이 아니었던 것은 매우 확실하다.

장려금과 결부된 법체계는 에스파냐와 포르투갈의 생활 행정과 완전히 같은 경향, 즉 그것이 행해지는 나라에서 귀금속의 가치를 약간 하락시키는 경

---

*65 '게다가⋯⋯세금환급이 없기 때문에'는 제2판의 추가.
*66 1688~1689년의 명예혁명.
*67 스미스는 국채제도의 반대자였다. 이 책 제5편 제3장을 참조할 것.

향을 가지고 있지만, 그레이트브리튼은 확실히 유럽에서 가장 부유한 나라의 하나이며, 한편으로 에스파냐와 포르투갈은 아마도 가장 가난한 나라에 속할 것이다. 그러나 이런 상황의 차이는 두 가지의 다른 원인으로 쉽게 설명할 수 있다.

첫째로, 금은의 수출에 대한 에스파냐의 과세와 포르투갈의 금지와, 그런 법률의 시행을 감시하는 경계심이 강한 경찰은, 합쳐서 해마다 영국 정화로 6백만 파운드가 넘게 수입하는 이 매우 가난한 두 나라에서, 곡물법이 그레이트브리튼에서 할 수 있는 것보다 훨씬 직접적일 뿐만 아니라 훨씬 강제적으로 금은의 가치를 내리는 작용을 하고 있음이 틀림없다.

두 번째로, 이 나쁜 정책은 그 두 나라에서는 국민의 일반적인 자유와 안전 보장에 의해 상쇄되지 않고 있다. 그곳에서는 산업은 자유롭지도 안전하지도 않고, 에스파냐와 포르투갈 두 나라의 정치와 교회*⁶⁸는 그것만으로도 그들의 가난한 상태를 영구화하기에 충분하며, 그들의 상업 규제는 대부분 비합리적 이고 어리석은 것이지만, 그것이 가령 같은 정도로 현명했다 하더라도*⁶⁹ 그럴 것이다.

현재의 국왕(조지 3세) 13년(1773)의 법률 제43호는 곡물법에 관해 많은 점에 서 옛 법률보다 뛰어나지만, 한두 가지 점*⁷⁰에서는 그다지 좋지 않은 신체계 를 수립한 것으로 생각된다.

이 법률에 의해 국내소비용 수입에 대한 높은 관세는 중등품 밀*⁷¹값이 1쿼 터당 48실링, 중등품 호밀과 콩류의 값이 32실링, 보리값이 24실링, 귀리값이 16실링*⁷²이 되자마자 철회되었다. 그리고 그것을 대신하여 밀 1쿼터에 대해 불과 6펜스, 다른 곡류 각 1쿼터에 대해서도 그에 준하는 적은 세금이 부과 되었다. 이런 다양한 종류의 모든 곡류에 대해, 특히 밀에 대해 국내 시장은 이렇게 전보다 매우 낮은 값으로 들어오는 외국의 공급에 대해 개방되어 있

---

*68 두 나라에서는 가톨릭 교회가 강력하게 정치에 개입하고 있었으므로, the civil and ecclesiastical governments라고 썼을 때의 복수형은 에스파냐와 포르투갈을 의미하는 것이지 정치와 교회를 구분한 것은 아니다.

*69 이따금 이런 표현이 쓰인다. '마이너스의 정도를 플러스의 정도로 생각하면'이라는 의미이다.

*70 '한두 가지 점'은 초판에서는 '한 가지 점'.

*71 '중등품 밀'은 초판에서는 '밀'.

*72 '중등품 호밀……16실링'은 제2판의 추가.

다.*73

같은 법률에 의해 밀 수출*74에 대한 5실링의 옛 장려금은, 값이 1쿼터당 종전의 정지가격인 48실링이 아니라 44실링으로 상승하면 즉시 정지된다. 보리의 수출에 대한 2실링 6펜스의 장려금은 종전의 정지가격 24실링을 대신하여, 값이 22실링으로 상승하면 즉시 정지된다. 오트밀*75의 수출에 대한 2실링 6펜스의 장려금은 종전의 정지가격 15실링 대신 값이 14실링으로 상승하면 즉시 정지된다.

호밀에 대한 장려금은 3실링 6펜스에서 3실링으로 감면되고, 종전의 정지가격 32실링 대신 값이 28실링으로 상승하면 즉시 정지된다.*76 만일 장려금이 내가 증명하려고 노력해 온 대로 부당한 것이라면, 정지가 빠르면 빠를수록, 또 정지가격이 낮으면 낮을수록 그만큼 좋은 것이다.

같은 법률은 값이 가장 낮은 경우에도*77 재수출을 위한 곡물 수입을 무세(無稅)로 허가하고 있는데, 이 경우, 재수출될 때까지 국왕과 수입업자의 이중의 자물쇠를 채운 창고*78에 보관하는 것을 조건으로 하고 있다. 분명히 이 자유는 그레이트브리튼의 여러 항구 가운데 25개 항구밖에 미치지 않는다. 그러나 그것은 중요한 항구들이며, 아마 다른 항구의 대부분에는 이런 목적에 적합한 창고가 없을지도 모른다.*79

위와 같은 한에서는, 이 법률은 낡은 체계에 비해 분명히 개선된 것으로 생각된다.

그러나 같은 법률에 의하면, 귀리값이 14실링을 넘지 않는 경우에는 언제나, 그 수출에 대해 1쿼터당 2실링의 장려금이 주어진다. 콩류의 경우와 마찬가지

---

*73 '이런……개방되어 있다'는 초판에서는 '국내 시장은 이렇게 하여, 외국의 공급에 대해 전과 같이 완전히 닫혀 있지는 않다'.

*74 '수출'은 초판에서는 '쿼터'.

*75 오트밀(oatmeal)은 귀리를 가루로 가공한 것인데, 여기서는 귀리와 구별되어 있지 않은 것 같다.

*76 '값이 1쿼터……즉시 정지된다'는 초판에서는 '값이 44실링까지 상승한 경우, 또 다른 곡류에 대한 장려금은 그것에 준하여 정지된다. 거친 종류의 곡류에 대한 장려금도, 그것이 주어지는 값에 있어서조차 전보다 조금 낮아졌다'.

*77 '가격이 가장 낮은 경우에도'는 초판에서는 '모든 가격에 대해'.

*78 '국왕과……창고'는 초판에서는 '국왕의 창고'.

*79 초판에서는 이 뒤에 '이렇게 하여 중계무역의 확립을 위해 어떤 배려가 이루어지고 있다'.

로, 이 곡물의 수출에 대해, 전에는 장려금이 주어진 적이 한 번도 없었던 것이다.[80]

또 같은 법률에 의해 밀의 수출은 값이 1쿼터당 44실링으로 상승하면 즉시 금지되고, 호밀은 28실링, 보리는 22실링, 귀리는 14실링으로 상승하면 즉시 수출이 금지된다. 그런 값은, 모두 매우 낮은 것으로 생각되며, 또 수출을 강제하기 위해 주어지는 장려금이 정지되는 값과, 수출이 완전히 금지되는 값이 같다는 점에서, 부적절한 것으로 생각된다.[81] 장려금이 훨씬 낮은 값에서 정지되거나, 그렇지 않으면 훨씬 높은 값에서도 수출이 허용되어야 했다.

따라서 위와 같은 점에서는 이 법률은 옛 체계보다 못한 것으로 생각된다. 그러나 그 모든 결함에도 불구하고 우리는 아마, 법률에 대해 솔로몬이 다음과 같이 한 말을 이 법률에도 적용할 수 있을 것이다. 즉, '그 자체로서 가장 좋은 것은 아니지만, 시대와 이해관심·편견·풍조가 허용하는 한에서는 가장 좋은 것이다.' 아마 언제 때가 오면 이 법률은 더 나은 법률에 길을 열어 줄 것이다.[82]

다음의 두 계산표는 청어 어업에 대한 톤수장려금에 관하여, 위에서 설명한 것을 예증하고 확인하기 위해 부가한 것이다. 독자는 이 두 가지 계산이 모두 정확하다는 것을 믿어 주기 바란다.

(1) 11년 동안 스코틀랜드에서 장비된 범선 수, 반출된 빈통 수, 잡은 청어의 통 수 및 소금 절인 청어 각 1통과 가득 찬 각 1통에 대한 평균장려금에 대한 계산(1통＝1배럴)

---

[80] 이 문단은 제2판의 추가.

[81] '또 같은 법률에 의해……생각된다'는 초판에서는 '그러나 같은 법률에 의해 밀값이 1쿼터당 44실링으로 오르면, 또 다른 곡물도 이에 준하여 수출이 금지된다. 이 값은 매우 낮은 것으로 생각되며, 게다가 바로 이 값에서 수출을 완전히 정지시키는 것은 부적절하다고 생각된다.

[82] 이 문단은 제2판의 추가.

연차	범선 수	실고 간 빈통 수	잡은 청어 통 수	범선에 지불한 장려금		
				파운드	실링	펜스
1771	29	5,948	2,832	2,085	0	0
1772	168	41,316	22,237	11,055	7	6
1773	190	42,333	42,055	12,510	8	6
1774	248	59,303	56,365	16,952	2	6
1775	275	69,144	52,879	19,315	15	
1776	294	76,329	51,863	21,290	7	6
1777	240	62,679	43,313	17,592	2	6
1778	220	56,390	40,958	16,316	2	6
1779	206	55,194	29,367	15,287	0	0
1780	181	48,315	19,885	13,445	12	6
1781	135	33,992	16,593	9,613	12	6
계	2,186	550,943	378,347	155,463	11	0

A. 소금 절인 청어의 통 수는 378,347이며,

	파운드	실링	펜스

B. 소금 절인 청어 1통의 평균장려금은 ‒‒‒‒‒‒‒‒‒‒‒‒‒‒‒‒‒‒‒ 0 8 $2\frac{1}{4}$

그러나 소금 절인 청어 1통은 가득 찬 1통의 3분의 2 밖에 되지 않는 것으로 산정되므로, 3분의 1을 빼면, 장려금은‒‒‒‒‒‒‒‒‒‒‒‒‒‒‒‒‒‒‒‒‒‒‒‒‒‒‒‒‒‒‒‒‒‒ 0 12 $3\frac{3}{4}$

3분의 1 공제 $126,115\frac{2}{3}$

가득 찬 통 수 $252,231\frac{1}{3}$

청어가 수출되는 경우에 다시 주어지는 장려금은 ‒‒‒‒‒ 0 2 8

그로 인해 정부가 지불하는 장려금은 1통당‒‒‒‒‒‒‒‒‒‒‒‒‒‒ 0 14 $11\frac{3}{4}$

그러나 보통 각 1통을 가공하는 데 쓰는 소금에 대한 세금이 여기에 가산되는 것으로 하고, 외국산 소금을 평균 1부셸 4분의 1 사용하고, 1부셸당 10실링의 세금 을 가산하면 ‒‒‒‒‒‒‒‒‒‒‒‒‒‒‒‒‒‒‒‒‒‒‒‒‒‒‒‒‒‒‒‒‒ 0 12 6

1통당 장려금은‒‒‒‒‒‒‒‒‒‒‒‒‒‒‒‒‒‒‒‒‒‒‒‒‒‒‒‒‒‒‒‒‒ 1 7 $5\frac{3}{4}$

C. 청어가 브리튼산 소금으로 가공된다면 다음과 같이 된다. 장려금은 전과 같이 ···········

0	14	$11\frac{3}{4}$

그러나 1통의 가공에 평균적으로 쓰인다고 간주되는 스코틀랜드산 소금 2부셸에 대한 세금, 1부셸당 1실링 6펜스가 이 장려금에 가산된다면 그 금액은 ············

0	3	0

1통당 장려금은 ············

0	17	$11\frac{3}{4}$

D. 그리고 범선에서 잡은 청어가 스코틀랜드에서 국내소비용으로서 신고되어, 1통당 1실링의 세금을 지불한다면 장려금은 앞의 기록과 마찬가지로 ············

0	12	$3\frac{3}{4}$

여기서 1통당 1실링이 공제된다. ············

0	1	0

그러나 1통의 청어를 가공하는 데 사용되는 외국산 소금에 대한 세금이 이에 가산된다고 하면 ············

0	12	6

그 결과로 국내소비용으로서 신고된 청어 1통당 장려금은 ············

1	3	$9\frac{3}{4}$

E. 만일 청어가 그레이트브리튼산 소금으로 가공된다면 다음과 같이 된다.

범선으로 반입되는 1통당 장려금은 위와 같이 ············

0	12	$3\frac{3}{4}$

그 금액에서 국내소비용으로 신고될 때 지불되는 1통당 1실링을 공제한다. ············

0	1	0

그러나 이 장려금에 1통의 가공에 사용되는 것으로 간주되는 스코틀랜드 소금 2부셸에 대한 세금, 1부셸당 1실링 6펜스가 가산된다면 ············

0	3	0

국내소비용으로 신고되는 1통에 대한 장려금은 ········

0	14	$3\frac{3}{4}$

F. 수출되는 청어에 대한 세금공제를 장려금으로 여기는 것은, 어쩌면 적절하지 않을지 모르지만, 국내소비용으로 신고되는 청어에 대한 세금공제는 분명히 장려금이다.

(2) 1771년 4월 5일부터 1782년 4월 5일까지 스코틀랜드에 수입된 외국산 소금 양 및 제염소에서 어업용 무세(無稅)로 인도된 스코틀랜드 소금 양의 연평균

기간	수입된 외국산 소금 부셸=84파운드	제염소에서 인도된 스코틀랜드 소금 부셸=56파운드
1771년 4월 5일~ 1782년 4월 5일	936,974	168,226
연평균	$85,179\frac{5}{11}$	$15,293\frac{3}{11}$

주의할 것은 외국산 소금 1부셸의 중량은 84파운드로, 그레이트브리튼산 소금은 56파운드에 지나지 않는다는 것이다.

유인호

일본 리쓰메이칸대학교〔立命館大學校〕 경제학부 졸업, 같은 대학 대학원에서 경제학을 전공했다. 동국대학교 교수·중앙대학교 정경대학 교수 등을 역임하였다. 한국농어촌사회연구소 이사장, 공해추방운동연합 고문, 한국협업농업연구소장을 지냈다. 지은책 《경제학》《경제정책론》《경제정책원리》《민중경제론》《민중과 경제》《한국경제의 재평가》《한국경제의 실상과 허상》《나의 경제학 : 수난과 영광》 등이 있고, 옮긴책 틴버겐 《경제정책의 이론》, 《현대경제학의 위기》 등이 있다.

World Book 259
Adam Smith
AN INQUIRY INTO THE NATURE AND
CAUSES OF THE WEALTH OF NATIONS
국부론 I
애덤 스미스 지음/유인호 옮김
1판 1쇄 발행/1978. 6. 1
2판 1쇄 발행/2008. 7. 1
3판 1쇄 발행/2017. 11. 11
3판 5쇄 발행/2023. 4. 1
발행인 고윤주
발행처 동서문화사
창업 1956. 12. 12. 등록 16-3799
서울 중구 마른내로 144(쌍림동)
☎ 546-0331~2 Fax. 545-0331
www.dongsuhbook.com
＊

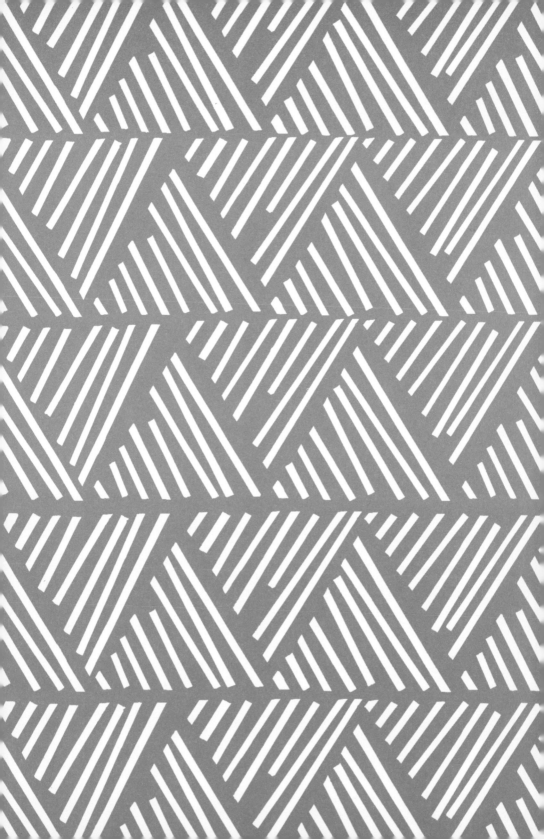